·本书出版获得广东省高水平大学建设经费资助

·本书的相关研究受国家社科基金青年项目『汉语方言分区语音特征的层级和主次研究——以粤桂毗连地区汉语方言区片划分为例』（12CYY008）和国家语委中国语言资源保护工程委托项目『广东汉语方言调查·封开』（YB1602A008）的经费支持

封开方言志

FENGKAI FANGYANZHI

侯兴泉 著

 中国出版集团公司
世界图书出版公司
广州·上海·西安·北京

图书在版编目（CIP）数据

封开方言志 / 侯兴泉著. —广州：世界图书出版广东有限公司, 2017.6
 ISBN 978-7-5192-3428-7

Ⅰ. ①封… Ⅱ. ①侯… Ⅲ. ①粤语—方言研究—封开县 Ⅳ. ①H178

中国版本图书馆CIP数据核字（2017）第154461号

书　　名	封开方言志 FENGKAI FANGYANZHI
著　　者	侯兴泉
责任编辑	魏志华
装帧设计	书窗设计
责任技编	刘上锦
出版发行	世界图书出版广东有限公司
地　　址	广州市新港西路大江冲25号
邮　　编	510300
电　　话	（020）84451969　84453623　84184026　84459579
网　　址	http://www.gdst.com.cn
邮　　箱	wpc_gdst@163.com
经　　销	各地新华书店
印　　刷	三河市华东印刷有限公司
开　　本	787mm×1092mm　1/16
印　　张	23.25
插　　页	2
字　　数	350千
版　　次	2019年4月第1版第2次印刷
国际书号	ISBN 978-7-5192-3428-7
定　　价	58.00元

版权所有　侵权必究

（如有印装错误，请与出版社联系）

咨询、投稿：020-34201910　weilai21@126.com

图1 封开县县城江口镇俯瞰图(欧镜辉 摄影)

图2 封开杏花大斑石(封开摄影协会 提供)

图3 封开北回归线塔(封开摄影协会 提供)

图4 封川古城(封开摄影协会 提供)

图5　罗董杨池古村（封开摄影协会　提供）

图6　南丰侯村乡贤词（董戒躁　摄影）

图7　两广第一状元莫宣卿墓

图8　封开平凤泰新桥（封开摄影协会　提供）

图9　贺江航拍（封开摄影协会　提供）

Contents 目录

第一章 概 论 / 1
一、封开概况 / 1
（一）地理气候 / 1
（二）历史沿革 / 2
（三）人口姓氏 / 4
（四）语言和方言 / 4
（五）跟语言（方言）相关的非物质文化遗产 / 5
二、封开方言调查研究综论 / 6
（一）综合性研究成果述评 / 8
（二）语音研究述评 / 9
（三）词汇研究述评 / 12
（四）语法研究述评 / 12
三、封开方言调查材料说明 / 13

第二章 封开方言概论 / 14
一、封开方言的特点 / 14
（一）封开方言的音韵特点 / 14
（二）封开方言的词汇特点 / 15
（三）封开方言的语法特点 / 28
二、封开方言的南北分区 / 28
（一）音韵区别 / 29
（二）词汇区别 / 30
（三）语法区别 / 30

第三章　封开方言语音分析　/ 32

　　一、封开南部方言（封川话）的语音系统　/ 32
　　　　（一）封开南部方言（封川话）音系　/ 32
　　　　（二）封川话的音韵特点　/ 40
　　二、封开北部方言（开建话）的语音系统　/ 42
　　　　（一）封开北部方言（开建话）音系　/ 42
　　　　（二）开建话的音韵特点　/ 50

第四章　封开方言同音字汇　/ 53

　　一、封开南部方言（封川话）同音字汇　/ 53
　　二、封川北部方言（开建话）同音字汇　/ 77

第五章　封开方言标音举例　/ 108

　　一、封开方言语法例句标音　/ 108
　　二、封开方言农谚标音　/ 118
　　　　（一）时令　/ 118
　　　　（二）气象　/ 121
　　　　（三）物候　/ 124
　　　　（四）农业生产　/ 125
　　三、封开方言故事语料标音　/ 126
　　　　（一）封川话版《牛郎与织女》　/ 126
　　　　（二）开建话版《牛郎与织女》　/ 129

第六章　封开方言分类词表　/ 132

　　一、人　/ 132
　　二、动植物　/ 166
　　三、自然生理　/ 185
　　四、物品　/ 198
　　五、工具建筑　/ 226
　　六、方向时间　/ 242
　　七、事体　/ 248

八、动作　　/ 259

九、生活工作　　/ 273

十、行为心理　　/ 296

十一、外形状态　　/ 321

十二、其他　　/ 347

参考文献　　/ 364

第一章 概 论

一、封开概况

(一)地理气候

封开县位于广东西北部,西江中游,北纬23°13′~23°59′,东经111°2′~112°2′之间,北回归线穿越县境,森林覆盖率70%以上,故有北回归线上的绿洲之称。封开东临怀集,东南、西南分别与德庆、郁南接壤,西、北与广西梧州、苍梧和贺县(现改称贺州)交界。县境东西横距68千米,南北纵距84千米,总面积2723.43平方千米。

县境属于山地丘陵区,地形呈东北—西南斜长形分布。山峦起伏连绵,地势大体为东西两侧高,中部和南部较低,东部多高山峻岭,最高的七星岩顶海拔高度达1274.4米,西部则多延绵起伏的丘陵,北端开口、南端闭塞、形成凹字槽状地貌。县内河流纵横交错,西江从西南部穿过县境,贺江斜贯中部经南丰(含渡头)、大玉口、都平、白垢、大洲、封川等镇于县城江口镇注入西江,水陆交通十分方便。

封开属亚热带季风湿润气候。受到季候风影响,太阳辐射强,光照充足,雨量充沛,气候温暖,冬短夏长,无霜期长。风向季节转换明显,夏季盛行偏东南风,冬季盛行偏北风。

图1-1 封开地形图(由封开地方志办公室提供)

(二)历史沿革

封开县1961年由封川县和开建县合并而成,其中封川县为古"广信"治所的所在地(古广信县辖地包括原封川县及相邻的广西梧州的部分地区)。广信是公元前111年汉武帝统一岭南时所设"交趾部"治所,它先是监察机构,后成为管辖岭南九郡的首府。在其后长达300多年的历史中,广信一直都是交趾刺史部及其后来改名交州的治所所在地,是岭南地区的首府,为当时岭南政治、经济和文化的中心。广东和广西的得名(始于宋代,宋置广南东路,广南西路,简略而成广东、广西)也跟广信有关,大略是广信及其东面为广东,广信西面为广西。

由于历史上郡县废置无常,史籍记载亦不尽相同,为方便起见,封开的建置沿革[①]仍以封川、开建两县分别记述说明。

封川县因封溪水得名。又云:"县东北二十里为封门山,峰峦秀蔚,两崖如门,县盖取封山锦川为名。"汉元鼎六年(公元前111年)属交趾刺史部苍梧郡广信县地。关于广信县治,一说为今广西梧州,一说为今封开江口。三国吴黄武五年(226)年属广州,不久属交州。永安元年(263)仍属广州。晋元熙二年(420)分广信县地置封兴县,属晋康郡。南朝宋元嘉二十年(443)属苍梧郡。齐因之。梁初分广信县置梁信县及梁信郡。普通四年(523)兼置成州,辖梁信、广信、猛陵、遂城、宁新5县。梁信县为州、郡治。隋开皇十年(590)废梁信郡,改成州为封州。开皇十八年(598)改梁信县为封川县。以封川名县始于此。大业三年(607)省封兴并入封川,改封州为苍梧郡,辖苍梧、都城、封川、封阳4县。封川为郡治。唐武德四年(621)改苍梧郡为封州,分封川县复置封兴县,后又省封兴。天宝元年(742)改封州为临封郡。乾元元年(758)复改临封郡为封州,均治封川县,领2县:封川、开建。属岭南道。五代属南汉,仍唐制,乾亨年间改封州为封兴,废开建县并入封兴。宋为封州临封郡,属广南东路。大观元年(1107)升为望郡,后并入封州。绍兴七年(1137)省封州,以县属德庆府。十年复置封州。元至元十四年(1277)改属广南西道,立封州路总管府,十九年降为散州,仍属广南东道。明洪武二年(1369)废封州,以县属德庆府,九年府改为州仍属之,统于肇庆府。清雍正八年(1730)德庆改为散州,仍属肇庆府。

开建县因开江而得名。汉元鼎六年(公元前111年)属交趾刺史部苍梧郡封

[①] 关于封开的建制沿革这里参考的是《封开县志》的相关介绍。

阳县地。三国吴黄武五年（226）属荆州临贺郡。晋永嘉元年（307）改属湘州。咸和六年（331）还属荆州。南朝宋元嘉三年（426）分封阳县置开建县。开建置县从此始①。元嘉二十九年置宋建郡（同时废宋昌、永固等6县），永固县并入开建县，改属临贺郡。齐因之。梁置南靖郡，开建为郡治。隋开皇十年（590）废南靖郡，开建并入连州。大业元年（605）复置开建县，大业三年连州改为熙平郡，仍属之。唐武德元年（618）属封州。五代南汉乾亨年间废县并入封兴，于县治设砦。宋开宝五年（972）并入封川县，次年复置，仍属封州。元因之。明洪武二年（1369）属德庆府，九年属德庆州，统于肇庆府。清属肇庆府。

辛亥革命后，废州府，仍置封川县、开建县。民国38年属第十二行政区督察专员公署。新中国成立初期封川和开建两县曾多次分合，最终于1961年合并，置封开县，驻江口镇。2015年辖16个镇，设178个村委会和21个居委会（县城区辖5个居委会）。

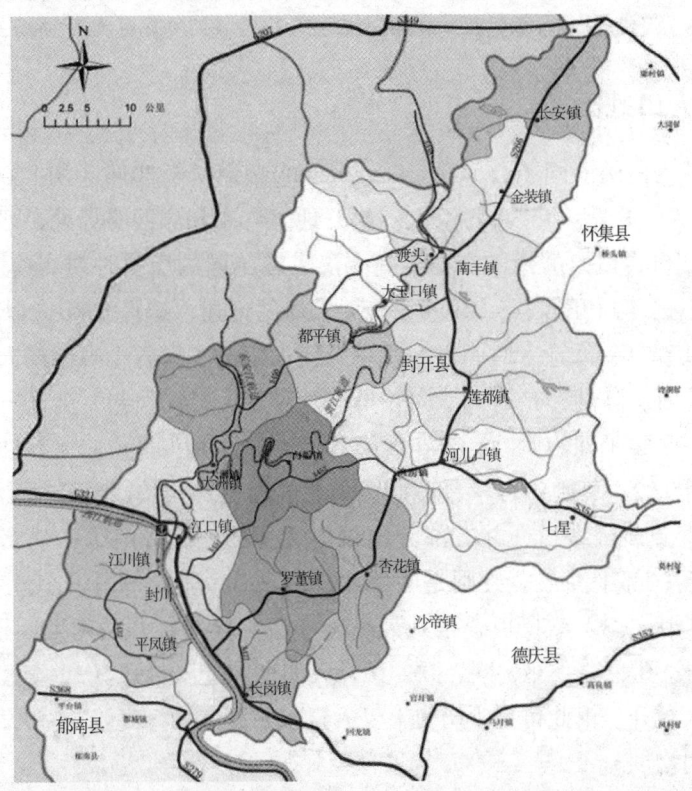

图1-2 封开县行政区划图（由封开县方志办公室提供）

---

① 据清《开建县志》载："晋孝武帝太元五年（380）析封阳地置开建县，属临贺郡。"即元嘉前四十年已有开建县。此与《广东通志》、《宋书》不符，姑且存疑。

图1-3 汉代的广信（今封开一带）所在地（引自《中国历史地图册·广东分册》）

（三）人口姓氏

据封开人民政府网（www.fengkai.gov.cn）报道，至2016年初，封开常住人口40.99万人，户籍人口50.99万人。封开地处广东和广西交界处，西江和贺江交汇区域，自古就是岭南的交通要塞。汉人在不同的历史时期陆续迁入封开。下面我们根据《封开县志》（1998）有关人口的记述，选择5000人以上的19个姓氏，将其部分支派迁入时间做一简单介绍，借此了解各个时期的人口迁入封开的情况：（1）陈姓，是封开境内较早的姓氏之一，汉代封开名人——岭南儒宗陈钦、陈元父子即为此姓；杏花大阳江翰冲村及渡头且止白屋陈姓则是明代才迁入封开。（2）莫姓，自东晋后期至南北朝祖莫饰公始，分迁河南开封、福建、广东省开建金缕村，并有部分迁封川文德居住，岭南第一状元莫宣卿即出自该支系；都平高浪莫姓则是明朝才迁到长岗贺村，第十七代分支再迁到封开其他地区。（3）梁、卢、张、聂、吴、黄、侯诸姓乃两宋期间迁入封开。（4）林、黎、孔、苏、邓、刘、欧、姚乃元明期间迁入封开。（5）李姓多乃明清两代才迁入封开。由此可见，历史上汉人迁入封开有两个高峰：一乃两宋时期，二是元末明初。

（四）语言和方言

封开县城通行广州话，下面各镇主要通行的汉语方言属于粤语勾漏片，南部个别镇（如平凤、江川、七星和渔涝的部分乡村）有数千人讲客家话。封开县内的粤语可按原辖区分为开建话和封川话两种（开建话主要分布在县境北部各镇；封川话则主要分布在南部），两种方言差别较大，不能直接通话。封开境内讲开建话的人数和讲封川话的人数大致相同，都是20多万。

除了汉语方言外，封开北部跟怀集县交界的长安、金装等镇约有7000多人讲标话（属于壮侗语）。封开标话长期跟周围的开建话接触交融，80%以上的词语都借自开建话。会讲开建话的人只需掌握500个左右的标话自有的词汇即可快速掌握标话。

本方言志只介绍在封开境内占主体地位的粤方言——开建话和封川话。

（五）跟语言（方言）相关的非物质文化遗产

1. 民歌

封开民歌历史悠久，据《封开县志》（1998：778）记载，早在唐代武德元年（618），开建一带的群众便有祭社习歌的风俗。说明唐代封开民歌已经非常兴盛。封开境内的民歌种类众多：若依地域区分，则有开建山歌、文德山歌、罗董山歌、泗科（今大洲）山歌、都平山歌、平凤山歌等；若按语言来分，则有标话山歌、粤语山歌、客家山歌等；若按内容来分，则有送鸡歌、鸾凤歌、新娘歌（出嫁歌）、新屋歌、古人歌、何物歌、交情歌、哭丧歌、故事歌、采茶歌等；若以音乐形式来分，则有音乐伴唱的喃么歌以及清唱的各地山歌等。

以前，封开人是无歌不欢。生个小孩满月要唱歌（送鸡歌），新居落成入伙了也要唱歌（新屋歌），平时劳作也唱歌（采茶歌），谈情说爱更要唱歌（交情歌），结婚摆酒要唱歌（鸾凤歌），人死了还得唱歌（哭丧歌）。可见唱歌是封开人生活的重要组成部分，学习知识、谈情说爱、举行重要典礼仪式等都要唱歌。但是现而今，想听封开山歌可就难多了！据说"文革破四旧"期间大批歌书被烧毁，老百姓说话都不敢乱说，更不用说唱歌了。加上改革开放以后，人口流出严重，社会生活和习俗日新月异，收音机和电视机大量普及，业余娱乐方式逐渐增多，封开已经越来越少人会唱民歌了。虽然最近几年随着人民生活水平的提高以及城镇化进程的推近，一批当年爱唱山歌的老年人重新集合在一起，成立山歌队等业余组织，在中秋、春节等节日期间举办山歌比赛或展演活动，但是传承问题依然堪忧，因为很少有年轻人愿意学或愿意唱了。以封开开建山歌会为例，该会有会员20余人，最年轻的都已经40多岁了。

2. 采茶戏

封开采茶戏是在民间灯彩歌舞的基础上形成并用当地方言演唱，糅合粤剧的一些板腔与当地民歌相结合而形成的具有鲜明特色的地方剧种。封开采茶戏受粤剧和其他剧种的影响，吸收了粤剧一些锣鼓和表演程式，剧本分场次，以铺陈故事为主，形式简朴，道白、动作形同日常生活。传统剧目以本地传说、日常劳动生活和男女相悦等故事的连台本戏为主，俗称"连戏"。舞台背景固定为家堂景、中堂景、庙堂景等几种，并将其类似挂历一样连接起来，演出时可根据剧情需要将其翻动就可变动背景。唱腔音乐则以山歌小调为主，唱腔分为采茶调、小调两大类，共有42种曲牌（常用的16种）；根据感情色彩，又可分为喜、怒、哀、乐4类。曲体结构为七字句式和四字句式，演员根据唱词内容自由处理唱腔的情绪和节奏，唱时有打击乐和弦乐伴奏。伴奏乐器分左、右场，左场为二胡、扬琴、琵琶、三弦、唢呐、笛子等管弦乐，右场为锣、鼓、镲、钹、木鱼等打击乐。脚色行当分生、旦、丑三行，表演比较粗疏，只有简单的步法和手法，以唱述故事情节为主。演出时生、旦、丑三行全体先出场引唱，致祝福词和介绍剧情提要，接着正戏开场，终场再全体礼唱拜别。

封开采茶戏形成的历史并不长，只有160多年的历史，主要通过家族和师徒之间传承。虽然2015年已成功申请为省级非物质文化遗产，但是传承问题依然堪忧：一是生活形态发生了变化，人们的审美趣味也发生了改变，越来越少人喜欢听采茶戏了；二是年轻人学习的动力不足，传承困难。因此，封开采茶戏应充分利用成功申报省级非物质文化遗产的契机，加大宣传，特别是在中小学中的广泛传播，在演好传统剧目的同时也新编一些紧跟时代符合当下群众审美趣味的新剧，通过提升自身的实力来吸引一帮爱好者和热心人士，共同做好封开采茶戏的传承和推广工作。

二、封开方言调查研究综论

1995年以前，封开作为岭南文化古都的地位还鲜为人知。自从1996年初省各级政府、多所大学及新闻单位在封开召开开发和建设"岭南文化古都"的倡议会，到1996年《封开文史》给封开单列一个"封开文史专号"，再到2004《封开—广信岭南文化古都论》的出版，封开作为岭南文化古都的地位为越来越多的人所了解和认可。在这样的背景下，关于封开粤方言的研究也在近20多年中从无到有逐步走向全面和深入。

第一次把封开粤方言提高到早期粤语高度的是叶国泉和罗康宁两位先生。叶、罗两位先生在《粤语源流考》（1995）中明确指出，粤语形成于西江中部。

文中的"西江中部"所指，正是以古广信（今封开）为中心的一片地区。叶、罗指出："由于广信一带远离中原，交通不便，这些汉族移民进入岭南之后，他们使用的汉语也就逐渐偏离了中原汉语的发展轨迹，而形成了自己的某些特点，遂形成了早起的粤语，即粤语的雏形。"叶、罗（1995）两位先生主要是运用历史文献、考古、文化思想及移民等材料来论证粤语的形成和发展的，很可惜里面没有运用粤语自身的材料去论证。我们知道，要说明一种语言的历史发展，语言自身的材料是主证，历史、风俗文化、移民等只是旁证。罗先生似乎已经意识到了这个问题，因此他在后面的两篇文章《封川话浊塞音声母初探》(1996)、《粤语起源地新探》(1998)中都有意地加入语言方面的材料。甘于恩先生在《论粤语形成的多源性》(2007)一文中对叶、罗两位先生的观点就进行了全面的回应。甘先生质疑叶、罗两位先生的观点缺乏充分的事实根据和严谨的论证。他认为"作为汉语方言的粤语并非形成于一个特定的时期，而是随着不同时期的汉族移民进入，逐渐形成的"，"由于广府文化的权威性，各地粤语形成后，有慢慢向广府粤语靠拢的趋势"。虽然学界和网络类似的置疑不少，但是叶、罗两位先生的这篇文章引起了人们对以封开为中心的西江流域的历史、考古、文化和语言等方面的广泛关注，这对推动封开粤语的研究起到了非常重要的作用。最近一次把古代的封开方言提高到平话、土话、勾漏片方言及汉越语等古代南方方言权威代表点地位的学者是广西大学的李连进先生。他在《勾漏片的方言归属》(2005)这篇文章中指出勾漏片方言、平话和土话是一种方言，并且认为它们应该存在过权威代表方言，李先生认为这个古代南方方言的权威代表点应是当时的广信话。文章指出："当时作为岭南首府语言的广信话是一种源头性的权威性代表方言，它凭借其政治、文化、经济、交通诸优势，以当时最为重要的几条江河交通路线为途径向今两广、海南、湘南、越南等广大地域扩散、辐射，形成了今平话、土话，勾漏片等方言。"李先生的文章发表后也引起了学界广泛的讨论和争鸣，这对推进以封开为中心的勾漏片粤语的研究也起到非常积极的作用。

由于深入开展封开粤方言的研究不仅有利于勾漏片方言的归属、粤语跟平话的关系以及早期粤语的形成等重大语言学问题的解决，而且还有利于西江文化乃至整个珠江水域文化的建设，因此很有必要对前阶段关于封开粤方言的研究做一个全面的总结，以推进其向更加多元更加纵深的方向发展。下面就从综合性研究成果和专题性研究成果两个方面对封开粤方言的研究展开评述。

(一)综合性研究成果述评

目前为止比较全面介绍封开粤方言的音系、词汇和语法特点的著作是邵宜先生（1997）的论文《封开的方言》，这份材料也被收入到《封开县志》（1998）第三十六篇"方言"中。《封开的方言》对封开境内的粤方言和标话都做了介绍。其中粤方言部分主要介绍了封川话（以罗董话为代表）和开建话（以南丰话为代表）的声韵调系统和音韵特点，并对封川话和开建话的语音、词汇和语法做了简单的比较。其中语音部分做得比较详细；词汇部分只列出了176个常用词的说法，并没有再做其他的解释和说明；语法部分由构词法和句法两部分组成，也比较简单，词法主要是介绍了4个前缀以及7个后缀，句法部分介绍了4个时态助词和2种语序。1998年，詹伯慧、张日昇主编的《粤西十县市粤方言调查报告》（下面简称《报告》）出版发行，这本调查报告在封开的取点方言是南丰话（即开建话）。报告中关于开建话的调查材料是迄今为止公开发表的材料中最为详细的。报告中除了有南丰话的音系及音系说明外，还收录了3810个汉字以及1248条词语的读音（词语记音把连读变调也记出来了），最后还列出了一些简单的语料。

就语音部分来说，这些材料的准确性基本可信，但是也有不少瑕疵：有些地方进行音位归纳后语音说明部分并没有进行很好地交代，如声母部分把罗董话帮并、端定、见群归并为b、d、g三个音位，但音系说明部分并没对它们进行音值方面的说明。因为这是一种非常有特色的语音现象，没有特殊说明的话别人就很容易误解为这些声母字在罗董话中都读浊塞音。其实罗董话这些声母的具体音值是比较复杂的，侯兴泉（2006a/b）有专门的描写和讨论。《报告》对南丰话的声韵调的归纳也有缺漏，如声母少了一个n_z，韵母更是缺省不少（详见第三章第二节的韵母介绍），声调少了一个上阳入（调值34）等。除此之外，连读变调的处理也有失误，主要体现在后字变调的处理上：开建话后字位置一般不变调，《报告》把有些声调为阳入22、阳平24、阳上242和阳去21的词语的后字处理为变调是不准确的。其他方面的小问题主要表现在对具体某些字或词的标音上，有时候会误把文读音（用本地话读的广州音）当作白读音。不管怎样，1996—1998这几年发表的材料至今仍是研究封开粤语最重要的材料之一。

《汉语方言地图集》（曹志耘主编，2008）和《广东粤方言地图集》（甘于恩主编，未刊）也收录了封开粤方言语音、词汇及语法方面的材料，其中《汉语方言地图集》所选取的方言点是封开罗董话（即封川话），《广东粤方言地图集》

选取的方言点是南丰话和罗董话。这两本地图集的调查手册在设计上有相同之处，前三页为音系例字，字音调查表约为400多个常用字，相当于《方言调查字表》的微缩版；词汇部分列有近500条词条；语法调查表有70条左右的调查项目，涵盖构词法、词类、词序、基本句型、时体态等，主要以例句形式进行调查。两本地图集都收录了罗董话的材料，这对我们比较全面地了解封开粤语的情况是非常有利的。跟《报告》比起来，两本地图集都增加了很多的语法条目，内容涉及到词法、词类、语序、句子结构等比较典型的一些特点，这对以后进一步深入研究无疑是有好处的。由于地图集的性质所限，其中所反映的语音、词汇及语法面貌相对来说比较零散，因此更加系统深入的调查还有待来日。

其他的一些相关成果如《粤西十县（市）粤方言的语音特点》（邵宜等，1997）、《广东西江流域粤方言的词汇和语法特点》（邵宜，2003）、《广东西江流域语音特点概述》（邵慧君、甘于恩，2001）、《广东西江流域粤语词汇及语法特点概述》（甘于恩、邵慧君，2003）以及《广东粤方言概要》（詹伯慧，2002）都用到封开粤方言的材料，由于里面的材料较为零散并且基本都是取自《报告》里的材料，这里不再一一赘述。

（二）语音研究述评

最早研究封开方言语音的文章是邵宜先生（1993）的一篇会议论文《封开南丰话》，该文对封开北部的南丰话（又称"开建话"）的语音特征做了较为详细的介绍。另外一篇影响较大的文章是罗康宁先生的《封川话浊塞音声母初探》（1996）。罗先生引用了《封开县志》中封川话的材料，认为"其一，古并、定、群三母读为浊塞音，这一点与《切韵》完全一致，可以肯定是《切韵》音系的保留。其二，古帮、端、见读为浊塞音，与《切韵》音系不同……笔者认为也是古音的保留"。对于第二点，罗先生首先排除了少数民族语言的影响，因为"封开境内的标话便属于壮侗语族，它的声母中并没有浊塞音"；其次，罗先生根据"浊音清化"的规律，认为"帮、端、见三母在《切韵》读为清音，如果封川话由于受到别的语言（如壮侗语）的影响而演变为浊音，那就不是'浊音清化'而是'清音浊化'了，这是不大可能的"。因此他推断："在《切韵》之前的音系，浊塞音声母可能比《切韵》音系发达，可能有过帮并、端定、见群合流的情况，而封川话古帮端见与古并定群同读为浊塞音，正是这种情况的保留。"最后，罗先生把封川话保留浊塞音这一现象作为他跟叶国泉在《粤语源流考》提出的"粤语形成于西江中部，也就是广信一带的"这一观点的重要语言证据。两年后，罗先生在《粤语起源地新探》（1998）这篇文章中继续延用了《粤语源流考》的主要观点和《封川话浊塞音声母初探》中的论证，认为"粤语形成于西江中部，说得具体一点就是古广信一带"。由于封川话读浊塞音这一现象是支持罗先生观点的唯一语言材料，这里很有必要做一番研讨。首先，罗先生引用的是《封开县志》的材料，也就是说罗先生并未对封川话做过深入的调查，我们在前面已经说过，封川话的声母读音是经过音位归纳处理的，里面并没有相关的语音说明。实际上，封川话的帮、端、并（並）、定母的读音是比较复杂的，其中帮端母主要是读浊内爆音（以前多叫先喉塞音），并定母主要读正常的浊塞音。其中帮、端母读内爆音在两广交界地区的粤语以及海南闽语中非常普遍，并非封开独有，侯兴泉（2006b）认为罗董话帮端母读为浊内爆音是"原壮侗少数民族居民学习并换用汉语而留下的底层"。其次，罗先生的论证也欠妥当：第一，标话的声母实际上是有浊塞音的，只是因为大部分已经简化合并才把它归为清音而已，笔者后来的调查也印证了这点。第二，罗先生没有经过任何论证就认为"如果封川话由于受到别的语言（如壮侗语）的影响而演变为浊音，那就不是'浊音清化'而是'清音浊化'了，这是不大可能的"，这是值得商榷的。我们知道，语音演变主要有两种：一种是原发性的音变，音变原因来自内部；一种是由于语言接触而引发的音变，音变原因来自外部（王福堂，2005：27）。在没有经过论证的情况下，我们不能只根据"浊音清化"这条规律来排除语言接触引发音变的可能。事实上封川话帮端母读为浊音正是由于语言接触而引发的。（详细论证见侯兴泉2006a）由于材料跟论证都不可靠，罗先生关于"在《切韵》之前的音系，浊塞音声母可能比《切韵》音系发达，可能有过帮并、端定、见群合流的情况"这个猜测不能让人信服。

第二份关于封开粤方言语音专题研究的材料来自杨蔚博士，其成果收录在《封开—广信岭南文化古都论》（2004）一书中。她主要利用邵宜先生在《封开县的方言》一文中所发表的材料，重点探讨了封开南北两片粤语的几项重要语音特点：（1）罗董话帮端母读为浊音；（2）精组字为t、tʰ；（3）罗董话从心邪三母读为边擦音ɬ；（4）南丰话邪崇船禅等母不论平仄，一律读为不送气的塞擦音。关于第一点，杨蔚认为罗董话古浊音不仅没有清化，仍保留较古层面的特点，而且还有很强的'吸附'能力；关于第二点，她认为精组读舌尖前塞音是早期粤语的痕迹；关于第三点，杨认为这是早期粤语与少数民族语言结合的产物；最后一点，杨觉得"封开罗董话（笔者注：应为南丰话）中古擦音和塞擦音邪禅、崇船合流，更能反映出上古汉语塞擦音与擦音的密切联系"。由于篇幅所限，文章的论证显得比较单薄。

第三项研究成果是来自项梦冰和曹晖先生（2005）。项先生在《汉语方言地理学——入门与实践》一书第三章3.3小节的"创新与存古"部分专门谈到南丰话非组字的读音问题。项先生认为南丰话奉母字读p-具有如下特点：（1）主体性（读p-的字音占67%）；（2）单层性（无文白异读）；（3）辖字既有口语用字又有非口语用字。因此他认为南丰话奉母读p-也很可能是一种回头演变的结果，即奉母先轻唇化为v，后来再变为p-（中间可能有一个读b-的阶段）。项先生运用了日尔曼语的"第二次音变"和南丰话古船、禅母字的今读以及东安（花桥）土话古非组字的今读来论证他的观点。我们对封开南丰话及其周边方言非组字的读音问题的看法跟项先生不同，我们认为这是一种存古现象，详见侯兴泉（2016：246–250）的专题论述。

封开籍学者侯兴泉博士对封开方言的语音有较多的研究成果。其早期的论文《广东封开罗董话的塞音声母——从语言接触看清音浊化、精母读t和从母读ɬ》（2005a）以及《广东封开罗董话的浊内爆音》（2006b）主要介绍封开南部方言罗董话的帮、端、精三组声母的特殊音读现象，后写成其硕士论文《广东封开罗董话帮端精三组声母老派读音研究》（2006a）。这三篇文章主要介绍了罗董话帮、端、精三组声母的读音情况（其中帮、端母的部分还进行了相应的声学分析），然后从语音学和音系学两方面对其进行分析和讨论。这几篇文章在总结前人相关研究的基础上，运用语言接触和中介语僵化理论对老派罗董话帮并端定中的浊内爆音、精清母读清爆音、从心邪读边擦音等现象作出统一的解释，认为它们都是古壮侗语（或古百粤语）的底层，这些底层是当地壮侗居民学习汉语而形成的僵化的中介语语音形式；南迁到罗董一带的汉人由于长期跟当地壮侗民族接触，语音上不断受到这种带有底层特色的中介语的干扰，音值和音类上变得越来越相似，后来罗董当地居民完全转用汉语，这种僵化的中介语跟当地汉语一起慢慢地演变成今天的罗董话。侯兴泉（2011）主要对开建话的音步及轻重音在词语中的表现进行描写和分析，探讨音步轻重的声学表征和心理基础，以及典型双音节词和词组的韵律区别。侯兴泉（2012）主要对封开北部方言开建话的单字调和双字调展开声学实验研究，揭示了开建话单字调的具体调值和连读变调的规律。最全面深入的语音研究是侯兴泉（2016）在他的博士论文基础上写成的专著《粤语勾漏片封开开建话语音研究——兼与勾漏片粤语及桂南平话的比较》，该书对封开北方方言开建话的音系情况进行了全面细致的描写，并跟南部的罗董话以及两广交界地区的其他西部粤语（含勾漏片粤语和桂南平话）进行了深入的比较研究，认为从语音的角度来看，封开境内的主要汉语方言（封川话和开建话）与周边的勾漏片粤语及桂南平话同属粤语西部的一个方言片，可称之为"西部粤语"，因为该片区的粤语比"东部粤语"保留了较多的古音特征，又可称之为"老粤语"。

（三）词汇研究述评

对封开方言词汇的专题研究主要集中在地名上，研究的学者多为人类学家或历史文化学家。容观琼（1998）曾对封开地图上以罗、垌（或峒、洞）、大、古、扶、㙟等等为冠首字的常用地名进行过统计，其中以罗冠首的地名有75个之多，洞字和大字的各达50个，古字的有38个，扶字的有19个，㙟字的则有11个。这些用汉字表音表达当地自然景观的地名，只有用壮侗语族的语言才能得到合理的解释。容先生利用这些壮侗底层地名来作为"封开是多民族文化交融的古都"这一观点的重要佐证。宋长栋（1996）对封开的地名作了更为深入的研究。宋先生充分利用封开的地名来研究它们跟封开人、西瓯文化以及汉文化的关系，得出一些非常有价值的结论。譬如他认为封开有汉语地名层和壮侗语地名层两个层次，壮侗语的地名非常古老，汉语底层主要是秦汉以后形成的；另外地名还肯定封开历史上住过瑶族人，但地名同时显示他们不是封开的土著居民，是外来的，迁来的时间比汉族晚，因为封开没有瑶族语言的地名，明《封川县志》瑶山条的地名都是汉语地名和壮侗语地名。宋先生在这篇文章中还深入地研究了封开地名的构词方式，如通名在前的地名有"壮+汉"、"汉+壮"、"汉+汉"三种形式；通名在后的地名有"汉+壮"、"壮+汉"两种形式。他还指出封开地名有一种特殊的现象，即有不少带"儿"和"子"词尾的地名，这在南方地名中是非常罕见的。他认为封开地名可以为语言的演变特别是方言词汇的演变提供线索。容观琼和宋长栋两位先生对于封开方言地名的研究给方言研究者提供了一个非常好的视角，可以启发我们对类似地名这类的底层词作出更深入的研究。

（四）语法研究述评

封开方言的语法研究相对薄弱。目前只有侯兴泉（2005b）对南丰话的正反问句做过一个专门的研究。侯兴泉在《广东封开南丰话的三种正反问句》这篇文章中从共时和历时两个维度对南丰话"阿VP"、"VP曾"和"阿VP曾"这三种正反问句的用法和形成做了深入的探讨，结论如下：从共时的平面看，"阿

VP"对应于普通话的"VP不VP"和"VP吗",是南丰话中最常用的一种正反问句;"VP曾"是正反问句中的一个特殊类;"阿VP曾"是在"VP曾"的基础上糅合"阿VP"而形成的一种混合句式。从历时的角度看,"VP曾"处于历史的最底层,由"VP-neg曾"脱落否定副词而来;"阿VP"大概是在宋明两代从别的方言借入的;"阿VP曾"则是借入"阿VP"后本地化的创新。

三、封开方言调查材料说明

本文使用的封开方言的材料全部为笔者调查所得(引用的材料会随文注明),笔者全面深入调查了封开粤方言的两个代表方言:南部的封川话和北部的开建话。

南部封川话的语音、词汇及语法等材料主要来自封川郊区胜利村的发音人。该发音人世居本地,无外出生活和工作经历,口音较为纯正。封川街和罗董的调查材料为参考材料。

北部开建话的语音、词汇及语法等材料主要来自南丰蛟水村的老年男性发音人(世居本地,口音较纯正),蛟水村老年女性发音人和青年人、长安金宝村的发音人材料供参考。具体调查资料及发音人信息如表1-1所示。

表1-1 封开方言调查材料说明表

封开方言	具体方言点	调查内容	发音人信息
南部的封川话	江口镇封川胜利村黄岭生产队	语音、词汇、语法、其他语料	李钦泉(男,1952年生)
	江口镇封川村委会	语音、词汇、连调、口传文化	陈楚源(男,1957年生)
	罗董镇五星寺坦村	语音	陈炯泉(男,1953年生) 陈演明(男,1978年生)
	罗董镇扶塘村	词汇	谢绮珊(女,1994年生)
北部的开建话	南丰镇侯村蛟水村	语音、词汇、语法、其他语料	侯培荣(男,1952年生) 李少兰(女,1953年生) 侯兴泉(男,1979年生)
	长安镇金宝村	语音、词汇	何金宝(男,1952年生) 褥华娇(女,1954年生)

第二章 封开方言概论

一、封开方言的特点

本章主要介绍方言境内的粤方言在语音、词汇和语法等方面较为一致的特点，方便大家快速地了解封开方言的概貌。

（一）封开方言的音韵特点

1. 声母特点

（1）古全浊塞音、塞擦音声母今读基本都读作清不送气的塞音及塞擦音。

（2）古知照组声母今读主要读作清塞擦音 tʃ、tʃʰ 及擦音 ʃ。

（3）古见、群母在流、深、臻三摄中多腭化为 tʃ，其余多读作 k；溪母合口一二等多读作 f。

（4）疑母细音和日母多已合流，读作 n。

（5）晓匣母开口多读做 h；晓母合口多读作 f，匣母合口多读作零声母。

（6）影喻母多读作零声母。

2. 韵母特点

（1）果开合一等非见系韵母都已合并，果开合三等韵母依然有别。

（2）麻开二、麻合二及麻开三韵母井然有别。

（3）遇合三非组韵母都与遇合一合流为 u；遇合三鱼韵庄组韵母都与果开合一等非见系韵母合流；遇合三其余韵母多读作 y。

（4）蟹开三四等韵母都已合流，与蟹开一及蟹开二韵母有别；蟹合三四等与止合三韵母合流。

（5）效开三四等合流，与效开一及效开二有别。

（6）流开一三等除日母和影组之外的韵母都已合流。

（7）咸、深摄开口韵母和山、臻摄开口韵母有别，前者收 m/p 尾，后者收 n/t 尾。

（8）咸开一二等见系韵母有别，非见系韵母合流；咸开三四等都已合流。

（9）山开一二等见系韵母有别，非见系韵母合流；山开三四等都已合流。

除山合三非组韵母并入山摄开口一二等非见系韵母外,其余山摄合口韵母与山摄开口韵母有别。

(10)臻开一三多已合流(日母和影组韵母除外);臻合一三等也多已合流(日母和影组韵母除外)。

(11)宕开一和江开二及宕开三庄组韵母合流;宕开三除庄组以外的韵母跟宕开一有别。

(12)梗开三四等合流,与梗开二有别。

(13)通合一三等多已合流(日母和影组韵母除外)。

3. 声调特点

(1)古今调类之间的对应关系整齐,古四声都以古声母的清浊为条件两两分化为阴平、阳平、阴上、阳上、阴去、阳去、阴入、阳入八个调类,其中阴入调进一步以主元音为条件分化为高低两类。

(2)古浊上调大部分情况下都仍能与古浊去调保持对应,只有部分偏文的浊上调混入浊去调中。

(二)封开方言的词汇特点

1. 核心词内部一致性高

封开方言的核心词在原封川县和开建县的各个方言点中的一致性是很高的。以施瓦迪士200词为例,封川话和开建话85%的词语的构成语素是完全相同的(各地读音有所区别)。200个核心词中构词语素完全不同的只有"这""那""谁""全部""小""乳房""躺""在""玩""撕裂""哪里"这11个,只占5%左右。有20个词的构词语素其构成成分是部分相同的(多数词根都相同,如"鸟""石头""游水""夜晚""父亲""森林"等),或词根相同语序不同(如"夫妻")。详见表2-1和2-2所示。

总的来看,封开方言核心词的词根绝大部分都是相同的,有区别的往往是一些虚词(如代词和副词)或虚语素(前缀和后缀)。这些相同的词语或词根大多又跟广州话等粤方言是相同的,因此,从核心词的情况来看,封开方言整体上属于粤语是无疑的。

表2-1 施瓦迪士前100核心词封川话和开建话对照表("□"表示有音无字,下同)

序号	前100词	封川话	开建话	异同
1	I(我)	我 ŋɔ^{223}	我 ŋu^{052}	全同

续上表

序号	前100词	封川话	开建话	异同
2	you（你）	你 ni^{223}	你 nei^{242}	全同
3	we（我们）	侬 naŋ^{554}	侬 nuŋ^{44}	全同
4	this（这）	个 kɔ^{243}	笄 kei^{52}	全异
5	that（那）	阿 a^{21}	呗 pui^{52}	全异
6	who（谁）	边个 pin^{55}kɔ^{334}	兀人 u^{44}ȵien^{44} 谁人 tʃœ^{24}ȵien^{44}	全异
7	what（什么）	乜嘢/呢 mu∧t^{55}ȵie^{223}/nɛ^{334}	乜嘢 mɛt^{55}ȵiɛ^{52}	全同
8	not（不）	冇 m∧u^{334}	唔 ŋ^{21}/ni^{44}	半同
9	all（全部）	全部 ɬun$^{243-22}$pu^{21} 冚霸冷 = ham^{22}pa^{22}laŋ^{21}	总 tʃuŋ^{52} 含总 ɔm$^{24-21}$tʃuŋ^{52}	全异
10	many（多）	多 tɔ^{554}	多 tu^{44}	全同
11	one（一）	一 i∧t^{55}	一 iɐt^{55}	全同
12	two（二）	二 ȵi^{21}	二 ȵi^{21}	全同
13	big（大）	大 tai^{21}	大 tai^{21}	全同
14	long（长）	长 tʃiɛŋ^{243}	长 tyŋ^{24}	全同
15	small（小）	细 ɬ∧i^{52}，夭 ŋ∧n^{55}	□ ni^{32}	全异
16	woman（女人）	女人 ny^{223}ȵi∧n^{243}	女人 nɔi^{242}ȵien^{44}	全同
17	man（男人）	男人 nam$^{243-22}$ȵi∧n^{243}	男人 nam^{24}ȵien^{44}	全同
18	persosn（人）	人 ȵi∧n^{243}	人 ȵien^{24}	全同
19	fish（鱼）	鱼 ŋy^{243}	鱼 ŋy^{24}	全同
20	bird（鸟）	雀儿 tiɛk$^{53-33}$ȵi^{554}	雀仔 tʃok$^{55-32}$tʃai^{52}	半同
21	dog（狗）	狗 kɐu^{334}	狗 kou^{52}	全同
22	louse（虱子）	虱嬷 ʃ∧t$^{55-33}$na^{334}	虱嬷 ʃɛt$^{55-32}$na^{52}	全同
23	tree（树）	树 tʃy^{21}	树 tʃy^{21}	全同
24	horn（角）	角 kɔk^{53}	角 kœk^{32}	全同
24	seed（种子）	种 tʃoŋ^{334}	种 tʃoŋ^{52}	全同
25	leave（叶子）	叶 ip^{22}	叶 ip^{34}	全同
26	root（根）	葂 kiɛn^{334}	葂 kyn^{52}	全同
27	bark（树皮）	树皮 tʃy$^{21-22}$pi^{243}	树皮 tʃy^{21}pei^{24}	全同

续上表

序号	前100词	封川话	开建话	异同
28	skin（皮肤）	皮 pi²⁴³	皮 pɐi²⁴	全同
29	flesh（肉）	肉 ɲiok²²	肉 ɲiok³⁴	全同
30	blood（血）	血 hut⁵⁵	血 hyt⁵⁵	全同
31	bone（骨头）	骨 kuʌt⁵⁵	骨 kuɐt⁵⁵	全同
32	grease（脂肪）	油 iʌu²⁴³	油 iɐu²⁴	全同
33	egg（鸡蛋）	鸡春 kʌi⁵⁵⁴⁻³³tʃʰʌn⁵⁵⁴	鸡春 kɐi⁴⁴⁻³²tʃʰɐn⁴⁴	全同
35	tail（尾毛）	尾 mi²²³	尾 mɐi²⁴²	全同
36	feather（羽毛）	毛 məu²⁴³	毛 mɔ²⁴	全同
37	hair（头发）	头毛 tʌu²⁴³⁻²²məu²⁴³ 头发 tʌu²⁴³⁻²²fat⁵³	头毛 tɐu²⁴⁻²¹mɔ²⁴ 头发 tɐu²⁴⁻²¹fat³²	全同
38	head（头）	头 tʌu²⁴³	头 tɐu²⁴	全同
39	ear（耳朵）	耳 ɲi²²³	耳 ɲi²⁴² 耳尾 ɲi²⁴²⁻²¹mɐi²⁴²	全同
40	eye（眼睛）	眼 ŋan²²³	眼 ŋan²⁴²	全同
41	nose（鼻子）	鼻 pi²¹	鼻 pɐi²¹	全同
42	mouth（嘴）	嘴 tui³³⁴	嘴 tʃœ⁵²	全同
43	tooth（牙齿）	牙 ŋa²⁴³	牙 ŋa²⁴	全同
44	touge（舌头）	舌 tʃiɛt²²	舌 tʃit³⁴，舌脷 tʃit³⁴⁻²¹lei²¹	全同
45	claw（爪子）	爪 ɲiau³³⁴	爪 ɲiau⁵²	全同
46	leg（脚）	脚 kiɛk⁵⁵	脚 kiʔk⁵⁵	全同
47	knee（膝）	脱头牯 tʰut⁵⁵⁻³³tʌu²⁴³⁻²²ku³³⁴	膝头牯 ʃœ³²tɐu²⁴⁻²¹ku⁵²	全同
48	hand（手）	手 ʃʌu³³⁴	手 ʃou⁵²	全同
49	belly（肚子）	肚 tu²²³	肚 tɔ²⁴²	全同
50	neck（脖子）	颈 kɛŋ³³⁴	颈 kiʔŋ⁵²	全同
51	breasts（乳房）	奶（脯）nai²²³⁻²²（pok²²）	胼 nin⁴⁴	全异
52	heart（心脏）	心 ɬʌm⁵⁵⁴	心 ʃɐm⁴⁴	全同
53	liver（肝）	肝 kun⁵⁵⁴，润 ɲiʌn²¹	肝 kɔn⁴⁴，润 ɲin²¹	全同
54	drink（喝）	饮 ɲiʌm³³⁴	饮 iɐm⁵²	全同
55	eat（吃）	喫 hek⁵⁵	喫 hiʔk⁵⁵	全同

续上表

序号	前100词	封川话	开建话	异同
56	bite（咬）	咬 ŋau²²³	咬 ŋau²⁴²	全同
57	see（看见）	望见 mɔŋ²¹⁻²²kin⁵² 睇见 tʰʌi³³⁴kin⁵²	望见 mœŋ²¹kin³² 看见 hɐn³²kin³²	全同
58	hear（听见）	听闻 tʰɛŋ⁵⁵⁴⁻³²muʌn²⁴³	听闻 tʰiŋ³²mɐn²⁴	全同
59	know（知道）	知 tʃi⁵⁵⁴	知 tɐi⁴⁴	全同
59	yellow（黄）	黄 uɔŋ²⁴³	黄 uᵒŋ²⁴	全同
60	sleep（睡）	瞓 fuʌn⁵²	瞓 fin³²	全同
61	die（死）	死 ɬi³³⁴	死 ʃei⁵²	全同
62	kill（杀）	刣 tʰɔŋ⁵⁵⁴，杀 ʃat⁵³	刣 tʰœŋ⁴⁴，杀 ʃat³²	全同
63	swim（游水）	泅水 ɬau²⁴³⁻²²ʃui³³⁴	游水 iɐu²⁴⁻²¹ʃœ⁵²	半同
64	fly（飞）	飞 fi⁵⁵⁴	飞 fei⁴⁴	全同
65	walk（走）	行 haŋ²⁴³	行 ɛŋ²⁴	全同
66	come（来）	来 lui²⁴³	来 lɔi²⁴	全同
67	lie（躺）	瞓 fuʌn⁵²	睡 tʃœ²¹	全异
68	sit（坐）	坐 ɬɔ²²³	坐 tʃuᵒ²⁴²	全同
69	stand（站）	企 ki²²³	企 ki²⁴²	全同
70	give（给）	畀 pi³³⁴	畀 pei⁵²	全同
71	say（说）	讲 kɔŋ³³⁴	讲 kœŋ⁵²	全同
72	sun（太阳）	热头 ȵit²²tʌu²⁴³	热头 ȵit³⁴⁻²¹tɐu²⁴	全同
73	moon（月亮）	月亮 ȵiut²²lɛŋ²¹	月亮 ȵyt³⁴⁻²¹luŋ²¹	全同
74	star（星星）	天星 tʰin⁵⁵⁴⁻³³ɬɛŋ⁵⁵⁴	天星 tʰɛn⁴⁴⁻³²ʃᵒŋ⁴⁴	全同
75	water（水）	水 ʃui³³⁴	水 ʃœ⁵²	全同
76	rain（雨）	雨 y²²³	雨 y²⁴²	全同
77	stone（石头）	大石牯 tai²¹⁻²²tʃek²²ku³³⁴ 石头儿 tʃek²²tʌu²⁴³⁻²²ȵi⁵⁵⁴	石头牯 tʃiᵉk²¹tɐu²⁴⁻²¹ku⁵² 石头仔 tʃiᵉk²¹tɐu²⁴⁻²¹tʃai⁵²	半同
78	sand（沙子）	沙 ʃa⁵⁵⁴	沙 ʃa⁴⁴	全同
79	earth（土地）	地 ti²¹	地 tei²¹	全同
80	clound（云）	云 uʌn²⁴³	云 uɐn²⁴	全同
81	smoke（烟）	烟 in⁵⁵⁴	烟 in⁴⁴	全同

续上表

序号	前100词	封川话	开建话	异同
82	fire（火）	火 fɔ^{334}	火 fu^{52}	全同
83	ash（灰）	火灰 fɔ$^{334-33}$fui^{554}	火灰 fu$^{52-32}$fui^{44}	全同
84	burn（烧）	烧 ʃiu^{554}	烧 ʃiu^{44}	全同
85	path（路）	路 lu^{21}	路 lu^{21}	全同
86	mountain（山）	山 ʃan^{554}	山 ʃan^{44}	全同
87	red（红）	红 hoŋ^{243}	红 oŋ^{24}	全同
88	green（绿）	绿 lok^{22}	绿 lok^{34}	全同
90	white（白）	白 pak^{22}	白 pɛk^{21}	全同
91	black（黑）	黑 hak^{55}	黑 hɐk^{55}	全同
92	night（晚上）	夜晚 iɛ^{21}man^{242}	晚间 man^{242}kan^{44}	半同
94	cold（冷）	冷 laŋ^{223}	冷 lɛŋ^{242}	全同
95	full（满）	满 mun^{223}	满 mɔn^{242}	全同
96	new（新）	新 ɬɐn^{554}	新 ʃɐŋ^{44}	全同
97	good（好）	好 hou^{334}	好 hɔ^{52}	全同
98	hot（热）	热 n̠it^{22}	热 n̠it^{34}	全同
98	round（圆）	圆 iun^{243}	圆 yn^{24}	全同
99	dry（干）	干 kun^{554}	干 kɔn^{44}	全同
100	name（名字）	名 meŋ^{243}	名 mi°ŋ^{24}	全同

表2-2 施瓦迪士后100核心词封川话和开建话对照表（汉字后加"="表示同音字，下同）

序号	后100词	封川话	开建话	异同
1	and（和）	同 toŋ^{243}	同 toŋ^{24}	全同
2	animal（动物）	动物 toŋ$^{223-22}$muʌt^{22}	动物 toŋ$^{242-22}$mɐt^{34}	全同
3	back（背）	□ mɛ^{554}，背 pui^{52}	□ nɛ^{32}，背 pui^{32}	全同
4	bad（坏）	坏 uai^{21}	坏 uai^{21}	全同
5	because（因为）	因为 iʌn^{554}uʌi^{21}	因为 iɐn^{44}uɐi^{24}	全同
6	blow（吹）	吹 tʃʰui^{554}	吹 tʃʰœ^{44}	全同
7	four（四）	四 ɬi^{52}	四 ʃei^{32}	全同
8	child（孩子）	细路仔 ɬʌi$^{52-32}$lu$^{21-22}$tʃɐi^{334}	奀仔 ni^{32}tʃai^{52}	半同

续上表

序号	后100词	封川话	开建话	异同
9	count（数）	数 ʃy^{334}	数 ʃu^{52}	全同
10	cut（砍）	斩 tʃam^{334}	斩 tʃam^{52}	全同
11	sky（天）	天 tʰin^{554}	天 tʰɛn^{44}	全同
12	dig（挖）	挖 uat^{53}	挖 uat^{32}	全同
13	dirty（脏）	邋遢 lat^{22}tʰat^{53}	邋遢 lat^{21}tʰat^{32}	全同
14	dull（呆，笨）	浸痞 tʌm$^{52-33}$mʌu^{554} 蠢笨 tʃʰuʌn^{334}puʌn^{21}	蠢 tʃʰɐn^{52}	半同
15	dust（尘土）	蓬尘 pʰoŋ$^{554-32}$tʃʌn^{243}	蓬尘 pʰuŋ^{32}tɐn^{242}	全同
16	fall（掉）	跌落 tɔ^{33}lɔk^{22}	□落 tɐp^{34}lœk^{21}	半同
17	far（远）	远 iun^{223}	远 yn^{242}	全同
18	farther（父亲）	阿爸 a$^{55-32}$pa^{21} 老窦 lə^{223}tʌu^{21}	吾爸 m$^{24-21}$pa^{32} 老窦 lɔ$^{242-21}$tɐu^{24}	半同
19	fear（怕）	惊 keŋ^{554}	惊 kiəŋ^{44}	全同
20	few（少）	少 ʃiu^{334}	少 ʃiu^{52}	全同
21	fight（打架）	打交 ta$^{334-33}$kau^{554}	斗打 tou^{32}ta^{52}	半同
22	five（五）	五 ŋ^{223}	五 ŋ^{242}	全同
23	float（漂浮）	浮 fʌu^{243}/pʰʌu^{243}	浮 pɐu^{24}	全同
24	flow（流）	流 lʌu^{243}	流 lɐu^{24}	全同
25	flower（花）	花 fa^{554}	花 fa^{44}	全同
26	fog（雾）	雾 mu^{21}	雾 mu^{21}	全同
27	breathe（呼吸）	唞气 ʃɔk^{53}hi$^{52-21}$	唞气 ʃœk^{32}hi^{32}	全同
28	freeze（结冰）	挂冰 kuɛ$^{52-33}$peŋ^{554}	结冰 kit$^{55-32}$piŋ^{44}	半同
29	fruit（水果）	生果 ʃaŋ$^{554-33}$kuɔ^{334}	生果 ʃɐŋ$^{44-32}$ku^{52}	全同
30	grass（草）	草 tʰɔu^{334}	草 tʃʰɔ^{52}	全同
31	guts（肠子）	肠 tʃiɛŋ^{243}	肠 tʃœŋ^{21}	全同
32	he（他）	佢 ky^{243}	佢 ky^{24}	全同
33	here（这里）	个度 kɔ^{334}tu^{21}	笋度 kei^{52}tu^{21} 笋堂 kei^{52}tœŋ^{242}	半同
34	hit（打）	打 ta^{334}	打 ta^{52}	全同
35	hold-take（拿）	拧 neŋ^{334}，搦 nek^{55}，攞 lɔ^{33}	拧 niŋ^{44}，揸 tʃa^{44}，ȵia^{44}	半同
36	how（怎么）	点 tim^{334}	冻（点样合音）tuŋ^{32}	半同

续上表

序号	后100词	封川话	开建话	异同
37	hunt（打猎）	打猎 ta^{334}lip^{22}	打猎 ta^{52}lep^{21}	全同
38	husband（丈夫）	老翁 ləu$^{223-22}$oŋ^{554}	老翁 lɔ$^{242-21}$oŋ^{44}	全同
39	ice（冰）	冰 peŋ^{554}	冰 piᵊŋ^{44}	全同
40	if（如果）	如果 ny$^{243-22}$kɔ^{334}	如果 ny$^{24-21}$ku^{352}	全同
41	in（在）	在 ɬui^{223}	住 tɔi^{21}	全异
42	lake（湖）	水库 ʃui^{334}fu^{52}，湖 u^{243}	水库 ʃœ$^{52-32}$fu^{52}，湖 u^{24}	全同
43	laugh（笑）	笑 ʃiu^{52}	笑 ʃiu^{32}	全同
44	left side（左边）	左边 tɔ^{334}pin^{554}	左边 tʃu^{32}pen^{44}	全同
45	leg（腿）	脚 kiɛk^{55}	脚 kiᵊk^{55}	全同
46	live（alive）（活的）	生 ʃaŋ^{554}，活 ut^{22}	生 ʃeŋ^{44}	全同
47	mother（母亲）	阿妈 a$^{55-33}$ma^{554} 老妈 ləu$^{223-23}$mu^{223}	吾𡟓 ŋ$^{24-21}$na^{21} 老𡟓 lɔ$^{242-21}$na^{21}	半同
48	narrow（窄）	窄 tʃak^{55}	窄 tʃɛk^{32}	全同
49	near（近）	近 tʃʌn^{223}	近 tʃen^{242}	全同
50	old（老的）	老 ləu^{223}	老 lɔ^{242}	全同
51	play（玩）	荡 tɔŋ^{21}	耍 ʃa^{32}	全异
52	pull（拉）	拉 lai^{554}	拉 lai^{44}	全同
53	push（推）	推 tʰui^{554}	推 tʰœ^{44}	全同
54	right side（右边）	右边 iʌu$^{21-22}$pin^{21}	右边 iou^{21}pen^{44}	全同
55	correct（对）	啱 ŋam^{554}	啱 ŋam^{44}	全同
56	river（江）	江 kɔŋ^{554}，河 hɔ^{243}	江 kœŋ^{44}，河 ɔ^{242}	全同
57	rope（绳子）	绳 tʃeŋ^{243}，藤 taŋ^{243}（白）	藤 teŋ^{24}	白同
58	rotten（腐烂）	烂 lan^{21}	烂 lan^{21}	全同
59	rube（擦）	摩擦 mɔ$^{243-22}$tʃʰat^{53}	擦 tʃʰat^{32}	全同
60	salt（盐）	盐 im^{243}	盐 im^{24}	全同
61	scratch（抓）	揸 tʃa^{554}	揸 tʃa^{44}	全同
62	seas（海）	大海 tai$^{21-22}$hui^{334}	大海 tai^{21}hɔi^{52}	全同
63	sew（缝）	罅 la^{52}，□lɛ^{52}	罅 la^{32}，□li^{ɛ32}	全同
64	sharp（尖）	尖 tim^{554}	尖 tʃim^{44}	全同

续上表

序号	后100词	封川话	开建话	异同
65	short（短）	短 tun³³⁴	短 tyn⁵²	全同
66	sing（唱）	唱 tʃʰiɛŋ⁵²	唱 tʃʰuŋ³²	全同
67	sky（天空）	天 tʰin⁵⁵⁴	天 tʰɛn⁴⁴	全同
68	smell（闻）	闻 muʌn²⁴³	闻 mɐn²⁴	全同
69	smooth（平）	平 pɛŋ²⁴³	平 piᵊŋ²⁴	全同
70	snake（蛇）	蛇 tʃɛ²⁴³	蛇 tʃiᵉ²⁴	全同
71	snow（雪）	雪 ʃut⁵⁵	雪 ʃyt⁵⁵	全同
72	spit（吐）	吐 tʰu³³⁴	□ pʰi⁵², 吐 tʰu⁵²（文）	文同
73	split（撕裂）	□ li⁵⁵⁴	撕 tsʰi⁴⁴	全异
74	squeeze（压）	压 at⁵³, 砸 tʃak⁵³	压 at³², 砸 tʃɐk³²	全同
75	stab（刺）	刮 kʌt⁵⁵	刮 kɐt⁵⁵, 北=pɐk⁵⁵	半同
76	stick（棍子）	棍 kuʌn⁵²	棍 kuin³²	全同
77	straight（直）	直 tʃɐk²²	直 tʃɐk³⁴	全同
78	suck 吮	嘲 ʃœk⁵³	嘲 ʃœk³², 吮 tʃyn²⁴²（白）	半同
79	swell（肿）	肿 tʃoŋ³³⁴	肿 tʃoŋ⁵²	全同
80	there（那儿）	阿度 a²²³tou²¹	呗堂 pui⁵²tœn²⁴³	全异
81	they（他们）	佢哋 ky²⁴³ti²¹	佢人 ky²⁴ȵiɛn⁴⁴	半同
82	thick（厚）	厚 hʌu²²³	厚 ɐu²⁴²	全同
83	thin（薄）	薄 pɔk²²	薄 pɐk²¹	全同
84	think（想）	谂 nʌm³³⁴	谂 nom³²	全同
85	three（三）	三 ɬam⁵⁵⁴	三 ʃam⁴⁴	全同
86	throw（扔）	扔 uɛŋ⁵⁵⁴, 棹 tʃau²¹	扔 uɛŋ⁴⁴, 墨=mɐk³⁴	半同
87	tie（捆）	绑 pɔŋ³³⁴	绑 pœn⁵²	全同
88	turn（转）	转 tʃun³³⁴	转 tyn³²	全同
89	Vomit（呕吐）	呕 ʌu³³⁴	呕 ɐu⁵²	全同
90	wash（洗）	洗 ɬai³³⁴	洗 ʃai⁵²	全同
91	wet（湿）	湿 ʃʌp⁵⁵	湿 ʃɐp⁵⁵	全同
92	where（哪里）	边度 pin⁵⁵tu²¹	兀堂 u⁴⁴tœn²⁴²	全异
93	wide（宽）	阔 fut⁵⁵	阔 fut⁵⁵	全同
94	wife（妻子）	老婆 lɐu²²³⁻²²pɔ²⁴³	婆老 puɔ²⁴⁻²¹lɔ²⁴²	半同

续上表

序号	后100词	封川话	开建话	异同
95	wind（风）	风 foŋ^{554}	风 foŋ^{44}	全同
96	wing（翅膀）	翅 tʃʰi^{52}	翅 tʃʰi^{32}	全同
97	heavy（重）	重 tʃoŋ^{223}	重 tʃoŋ^{242}	全同
98	woods（森林）	树林 tʃy$^{21-22}$lʌm^{243}	山林 ʃan$^{44-32}$lɐm^{24}	半同
99	worm（虫）	虫 tʃoŋ^{243}	虫 tʃoŋ^{24}	全同
100	year（年）	年 nin^{243}	年 nɛn^{24}	全同

2. 保留较多的古语词

封开是岭南开发最早的地区之一，两汉时期这里是整个岭南的军事、政治和文化中心，因此封开方言也保留了许多不同时期的古语词，其中还有不少是上古时期延续下来的词语或用法，如封开北部开建话表未然的否定用法"唔曾"和人称前缀"吾"等。这些古语词有些是跟广州话及其他粤方言一致的，还有一些是主要在封开及周边地区使用的古语词。

（1）与广州话一致的古语词

这类词语有很多，常见的如"腡肉""屚壳""雨㵲""潲水""鉎锈""嫠(俗作'潺')""渠(俗作'佢')""屙""戳""扰击打""畀""消夜(宵夜)""徛(俗作'企')""剞削""瞑""焗""菢""揞""煠用水煮""合(俗作'㞘')""睬""欹""歇休息""慓""髦""走""拾(俗作'执')""头""行""姣""煨""舐""焊""噍""度量""瘟""䁗小视""搊""撩""憃疯""僭超过,插入""撮收拢""蹴使振动""呷大口喝""驾""牿""狞""拗""屈无尾""妇""姊妹""帮衬""倾偈""屎男阴""炳热、烫""搣抓""挼""研""軀向外挺着""䯀""鳙""棹""㩧戳(俗作'督')""豚末端(俗作'乏启')""犇""掾""趯踏""破皮裂""剒刺""掆""根""苴次品、差劲""樴桩(俗作'褧栈特')""𨳻栋、层""蹉跌倒""髟发垂""奄""袷""唝""篋箱""筥小箱子""㱃想、欲得(俗作'恨')""抠""穣""䌌""嫽""襟""烻烫、煮""挛""窴尘""噬""褪""炜漂亮、好看""砥压(俗作'磴')""笱""缭"。

（2）广州话没有或少用的一些古语词

还有一些是很少出现在广州话等东部粤语而多出现在封开及周边方言中的古语词，如："吮吸吮""呕""要""汤""坎""挼揉、搓""绚用绳捆绑""笼桄木箱""蹢蠾蹢不伸""棹摇""蕲""扡(地)引、带""瓷""軀身向前""挣五指""禹并举、抬""罙堆积""笎竹木刺""棠梨""壅""揵搬运、携带""创碰""挃撞击""揘提持""鐺炒菜锅""扤摇动"

"嬺长弱""糁用粉状物和水等液体""燂烧热、烫热""薦草垫""齾肉块、块""镽细长""谢日昨天""脟腈脚胫""虔诚诚心、干净""红蟣水蛭""婪尾后尾"。

3. 有许多壮侗族语言的底层词

封开东北部的长安、金装、莲都、河儿口等镇还有一部分人至今仍在讲标话。据梁敏、张均如（2002）的研究，标话是古壮侗语之一，属于侗水语支。标话保留许多古壮侗语的语词，可以说封开标话是封开真正意义的土著语言。千百年来封开方言和封开标话长期共处，互相影响，于是形成了许多双方共有的关系词。一方面标话从封开方言里面吸收了大量的汉语词汇，据侯兴泉（2010）的初步统计，封开长安标话80%以上的词汇都借自周边的汉语方言。另一方面，封开方言也从标话等原住民语言（主要是壮侗语）里面吸收了大量的底层。在表2-3中，我们列出一批封开方言跟现代汉语差别很大而跟标话（以封开长安标话为例）有密切关系的词语，这些词多有音无字，供大家参考。

总的来看，封开北部的开建话要比南部的封川话有更多的壮侗语底层成分，这跟地缘接触有密切的关系。标话主要分布在封开北部、怀集南部的党山（原名忠谠山）山脉一带，封开境内的标话大部分都处在开建话的包围之中，词汇间的相互接触和影响是难以避免的。而封川一带地处两广水路交通的枢纽，跟东西南北各路汉人的交流更为频繁，因此词汇中相对少地保留底层词也是可以理解的。有些底层词如"猴子""跟""竹木刺""杀""窝巢""正确""缝隙""扎""干枯""思考""敷""欺负""躲""骗""盖""推""块""涩""聪明"等不仅出现在封开方言中，还出现在广州话等其他粤语中，说明这些底层词很早就已经进入到粤语当中，成为了粤语的一部分，并广泛分布在两广各地。

表2-3 封开方言与长安标话关系词（底层词）对照表①（括号内为汉语成分）

词条	长安标话读音	开建话读音	封川话读音
猴子	ma$^{44\text{-}32}$lieu$^{44\text{-}32}$（tai^{44}）	ma$^{44\text{-}32}$leu^{44}	ma^{55}lʌu^{554}
小(母鸡)	（kui$^{52\text{-}32}$）œŋ^{21}	（kɐi$^{44\text{-}32}$）œŋ^{21}	（kʌi$^{554\text{-}32}$）ɔŋ^{21}
㜷	na$^{52/21}$	na$^{52/21}$	na^{334}
八哥	ha$^{44\text{-}32}$liu^{32}	ha$^{44\text{-}32}$liu^{32}	lieu$^{55\text{-}33}$（kɔ^{554}）
臭虫	tsʰou^{32}kɐŋ^{24}	tsʰou^{32}kɐŋ^{24}	mok^{22}ʃʌt^{55}（木虱）
蜗牛	lɐm$^{24\text{-}21}$lyn^{21}（tʃʰœy^{44}）	la^{21}lyn^{21}（tʃʰœy^{44}）	lʌu$^{243\text{-}22}$lun$^{21\text{-}22}$（tʰy^{554}）

---

① 长安标话的材料由笔者本人调查所得。

续上表

词条	长安标话读音	开建话读音	封川话读音
螫针，蜂刺	tu³²	tu³²	ty⁵²
螃蟹	ha⁴⁴⁻³²lat³²	ha⁴⁴⁻³²lat³²	kʌm²⁴³⁻²²ŋʌu⁵⁵⁴（蟛蜞）
泥鳅	kuɔ³²lat⁵⁵	kou³²lɐt⁵⁵	nʌi²⁴³⁻²²nʌu⁵⁵⁴（泥鳅）
花木汁液	nyŋ²⁴	nyŋ²⁴	ȵieŋ²⁴³
根	kyŋ⁵²	kyŋ⁵²	kieŋ³³⁴
棯	nim⁴⁴	nɛm⁴⁴	nim⁵⁵⁴
竹、木刺	lɐk²⁴	lɐk³⁴	lak²²
曾孙	sɐk⁵⁵	ʃɐk⁵⁵	ɬak⁵⁵
外祖母	(n̩²¹)tai⁴⁴	(n̩²¹)tai⁴⁴	(pɔ²⁴³⁻²²)ta⁵⁵⁴
杀	tʰœŋ⁴⁴	tʰœŋ⁴⁴	tʰɔŋ⁵⁵⁴
（猪）圈	(mɐu⁴⁴⁻³²)lok²⁴	(tœy⁴⁴⁻³²)lok³⁴	(tʃy⁵⁵⁴⁻³²)lok²²
窝、巢	tou³²	tou³²	tʌu⁵²
锄头	pʰœŋ⁴⁴	pʰœŋ⁴⁴	pʰɔŋ⁵⁵⁴
鱼篓	(pɐt⁵⁵⁻³²)niŋ⁵²	niᵃŋ⁵²	mun⁵⁵⁴
疙瘩（虫咬起的肿块）	nyŋ⁵²	nyŋ⁵²	nʌu⁵²
裂缝（小）	liɛ⁵²	liɛ⁵²	lɛ⁵²
裂缝（大）	lia⁵²	la³²	la⁵²
唠叨	ŋom²¹tʃom²¹	ŋom²¹tʃom²¹	ŋʌm²⁴³⁻²²tʃʰʌm²¹
紧、硬，当然	kɐŋ⁵²	kɐŋ⁵²	kaŋ³³⁴
打闪	lɐk²¹liŋ²¹	iap²¹liŋ²¹	lap²²lɐŋ²¹
拉伸、扯	nœŋ³²	nœŋ³²	tʃʰɛ³³⁴（扯）
渗透	iam³²	iam³²	iam⁵²
扎、刺	kɐt⁵⁵	kɐt⁵⁵	kʌt⁵⁵
打滚	lok⁵⁵	lok⁵⁵	lok⁵⁵
朽（木头）	mou⁵²	mou⁵²	mʌu³³⁴
连着	ȵieŋ³²	ȵieŋ³²/nɐŋ³²	lin²⁴³（连）
掉（地上）、跌	tɐp²⁴	tɐp³⁴	tʌp²²
陷（地凹陷）	ŋam⁵²	ŋam⁵²	miɛt⁵⁵（瘪）
鲠、噎	pɐt²¹	pɔt²¹	put²²

续上表

词条	长安标话读音	开建话读音	封川话读音
歪	mai^{52}	mai^{52}	mai^{334}
硌（硌脚）	kɐŋ^{21}	kɐŋ^{242}	kaŋ^{334}
爬（在地上）	yn^{24}	yn^{24}	iun^{243}
驮、背	nɛ^{32}/nia^{32}	nɛ^{32}	mɐ^{554}
凋谢、蔫	ȵiɛt^{32}	ȵiɛt^{32}	—
干枯，缺油水	hœŋ^{52}	hœŋ^{52}	hɔŋ^{334}
想、思考	nom^{32}	nom^{32}	nʌm^{334}
敷（药）	ɐp^{55}	ɐp^{55}	ʌp^{55}
抬、仰（起头）	kɛt^{21}	kɛt^{21}	ȵiɛŋ^{223}（仰）
点（头）	nek^{55}	nek^{34}	ŋak^{55}
摇、晃	fɐŋ^{32}	fɐŋ^{32}	faŋ^{52}
骗	ŋek^{55}, sɐp^{55}	ŋek^{55}, ʃɐp^{55}	ŋak^{55}
哄	tʰom^{32}	tʰom^{32}	tʰʌm^{52}
吐	pʰi^{52}	pʰi^{52}	tʰu^{334}（吐）
哈欠	a^{32}om^{52}	a^{32}om^{52}	ɬat$^{53-32}$əm^{21}
漱（口）	lɔŋ^{52}	lœŋ^{52}	lɔŋ^{334}
伸出（舌）	nat^{21}	nat^{21}	ʃʌn^{554}（伸）
打嗝	sek$^{55-32}$ŋek^{55}	ʃek$^{55-32}$ŋek^{55}	ɬok$^{55-33}$ŋek^{55}
休息	tʰɐu^{52}	tʰɐu^{52}	tʰʌu^{334}
躲	mei^{32}	mei^{32}	miɛt^{55}
钻（洞）	ȵyn^{32}	ŋyn^{44}/ŋun^{32}	ȵiun^{55}
挨（着坐）	ŋɛ^{32}	ŋɛ^{32}	ai^{554}（挨）
欺负	ha^{44}	ha^{44}	ha^{554}
抚摸	la^{32}	la^{32}	la^{334}
熏（用烟）	uɐt^{55}	uɐt^{55}	uʌt^{55}
埋、盖	kʰom^{32}	kʰom^{32}	kʰʌm^{334}
挂	kʰuɐŋ^{32}	kʰuɐŋ^{32}	kua（挂）^{52}, pʰiɐ^{52}
推	oŋ^{52}	oŋ^{52}	oŋ^{334}
招（手）	iap^{21}	iap^{21}	iap^{53}

续上表

词条	长安标话读音	开建话读音	封川话读音
摇(树)	ŋɔ²⁴	ŋɔ²⁴	ŋəu⁵⁵
指(人)	ȵy⁵²	ȵy⁵²	pəu⁵²(报)
掰开、掐	mit⁵⁵、mok⁵⁵	mek⁵⁵	mit⁵⁵
捂、掩(着)	ɐm⁴⁴	ɐm⁴⁴	ʌm⁵⁵⁴
紧压(用手)	nok⁵⁵	nok⁵⁵	kʌm²¹(揿)
掀开，翻开	pʰɛn⁴⁴	pʰɛn⁴⁴	—
卷(衣袖)	ȵiap³²	ȵiap³²	kun²⁴³(卷)
套、拼	tʰɐp⁵⁵	tʰɐp⁵⁵	tʰʌp⁵⁵
削	pʰɐi⁴⁴	pʰɐi⁴⁴	muʌi⁵⁵⁴
量	ɔ³²	ɔ³²	tɔk²²(度)
抖	ȵiou⁵²	ȵiou⁵²	ȵiʌu³³⁴
倒(垃圾)	kɐŋ³²	kɐŋ³²	piɛn³³⁴, təu³³⁴(倒)
舀(水)	pɐt⁵⁵	pɐt⁵⁵	puʌt⁵⁵
洒、泼	iai³²	iai³²	ʃa³³⁴(洒)
踮(脚)	nɛ⁴⁴	nɛ⁴⁴	leŋ⁵²
蹲着	ŋap⁵⁵	ŋap⁵⁵	mʌu⁵⁵⁴
跨	kʰam³²	kʰam³²	lam⁵²
对，正确	ŋam⁴⁴	ŋam⁴⁴	ŋam⁵⁵⁴
涩	kip⁵⁵	kip⁵⁵	kip⁵⁵
直	iœ³²	iœ³²	tʃek²²(直)
瘪	mɛ³²	mɛ³²	miet⁵⁵
韧、难嚼	ȵiœŋ⁵²	ȵiœŋ⁵²	ȵiʌŋ⁵⁵⁴(韧)
累	nœ³²	nœ³²	lui²²(累)
闷、无聊	ŋɛn⁴⁴	ŋan⁴⁴	mun⁵²(闷)
巧、聪明	liɐk⁵⁵	liºk⁵⁵	lek⁵⁵
一点、些	nit⁵⁵	nit⁵⁵	tit⁵⁵/ti⁵⁵⁴
块	kou²¹	kou²¹	kou²¹

4. 有一些地域特色词

封开南北的方言都有一些少见于广州话等东部粤语的词，如"人屋（大家)""大众""抲(带、引领)""□(爬)""娘＝(植物汁液)""□(抚摸)""六(牲畜住所)"等。这些特色词有些是古语的存留,如"大众""抲(带、引领)";有些是底层词,如"□(爬)""娘＝(植物汁液)""□(抚摸)""六(牲畜住所)";"人屋"应该是仿造"人家"而造的一个创新词。

(三)封开方言的语法特点

总的来说,封开方言在语法层面的一致性要高于语音和词汇,无论是词法还是句法,差异都不是太大。下面我们来简单介绍一下封开方言的语法特点。

1. 构词方面

合成词都主要使用复合和重叠这两种构词方式,其中复合构词法又跟粤语乃至其他汉语方言大同小异,无非是主谓、动宾、动补、偏正、状中等几种常见的复合方式。

派生词都使用"阿""老"这两个前缀和"公""牯""婆""嫲"等后缀,跟其他粤方言基本上都是一致的。

都在不同程度上使用了变调构词法,通过变调区分词性的如动词和名词的"担""数""间""铺",名词和形容词的"难"等;通过变调区分词义的主要是小称变调(变高平调),如"毛"和"水",变高平调后都带上了小称义。

2. 词类和句法方面

封开方言的词类、词序、句式和句型跟其他粤方言乃至其他汉语方言的区别并不大。有区别的多是某些词类中的某些词的具体用法不同(其中虚词的用法又比实词有更多的不同),或者是某些具体句式句型的个别用例有所差别。我们会在下面第二节的语法区别部分对这些具体的差别做一个较为概况性的介绍。第五章的第一部分列出了50个句子在封开方言中的对应说法及标音,大家可以通过这些例句管窥封开方言的一些基本语法特点。

二、封开方言的南北分区

封开境内的粤方言可分为南北两个区,南部方言通行于原封川县,北部方言主要通行于原开建县。两区方言虽同属于粤语勾漏片,但南北两区粤语在音韵、词汇和语法上都存在不少区别,两区人们在语言沟通上存在一定的困难。

（一）音韵区别

1. 声母区别

（1）南部方言古帮、端母多读作浊内爆音ɓ、ɗ，并、定母也多读作浊音；北部方言这些声母一般都读作清塞音p、t。

（2）南部方言古非、敷、奉母多读作清擦音f，北方方言仍多保留"古无轻唇音"的读法（奉母表现尤为明显），多读作清塞音p、p^h。

（3）南部方言和北部方言在精组读音上完全有别：南部方言精、清母读清塞音t、t^h，从、心、邪母读清边擦音ɬ，跟知照组有别；北部方言精母和邪母读清塞擦音ʧ，清母读$ʧ^h$，从、心母读清擦音ʃ，多跟知照组合流。

（4）北部方言古知组三等口语常用字的声母多保留"古无舌上音"的读法，古知、澄母多读作t，而南部方言则很少保留这类读法。

（5）北部方言古邪、崇、船、禅母今读多读作不送气清塞擦音，而南部方言多读作擦音ʃ。

（6）北部方言古匣母开口字今读多读作零声母，南部方言多读作h。

2. 韵母区别

（1）南部方言果开一和果合一见系韵母有别（ɔ-uɔ），其余韵合一流为ɔ；北部方言果开一和果合一已完全合流为u˚。

（2）假开三非日母和影组韵母南部方言读ɛ，北部方言读i˚。

（3）蟹摄开合一等韵北部方言有别（开口主要读ɔi，合口多读ui或œ），而南部方言多已合流为ui。

（4）止开三南部方言基本都读作i；北部方言除了知系和见系读i外，帮端泥三组声母多读作ɐi/ei，精组多读作u˚。

（5）效开一南部方言主要读ue，北部方言主要读ɔ。

（6）咸开一见系韵母南部方言主要读ɐm/mɐ/qɐ，北部方言主要读ɔm/ɔp。

（7）山合三非见系韵母南部方言主要读un/ut，跟山合一合流；北部方言主要读yn/yt，跟山合一un/ut有别。

（8）臻合一精组韵母南部方言主要读un/ut，北部方言主要读yn/yt。

（9）宕开一和江开二及宕开三庄组韵母南部方言主要读oŋ/ok，北部方言主要读œŋ/œk。宕开三北部方言主要读ieŋ/iek，北部方言主要读yŋ/yiek(iək)。

（10）南部方言曾开一和梗开二合流为aŋ/ak，曾开三和梗开三四等合流为eŋ/ek或ieŋ/iek；而北部方言是曾开一和曾开三合流（除影组和日母）为eŋ/ak，跟梗摄读音有别。

3. 声调区别

（1）从调类来看，北部方言有10个声调（阳入和阴入一样都根据主元音的高低各分出两个调），南部方言只有9个声调（阳入跟广州话一样只有一个）。

（2）从调值上看，阴上、阳上、阴去和阳入调调值南北方言区别非常明显：南部方言的调值分别为334、223、52、22；北方方言的调值为52、242、32、34或21。

（二）词汇区别

有部分核心词在封开方言内部有明显的区别，我们可以根据这些核心词来判断封开境内的方言的南北区别，如果是南部的方言，这些核心词的词形和读音多跟封川话相同；若是北部的方言，其词形和读音多跟开建话保持一致。

词条	封川话	开建话
玩	荡 toŋ^{21}	耍 ʃa^{32}
那里	阿度 a$^{21-23}$tou^{21}	呗堂 pui^{52}tœn^{243}
哪里	边度 pin^{55}tu^{21}	兀堂 u^{44}tœn^{242}
谁	边个 pin^{55}kɔ^{334}	兀/谁人 u^{44}/tʃœ^{24}ȵien^{44}
全部	全部 ɬun$^{243-22}$pu^{21} 冚霸冷= ham^{22}pa^{22}laŋ^{21}	总 tʃuŋ^{52} 含总 ɔm$^{24-21}$tʃuŋ^{52}
小	细 ɬʌi^{52}，天 ŋʌn^{55}	□ni^{32}
踮	□leŋ^{52}	□nɛ^{44}
乳房	奶（脯）nai$^{223-22}$（pok^{22}）	胮 nin^{44}
螃蟹	蟛钩 kʌm$^{243-22}$ŋʌu^{554}	虾蜊 ha$^{44-32}$lat^{32}
泥鳅	泥鳅 nʌi$^{243-22}$nʌu^{554}	狗甩 kou^{32}lɛt^{55}
躺	瞓 fuʌn^{52}	睡 tʃœ^{21}

（三）语法区别

（1）南部方言的小称主要以词根后附"儿"尾或"子"尾表示，北部方言主要以词根后附"仔"尾来表达；亲属称谓词前面的前缀南部方言多用"阿"，北部方言多用"吾"。

（2）结构助词南北方言区别较大，表状态持续和表动作完成的助词南部方言用"住"和"咗"，北部方言用"倒"和"哈"。

（3）否定词南北方言区分明显：否定已然和未然南部方言都用"冇"；北部方言否定已然用"唔有"，否定未然多用"唔"（音 n^{21} 或 ni^{44}）。

（4）指示代词南部方言也有明显的区别：南部方言近指用"个"，远指用"阿"；北部方言近指用"笋"，远指用"呗"。

（5）短时体标记南部方言用"下"，北部方言用"照"。

（6）正反问句南北方言区分非常明显：南部方言多用"VP不VP"或"V不VP"句提问，而北部方言多使用"阿VP"来提问。

第三章 封开方言语音分析

一、封开南部方言（封川话）的语音系统

（一）封开南部方言（封川话）音系

1. 声母

p 帮爬兵病	pʰ 派片铺劈	m 明麦味问	f 蜂副饭灰	
t 多甜早节	tʰ 讨天草清	n 脑男年泥	ɬ 字全酸想	l 老蓝连路
tʃ 张柱装床纸船城九	tʃʰ 抽初车春	nʑ 热软月柔	ʃ 事山顺手十	
k 高共权芥	kʰ 规吸筐窍	ŋ 熬眼牙额	h 好响开轻	
∅ 县活安王药				

声母说明：

（1）封川话的 p、t、k 是较紧的清爆破音。p、t 跟高调配合时有较弱的浊内爆音变体，跟低调配合时有的时候听起来有浊感。封开南部离县城较远的罗董、杏花、渔涝等镇的方言帮端母今读是较为明显的内爆音，并定母今读的浊音感也要比封川话明显。

（2）封川话的 tʃ、tʃʰ、ʃ 跟齐齿呼相拼时实际音值为舌面前的 [tɕ]、[tɕʰ]、[ɕ]。

（3）零声母 ∅ 有 [j]、[w]、[ʔ] 等变体：在齐齿呼前多为 [j]，在合口呼前为 [w]，在开口呼前为 [ʔ]。

2. 韵母

	i 师试戏飞	u 租苦付壶	y 猪许住数
a 茶牙瓦化	ia 廿	ua 瓜华挂话	
ɛ 车写借谢	iɛ 爷野夜	uɛ 挂	
œ 靴躲			
ɔ 歌鹅坐破	iɔ 哟皱	uɔ 果过祸	
ai 排鞋快解	iai 搓	uai 拐怪坏	

续上表

ʌi 翳计细	iʌi 跪	uʌi 龟鬼米贵	
	iui 乳蕊	ui 开赔罪对	
au 抄饱校闹	iau 爪		
ɛu 焦撬	iɛu 撩猫尿绞		
əu 刀宝造号			
ʌu 偷楼走豆	iʌu 休油有右		
	iu 焦桥鸟笑		
am 贪男减杉	iɛm 钳点		
əm 甘含敢暗			
ʌm 心琴林浸	iʌm 音饮任淫		
	im 尖盐险剑		
an 山弹产烂	iɛn 扁片撚	uan 弯关还惯	
ʌn 根紧吞轮	iʌn 人隐印闰	uʌn 分民困君	
	in 鲜年剪战		
on 肝旱寒案	iun 冤园软院	un 端全暖半	
aŋ 灯层肯硬	iɛŋ 姜尝响让	uaŋ 横梗	
eŋ 冰绳饼病	ieŋ 蝇形影英	ueŋ 永荣	
ɔŋ 帮糖讲浪		uɔŋ 光慌王旺	
oŋ 东铜孔宋	ioŋ 翁熊拥用		
ap 塔杂	ia 挹眨		
	iɛp 夹镊□喋		
əp 鸽盒			
ʌp 汁十粒	iʌp 入		
	ip 接业碟		
at 八辣抹	iet 舌鳖蚀篾	uat 刮滑	
ʌt 栗疾失出	iʌt 一日	uʌt 蜜骨核橘	
	it 灭设热结		
	iut 阅月越穴	ut 割末脱活	
ak 得握墨贼	iɛk 脚药勺叻	uak 或划	
ek 尺直石	iek 益	uek 域	

续上表

ɔk 托鹤嘞		uɔk 国郭	
ok 谷六	iok 欲玉		
ŋ̍ 吴五			

韵母说明：

（1）a系韵母实际音值为央低元音[ᴀ]。

（2）ɔ系韵母的实际读音为六号半元音[ɵ]；ɛ系韵母的实际音值为[ᴇ]。

（3）ai、uai、uʌi、ui的韵尾i经常发不到位，实际读音为[ɪ]或[e]。

（4）əu、au、ʌu的韵尾u经常发不到位，实际读音为[ʊ]或[o]。

（5）合口呼诸韵母的介音或韵腹u的实际音值多为[ʊ]。

（6）iu、im、in、ip、it的韵腹i的实际音值为[ɪ]。

（7）iɛŋ和iɛk韵的i介音实际音值为[ɪ]或[e]，跟h、l、ʧ拼合的时候，i介音容易脱落；iʌi、iui、iʌu、iʌm、iʌn、iun、iʌp、iʌt、iut的i介音带圆唇色彩。

（8）eŋ和ek的实际音值为ɪŋ和ɪk。

（9）ʌi、ʌu、ʌm、ʌn、ʌp、ʌt诸韵的主元音前通常带一个前置的圆唇滑音ɔ或o。

（10）韵腹为ɔ的韵母跟舌叶擦音ʃ相拼的时候音值接近iɔ或yɔ。

3. 单字调

（1）阴平554　　东开天春　　　　（2）阳平243　　牛油铜皮

（3）阴上334　　懂古鬼九　　　　（4）阳上223　　老五有动

（5）阴去52　　冻怪半四　　　　（6）阳去21　　洞地饭树

（7）上阴入55　　谷节急哭　　　　（8）阳入22　　毒白盒罚

（9）下阴入53　　节拍塔切

声调说明：

（1）阴平调554单念时有55和44等自由变体；阳平243快读的时候主要读作24。

（2）阴上334有34、445、335等自由变体；阳上223有23、113等自由变体。

（3）阴去52有51、41、42等降调变体；阳去21有31、221等自由变体。

（4）上阴入55是个高短调，有高升变体（带假声）；下阴入53有43变体。

（5）由于封川话的上阴入和阴平、下阴入和阴去、阳入和阳去之间并不存在最小的对立（各呈互补对应分布状态），因此封川话的单字调可以归为6个调位：1调（554/55）、2调（243）、3调（334）、4调（223）、5调（52/53）、6调

(21/22)。

4.连读变调

封川话双音节及双音节以上的词语中，通常会出现连读变调现象。封川话的连读变调以前字变调为主，也有后字变调。有些词同时存在前字变调和后字变调，从变调发生的顺序来看，这些词通常是先发生前字变调，后发生后字变调。下面我们分别对其进行介绍。

（1）词语中的前字变调

1）双音节词中的前字变调

封川话的双音节词（特别是使用频率很高的词）往往会发生前字变调，变调规律比较明显，可用两条规则来总结：一是前字为阴调（阴平554、阴上334、阴去52、上阴入55、下阴入53）时，通常会变作中平调（33/33）或中降调（32/32）；二是前字为阳调（阳平243、阳上223、阳去21）时，通常会变作低平调22（阳入调本身已是低平调22，故不再变调）。各调在双音节词中的前字变调情况如下所示：

①阴平+各调：554+各调→33/32+各调。如：

阴平+阴平：心胸 ɬʌm$^{554\text{-}33}$hoŋ^{554}　　　鸡公 kʌi$^{554\text{-}33}$koŋ^{554}

阴平+阳平：新娘 ɬʌm$^{554\text{-}32}$niɛn^{243}　　猫头 miɛu$^{554\text{-}32}$tʌu^{243}

阴平+阴上：牲口 ʃaŋ$^{554\text{-}33}$hʌu^{334}　　　飞鼠 pʰi$^{554\text{-}33}$ʃy^{334}

阴平+阳上：猪肚 tʃy$^{554\text{-}32}$tu^{223}　　　　鸡肫 kʌi$^{554\text{-}32}$tʃʌn^{223}

阴平+阴去：青菜 tʰeŋ$^{554\text{-}32}$tʰui$^{52\text{-}21}$　　猪肺 tʃy$^{554\text{-}32}$fi$^{52\text{-}21}$

阴平+阳去：生病 ʃaŋ$^{554\text{-}32}$peŋ^{21}　　　衫袖 ɬam$^{554\text{-}32}$ɬʌu^{21}

阴平+上阴入：亲戚 tʰʌn$^{554\text{-}33}$tʰek^{55}　　包粟 pau$^{554\text{-}33}$ɬok^{55}

阴平+下阴入：三角 ɬam$^{554\text{-}32}$kɔk$^{53\text{-}22}$　　窿甲 loŋ$^{554\text{-}32}$kap$^{53\text{-}22}$

阴平+阳入：桑叶 ɬɔŋ$^{554\text{-}32}$ip^{22}　　　　烟盒 in$^{554\text{-}32}$həp^{22}

②阳平+各调：243+各调→22+各调。如：

阳平+阴平：人家 niʌŋ$^{243\text{-}22}$ka^{554}　　同窗 toŋ$^{243\text{-}22}$tʃʰiɛn^{554}

阳平+阳平：男人 nam$^{243\text{-}22}$niʌn^{243}　　茶婆 tʃa$^{243\text{-}22}$pɔ^{243}

阳平+阴上：肥仔 fi$^{243\text{-}22}$tʃʌi^{334}　　　苹果 peŋ$^{243\text{-}22}$kuɔ^{334}

阳平+阳上：朋友 paŋ$^{243\text{-}22}$iʌu^{223}　　牛肚 ŋʌu$^{243\text{-}22}$tu^{223}

阳平+阴去：咸菜 ham$^{243\text{-}22}$tʰui^{52}　　脾气 pi$^{243\text{-}22}$hi^{52}

阳平+阳去：门路 mun$^{243\text{-}22}$lu^{21}　　　闲话 han$^{243\text{-}22}$ua^{21}

阳平+上阴入：毛笔 məu$^{243\text{-}22}$puʌt^{55}　　茶渍 tʃa$^{243\text{-}22}$tek^{55}

阳平+下阴入：菩萨 pɔ²⁴³⁻²² ɬat⁵³⁻²²　　摩擦 mɔ²⁴³⁻²² tʃʰat⁵³

阳平+下阳入：同学 toŋ²⁴³⁻²² hɔk²²　　茶叶 tʃa²⁴³⁻²² ip²²

③阴上+各调：334+各调→33/32+各调。如：

阴上+阴平：姐夫 ʃi³³⁴⁻³³ fu⁵⁵⁴　　水瓜 ʃui³³⁴⁻³³ kua⁵⁵⁴

阴上+阳平：火头 fɔ³³⁴⁻³² tʌu²⁴³　　口潺 hʌu³³⁴⁻³² ɬan²⁴³

阴上+阴上：橄榄 kəm³³⁴⁻³³ lam³³⁴　　口水 hʌu³³⁴⁻³³ ʃui³³⁴

阴上+阳上：姐弟 te³³⁴⁻³² tʌi²²³　　仔女 tʌi³³⁴⁻³² ny²²³

阴上+阴去：水圳 ʃui³³⁴⁻³² tʃʌn⁵²⁻²¹　　宝贝 pəu³³⁴⁻³² pui⁵²⁻²¹

阴上+阳去：手链 ʃʌu³³⁴⁻³² lin²¹　　鬼计 kuʌi³³⁴⁻³² kʌi²¹

阴上+上阴入：屎窟 ʃi³³⁴⁻³³ fuʌt⁵⁵　　土鳖 tʰu³³⁴⁻³³ piɛt⁵⁵

阴上+下阴入：水鸭 ʃui³³⁴⁻³² ap⁵³⁻²²　　请客 tʃʰeŋ³³⁴⁻³³ hak⁵³

阴上+阳入：水栗 ʃui³³⁴⁻³² lʌt²²　　苦荬 fu³³⁴⁻³² mak²²

④阳上+各调：223+各调→22+各调。如：

阳上+阴平：舅翁 tʃʌu²²³⁻²² oŋ⁵⁵⁴　　眼圈 ŋan²²³⁻²² hun⁵⁵⁴

阳上+阳平：老婆 ləu²²³⁻²² pɔ²⁴³　　眼眉 ŋan²²³⁻²² mi²⁴³

阳上+阴上：耳屎 ȵi²²³⁻²² ʃi³³⁴　　奶水 nai²²³⁻²² ʃui³³⁴

阳上+阳上：动静 toŋ²²³⁻²² ɬeŋ²²³　　淡市 tam²²³⁻²² ʃi²²³

阳上+阴去：被套 pi²²³⁻²² tʰəu⁵²　　眼盖 ŋan²²³⁻²² kui⁵²⁻²¹

阳上+阳去：坐垫 ɬɔ²²³⁻²² tin²¹　　耳坠 ȵi²²³⁻²² tʃui²¹

阳上+上阴入：辨析 pin²²³⁻²² ɬek⁵⁵　　道德 tou²²³⁻²² tak⁵⁵

阳上+下阴入：罪恶 ɬui²²³⁻²² ɔk⁵³　　动作 toŋ²²³⁻²² tɔk⁵³

阳上+阳入：眼核 ŋan²²³⁻²² uʌt²²　　坐月 ɬɔ²²³⁻²² ȵiut²²

⑤阴去+各调：52+各调→33/32+各调。如：

阴去+阴平：契亲 kʰʌi⁵²⁻³³ ʃʌn⁵⁵⁴　　秘书 pi⁵²⁻³³ ʃy⁵⁵⁴

阴去+阳平：应承 ieŋ⁵²⁻³² tʃeŋ²⁴³　　太婆 tʰai⁵²⁻³² pɔ²⁴³

阴去+阴上：对手 tui⁵²⁻³³ ʃʌu³³⁴　　细婶 ɬʌi⁵²⁻³³ ʃʌm³³⁴

阴去+阳上：细舅 ɬʌi⁵²⁻³² tʃʌu²²³　　菜市 tʰui⁵²⁻³² ʃi²²³

阴去+阴去：芥菜 kai⁵²⁻³² tʰui⁵²⁻²¹　　炮仗 pʰau⁵²⁻³² tiɛŋ⁵²⁻²¹

阴去+阳去：舍妹 ʃe⁵²⁻³² mui²¹　　闭汗 puʌi⁵²⁻³² hun²¹

阴去+上阴入：爱妾 ui⁵²⁻³³ tʰit⁵⁵　　细叔 ɬʌi⁵²⁻³³ ʃok⁵⁵

阴去+下阴入：贝壳 pui⁵²⁻³³ hɔk⁵³　　政策 tʃeŋ⁵²⁻³³ tʃʰak⁵³

阴去+阳入：布袜 pu⁵²⁻³² mat²²　　菜叶 tʰui⁵²⁻³² ip²²

⑥阳去+各调：21（不变调）+各调→22+各调。如：

阳去+阴平：荔枝 lʌi²¹⁻²²tʃi⁵⁵⁴　　　　汗斑 hun²¹⁻²²pan⁵⁵⁴

阳去+阳平：电筒 tin²¹⁻²²toŋ²⁴³　　　　尿壶 niu²¹⁻²²u²⁴³

阳去+阴上：面粉 min²¹⁻²²fuʌn³³⁴　　　料酒 liu²¹⁻²²tʌu³³⁴

阳去+阳上：糯米 nɔ²¹⁻²²muʌi²²³　　　腐乳 fu²¹⁻²²n̠iui²²³

阳去+阴去：袖套 ɬʌu²¹⁻²²tʰəu⁵²　　　内裤 nui²¹⁻²²fu⁵²

阳去+阳去：梦话 moŋ²¹⁻²²ua²¹　　　　面具 min²¹⁻²²ky²¹

阳去+上阴入：饭粒 fan²¹⁻²²nʌp⁵⁵　　　地碌 ti²¹⁻²²lok⁵⁵

阳去+下阴入：蛋壳 tan²¹⁻²²hɔk⁵³　　　办法 pan²¹⁻²²fat⁵³

阳去+阳入：面食 min²¹⁻²²ʃek²²　　　　饭盒 fan²¹⁻²²həp²²

⑦上阴入+各调：55+各调→33/32+各调。如：

上阴入+阴平：着衫 tʃiek⁵⁵⁻³³ʃam⁵⁵⁴　　结婚 kit⁵⁵⁻³³fuʌn⁵⁵⁴

上阴入+阳平：拨尘 pʰut⁵⁵⁻³²tʃʌn²⁴³　　捉鱼 tʃɔk⁵⁵⁻³²ny²⁴³

上阴入+阴上：一起 iʌt⁵⁵⁻³³hi³³⁴　　　　喫苦 hek⁵⁵⁻³³fu³³⁴

上阴入+阳上：褶被 tʃip⁵⁵⁻³²pi²²³　　　　得罪 tak⁵⁵⁻³²ɬui²²³

上阴入+阴去：激气 kek⁵⁵⁻³³hi⁵²　　　　喫晏 hek⁵⁵⁻³²an⁵²⁻²¹

上阴入+阳去：瘪鼻 miɛt⁵⁵⁻³²pi²¹　　　喫饭 hek⁵⁵⁻³²fan²¹

上阴入+上阴入：得益 tak⁵⁵⁻³³iek⁵⁵　　出色 tʃʰʌt⁵⁵⁻³³ʃek⁵⁵

上阴入+下阴入：执法 tʃʌp⁵⁵⁻³³fat⁵³　　出发 tʃʰʌt⁵⁵⁻³³fat⁵³

上阴入+阳入：结局 kit⁵⁵⁻³²kok²²　　　节俭 tit⁵⁵⁻³²ɬok²²

⑧下阴入+各调：53+各调→33/32+各调。如：

下阴入+阴平：法官 fat⁵³⁻³³kun⁵⁵⁴　　　脚跟 kiɛk⁵³⁻³³kʌn⁵⁵⁴

下阴入+阳平：膊头 pɔk⁵³⁻³²tʌu²⁴³　　　骆驼 lɔk⁵³⁻³²tɔ²⁴³

下阴入+阴上：脚颈 kiɛk⁵³⁻³³keŋ³³⁴　　鸭姆 ap⁵³⁻³³na³³⁴

下阴入+阳上：脚眼 kiɛk⁵³⁻³²ŋan²²³　　搏懵 pɔk⁵³⁻³²moŋ²²³

下阴入+阴去：恶棍 ɔk⁵³⁻³³kuʌn⁵²　　　嘟气 ʃɔk⁵³⁻³³hi⁵²⁻²¹

下阴入+阳去：发汗 fat⁵³⁻³²hun²¹　　　八字 pat⁵³⁻³²ti²¹

下阴入+上阴入：侧肋 tʃʰak⁵³⁻³³lak⁵⁵　脚豚 kiɛk⁵³⁻³³tok⁵⁵

下阴入+下阴入：发夹 fat⁵³⁻³³niɛp⁵³　　八角 pat⁵³⁻³³kɔk⁵³

下阴入+阳入：作业 tɔk⁵³⁻³²n̠ip²²　　　百合 pak⁵³⁻³²həp²²

⑨阳入+各调：22（不变调）+各调。例子略。

2）三音节词中的前字变调

封川话常见三音节词的第一和第二个音节通常也会发生连读变调，其规律也很明显：如果第一或第二音节为阴调（阴平554、阴上334、阴去52、上阴入55、下阴入53）时，通常会变作中平调（33/33）或中降调（32/32），有时会变作低平调22（夹在两个低调之间时）；如果第一或第二音节为阳调（阳平243、阳上223、阳去21）时，通常会变作低平调（22），阳入调本身已是低平调22，故不变调。因为3音节词在封川话中没有双音节词多，下面以调位为条件，每类举一至两个例子说明如下（三音节词最后一个音节用X来表示末字为任意调）：

1+1+X：翁姼太 oŋ⁵⁵⁴⁻³³ta⁵⁵⁴⁻³²tʰai⁵²⁻²¹ 　　生鸡儿 ʃaŋ⁵⁵⁴⁻³³kʌi⁵⁵⁻³³n̠i⁵⁵⁴

1+2+X：匿名信 nek⁵⁵⁻³²meŋ²⁴³⁻²²ɬʌn⁵² 　　江湖佬 kɔŋ⁵⁵⁴⁻³²u²⁴³⁻²²ləu³³⁴

1+3+X：吹火筒 tʃʰui⁵⁵⁴⁻³³fɔ³³⁴⁻³²toŋ²⁴³ 　　奸巧鬼 kan⁵⁵⁴⁻³³kʰiu³³⁴⁻³³kuʌi³³⁴

1+4+X：衫钮虫 ʃam⁵⁵⁻³²nau²²³⁻²²tʃoŋ²⁴³ 　　三鳢鱼 ɬam⁵⁵³⁻³²lʌi²²³⁻²²n̠y²⁴³

1+5+X：多气佬 tɔ⁵⁵⁴⁻³³hi⁵²⁻³³ləu³³⁴ 　　青翠雀 tʰeŋ⁵⁵⁴⁻³²tʰui⁵²⁻²²tiɛk⁵³⁻²²

1+6+X：黐菈鸡 tʃʰi⁵⁵⁴⁻³²pəu²¹⁻²²kʌi⁵⁵⁴ 　　鸡六蚊 kʌi⁵⁵⁻³²lok²²muʌn⁵⁵⁴

2+1+X：婆姼太 pɔ²⁴³⁻²²ta⁵⁵⁻³²tʰai⁵²⁻²¹ 　　脥睛骨 haŋ²⁴³⁻²²tʰeŋ⁵⁵⁴⁻²²kuʌt⁵⁵

2+2+X：葫芦瓜 pu²⁴³⁻²²lu²⁴³⁻²²kua⁵⁵⁴ 　　桐油树 toŋ²⁴³⁻²²iʌu²⁴³⁻²²tʃy²¹

2+3+X：麻子点 ma²⁴³⁻²²ti³³⁴⁻³³tim³³⁴ 　　羊牯头 iɛŋ²⁴³⁻²²ku³³⁴⁻²²tʌu²⁴³

2+4+X：鹅卵石 ŋɔ²⁴³⁻²²lun²²³⁻²²tʃek²² 　　阑尾炎 lan²⁴³⁻²²mi²²³⁻²²im²¹

2+5+X：牛角虫 ŋau²⁴³⁻²²kok⁵³⁻²²tʃoŋ²⁴³ 　　玫瑰花 mui²⁴³⁻²²kuʌi⁵²⁻³³fa⁵⁵⁴

2+6+X：龙凤胎 loŋ²⁴³⁻²²foŋ²¹⁻²²tui⁵⁵⁴ 　　麻雀儿 ma²⁴³⁻²²tiɛk²²n̠i²⁴³

3+1+X：苦瓜面 fu³³⁴⁻³³kua⁵⁵⁴⁻³²min²¹ 　　睇风水 tʰʌi³³⁴⁻³²foŋ⁵⁵⁴⁻³³ʃui³³⁴

3+2+X：枕头套 tʃʌm³³⁴⁻³²tʌu²⁴³⁻²²tʰəu⁵²⁻²¹ 　　水圆羹 ʃui³³⁴⁻³²iun²⁴³⁻²²kaŋ⁵⁵⁴

3+3+X：口水柶 hʌu³³⁴⁻³³ʃui³³⁴⁻³²ka⁵⁵⁴ 　　打挂棍 ta³³⁴⁻³²ty²¹⁻²²kuʌn⁵²⁻²¹

3+4+X：屎肚膘 ʃi³³⁴⁻³²tu²²³⁻²²piɛu⁵⁵⁴

3+5+X：火散煤 fɔ³³⁴⁻³³ɬam⁵²⁻³³mui²⁴³ 　　洗脚盘 ɬʌi³³⁴⁻³²kiɛk⁵⁵⁻²²pun²⁴³

3+6+X：短命种 tun³³⁴⁻³²meŋ²¹⁻²²tʃoŋ³³⁴ 　　打电话 ta³³⁴⁻³³tin²¹⁻²²ua²¹

4+1+X：社翁庙 tʃɛ²²³⁻²²oŋ⁵⁵⁴⁻²²miu²¹ 　　冇心神 mʌu²²³⁻²²ɬʌm⁵⁵⁴⁻²²ʃʌn²⁴³

4+2+X：老成人 ləu²²³⁻²²tʃeŋ²⁴⁻²²n̠iʌn²⁴³ 　　码头级 ma²²³⁻²²tʌu²⁴³⁻²²kʰʌp⁵⁵

4+3+X：两点水 lieŋ²²³⁻²²tiɛm³³⁴⁻³³ʃui³³⁴

4+4+X：犯罪人 fan²²³⁻²²ɬui²²³⁻²²n̠iʌn²⁴³

4+5+X：眼困虫 ŋan²²³⁻²²hʌn⁵²⁻²²tʃoŋ²⁴³ 　　礼拜日 lʌi²²³pai⁵²⁻³²n̠iʌt²²

4+6+X：眼泪水 ŋan²²³⁻²²lui²¹⁻²²ʃui³³⁴　　　近视眼 tʃʌn²²³⁻²²ʃi²¹⁻²²ŋan²²³

5+1+X：晒衫篙 ʃai⁵²⁻³³ʃam⁵⁵⁴⁻³³kəu⁵⁵⁴

5+2+X：杉元花 tʃʰam⁵²⁻³²n̠iun²⁴³⁻²²fa⁵⁵⁴　　　抹台布 mat⁵³⁻³²tui²⁴³⁻²²pu⁵²⁻²¹

5+3+X：嫁娶酒 ka⁵²⁻³³ɬy³³⁴⁻³³tʌu³³⁴　　　　潲水缸 ʃau⁵²⁻³³ʃui³³⁴⁻³³kɔŋ⁵⁵⁴

5+4+X：笡眼婆 tʃʰɛ⁵²⁻³³ŋan²²³⁻³³pɔ²⁴³

5+5+X：见证人 kin⁵²⁻³³tʃeŋ⁵²⁻³²n̠iʌn²⁴³　　　判断力 pʰun⁵²⁻³³tun⁵²⁻³²lek²²

5+6+X：臭鼻虫 tʃʰʌu⁵²⁻³²pi²¹⁻²²tʃoŋ²⁴³　　　臭汗兀 tʃʰʌu⁵²⁻³²hun²¹⁻²²ŋʌt⁵⁵

6+1+X：外甥女 ŋui²¹⁻²²ʃaŋ⁵⁵⁴⁻³²ny²²³　　　遁家佬 tʌn²¹⁻²²ka⁵⁵⁴⁻³³ləu³³⁴

6+2+X：凤凰树 foŋ²¹⁻²²uoŋ²⁴³⁻²²tʃy²¹　　　木兰花 mok²²lan²⁴³⁻²²fa⁵⁵⁴

6+3+X：垄屎硬 puʌn²¹⁻²²ʃi²²³⁻²²ŋaŋ²¹　　　大颈泡 tai²¹⁻²²keŋ³³⁴⁻²²pʰau⁵⁵⁴

6+4+X：绿眼娇 lok²²ŋan²²³⁻²²kiu⁵⁵⁴　　　　白眼油 pak²²ŋan²²³⁻²²iʌu²⁴³

6+5+X：大客车 tai²¹⁻²²hak⁵³⁻³³tʃʰɛ⁵⁵⁴　　　杂货铺 ɬap²²fɔ⁵²⁻²²pʰu⁵²⁻²¹

6+6+X：豆腐皮 tʌu²¹⁻²²fu²¹⁻²²pi²⁴³　　　　茉莉花 mut²²li²¹⁻²²fa⁵⁵⁴

3）四音节及四音节以上词语的前字变调

封川话四音节及四音节以上词语的前字变调通常跟音步有关，这些词语多由两个或两个以上的音步构成，一个音步内部的前一个音节通常会发生前字变调，其变调规则跟双音节和三音节相同。如：

①偷偷摸摸 tʰʌu⁵⁵⁴⁻³³tʰʌu⁵⁵⁴mɔ⁵⁵⁴⁻³³mɔ⁵⁵⁴　　　谷粟麦豆 kok⁵⁵⁻³³ɬok⁵⁵mak²²tʌu²¹

②伶仃古怪 leŋ²⁴³⁻²²teŋ⁵⁵⁴ku³³⁴⁻³³kuai⁵²⁻²¹　　　行翻行去 haŋ²⁴³⁻²²fan⁵⁵⁴haŋ²⁴³⁻²²hy⁵²

③揽揽撇撇 ləm³³⁴⁻³³ləm³³⁴la³³⁴⁻³³la³³⁴　　　　顶起神气 teŋ³³⁴hi³³⁴ʃʌn²⁴³⁻²²hi⁵²

④理事太翁 li²²³ʃi²¹tʰai⁵²⁻³³oŋ⁵⁵⁴　　　礼仪周知 lʌi²²n̠i²¹tʃʌu⁵⁵⁴⁻³³tʃi⁵⁵⁴

⑤恶毒大疮 ɔk⁵³⁻³²tok²²tai²¹⁻²²tʃʰoŋ⁵⁵⁴　　　隔篱邻舍 kak⁵³⁻³²li²⁴³lʌn²⁴³⁻²²ʃɛ⁵²⁻³³

⑥大手大脚 tai²¹⁻²²ʃʌu³³⁴tai²¹⁻²²kiɛk⁵⁵　　　大年初一 tai²¹⁻²²nin²⁴³tʃʰɔ⁵⁵⁴⁻³³iʌt⁵⁵

⑦捉蛇入屎窟 tʃok⁵⁵⁻³²ʃɛ²⁴³n̠iʌp²²ʃi³³⁴⁻³³fuʌt⁵⁵

⑧孖大嘴得粒窿 mak⁵⁵tai²¹⁻²²tui³³⁴tak⁵⁵kɔ⁵²⁻³³loŋ⁵⁵⁴

（2）词语中的后字变调

封川话的后字变调不像前字变调那样普遍，只有高降调（阴去和下阴入）在后字位置上才经常出现连读变调，一般是变作低降调21或低平调22。高降调（阴去和下阴入）既出现在双音节词语的后字位置上，也会出现在三音节及三音节以上的词语后字位置上。

1）双音节词中的后字变调如下所示：

阴平+高降调：鐼扫 tʃʰaŋ⁵⁵⁴⁻³²ɬəu⁵²⁻²¹　　　灯罩 taŋ⁵⁵⁴⁻³²tʃau⁵²⁻²¹

青雀 tʰui⁵³⁻²² tiɛk⁵³⁻²²

阳平+高降调：鱼泡 n̠y²⁴³⁻²² pʰau⁵²⁻²¹　　葵扇 kuʌi²⁴³⁻²² ʃin⁵²⁻²¹
　　　　　　　茶托 tʃa²⁴³⁻²² tʰɔk⁵³⁻²²

阴上+高降调：宝贝 pəu³³⁴⁻³² pui⁵²⁻²¹　　狗窦 kau³³⁴⁻³² tʌu⁵²⁻²¹
　　　　　　　水鸭 ʃui³³⁴⁻³² ap⁵³⁻²²

阳上+高降调：眼盖 ŋan²²³⁻²² kui⁵²⁻²¹　　下骹 ha²²³⁻²² kau⁵²⁻²¹
　　　　　　　眼角 ŋan²²³⁻²² kɔk⁵³⁻²²

阴去+高降调：芥菜 kai⁵²⁻³² tʰui⁵²⁻²¹　　炮仗 pʰau⁵²⁻³² tiɛŋ⁵²⁻²¹

阳去+高降调：怒气 nu²¹⁻²² hi⁵²⁻²¹　　大裤 tai²¹⁻²² kua⁵²⁻²¹

上阴入+高降调：失意 ʃʌt⁵⁵⁻³² i⁵²⁻²¹　　喫晏 hek⁵⁵⁻³² an⁵²⁻²¹

下阴入+高降调：脚背 kiɛk⁵³⁻³² pui⁵²⁻²¹　　嗦气 ʃɔk⁵³⁻³² hi⁵²⁻²¹
　　　　　　　　脚甲 kiɛk⁵³⁻²² kap⁵³⁻²²

阳入+高降调：落葬 lɔk²² tɔŋ⁵²⁻²¹　　沓碓 tap²² tui⁵²⁻²¹

2）三音节词中的后字变调如下所示：

三脚架 ɬam⁵⁵⁴⁻³² kiɛk⁵³⁻²² ka⁵²　　出符法 tʃʰʌt⁵⁵ fu²⁴³⁻²² fat⁵³⁻²²

婆姆太 pɔ²⁴³⁻²² ta⁵⁵⁻²² tʰai⁵²⁻²¹　　铜锣棍 tɔŋ²⁴³⁻²² lɔ²⁴³⁻²² kuʌn⁵²⁻²¹

苦荬菜 fu³³⁴⁻³² mak²² tʰui⁵²⁻²¹　　绑脚布 pɔŋ³³⁴⁻³³ kiɛk⁵⁵ pu⁵²⁻²¹

大囊裤 tai²¹⁻²² nɔŋ²⁴³⁻²² fu⁵²⁻²¹　　尿桶盖 niu²¹⁻²² tʰoŋ³³⁴⁻³² kui⁵²⁻²¹

孝傍棍 hau⁵²⁻³² pɔŋ²¹⁻²² kuʌn⁵²⁻²¹　　抹台布 mat⁵³⁻³² tui²⁴³⁻²² pu⁵²⁻²¹

掘头裤 kuʌt²² tʌu²⁴³⁻²² fu⁵²⁻²¹　　杂货铺 ɬap²² fɔ⁵²⁻²² pʰu⁵²⁻²¹

3）四音节词中的后字变调如下所示：

呆呆丧丧 ŋui²⁴³ ŋui²⁴³ tɕʰ⁵²⁻²² tɕʰ⁵²⁻²¹

谷起泡气 kok⁵⁵ hi³³⁴ pʰau⁵⁵⁴⁻³² hi⁵²⁻²¹

（二）封川话的音韵特点

1. 声母特点

（1）古全浊声母今读多数情况下已经清化，但在强调读音及在语流中仍有不同程度的浊音感。

（2）古非、敷、奉母今读多为f，跟合口晓母合流。古明、微母今读不分，多为m。

（3）古帮、端母今读有时读作较弱的浊内爆音ɓ、ɗ。

（4）古精、清母今读t、tʰ，多跟端、透母合流；从、心、邪母读作清边擦音ɬ，跟崇、生、船、书、禅今读ʃ有别。

（5）古知、庄、章三组声母今读合流为一套塞擦音（tʃ、tʃʰ）、擦音（ʃ）声母，跟精组今读有别。

（6）古见、群母在流、深、臻三摄中多腭化为tʃ，其余多读作k；溪母有h、kʰ、k、f和零声母四种读法，除了f通常只出现在合口一二等韵中，其他读法既可以出现在开口韵中也可以出现在合口韵中；疑母洪音多读ŋ，细音多跟日母合流，读作n̩。

2. 韵母特点

（1）果开一主要读作ɔ。果合一见系韵母多读作ɵ，跟果开一有别；果合一非见系韵母多跟果开一合流，读作ɔ。果开合三等依然有别。

（2）麻开合二等及开口三等韵母读音有别，麻开二主要读a，麻合二主要读ua，麻开三主要读ɛ或iɛ（日母和喻母）。

（3）遇合一除了疑母多读作声化韵ŋ̍外，其余多读作u。遇合三鱼韵庄组韵母多读作ɔ，混入果开合一等；其余韵母多读作y。遇合三虞韵非组声母混入遇合一，读作u；其余声母多读作y，跟鱼韵合流。

（4）蟹开一主要读作ui，跟蟹合一合流；端系个别韵母混入蟹开二，读作ai。蟹开二和蟹合二区分明显，前者主要读ai，后者多为uai。蟹开三四等已经合流，帮组韵母多读为uʌi，其余多读作ʌi。蟹合三四等韵母非组韵母混入止开三，读作i；端系和知系韵母混入蟹合一，读作ui；蟹合三四等见系韵母跟止合三见系韵母合流，跟蟹开三四等见系韵母有别，多读作uʌi。

（5）止开一支脂之微基本都读作i。止合三非组声母跟开口合流，读作i；端系和知系韵母主要读作ui，跟蟹合一及蟹合三端知系韵母合流。止合三见系韵母跟蟹合三四等见系韵母合流，多读作uʌi。

（6）效开一、效开二和效开三四等有别，其中效开一主要读作ue，效开二主要读作au，效开三四等合流，主要读作iu。

（7）流开一和流开三除了影组韵母仍保留区别外（前者为ʌu，后者读iʌu），其他韵母大多已经合流，多读作ʌu。

（8）咸开一二非见系韵母合流，多读作am/ap；见系韵母有别，咸开一见系韵母主要读作əm/əp，咸开二见系韵母主要读作am/ap。咸开三四等韵母合流，多读作im。咸合三混入山开一二等，主要读作an/at。

（9）深开三帮组韵母混入臻开三，读作uʌn；日母和影组韵母读作iʌm；其余韵母读作ʌm。

（10）山开一二等非见系韵母合流，多读作an/at；见系韵母有别，山开一见系多读作on，山开二见系韵母多读作an/at。山开三四等大多情况已经合流，多读作in/it。山合二多读作uan/uat，跟山开二有别。山合三四等非组多混入山开一二等，读作an/at；其余多混入山合一，其中日母和影组读iun/iut，其余读un/ut。

（11）臻开一主要读作ʌn；臻开三帮组韵母读uʌn，日母和影组声母读iʌn，其余多跟臻开一合流，读作ʌn。臻合一三大多已经合流，主要读作uʌn，臻合一精组韵母多跟山合一合流，多读作un。

（12）宕开一和江开二合流，多读作ɔŋ/ɔk，宕开三庄组韵母跟宕开一及江开二合流，读作ɔŋ，其余多读作ieŋ/iek，跟宕开一有别。

（13）曾开一和梗开二合流，主要读作aŋ/ak；曾开三和梗开三四等合流，其中日母和影组韵母读ieŋ/iek，其余多读eŋ/ek。

（14）通合三等除了日母和影组韵母仍读ioŋ/iok外，其余都已跟通合一合流，读作oŋ/ok。

3. 声调特点

（1）古平、上、去、入四声先以古声母的清浊为条件分化为阴平、阳平、阴上、阳上、阴去、阳去、阴入和阳入八调，阴入进一步以主元音的高低为条件分化为上阴入和下阴入两类。其阴调类的调值都高于相应的阳调类。

（2）部分古全浊上和次浊上（多为偏书面的字）并入古全浊去，读作21。

二、封开北部方言（开建话）的语音系统

（一）封开北部方言（开建话）音系

1. 声母

p 巴婆板八	pʰ 批派片匹	m 芒麻网莫	f 非花份窟
t 带驼长得	tʰ 太吐摊踢	n 奶暖农嫩	l 栏郎笼鹿
k 记钳干各	kʰ 卡勾抗曲	ŋ 牙勾眼岳	h 海去向乞
tʃ 坐邪床作	tʃʰ 取秋产测	n̠ 软严鱼肉	ʃ 四散生式
∅ 野话阳划			

声母说明：

（1）tʃ、tʃʰ、ʃ跟i相拼的时候音值接近舌面前的tɕ、tɕʰ、ɕ，且舌面靠近上齿背，比普通话的舌面塞擦音和擦音略偏前。

（2）ȵ和n、ŋ在开建话中是相互对立的音位，如软 ȵyn²⁴²≠暖 nyn²⁴²，嫩 nin²¹≠闰 ȵin²¹，酿 nyŋ²¹≠让 ȵyŋ²¹；研 ȵin²⁴≠然 ȵin²⁴；男 nam²⁴≠岩 ŋam²⁴。

（3）零声母有多个变体。洪音前面的零声母跟高调相配的时候常带有明显的喉塞ʔ，跟低调拼的时候喉塞不明显；细音前面的零声母跟低调配合时有较明显同部位的摩擦j或w，跟高调配合时摩擦不明显。

2. 韵母（括号里的读音为音位变体）

	i 支机耳衣	u 租夫母妇	y 徐举住于
a 阿巴家花	ia 有	ua 瓜夸挂画	
ɛ 茄例契蚁	iᵉ 写夜世使	uɛ □爬 □阿~、小孩	
œ 哥靴催税	iœ 锐		
ɔ 河肚操告	iɔ □起哄	uº 罗左初司	
ai 带街排鞋	iai □削竹篾	uai 怪块乖坏	
ɐi 鸡皮李弟	iɐi □差劲、不乖	uɐi 龟葵围伟	
ei 姊比四字	iei □抓住、扯紧	uei 鬼喂贵位	
ɔi 该害腮再		uⁱ 梅灰杯会	
œy 蛆去须猪			
au 靠包抄较	iau 友 □游 □"吃"的俗称		
ɐu 偷秋球刘	iɐu 休忧油		
ou 走狗就斗	iou 右幼 □皱		
eu 标锹聊吆叫	iᵘ 笑照烧料		
am 谭监蓝湛	iam □渗水		
ɐm 侵深锦覃姓	iɐm 阴饮		
ɔm(om)甘含（暗禁）			
ɛm 帘尖点添	im 闪谦阉剑		
an 灿眼兰产		uan 弯关惯还	
ɐn 贫辛本闻	iɐn 欣人引	uɐn 君温捆云	
	in 烟毡然论	uin 运棍韵□关着	

续上表

ɔn(øn) 安寒(汉按)		un 官款换岸	yn 泉断圈圆
ɛn 天钱边连			
ɐŋ 曾朋恒等	iɐŋ 应蝇	uɐŋ 宏弘□坏了	
œŋ(øŋ)江忙(浪状)			yŋ 两张想阳
oŋ 封冬红弓	ioŋ(iuŋ)庸融(用样)		
uᵒŋ(uŋ)方光(放共)			
eŋ(eŋ)冷生(兴庆)		ueŋ 横梗框	
	iᵉŋ(iŋ)顶精(姓敬)	uiᵉŋ(uiŋ)荣泳(颖)	
ap 搭杂腊鸭	iap □眨眼/张开扇		
ɐp 蛤粒汁级	iɐp 入邑熠泣		
ɔp(op)鸽合(□花蕾)	iɔp 拟态词		
ɛp 聂接帖叠	ip 摄叶业协		
at 八辣达瞎		uat 刮滑挖猾	
ɐt 笔物出漆	iɐt 一逸	uɐt 骨屈核掘	
ɔt(øt)割泼钵袜(□拟声词)		ut 活阔括豁	yt 血绝月脱
ɛt(et)鳖列节铁(□摔打)	it 洁舌热杰		
ɛk(ek)客白麦革(□用指甲掐)	iᵉk 药席液历	uɐk(uek)划画(□拟态)	
ɐk 北塞测墨	iᵉk 脚亿壁积	uɐk 或域	
œk 恶乐捉角	iœk 跃	uœk □猪叫声	
ok 屋足国木	iok 育欲	uok 获镬	
ŋ̍/m̩/n̩ 吾五悟午			

韵母说明：

（1）uɛ、ɔi、iai、iɐi、iam、iap、ɔp、uœk等韵母主要出现在借词（含底层词）或拟声拟态词中，如"□kuɛ²⁴ 爬""□ɔi⁵⁵ 起哄""□iam³² 渗水""□n̩iap³² 生气""□uœk³⁴ 拟声词"等。这些韵母也可以看作边际性韵母，不纳入韵母表。

（2）iᵉ、uᵒ的实际音值为i:ə、u:ɔ，介音的音值长且清晰，有韵腹化的趋势；iᵘ、uⁱ两个复合元音的发音都是前长后短，韵腹为第一个元音。我们认同潘悟云（2006）关于后滑音的处理意见，并在音标上把滑音上标以示其与主元音的区别。

（3）ɔn、œŋ、ɐŋ、uɐŋ、iᵉŋ、uiᵉŋ、iɔŋ、uᵒŋ几个韵母的主元音跟阴去和阳去

调相配的时候主元音都有高化的现象,分别高化为 øn、un、øŋ、eŋ、ueŋ、iŋ、uiŋ、iuŋ、uŋ。

（4）ɐu、ɐŋ、ɐk 韵腹的实际读音为 ʌ。

（5）声化韵单说的时候一般读作ŋ̍,在唇音前面多被同化为m̩,在舌音前面多被同化为n̩。

（6）韵腹为a和韵腹为ɐ的两类复合韵母同时还伴随有长短的区别：a系韵母较长,ɐ系韵母较短。

3. 单字调

（1）阴平44　　夫妈安三欧依　　（2）阳平24　　图茶平才蓝穷
（3）阴上52　　纸反抢我扰九　　（4）阳上242　　雨米懒近动断
（5）阴去32　　见正菜暗诱灿　　（6）阳去21　　净任又轿跪健
（7）上阴入55　　湿乙一劫德锡　　（8）上阳入34　　立及舌极木绝
（9）下阴入32　　甲隔铁鸽擦壳　　（10）下阳入21　　杂罚学白盒滑

声调说明：

（1）上阴入和上阳入是短调,调长只有舒声调的一半左右;下阴入和下阳入是长调,其调长略短于舒声调的调长平均值,因为舒声调各调长也有差异,因此这种差异可忽略。

（2）由于开建话的上阴入和阴平、下阴入和阴去、上阳入和阳平、下阳入和阳去之间并不存在最小的对立（各呈互补对应分布状态）,因此开建话的单字调可以归为6个调位：1调（44/55）、2调（24/34）、3调（52）、4调（242）、5调（32/32）、6调（21/21）。

4. 连读变调

开建话的单音节词保持本调,双音节以上的词在前字位置上会发生连读变化。跟封川话不同的是,开建话的后字一般不发生连读变化。总的来说,开建话词语中的连读变调有如下规律：在语流停延或词界前的音节不变调,在非停延或非词界前的音节要发生变调。其变调都属于自身交替式变调：非停延或非词界前的音节声调为5调和6调时不变调（或叫变作自身调）;当非停延或非词界前的音节声调为1调和3调时变作5调;当非停延或非词界前的音节声调为2调和4调时变作6调。下面我们按照词语音节数的多少分别对词语中的连读变调及其规则进行描写和说明。本节使用严式音标记录开建话的读音。

（1）双音节词中的连读变调

开建话双音节词的连读变调规律非常清楚，后音节基本不变调[①]，前音节除去声（包括阴去和阳去）和长入（下阴入和下阳入）外都要发生变调，变调规则为：当前字为阴平44、阴上52时变同阴去32；当前字为阳平24、阳上242时变同阳去21；当前字为上阴入55时，变为短的下阴入32；当前字为上阳入34时，变作短的下阳入21。详细描述如下：

①阴平+各调：44+各调→32+各调。如：

阴平+阴平：封开 foŋ$^{44\text{-}32}$ hɔi^{44}　　　　飞机 fei$^{44\text{-}32}$ ki^{44}

阴平+阳平：西湖 ʃei$^{44\text{-}32}$ u^{24}　　　　开平 hɔi$^{44\text{-}32}$ piᵊŋ^{24}

阴平+阴上：工厂 koŋ$^{44\text{-}32}$ tʃʰœŋ^{52}　　　　身体 ʃen$^{44\text{-}32}$ tʰei^{52}

阴平+阳上：公社 koŋ$^{44\text{-}32}$ tʃiᵋ^{242}　　　　招待 tʃiu$^{44\text{-}32}$ tɔi^{242}

阴平+阴去：书记 ʃy$^{44\text{-}32}$ ki^{32}　　　　登记 teŋ$^{44\text{-}32}$ ki^{32}

阴平+阳去：医院 i$^{44\text{-}32}$ yn^{21}　　　　车站 tʃʰiᵋ$^{44\text{-}32}$ tʃam^{21}

阴平+上阴入：中国 tʃoŋ$^{44\text{-}32}$ kok^{55}　　　　初一 tʃʰuᵓ$^{44\text{-}32}$ iɐt^{55}

阴平+上阳入：收集 ʃeu$^{44\text{-}32}$ tʃɐp^{34}　　　　风俗 foŋ$^{44\text{-}32}$ tʃok^{34}

阴平+下阴入：开发 hɔi$^{44\text{-}32}$ fat^{32}　　　　瓜壳 kua$^{44\text{-}32}$ hœk^{32}

阴平+下阳入：中学 tʃoŋ$^{44\text{-}32}$ œk^{21}　　　　斑石 pan$^{44\text{-}32}$ tʃiᵋk^{21}

②阳平+各调：24+各调→21+各调。如：

阳平+阴平：长安 tyŋ$^{24\text{-}21}$ ɔn^{44}　　　　平装 piᵊŋ$^{24\text{-}21}$ tʃœŋ^{44}

阳平+阳平：皮鞋 pei$^{24\text{-}21}$ ai^{24}　　　　油船 ieu$^{24\text{-}21}$ tʃyn^{24}

阳平+阴上：甜酒 tɛm$^{24\text{-}21}$ tʃau^{52}　　　　皮管 pei$^{24\text{-}21}$ kun^{52}

阳平+阳上：朋友 peŋ$^{24\text{-}21}$ iau^{242}　　　　徒弟 tu$^{24\text{-}21}$ tɐi^{242}

阳平+阴去：长裤 tyŋ$^{24\text{-}21}$ fu^{32}　　　　从化 tʃoŋ$^{24\text{-}21}$ fa^{32}

阳平+阳去：扶助 pu$^{24\text{-}21}$ tʃuᵓ^{21}　　　　排队 pai$^{24\text{-}21}$ tœ^{21}

阳平+上阴入：黄色 uŋ$^{24\text{-}21}$ ʃɐk^{55}　　　　韩国 ɔn$^{24\text{-}21}$ kok^{55}

阳平+上阳入：茶叶 tʃa$^{24\text{-}21}$ ip^{34}　　　　和服 uᵓ$^{24\text{-}21}$ pok^{34}

阳平+下阴入：菩萨 pu$^{24\text{-}21}$ ʃat^{32}　　　　球拍 tʃeu$^{24\text{-}21}$ pɛk^{32}

阳平+下阳入：同学 toŋ$^{24\text{-}21}$ œk^{21}　　　　蝴蝶 u$^{24\text{-}21}$ tɐp^{21}

③阴上+各调：52+各调→32+各调。如：

阴上+阴平：火车 fuᵓ$^{52\text{-}32}$ tʃʰiᵋ^{44}　　　　点心 tɛm$^{52\text{-}32}$ ʃɐm^{44}

[①] 当后音节为阴平44时，因为所有的声调在阴平前都会变成低的32或21，所以后字阴平很容易受前面的低调尾影响，语图上会显示出一种上升的趋势，但是听感还是个平调。

阴上+阳平：火油 fu⁰⁵²⁻³² iɐu²⁴　　　　草鞋 tʃʰɔ⁵²⁻³² ai²⁴
阴上+阴上：厂长 tʃʰœŋ⁵²⁻³² tʃyŋ⁵²　　总统 toŋ⁵²⁻³² tʰoŋ⁵²
阴上+阳上：狗肚 kou⁵²⁻³² tɔ²⁴²　　　水泡 ʃœ⁵²⁻³² pɔ²⁴²
阴上+阴去：水库 ʃœ⁵²⁻³² fu³²　　　　海带 hɔi⁵²⁻³² tai³²
阴上+阳去：本事 pen⁵²⁻³² tʃi²¹　　　纸袋 tʃi⁵²⁻³² tɔi²¹
阴上+上阴入：粉笔 fen⁵²⁻³² pet⁵⁵　　口诀 hɐu⁵²⁻³² kʰyt⁵⁵
阴上+上阳入：体育 tʰei⁵²⁻³² iok³⁴　　伙食 fu⁰⁵²⁻³² tʃek³⁴
阴上+下阴入：酒角 tʃau⁵²⁻³² kœk³²　　警察 kiᵊ⁵²⁻³² tʃʰat³²
阴上+下阳入：主席 tʃy⁵²⁻³² tʃiᵊk²¹　 火药 fu⁰⁵²⁻³² iᵊk²¹

④阳上+各调：242+各调→21+各调。如：

阳上+阴平：社翁 tʃiᵋ²⁴²⁻²¹ oŋ⁴⁴　　　士兵 tʃi²⁴²⁻²¹ piᵊŋ⁴⁴
阳上+阳平：盾牌 ten²⁴²⁻²¹ pai²⁴　　　象棋 tʃyŋ²⁴²⁻²¹ ki²⁴
阳上+阴上：淡水 tam²⁴²⁻²¹ ʃœ⁵²　　　市长 tʃi²⁴²⁻²¹ tʃyŋ⁵²
阳上+阳上：动静 toŋ²⁴²⁻²¹ tʃiᵊŋ²⁴²　项羽 œŋ²⁴²⁻²¹ y²⁴²
阳上+阴去：动态 toŋ²⁴²⁻²¹ tʰai³²　　市镇 tʃi²⁴²⁻²¹ tʃin³²
阳上+阳去：道具 tɔ²⁴²⁻²¹ ky²¹　　　社会 tʃiᵋ²⁴²⁻²¹ uⁱ²¹
阳上+上阴入：辨析 pen²⁴²⁻²¹ ʃiᵊk⁵⁵　道德 tɔ²⁴²⁻²¹ tek⁵⁵
阳上+上阳入：道术 tɔ²⁴²⁻²¹ tʃet³⁴　　市集 tʃi²⁴²⁻²¹ tʃep³⁴
阳上+下阴入：罪恶 tʃœ²⁴²⁻²¹ œk³²　　动作 toŋ²⁴²⁻²¹ tʃœk³²
阳上+下阳入：雨石 y²⁴²⁻²¹ tʃiᵊk²¹　　道学 tɔ²⁴²⁻²¹ œk²¹

⑤阴去+各调：32（不变调）+各调。例子略。

⑥阳去+各调：21（不变调）+各调。例子略。

⑦上阴入+各调：55+各调→32+各调。如：

上阴入+阴平：国家 kok⁵⁵⁻³² ka⁴⁴　　　浙江 tʃit⁵⁵⁻³² kœŋ⁴⁴
上阴入+阳平：骨头 kuet⁵⁵⁻³² tɐu²⁴　　职权 tʃɐk⁵⁵⁻³² kyn²⁴
上阴入+阴上：结果 kit⁵⁵⁻³² ku⁰⁵²　　　笔嘴 pet⁵⁵⁻³² tʃœ⁵²
上阴入+阳上：谷雨 kok⁵⁵⁻³² y²⁴²　　　出动 tʃʰɐt⁵⁵⁻³² toŋ²⁴²
上阴入+阴去：激气 kiᵊk⁵⁵⁻³² hi³²　　　织布 tʃɐk⁵⁵⁻³² pu³²
上阴入+阳去：职务 tʃek⁵⁵⁻³² mu²¹　　 黑洞 hɐk⁵⁵⁻³² tuŋ²¹
上阴入+上阴入：结束 kit⁵⁵⁻³² tʃʰok⁵⁵　德国 tek⁵⁵⁻³² kok⁵⁵
上阴入+上阳入：积极 tʃiᵊk⁵⁵⁻³² kɐk³⁴　复习 fok⁵⁵⁻³² tʃep³⁴
上阴入+下阴入：执法 tʃep⁵⁵⁻³² fat³²　　出发 tʃʰɐt⁵⁵⁻³² fat³²

上阴入+下阳入：复合 fok$^{55\text{-}32}$ ɔp^{21}　　黑白 hɐk$^{55\text{-}32}$ pɐk^{21}

⑧上阳入+各调：$\underline{34}$+各调→$\underline{21}$+各调。如：

上阳入+阴平：实心 tʃet$^{34\text{-}21}$ ʃɐm^{44}　　读书 tok$^{34\text{-}21}$ ʃy^{44}

上阳入+阳平：贼头 tʃɐk$^{34\text{-}21}$ tɐu^{24}　　食堂 tʃɐk$^{34\text{-}21}$ tɔŋ^{24}

上阳入+阴上：局长 kok$^{34\text{-}21}$ tʃŋ^{52}　　墨水 mɐk$^{34\text{-}21}$ ʃœ^{52}

上阳入+阳上：实在 tʃet$^{34\text{-}21}$ tʃɔi^{242}　　活动 ut$^{34\text{-}21}$ toŋ^{242}

上阳入+阴去：局势 kok$^{34\text{-}21}$ ʃi^{ɛ32}　　实际 tʃet$^{34\text{-}21}$ tʃei^{32}

上阳入+阳去：实地 tʃet$^{34\text{-}21}$ tei^{21}　　俗话 tʃok$^{34\text{-}21}$ ua^{21}

上阳入+上阴入：墨汁 mɐk$^{34\text{-}21}$ tʃɐp^{55}　　活塞 ut$^{34\text{-}21}$ ʃɐk^{55}

上阳入+上阳入：实习 tʃet$^{34\text{-}21}$ tʃɐp^{34}　　活佛 ut$^{34\text{-}21}$ pet^{34}

上阳入+下阴入：鹿角 lok$^{34\text{-}21}$ kœk^{32}　　活泼 ut$^{34\text{-}21}$ pʰɔt^{32}

上阳入+下阳入：毒药 tok$^{34\text{-}21}$ i^{ɛ}k^{21}　　入学 iɐp$^{34\text{-}21}$ œk^{21}

⑨下阴入+各调：$\underline{32}$（不变调）+各调。例子略。

⑩下阳入+各调：$\underline{21}$（不变调）+各调。例子略。

从上面的变调情况来看，开建话双音节词中的前字变调跟后字调值没有关系，只跟自身的调值有关系，属于自身交替式变调。如果用调位来表示的话，实际上是1调和3调变5调；2调和4调变6调。

（2）三音节词中的连读变调

开建话三音节词的连读变调也很有规律：最后一个音节不变调，第一个音节和中间音节都要变调。变调规律跟双音节一样：都是自身交替式变调，如果第一或中间音节为1调和3调，就要变成5调；如果第一或中间音节为2调或4调，就要变成6调。因为3音节词在开建话中不像双音节词那么多，因此下面我们以调位为条件，每类举一个例子说明如下。三音节词最后一个音节不变调且不影响前字变调，因此我们用X来表示末字为任意调。

1+1+X：金针菇 kɐm$^{44\text{-}32}$ tʃɐm$^{44\text{-}32}$ ku^{44}　　2+3+X：牛草刀 ŋɐu$^{24\text{-}21}$ tʃʰɔ$^{52\text{-}32}$ tɔ^{44}

1+2+X：猪头皮 tœy$^{44\text{-}32}$ tɐu$^{24\text{-}21}$ pei^{24}　　2+4+X：莲藕花 len$^{24\text{-}21}$ ŋɐu$^{242\text{-}21}$ fa^{44}

1+3+X：三点水 ʃam$^{44\text{-}32}$ tɐm$^{52\text{-}32}$ ʃœ^{52}　　2+5+X：皇帝柑 uŋ$^{24\text{-}21}$ tei^{32} kɔm^{44}

1+4+X：天柱山 tʰɐn$^{44\text{-}32}$ tʃy$^{242\text{-}21}$ ʃan^{44}　　2+6+X：邮电局 iɐu$^{24\text{-}21}$ tin^{21} kok^{34}

1+5+X：猪八戒 tœy$^{44\text{-}32}$ pat^{32} kai^{32}　　3+1+X：洗衫粉 ʃai$^{52\text{-}32}$ ʃam$^{44\text{-}32}$ fɐn^{52}

1+6+X：身份证 ʃɐn$^{44\text{-}32}$ fɐn^{21} tʃŋ^{32}　　3+2+X：点名册 tɐm$^{52\text{-}32}$ mi^{ɐ}ŋ$^{24\text{-}21}$ tʃʰɐk^{32}

2+1+X：胡椒粉 u$^{24\text{-}21}$ tʃœu$^{44\text{-}32}$ fɐn^{52}　　3+3+X：打火机 ta$^{52\text{-}32}$ fu$^{o52\text{-}32}$ ki^{44}

2+2+X：油茶树 iɐu$^{24\text{-}21}$ tʃa$^{24\text{-}21}$ tʃy^{21}　　3+4+X：屎肚□〔肚脐眼〕 ʃi$^{52\text{-}32}$ tɔ$^{242\text{-}21}$ pi^{u44}

3+5+X：解放鞋 kai$^{52-32}$ fuŋ^{32} ai^{24}
3+6+X：水电局 ʃœ$^{52-32}$ tin^{21} kok$^{\underline{34}}$
4+1+X：社翁庙 tʃi$^{ɛ242-21}$ oŋ$^{44-32}$ miu^{21}
4+2+X：象棋盘 tʃyŋ$^{242-21}$ ki$^{24-21}$ pɔn^{24}
5+1+X：铁观音 tʰɛt^{32} kun$^{44-32}$ iɐm^{44}
5+2+X：裤头带 fu^{32} tɐu$^{24-21}$ tai^{32}
5+3+X：半桶水 pun^{32} tʰoŋ$^{52-32}$ ʃœ^{52}
5+4+X：制造厂 tʃɛ^{32} tʃɔ$^{242-21}$ tʃʰœŋ^{52}
5+5+X：四角砖 ʃei^{32} kœk^{24} tʃyn^{44}
5+6+X：发电机 fat^{32} tin^{21} ki^{44}

4+3+X：淡水鱼 tam$^{242-21}$ ʃœ$^{52-32}$ ȵy^{24}
4+4+X：犯罪人 pam$^{242-21}$ tʃœ$^{242-21}$ ȵiɐn^{24}
4+5+X：罪恶感 tʃœ$^{242-21}$ œk$^{\underline{32}}$ kɔm^{52}
4+6+X：道具车 tɔ$^{242-21}$ ky^{21} tʃʰi^{44}
6+1+X：办公室 pan^{21} koŋ$^{44-32}$ ʃɐt$^{\underline{55}}$
6+2+X：大头佛 tai^{21} tɐu$^{24-21}$ pɐt$^{\underline{34}}$
6+3+X：电影票 tin^{21} iŋ$^{52-32}$ pʰiu^{32}
6+4+X：大肚婆 tai^{21} tɔ$^{242-21}$ pu^{24}
6+5+X：事故办 tʃi^{21} ku^{32} pan^{21}
6+6+X：电话卡 tin^{21} ua^{21} ka$^{52/44}$

（3）四音节词中的连读变调

开建话四音节词的变调规律为偶数音节不变调，奇数音节变调。变调规律跟双音节一样：都是自身交替式变调，如果自身为5调和6调则不变调，如果是1调和3调则变作5调，如果是2调和4调则变作6调。因为四音节词的变调完全可以通过单字调加变调规则推导出来，我们这里也不一一举例，仅列数例供参考：

干柴烈火 kɔn$^{44-32}$ tʃai^{24} lɛt$^{\underline{21}}$ fu^{052}
中山广场 tʃoŋ$^{44-32}$ ʃan^{44} kuŋ$^{52-32}$ tʃyŋ^{24}
齐齐哈尔 tʃei$^{24-21}$ tʃei^{24} ha$^{44-32}$ ȵi^{242}
铜墙铁壁 toŋ$^{24-21}$ tʃyŋ^{24} tʰɛt$^{\underline{32}}$ pi°k$^{\underline{55}}$
口口声声 hɐu$^{52-32}$ hɐu^{52} ʃi°ŋ$^{44-32}$ ʃi°ŋ^{44}
手提电话 ʃou$^{52-32}$ tei^{24} tin^{21} ua^{21}
惹事生非 ȵiɛ$^{242-21}$ tʃi^{21} ʃɐŋ$^{44-32}$ fei^{44}
市长大楼 tʃi$^{242-21}$ tʃyŋ^{52} tai^{21} lɐu^{24}
半夜三更 pun^{32} jiɛ^{21} ʃam$^{44-32}$ kɐŋ^{44}
半生不熟 pun^{32} ʃɐŋ^{44} pɐt$^{\underline{55-32}}$ tʃok$^{\underline{34}}$

厦门大学 a^{21} mɐn^{24} tai^{21} œk$^{\underline{21}}$
视死如归 tʃi^{21} ʃei^{52} ȵy$^{24-21}$ kuɐi^{44}
叔伯兄弟 ʃok$^{\underline{55-32}}$ pɐk$^{\underline{32}}$ hi°ŋ$^{44-32}$ tei^{242}
一心一意 iɐt$^{\underline{55-32}}$ ʃɐm^{44} iɐt$^{\underline{55-32}}$ i^{32}
十指连心 ʃɐp$^{\underline{34-21}}$ tʃi^{52} lɐn$^{52-32}$ ʃɐm^{44}
立竿见影 lɐp$^{\underline{34-21}}$ kɔn^{44} kin^{32} i°ŋ^{52}
接二连三 tʃɐp$^{\underline{32}}$ i^{21} lɐn^{21} ʃam^{44}
铁石心肠 tʰɛt$^{\underline{32}}$ tʃi°k$^{\underline{21}}$ ʃɐm$^{44-32}$ tʃyŋ^{24}
白色恐怖 pɐk$^{\underline{21}}$ ʃɐk$^{\underline{55-32}}$ hoŋ$^{52-32}$ pu^{32}
画蛇添足 uɐk$^{\underline{21}}$ tʃi^{ɛ24} tʰɛm$^{44-32}$ tʃok$^{\underline{55}}$

（4）五音节及五音节以上词语的连读变调

开建话五音节以及五音节以上的词是非常少的，主要是一些专有名词和一些音译国名词。五音节词调模式主要跟这些词的内部构成以及习惯停延有关。如果五音节词的内部构成或习惯停延是"2+3"，那么该词的第2和第5个音节不变调，第1和第3、第4个音节除5调和6调外都要变调，变调规律跟双音节和三音节的变调规律一样。如：

纸张/切割机 tʃi$^{52\text{-}32}$ tʃyn^{44}　　tʃʰɛt^{32} kɔt^{32} ki^{44}

阿尔/巴尼亚 a$^{44\text{-}32}$ ȵi^{242}　　pa$^{44\text{-}32}$ nei$^{24\text{-}21}$ a^{52}

如果五音节词的内部构成或习惯停延是"3+2",那么该词的第3和第5个音节不变调,第1、第2和第4个音节除5调和6调外都要变调,变调规律跟双音节和三音节的变调规律一样。如:

计算机/芯片 kɛ^{32} ʃyn$^{44\text{-}32}$ ki^{44}　　ʃɐm$^{44\text{-}32}$ pʰin^{44}

哈萨克/斯坦 ha$^{44\text{-}32}$ ʃat^{32} hɐk^{55}　　ʃi$^{44\text{-}32}$ tʰan^{52}

六音节的词调也可以分别根据它的内部构成及习惯停延的不同分为"2+2+2"和"3+3"两大类型,其词调模式仍然可以根据双音节词和三音节词的变调规律推导出来。如:

2+2+2:奥林/匹克/饭店 ou^{32}lɐm^{24}　　pʰɛt$^{55\text{-}32}$hɐk^{55}　　pan^{21}tin^{32}

3+3:全自动/洗衣机 tʃyn$^{24\text{-}21}$tʃuº^{21} toŋ^{242}　　ʃai$^{52\text{-}32}$ i$^{44\text{-}32}$ ki^{44}

七音节词调常见的是"2+2+3"型,其词调模式仍然可以根据双音节词和三音节词的声调模式推导出来。如:

科学/技术/现代化 fuº$^{44\text{-}32}$œk^{21}　　ki^{21} tʃɛt^{34}　　in^{21} tɔi^{21} fa^{32}

酒泉/卫星/发射站 tʃau$^{52\text{-}32}$tʃyn^{24}　　uɐi$^{242\text{-}21}$ʃiºŋ^{44}　　fat^{32} tʃiᵉ^{21}tʃam^{21}

由于七音节词以上的词非常少见,如果出现的话也可以根据其内部构成或习惯停延的表现,用双音节和三音节的变调规律推出来,这里不再举例说明。

(二)开建话的音韵特点

1. 声母特点

(1)古全浊声母今读塞音、塞擦音在白读层基本都读不送气清音。

(2)微母尚未分化,跟明母同读作m;19%左右的非母、8%左右的敷母及84%左右的奉母读作重唇音p、pʰ。如:

非母:斧甫脯(pʰ);付傅分粪枫(p)

敷母:妨(p);副捧蜂①(pʰ)

奉母:符扶父腐辅吠附肥浮妇负凡帆范犯乏烦饭罚坟佛房冯凤服逢(p)

(3)17%的知母、14%的澄母三等口语常用字读同端母。如:

知母:爹、猪、知、朝、转$_{旋转}$、张、着$_{~衫}$、啄、掷

澄母:住、锤、槌、坠、缠、尘、阵$_{~~}$、长$_{~短}$、丈、着$_{~火}$、秩、逐

---

① 封开长安的开建话"龙蜂"的"蜂"字声母读pʰ,其他地方基本都读f。

（4）中古泥、娘母今天基本都读作 n；中古日母字和疑母细音字白读基本都为 ȵ；疑母洪音今读为 ŋ。

（5）中古精、知、照（含庄、章）三组声母基本上都已合并为一套塞擦音和擦音 tʃ、tʃʰ、ʃ；邪、禅母在开建话的白读层中不论平仄一律读作不送气的塞擦音 tʃ。

（6）流、深、臻三摄开口三等见、群母字大部分腭化为舌叶塞擦音 tʃ，如"九、求、金、琴、紧、近"等。

（7）见、溪母字在开建话中都有 5 种以上的读法，如见母有 k、kʰ、ŋ、h、tʃ、tʃʰ、Ø 等多种读法，以读 k、kʰ、tʃ 为主；溪母有 kʰ、k、h、f、Ø 5 种读法，以读 kʰ、h 为主。

（8）晓、匣母在开建话中也有多种读法。晓母读 h、f 为主，读 h 既可以在开口中出现也可以在合口中出现，读 f 一般只出现在合口的条件下；匣母大部分都读作零声母，跟喻母（包括喻三和喻四）合流。

（9）庄母、章母、影母、云母和以母都有部分常用词读作舌面前鼻音 ȵ，如：爪撒皱绉（庄）；锥（章）；阎淫勇延宵（云）；熊（以）。

2. 韵母特点

（1）果摄开合一等基本上都已合并，主要读 uɔ 或 ɔ。

（2）假摄开口三等仍保留介音，介音的发音长且清晰，有韵腹化的趋势。

（3）遇摄合口一三有别，一等主要读 u，三等主要读 y；遇合三鱼、虞韵部分字读 ɔi、uⁱ，跟蟹合一的主要读音同，但是它们并不会出现最小对立。

（4）蟹摄一二三四等基本都还可以分开（一等主要读 ɔi，二等主要读 ai，三等主要读 ɛ，四等基本都读 ɐi 或 ei）；蟹开一哈泰韵有交叉，但仍有个别字可以区分；蟹摄开口三四等主要读音跟止摄开口三等唇音和舌音合流；蟹合三废韵非组基本已跟止合三微韵合流；蟹摄合口四等见系也已跟止摄合口三等合流。

（5）止摄韵母按声母的不同有多种读音。如止合三支脂之韵的唇、舌音读 ɐi/ei，齿头音少数读 ɐi/ei，大部分为 uɔ；其余各声母对应的韵母为 i。

（6）效摄一二三等有别，其中一等韵母主要读 ɔ，二等主要读 au，三四等相混（知系、见系各韵母及帮系、端系的去声韵基本都读 iᵘ，其他韵母基本都读 ɛu）。

（7）流摄一三等基本上都已经混而不分（只在零声母后保留最小对立）。

（8）咸摄开口牙喉音一二等不混，一等主要读 ɔm(om)，二等主要读 am，三四等相混（知系、见系各韵母及帮系、端系的去声韵母基本都读 im，其他韵母基本都读ɛm）；咸摄合口三等凡范两韵多数字仍读-m韵尾。

（9）深摄平上入的韵母主要读作ɛm/ɛp；去声韵母主要读作ɔm/ɔp，跟咸摄开口一等牙喉音的去声韵母读音相同。

（10）山摄开口牙喉音一二等有别，一等主要读ɔn（øn），二等基本都读an；三四等混（知系、见系各韵母及帮系、端系的去声韵母基本都读in，其他韵母都基本读ɛn）。山摄合口一等齿音已经跟合口三等合流，主要读yn/yt，非齿音主要读un/ut或ɔn/tɔt；山摄合口二等主要读uan/uat，合口三等唇音主要读an/at，非唇音主要读作yn/yt。

（11）臻摄开合一三等（见系除外）基本已经合流。

（12）宕摄一三等开口分，合口大部分已经合并；江摄基本上已与宕摄开口一等合并。

（13）曾摄开合一三等基本上都已合并，曾梗两摄读音有别。

（14）通摄合口一三等基本上都已合并；通摄跟去声配合的韵母主元音u与跟平上入配合的韵母主元音o有别，跟宕摄合口一三等韵母的读音相同。

（15）流摄、深摄和臻摄韵母的主元音在平上入的条件下大多数读作ɐ，在去声的条件下主要读作o或i。《粤西十县市粤方言调查报告》（1998，P54）韵母特点第5点说"流、深、臻三摄的韵母有两个对立的主元音ɐ和o"，这不够准确。流、深、臻三摄的韵母主元音有ɐ、o和i三种读法，但它们并非对立的，具体表现为：流摄主元音只在跟去声和少部分阴上配合时读为o，其他情况下基本都读为ɐ，跟阴上配合时还有读a和u的；深摄主元音在跟去声配合时读为o，其他情况下基本都为ɐ；臻摄主元音在跟去声配合时读为i，其他情况下基本都读为ɐ。

（16）药、职（唇音及零声母）、陌（三等）、昔、锡合流，但是韵母音值跟调位有关系：1、2调为 $i^ɜk$，5、6调为 $i^ɜk$。

3. 声调特点

（1）中古的平上去入基本上都按照古声母的清浊进一步分化为阴阳两类，且阳调类调头的调值一般都低于阴调类。

（2）入声按照韵母主元音的高低进一步分化为上下阴入和上下阳入四调，且下阴入和下阳入的调头调值都低于上阴入和上阳入。

（3）中古全浊上有部分偏文的字归入阳去。

（4）中古平上去入四调都有部分次浊字今读作阴调。

第四章 封开方言同音字汇

一、封开南部方言（封川话）同音字汇

i

p	[554]碑卑悲 [243]皮疲脾琵_{琵琶}枇_{枇杷} [334]比_{比较}秕_{秕子,秕谷} [223]被_{被卧,被子} [52]蓖_{蓖麻}臂秘泌痹_{麻痹} [21]被_{被打、被迫}避备鼻婢
pʰ	[554]丕披 [334]彼俾鄙 [52]譬_{譬喻}屁
m	[243]糜_粥靡眉楣微 [223]美尾 [21]未味
f	[554]非飞妃 [243]肥 [334]匪翡_{翡翠} [52]废肺痱_{痱子}费_{费用}
t	[554]雌资姿咨兹滋 [334]紫姊子梓 [21]地
tʰ	[334]此 [52]刺次厕
n	[243]尼 [223]你 [21]腻
ɬ	[554]斯撕私司丝思 [243]瓷_{瓷器}糍_{糍粑}慈磁_{磁石}辞词祠 [334]死 [223]似巳_{辰巳} [52]四肆伺 [21]自字寺嗣饲牸_{牝牛}
l	[554]璃_{玻璃}撕 [243]离_{离别}篱离_{离开半寸}梨厘狸_{狸猫} [223]理鲤李里 [21]利痢吏
tʃ	[554]知蜘_{蜘蛛}支枝肢栀_{栀子花}脂之芝 [243]池匙_{汤匙、钥匙}迟持时鲥 [334]纸只_{只有}旨指止趾址 [223]是士 [52]智致至置志痣 [21]稚_{幼稚}痔治
tʃʰ	[554]差_{参差}眵_{眼眵}痴嗤_{嗤笑} [334]侈_{奢侈}耻齿始矢 [52]翅
ȵ	[554]儿_{小称} [243]宜仪而疑儿 [223]尔议耳拟 [21]饵义二贰_{贰心}谊
ʃ	[554]施师狮尸诗 [243]时 [334]屎使史 [223]是士_{的士}市 [52]试 [21]豉_{豆豉}示视柿俟事侍
k	[554]饥_{饥饿}肌基几_{几乎}机讥饥_{饥荒} [243]奇岐祈鳍其棋期_{时期}旗祈 [334]企徛_立己杞几_{几个} [52]寄纪_{纪律、世纪、年纪}记既 [21]技妓忌
kʰ	[52]冀
h	[554]牺欷嬉熙希稀 [334]起喜蟢_{蟢子}岂 [52]戏器弃气汽
∅	[554]伊医衣依 [243]移夷姨 [334]倚椅 [223]以矣已 [52]意 [21]易_{难易}异肄_{肄业}

· 53 ·

u

p [243]蒲菩菩萨 [334]补 [223]簿 [52]布怖恐怖 [21]部步埠商埠

pʰ [554]铺铺设 [334]谱浦甫脯杏脯普 [52]铺店铺

m [554]诬模模子巫摹摹仿 [243]模模范无 [223]武舞侮鹉鹦鹉母拇 [21]暮慕墓募务雾戊

f [554]枯呼夫肤跗跗面敷俘俘房孵孵小鸡麸麦麸子 [243]符扶芙芙蓉 [334]苦虎浒水浒府腑俯斧抚 [223]傅父釜妇 [52]库裤戽戽水赋富副 [21]付腐辅附负阜

t [554]都都城都都是租 [243]徒屠途涂图 [334]堵赌祖组 [223]肚鱼肚,猪肚肚腹肚 [52]做 [21]妒度渡镀杜

tʰ [554]粗 [334]土 [52]兔醋措措施吐吐痰吐呕吐

n [243]奴 [334]努怒

ɬ [554]苏酥 [52]素诉嗉鸟嗉子

l [243]卢炉芦芦苇鸬鸬鹚庐茅庐,庐山 [223]鲁橹虏卤 [21]路露鹭鹭鸶

k [554]姑孤 [334]古估估计盬盬子牯股鼓 [52]故固锢锢露锅雇顾

kʰ [554]箍

∅ [554]乌污坞 [243]芋胡湖狐壶乎葫瓠卢胡 [223]户沪 [21]互护芋

y

t [554]趋

tʰ [554]蛆生蛆 [334]取 [52]趣

n [223]女

ɬ [243]徐 [223]序叙绪娶

l [243]驴 [223]吕旅里 [21]虑滤

tʃ [554]猪诸 [243]除薯白薯 [334]煮 [52]著显著 [21]苎苎麻

tʃʰ [334]杵娶 [52]处相处处处所

ȵ [243]虞如鱼渔愚娱 [223]汝语 [21]遇御寓

ʃ [554]书舒 [334]暑鼠 [223]署专署 [52]恕

k [554]居车车马炮 [243]渠他 [334]举 [223]拒距 [52]据锯锯子,锯木头 [21]巨具惧

h [554]墟墟市虚嘘吹嘘 [334]许 [52]去来去,去皮

∅ [554]於于此淤迂于 [243]余馀盂榆逾愉 [223]与及,给予雨宇禹羽 [21]誉荣誉预豫愈愈好,病愈喻裕

第四章 封开方言同音字汇

a

p	[554]巴芭疤爸_我~_ [243]爬琶_琵琶_杷_枇杷_钯_钯子_耙_犁耙,耙地_ [334]把_把握,把守,一把_柄 [52]霸坝_堤坝_坝_平川_ [21]罢
pʰ	[52]怕
m	[554]妈 [243]麻痳 [223]马码_码子_ [21]骂
f	[554]花 [52]化
t	[334]打
tʰ	[554]他
n	[243]拿 [21]那
ʧ	[554]渣抓楂_山楂_ [243]茶搽查_调查_ [52]诈榨_榨油_炸_炸弹_炸_用油炸_
ʧʰ	[554]叉杈_枝杈_差_差别,差不多_ [52]岔_三岔路_
ʃ	[554]莎_莎草_沙纱 [334]洒耍洒
k	[554]家加嘉傢_家具_ [334]假_真假_贾_姓_ [52]假_放假_架驾嫁稼价
ŋ	[243]牙芽衙崖_山崖_ [223]雅瓦
h	[554]虾_鱼虾_哈蛤_蛤蟆_ [243]霞瑕遐暇 [223]下_底下_ [21]夏_姓_厦_厦门_下_下降_夏_春夏_
ø	[554]鸦丫_丫头_桠_桠杈_ [334]哑 [52]亚

ua

k	[554]瓜 [334]寡剐 [52]挂卦
kʰ	[554]夸垮 [52]跨
ø	[554]蛙洼蛙 [243]华_中华_铧桦_桦树_ [21]画话

ɛ

t	[334]姐 [52]借
ɬ	[554]些 [243]邪斜 [334]且写 [52]泻卸 [21]谢
ʧ	[554]遮 [243]蛇 [334]者 [52]蔗 [21]射麝_麝香_
ʧʰ	[554]车_马车_ [334]扯 [52]笡_斜_
ʃ	[554]赊 [334]舍_动词_ [223]社 [52]赦舍_名词_
k	[243]茄_茄子_骑

iɛ

ȵ [223] 惹
Ø [554] 爷_{君爷} [243] 耶爷_{阿爷} [223] 野 [21] 夜

œ

t [334] 朵躲
k [243] 瘸_{瘸腿}
h [554] 靴

ɔ

p [554] 波菠_{菠菜}坡玻_{玻璃} [243] 婆 [52] 簸_{簸一簸}簸_{簸箕}
pʰ [554] 颇棵 [52] 破
m [554] 魔摩 [243] 磨_{磨刀} [21] 磨_{磨面、石磨}
f [554] 科 [334] 火伙 [52] 课货
t [554] 多 [243] 驼驮_{拿，驮起来}舵_名驮_{驮子} [334] 左 [52] 佐 [223] 妥舵_{动词} [21] 惰
tʰ [554] 拖 [52] 错_{错杂} [334] 椭_{椭圆}
n [243] 挪 [21] 糯_{糯米}
ɬ [554] 蓑梭_{织布梭}唆_{啰嗦} [334] 锁琐_{琐碎} [223] 坐 [21] 座
l [554] 啰_{啰唆} [243] 罗锣箩骡螺_{螺蛳}胴_{手指纹} [334] 裸_{裸体}
tʃ [334] 阻 [21] 助
tʃʰ [554] 初 [334] 楚础_{柱下石}
ʃ [554] 梳_{梳头}疏_{疏远}蔬 [334] 所 [52] 疏_{注疏、文疏} [21] 傻
k [554] 歌哥戈 [52] 个_{个人} [334] 个_{量词}
ŋ [243] 蛾鹅俄 [223] 我 [21] 饿卧
h [243] 荷_{薄荷}河何荷_{荷花} [334] 可 [21] 贺
Ø [554] 阿_{阿胶，阿哥}

uɔ

k [334] 果裹餜 [52] 过
Ø [554] 锅倭窝 [243] 和_{和气}禾 [223] 祸浼_{弄脏} [21] 和_{和面}

ai

p	[243]排牌排筏 [334]摆 [52]拜 [21]败
pʰ	[52]派
m	[243]埋 [223]买 [21]卖迈
f	[52]快筷 [334]块
t	[52]戴带 [21]大大_大夫；大黄，药名_
tʰ	[52]态贷太泰
n	[223]乃奶
l	[554]拉 [52]癞 [21]赖
tʃ	[554]斋 [243]豺柴 [52]债 [223]舐_以舌取物_ [21]寨
tʃʰ	[554]猜钗差_出差_
ʃ	[52]晒
k	[554]皆阶楷佳街 [334]解_讲解，解开_解_晓也_ [52]介界芥尬_尴尬_疥届戒
ŋ	[243]挨_挨打，挨骂_ [21]艾
h	[554]揩谐 [243]鞋 [223]蟹械懈
ø	[554]挨_挨近，挨住_埃_尘埃_ [334]矮 [52]隘

uai

k	[554]乖 [334]拐 [52]怪
ø	[554]歪 [243]怀槐淮 [21]坏

ʌi

t	[554]低 [243]堤题提蹄啼 [334]底抵 [223]弟 [52]祭际帝济 [21]第递
tʰ	[554]梯 [334]体 [52]替涕_鼻涕_剃砌
n	[243]泥
ɬ	[554]西犀 [243]齐 [334]洗 [52]细婿_女婿_
l	[243]犁黎 [223]礼 [21]丽_美丽_荔_荔枝_
tʃ	[52]制剂_一剂药，面剂子_ [21]滞_停滞，积滞_誓
ʃ	[554]筛_筛子_ [334]驶 [52]世势
k	[554]鸡 [52]计继髻
kʰ	[554]稽溪 [334]启 [52]契_契约_

| ŋ | [243] 危 [223] 蚁 [21] 艺毅伪魏 |
| h | [21] 系系鞋带 系连系 |

uʌi

p	[554] 跛跛足 [52] 闭 [21] 稗弊毙币
pʰ	[554] 批
m	[243] 迷谜 [223] 米 [52] 觅
f	[554] 挥辉徽 [52] 讳吙 [334] 毁
k	[554] 龟归 [243] 携癸逵葵 [334] 诡轨鬼 [52] 鳜鳜鱼桂季贵 [21] 跪柜
kʰ	[554] 规亏窥 [334] 愧
Ø	[554] 威 [243] 为作为维惟遗唯违围 [334] 萎气萎,买卖萎 [223] 胃猬伟苇芦苇纬卫 [52] 喂畏慰 [21] 惠慧为为什么位谓

iui

| ŋ̍ | [223] 蕊 |
| Ø | [21] 锐 |

ui

p	[554] 杯 [243] 培陪赔裴 [223] 倍 [52] 贝辈背背背涌 [21] 吥
pʰ	[52] 沛配佩
m	[243] 梅枚媒煤 [223] 每 [21] 妹昧
f	[554] 恢灰 [52] 晦悔
t	[554] 灾栽堆 [243] 台天台,台州台苔抬 [334] 宰嘴 [223] 待 [52] 再载载重,载满载对碓兑最醉 [21] 代袋队
tʰ	[554] 胎推催崔姓 [243] 苔 [334] 彩采睬腿 [52] 菜赛蔡退蜕蛇蜕皮,蝉蜕脆翠褪
n	[21] 耐奈内
ɬ	[554] 腮鳃虽 [243] 才材财裁随绥 [334] 髓 [223] 在罪 [52] 碎岁粹纯粹 [21] 瑞遂隧隧道穗
l	[243] 来雷 [334] 儡傀儡累极困 [223] 累累积垒类累连累 [21] 泪
tʃ	[554] 追锥 [243] 垂槌锤 [21] 赘睡坠与堕异
tʃʰ	[554] 吹炊
ʃ	[554] 衰 [334] 水 [52] 税帅

k [554]该 [334]改 [52]盖

kʰ [52]概溉慨慷慨, 感慨 丐乞丐

ŋ [243]呆 [21]碍艾外

h [554]开 [334]海 [223]亥 [21]害

Ø [554]煨 [243]回茴茴香 [334]凯蔼和蔼 [223]会会不会 [52]爱 [21]汇会会计会 开会 绘汇

au

p [554]包胞鲍姓, 鲍鱼 [243]刨 [334]饱 [52]豹爆

pʰ [554]抛 [334]跑 [52]泡炮枪炮泡泡在水里 豹

m [243]茅矛 [223]卯牡 [21]貌

n [21]闹 [243]锚

l [554]捞佬笊笊篱 [243]捞打捞

tʃ [243]巢 [334]找 [52]罩 [21]棹桨櫂

tʃʰ [554]抄掠取, 抄写 [334]炒 [52]吵抄吵家 钞钱钞

ʃ [554]梢树梢捎捎带 [52]潲猪食潲潲雨 [334]稍

k [554]交郊胶 [334]绞狡铰搅搞较 [52]教教书窖觉睡觉 教教育, 教他去 校校对

kʰ [52]靠犒

ŋ [554]挠 [243]肴淆 [223]咬

h [554]烤酵敲 [334]考巧 [52]孝 [21]效校学校 校上校

Ø [52]坳山坳

iau

ȵ [334]爪爪牙, 爪子

iɛu

p [243]瓢嫖

m [554]猫

ȵ [334]绕

ᴜe

p [554]褒褒奖 [243]袍 [334]保堡宝 [223]抱 [52]报 [21]暴菢菢小鸡

· 59 ·

m	[243]毛 [21]冒帽	
t	[554]刀遭糟 [243]桃逃淘淘米陶萄涛波涛 [334]岛倒打倒,颠倒 早枣蚤 [52]到倒倒转灶 [21]道稻盗导	
tʰ	[554]叨唠叨滔掏掏出来操操作,操演 [334]祷讨草 [52]套躁澡 [52]糙粗糙,糙米	
n	[223]脑恼	
ɬ	[554]骚臊臊气 [243]曹槽马槽 [334]嫂 [223]造建造 [52]扫扫地扫扫帚	
l	[554]捞唠唠叨 [243]劳牢 [223]老 [21]涝旱涝	
k	[554]高膏篙进船竿羔糕膏膏车,膏油 [334]稿 [52]告	
ŋ	[21]傲	
h	[554]蒿蓬蒿 [243]豪壕毫号呼号 [334]好好坏 [52]好喜好耗 [21]浩号号数	
Ø	[52]懊懊恼奥懊懊悔	

ʌu

m	[243]谋 [223]亩 [21]茂贸 [52]谬某	
f	[243]浮 [334]否	
t	[554]兜邹 [243]头投 [334]斗升斗走酒纠纠缠 [52]斗斗争奏 [21]豆逗	
tʰ	[554]偷秋秋天鞦牛鞦 [334]敨展开,敨气 [52]透凑	
n	[223]纽扭	
ɬ	[554]修 [243]囚泅游水 [334]搜 [52]嗽咳嗽秀绣锈铁锈 [21]就袖	
l	[243]楼流刘留榴石榴硫硫黄琉琉璃馏 [223]柳 [21]漏陋	
tʃ	[554]周舟州洲鸠 [243]绸稠筹愁仇酬求球仇姓 [334]九久 [223]舅 [52]韭昼纣樏纣咒灸针灸臼咎救究 [21]旧柩宙	
tʃʰ	[334]丑 [52]臭香臭	
ʃ	[554]馊饭馊了 收 [334]手首守 [52]瘦兽 [21]受寿授售	
k	[554]鸠 [334]狗苟 [52]够往上够够救究	
kʰ	[554]沟抠 [52]构购叩叩头扣扣住寇	
ŋ	[554]勾钩勾勾当 [243]牛 [223]藕偶配偶偶然	
h	[243]侯喉猴 [334]口 [223]厚 [21]後后候	
Ø	[554]欧瓯殴 [334]呕呕吐 [52]沤久浸水中怄怄气	

iʌu

ȵ	[243]柔 [52]皱皮皱	

Ø　[554]丘休忧优幽 [243]尤邮由油游犹悠悠悠柚釉 [223]有友酉 [52]幼 [21]又右佑诱

iu

p　[554]膘肥膘标表钟表彪 [334]表老表

pʰ　[554]漂飘 [52]票车票

m　[243]苗描 [223]杳杳无音信藐渺秒妙 [21]庙

t　[554]焦蕉芭蕉,香蕉椒刁貂雕丢 [243]条 [52]醮打醮,再醮钓吊 [21]调调和掉调音调调调动

tʰ　[554]锹悄静悄悄挑 [52]缲缲边俏跳窠

n　[223]鸟 [21]尿

ɬ　[554]消宵霄硝销萧箫 [243]樵 [334]小 [52]笑 [21]嗽牛倒嗽

l　[554]溜 [243]燎疗聊辽撩撩起来寥 [223]了了结瞭 [21]料廖姓

ʧ　[554]朝今朝昭招 [243]朝朝代潮 [334]剿 [223]兆 [52]照 [21]诏赵召诏韶韶关

ʧʰ　[554]超

ȵ　[243]尧 [334]扰绕围绕 [52]要

ʃ　[554]烧 [334]少多少 [52]少少年

k　[554]骄娇 [243]乔侨桥荞 [334]矫矫饰缴上缴 [52]叫 [21]轿

kʰ　[52]窍

h　[554]枵嚣侥侥幸 [334]晓

Ø　[554]妖邀腰要要求么二三吆吆喝 [243]摇谣窑姚鹞鹞鹰 [223]舀舀水 [21]耀

am

t　[554]耽簪担担任 [243]潭谭谈痰 [334]胆 [223]淡 [52]担挑担

tʰ　[554]贪参 [334]惨 [52]探试探,侦探

n　[243]南男

ɬ　[554]三 [243]搀蚕惭 [21]暂

l　[243]蓝篮 [223]览揽榄橄榄 [21]滥缆舰

ʧ　[334]斩 [21]站立站车站

ʧʰ　[52]杉

ʃ　[554]衫

k　[554]监监察,监视,监牢 [334]减 [52]尴尴尬鉴监国子监

ŋ　[243]岩

h　[243]咸衔函 [52]喊 [21]陷馅

iɛm

k　[243]钳

əm

k　[554]甘柑泔_{泔水} [334]感敢橄_{橄榄}

h　[554]堪龛勘_{勘误，勘探}砍 [243]含 [334]坎 [21]撼憾 [52]坎

ø　[554]庵 [334]揞_{手覆，揞住} [52]暗

ʌm

t　[52]浸

tʰ　[554]侵 [334]寝

ɬ　[554]心 [243]寻

l　[243]林淋_{淋漓，淋湿}临 [223]檩

tʃ　[554]针斟金 [243]禽沉琴擒 [334]枕锦 [52]禁_{禁止} [223]妗_{舅母}

tʃʰ　[554]参_{参差}

ʃ　[554]森参_{人参}深 [334]沈审婶 [52]渗_{渗水渗透} [21]甚

k　[554]今金 [243]琴禽 [21]撳_按

kʰ　[554]襟

iʌm

ȵ　[243]壬吟 [21]任_{姓任}任_{责任} [334]饮_{伙酒}饮_{米汤}

ø　[554]钦音阴荫_{屋子很荫} [243]淫

im

t　[554]尖 [243]甜 [334]点舔_{以舌取物}㸃_{㸃笔} [52]店 [21]掂_{掂掇}垫_{垫钱}

tʰ　[554]歼_{歼灭}签添

n　[554]黏_{黏米，黏合}粘_{粘贴}拈_{拈起来} [21]念鲇_{鲇鱼}

ɬ　[243]潜 [21]渐

l　[243]廉镰帘 [334]楝_{楝树} [223]敛殓

第四章 封开方言同音字汇

tʃ [554]沾瞻占占卜[52]占占领

ŋ̊ [243]阉严嫌[223]染[21]验

ʃ [334]陕陕西闪

k [554]兼撁撁菜[334]检[223]俭[52]剑

h [554]谦[334]险[52]欠

∅ [554]淹阉[243]盐檐[334]掩魇[52]厌[21]炎艳焰

an

p [554]班斑颁[334]板版瓣[21]扮办

pʰ [554]攀襻纽襻扳[52]盼

m [243]蛮[223]晚[21]慢漫幔万馒馒头[334]挽娩分娩

f [554]翻番儿番[243]凡帆烦矾繁[334]反[223]范犯[52]泛贩[21]饭

t [554]丹单单独[243]檀坛弹弹琴[334]掸鸡毛掸子坦地名[52]旦诞赞[21]但弹子弹蛋

tʰ [554]滩摊餐[334]坦[52]炭叹灿

n [243]难难易[21]难患难

ɬ [243]残[334]散鞋带散了[52]散分散

l [243]兰拦栏[223]懒[21]烂

tʃ [334]盏[21]赚栈

tʃʰ [334]铲产

ʃ [554]山删闩珊

k [554]艰间空间, 中间奸[334]碱简柬拣茧[52]间间断, 间或谏涧锏车间

ŋ [243]颜研研船[223]眼[21]雁

h [243]闲[21]苋苋菜[223]限

∅ [52]晏晚也

iɛn

p [554]辫[334]扁匾贬

n [334]撚以指撚碎撵

uan

k [554]鳏鳏寡关[52]惯

∅ [554]弯湾[243]玩古玩, 游玩顽顽皮, 顽固还还原还还有环[223]幻[21]患宦

ʌn

t	[554] 津墩遵 [52] 进晋扽俊_{新派} [334] 墩 [21] 遁
tʰ	[554] 吞亲 [52] 褪_{退后}
ɬ	[554] 辛新薪 [243] 秦纯旬循巡 [223] 尽 [52] 信讯 [334] 笋榫
l	[243] 邻鳞磷 仑伦沦轮 [21] 论
tʃ	[554] 巾珍真斤筋朘 [243] 陈尘神辰晨臣勤芹唇醇 [334] 谨紧仅准 [223] 肾近 [52] 镇振俊_{老派}震 [21] 阵
tʃʰ	[554] 椿春 [52] 趁衬 [334] 蠢诊疹
ʃ	[554] 身申伸 [21] 慎顺 [52] 舜
k	[554] 跟根 [334] 紧仅
ŋ	[243] 银
h	[243] 痕 [334] 恳垦很 [21] 恨
∅	[554] 恩

uʌn

p	[554] 彬宾奔锛 [243] 贫频_{频繁} [52] 殡鬓 [21] 笨
pʰ	[554] 喷_{喷水} [334] 品
m	[554] 蚊 [243] 民文纹闻 [223] 闽_{闽越}悯敏抿吻刎 [21] 问
f	[554] 昏婚分_{分开}芬纷熏勋薰荤 [243] 坟 [334] 粉 [223] 愤忿 [52] 粪训 [21] 份_{一份两份}
k	[554] 均钧君军 [243] 群裙 [334] 滚 [223] 菌 [52] 棍 [21] 郡混_{相混,混沌}
kʰ	[554] 昆坤 [334] 捆 [52] 困
∅	[554] 温瘟 [243] 魂浑_{浑浊}匀云 [334] 稳 [223] 允尹 [21] 韵运

iʌn

ȵ	[52] 韧 [243] 人仁 [223] 忍 [21] 刃润闰韧孕认
∅	[554] 因姻 [243] 寅 [223] 引隐 [52] 印

in

p	[554] 鞭边 [52] 变 [21] 辨辩汴便_{方便}
pʰ	[554] 篇偏编 [52] 骗_{骗马}骗_{欺骗}遍_{一遍}遍_{遍地}片

第四章 封开方言同音字汇

m [243]绵棉眠 [223]免勉娩_{分娩}缅渑_{渑池} [21]面
t [554]煎颠 [243]田填 [334]剪典 [52]箭荐践饯_{饯行} [21]电殿奠佃垫_{垫钱}
tʰ [554]迁天千 [334]浅腆_{腆肚子}
n [243]年
ɬ [554]仙鲜_{新鲜}先 [243]钱前 [334]鲜_{鲜少}癣 [52]线 [21]贱羡
l [243]连怜莲 [21]练炼
tʃ [554]毡颤 [334]展 [52]战 [21]单_姓
ȵ [243]然燃言研
ʃ [223]善膳 [52]扇
k [554]肩坚 [243]乾_{乾坤}虔 [223]件 [52]见 [21]键健腱建
h [554]轩掀牵 [334]显 [52]宪献遣
Ø [554]烟燕_{燕京, 姓}咽 [243]延贤弦 [223]演 [52]堰燕_{燕子}宴 [21]砚现

on

k [554]干肝竿干_{干湿}杆 [334]秆擀赶 [52]干_{干部}眷 [21]骭
ŋ [21]岸
h [554]看_{看守}刊 [243]寒韩 [223]罕旱焊 [52]看_{看见}汉 [21]汗翰
Ø [554]安鞍 [52]按案

iun

ȵ [243]元原源 [223]软 [21]愿
Ø [554]冤 [243]完丸_{肉丸, 弹丸}圆员缘铅元袁辕园 [334]宛 [223]远 [52]怨 [21]院

un

p [554]般搬槟_{槟榔} [243]盘 [334]本 [223]伴绊 [52]半 [21]叛
pʰ [554]潘 [52]判
m [243]瞒门 [223]满 [52]闷
f [554]宽欢 [334]款
t [554]端尊 [243]臀囤团 [334]短 [223]断_{断绝} [52]钻_{木工用具} [21]断_{断断}锻_{锻炼}段缎椴
tʰ [554]村 [52]寸

n [223] 暖 [21] 嫩

ɬ [554] 酸宣孙 [243] 全泉旋存 [334] 选损 [52] 算蒜逊

l [243] 联鸾 [223] 卵 [21] 乱恋

tʃ [554] 专砖 [243] 传传达船 [334] 转转眼,转送 [52] 转转螺丝,转圆圈 [21] 传传记

tʃʰ [554] 川穿 [334] 喘 [52] 串窜

k [554] 官棺观参观冠衣冠绢捐 [243] 拳权颧颧骨 [334] 管馆卷卷起卷 [52] 贯灌罐观寺观冠冠军 [21] 倦

h [554] 圈圆圈 [52] 劝

Ø [243] 桓援 [334] 碗腕 [223] 缓皖安徽唤 [21] 焕换

aŋ

p [554] 崩 [243] 朋凭彭膨膨胀棚

m [243] 盲盟 [223] 猛 [21] 孟

f [52] 晃晃眼

t [554] 登灯曾姓增憎僧 [243] 腾誊藤 [334] 等 [52] 凳 [21] 邓

n [243] 能

ɬ [243] 曾曾经层 [21] 赠

l [223] 冷

tʃ [554] 争筝 [243] 橙 [21] 绽

tʃʰ [554] 撑掌椅子掌儿铛烙饼用具

ʃ [554] 生牲甥 [334] 省省长省节省

k [554] 更更换,五更庚羹耕 [334] 哽哽住耿 [52] 更更加

ŋ [21] 硬 [243] 仍仍是

h [554] 坑亨 [243] 恒行行为衡 [334] 肯 [21] 杏行品行幸

Ø [554] 莺

uaŋ

k [334] 梗梗子,茎

kʰ [554] 匡筐眶眼眶 [52] 逛

Ø [243] 横横直

iɛŋ

t [554] 将将来浆 [334] 蒋奖桨 [52] 酱将大将 [21] 仗炮仗

tʰ [554] 枪 [334] 抢

n [243] 娘

ɬ [554] 相互相箱厢湘襄镶 [243] 墙详祥 [334] 想 [223] 像橡橡树匠象 [52] 相相貌

l [243] 良凉量量长短粮梁粱 [223] 两两个 [334] 两几两几钱 [21] 亮谅量数量

tʃ [554] 张章樟 [243] 长长短肠场常尝偿 [334] 长生长掌 [223] 上上山 [52] 涨帐账胀仗杖障保障瘴瘴气 [223] 丈尚上上面

tʃʰ [554] 昌菖菖蒲倡提倡窗 [334] 厂老派 [52] 唱

ȵ [223] 仰 [21] 让酿

ʃ [554] 商伤 [334] 赏

k [554] 疆僵姜礓礓石缰缰绳姜羌 [243] 强

h [554] 香乡 [334] 享响 [52] 向

ø [554] 央秧殃 [243] 羊洋烊融化杨阳扬疡溃疡 [223] 养痒 [21] 样

eŋ

p [554] 冰兵 [243] 平坪评瓶屏围屏萍 [334] 丙秉饼 [223] 并并且 [52] 并合并柄 [21] 病

pʰ [52] 聘

m [243] 鸣明名铭 [21] 命

t [554] 精晶睛眼睛丁钉铁钉 [243] 亭停廷庭蜓蜻蜓 [334] 井顶鼎 [223] 艇 [52] 订订约 [21] 定

tʰ [554] 清听听见, 听话厅青 [334] 请 [52] 听

n [243] 宁安宁, 沪宁 [21] 宁宁可

ɬ [554] 星腥 [243] 情晴 [334] 省反省醒 [52] 性姓 [223] 静 [21] 净

l [243] 陵凌菱灵零铃伶 [223] 领岭 [21] 令另

tʃ [554] 蒸贞侦正正月征 [243] 乘绳承丞呈程成城诚 [334] 整 [52] 证症正政 [21] 剩郑盛盛满盛兴盛惩拯拯救

tʃʰ [554] 称称呼, 称重量 [334] 逞逞能 [52] 称相称秤一杆秤

ʃ [554] 升声胜胜任 [243] 成 [52] 胜胜败圣

k [554] 京荆惊经 [243] 擎鲸琼 [334] 境景警颈 [52] 茎敬竟镜劲劲敌径 [21] 竞

kʰ	[554] 倾 [334] 顷
ŋ	[243] 仍凝迎_{迎接}
h	[554] 卿轻_{轻重，年轻}馨兄 [52] 庆兴_{高兴}

ieŋ

| ȵ | [21] 认 |
| ∅ | [554] 应_{应当}鹰鹦_{鹦鹉，鹦哥}樱_{樱桃}英婴缨 [243] 蝇盈赢形型刑营萤 [334] 影 [52] 应_{应对，响应}映 |

ueŋ

| k | [334] 颖迥 |
| ∅ | [554] 扔 [243] 荣 [223] 永泳颖 [223] 咏 |

ɔŋ

p	[554] 帮邦 [243] 旁庞 [334] 榜绑 [21] 傍
pʰ	[334] 谤
m	[554] 芒 [243] 忙茫亡 [223] 莽蟒网 [21] 忘望
f	[554] 荒慌方肪_{脂肪}芳 [243] 妨_{妨害}房防 [334] 仿_{仿效}纺仿_{相似}仿_{仿佛}访 [52] 放
t	[554] 当_{当时，应当} [243] 堂棠螳_{螳螂}唐糖塘 [334] 党挡_{阻挡} [52] 当_{当作，典当}荡 [21] 荡_{放荡}宕_{延宕}
tʰ	[554] 汤仓苍 [334] 倘_{倘使}躺 [52] 烫趟_{一趟}
n	[243] 囊瓢
ɬ	[554] 桑丧_{婚丧} [243] 藏_{隐藏} [52] 丧_{丧失} [21] 藏_{西藏}脏_{心脏}
l	[243] 郎廊狼螂 [223] 朗 [21] 浪
ʧ	[554] 庄装桩 [243] 床 [52] 壮 [21] 状撞
ʧʰ	[554] 疮创_{创伤} [334] 厂_{新派}闯畅创_{开创}
ʃ	[554] 霜孀双 [334] 爽
k	[554] 冈岗刚纲缸江豇_{豇豆} [334] 讲港 [52] 钢杠降_{下降}
kʰ	[554] 扛 [52] 抗况
ŋ	[243] 昂
h	[554] 康糠慷_{慷慨}腔 [243] 行_{行列，银行}航杭 [52] 炕 [21] 项巷
∅	[21] 项_{鸡项}

uɔŋ

k [554]光 [243]狂 [334]广

kʰ [52]旷矿

∅ [554]汪—汪水 [243]黄簧锁簧皇蝗王 [334]枉 [223]往 [21]旺兴旺,火旺

oŋ

p [243]篷蓬 [334]捧

m [243]蒙蠓蠓虫 [334]懵懵懂 [21]梦

f [554]风枫疯丰封峰蜂锋 [243]冯逢缝缝衣服 [334]讽俸 [21]凤奉

t [554]东鬃马鬃,猪鬃冬宗综织布机上的综 [243]同铜桐筒童瞳 [334]董懂总 [223]动 [52]冻棕粽纵放纵 [21]栋洞

tʰ [554]通聪匆葱囱烟囱 [334]桶捅捅破了统铳放铳 [52]痛

n [243]农脓浓

ɬ [554]松松软嵩丛 [243]从从容松松树 [334]怂怂恿 [52]送宋 [21]诵颂讼从跟从

l [243]笼聋隆龙 [223]拢 [21]弄

tʃ [554]中当中忠终钟盅舂舂米 [243]虫崇重重复 [334]种种类肿 [223]重轻重 [52]中射中众种种树 [21]仲

tʃʰ [554]充冲 [334]宠

k [554]公蚣蜈蚣工功攻攻击弓躬宫恭供供给,供不起 [243]穷 [334]拱拱手巩巩固 [52]贡供供养,上供 [21]共

h [554]空空虚空空缺胸凶凶吉凶凶恶 [243]红洪鸿虹雄 [334]孔恐 [52]控 [21]烘烘干

∅ [554]翁

ioŋ

n̩ [554]雍 [243]绒熊 [334]浓甬涌 [223]拥

∅ [554]雍壅施肥 [243]庸融容蓉芙蓉熔 [223]勇 [21]用

ap

t [22]踏沓—沓纸 [53]答搭

tʰ [53]塔榻塌

n [22]纳

ɬ [22]杂

l [22]腊蜡镴_{锡镴}

tʃ [22]闸铡_{铡刀}

tʃʰ [53]插

k [53]夹甲胛_{肩胛}

h [22]峡

ø [53]鸭

iap

ø [53]眨_{眨眼}

iɛp

n [53]镊_{镊子}

k [22]狭挟_{挟菜}

əp

k [55]合_{十合一升}蛤_{蛤蜊}鸽

h [55]瞌_{瞌眼瞓}[22]合盒_{烟盒}

ʌp

tʰ [55]缉辑

n [55]粒

ɬ [22]习集

l [55]笠泣 [22]立

tʃ [55]执汁急 [22]袭及

tʃʰ [55]缉_{缉鞋口}辑_{编辑}

ʃ [55]湿 [22]十拾_{执拾}

k [55]急 [22]及

kʰ [55]级给_{给你, 供给}吸

ŋ [55]磕_{磕头}

iʌp

ȵ [22]入

ø [55]揖作揖

ip

t [55]接 [22]叠碟牒蝶谍
tʰ [55]帖碑帖,请帖 [53]妾
n [22]聂姓
ɬ [55]楔楔子,楔橛子
l [22]猎
tʃ [55]褶褶子,皱纹 [22]涉
ȵ [22]业
ʃ [55]摄
k [55]劫
h [55]怯畏怯胁协
ø [55]腌 [22]叶页

at

p [22]拔 [53]八
m [22]袜
f [22]乏伐筏罚 [53]法方法,法子发
t [22]达
n [22]捺撇捺
ɬ [53]撒撒手,撒种萨
l [22]辣
tʃ [53]扎
tʃʰ [53]獭水獭擦察刷
ʃ [53]杀
ø [53]押压轧被车轧,轧棉花

uat

k [53]刮
ø [22]滑猾狡猾 [53]挖

iɛt

p [55] 鳖憋必 [22] 便便宜

pʰ [55] 撇撇捺，撇开

m [22] 篾竹篾

tʃ [22] 舌

ʃ [22] 蚀

ʌt

t [55] 卒兵卒 [22] 突

tʰ [55] 七漆

ɬ [55] 膝 [22] 疾

l [22] 栗律率效率

tʃ [55] 质吉 [22] 侄实术

tʃʰ [55] 出

ʃ [55] 虱失室

k [55] 吉

kʰ [55] 咳咳嗽

h [55] 乞喫 [22] 核核对瞎

uʌt

p [55] 笔毕不 [22] 弼

pʰ [55] 匹一匹布，一匹马

m [22] 密蜜物勿

f [55] 窟窟窿忽佛仿佛 [22] 佛

k [55] 骨筋骨，骨头橘 [22] 掘倔倔强

h [22] 核审核

Ø [55] 屈 [22] 核果子核

iʌt

ŋ [22] 日

Ø [55] 一 [22] 逸

it

p [22]别₍区别₎别₍离别₎
m [22]灭
t [55]节 [21]秩叠
tʰ [55]铁切₍切开₎
n [55]捏 [21]孽
ɬ [55]薛泄₍泄漏₎屑₍不屑₎屑₍木屑₎ [22]截疾捷
l [22]列烈裂
tʃ [55]哲浙折₍折断₎
tʃʰ [55]彻撤设
ȵ [22]热
ʃ [22]蚀
k [55]结洁 [22]杰
kʰ [55]揭蝎
h [55]揭歇
ø [55]噎₍噎住了₎

ot

k [53]割葛
h [53]渴喝₍喝彩，吆喝₎

iut

ȵ [22]月
ø [55]乙 [22]越粤悦阅

ut

p [55]钵拨 [22]勃
pʰ [55]泼
m [55]抹₍抹布，抹桌子₎抹 [22]末沫没₍沉没，没有₎
f [55]阔
t [22]夺

tʰ [55]脱

ɬ [55]雪 [22]绝

l [55]劣 [22]捋_{捋袖}

tʃ [55]拙

ʃ [55]说_{说话}

k [55]蕨

kʰ [55]决诀缺橛_{橛子}

h [55]血

ø [22]活

ak

p [55]北百柏伯迫_{逼迫} [22]白

pʰ [55]拍魄

m [55]擘_{用手擘（掰）开} [22]墨默陌_{陌生}麦脉

t [55]得德则鲫 [22]特

ɬ [55]塞 [22]贼

l [22]肋勒

tʃ [55]侧窄责 [22]泽择_{择菜，选择}宅摘

tʃʰ [55]测拆_开破_{破皴}策册

k [55]格隔革

ŋ [55]扼轭 [22]额

h [55]吓_{吓一跳}刻_{时刻}刻_{用刀刻}克黑客赫吓_{恐吓}

ø [55]握

uak

ø [22]划获

iɛk

t [53]雀_{麻雀}

tʰ [53]鹊_{喜鹊}

ɬ [55]削

tʃ [55]着_{着衣} [22]着_{睡着，附着} [53]勺_{勺子}

ȵ	[22] 若弱
k	[55] 脚
kʰ	[53] 却
∅	[53] 约 [22] 药

ek

p	[55] 逼迫碧壁壁
pʰ	[55] 僻辟劈
m	[55] 觅
t	[55] 积即鲫脊的_{目的}滴绩 [22] 笛敌狄籴
tʰ	[55] 踢剔戚
n	[55] 匿 [22] 溺_{溺死}
ɬ	[55] 息熄媳惜昔锡析 [22] 籍藉_{狼藉}席夕寂
l	[22] 力历
ʧ	[55] 织职迹只 [22] 直值殖植石
ʧʰ	[55] 赤斥尺
ʃ	[55] 色识式饰适释 [22] 食
k	[55] 戟击激 [22] 极剧_{戏剧}屐_{木屐}
ŋ	[22] 逆_{顺逆, 逆风}
h	[55] 喫

iek

| ∅ | [55] 忆亿抑益 [22] 翼亦译易_{交易}液腋疫役 |

ɔk

p	[53] 博缚驳 [22] 泊_{梁山泊}薄泊
pʰ	[53] 朴雹
m	[55] 剥 [53] 膜幕寞 [22] 莫
t	[53] 剁作_{作坊, 工作}啄 [22] 铎踱
tʰ	[53] 托
n	[53] 诺
ɬ	[53] 索_{绳索} [22] 凿昨

l [53]烙骆酪洛络 [22]落乐

tʃ [53]捉 [22]浊

tʃʰ [53]桌绰 宽绰焯 把菜放在开水里焯焯戳

ʃ [53]塑 塑像朔

k [53]各阁搁觉 知觉角

kʰ [53]确

ŋ [22]鄂岳乐 音乐

h [53]壳 [22]鹤学

ø [53]恶 善恶

iɔk

ø [53]跃

uɔk

k [53]郭国

kʰ [53]廓霍藿 藿香

ø [22]镬 锅获

ok

p [55]卜 [22]仆瀑 瀑布

pʰ [55]扑仆 倒

m [22]木目穆牧

f [55]福幅蝠 蝙蝠复腹覆 覆盖 [22]服伏

t [55]笃督足 [22]独读犊牸 牛犊子毒

tʰ [55]秃促速

ɬ [55]宿 星宿肃宿缩粟 [22]族俗续

l [22]鹿禄六陆绿录

tʃ [55]触竹筑祝粥烛嘱蜀 [22]逐轴熟 煮熟、熟悉赎属

tʃʰ [55]畜 畜牲畜 畜牧蓄 储蓄束

ʃ [55]叔 [22]淑

k [55]谷菊 [22]局

kʰ [55]曲 酒曲曲 曲折、歌曲

h [55]哭
ø [55]屋

iok

ŋ̩ [22]肉褥玉
ø [55]沃 [22]辱育欲浴

ŋ̩

ŋ [243]吴蜈_{蜈蚣}吾梧_{梧桐} [223]五伍午 [21]误悟

二、封川北部方言(开建话)同音字汇

a

p [44]巴芭疤爸_{阿爸} [24]爬琶杷钯耙 [52]把 [242]□_{水流声} [32]霸坝爸_{吾~} [21]罢
pʰ [44]趴 [32]怕
m [44]孖‖①妈 [24]麻麻 [242]马码
f [44]花 [32]化
t [52]打
tʰ [44]他
n [44]□_{伤疤} [24]拿 [52]嬷_婆 [21]嬷_{老~}
l [44]啦 [242]□_{拟声词} [32]□_{摸着找}
k [44]家加痂嘉 [52]假贾 [32]架驾嫁稼价
kʰ [44]卡_{动词} [52]卡_{量词}
ŋ [24]牙芽衙伢涯崖 [242]雅瓦 [21]砑_{~路}
h [44]虾哈
tʃ [44]查渣抓 [24]茶搽查 [32]蛇诈榨炸乍 [21]□_{收、藏起来}
tʃʰ [44]叉差_{考~}钗 [32]杈岔
ʃ [44]沙纱 [52]洒 [32]耍_{去~}
ø [44]阿鸦丫 [52]哑 [32]亚 [242]下 [21]霞瑕遐夏厦嗄

---
① 本同音字汇把口语很少使用且只有一种读法的文读音用前加双竖线"‖"表示。

ia

ȵ　[44]□拿着
∅　[44]呀 [242]有

ua

k　[44]瓜 [24]□爬 [52]寡剐 [242]□乱抓 [32]挂卦
kʰ　[44]夸 [52]侉垮 [32]跨
∅　[44]蛙洼 [24]华‖铧 [242]哇 [21]桦画

ai

p　[44]‖掰 [24]排牌簰 [52]摆 [242]□扒 [32]拜鞴 [21]败
pʰ　[32]派
m　[24]埋 [52]□歪 [242]买米谷~ [21]卖迈
f　[32]快筷
t　[44]姼外婆‖呆 [52]底 [32]戴带 [21]大
tʰ　[44]‖呔 [52]□放养 [32]态贷太泰
n　[52]□~软 [242]乃奶
l　[44]拉 [32]癞 [21]赖獭
k　[44]皆阶佳街 [52]解 [32]介界芥尬疥届戒
ŋ　[44]□双手搓 [24]捱~苦 [32]□靠近 [21]艾
h　[44]揩 [21]骇
tʃ　[44]斋 [24]豺柴 [52]仔 [242]□舔 [32]债 [21]寨
tʃʰ　[44]猜差 [52]踩
ʃ　[44]□浪费 [52]洗玺 [32]晒
∅　[44]埃挨 [24]鞋 [52]矮 [242]‖蟹 [21]谐械懈

iai

ȵ　[52]踩
∅　[32]□泼水 [21]□用刀反向剖

uai

k　[44]乖 [52]拐 [32]怪

kh [32]块蒯
ø [44]‖歪 [24]怀槐淮 [21]坏

au

p [44]包胞 [24]刨 [52]饱 [32]鲍豹爆鲍
ph [44]抛 [52]跑 [32]炮
m [44]猫 [24]茅锚矛 [242]卯牡 [21]貌
t [32]□翻、倒
n [52]扭 [242]纽 [21]闹
l [44]捞 [242]柳 [21]□~□kau²¹难管教
k [44]交郊胶 [52]绞狡铰搅搞‖饺 [32]教较酵窖觉校~对浇臼
kh [32]靠犒
ŋ [44]□挠 [24]熬肴淆 [52]拗 [242]咬 [32]坳
h [44]敲烤 [52]考巧 [32]孝
tʃ [44]□死的俗称 [24]巢 [52]找酒 [32]罩笊 [21]棹
tʃh [44]抄钞 [52]炒丑 [32]铍训读
ʃ [44]梢捎稍 [32]溺 [21]□看、理会
ø [44]凹 [24]□风骚 [32]□争辩 [21]校学~效

iau

n̻ [52]□爪子
ø [52]□大口吃,敞开吃 [242]友

am

p [24]凡帆 [242]犯 [21]范
t [44]耽担 [24]潭谭谈痰 [52]胆 [242]淡 [32]担 [21]啖
th [44]贪‖坍 [32]探
n [24]南男 [242]腩
l [44]篮竹~ [24]蓝篮~球 [52]览揽榄 [32]□跨过 [21]滥缆舰
k [44]监坐~ [52]减 [242]槛 [32]尴鉴监太~ [21]伸开手掌拇指和中指间的距离
h [52]‖喊
ŋ [44]啱巧,正好 [24]岩 [52]□凹进去

tʃ [44]簪 [24]蚕惭 [52]斩 [242]□玻璃扎到 [32]湛 [21]暂站

tʃʰ [44]参搀 [52]惨 [32]杉

ʃ [44]三衫

ø [44]□逼迫 [24]咸 [21]陷馅

iam

ø [32]□渗水，浸染

an

p [44]班斑颁扳 [24]烦矾繁 [52]板版 [32]□用棍子或扁担打 [21]扮办饭

pʰ [44]攀 [32]盼襻

m [44]□扳过来 [24]蛮馒 [242]晚 [21]慢漫幔万蔓

f [44]翻番 [52]反 [32]贩

t [44]丹单 [24]檀坛弹~琴 [32]诞旦 [21]但弹子~蛋

tʰ [44]滩摊 [52]坦 [32]炭叹

n [44]□~白,惨白 [24]难好~ [21]难苦~

l [44]□滚开,走开 [24]兰拦栏 [242]懒 [21]烂

k [44]艰间奸 [52]碱简裥柬拣茧 [32]间谏涧锏

ŋ [44]□无聊,空虚 [24]颜顽 [52]眼龙~ [242]眼牛~ [21]雁

h [44]□节省

tʃ [24]残 [52]盏 [242]瓒 [32]赞 [21]赚栈绽

tʃʰ [44]餐 [52]铲产 [32]灿

ʃ [44]珊山删闩 [52]散退热~ [32]散~会疝

ø [24]闲 [242]限 [32]晏

uan

k [44]鳏关 [32]惯

ø [44]弯湾 [24]还环 [242]皖‖玩挽 [21]幻患宦

ap

t [32]答搭 [21]踏沓

第四章 封开方言同音字汇

tʰ [32]搨塔榻塌
n [32]□夹 [21]纳
l [32]□收拢 [21]腊蜡鑞
k [32]甲胛‖夹动词 [21]夹名词
h [32]□大口喝
tʃ [21]杂闸铡
tʃʰ [32]插
ʃ [32]□~气,调皮
ø [32]鸭 [21]狭峡

iap

ȵ [32]□生气,恼火
ø [32]□眨眼 [21]□张开翅膀扇动

at

p [32]八 [21]乏拔伐罚
f [32]法发
t [32]□拍打 [21]达
tʰ [32]潻遢
n [32]□用面积较大的东西拍打 [21]捺
l [32]瘌 [21]辣
h [32]瞎
tʃ [32]扎札
tʃʰ [32]擦察刷
ʃ [32]撒萨杀
ø [32]押压轧

uat

k [32]刮
ø [32]挖 [21]滑猾

ɐi

p	[44] 碑卑悲 [24] 皮疲脾琵枇 [242] 婢被
pʰ	[44] 批胚坯披丕
m	[44] 觅米 [24] 迷谜糜弥靡眉楣媚微 [242] 美尾
f	[44] 非飞妃挥辉徽‖麾 [24] 肥
t	[44] 低知 [24] 堤题提蹄啼 [242] 弟
tʰ	[44] 梯
n	[44] 泥汗垢 [24] 泥尼 [242] 你
l	[44] 璃 [24] 犁黎离篱梨厘狸 [242] 礼李里理
k	[44] 鸡
ŋ	[44] □哀求 [24] 桅危伪 [21] 魏
h	[44] □女阴 [21] 系中文~
tʃ	[44] 挤剂 [24] 齐□完蛋,死 [242] 似
tʃʰ	[44] 妻栖
ʃ	[44] 西犀丝
∅	[44] □鸡鸭等胃前临时装食物的食道囊

iɐi

∅	[24] □不乖

uɐi

k	[44] 圭闺龟归 [24] 奎携逵葵魁 [242] □用不正当的手段获得
kʰ	[44] 盔规亏窥
∅	[44] 威 [24] 为维惟遗唯违围 [242] 卫伟苇纬胃‖蝟荽

ei

p	[52] 畀比 [32] 蔽敝薜闭箅臂秘痹笓‖庇 [21] 被~动避备鼻
pʰ	[52] 彼鄙 [32] 屁
m	[32] □躲藏寐 [21] 未味
f	[52] 毁匪翡 [32] 废肺痱费
t	[52] 抵 [32] 帝 [21] 第递地

tʰ [52]体 [32]替涕剃

n [32]腻 [21]溺

l [52]□_拔 [32]□_形容树、木等很容易断 [21]厉励丽履利痢鲤吏荔隶

k [52]□_这个 [32]髻

kʰ [32]□_竹节、木节

tʃ [52]姊 [32]祭际穄济 [21]字牸寺

tʃʰ [32]砌刺赐俟厕

ʃ [52]死 [32]细婿四

iei

ȵ [52]□_抓住，扯紧

uei

k [52]诡轨鬼 [32]鳜桂季贵 [21]跪柜

kʰ [32]愧

ø [52]委喂_打招呼 [32]喂_饭畏慰 [21]惠慧秽位谓讳

ɐu

p [44]□_差劲 [24]浮

pʰ [44]泡_灯~

m [44]□_香酥 [24]谋 [242]某亩

t [44]兜 [24]头投

tʰ [44]偷 [52]敨

n [44]瞓_生气，恨

l [44]溜熘 [24]楼流刘留榴硫琉馏 [242]□_很假，很差劲

k [44]鸠_男阴

kʰ [44]沟抠□_端起、端着

ŋ [44]勾钩 [24]牛 [242]藕偶

h [44]□_盯着 [52]口

tʃ [44]邹周舟州洲鸼_斑~ ‖ 阄 [24]囚泅绸稠筹愁仇酬求球仇 [242]受授舅

tʃʰ [44]秋抽搊

ʃ [44]修馊收

| ∅ | [44]欧瓯 [24]喉猴瘊 [52]呕 [242]后厚 |

iɐu

| ȵ | [44]口_抓紧_ [24]柔 |
| ∅ | [44]休忧优悠幽 [24]尤邮由油游犹柚 |

ou

p^h	[52]剖 [32]口_水~, 救生圈_
m	[52]口_腐烂, 腐朽_ [21]茂贸‖谬
f	[52]否
t	[52]斗_量词_抖陡纠 [32]口_窝斗_动词_逗 [21]豆
t^h	[32]透
n	[52]口（一斗~：满满的一斗或一碗）
l	[52]口_搅拌_ [21]漏陋
k	[52]狗苟 [32]彀够
k^h	[32]叩构购扣寇
tʃ	[52]走肘九久韭 [32]奏纣昼宙骤咒灸咎救柩皱‖绉 [21]旧就袖寿‖售
$tʃ^h$	[32]凑臭
ʃ	[52]叟搜手首守 [242]飕 [32]嗽秀绣锈瘦兽
∅	[32]懊奥沤怄 [32]候

iou

| ȵ | [242]口_抖动, 跳动_ [32]皱 [21]口_受潮_ |
| ∅ | [32]诱幼 [21]又右佑 |

ɐm

t	[44]口_锁住, 捆紧_ [24]口_盖着_ [52]撞 [242]凼
n	[44]口_量词, 个_ [24]口_煮得很软很烂_ [242]口_乱搅_
l	[44]口_痒_ [24]林淋临 [52]‖檩
tʃ	[44]针斟今金 [24]寻沉岑琴禽擒 [52]枕锦
$tʃ^h$	[44]侵襟 [52]寝
ʃ	[44]心参森深 [52]沈审婶 [32]‖渗 [21]‖甚

第四章　封开方言同音字汇

k　　[44]今金
kʰ　　[44]□结实，耐穿 [52]□用网去盖或捉
h　　[44]勘堪 [32]□骂
ø　　[44]庵揞 [24]衔

iɐm

n̠　　[24]吟淫
ø　　[44]钦音阴荫 [52]饮

ɐn

p　　[44]彬宾槟奔分 [24]贫频焚坟獱 [52]禀本 [32]殡鬓 [21]笨
pʰ　　[44]喷 [52]品
m　　[44]蚊炆 [24]民门文纹闻 [52]□(鸭子)用嘴喝水 [242]闽悯敏吻刎
f　　[44]昏婚分芬纷熏勋薰荤 [52]粉 [242] ‖ 奋愤 [21]份
t　　[44]敦墩顿牛~ [24]尘臀 ‖ 屯囤 [52]□囤积 [242]盾钝 [32]扽震动使瓷实 [21]顿停~ ‖ 沌
tʰ　　[44]吞 [32]□后退
n　　[44]□咽下去 [52]□挑逗、戏耍 [242]□烂泥；腻
l　　[44]□频率高，很快 [24]邻鳞磷仑伦沦轮 [52]□玩 [242]□满
k　　[44]跟根 [52] ‖ 谨
ŋ　　[24]银
h　　[52]恳垦 ‖ 很 [21]恨
tʃ　　[44]津珍臻真巾斤筋贞侦 ‖ 榛 [24]秦陈神辰晨臣勤芹循巡唇纯醇 ‖ 莼旬 [52]诊紧仅准 [242]尽胗肾近 [21]阵
tʃʰ　　[44]亲村春 ‖ 椿 [52]疹蠢 [32]趁衬
ʃ　　[44]辛新薪身申伸孙 [52]笋榫 [21]慎顺舜
ø　　[24]痕□痒

uɐi

n̠　　[44]人_ [24]人大 仁寅 [52]蚓 [242]忍 [21] ‖ 纫
ø　　[44]因恩姻洇欣殷 [24]□均匀 [242]引隐

uɐn

k [44]均钧君军 [24]群裙 [52]滚 [242]菌 [21]郡

kʰ [44]昆坤 [52]捆 [32]困

Ø [44]温瘟晕 [24]魂馄浑匀云 [52]稳 [242]允‖尹 [21]混

ɐŋ

p [44]崩 [24]朋凭凭借彭膨 [242]□拟声词 [21]凭靠着

pʰ [44]烹抨

m [44]□拨 [24]萌盟 [32]□挤

f [242]□~:转动的样子 [32]□甩

t [44]登灯 [24]腾誊藤绳 [52]等 [242]□很笨 [32]凳 [21]邓

tʰ [52]□台阶,土级 [32]□(~□nɐŋ³²)衣服不整齐,做事不干脆

n [24]能 [52]□形容酸菜坏了,或形容人很蠢笨 [32]□连在一起

l [44]□毛线 [24]陵凌菱 [52]‖楞愣 [242]□挣扎

k [52]耿□无法扭动;偏 [242]□阻碍、拌住 [32]更 [21]□用东西支撑着

kʰ [32]□厉害

ŋ [44]□大声喊 [32]□敲打 [21]硬

h [44]亨 [52]肯 [32]□有霉味儿

tʃ [44]曾增憎僧蒸 [24]曾层乘承丞 [32]赠证症 [21]剩

tʃʰ [44]称动词 [52]逞□有尿意或屎意 [32]蹭称对~秤

ʃ [44]升 [32]胜

Ø [44]鹰 [24]恒 [32]应应答 [21]幸查

iɐŋ

n̠ [44]□抓紧、扯紧 [24]‖仍

Ø [44]应~该 [24]蝇 [242]□~~,晃动的样子 [32]应反~

uɐŋ

k [44]‖轰

kʰ [32]□挂着

Ø [44]□坏了或办砸了 [24]弘~扬宏~远 [242]□~~,转动或眩晕的样子

ɐp

- t [55]□低(头) [34]□摔倒,掉下
- n [55]粒
- l [55]笠藤~ [34]立
- k [55]急蛤 [34]及
- kʰ [55]吸给级
- ŋ [55]□蹲着
- h [55]□恐吓,威胁
- tʃ [55]执汁拾 [34]集习十~婶‖袭什
- tʃʰ [55]缉辑
- ʃ [55]湿悉 [34]十二~
- ∅ [55]□敷着

ɐi

- ∅ [55]泣揖 [34]入

ɐt

- p [55]笔毕□㕭‖不弼 [34]佛
- pʰ [55]匹
- m [55]□消失 [34]密蜜物勿
- f [55]窟忽
- t [55]□塞;糍粑馅 [34]突
- n [55]□用手推着按或捏
- l [55]□草木因干枯或腐朽变脆 [34]栗律率
- k [55]吉桔‖橘
- kʰ [55]咳
- ŋ [55]□吝啬 [34]□上下摇动
- h [55]乞
- tʃ [55]质吉桔卒蟀 [34]疾侄术述实
- tʃʰ [55]出七漆
- ʃ [55]虱失室戌恤率‖媳

| ∅ | [34] 核~对 辖

iɐi

| nʲ | [34] 日
| ∅ | [55] 一 [34] 逸

iɐu

| k | [55] 骨 [34] 倔掘
| ∅ | [55] 屈郁 [34] 核果~

ɐk

| p | [55] 北 [34] 卜萝~
| m | [55] □竹~：竹罐 [34] 墨默
| f | [55] □摔(跤)
| t | [55] 得德 [34] 特
| n | [34] □头~~：不停地点头
| l | [55] □斩，剁 [34] 肋勒力
| k | [34] 极
| kʰ | [55] □卡住
| ŋ | [55] □骗 握扼 [34] 额
| h | [55] 刻克黑
| tʃ | [55] 则即鲫侧织职 [34] 蛰直值食蚀殖植贼
| tʃʰ | [55] 测
| ʃ | [55] 塞息色识式适
| ∅ | [55] 握扼

uɐk

| k | [55] □死的蔑称 [34] □用手指背敲
| kʰ | [55] □用尖头农具挖
| ∅ | [34] 或惑域

ɛ

| p | [44] 啤□焊 [21] 弊币毙

第四章 封开方言同音字汇

pʰ	[44]□扑克
m	[44]□拟声词或充当后缀 [32]□秕谷
f	[242]□风~~:形容风很凉快很舒服 [21]□拉（屎）
t	[21]□肚~ne³²:大腹胖胖
n	[44]□踮起脚 [52]□向同伴炫耀或诱惑 [32]□背
l	[21]例
k	[24]茄 [32]计动词继系 [21]计名词,点子
kʰ	[44]稽溪□烂屎 [52]启□劈 [32]契
ŋ	[242]蚁 [32]□靠近 [21]艺毅魏‖倪
tʃ	[44]□鸠~:男性器官的俗称 [242]柿 [32]制 [21]滞逝
tʃʰ	[52]□雨~~:形容小雨一阵阵地下
ø	[242]□表示应允回答

iɛ

n̠	[44]□痴迷
ø	[21]□逗，跟小孩玩

uɛ

k	[242]□小孩大哭声
ø	[242]□阿~:婴儿的爱称

ɛu

p	[44]膘标表手~彪 [24]瓢嫖 [52]表老~
pʰ	[44]飘 [52]漂~白
m	[44]猫 [24]苗描 [242]藐渺秒妙
f	[52]□用皮鞭、竹条打
t	[44]朝早上~刁貂雕 [24]条调 [52]屌鸟骂人的粗话
tʰ	[44]挑
n	[44]□形容粥比较稠 [242]鸟
l	[44]撩 [24]燎疗聊辽寥 [52]缭□捣乱 [242]了
k	[44]□形容东西非常稠 [242]□搅拌
kʰ	[44]□撬起来 [52]□滑头、狡猾

· 89 ·

tʃ [44]焦蕉椒 [52]剿

tʃʰ [44]锹 ‖ 悄

ʃ [44]消宵硝销萧箫 [52]小

ø [44]吆

ɛm

t [44]点~着‖掂 [24]甜 [52]点儿~

tʰ [44]添

n [44]拈 [242]鲇鲶

l [24]廉镰帘 [242]敛殓

tʃ [44]尖‖歼

tʃʰ [44]签

ɛn

p [44]鞭边‖编 [52]贬扁匾 [242]辨辩辫

pʰ [44]篇偏蝙 [52]片屎~

m [24]绵棉眠 [242]免勉娩‖缅渑

t [44]颠 [24]田填 [52]典 [242]缠

tʰ [44]天

n [24]年 [52]碾辇捻撵

l [24]连怜莲

kʰ [44]□ kʰœŋ³² ~：蜻蜓

h [52]苋

tʃ [44]煎 [24]钱前 [52]剪 [242]践

tʃʰ [44]千‖迁 [52]浅

ʃ [44]仙鲜新~先 [52]鲜朝~癣

ø [52]□挺起, 腆起

ɛŋ (eŋ)

p [44]□~秧: 拔秧 [24]棚 [242]□用棍子拍打

pʰ [44]□驱赶

m [44]搖拽 [24]盲 [52]蜢 [242]猛 [21]‖孟

第四章 封开方言同音字汇

t [44]□死的俗称 [52]□ₗₑŋ⁵²⁻³²~: 形容驼背的样子

n [21]□~~: 水慢慢滴落的样子

l [52]□不大 [242]冷 [32]□~kʰeŋ³²: 不平，倾斜

k [44]更庚羹 [24]□臭~: 臭昆虫的一种 [52]□提起 [21]劲竞

kʰ [32]□ₗₑŋ³²~: 不平，倾斜

h [44]坑兴时~ [52]□~peŋ⁵²: 小腿 [32]兴庆

tʃ [44]争筝 [24]橙‖澄

tʃʰ [44]撑铛 [52]□用脚蹬开

ʃ [44]生牲笙甥 [52]省

ø [44]罂 [24]行衡平~ [21]杏

iɛŋ

n̻ [52]□用脚蹬

uɛŋ

k [52]梗

kʰ [44]匡筐眶框

ø [24]横 [52]□量词，次

ɛp

t [21]叠碟牒蝶谍

tʰ [32]帖贴

n [21]聂镊蹑孽

k [21]□夹着；窄

tʃ [32]接

tʃʰ [32]妾

ʃ [32]□用东西斜塞进去

ɛt

p [32]鳖必 [21]别

pʰ [32]撇

m [32]□侧着使溢出 [21]灭篾

t [32]跌 [21]秩

tʰ [32]铁

n [32]捏黏

l [21]猎列烈裂

k [21]□抬起

ŋ [32]□拟声词

tʃ [32]节 [21]捷截

tʃʰ [32]切

ʃ [32]薛泄屑楔

iɛt

ȵ [32]□萎缩, 蔫

ɛk (ek)

p [32]百柏伯 [21]白

pʰ [32]拍魄

m [55]□用手指尖掐 [32]□掰开 [21]陌麦脉

f [32]□甩

t [55]的打~ [34]滴

n [55]‖匿

k [32]格革隔

ŋ [32]□烧焦的味道

h [32]吓客

tʃ [32]窄责 [21]泽择宅摘

tʃʰ [32]拆策册

ʃ [32]□量词, 畦; 形容词, 显摆

ø [32]鈠

uɜŋ

k [32]□用力摔

kʰ [32]□量词, 卷

Ø　[21]划画_动词_

œ

p　[242]□ ~ tɕi³²：形容速度很快
pʰ　[44]□肚 ~ hœ⁴⁴：形容孕妇的大肚子
f　[242]□ ~ ~：形容风迅猛或动作很迅速
t　[44]堆 [24]槌锤 [32]对碓兑 [21]队坠
tʰ　[44]推 [52]腿 [32]退 ‖ 蜕
n　[32]□累
l　[44]□拼命干 [24]雷 [52]累脚 ~ [242]偏累积 ~ 垒类 [21]泪
k　[44]哥 [21]□脚 ~：脚踝上的突起的关节 ‖ 瘸
kʰ　[32]□手 ~：手肘上弯曲处突起的关节
ŋ　[242]□ ~ ~：形容器物转动的声音
h　[44]靴
tʃ　[44]追锥 [24]随垂谁 [52]嘴 [242]罪 [32]最醉 ‖ 缀 [21]睡遂隧瑞 ‖ 赘
tʃʰ　[44]趋催崔吹炊 [32]脆翠 ‖ 粹
ʃ　[44]虽绥衰 [52]水 [242]□哄骗、怂恿 [32]碎税穗帅

iœ

ȵ　[44]□锥子；身上突起的肉疙瘩 [242]语蕊汝乳
Ø　[32]□直 [21]锐

œy

t　[44]猪
tʃʰ　[44]蛆
ʃ　[44]须胡须
h　[32]去

œŋ (øŋ)

p　[44]帮邦浜 [24]旁螃庞 [52]榜绑 [21]谤傍蚌
pʰ　[44]□锄头 [32]□疯
m　[44]芒 [24]忙茫亡 [52]□杀 ~：小孩玩的杀敌游戏 [242]莽蟒妄网 [21]望忘

t	[44]当[24]堂棠螳唐糖塘[52]党挡[242]□u⁴⁴~:哪里[32]当[21]荡宕
tʰ	[44]劏汤[52]‖倘躺[32]烫‖趟
n	[44]囊[24]馕瓤穰[52]□骨~~:腿发抖‖曩攮[32]□扯
l	[44]桹量词,一根豆/麦(玉米)[24]郎廊狼稂[52]哴哴口:漱口[242]朗[21]浪晾
k	[44]冈岗刚纲缸江豇[52]讲港[32]钢杠降
kʰ	[44]扛[32]抗
ŋ	[24]‖昂[242]仰[32]□疯、傻
h	[44]康糠慷腔[52]□形容没有油水、很干
	[32]□烘烤
tʃ	[44]赃脏庄装桩[24]藏动词床[32]葬壮[21]藏西~脏肠状撞
tʃʰ	[44]仓苍疮[52]闯厂[32]创
ʃ	[44]桑霜孀双[52]爽‖嗓[32]丧
Ø	[24]行银行航杭降投降[242]项[21]巷

œk

p	[32]博驳[21]薄泊雹
pʰ	[32]朴扑
m	[32]剥膜[21]莫幕寞
f	[32]霍藿劐
t	[32]剁啄[21]铎踱度量
tʰ	[32]托
n	[32]□门~:门后的角落[21]诺
l	[32]骆烙洛络‖掠酪[21]落乐略
k	[32]各阁觉角[21]□大头~:大头角
kʰ	[32]廓确却
ŋ	[21]鄂岳乐狱
h	[32]壳斛
tʃ	[32]捉作桌‖卓[21]凿昨琢浊
tʃʰ	[32]‖戳
ʃ	[32]索朔
Ø	[32]恶[21]鹤学

iœk

ȵ [21] ‖ 若
Ø [32] 跃

uœk

Ø [34] □~~: 拟声词

ɔ

p [44] 褒煲 [24] 袍 [52] 保堡宝 [242] 抱泡_{白~} [32] 报 [21] 菢暴曝
pʰ [44] □_{空心}
m [44] 蟆毛_发 [24] 毛_{牛~} [21] 冒帽
t [44] 刀 [24] 桃逃淘陶萄涛 [52] 肚岛倒 [242] 肚祷 [32] 到 [21] 道稻盗导
tʰ [44] 滔掏涛 [52] 讨岛 [32] 套
n [242] 脑恼
l [44] 捞唠 [24] 劳牢 [52] 佬 [242] 老 [32] □_{抚摸、哄} [21] 涝
k [44] 高膏篙羔糕 [52] 稿 [32] 告
kʰ [44] □_{音译词，呼叫}
ŋ [44] 薅蒿 [24] 揿_摇 [21] 傲 ‖ 鳌
h [52] 可好_{形容词}郝 [32] 好_{动词}耗
tʃ [44] 遭糟 [24] 曹槽嘈_吵 [52] 早枣蚤澡 [242] 造 [32] 灶 [21] □_{早/晚~: 早/晚稻} ‖ 皂
tʃʰ [44] 操糙 [52] 娶草 [32] 躁
ʃ [44] 骚臊 [52] 嫂 [32] 扫 [21] 傻
Ø [24] 河何荷 [32] □_{用较长的尺子或棍子量} [21] 贺浩

ɔi

Ø [44] □_{起哄}

ɔi

t [24] 台苔抬 [242] 待 [21] 怠代袋
tʰ [44] 胎
n [242] 女 [21] 耐奈内

l	[24] 来
k	[44] 该 [52] 改 [32] 盖 ‖ 丐
kʰ	[32] 概溉慨
ŋ	[21] 碍艾外 ‖ 呆
h	[44] 开 [52] 凯海楷
tʃ	[44] 灾栽 [24] 才材财裁 [52] 载 ‖ 宰 [242] ‖ 在 [32] 再载
tʃʰ	[52] 彩采睬 [32] 菜赛蔡 ‖ 採
ʃ	[44] 腮
ø	[44] 哀 [24] ‖ 孩 [52] ‖ 蔼 [32] 爱 [21] 害

ɔm (om)

p	[44] 泵 [24] □形容跳进水里的声音 [52] □爆破的声音 [242] □连续爆破的声音
m	[44] □吃~：吃饭（对小孩说）
t	[21] □用脚使劲踩、跺
tʰ	[32] □哄、骗
n	[32] □想
l	[44] □~kʰɔm⁴⁴：形容东西拱起来 [52] 揽 [32] □崩跨 [21] □垒
k	[44] 甘柑泔 [52] 感敢橄 [32] □拿勺子喂 [21] 撳
ŋ	[242] □~~：形容机器的声音很大 [21] □唠叨
h	[44] 龛 ‖ 堪勘 [52] 坎 [21] ‖ 撼憾
tʃ	[32] 禁浸
ø	[24] 含函 [52] □碰、撞 [32] 暗 [21] □约好

iɔm (iom)

| ȵ | [24] 壬 [21] 任 |

ɔn (øn/un)

p	[44] 般搬 [24] 盘 [242] 伴
pʰ	[44] 潘
m	[44] □狮子~清：舞着狮子去摘吊在空中的礼物 [24] 瞒 [242] 满
k	[44] 干~晒~肝竿 [52] 杆秆赶 ‖ 擀 [32] 干~部
h	[44] 刊 [32] 看汉

ŋ [21]崖
tʃʰ [44]□(鸡用嘴)啄
∅ [44]安鞍 [24]寒韩 [242]罕旱焊 [32]按案 [21]‖翰

oŋ

p [44]□用拳头打 [24]篷蓬冯逢缝
pʰ [44]鼜 [52]捧
m [44]蒙~人 [24]蒙内~ [52]懵 [242]蠓
f [44]风枫疯丰封峰蜂锋 [52]讽
t [44]东冬 [24]同铜桐筒童瞳 [52]董懂 [242]动
tʰ [44]通焾囱 [52]桶捅统
n [44]□烧焦、烧糊 [24]农浓
l [44]窿聋 [24]笼鸡~ 隆龙 [242]笼衣箱
k [44]公蚣工功攻弓躬宫恭供 [24]穷 [52]拱形容词 巩 [242]拱动词 [32]‖贡
ŋ [44]□弓着身体 [242]□脑子犯浑
h [44]空烘胸凶 [52]孔恐 [32]控‖哄
tʃ [44]棕鬃宗综中忠终踪钟锺盅舂‖纵 [24]丛虫崇从松泰国~ 重~复 [52]种肿总 [242]重好~
tʃʰ [44]聪匆葱充冲 [52]宠
ʃ [44]松放~‖嵩 [52]‖耸
∅ [44]翁 [24]红洪鸿虹 [52]□推

ioŋ

n̡ [44]□~hoŋ44:头发很长很乱 [242]勇涌拥
∅ [44]雍痈庸壅 [24]绒熊雄融容蓉镕茸

ɔp (op)

pʰ [55]□扑吱一声(短促爆破)
t [34]□心~~:心扑通扑通地跳
n [55]□蛤~:蝌蚪
l [34]□火~~:火焰很高很猛
k [32]合鸽

| ∅ | [32]□~门：把门掩着 [21]合盒 |

ɔt (øt)

p	[32]钵拨 [21]钹勃
pʰ	[32]泼
m	[32]抹 [21]末沫袜没
t	[34]□~nøt⁵⁵：突出的样子
l	[55]□断裂的声音
k	[32]割葛
h	[32]渴‖喝

ok

p	[55]卜动词 [34]仆~人瀑服伏栿讣
pʰ	[55]仆~倒
m	[34]木目穆牧
f	[55]复福幅蝠腹覆
t	[55]戳笃督 [34]独读毒‖犊牍
tʰ	[55]秃□哭
n	[55]□往下摁
l	[55]录禄 [34]鹿六陆绿
k	[55]郭国谷菊□鼓起 [34]局焗
kʰ	[55]曲
h	[55]‖哭
ŋ	[34]玉
tʃ	[55]竹筑粥足烛嘱祝 [34]族逐轴续赎蜀属熟俗
tʃʰ	[55]速畜蓄促触束
ʃ	[55]黍宿肃宿缩叔淑粟
∅	[55]屋

iok

| ȵ | [55]□动 [34]肉辱褥玉 |
| ∅ | [55]□弯的、曲的 [34]育狱欲浴 |

uok

∅ [34] 镬获

i

p^h	[52] □吐(口水、痰)
n	[32] □不大
l	[32] □哈痒

k [44] 饥肌几_{茶几}基机讥 [24] 奇骑岐祁鳍其棋期旗祈 [52] 己杞几_{几人} [242] 企徛 [32] 寄纪记既 [21] 技妓忌

k^h [32] ‖ 暨冀

h [44] 牺欺嬉熙希稀 [52] 起喜屺 [32] 戏器弃气汽

tʃ [44] 知蜘支枝肢栀脂之芝 [24] 池驰匙迟持时鲥 [52] 紫纸旨指止趾址 [242] 是士仕市 [32] 智雉致稚至置治志痣 [21] 氏豉示视痔事恃侍

tʃ^h [44] 雌疵撕痴嗤 [52] 此侈耻齿始 [32] 翅

ȵ [44] 儿_{乞儿} [24] 儿宜仪谊而疑 [52] 议 [232] 尔耳饵 ‖ 拟 [21] 义二贰

ʃ [44] 斯厮施师狮尸诗 [52] 矢屎史 [32] 试 ‖ 肆

∅ [44] 伊医衣依 [24] 移夷姨饴 [242] 倚椅已以 [32] 意 [21] 易异

iᵘ

p [32] □_{~盐水：用盐腌泡}
p^h [32] 票
m [21] 庙
t [44] 丢 [32] 钓吊 [21] 掉调_{歌~}
t^h [32] 跳粜
n [21] 尿
l [44] 溜 [21] 料
k [44] 骄娇 [24] 乔侨桥荞 [52] 矫缴 [242] 轿 [32] 叫 [21] 轿撬
k^h [32] 窍翘_{动词}
h [44] 枵嚣 [52] 侥晓
tʃ [44] 昭招 [24] 朝潮韶 [32] 照 [21] 噍赵兆召沼绍诏邵
tʃ^h [44] 超 [32] 俏鞘 ‖ 偢
ȵ [24] 饶尧摇谣 [52] 扰绕 [242] 舀

ʃ　[44]烧 [52]少 [32]笑

∅　[44]妖邀腰要_{高要}[24]窑姚 [52]□_{搞怪，幽默}[32]要_{需~}[21]耀

iᵉ

m　[52]□_{什么，"乜嘢"的合音}

t　[44]‖爹

l　[32]□_{名词，空隙或动词，使留出空}

tʃ　[44]遮 [24]邪斜蛇佘 [52]姐者 [242]社 [32]借蔗 [21]谢射麝

tʃʰ　[44]车 [52]且扯 [32]笡

ȵ　[52]嘢 [242]惹

ʃ　[44]些奢赊筛 [52]写舍使驶 [32]泻卸赦舍世势誓

∅　[24]耶爷 [242]也野 [21]夜

im

t　[32]店 [21]垫

n　[21]念

l　[32]棯

k　[44]兼 [24]钳 [242]检俭 [32]剑

h　[44]谦 [52]险 [32]欠歉

tʃ　[44]占_{占米}瞻蟾‖沾 [24]潜蟾 [32]占_{占领}[21]渐

ȵ　[24]阎严 [242]染冉俨 [21]验‖酽

ʃ　[52]陕闪

∅　[44]淹阉 [24]盐嫌 [52]掩□_{痂子}‖魇 [32]厌 [21]炎艳焰

in

p　[32]变粪 [21]汴便

pʰ　[32]骗遍片

m　[32]汶_{泉眼}抿 [21]面问

f　[32]困_{眼困}训

t　[32]奠扽震振 [21]电殿阵_{一阵}

tʰ　[32]□_{挣扎}

n　[44]□_{乳房、母乳}[21]嫩

l [32]□整葺(房子或田) [21]练炼论

k [44]肩坚 [24]乾虔 [242]件 [32]建见 [21]键腱

ŋ [24]□碾

h [44]轩掀牵 [52]遣显 [32]宪献

tʃ [44]毡 [24]‖蝉禅名词 [52]展 [242]善膳 [32]箭战颤荐进晋振震地震 [21]溅贱饯‖禅动词

tʃʰ [32]寸

ȵ [24]然燃延筵言研 [32]韧 [21]认润闰

ʃ [32]扇线扇信讯迅

ø [44]焉烟咽 [24]贤弦 [242]演 [32]堰砚燕宴印 [21]苋现

uin

k [32]棍

ø [32]□关着 [21]韵运

i°ŋ (iŋ)

p [44]冰兵 [24]平坪评瓶屏萍 [52]丙秉饼 [242]並 [32]柄并合并 [21]病

pʰ [44]□烟~：竹片编成用来晒烟叶的工具 [32]聘‖拼

m [24]鸣明名铭 [242]‖皿 [32]□挤 [21]命

t [44]丁钉靪疔钉 [24]亭停廷庭蜓 [52]顶鼎 [242]艇 [32]订 [21]锭定

tʰ [44]厅汀 [52]挺 [32]听

n [44]拧拿着 [24]凝宁安宁 [52]□竹子编的口小肚大的渔具 [21]宁宁愿

l [44]拎 [24]灵零铃伶翎 [242]领岭 [32]靓 [21]令另

k [44]京荆惊经 [24]擎鲸 [52]景警颈 [32]茎境敬镜径 [21]竟

kʰ [44]倾 [52]顷

h [44]卿轻馨兄

tʃ [44]徵精晶睛正征 [24]情晴呈程成城诚‖惩 [52]井整 [242]静 [32]正政 [21]净郑盛

tʃʰ [44]清青蜻 [52]请 [32]撑

ʃ [44]声星腥 [52]省反省醒 [32]性姓圣

ø [44]莺鹦樱英婴缨 [24]迎盈赢形型刑萤营 [52]影

ui̯ŋ (uiŋ)

| Ø | [24] 荣 [242] 永泳咏 [21] 颖 |

ip

k	[55] 劫囗涩 [34] 囗夹住
h	[55] 怯胁协
tʃ	[55] 摺
n̻	[34] 业
ʃ	[55] 摄涉
Ø	[55] 页醃腌 [34] 叶

it

n	[55] 囗一~：形容量少，一点儿
k	[55] 结洁 [34] 杰
kʰ	[55] 揭
h	[55] ‖ 歇蝎
tʃ	[55] 折褶哲蜇辙浙 [34] 舌折折本
tʃʰ	[55] 彻撒设设计
n̻	[34] 热
ʃ	[55] 设准备

i̯k ($\underline{55}$/34)/i̯k (32/21)

p	[55] 逼迫碧璧壁
pʰ	[55] 僻辟劈
m	[55] 囗用指甲掐 [34] 觅
t	[55] 着着衫的的确 [21] 着着火嫡笛敌狄籴
tʰ	[55] 踢剔
l	[55] 囗聪明 [21] 历
k	[55] 脚戟击激
kʰ	[55] 却剧
h	[55] 喫

第四章 封开方言同音字汇

tʃ [55] 只积迹脊绩 [21] 藉爵勺籍席夕石寂

tʃʰ [55] 雀鹊赤斥尺戚

ȵ [21] 弱若逆译疫役

ʃ [55] 削饰惜昔释锡析

∅ [55] 约忆亿抑益 [21] 药翼亦易液腋

y

t [52] □动词,递过去

l [24] 驴 [32] □哑,说不说话

k [44] 居车 [24] 渠佢瞿 [52] 举矩 [242] 巨拒距 [32] 据锯句 [21] 拄具惧

kʰ [44] 拘驹俱区驱

ŋ [32] □锯

h [44] 墟虚嘘吁 [52] 许

tʃ [44] 诸诛蛛株朱硃珠 [24] 徐除薯厨 [52] 煮主 [242] 柱竖 [32] 著驻注蛀铸 ‖ 苎 [21] 住殊树

tʃʰ [52] 储褚□用工具铲或除 [32] 处

ȵ [24] 如鱼渔儒愚 [52] □指着 [21] 遇

ʃ [44] 书舒需枢输 [52] 暑鼠署 [32] 絮庶恕成

∅ [44] 于淤迂 [24] 余夷虞娱盂榆逾愉 [52] □脏,难看或蠢 [242] 雨宇禹羽与 [21] 御誉预豫寓愈喻裕

yn

t [44] 端 [24] 团豚 [52] 短 [242] 断 [32] 转 [21] 锻段缎椴 □赶

tʰ [52] □~nyn52:很白很胖 [32] □褪,出去

n [52] □身上起的疙瘩 [242] 暖

l [44] 挛 [24] 联鸾 [52] □蜷缩、卷 [242] 卵恋 [21] 乱

k [44] 绢捐 [24] 拳权颧 [52] 卷 [32] 眷倦券 [21] □~床;安床

ŋ [44] □钻

h [44] 圈 [52] 犬 [32] 劝

tʃ [44] 钻动词 专砖膊尊遵 [24] 全泉传椽船存旋动词 [52] 转 [242] □含在嘴里吮 [32] 钻名词 撰俊浚 [21] 篆传旋名词

tʃʰ [44] 川穿 [52] 喘 [32] 窜篡串

ȵ	[24] 缘原源 [242] 软阮 [21] 愿
ʃ	[44] 酸拴宣喧 [52] 选损 [32] 算蒜 ‖ 涮楦逊
ø	[44] 冤渊 [24] 完丸圆员沿铅元袁辕园援玄悬 [52] 宛 [242] 远 [32] 怨 [21] 院县

yŋ

m	[242] 网
t	[44] 张 [24] 长 [242] 丈
n	[24] 娘 [21] 酿
l	[24] 良凉量_{度量}粮梁 [52] 两_{二两}辆 [242] 两_{两人} [21] 量_{数量}亮谅
k	[44] 疆僵姜礓缰羌 [24] 强_{阿强} [52] 蔃_{树蔃: 树根}
kʰ	[52] 强_{勉强}
h	[44] 香乡 [52] 享响饷 [32] 向
tʃ	[44] 将浆张章樟 [24] 墙详祥肠场常尝偿 [52] 蒋奖桨长掌 [242] 象像上_{上山} [32] 涨仗杖酱将匠帐账胀障瘴 [21] 橡
tʃʰ	[44] 枪昌菖倡窗 [52] 抢 [32] 畅呛
ȵ	[21] 让
ʃ	[44] 相箱厢湘襄镶商伤 [52] 想赏 [32] 相
ø	[44] 央秧殃 [24] 羊洋杨阳扬疡 [242] 养痒

yt

t	[55] ‖ 掇 [34] 夺
tʰ	[55] 脱
n	[55] □_{因受潮而变滑}
l	[55] □_{收拢} [34] 捋劣
k	[34] ‖ 厥橛蕨
kʰ	[55] 决诀缺
h	[55] 血
tʃ	[55] 拙撅_{用手搂紧} [34] 绝
tʃʰ	[55] □_{用铁锹铲} ‖ 撮
ȵ	[34] 月

| ʃ | [55]雪说 |
| ø | [55]曰乙 [34]悦阅越粤穴 |

u

p	[24]蒲菩符扶芙 [52]补 [242]父傅妇簿 [32]布怖 [21]部步埠腐辅付赴附负阜
pʰ	[44]铺_{动词} [52]脯谱普浦捕甫脯斧 [32]副铺_{名词}
m	[44]模 [24]无 [52]舞_{鳌，弄} [242]武舞_{跳舞}侮鹉母拇 [21]暮慕墓募务雾戊
f	[44]呼乎夫肤跗敷俘麸 [52]苦虎浒府腑俯抚釜 [32]库裤冔赋富副
t	[44]都 [24]徒屠途涂图 [52]堵赌 [32]□_{蜂刺} [21]杜妒度渡镀
tʰ	[52]土吐 [32]兔
n	[24]奴 [242]努 [21]怒
l	[44]□_{因酥松而崩跨} [24]卢炉芦鸬庐 [242]鲁橹‖虏卤 [21]路赂露鹭
k	[44]姑孤 [52]古估盐牯股鼓 [32]故固锢雇顾
kʰ	[44]枯箍
tʃ	[44]租 [52]祖组 [32]做
tʃʰ	[44]粗 [32]醋措
ʃ	[44]酥 [52]数_{动词} [32]数_{名词}
ø	[44]乌污坞巫诬 [24]胡湖狐壶葫胡 [242]户沪 [32]恶 [21]互护瓠芋

uⁱ

p	[44]杯背 [24]陪赔裴肥 [52]呗_那 [242]倍 [32]贝辈背 [21]吠
pʰ	[32]沛配佩
m	[44]妹_{阿妹} [24]梅枚媒煤霉 [242]每 [21]妹_{姊~}昧
f	[44]恢灰 [52]贿悔 [32]‖晦
l	[242]吕旅屡 [21]虑滤
kʰ	[44]魁 [52]贿 [32]桧溃
tʃ	[242]序叙 [21]聚
tʃʰ	[52]取 [32]趣
ʃ	[44]雪 [52]绪
ø	[44]煨 [24]回茴 [242]会 [21]汇会_{开会}

u˚

- p [44]波菠玻 [24]婆 [32]簸 [21]□_{大竹~：地名}
- pʰ [44]颇坡□_裸 [32]破
- m [44]魔摩么摸 [24]磨_{动词}模‖摹 [21]磨_名
- f [44]科 [52]火伙 [32]货
- t [44]多 [24]驼驮舵 [52]朵 [21]惰坠
- tʰ [44]拖 [52]妥椭
- n [44]□_{搓用手搓} [24]挪 [21]糯
- l [44]箩_{装谷的竹筐} [24]罗锣骡螺胴 [52]‖裸 [32]□_{喉咙干痒}‖摞
- k [44]歌戈 [52]果裹 [32]个过 [21]□_{表领属的助词}
- kʰ [52]课
- ŋ [24]蛾鹅俄 [52]我 [21]饿卧
- tʃ [44]资姿咨兹滋 [24]锄瓷慈磁辞词祠嗣 [52]阻子梓紫 [242]坐 [32]左 [21]座墼助自饲
- tʃʰ [44]初 [52]楚础 [32]错次
- ʃ [44]梳疏蔬私司思 [52]所
- ∅ [44]蜗□_{拉(屎、尿)}‖倭 [24]和禾 [242]祸

un

- p [32]半 [21]叛绊拌畔
- pʰ [32]判
- m [52]□_{用嘴唇或牙肉吃东西} [21]闷
- f [44]宽欢 [52]款 [32]焕
- k [44]官棺观冠 [52]管馆 [32]贯灌罐观冠
- ŋ [32]□_钻 [21]岸
- ∅ [24]桓 [52]碗腕‖皖 [242]缓 [21]汗唤换

u˚ŋ (uŋ)

- p [24]妨房防 [21]凤缝
- pʰ [32]碰
- m [21]梦

f [44]荒慌方肪芳 [52]谎仿纺仿访 [32]放

t [32]冻 [21]栋洞

tʰ [32]痛

n [44]侬 [32]酿发馊，腐烂出水 [21]齉弄脓

k [44]光 [24]狂 [52]广 [32]□地下通水的渠道 [21]共

kʰ [32]旷扩况矿

tʃ [32]粽中射中仲众纵种 [21]尚上上高诵颂讼

tʃʰ [32]唱铳

ʃ [32]送宋

ø [44]汪 [24]黄簧皇蝗王 [242]枉往 [21]旺

iuŋ

ȵ [32]□嗅 [21]□使劲塞

ø [21]样用

ut

p [34]□拉开、扯下

f [55]豁阔

k [55]□打

kʰ [55]括

ø [34]活

ŋ̍

[44]□否定词，相当于"不" [24]吴蜈吾梧

[242]五伍午

[21]误悟

第五章　封开方言标音举例

本章对封开方言的语法例句、农谚和故事进行标音举例，主要使用严式国际音标来标音，有变音的情况下一般只标实际语流中的读音，不标本音。

一、封开方言语法例句标音

（1）小张昨天钓了一条大鱼，我没有钓到鱼。

方言点	对译	国际音标标音
封川话	成=乜=小张钓得条大鱼，我冇钓得。	ɬeŋ²¹muʌt⁵⁵ɬiu³⁴tʃiɛŋ⁵⁵tiu⁵²tak⁵⁵tiu²⁴tai²¹n̩y²⁴³, ŋɔ²³mʌu³⁴tiu⁵²tak⁵⁵.
开建话	小张谢日钓倒条大鱼，我唔有钓得倒。	ʃeu³²tʃyŋ⁴⁴tʃi²¹n̩iɐt³⁴tiu³²tɔ⁵²tɐu²⁴tai²¹n̩y²⁴, ŋuᵒ⁵² n̩²¹n̩ia²⁴²tiu³²tɐk³⁴tɔ⁵².

（2）a.你平时抽烟吗？b.不，我不抽烟。

方言点	对译	国际音标标音
封川话	a.你平时喫烟个冇？ b.冇，我冇喫㗎。	a. ni²³peŋ²¹tʃi²⁴hek⁵⁵in⁵⁵kɔ³³mʌu³³⁴? b. mʌu³³⁴, ŋɔ²³mʌu³⁴hek⁵⁵ka³³.
开建话	a.你平时阿喫烟个？ b.唔有，我唔喫（烟）个。	a. nɐi²⁴²piᵒŋ²¹tʃi²⁴a⁴⁴hiᵒk³²in⁵⁵kuᵒ²¹? b. n̩²¹n̩ia²⁴², ŋuᵒ⁵²n̩i⁴⁴hiᵒk³²(in⁴⁴) kuᵒ²¹.

（3）a.你告诉他这件事了吗？b.是，我告诉他了。

方言点	对译	国际音标标音
封川话	a.你噞到佢个件事个冇？ b.系，我噞到佢嘞。	a. ni²³ŋʌp⁵⁵tɐu⁵²ky²⁴kɔ³⁴kin²¹ʃi²¹kɔ³³mʌu³³⁴? b. hʌi²¹, ŋɔ²³ŋʌp⁵⁵tɐu³³ky²⁴lak⁵³.
开建话	a.笋件事你阿话界佢听曾？ b.是咧，我话界佢听咧。	a. kei⁵²kin²¹tʃi²¹nɐi²⁴²a⁵⁵ua²¹pei⁵²ky²⁴tʰiŋ³²tʃɐŋ²¹? b. tʃi²⁴²lɛ⁵², ŋuᵒ⁵²ua²¹pei⁵²ky²⁴ tʰiŋ³²lɛ⁵².

(4) 你吃米饭还是吃馒头?

方言点	对译	国际音标标音
封川话	你喫饭剩是喫馒头?	ni²³hek⁵⁵fan²¹tʃeŋ²¹tʃi²³hek⁵⁵man²¹tʌu²⁴³?
开建话	你喫饭是喫馒头?	nɐi²⁴²hiᵒk⁵⁵pan²¹tʃi³³ hiᵒk⁵⁵man²¹tɐu²⁴²?

(5) 你到底答应不答应他?

方言点	对译	国际音标标音
封川话	你究竟冇应承佢?	ni²³kʌu³³keŋ³⁴ieŋ⁵⁵mʌu³⁴ieŋ⁵⁵tʃeŋ²⁴³ ky²⁴³?
开建话	你究竟阿应承佢?	nɐi²⁴²tʃou³²kiŋ³²a⁴⁴ieŋ³²tʃeŋ²¹ky²⁴?

(6) a.叫小强一起去电影院看《刘三姐》。b.这部电影他看过了。/他这部电影看过了。/他看过这部电影了。

方言点	对译	国际音标标音
封川话	a. 喊(啥)小强凑队去电影院睇《刘三姐》。 b. 个部电影佢睇过嘞。	a. həm²¹ɬiu³⁴kiɛn²¹tʰʌu⁵²toi²¹hy³³tin²¹ieŋ²³tʰʌi³⁴lʌu²¹ɬam⁵⁵tɛ³³⁴. b. kɔ³³pu²¹ tin²¹ieŋ³⁴ky²⁴tʰʌi³⁴kuɔ³³ lak³³.
开建话	a. 吆埋强仔一齐去电影院看《刘三姐》。 b. 笋部电影佢看过咧。	a. ɛu⁴⁴mai²⁴kyŋ²¹tʃai²¹iɐt³²tʃei²⁴hœy³²tin²¹iŋ³²yn²¹hɵn³²lɐu²¹ʃam³²tʃiɛ⁵². b. kei⁵²pu²¹ tin²¹iŋ³²ky²⁴hɵn³²kuᵒ³²lɛ⁵².

(7) 你把碗洗一下。

方言点	对译	国际音标标音
封川话	你洗下个碗。	ni²³ɬʌi³⁴ha²³kɔ³³un³³⁴.
开建话	你洗哈粒碗(咧)。	nɐi²⁴²ʃai⁵²ha⁵²nɐp³²un⁵² (lɛ³²).

(8) 他把橘子剥了皮,但是没吃。

方言点	对译	国际音标标音
封川话	佢剥咗橘子皮,但冇喫。	ky²⁴³mɔk⁵⁵tʃɔ³⁴kuʌt⁵⁵ti³⁴pi²⁴³, tan²¹mʌu³⁴hek⁵⁵.
开建话	佢挪脱柑皮,唔有喫。	ky²⁴miᵒk⁵⁵tyt⁵⁵kɔm⁴⁴pɐi²⁴², ŋ²¹ȵia²⁴²hiᵒk⁵⁵.

（9）他们把教室都装上了空调。

方言点	对译	国际音标标音
封川话	佢哋将教室都装上咗空调。	ky²⁴³tiɛ²¹tiɛŋ⁵⁵kau³³ʃʌt⁵⁵tu⁵⁵tʃɔŋ⁵⁵tʃiɛŋ²³tʃɔ³⁴hoŋ⁵⁵tiu²¹.
开建话	佢（哟）人揸课室总装哈空调。	ky²⁴nit⁵⁵ɲiɛn²⁴tʃa⁴⁴kʰu³³²ʃɐt⁵⁵tʃuŋ⁵²tʃœŋ⁴⁴tʃyŋ²⁴²hoŋ³² tiu²¹.

（10）帽子被风吹走了。

方言点	对译	国际音标标音
封川话	领帽着风吹走咗。	lɛŋ²³məu²²tʃiɛk²²foŋ⁵⁵tʃʰui⁵⁵tʌu³⁴tʃɔ³³⁴.
开建话	粒□着风吹走哈咧。	nam⁴⁴tʃyŋ⁵²tiᵉk²¹foŋ⁴⁴tʃʰœ⁴⁴tʃou⁵²ha³²lɛ⁵².

（11）张明被坏人抢走了一个包，人也差点儿被打伤。

方言点	对译	国际音标标音
封川话	张明着坏人抢咗个包，人差粒儿都着打伤。	tʃiɛŋ⁵⁵mɛŋ²¹tʃiɛk²²uai²¹ɲiʌn²⁴tʰiɛŋ³⁴tʃɔ³⁴tʃɔ³³pau⁵⁵, n̥ʰʌn²⁴³tʃʰa⁵⁵nʌt⁵⁵ɲi⁵⁵tou⁵⁵tʃiɛk²²ta³⁴ʃiɛŋ⁵⁵.
开建话	张明界坏鬼抢走粒包，人都差哟着□伤。	tʃyŋ³²miᵒŋ²⁴pei⁵²uai²¹kuei⁵²tʰyŋ⁵²tʃou⁵²nɐm³²pau⁴⁴, ɲiɛn³⁴tu⁴⁴tʃʰa⁴⁴nit⁵⁵tiᵉk²¹kut⁵⁵ʃyŋ⁴⁴.

（12）快要下雨了，你们别出去了。

方言点	对译	国际音标标音
封川话	就快落雨啦，你哋冇去嘞。	tʌu²¹fai⁵²lɔk²²y²³lak³³, ni²¹ti²¹mʌu³⁴hy⁵²lak³³/la³³.
开建话	好快落雨咧，你人莫（意）出去啦。	hɔ⁵²fai³²lœk²¹y²⁴²lɛ³², nɐi²⁴²ɲiɛn²⁴mok⁵⁵(ki³²)tʃʰɐt⁵⁵ hœy³²la⁵².

（13）这毛巾很脏了，扔了它吧。

方言点	对译	国际音标标音
封川话	个条手巾好□□嘞，□咗佢嘞。	kɔ³⁴tiu²⁴³ʃʌu³⁴ʃʌn⁵⁵həu³⁴la³⁴tʃa³⁴lak³³/la³³, uɛŋ⁵⁵tʃɔ³⁴ ky²⁴lak³³/la³³.
开建话	笋条手巾好鬼邋遢咧，扔哈佢啦。	kei⁵²tɛu²⁴ʃou³²tʃɐn⁴⁴hɔ⁵²kuei⁵²lat²¹tʰat³²lɛ³², uɛŋ⁴⁴ha⁵² ky²⁴la⁵².

(14) 我们是在车站买的车票。

方言点	对译	国际音标标音
封川话	我哋系在车站买嘅车票。	ŋɔ²³ti²¹hʌi²¹łoi²³tʃʰɛ⁵⁵tʃam²¹mai²³kɛ³³tʃʰɛ⁵⁵pʰiu⁵².
开建话	我人是住车站买个车票。	ŋu⁰⁵²n̠ien²⁴tʃi²⁴²tɔi²¹tʃʰiɛ³²tʃam²¹mai²⁴²ku⁰²¹tʃʰiɛ³²pʰiu³².

(15) 墙上贴着一张地图。

方言点	对译	国际音标标音
封川话	墙上黐有张地图。	tʃieŋ²⁴tʃieŋ²¹ni⁵⁵iʌu²³tʃieŋ⁵⁵ti²¹tu²⁴³.
开建话	墙根口倒幅地图。	tʃyŋ²⁴kɐn⁴⁴nɛt³²tɔ⁵²fok⁵⁵tei²¹tu².

(16) 床上躺着一个老人。

方言点	对译	国际音标标音
封川话	床上睏住个老人。	tʃɔŋ²⁴tʃieŋ²¹hʌn⁵²tʃy²¹kɔ³³lɵu²³n̠iʌn²⁴³.
开建话	张床睏倒人老人。	tyŋ³²tʃœŋ²⁴fin³²tɔ⁵²n̠ien⁵⁵lɔ²¹n̠ien²⁴.

(17) 河里游着好多小鱼。

方言点	对译	国际音标标音
封川话	(个)条河游住好多鱼儿。	(kɔ³³) tiu²¹hɔ²⁴iʌu²¹tʃy²¹hɵu³⁴tɔ⁵⁵n̠y²¹n̠i⁵⁵⁴.
开建话	条河有好多鱼仔。	tɛu²¹ɔ²⁴ia²⁴²hɔ⁵²tu²⁴⁴n̠y²¹tʃai⁵².

(18) 前面走来了一个胖胖的小男孩。

方言点	对译	国际音标标音
封川话	前面行来咗个肥睏睏个细佬哥。	tʃin²¹min²⁴haŋ²⁴lei²⁴³tʃɔ³⁴kɔ³³fei²¹tʃʌt⁵⁵tʃʌt⁵⁵kɛ³³ʃʌi³³lɵu²³kɔ⁵⁵⁴.
开建话	前边有人肥仔行过来。	tʃeŋ²⁴pɐn⁴⁴ia²⁴²n̠ien⁴⁴fei²¹tʃai⁵²eŋ²⁴ku³³²lɔi²⁴.

(19) 他家一下子死了三头猪。

方言点	对译	国际音标标音
封川话	佢屋企一下间死咗三只猪。	kɵy²⁴³ok⁵⁵hei³⁴iʌt²¹ha²⁴kan⁵⁵ʃei³⁴tʃɔ³⁴łam²¹tʃek³³tʃy⁵⁵⁴.
开建话	佢屋一下子死哈三头猪。	ky²⁴ok⁵⁵iɐt⁵⁵a²¹tʃu⁰⁵²ʃei³²ha⁵²ʃam⁴⁴tɐu²¹tœy⁴⁴.

（20）这辆汽车要开到广州去。/这辆汽车要开去广州。

方言点	对译	国际音标标音
封川话	个架汽车要开去广州。	kɔ^{33}ka^{21}hei^{33}tʃʰɛ^{55}n̠iu^{33}hɔi^{55}hy^{33}kuɔŋ^{34}tʃʌu^{55}.
开建话	笄部车要开去广州。	kei^{52}pu^{21}tʃʰiᵋ^{44}iu^{32}hɔi^{44}hœy^{32}kuŋ^{32}tʃeu^{44}.

（21）学生们坐汽车坐了两整天了。

方言点	对译	国际音标标音
封川话	个班学生坐汽车坐减两日嘞。	kɔ^{34}pan^{55}hɔk^{22}ʃaŋ^{55}ɬɔ^{23}hei^{33}tʃʰɛ^{55}ɬɔ^{23}kəm^{34}liɛŋ^{23}n̠iʌt^{22}lak$\underline{^{33}}$.
开建话	笄班学生坐车坐哈两日咧。	kei^{52}pan^{44}œk^{32}ʃeŋ^{44}tʃu^{21}tʃʰiᵋ^{44}tʃu^{242}ha^{52}lyŋ^{242}n̠iet^{34}lɛ^{52}.

（22）你尝尝他做的点心再走吧。

方言点	对译	国际音标标音
封川话	你试下佢做嘅点心再走嘞。	n̠i^{23}ʃi^{52}ha^{23}ky^{24}tu^{52}kɛ^{33}tim^{34}ʌm^{55}tui^{52}tʌu^{34}lak$\underline{^{53}}$/la^{52}.
开建话	你试照佢整个点心正走啦。	nei^{242}ʃi^{23}tʃiu^{32}ky^{24}tʃiᵊ^{52}ku^{21}tɛm^{32}ʃem^{55}tʃiŋ^{32}tʃou^{52} la^{52}.

（23）a.你在唱什么？b.我没在唱，我放着录音呢。

方言点	对译	国际音标标音
封川话	a.你在唱乜嘢？ b.我冇唱啊，我放住录音之嘛。	a. n̠i^{23}ɬoi^{23}tʃʰiɛŋ^{52}muʌt^{55}n̠i^{334}? b. ŋɔ^{23}mʌu^{34}tʃʰiɛŋ^{52}a^{55}, ŋɔ^{23}fɔŋ^{52}tʃy^{21}lok$\underline{^{22}}$iʌm^{55}tʃi^{33}ma^{243}.
开建话	a.你住笄唱乜嘢？ b.我唔有唱啊，放紧录音之嘛。	a. nai^{242}tɔi^{21}kei^{32}tʃʰuŋ^{32}mɛm^{55}n̠iᵋ^{52}. b. ŋu^{352}n̠^{21}n̠ia^{242}tʃʰuŋ^{32}a^{44}, fuŋ^{32}tʃeŋ^{52}lok$\underline{^{32}}$iɛm^{21}tʃi^{44}ma^{24}.

（24）a.我吃过兔子肉，你吃过没有？b.没有，我没吃过。

方言点	对译	国际音标标音
封川话	a.我喫过兔肉，你喫过冇？ b.冇，我冇喫过。	a. ŋɔ^{23}hek$\underline{^{55}}$kuɔ^{33}tʰu^{52}n̠iok$\underline{^{22}}$, n̠i^{23}hek$\underline{^{55}}$kuɔ^{33}mʌu^{334}? b. mʌu^{334}, ŋɔ^{23}mʌu^{34}hek$\underline{^{55}}$kuɔ^{52}.
开建话	a.我喫过兔肉咧，你唔曾/有喫过吗？ b.唔曾/有，我唔曾/有喫过。	a. ŋu^{352}hiᵊk$\underline{^{55}}$ku^{21}tʰu^{32}n̠iok^{34}lɛ^{32}, nei^{242}n̠^{21}tʃeŋ^{21}/ n̠ia^{242} hiᵊk$\underline{^{55}}$ku^{32}ma^{44}. b. n̠^{21}tʃeŋ^{21}/ n̠ia^{242}, ŋu^{352}n̠^{21}tʃeŋ^{21}/n̠ia^{242}hiᵊk$\underline{^{55}}$ku^{32}.

(25) 我洗过澡了，今天不打篮球了。

方言点	对译	国际音标标音
封川话	我冲过凉嘞，今日冇打篮球嘞。	ŋɔ²³tʃʰoŋ⁵⁵kuɔ³³liɛŋ²⁴la²³, kʌm³³muʌt⁵⁵mʌu³⁴ta³⁴lam²¹kʌu²⁴lak³³.
开建话	我洗哈凉咧，个日唔去打篮球咧。	ŋu⁰⁵²ʃai⁵²ha³²lyŋ²⁴lɛ⁵², ku³²n̠iet³²n̠i⁴⁴hœy³²ta⁵²lam²¹tʃeu²⁴lɛ⁵².

(26) 我算得太快算错了，让我重新算一遍。

方言点	对译	国际音标标音
封川话	我计得太快计错嘞，等我重新计一轮。	ŋɔ²³kʌi³³tak⁵⁵tʰai³³fai⁵²kʌi³³tʰɔ⁵²lak³³, taŋ³⁴ŋɔ²³tʃʰoŋ²¹ɬʌn⁵⁵kʌi⁵¹iʌt⁵⁵luʌn²⁴³.
开建话	我计得太快计错哈咧，等我再计次先。	ŋu⁰⁵²kɛ³²tek⁵⁵tʰai³²fai³²kɛ³²tʃʰu⁰³²ha³²lɛ⁵², teŋ⁵²ŋu⁰⁵²tʃɔi³²kɛ³²tʃʰu⁰³²ʃɛn⁴⁴.

(27) 他一高兴就唱起歌来了。

方言点	对译	国际音标标音
封川话	佢一高兴就唱起歌来嘞。	ky²⁴iʌt⁵⁵kəu⁵⁵heŋ⁵²tʌu²¹tʃʰiɛŋ³³hei³⁴kɔ⁵⁵lui²⁴lak³³.
开建话	佢一开心唱起歌来咧。	ky²⁴iet³²hɔi⁴⁴ʃem⁴⁴tʃʰuŋ³²hi⁵²ku³⁴lɔi²⁴lɛ⁵².

(28) 谁刚才议论我老师来着？

方言点	对译	国际音标标音
封川话	边个啱啱议论我老师㗎？	pin⁵⁵kɔ³³ŋam⁵⁵ŋam⁵⁵n̠i²³lʌn²¹ŋɔ²³ləu²³ʃi⁵⁵a³³?
开建话	悭先冇人讲紧我老师？	han⁴⁴ʃen⁴⁴u⁴⁴n̠ien⁴⁴kœŋ⁵²tʃen⁵²ŋu⁰⁵²lɔ²¹ʃi⁴⁴?

(29) 只写了一半，还得写下去。

方言点	对译	国际音标标音
封川话	啱写得一半，剩要写落去。	ŋam⁵⁵ɬe³⁴tak²⁴iʌt⁵⁵pun⁵², tʃeŋ²¹n̠iu⁵¹ɛ³⁴lɔk²²hy⁵².
开建话	正写倒一半，剩要继续写落去哋。	tʃiŋ³²ʃie⁵²tɔ⁵²iet³²pun³², tʃeŋ²¹iu³²kɛ³³tʃok³⁴ʃie²¹lœk²¹hœy³²tei²¹.

（30）你才吃了一碗米饭，再吃一碗吧。

方言点	对译	国际音标标音
封川话	你啱喫咗碗饭，再喫一碗添嘞。	ni²³ŋam⁵⁵hek⁵⁵tʃɔ³⁴un³⁴fan²¹, tui³³hek⁵⁵un³⁴tʰim⁵⁵la⁵².
开建话	你正喫哈碗饭，喫多碗先啦。	nɐi²⁴²tʃiŋ³²hiᵉk⁵⁵ha³²un⁵²pan²¹, hiᵉk⁵⁵tu⁵⁵un⁵²ʃɛn⁵⁵la⁵².

（31）让孩子们先走，你再把展览仔仔细细地看一遍。

方言点	对译	国际音标标音
封川话	留细蚊儿行先，你再将展览仔细地睇一轮。	lʌu²⁴ɫʌi³³mʌn⁵⁵ni⁵⁵haŋ²⁴ɫin⁵⁵, ni²³tui⁵²tieŋ⁵⁵tʃin³⁴lam²³ti⁵²tʌi²¹tiʰ²¹tʌi³⁴iʌt⁵⁵luʌn²⁴³.
开建话	等笃啲奀仔走先，你再认认真真看次展览。	teŋ⁵²kei⁵²nit⁵⁵ni³²tʃai⁵²tʃou⁵²ʃɛn⁴⁴, nɐi²⁴²tʃʰɔi³²niŋ²¹niŋ²¹tʃɐn⁴⁴tʃɐn⁴⁴hɵn³²tʃʰu³²tʃin³²lam⁵².

（32）他在电视机前看着看着睡着了。

方言点	对译	国际音标标音
封川话	佢睇睇电视都瞓着嘞。	ky²⁴tʰʌi³⁴tʰʌi³⁴tin²¹ʃi²¹tu⁵⁵hʌn²⁵tʃiɛk²²lak³³.
开建话	佢看看电视瞓着哈咧。	ky²⁴hɵn³²hɵn³²tin²¹tʃi³²fin³²tieᵉk²¹ha³²lɛ⁵².

（33）你算算看，这点钱够不够花？

方言点	对译	国际音标标音
封川话	你睇睇个粒钱够使个能？	ni²³tʰʌi³⁴tʰʌi³⁴kɔ³³nʌp⁵⁵ɫin²⁴kʌu⁵²ʃʌi³⁴kɔ³³naŋ²⁴³?
开建话	你算算先，笃啲银纸阿够使？	nɐi²⁴²ʃun³²ʃun³²ʃɛn⁴⁴, kei⁵²nit⁵⁵ŋɐn²¹tʃi⁵²a⁴⁴kou³²ʃiᵉ⁵²?

（34）老师给了你一本很厚的书吧？

方言点	对译	国际音标标音
封川话	老师畀咗（你）一本好厚嘅书，系冇？	lau²³ʃi⁵⁵pi³⁴tʃɔ³⁴(ni²³)iʌt⁵⁵pun³⁴hɐu³⁴hʌu²³kɛ³³ʃy⁵⁵, hʌi²¹mʌu³³⁴?
开建话	老师畀哈本好厚个书畀你，阿是？	lɔ²¹ʃi⁴⁴pei⁵²ha³²pɐn⁵²hɔ⁵²ɐu²⁴²ku³³²ʃy⁴⁴pei⁵²nɐi²⁴²a⁴⁴tʃi²⁴²?

(35) 那个卖药的骗了他一千块钱呢。

方言点	对译	国际音标标音
封川话	阿个买药嘅呃咗佢一千文。	a²¹kɔ³³mai²¹iᵉk²²kɛ³³ŋak⁵⁵tʃɔ³⁴køy²¹iʌt⁵⁵tʰin⁵⁵muʌn⁵⁵⁴.
开建话	卖药呗人呃哈佢一千文。	mai²¹iᵉk²¹pui⁵²nˌiɐn⁴⁴ŋɐk⁵⁵ha³²ky²⁴iɐt³²tʃʰɛn⁴⁴mɐn⁴⁴.

(36) a.我上个月借了他三百块钱（借入）。b.我上个月借了他三百块钱（借出）。

方言点	对译	国际音标标音
封川话	a. 我上个月借咗佢三百文。 b. 我上个月借畀佢三百文。	a. ŋɔ²³tʃiɛŋ²¹kɔ³³nˌiut²²tɕ³³tʃɔ³⁴ky²⁴ɫam⁵⁵pak⁵⁵muʌn⁵⁵⁴. b. ŋɔ²³tʃiɛŋ²¹kɔ³³nˌiut²²tɕ³³pi³⁴ky²⁴ɫam⁵⁵pak⁵⁵muʌn⁵⁵⁴.
开建话	a. 我上个月借哈佢三百文。 b. 我上个月借畀佢三百文。	a. ŋu³⁵²tʃuŋ²¹ku³³²nˌyt³⁴tʃiɛ³²ha³²ky²⁴ʃam⁴⁴pɛk³²mɐn⁴⁴. b. ŋu³⁵²tʃuŋ²¹ku³³²nˌyt³⁴tʃiɛ³²pei⁵²ky²⁴ʃam⁴⁴pɛk³²mɐn⁴⁴.

(37) a.王先生的刀开得很好（王先生是施事）。b.王先生的刀开得很好（王先生是受事）。

方言点	对译	国际音标标音
封川话	a. 王先生开嘅刀开得好嘅。 b. 同王先生开嘅刀开得好嘅！	a. uɔŋ²¹ɫin⁵⁵ʃaŋ⁵⁵hui⁵⁵kɛ³³təu⁵⁵hui⁵⁵tʌk⁵⁵həu³⁴kɛ⁵². b. toŋ²¹uɔŋ²¹ɫin⁵⁵ʃaŋ⁵⁵kɛ³³təu⁵⁵hui⁵⁵tak⁵⁵həu³⁴kɛ⁵².
开建话	a. 王生开刀开得好好个。 b. 同王生开个刀开得好好！	a. uᵒŋ²¹ʃɐŋ⁴⁴hɔi³²tɔ⁴⁴hɔi⁴⁴tɐk⁵⁵hɔ⁵²hɔ⁵²ku²¹. b. toŋ²⁴uᵒŋ²¹ʃɐŋ⁴⁴hɔi³²ku²¹tɔ⁴⁴hɔi⁴⁴tɐk⁵⁵hɔ⁵²hɔ⁵².

(38) 我不能怪人家，只能怪自己。

方言点	对译	国际音标标音
封川话	我都冇怪人哋，只怪自己。	ŋɔ²³tou⁵⁵mʌu³⁴kuai⁵²nˌiʌn²²ti²¹, tʃi³⁴kuai⁵²tʃi²¹ki³³⁴.
开建话	我唔怪得大家，怪我自己。	ŋu³⁵²nˌi⁴⁴kuai³²tɐk⁵⁵tai⁴⁴ka⁴⁴, kuai³²ŋu³⁵²tʃu²¹ki⁵².

(39) a.明天王经理会来公司吗？b.我看他不会来。

方言点	对译	国际音标标音
封川话	a. 明朝日王经理会来公司冇？ b. 我睇佢冇会来。	a. mɛŋ²¹tʃiu²¹nˌiʌt²²uɔŋ²¹kɛŋ⁵⁵lei²³ui²⁴lui²⁴koŋ⁵⁵ʃi⁵⁵mʌu³⁴? b. ŋɔ²³tʰʌi³⁴ky²⁴mʌu³⁴ui²³lui²⁴³.
开建话	a. 同日王经理阿会来公司？ b. 我估计佢唔会来。	a. toŋ²¹nˌiɐt³⁴uᵒŋ²¹kiᵉŋ³²lei²⁴²a⁴⁴ui²⁴²lɔi²⁴koŋ³²ʃu⁴⁴? b. ŋu³⁵⁵⁻³²ku³²kɛ³²ky²⁴nˌi⁴⁴ui²⁴²lɔi²⁴.

（40）我们用什么车从南京往这里运家具呢？

方言点	对译	国际音标标音
封川话	我哋安乜嘢车从南京往个度运家私呢？	ŋɔ²³ti²¹ɔn⁵⁵mʌt⁵⁵ne²³tʃʰɛ⁵⁵ɫoŋ²¹nam²¹keŋ⁵⁵uɔŋ²³kɔ³³tu²¹uʌn²¹ka⁵⁵ɫi⁵⁵ne⁵⁵?
开建话	侬要拧乜嘢车从南京运家私到笋堂呢？	nuŋ⁴⁴iu³²niŋ⁴⁴mɐt⁵⁵ɲiɐ⁵²tʃʰiɛ⁵⁵tʃɔŋ²⁴nam²¹kiŋ⁴⁴uin²¹ka³²ʃu⁴⁴tɔ³²kei⁵²tɔŋ²⁴²ni⁴⁴?

（41）他像个病人似的靠在沙发上。

方言点	对译	国际音标标音
封川话	佢像个病人噉凭在沙发上高。	ky²⁴ɫiɛŋ²³kɔ³³peŋ²¹n̩ʌn²³kəm³⁴paŋ²¹ɫoi²³ʃa⁵⁵fat³³tʃiɛŋ²¹kəu⁵⁵.
开建话	佢似人病人竟凭倒沙发。	ky²⁴tʃʰei²⁴²niɛn⁴⁴piŋ²¹ɲiɐn²⁴keŋ⁵²pɐŋ²¹tɔ⁵²ʃa³²fat³².

（42）这么干活连小伙子都会累坏的。

方言点	对译	国际音标标音
封川话	个噉做工连后生儿都累得要死。	kɔ³⁴kəm³⁴tu²¹koŋ²⁴lin²¹hʌu²¹ʃaŋ⁵⁵n̩i⁵⁵tu⁵⁵kui²¹tak⁵⁵n̩iu⁵²ɫi³³⁴.
开建话	竟做嘢法连后生仔都会累得要死。	keŋ⁵²tʃu³²n̩iɛ⁵²fat²⁴lɛn²⁴ɔ²¹ʃɛŋ³²tʃai⁵²tu⁴⁴ui²⁴²nœ³²tak⁵⁵iu³²ʃei⁵².

（43）他跳上末班车走了。我迟到一步，只能自己慢慢走回学校了。

方言点	对译	国际音标标音
封川话	佢趯上尾班车走咗。我迟咗粒儿，只好慢慢啲自己转返学校。	ky²⁴tɛk⁵³tʃiɛŋ²³mi²³pan⁵⁵tʃʰɛ⁵⁵ʃəu²¹tʃɔ³⁴, ŋɔ²³tʃi²⁴tʃɔ³⁴nʌp⁵⁵n̩i⁵⁵tʃi³⁴həu³⁴man²¹man⁴⁴ti⁴⁴ɫi²¹ki³⁴tʃun³³fan⁴⁴hɔk²¹hau²¹.
开建话	佢跳上最尾班车走哈咧，我迟下步脚，只有自己独慢行返校。	ky²⁴tʰiu³²tʃyŋ²⁴²tʃɔ³²mɐi²⁴²pan³²tʃʰi⁴⁴tʃou⁵²ha³²lɛ⁵²ŋu⁵²tʃi²⁴ha³²pun³²pu²¹, tʃi⁵²ia²⁴²tʃu⁵²ki⁵²tok²¹man²¹ɛŋ²⁴fan⁴⁴œk²¹au²¹.

第五章 封开方言标音举例

(44) 这是谁写的诗？谁猜出来我就奖励谁十块钱。

方言点	对译	国际音标标音
封川话	个啲系边个写嘅诗？边个估得中我就奖佢十文鸡。	kɔ³³ti⁵⁵hʌi²¹pin⁵⁵kɔ³³ɬɛ³⁴kɛ³⁵ʃi⁵⁵? pin⁵⁵kɔ³³ku³⁴tak⁵⁵tʃoŋ⁵² ŋɔ²³tʌu²¹tien³⁴ky²⁴ʃʌp²²muʌn⁵⁵kʌi⁵⁵.
开建话	笋首诗是兀人写个？兀人估得中我奖励佢十文纸。	kei⁵²ʃou³²ʃi⁴⁴tʃi²⁴²u⁴⁴ɲien⁴⁴ʃiɛ⁵²kuɔ²¹? u⁴⁴ɲien⁴⁴ku⁵²tɐk³² tʃoŋ³²ŋu⁵²tʃyŋ⁵²lei²¹ky²⁴ʃɐp³⁴mɐn³²tʃi⁵².

(45) 我给你的书是我教中学的舅舅写的。

方言点	对译	国际音标标音
封川话	我界你嘅书系我教中学嘅舅父写嘅。	ŋɔ²³pi³⁴ni²³kɛ³³ʃy⁵⁵hʌi²¹ŋɔ²³kau³³tʃoŋ⁵⁵hɔk²²kɛ³³tʃʌu²³ fu²⁴ɬɛ³⁴kɛ³³.
开建话	我界你呗本书是我教中学呗人舅翁写个。	ŋu⁵²pei⁵²nɐi²⁴²pui⁵²pɐn³²ʃy⁴⁴tʃi⁴⁴²ŋu⁵²kau³²tʃoŋ³²œk²¹ pui⁵²ɲien⁴⁴tʃɔ²¹oŋ⁴⁴ʃiɛ⁵²kuɔ²¹.

(46) 你比我高，他比你还要高。

方言点	对译	国际音标标音
封川话	你比我高，佢比你剩要高。	ni²³pi³⁴ŋɔ²³kəu⁵⁵, ky²⁴pi³⁴ni²³tʃeŋ²¹ɲiu⁵²kəu⁵⁵.
开建话	你高过我，佢剩高过你。	nɐi²⁴²kɔ⁴⁴ku³²ŋu⁵², ky²⁴tʃeŋ²¹kɔ⁴⁴ku³²nɐi²⁴².

(47) 老王跟老张一样高。

方言点	对译	国际音标标音
封川话	老王同老张同嗽高。	lou²³uɔŋ²⁴toŋ²¹lou²³tʃieŋ⁵⁵toŋ²⁴kəm³³kəu⁵⁵.
开建话	老王同老张同个高。	lɔ²¹u°ŋ²⁴toŋ²¹lɔ²¹tʃyŋ⁵²toŋ²⁴ku⁵²kɔ⁴⁴.

(48) 我走了，你们俩再多坐一会儿。

方言点	对译	国际音标标音
封川话	我去嘞，你哋两个再坐阵儿先。	ŋɔ²³hy⁵²lak³³/la³³, ni²³ti²¹lieŋ²³kɔ²³tʃʌn²¹ni⁵⁵ɬin⁵⁵.
开建话	我走先，你两人再坐耐阵。	ŋu⁵²tʃou⁵²ʃɐn⁴⁴, nɐi²⁴²lyŋ²⁴²ɲien⁴⁴ʃɔi³²tʃu⁵²⁴²nɔi²¹tin²¹.

(49) 我说不过他，谁都说不过这个家伙。

方言点	对译	国际音标标音
封川话	我谂冇过佢，边个都冇谂得过个只家伙。	ŋɔ²³au⁵²mʌu³⁴kuɔ³³ky²⁴, pin⁵⁵kɔ³³tou⁵⁵mʌu³⁴au⁵²tak⁵⁵kuɔ³³tʃek⁵⁵ka⁵⁵fɔ³³⁴.
开建话	我讲唔过佢，冚人都讲唔过笄头野仔。	ŋu³⁵²kœ⁵²n̻i⁴⁴ku³³²ky²⁴, u⁴⁴n̻iɐn⁴⁴tu⁴⁴kœŋ³²n̻i⁴⁴ku³³²kei³²teu²⁴iᵉ²¹tʃai⁵².

(50) 上次只买了一本书，今天要多买几本。

方言点	对译	国际音标标音
封川话	上阿次只买咗一部书，今日(物)要多买几部。	tʃiɛŋ²¹a²¹tʃʰi⁵²tʃi³⁴mai²³tʃɔ³⁴iʌt⁵⁵pu²¹ʃy⁵⁵, kʌm³³muʌt⁵⁵n̻iu³³tɔ⁵⁵mai³⁴ki³⁴pu²¹
开建话	上次正娶哈本书，个日要娶多几本。	tʃuŋ²¹tʃʰu³³²tʃiŋ³²tʃʰɔ⁵²ha³²pɐn⁵²ʃy⁴⁴, ku³³²n̻iɐt³⁴iu³²tʃʰɔ⁵²tu²⁴⁴ki⁵²pɐn⁵².

二、封开方言农谚标音

(一)时令

(1) 春阴百日阴

封川话：tʃʰʌn⁵⁵iʌm⁵⁵pak³²n̻iʌt²²iʌm⁵⁵

开建话：tʃʰɐn⁴⁴iɐm⁴⁴pɛk³²n̻iɐt³⁴iɐm⁴⁴

(2) 清明暗，大水不离坎

封川话：tʃʰeŋ⁵⁵meŋ²⁴³əm⁵², tai²¹ʃui³³⁴mʌu³⁴li²²həm⁵²

开建话：tʃʰiᵉŋ³³miᵉŋ²⁴ɔm³², tai²¹ʃœ⁵²n̻i⁴⁴lɐi²¹hɔm⁵²

(3) 春无三日热，冬无三日霜

封川话：tʃʰʌn⁵⁵mu²⁴ɬam⁴⁴n̻iʌt²²n̻it²², toŋ⁵⁵mu²⁴ɬam⁴⁴n̻iʌt²²ʃɔŋ⁵⁵

开建话：tʃʰɐn⁴⁴mu²⁴ʃam⁴⁴n̻iɐt³⁴n̻it³⁴, toŋ⁴⁴mu²⁴ʃam⁴⁴n̻iɐt³⁴ʃœŋ⁴⁴

(4) 谷雨无雨，拉牛还地主

封川话：kok⁵⁵y²²³mu²¹y²²³, lai⁵⁵⁴ŋʌu²⁴³uan²⁴³ti²¹tʃy³³⁴

开建话：kok⁵⁵y²⁴²mu²¹y²⁴², lai³²ŋɐu²⁴uan²⁴tei²¹tʃy⁵²

(5) 雷打惊蛰前，高山好种田；雷打惊蛰节，犁头拆三裂

封川话：lui²⁴³ta³³⁴keŋ³²tʃek²²ɬin²⁴³, kəu⁵⁵ʃan⁵⁵⁴həu³³⁴tʃoŋ⁵²tin²¹; lui²⁴³ta³³⁴keŋ³²tʃek²² tit⁵⁵, lʌi²¹tʌu²⁴³tʃʰak⁵⁵ɬam⁵⁵lit²².

开建话：lœ²⁴ta⁵²kiˀŋ³²tʃɐk³⁴tʃɛn²⁴, kɔ³²ʃan⁴⁴hɔ⁵²tʃuŋ³²tɛn²⁴; lœ²⁴ta⁵²kiˀŋ³² tʃɐk²¹tʃɛt³², lɐi²¹tɐu²⁴tʃʰɛk³²ʃam⁴⁴lɛt²¹.

(6) 喫过惊蛰糍，满头满脚都是泥

封川话：hek⁵⁵kuɔ⁵²keŋ³²tʃek²²tʃʌi²¹, mun²¹tʌu²⁴³mun²¹kiɛk⁵⁵tu⁵⁵ʃi²³nʌi²⁴³

开建话：hiˀk⁵⁵kuɔ³²kiˀŋ³³tʃɐk²¹tʃɐi²¹, mɔn²¹tɐu²⁴mɔn²¹kiˀk⁵⁵tu⁵⁵tʃi²⁴²nɐi²⁴

(7) 惊蛰不吹风，冷到五月中

封川话：keŋ³²tʃek²²puʌt⁵⁵tʃʰui⁵⁵foŋ⁵⁵⁴, laŋ²²³təu⁵²ŋ²²³ȵiut²²tʃoŋ⁵⁵⁴

开建话：kiˀŋ³²tʃɐk³⁴ȵi⁴⁴tʃʰœ³²foŋ⁴⁴, lɛŋ²⁴²tɔ³²ŋ²¹ȵyt²¹tʃoŋ⁴⁴

(8) 春寒雨至，冬寒雪气

封川话：tʃʰʌn⁵⁵hun²⁴³y²²³tʃi⁵², toŋ⁵⁵⁴hun²⁴ɬut⁵⁵hi⁵²

开建话：tʃʰɐn⁴⁴ɔn²⁴y²⁴²tʃi³², toŋ⁴⁴ɔn²⁴ʃyt²¹hi³²

(9) 正月十五阴，柴草贵如金

封川话：tʃeŋ⁵⁵ȵiut²²ɬʌp²²ŋ²²³iʌm⁵⁵⁴, tʃai²¹tʰəu³³⁴kuʌi⁵²ŋy²¹tʃʌm⁵⁵⁴

开建话：tʃiˀŋ⁵⁵ȵyt³⁴ʃɐp²¹ŋ²⁴²iɐm⁵⁵, tʃai²¹tʃʰɔ⁵²kuei³²ku³²tʃɐm⁵⁵

(10) 三月清明早浸谷，二月清明迟插秧

封川话：ɬam⁵⁵ȵiut²²tʰeŋ⁵⁵meŋ²⁴³təu³³⁴tʌm⁵²kok⁵⁵,ȵi²¹ȵiut²²tʰeŋ⁵⁵meŋ²⁴³tʃi²⁴³tʃʰap⁵³iɛŋ⁵⁵⁴

开建话：ʃam⁴⁴ȵyt³⁴tʃʰiˀŋ³²miˀŋ²⁴tʃɔ⁵²tʃom³²kok⁵⁵, ȵi²¹ȵyt³⁴ tʃʰiˀŋ³²miˀŋ²⁴tʃi²⁴tʃʰap³²yŋ⁴⁴

(11) 春甲子雨，禾生两耳。夏甲子雨，撑船入市。秋甲子雨，泥拆千里。冬甲子雨，牛羊冻死。

封川话：tʃʰʌn⁵⁵⁴kap⁵³ti³³⁴y²²³, uɔ²⁴³ʃaŋ⁵⁵⁴liɛŋ²²³ȵi²²³. ha²¹kap⁵³ti³³⁴y²²³, tʃʰaŋ⁵⁵⁴tʃun²⁴³ȵiʌp²²ʃi²²³. tʰʌu⁵⁵⁴kap⁵³ti³³⁴y²⁴², nʌi²⁴³tʃʰak²⁴tʰin⁵⁵⁴li²²³. toŋ⁵⁵⁴kap⁵³ti³³⁴y²²³, ŋʌu²²iɛŋ²⁴³toŋ³²ɬi³³⁴

开建话：tʃʰɐn⁴⁴kap³²tʃu⁰⁵²y²⁴², u⁰²⁴ʃɛŋ⁴⁴lyŋ²⁴²ȵi²⁴². a²¹kap³² tʃu⁰⁵²y²⁴², tʃʰɐŋ³²tʃyn²⁴iɐp²¹tʃi²⁴². tʃʰɐu⁴⁴kap³²tʃu⁰⁵²y²⁴², nɐi²⁴²tʃʰɛk³²tʃʰɛn⁴⁴lɐi²⁴². toŋ⁴⁴kap³²tʃu⁰⁵²y²⁴², ŋɐu²¹yŋ²⁴tuŋ³²ʃei⁵²

(12) 夏至响雷三伏旱，三伏不旱沤烂杆

封川话：ha²¹tʃi⁵²hiɛŋ³³⁴lui²⁴³ɬam³²fok²²hun²²³, ɬam⁵⁵fok²²mʌu³⁴hun²²³ʌu⁵²lan²¹kun⁵⁵⁴

开建话：a²¹tʃi³²hyŋ³²lœ²ʃam³²pok²¹tʰɛn⁴⁴, ʃam³²pok³⁴ȵi⁴⁴ɔn²⁴²ou²⁴lan²¹kɔn⁴⁴

(13) 四月四，落雨果脱蒂

封川话：ɬi⁵² n̠iut²² ɬi⁵², lok²² y²²³ kuɔ⁵³⁴ tʰut⁵⁵ ti⁵²（teŋ⁵²）

开建话：ʃei³² n̠yt²¹ ʃei³², lœk²¹ y²⁴² kuɔ⁵² tʰyt³² tei³²

(14) 四月八，大风大雨刮

封川话：ɬi⁵² n̠iut²² pat⁵³, tai²¹ foŋ⁵⁵⁴ tai²¹ y²²³ kuat⁵³

开建话：ʃei³² n̠yt²¹ pat³², tai²¹ foŋ⁴⁴ tai²¹ y²⁴² kuat³²

(15) 雷打夏至，火烧秧地

封川话：lui²⁴³ ta³³⁴ ha²¹ tʃi⁵², fɔ³³⁴ ɬiu⁵⁵⁴ iɛŋ³² ti²¹

开建话：lœ²⁴ ta⁵² a²¹ tʃi³², fu⁵² ʃiu⁵⁵⁴ yŋ³² tei²¹

(16) 小满江河满，不满天大旱

封川话：ɬiu³³⁴ mun²²³ kɔŋ⁵⁵⁴ hɔ²² mun²²³, puʌt⁵⁵ mun²²³ tʰin⁵⁵⁴ tai²² hun²²³

开建话：ʃɛu³² mɔn²⁴² kœŋ³² ɔ²⁴ mɔn²⁴², n̠i⁴⁴ mɔn²⁴² tʰɛn⁴⁴ tai²¹ ɔn²⁴²

(17) 七月秋风起，八月秋风凉

封川话：tʰʌt⁵⁵ n̠iut²² tʰʌu³³ foŋ³³ hi³³⁴, pat⁵³ n̠iut²² tʰʌu³³ foŋ⁵⁵ liɛŋ²⁴³

开建话：tʃʰɐt⁵⁵ n̠yt³⁴ tʃʰɐu³² foŋ⁴⁴ hi⁵², pat³² n̠yt³⁴ tʃʰɐu³² foŋ⁴⁴ lyŋ²⁴

(18) 重阳有雨好围园，重阳无雨好打砖

封川话：tʃoŋ²² iɛŋ²⁴³ iʌu²²³ y²²³ hɐu³³⁴ uʌi²² iun²⁴³, tʃoŋ²² iɛŋ²⁴³ mu²¹ y²²³ hɐu³³⁴ ta³³ tʃun⁵⁵⁴

开建话：tʃoŋ²¹ yŋ²⁴ ia²¹ y²⁴² hɔ⁵² uɐi²¹ yn²⁴³, tʃoŋ²¹ yŋ²⁴ mu²¹ y²⁴² hɔ⁵² ta³² tʃyn⁴⁴

(19) 九月十三阴，柴草贵过金

封川话：tʃʌu³³⁴ n̠iut²² ɬʌp²¹ ɬam⁵² iʌm⁵⁵⁴, tʃai²² tʰəu³³⁴ kuʌi³² kuɔ³² tʃʌm⁵⁵⁴

开建话：tʃou⁵² n̠yt³⁴ ʃɐp²¹ ʃam⁴⁴ iɐm⁴⁴, tʃai²¹ tʰɔ⁵² kuei³² ku³² tʃɐm⁴⁴

(20) 雷打秋，高低一半收

封川话：lui²⁴³ ta³³⁴ tʰʌu⁵⁵⁴, kəu⁴⁴ tʌi⁵⁵⁴ iʌt⁵⁵ pun⁵² ʃʌu⁵⁵⁴

开建话：lœ²⁴ ta³² tʃʰɐu⁴⁴, kɔ⁴⁴ tei⁴⁴ iɐt³² pun³² ʃɐu⁴⁴

(21) 寒露有风，霜降有雨

封川话：hun²² lu²¹ iʌu²²³ foŋ⁵⁵⁴, ʃɔŋ⁵⁵⁴ kɔŋ⁵² iʌu²³ y²²³

开建话：ɔn²⁴ lu²¹ ia²¹ foŋ⁴⁴, ʃœŋ³² kœŋ³² ia²¹ y²⁴²

(22) 立秋有雨秋秋有，立秋无雨确难求

封川话：lʌp²² tʰʌu⁵⁵⁴ iʌu²²³ y²²³ tʰʌu⁵⁵ tʰʌu⁵⁵ iʌu²²³, lʌp²² tʰʌu⁵⁵⁴ mu²¹ y²²³ kʰɔk⁵³ nan²² tʃʌu²⁴³

开建话：lɐp²¹ tʃʰɐu⁴⁴ ia²¹ y²⁴² tʃʰɐu³² tʃʰɐu⁴⁴ ia²⁴², lɐp²¹ tʃʰɐu⁴⁴ mu²¹ y²⁴² kʰœk³² nan²¹ tʃɐu²⁴

(23) 七月九朝霜，十月十朝霜

封川话：tʰʌt⁵⁵ȵiut²²tʃʌu³³⁴tʃiu⁵⁵⁴ʃɔŋ⁵⁵⁴, ɬʌp²²ȵiut²²ɬʌt²²tʃiu⁵⁵⁴ʃɔŋ⁵⁵⁴

开建话：tʃʰet⁵⁵ȵyt³⁴tʃou⁵²tɛu³²ʃœŋ⁵⁵⁴, ʃʌp³⁴ȵyt³⁴ʃʌp³⁴tɛu³²ʃœŋ⁴⁴

(24) 立秋响雷公，秋后无台风

封川话：lʌp²²tʰʌu⁵⁵⁴hiɛŋ³³⁴lui²²koŋ⁵⁵⁴, tʰʌu⁵⁵⁴hʌu²¹mʌu³⁴tui²²foŋ⁵⁵⁴

开建话：lɐp²¹tʃʰɐu⁴⁴hyŋ⁵²lœ²¹koŋ⁴⁴, tʃʰɐu⁴⁴ɐu²⁴²mu²⁴tɔi²¹foŋ²⁴

(25) 冬好年好

封川话：toŋ⁵⁵⁴həu³³⁴nin²⁴³həu³³⁴

开建话：toŋ⁴⁴hɔ⁵²nɛn²⁴hɔ⁵²

(26) 冬至出热头，年前年后冻死牛

封川话：toŋ⁵⁵⁴tʃi⁵²tʃʰʌt⁵⁵ȵit²²tʌu²⁴³, nin²⁴³ɬin²⁴³nin²⁴³hʌu²¹toŋ⁵²ɬi³³⁴ŋʌu²⁴³

开建话：toŋ³²tʃi³²tʃʰet⁵⁵ȵit²¹tɛu²⁴, nɛn²⁴tʃɛn²⁴nɛn²⁴ɐu²⁴²tuŋ²⁴ʃei²¹ŋɐu²⁴

(27) 大寒唔冻，冷到芒种

封川话：tai²¹hun²⁴³mʌu³⁴toŋ⁵², laŋ²²³tɔu⁵²mɔŋ⁵⁵tʃoŋ⁵²

开建话：tai²¹ɔn²⁴ȵi⁴⁴tuŋ³², lɛŋ²⁴²tɔ³²mœŋ³²tʃuŋ³²

(28) 雷打冬，十个牛栏九个空

封川话：lui²⁴³ta³³⁴toŋ⁵⁵⁴, ɬʌp²²kɔ⁵²ŋʌu²²lan⁵⁵⁴tʃʌu³³⁴kɔ³²hoŋ⁵⁵⁴

开建话：lœ²⁴ta³²toŋ⁴⁴, ʃɐp³⁴nɐm⁴⁴ŋɐu²¹lan²⁴tʃou⁵²nɐm⁴⁴hoŋ⁴⁴

(二)气象

(1) 日落天脚红，明朝寒霜浓

封川话：ȵiʌt²²lɔk²²tʰin³³kiɛk⁵⁵hoŋ²⁴³, mɛŋ²²tʃiu⁵⁵⁴hun²²ʃɔŋ⁵⁵⁴ȵioŋ²⁴³

开建话：ȵiet³⁴lœk²¹tʰɛn³²kiᵊk⁵⁵oŋ²⁴, toŋ²¹tʃɔ⁵²ɔn²¹ʃœŋ⁴⁴noŋ²⁴

(2) 日晕三更雨，月晕午时风

封川话：ȵiʌt²²hoŋ²¹ɬam⁵⁵kaŋ⁵⁵y²²³, ȵiut²²hoŋ²¹ŋ²²³tʃi²²foŋ⁵⁵⁴

开建话：ȵiet²¹uɐn²¹ʃam³²kɛŋ⁴⁴y²⁴², ȵyt²¹uɐn²¹ŋ²⁴²tʃi²⁴foŋ⁴⁴

(3) 月生毛，水成河

封川话：ȵiut²²ʃaŋ³²məu²⁴³, ʃui³³⁴tʃɛŋ²²hɔ²⁴³

开建话：ȵyt³⁴ʃɛŋ³²mɔ²⁴, ʃœ⁵²tʃɛŋ²¹ɔ²⁴

(4) 月亮戴红帽，晒死睇牛佬

封川话：ȵiut²²liɛŋ²¹tai⁵²hoŋ²²məu²¹, ʃai⁵²ɬi³³⁴tʰai³³ŋʌu²²ləu³³⁴

开建话：ȵyt²¹luŋ²¹tai³²oŋ²¹mɔ²¹, ʃai³²ʃei⁵²tʰai⁵²ŋɐu²¹lɔ⁵²

(5) 星光生暗毛，两日雨就到

封川话：ɬeŋ⁵⁵kuɔŋ⁵⁵⁴ʃaŋ⁵⁵⁴əm⁵²məu²⁴³, liɛŋ²²³n̠iʌt²²y²²³tʌu²¹təu⁵²

开建话：ʃiᵊŋ³²kuᵒŋ⁴⁴ʃeŋ⁴⁴ɔm³²mɔ²⁴, lyŋ²⁴²n̠iɐt³⁴y²⁴²tʃou²¹tɔ³²

(6) 大雾不开雨就来

封川话：tai²¹mu²¹mʌu³⁴hui⁵⁵⁴y²²³tʌu²¹lui²⁴³

开建话：tai²¹mu²¹n̠i⁴⁴hɔi⁴⁴y²⁴²tʃou²¹lɔi²⁴

(7) 疾雷易晴，闷雷雨不停

封川话：ʃit²²lui²⁴i²¹ɬeŋ²⁴³, mun²²lui²⁴³y²²³mʌu³⁴teŋ²⁴³

开建话：tʃɐt²¹lœ²⁴i²¹tʃiᵊŋ²⁴, mun²¹lœ²⁴y²⁴²n̠i⁴⁴tiᵊŋ²⁴

(8) 南风紧过索，风停雨就落

封川话：nam²²foŋ⁵⁵⁴tʃʌn³³⁴kuɔ⁵²lɔk⁵³, foŋ⁵⁵⁴teŋ²⁴y²²³tʌu²¹lɔk²²

开建话：nam²¹foŋ⁴⁴tʃɐn⁴⁴ku³²ʃœk³², foŋ⁴⁴teŋ²⁴y²⁴²tʃou²¹lœk²¹

(9) 春吹南风晴，北风雨不停

封川话：tʃʰuʌn⁵⁵tʃʰui⁵⁵nam²²foŋ⁵⁵ɬeŋ²⁴³, pak⁵⁵foŋ⁵⁵⁴y²²³puʌt⁵⁵teŋ²⁴³

开建话：tʃʰɐn⁴⁴tʃʰœ⁴⁴nam²¹foŋ⁴⁴tʃiᵊŋ²⁴, pɐk³²foŋ⁴⁴y²⁴²n̠i⁴⁴tiᵊŋ²⁴

(10) 五月东风起，大雨浸塘基

封川话：ŋ̍²²³n̠iut²²toŋ⁵⁵foŋ⁵⁵⁴hi³³⁴, tai²¹y²²³tʌm⁵²tɔŋ²²ki⁵⁵⁴

开建话：ŋ̍²⁴²n̠yt³⁴toŋ³²foŋ⁴⁴hi⁵², tai²¹y²⁴²tʃom²⁴tœŋ²¹ki⁴⁴

(11) 七月吹西风，旱死大虾公

封川话：tʰʌt⁵⁵n̠iut²²tʃʰui⁵⁵⁴ɬʌi⁵⁵foŋ⁵⁵⁴, hun²²³ɬi³³⁴tai²¹ha⁵⁵koŋ⁵⁵⁴

开建话：tʃʰɐt⁵⁵n̠yt³⁴tʃʰœ⁴⁴ʃei³²foŋ⁴⁴, ɔn²⁴²ʃei⁵²tai²¹ha³²koŋ⁴⁴

(12) 回南转北，冷到嘴唇黑

封川话：ui²²nam²⁴³tʃun³³pak⁵⁵, laŋ²²³tou⁵²tui³³tʃun²⁴³hak⁵⁵

开建话：ui²¹nam²⁴tʃyn³²pɐk⁵⁵, lɛŋ²⁴²tɔ⁵²tʃœ⁵²tʃɐn²⁴hɐk⁵⁵

(13) 东虹晴，西虹雨

封川话：toŋ⁵⁵hoŋ²⁴³ɬeŋ²⁴³, ɬʌi⁵⁵⁴hoŋ²⁴³y²²³

开建话：toŋ³²oŋ²⁴tʃiŋ²⁴, ʃei³²oŋ²⁴³y²⁴²

(14) 火烟不出屋，有雨淋五谷

封川话：fɔ³³in⁵⁵⁴puʌt⁵⁵tʃʰuʌt³³ok⁵⁵, iʌu²²³y²⁴²lʌm²⁴³ŋ̍²²³kok⁵⁵

开建话：fu³³²in⁴⁴n̠i⁴⁴tʃʰɐt³²ok⁵⁵, ia²¹y²⁴²lɐm²⁴ŋ̍²⁴²kok⁵⁵

(15) 白露有雨，寒露有风

封川话：pak²²lu²¹iʌu²²³y²²³, hun²²lu²¹iʌu²²³foŋ⁵⁵⁴

开建话：pɛk²¹lu²¹ia²¹y²⁴², ɔn²²lu²¹ia²¹foŋ⁵⁵⁴

(16) 朝落晏晴，晚落鸡鸣

封川话：tʃiu⁵⁵⁴lɔk²²an⁵²ɬeŋ²⁴³, man²²³lɔk²²kʌi⁵⁵⁴meŋ²⁴³

开建话：tɛu⁴⁴lœk²¹an³²tʃiᵊŋ²⁴, man²⁴²lœk²¹kɐi⁴⁴miᵊŋ²⁴

(17) 朝云晏热，晒得头崩额裂

封川话：tʃiu⁵⁵⁴uʌn²⁴³an⁵²n̩it²², ʃai⁵²tak⁵⁵tʌu²⁴³paŋ⁵⁵⁴ŋak²¹lit²²

开建话：tɛu⁴⁴uɐn²⁴³an³²n̩it³⁴, ʃai³²tɐk⁵⁵tɐu²⁴²pɐŋ⁴⁴ŋɐk³⁴lɛt²¹

(18) 一朝霞雾三朝风，三朝浓雾起北风

封川话：iʌt⁵⁵tʃiu⁵⁵⁴ha²²mu²¹ɬam⁵⁵tʃiu⁵⁵foŋ⁵⁵⁴, ɬam⁵⁵tʃiu⁵⁵⁴n̩ioŋ²²mu²¹hi³³⁴pak⁵⁵foŋ⁵⁵⁴

开建话：iɐt³²tɛu⁴⁴a²¹mu²¹ʃam⁴⁴n̩iɐt²¹foŋ⁴⁴, ʃam⁴⁴tɛu⁴⁴noŋ²¹mu²¹hi²¹pɐk³²foŋ⁴⁴

(19) 久晴逢雾必雨，久雨逢雾必晴

封川话：tʃʌu³³⁴ɬeŋ²⁴foŋ²²mu²¹piɛt⁵⁵y²²³, tʃʌu³³⁴y²²³foŋ²²mu²¹piɛt⁵⁵ɬeŋ²⁴³

开建话：tʃɔ⁵²tʃiᵊŋ²⁴poŋ²¹mu²¹pɛt³²y²⁴², tʃɔ⁵²y²⁴²poŋ²¹mu²¹pɛt³²tʃiᵊŋ²⁴

(20) 春雾雨，夏雾晴，秋雾风，冬雾晴

封川话：tʃʰʌn⁵⁵⁴mu²¹y²²³, ha²²mu²¹ɬeŋ²⁴³, tʰʌu⁵⁵⁴mu²¹foŋ⁵⁵⁴, toŋ⁵⁵⁴mu²¹ɬeŋ²⁴³

开建话：tʃɐn⁴⁴mu²¹y²⁴², a²¹mu²¹foŋ⁴⁴, tʃʰɐu⁴⁴mu²¹foŋ⁴⁴, toŋ⁴⁴mu²¹tʃiᵊŋ²⁴

(21) 浓雾三日，狂风叫天

封川话：n̩ioŋ²²mu²¹ɬam⁵⁵⁴n̩iʌt²², kuɔŋ²²foŋ⁵⁵⁴kiu³²tʰin⁵⁵⁴

开建话：noŋ²¹mu²¹ʃam⁴⁴n̩iɐt³⁴, kuᵒŋ²¹foŋ⁴⁴kiu³²tʰɛn⁴⁴

(22) 纱雾盖三边，有雨不到田

封川话：ʃa⁵⁵⁴mu²¹kui⁵²ɬam⁵⁵pin⁵⁵, iʌu²²³y²²³puʌt⁵⁵tɐu³²tin²⁴³

开建话：ʃa³²mu²¹kɔi³²ʃam⁴⁴pɐn⁴⁴, ia²¹y²⁴²n̩i⁴⁴tɔ³²tɐn²⁴

(23) 朝朦胧，晏日中

封川话：tʃiu⁵⁵⁴moŋ²²loŋ²⁴³, an⁵²n̩iʌt²²tʃoŋ⁵⁵⁴

开建话：tɛu⁴⁴moŋ²¹loŋ²⁴, an³²n̩iɐt²¹tʃoŋ⁴⁴

(24) 六月秋，百家忧

封川话：lok²²n̩iut²²tʰʌu⁵⁵⁴, pak³³ka⁵⁵⁴iʌu⁵⁵⁴

开建话：lok³⁴ŋyt³⁴tʃʰɐu⁴⁴, pɐk³²ka⁴⁴iɐu⁴⁴

(25) 天发黄，大雨打崩塘

封川话：tʰin⁵⁵⁴fat⁵³uɔn²⁴³, tai²¹y²²³ta³³⁴paŋ³³tɔŋ²⁴³

开建话：tʰɛn⁴⁴fat³²uᵒŋ²⁴, tai²¹y²⁴²ta⁵²pɐŋ⁴⁴tœŋ²⁴³

（三）物候

（1）萤火满天光，大雨浸田塘

封川话：ieŋ^{22}fɔ^{334}mun^{223}tʰin^{55}kuɔŋ^{554}, tai^{21}y^{223}tʌm^{52}tin^{22}tɔŋ^{243}

开建话：iɐŋ^{21}fɔ^{52}mɔn^{21}tʰɐn^{44}kuo^{44}, tai^{21}y^{242}tʃom^{32}tɐn^{21}tœn^{24}

（2）鹧鸪啼雨，斑鸠啼霜

封川话：tʃɛ^{32}ku^{554}tʌi^{22}y^{242}, pan^{33}tʃʌu^{554}tʌi^{22}ʃɔŋ^{554}

开建话：tʃɐk^{32}ku^{44}tɐi^{21}y^{242}, pan^{32}tʃɐu^{44}tɐi^{21}ʃœŋ^{44}

（3）茉莉花开清明到，金英开花插秧到

封川话：mut^{22}li^{21}fa^{554}hui^{554}tʰɐŋ^{32}mɐŋ^{24}tɔu^{52}, tʃʌm^{33}ieŋ^{554}hui^{55}fa^{554}tʃʰap^{53}ieŋ^{554}tɔu^{52}

开建话：mɐt^{21}lei^{21}hɔi^{32}fa^{44}tʃʰiŋ^{32}miŋ^{24}tɔ^{32}, tʃɐm^{32}iŋ^{44}hɔi^{32}fa^{44}tʃʰap^{32}yŋ^{44}tɔ^{32}

（4）木棉未开花，大冷剩会来

封川话：mok^{22}min^{243}mi^{21}hui^{55}fa^{554}, tai^{21}laŋ^{223}tʃɐŋ^{21}ui^{223}lui^{243}

开建话：mok^{21}mɐn^{24}mei^{21}hɔi^{32}fa^{44}, tai^{21}lɐn^{242}tʃɐŋ^{21}ui^{242}lɔi^{24}

（5）水蚁飞飞，风雨凄凄

封川话：ʃui^{334}ŋʌi^{223}fi^{55}fi^{554}, foŋ^{554}y^{223}tʰʌi^{55}tʰʌi^{554}

开建话：ʃœ^{32}ŋɛ^{242}fɐi^{44}fɐi^{44}, foŋ^{44}y^{242}tʃʰɐi^{44}tʃʰɐi^{44}

（6）蚊子纷纷飞，风雨即刻起

封川话：muʌn^{554}ti^{334}fʌn^{55}fʌn^{55}fi^{554}, foŋ^{33}y^{223}tek^{55}hak^{55}hi^{334}

开建话：mɐn^{21}tʃai^{52}fɐn^{32}fɐn^{44}fɐi^{44}, foŋ^{32}y^{242}tʃɐk^{55}hɐk^{55}hi^{52}

（7）甲由猛飞，大风雨至

封川话：kat^{22}ɫat^{22}maŋ^{223}fi^{554}, tai^{21}foŋ^{554}y^{242}tʃi^{52}

开建话：kut^{32}tʃat^{21}mɛn^{242}fɐi^{554}, tai^{21}foŋ^{44}y^{242}tʃi^{32}

（8）蜈蚣出洞，大雨溶溶

封川话：ŋ^{22}koŋ^{554}tʃʰʌt^{33}toŋ^{21}, tai^{21}y^{223}ioŋ^{22}ioŋ^{243}

开建话：ŋ^{21}koŋ^{44}tʃʰɐt^{32}tuŋ^{21}, tai^{21}y^{242}ioŋ^{21}ioŋ^{24}

（9）晚间蚊子恶，明朝有雨落

封川话：man^{223}kan^{55}muʌn^{554}ti^{334}ɔk^{53}, mɐŋ^{22}tʃiu^{554}iʌu^{223}y^{242}lɔk^{22}

开建话：man^{242}kan^{44}mɐn^{32}tʃai^{52}œk^{32}, toŋ^{21}tʃɔ^{52}ia^{21}y^{242}lœk^{21}

（10）池塘鱼虾猛游动，唔系（是）落雨就返风

封川话：tʃi^{22}tɔŋ^{243}ŋy^{22}ha^{554}maŋ^{223}iʌu^{22}toŋ^{223}, mʌn^{34}hʌi^{21}lɔk^{22}tʃʌu^{21}fan^{554}foŋ^{554}

开建话：tʃi^{21}tœn^{24}ŋy^{21}ha^{44}mɐŋ^{242}iɐu^{21}toŋ^{242}, ɲi^{44}tʃi^{242}lœk^{21}y^{242}tʃou^{21}fan^{32}foŋ^{44}

(四)农业生产

(1) 秧好一半禾

封川话：iɛŋ⁵⁵⁴həu³³⁴iʌt⁵⁵pun³²uɔ²⁴³

开建话：yŋ⁴⁴hɔ⁵²iɐt³²pun³²u²⁴

(2) 好禾不吃霜降水

封川话：həu³³⁴uɔ²⁴³puʌt⁵⁵hɐt⁵⁵ʃɔŋ³³kɔŋ³³ʃui³³⁴

开建话：hɔ⁵²u²⁴n̠i⁴⁴hiᵒk⁵⁵ʃœŋ³²kœn³²ʃœ⁵²

(3) 立冬无米不成禾

封川话：lʌp²²toŋ⁵⁵⁴mu²¹muʌi²²³puʌt⁵⁵tʃeŋ²²uɔ²⁴

开建话：lɐp²¹toŋ⁴⁴n̠i⁴⁴mai²⁴²n̠i⁴⁴tʃeŋ²¹uᵒ²⁴

(4) 惊蛰浸谷春分下，春分不下腌谷酢

封川话：keŋ³²tʃek²²tʌm⁵²kok⁵⁵tʃʰuʌn³³fuʌn⁵⁵⁴ha²²³, tʃʰuʌn³³fuʌn⁵⁵⁴mʌu³⁴ha²²³ip⁵⁵kok³³tʃa³³⁴

开建话：kiᵒŋ³²tʃek³⁴tʃom³²kok⁵⁵tʃʰɐn³²fɐn⁴⁴a²⁴², tʃʰɐn³²fɐn⁴⁴n̠i⁴⁴a²⁴²ip⁵⁵kok³²tʃa⁴⁴

(5) 犁田晒过冬，好过担粪壅

封川话：lʌi²²tin²⁴³ʃai³²kuɔ³²toŋ⁵⁵⁴, həu³³⁴kuɔ³²tam³²fuʌn²¹ioŋ⁵⁵⁴

开建话：lɐi²¹tɛn²⁴ʃai³²ku³²toŋ⁴⁴, hɔ⁵²ku³²tam³²pin³²ioŋ⁴⁴

(6) 吃过惊蛰饭，做到头都烂

封川话：hek⁵⁵kuɔ³²keŋ³²tʃek²²fan²¹, tu⁵²təu³²tʌu²⁴³tu⁵⁵⁴lan²¹

开建话：hiᵒk⁵⁵ku³³²kiᵒŋ³²tʃɐk²¹pan²¹, tʃu³²tɔ⁵²tɐu²⁴³tu⁴⁴lan²¹

(7) 春不种，秋不望

封川话：tʃʰuʌn⁵⁵puʌt⁵⁵tʃoŋ⁵², tʰʌu⁵⁵⁴puʌt⁵⁵mɔŋ²¹

开建话：tʃʰɐn⁴⁴n̠i⁴⁴tʃoŋ³², tʃʰɐu³²n̠i⁴⁴mœŋ²¹

(8) 种田要粪，睇牛要棍

封川话：tʃoŋ⁵²tin²⁴³n̠iu⁵²fuʌn⁵², tʰai³²ŋʌu²⁴³n̠iu⁵²kuʌn⁵²

开建话：tʃuŋ³²tɛn²⁴iu³²pin³², tʰai⁵²ŋɐu²⁴iu³²kuin³²

(9) 小暑小割，大暑大割

封川话：ɬiu³³⁴ʃy³³⁴ɬiu³³⁴kut⁵⁵, tai²¹ʃy³³⁴tai²¹kut⁵⁵

开建话：ʃɐu³²ʃy⁵²ʃɐu⁵²kɔt³², tai²¹ʃy²¹tai²¹kɔt³²

(10) 夏插六月中，朝插晚不同

封川话：ha²¹tʃʰap⁵³lok²²n̠iut²²tʃoŋ⁵⁵⁴, tʃiu⁵⁵⁴tʃʰap⁵³man²²³puʌt³²toŋ²⁴³

开建话：a²¹tʃʰap³²lok²¹n̩yt²¹tʃoŋ⁴⁴, tɛu⁴⁴tʃʰap³²man²⁴²n̩i⁴⁴toŋ²⁴

(11) 惊蛰冇浸谷，大暑禾冇熟

封川话：keŋ³²tʃek²²mʌu³⁴tʌm⁵²kok⁵⁵, tai²¹ʃy³³⁴uɔ²⁴³mʌu³⁴tʃok²²

开建话：kiᵒŋ³²tʃɐk³⁴n̩i⁴⁴tʃom³²kok⁵⁵, tai²¹ʃy⁵²u²⁴n̩i⁴⁴tʃok³⁴

(12) 清明前后种棉花，谷雨前后种姜芽

封川话：tʰeŋ⁵⁵meŋ²⁴³łin²²hʌu²¹tʃoŋ⁵²min²¹fa⁵⁵⁴, kok³²y²²³łin²²hʌu²¹tʃoŋ⁵²kieŋ³²ŋa²⁴³

开建话：tʃʰiᵒŋ³²miᵒŋ²⁴tʃɛn²¹ɐu²⁴²tʃuŋ³²mɛn²¹fa⁴⁴, kok³²y²⁴²tʃɛn²¹ɐu²⁴²tʃuŋ³²kyŋ³²ŋa²⁴

(13) 六月大凳凉，十月芋头香

封川话：lok²²n̩iut²²tai²¹taŋ²¹lieŋ²⁴³, ʃʌp²²n̩iut²²u²¹tʌu²⁴³hieŋ⁵⁵⁴

开建话：lok³⁴n̩yt³⁴tai²¹teŋ³²lyŋ²⁴, ʃɐp³⁴n̩yt³⁴u²¹tɐu²⁴hyŋ⁴⁴

(14) 种姜养羊，本小利长

封川话：tʃoŋ³³kieŋ⁵⁵⁴ieŋ²²³ieŋ²⁴³, pun³³⁴łiu³³⁴li²¹tʃieŋ²⁴³

开建话：tʃuŋ³²kyŋ⁴⁴yŋ²¹yŋ²⁴, pɐn⁵²ʃɐu⁵²lei²¹tyŋ²⁴

(15) 丰熟唔丰熟，早造望四月二十六，晚造望八月二十六

封川话：foŋ⁵⁵⁴tʃok²²mʌu³⁴foŋ⁵⁵⁴tʃok²², tɔu³³⁴łɐu²¹mɔŋ²¹łi⁵²n̩iut²²n̩i²¹ʃʌp²²lok²², man²²³łɐu²¹mɔŋ²¹pat⁵³n̩iut²²n̩i²¹ʃʌp²²lok²²

开建话：foŋ³²tʃok³⁴n̩i⁴⁴foŋ³²tʃok³⁴, tʃɔ⁵²tʃɔ²¹mœŋ²¹ʃei²¹n̩yt³⁴n̩ia²¹lok³⁴, man²¹tʃɔ²¹mœŋ²¹pat³²n̩yt³⁴n̩ia²¹lok³⁴

三、封开方言故事语料标音

（一）封川话版《牛郎与织女》

下边呢就讲一讲，牛郎同织女个故事。

ha²¹pin⁵⁵nɛ⁵⁵tʃʌu²¹kɔŋ³⁴iʌt⁵⁵kɔŋ³⁴, ŋʌu²²lɔŋ²²toŋ²²tʃek⁵⁵ny²³kɔ³³ku³³ʃi²¹.

相传呢，喺古时候啊，有一个后生仔，佢好早呢父母就去咗世，即系讲，孤苦伶仃。屋企呢，就只系养咗一只黄牛，所以呢，大家都叫佢叫做牛郎。

ʃieŋ⁵⁵tʃʰyn²⁴nɛ⁵⁵, hʌi³⁴ku³⁴ʃi²²hʌu²¹a²¹, iʌu²³iʌt⁵⁵kɔ³³hʌu²¹ʃaŋ⁵⁵tʃai³³⁴, ky²⁴hou³⁴tʃɐu³⁴nɛ⁵⁵, fu²¹mu²³tʃʌu³²hy⁵²tʃɔ³⁴ʃʌi⁵², tʃek⁵⁵hʌi²¹kɔŋ³⁴, ku⁵⁵fu³⁴leŋ²² teŋ⁵⁵. ok⁵⁵kʰi³⁴nɛ⁵⁵, tʃʌu²²tʃi²⁴hʌi²¹ieŋ²⁴tʃɔ³⁴iʌt⁵⁵tʃek⁵⁵uɔŋ²²ŋʌu²⁴, ʃɔ³⁴i²³nɛ⁵⁵, tai²¹ka⁵⁵tu⁵⁵kiu⁵²ky²⁴kiu³³tʃou³²ŋʌu²²lɔŋ²².

咁牛郎咧，就系靠只老牛耕地为主嘅，同老牛相依为命。老牛呢，其实啊，就系天上嘅个金牛星来嘅，佢就喜欢牛郎啊勤劳，善良（的品质），所以呢，就好想帮佢成家，所谓成家立业。

kəm³⁴ŋʌu²²lɔŋ²²le⁵⁵, tʃʌu²¹hʌi²¹kʰau⁵²tʃek⁵⁵lou²³ŋʌu²⁴kaŋ⁵⁵ti²¹uʌi²¹tʃy³⁴kɛ³³, toŋ²²lou²³ŋʌu²⁴ʃieŋ⁵⁵i⁵⁵uʌi²²meŋ²¹.lou²³ŋʌu²⁴nɛ⁵⁵, ki²¹ʃʌt²²a²¹, tʃʌu²¹hʌi²¹tʰin⁵⁵ʃieŋ²¹kɔ³⁴kɔ³³kəm⁵⁵ŋʌu²²ɬeŋ⁵⁵lei²²kɛ²¹, ky²⁴tʃʌu²¹hi³⁴fun⁵⁵, ŋʌu²²lɔŋ²²a²¹kʰʌn²²lou²², ʃin²¹lieŋ²², ʃɔ²⁴i²³nɛ⁵⁵, tʃʌu²¹hou³⁴ɬieŋ³⁴pɔŋ⁵⁵ky²⁴ʃeŋ²¹ka⁵⁵, ʃɔ²⁴uʌi²¹ʃeŋ²²ka⁵⁵lʌp²¹ip²².

有一日呢，金牛星就得知天上嘅仙女们就到牛郎的村嘅东边个山脚下便个湖入便洗身，佢個晚就托梦畀牛郎，就叫佢第二朝一早就到呢个湖边嗰度，就趁住嗰啲仙女响度洗身個阵时呢，用嗰啲木棍偷偷哋将其中一个仙女嘅衣服攞嚟，然之后呢，头都冇回噉就返屋企，就可以得到一个好美丽嘅仙女做老婆。

iʌu²³iʌt⁵⁵iʌt²²nɛ⁵⁵, kʌm⁵⁵ŋʌu²²ɬeŋ⁵⁵tʃʌu²¹tak⁵⁵tʃi⁵⁵tʰin⁵⁵ʃieŋ²¹kɛ³³ʃin⁵⁵ny²³mun²²tʃʌu²¹tou³³ŋʌu²²lɔŋ²²kɛ³³tʃʰyn⁵⁵kɛ³³toŋ⁵⁵pin²¹kɔ³³ʃan⁵⁵kiɛk⁵⁵ha²¹pin²¹kɔ³³u²⁴iʌp²¹pin²¹ʃʌi³⁴ʃʌn⁵⁵, ky²⁴kɔ²⁴man²³tʃau²¹tʰɔk³³mɔŋ²¹pei²⁴ŋʌu²²lɔŋ²², tʃʌu²¹kiu⁵²ky²⁴tʌi²¹i²¹tʃiu⁵⁵iʌt⁵⁵tʃou³⁴tʃʌu²¹tou³³li⁵⁵kɔ³³u²²pin⁵⁵kɔ³¹tu²¹, tʃʌu²¹tʃʰʌn⁵²tʃy⁵²kɔ³⁴ti⁵⁵ʃin⁵²ny²²hieŋ⁵⁵tu²¹ɬʌi³⁴ʃʌn⁵⁵kɔ³⁴tʃʌn²¹ʃi²⁴nɛ⁵⁵iɔŋ²¹kɔ²⁴ti⁵⁵mok²²kuʌn²¹tʃʌu²¹tʰʌu⁵⁵tʰʌu⁵⁵ti³⁴tʃieŋ⁵⁵kʰi²¹tʃɔŋ⁵⁵iʌt⁵⁵kɔ³³ʃin⁵⁵ny²³kɛ³³i⁵⁵fok²¹lɔ²⁴lei²², in²²tʃi⁵⁵hʌu²¹nɛ⁵⁵, tʰʌu²⁴tu⁵⁵mou²⁴ui²⁴kəm³⁴tʃʌu²¹fan⁵⁵ok⁵⁵kʰi³³⁴, tʃʌu²¹hɔ²⁴i²⁴tak⁵⁵tou³⁴iʌt⁵⁵kɔ³³hou²⁴mei²³lʌi²²kɛ²³ʃin⁵⁵ny²³tu⁵²lou²³pʰɔ²².

嗰朝头早呢，牛郎就半信半疑噉，来到呢个山脚下便，朦朦胧胧里便呢，果然睇到有7个仙女喺个度洗身，戏水。然后佢就立即拧只树枝，就将挂喺嗰度嘅衣服，仙女嗰一件衣服，偷偷地攞咗翻来，拿咗件衣服后呢，头都冇拧翻转头，就将衣服攞翻咗屋家。

kɔ³⁴tʃiu⁵⁵tou³⁴nɛ⁵⁵, ŋʌu²²lɔŋ²²tʃʌu²¹pun³³ʃʌn³³pun³³ɲi²⁴kəm³⁴, lui²⁴tou³³ni⁵⁵kɔ³³ʃan⁵⁵kiɛk⁵⁵ha²¹pin²¹, mɔŋ²²mɔŋ²²lɔŋ²⁴ly²³pin²¹nɛ⁵⁵, kuɔ³⁴in²¹tʰʌi³⁴tou³⁴, iʌu³⁴tʃʰʌt⁵⁵kɔ³³ʃin⁵⁵nui²³hʌi³⁴tu²¹ʃʌi³⁵ʃʌn⁵⁵, hi³³ʃui³⁴. ɲin²²hʌu²¹ky²⁴tʃʌu²¹lʌp²²tʃek⁵⁵neŋ⁵⁵tʃek⁵⁵ʃy²¹tʃi⁵⁵, tʃʌu²¹tʃieŋ⁵⁵kua⁵²hʌi²⁴kɔ³⁴tou²¹kɛ³³i⁵⁵fok²², ʃin⁵⁵ny²³kɔ³³iʌt⁵⁵kin²¹i⁵⁵fok²², tʰʌu⁵⁵tʰʌu⁵⁵lɔ²⁴tʃɔ³⁴fan⁵⁵lei²², lɔ²⁴tʃɔ³⁴kin²¹i⁵⁵fok²²hʌu²¹nɛ⁵⁵, tʰʌu²⁴tu⁵⁵mou²⁴neŋ²⁴fan⁵⁵tʃyn³³tʌu²⁴, tʃʌu²¹tʃieŋ⁵⁵i⁵⁵fok⁵⁵lɔ²⁴fan⁵⁵tʃɔ³⁴ok⁵⁵kʰei³⁴.

噉着抢走衣服呢个仙女呢，喺当天晚上，就偷偷地就敲开牛郎屋企個扇门，噉牛郎同呢个仙女就做咗一对恩爱嘅夫妻啦。

kəm³⁴tʃiɛk²²tʃʰieŋ³⁴tʃʌu³⁴i⁵⁵fok²²ni⁵⁵kɔ³³ʃin⁵⁵ny²³le⁵⁵, hʌi³⁴tɔŋ⁵⁵tʰin⁵⁵man²³ʃieŋ²¹, tʃʌu²¹ tʰʌu⁵⁵tʰʌu⁵⁵ti⁵⁵tʃʌu²¹hau⁵⁵hui⁵⁵ŋʌu²²lɔŋ²²ok⁵⁵kʰi³⁴kɔ³³ʃin³²mun²⁴³, kʌm³⁴ŋʌu²² lɔŋ²² tʰɔŋ²²ni⁵⁵kɔ³³ʃin⁵⁵nui²³tʃʌu²¹tʃou²²tʃɔ³⁴iʌt⁵⁵tui³³iʌn⁵⁵ɔi³³kɛ³⁴fu⁵⁵tʰʌi⁵⁵la³³.

转眼就过咗三年啰喎，牛郎同织女就生咗一男一女两个细佬仔，一家过到好开心，好幸福。但是呢，织女系私自偷偷噉下凡，呢件事就俾玉皇大帝知道咗。有一日，天上电闪雷鸣，刮起大风，落起大雨，织女突然间唔见咗，两个细佬仔呢就哭，喊要老母，当时牛郎急得，凼凼转，都唔知点算好。

tʃyn³⁴ŋan²³tʃʌu²¹kuɔ³³tʃɔ³⁴ʃam⁵⁵nin²¹lɔ³³uɔ²¹, ŋʌu²²lɔŋ²²tɔŋ²²tʃek⁵⁵nui²³tʃʌu³⁴ ʃaŋ⁵⁵ tʃɔ³⁴iʌt⁵⁵nam²¹iʌt⁵⁵nui²³lieŋ²³kɔ³³ʃʌi³³lou²¹tʃʌi³⁴, iʌt⁵⁵ka⁵⁵kuɔ³³tou³³hou³⁴hui⁵⁵ ʃʌm⁵⁵, hou³⁴hʌŋ²¹fok⁵⁵. tan²¹hʌi²¹nɛ⁵⁵, tʃek⁵⁵nui²³hʌi²¹ʃi²¹tʃi²¹tʰʌu⁵⁵tʰʌu⁵⁵kəm³⁴ ha²²fan²⁴³, ni⁵⁵kin²¹ ʃi²¹tʃʌu²¹pi³⁴iok²²uɔŋ²⁴tai²¹tʌi³³tʃi⁵⁵tou³³tʃɔ³⁴.iʌu²³iʌt⁵⁵iʌt²², tʰin⁵⁵ʃieŋ²¹tin²¹ʃim³⁴lui²² meŋ²⁴³, kuat³³hi³⁴tai²¹foŋ⁵⁵, lɔk²²hi³⁴tai²¹y²⁴, tʃek⁵⁵nui²³tʌt²² in²²kan⁵⁵m̩²²kin³³tʃɔ³⁴, lieŋ²³kɔ³³ʃʌi³³lou²¹tʃʌi³⁴nɛ⁵⁵, tʃʌu²¹hok⁵⁵, ham³³iu³³lou²³mu²³, tɔŋ⁵⁵ʃi²¹ŋʌu²²lɔŋ²²kʌp⁵⁵tak⁵⁵, tʌm²¹tʌm²¹tʃyn⁵², tou⁵⁵m̩²²tʃi⁵⁵tim³⁴syn⁵²hou³⁴.

噉嗰阵时，牛郎养嗰只老牛，突然间开口啦，佢话，主人啊，你冇难过，我将我两个牛角擺落来变成两个篸箕，装住你两个细佬仔，一男一女两个细路仔就可以直接上天宫里面呢，喺天庭里便就揾得见织女嘎啦。牛郎就正奇怪啦，喺时候呢，各粒星就搭咗落来，变咗两个箩筐，装住两个细路仔，乘风一直飘啊飘就向天宫嗰边飞去，飞啊飞差唔多，眼睇就揾到织女㗎啦。当时就有个皇母娘娘发现呢件事，佢就擺头上个支针，喺嗰度一划过去，即系讲，喺牛郎同织女之间一划一条线过去，噉就立即出现一条波涛汹涌的天河，嗰条河啊，阔到啊，望冇到对面，把牛郎同织女同两个细路仔，分开咗。

kəm³⁴kɔ³³tʃʌn²¹ʃi²⁴³, ŋʌu²²lɔŋ²²ieŋ²³kɔ³³tʃek⁵⁵lou²³ŋʌu²⁴, tʌt²²in²¹kan⁵⁵hui⁵⁵hʌu³⁴la³³, ky²⁴ua²¹, tʃy³⁴iʌn²² a²¹, nei²³mou²⁴nan²²kuɔ³³, ŋɔ²³ tʃieŋ⁵⁵ŋɔ²³lieŋ²³kɔ³³ŋʌu²² kok³³lɔ²⁴lɔk²² lei²²pin⁵²ʃeŋ²⁴lieŋ²³kɔ³³tʃʰam³³ki⁵⁵, lɔ²²kʰɔŋ⁵⁵, tʃɔŋ⁵⁵tʃy²¹ni²¹lieŋ²³kɔ³³ʃʌi³³ lou²¹tʃʌi³⁴, iʌt⁵⁵ nam²⁴iʌt⁵⁵nui²⁴lieŋ²³kɔ³³ʃʌi³³lou²¹tʃʌi³³⁴, tʃʌu²¹hɔ²⁴i²³tʃek²²tip⁵⁵ʃieŋ²³tʰin⁵⁵ kɔŋ⁵⁵ly²³min²¹nɛ⁵⁵, hʌi³⁴tʰin⁵²teŋ²⁴ly²³pin²¹tʃʌu²¹uʌn³⁴tak⁵⁵kin²¹tʃek⁵⁵nui²³ka³³la³³. ŋʌu²²lɔŋ²²nɛ⁵⁵tʃʌu²¹tʃeŋ²⁵ kʰi²²kuai³³la³³, hʌi²⁴ʃi²¹hʌu²¹nɛ⁵⁵, klʌp⁵⁵ʃeŋ⁵⁵tʃʌu²¹tap³³tʃɔ³⁴lɔk²²lei²², pin⁵³tʃɔ³⁴lieŋ²³kɔ³³ʃʌi³³lou²¹tʃʌi³⁴, ʃeŋ²²foŋ⁵⁵iʌt⁵⁵tʃek²² pʰiu⁵⁵a²¹pʰiu⁵⁵, tʃʌu²¹ hieŋ^{33}t^{h}in^{55}koŋ^{55}kɔ^{33}pin^{21}fi^{55}hy^{52}, fi^{55}a^{21}fi^{55}tʃ^{h}a^{55}m^{22}tɔ^{55}, ŋan^{13}t^{h}ʌi^{34} tʃʌu^{21}uʌn^{34}tou^{34}tʃek^{55} nui^{23}ka^{33}la^{33}. tɔŋ^{55}ʃi^{21}tʃʌu^{21}iʌu^{21}kɔ^{33}uɔŋ^{22}mou^{23}nieŋ^{22}nieŋ^{24}fat^{32}in^{21}tʃɔ^{34}ni^{55} kin^{21}ʃi^{21}, ky^{24} tʃʌu^{21}lɔ^{24}t^{h}ʌu^{22}ʃieŋ^{21}kɔ^{33}tʃi^{55}tʃam^{55}, hʌi^{34}kɔ^{33}tu^{21}iʌt^{55}uak^{22}kuɔ^{33}hy^{21}, tʃek^{55}hʌi^{34}kɔŋ^{34}, hʌi^{34} ŋʌu^{22}lɔŋ^{22}t^{h}oŋ^{21}tʃek^{55}nui^{23}tʃi^{55}kan^{55}, iʌt^{55}uak^{22}iʌt^{55}t^{h}iu^{22}ʃin^{33}kuɔ^{33}hy^{21}, kəm^{34}tʃʌu^{21}lʌp^{22} tʃek^{55}tʃ^{h}ʌt^{55}in^{21}iʌt^{55}tiu^{21}pɔ^{55}t^{h}ou^{22}hoŋ^{23}kɛ^{33}t^{h}in^{55}hɔ^{24}, kɔ^{24}tiu^{22}hɔ^{24}a^{21}, fut^{55}tou^{33}a^{33}, mɔŋ^{21}mou^{34}tou^{34}tui^{33}min^{21}, pa^{34}ŋʌu^{22}lɔŋ^{22}toŋ^{22}tʃek^{55}nui^{23}, toŋ^{21}lieŋ^{23}kɔ^{33}ʃʌi^{33}lou^{21}tʃʌi^{34} fʌn^{55}hui^{55}tʃɔ^{34}.

喜鹊呢就非常同情呢个牛郎同织女，所以呢，喺每年时嘅农历七月初七，成千上万嘅喜鹊都飞到天河上便去，一只担住一只个尾，架起一个鹊桥，噉咧就有牛郎同织女嘅团圆，后尾就得到牛郎织女这个故事。

hi^{34}tʃœk^{32}nɛ^{55}tʃʌu^{21}fi^{55}ʃieŋ^{22}toŋ^{22}tʃ^{h}eŋ^{21}ni^{55}kɔ^{33}ŋʌu^{22}lɔŋ^{22}toŋ^{22}tʃek^{55}nui^{23}, ʃɔ^{24}i^{33}nɛ^{55}, hʌi^{34}mui^{23}nin^{22}ʃi^{21}kɛ^{33}, noŋ^{22}lek^{22}tʃ^{h}ʌt^{55}ŋyt^{22}tʃ^{h}ɔ^{55}tʃ^{h}ʌt^{55}, ʃeŋ^{21}t^{h}in^{55}ʃieŋ^{23} man^{21}kɛ^{33}hi^{34}tʃiek^{55}tou^{55}fi^{55}tou^{33}t^{h}in^{55}hɔ^{24}ʃieŋ^{21}pin^{21}hy^{33}, iʌt^{55}tʃek^{55}tam^{55}tʃy^{21}iʌt^{55}tʃek^{55} kɔ^{33} mi^{23}, ka^{52}hi^{34}iʌt^{55}kɔ^{33}tʃiek^{32}k^{h}iu^{22}, kəm^{34}lɛ^{55}tʃʌu^{21}iʌu^{23}ŋʌu^{22}lɔŋ^{22}toŋ^{22}tʃek^{55}nui^{23}kɛ^{33} t^{h}un^{22} yn^{21}. hʌu^{55}mi^{55}tʃʌu^{21}tak^{55} tou^{34}ŋʌu^{22}lɔŋ^{22}tʃek^{55}nui^{23}ni^{55}kɔ^{33}ku^{33}ʃi^{21}.

（二）开建话版《牛郎与织女》

听闻讲古老呗阵时，有人后生仔，佢吾爸老嬷都唔住哈咧，得翻佢自己同头老牛过日子，所以人屋（别人）都吆佢做牛郎。

tiŋ^{32}mɐn^{21}kœn^{52}kɔ^{32}lɔ^{52}pui^{52}tin^{21}tʃi^{24}, ia^{242}n̠ien^{44}ɔ^{21}ʃeŋ^{32}tɕai^{52}, ky^{24}m̠^{21}pa^{32}toŋ^{24} lɔ^{21} na^{21}tu^{44}n̠i^{44}tɔi^{21}ha^{32}lɛ^{52}, tɐk^{55}fan^{44}ky^{24}tʃu^{52}ki^{52}toŋ^{24}tɐu^{24}lɔ^{21} ŋɐu^{24}ku^{o32}n̠iet^{21}tʃu^{o52}ʃu^{o52}i^{242} n̠ien^{21}nok^{55}tu^{44}ɛu^{44}ky^{24}tʃu^{32}ŋɐu^{21}lœŋ^{24}.

牛郎靠头老牛耕地过世，所以佢同老牛个感情好好。牛郎笋头老牛其实是天上个金牛星来嘅，老牛见佢又勤力人又好，一心谂住帮佢娶翻人婆老（老婆）。

ŋɐu^{21}lœŋ^{24}k^{h}au^{24}tɐu^{24}lɔ^{242}ŋɐu^{24}ku^{o32}ʃi^{ɛ32}, ʃu^{o52}i^{242}ky^{24}toŋ^{24}lɔ^{21}ŋɐu^{24}ku^{o32} kɔm^{52} tʃi^{o}ŋ^{24}hɔ^{52}hɔ^{52}. ŋɐu^{21}lœŋ^{24}kei^{52}tɐu^{24}lɔ^{21}ŋɐu^{24}ki^{21}tʃet^{34}tʃi^{242}t^{h}ɛn^{44}tʃuŋ^{21}ku^{o32} tʃɐm^{32} ŋɐu^{24}ʃi^{o}ŋ^{44}lɔi^{24}kɛ^{242}, lɔ^{21}ŋɐu^{24}kin^{32}ky^{24}iou^{21}tʃen^{21}lɐk^{34}n̠ien^{24}iou^{21}hɔ^{52}, iɐt^{32}ʃɐm^{44} ʃyŋ^{52}pœn^{44}ky^{24}tʃ^{h}ɔ^{52}fan^{44}n̠ien^{44}pɔ^{21}lɔ^{242}.

有日，老牛听讲天上个仙女要到村东边山脚呗粒山塘冲凉。老牛就托梦畀牛郎，吆佢同早一早到山塘沿，趁啲仙女冲凉呗阵，拧走啲仙女口倒树枝上高个一脱衫裤，刺刺声走返屋去，自不然就会有仙女嫁畀佢做婆老。

ia²⁴²n̠iet³⁴, lɔ²¹ŋɐu²⁴tʰiŋ³²kœn⁵²tʰɛn⁴⁴tʃuŋ²¹ku²¹ʃɛn³²nɔi²⁴²iu³²tɔ³²tʃʰɛn⁴⁴toŋ⁴⁴ pɛn⁴⁴pui⁵² nɐm⁴⁴ʃan³²tœn²⁴hœy³²tʃʰoŋ³²lyŋ²⁴. lɔ²¹ŋɐu²⁴tʃou²¹tʰœk³²muŋ²¹pei⁵² ŋɐu²¹lœn²⁴, ɐu⁴⁴ky²⁴toŋ²¹tʃɔ⁵²iet³²tʃɔ⁵²tɔ⁵²ʃan³²tœn²¹in²⁴², tʃʰɛn³²nit⁵⁵ʃɛn³²nɔi²⁴²tʃʰoŋ³²lyŋ²⁴pui⁵²tin²¹, n̠iŋ⁴⁴tʃou⁵²nit⁵⁵ʃɛn³²nɔi²⁴²kʰuɐn²¹tɔ³²tʃy²¹tʃi⁴⁴ʃuŋ²¹kɔ⁴⁴ku³²iet³² tʰyt⁵⁵ʃam³²fu³², la²¹la²¹ʃiᵊn⁴⁴tʃou⁵²fan³²ok⁵⁵hœy³², tʃu²¹pɐt³²n̠in²⁴ui²⁴²ia²⁴²ʃɛn³² nɔi²⁴²ka³²pei⁵²ky²⁴tʃu⁵²pɔ²¹lɔ²⁴².

第日一大早，牛郎就走去山脚做望，真个看见有七人靓女住山塘冲紧凉，佢即刻拧走树枝呗件红衫，飞个竟走返屋去。

tei²¹n̠iet³⁴iet³²tai²¹tʃɔ⁵², ŋɐu²¹lœn²⁴tʃou²¹tʃou⁵²hœy³²ʃan³²kiᵊk⁵⁵tʃu³²mœn²¹, tʃɛn⁴⁴ku²¹hɐn³²kin³²ia²⁴²tʃʰɐt⁵⁵n̠iɛn⁴⁴liŋ³²nɔi²⁴²tɔi²¹ʃan³²tœn³²tʃʰoŋ³²tʃɛn⁵²lyŋ²⁴. ky²⁴tʃɐk⁵⁵ hɐk⁵⁵n̠iŋ⁴⁴tʃou⁵²tʃy²¹tʃi⁴⁴pui³²kin²⁴²oŋ²¹ʃam⁴⁴, fei⁴⁴ku³²kiŋ³²tʃou⁵²fan³²ok⁵⁵hœy³².

着牛郎抢走件衫笄人仙女就是织女，当晚，佢就走去揾牛郎，算是成亲过日子咧。

tiɛk²¹ŋɐu²¹lœn²¹tʰyŋ⁵²tʃou⁵²kin²¹ʃam⁴⁴kei⁵²n̠iɛn⁴⁴ʃɛn³²nɔi²⁴²tʃou²¹tʃi²⁴²tʃɐk³² nɔi²⁴². tœŋ³²man²⁴², ky²⁴tʃou²¹hœy³²uɐn⁵²ŋɐu²¹lœn²⁴, lyŋ²⁴²n̠iɛn⁴⁴ʃyn³²tʃi³²tʃiᵊn²¹tʰɛn⁴⁴ku³²n̠iet²¹tʃu⁵²lɛ⁵².

好快三年过去咧，牛郎同织女生哈人男仔，又生哈人女仔，一家人过得几开心咃。织女私自走落人间个消息好快畀玉皇大帝知哈咧，玉皇大帝好嬲，派人捉织女返去天庭。有一日，粒天又响雷公又姈炩，吹住大风又落大雨，织女突然间唔见哈！两人奀仔吓得猛竟喺哭，牛郎都唔知冻算好。

hɔ⁵²fai³²ʃam⁴⁴nɛn²⁴ku³²hœy³²lɛ³², ŋɐu²¹lœn²⁴toŋ²⁴tʃɐk³²nɔi²⁴²ʃɛn⁴⁴ha³²n̠iɛn²⁴tʃai⁵², iou²¹ʃɛn⁴⁴ha³²n̠iɛn²⁴nɔi²⁴², iet³²ka⁴⁴n̠iɛn²⁴ku³²tɛk⁵⁵ki⁵²hɔi³²ʃɛm⁴⁴tei²¹. tʃɐk³²nɔi²⁴²ʃu⁴⁴tʃu²¹tʃou⁵²lœk²¹mɛn²¹kan⁴⁴ku²¹ʃɐu³²ʃɐk⁵⁵hɔ⁵²fai⁵²pei⁵²n̠iok²¹uᵒŋ²⁴tai²¹tei³²tɐi⁴⁴ha³²lɛ⁵², n̠iok²¹uᵒŋ²⁴tai²¹tei³²hɔ⁵²kuei⁵²nɐu⁴⁴, pʰai³²n̠iɛn⁴⁴hœy²⁴tʃœk³²tʃɐk³²nɔi²⁴²fan⁴⁴tʰɛn³²tiŋ²⁴. ia²⁴²iet³²n̠iet³⁴, nɐm³²tʰɛn²⁴iou²¹hyŋ⁵²lœŋ²¹koŋ⁴⁴iou²¹iap²¹liŋ²¹, tʃʰœ⁴⁴tʃy²¹tai²¹foŋ⁴⁴ iou²¹lœk²¹y²⁴², tʃɐk³²nɔi²⁴²tʌt²¹n̠in²¹kan⁴⁴n̠i⁴⁴kin³²ha⁵². lyŋ²⁴²n̠iɛn⁴⁴ni³²tʃai⁵²hɐk³²tɐk⁵⁵ mɛŋ²⁴²kiŋ⁵²lei²¹tʰok⁵⁵, ŋɐu²¹lœn²⁴tu⁴⁴n̠i⁴⁴tɐi⁴⁴tuŋ³²ʃyn³²hɔ⁵².

就住笋阵时，牛郎屋呗头老牛突然间开口讲话咧嘈，佢话："你唔使担心，揸我对牛角拧落来，变成两粒箩，你装倒两人奀仔就可以去天庭揾织女咧。"牛郎正觉得奇怪，牛角□声□落地泥，真个变成两粒箩！牛郎揸两人奀仔装入箩去，拧担挑（扁担）担起身，即刻腾云驾雾飞去天庭咧。飞哈好耐，眼看就快追到织女咧，王母娘娘见牛郎差啲把追倒咧，跟手搖脱头顶呗根金钗，住牛郎同织女中间轻轻一划，即刻出现一条天河，阔倒望唔到边！终于揸牛郎同织女分开咧。

tʃou^{21}tɔi^{21}kei^{52}tin^{21}tʃi^{24}, ŋɐu^{21}lœŋ^{24}ok$^{\underline{55}}$pui^{52}tɐu^{24}lɔ^{21}ŋɐu^{24}tɐt^{34}n̠in^{21}kan^{44}hɔi^{32}hɐu^{52}kœŋ^{32}ua^{21}le^{32}pɔ^{52}, ky^{24}ua^{21}:" nei^{242}n̠i^{44}ʃi^{52}tam^{32}ʃɐm^{44}, tʃa^{44}ŋu^{052}tœ^{32}ŋɐu^{24}kœk^{32}n̠iŋ^{44}lœk$^{\underline{21}}$lɔi^{24}, pin^{32}tʃi^{ə}ŋ^{24}lyŋ^{242}nɐm^{44}lu^{44}, nei^{242}tʃœŋ^{44}tɔ^{52}lyŋ^{242}n̠iɐn^{44}n̠i^{32}tʃai^{52}tʃou^{21}hɔ^{o}i^{242}hœy^{32}tʰɐn^{21}ti^{ə}ŋ^{24}uɐn^{52}tʃɐk$^{\underline{32}}$nɔi^{242}lɛ^{52}." ŋɐu^{21}lœŋ^{24}tʃiŋ^{32}kœk^{32}tɐk$^{\underline{55}}$ki^{21}kuai^{32}, ŋɐu^{21}kœk^{32}lɐk$^{\underline{55}}$ʃi^{ə}ŋ^{44}tɐp^{34}lɔk$^{\underline{21}}$tei^{21}nɐi^{24}, tʃɐn^{44}ku^{21}pin^{32}tʃi^{ə}ŋ^{24}lyŋ^{242}nɐm^{44}lu^{044}! ŋɐu^{21}lœŋ^{24}tʃa^{44}lyŋ^{242}n̠iɐn^{44}n̠i^{32}tʃai^{52}tʃœŋ^{44}iɐp$^{\underline{21}}$lu^{044}, n̠iŋ^{44}tam^{32}tʰɐu^{44}tam^{44}hi^{32}ʃɐn^{44}, tʃɐk$^{\underline{55}}$hɐk$^{\underline{55}}$tɐŋ^{21}uɐn^{24}ka^{32}mu^{21}fei^{44}hœy^{32}tʰɐn^{21}tiŋ^{24}lɛ^{52}. fei^{44}ha^{32}hɔ^{52}nɔi^{21}, ŋan^{242}hɐn^{32}tʃou^{21}fai^{32}tʃœ^{44}tɔ^{52}tʃɐk$^{\underline{32}}$nɔi^{242}lɛ^{32}, uɔn^{21}mu^{242}nyŋ^{21}nyŋ^{24}kin^{32}ŋɐu^{21}lœŋ^{24}tʃʰa^{44}nit$^{\underline{32}}$pa^{52}tʃœ^{44}tɔ^{52}lɛ^{32}, kɐn^{44}ʃou^{52}mɐŋ^{44}tʰyt$^{\underline{55}}$tɐu^{21}ti^{ə}ŋ^{52}pui^{52}tʃi^{44}tʃɐm^{33}tʃʰai^{44}, tɔi^{21}ŋɐu^{21}lœŋ^{24}tɔŋ^{32}tʃɐk$^{\underline{32}}$nɔi^{242}tʃɔŋ^{32}kan^{44}hi^{ə}ŋ^{32}hi^{ə}ŋ^{44}iɐt$^{\underline{32}}$uɛk$^{\underline{21}}$, tʃɐk$^{\underline{55}}$hɐk$^{\underline{55}}$tʃʰɐt$^{\underline{55}}$in^{21}iɐt$^{\underline{32}}$tɐu^{24}tʰɐn^{32}ɔ^{24}, fut$^{\underline{55}}$tɔ^{52}mœn^{21}n̠i^{44}tɔ^{32}pɐn^{44}, tʃɔŋ^{44}y^{44}tʃa^{44}ŋɐu^{21}lœŋ^{24}tɔŋ^{24}tʃɐk$^{\underline{32}}$nɔi^{242}fɐn^{44}hɔi^{44}ha^{52}.

天上呗啲雀仔好同情牛郎同织女，年年旧历七月初七，成千上万头雀仔都会飞上天河，一头接一头，搭成一条雀桥，等牛郎同织女见面。牛郎同织女笋头古仔就是竟来个咯。

tʰɐn^{44}tʃɐŋ^{21}pui^{52}nit$^{\underline{55}}$tʃɔk^{32}tʃai^{52}hɔ^{52}tɔŋ^{21}tʃi^{ə}ŋ^{24}ŋɐu^{21}lœŋ^{24}tɔŋ^{24}tʃɐk^{32}nɔi^{242}, nɛn^{21}nɛn^{24}tɐu^{21}liᵉk$^{\underline{21}}$tʃʰɐt$^{\underline{55}}$nyt^{34}tʃʰu^{032}tʃʰɐt$^{\underline{55}}$, tʃi^{ə}ŋ^{21}tʰɐn^{44}tʃɐŋ^{21}man^{21}tɐu^{24}tʃɔk$^{\underline{32}}$tʃai^{52}tu^{44}ui^{242}fei^{44}tʃyŋ^{242}tʰɐn^{32}ɔ^{24}, iɐt$^{\underline{32}}$tɐu^{24}tʃɐp$^{\underline{32}}$iɐt$^{\underline{32}}$tɐu^{24}, tap$^{\underline{32}}$tʃi^{ə}ŋ^{24}iɐt$^{\underline{32}}$tɐu^{24}tʃɔk$^{\underline{32}}$tʃai^{32}kiu^{24}, tɐŋ^{52}ŋɐu^{21}lœŋ^{24}tɔŋ^{24}tʃɐk$^{\underline{32}}$nɔi^{242}kin^{32}min^{21}. ŋɐu^{21}lœŋ^{24}tɔŋ^{24}tʃɐk$^{\underline{32}}$nɔi^{242}kei^{52}tɐu^{24}ku^{32}tʃai^{52}tʃou^{21}tʃi^{242}kiŋ^{52}lɔi^{24}ku^{032}lok$^{\underline{55}}$.

第六章 封开方言分类词表

本词表以义项为纲，总共分为人、动植物、自然生理、物品、工具建筑、方向时间、事体、动作、生活工作、行为心理、其他十二个大类，分别列出封川话和开建话的词条及相应的读音（用国际音标标注）。有音无字的词条用"□"号表示；有的方言字用同音字或近音字（后加"="号）来表示，如"灭ᵈ"。有变调的尽量都注明本调和变调（"-"前为本调，"-"后为变调）。

一、人

义项	封川话词条	封川话标音	开建话词条	开建话标音
人	人	ȵiʌn²⁴³	人	ȵiɐn²⁴
别人	人哋 人家	ȵiʌn²⁴³⁻²²ti²¹ ȵiʌn²⁴³⁻²²ka⁵⁵⁴	人屋	ȵiɐn²⁴⁻²¹nok⁵⁵
傻子	傻仔	ʃɔ²¹⁻²²tʃʌi³³⁴	傻仔	ʃɔ²¹tʃai⁵²
杂种	野种 野货	iɛ²²³tʃoŋ³³⁴ iɛ²²³fɔ⁵²	野种 野货	iɛ²⁴²⁻²¹tʃoŋ⁵² iɛ²⁴²⁻²¹fu³³²
女人	女人	ny²³ȵiʌn²⁴³	女人	nɔi²⁴²ȵiɐn⁴⁴
女孩	女仔	ny²³tʃʌi³³⁴	女仔	nɔi²⁴²tʃai⁵²
妇人	妇娘嫲	fu⁵²⁻³²niɛŋ²⁴³⁻²²na³³⁴	婆嫲	pu²⁴⁻²¹na⁵²
男人	男人	nam²⁴³⁻²²ȵiʌn²⁴³	男人	nam²⁴ȵiɐn⁴⁴
男孩	男儿	nam²⁴³⁻²²ȵi⁵⁵⁴	男仔	nam²⁴tʃai⁵²
混蛋	契弟	kʰʌi⁵²⁻³²tʌi²¹	契弟	kʰɛ³²tɐi²⁴²
老年人	老人 老嘢 老蚊家 老鬼/柴	ləu²²³ȵiʌn²⁴³ ləu²²³ȵiɛ²⁴³ ləu²²³muʌn⁵⁵ka⁵⁵⁴ ləu²²³kuʌi³³⁴/tʃʌi²⁴³	老人 老嘢 老鬼	lɔ²⁴²⁻²¹ȵiɐn²⁴ lɔ²⁴²⁻²¹ȵi⁵² lɔ²⁴²⁻²¹kuei⁵²
老年男人	老翁子 老人翁 老狗（贬）	ləu²²³oŋ⁵⁵⁻³³tʃi³³⁴ ləu²²³ȵiʌn²⁴⁻²²oŋ⁵⁵⁴ ləu²²³kʌu³³⁴	佬人翁 老勾（贬） 老狗（贬）	lɔ²⁴²⁻²¹ȵiɐn²⁴⁻²¹oŋ⁴⁴ lɔ²⁴²⁻²¹kɐu⁴⁴ lɔ²⁴²⁻²¹kou⁵²

续上表

义项	封川话词条	封川话标音	开建话词条	开建话标音
老年女人	老婆子 老孺人 老货（贬）	ləu²³pɔ²⁴³⁻²²ti³³⁴ ləu²³ȵy²⁴³⁻²²ȵiʌn²⁴³ ləu²³fɔ⁵²	佬人婆 老肸（贬） 老货（贬）	lɔ²⁴²⁻²¹ȵiɐn²⁴⁻²¹pu²⁴ lɔ²⁴²⁻²¹hɐi⁴⁴ lɔ²⁴²⁻²¹fu⁰³²
中年人	中年人	tʃoŋ⁵²nin²⁴⁻²²ȵiʌn²⁴³	中年人	tʃoŋ⁴⁴⁻³²nɛn²⁴⁻²¹ȵiɐn²⁴
中年男人	男人佬 仁兄	nam²⁴³⁻²²ȵiʌn²⁴³⁻²²ləu²²³ ȵiʌn²⁴³⁻²²hɐŋ⁵⁵⁴	男人佬	nam²⁴⁻²¹ȵiɐn²⁴⁻²¹lɔ⁵²
中年女人	婆㜷 女人婆 大嫂 大婶	pɔ²⁴³⁻²²na³³⁴ ȵy²²³ȵiʌn²⁴³⁻²²pɔ²⁴³ tai²¹⁻²²ləu³³⁴ tai²¹⁻²²ʃʌm³³⁴	婆㜷 女人婆 大嫂	pu²⁴⁻²¹na⁵² nɔi²⁴⁻²¹ȵiɐn²⁴⁻²¹pu²⁴ tai²¹ʃɔ⁵²
青年人	后生个	həu²¹⁻²²ʃaŋ⁵⁵kɔ⁵²	后生个	ɔ²¹ʃɛŋ⁴⁴ku²¹
男青少年	青年仔 后生哥 十八弟 后生儿 少君	tʰɛŋ⁵⁵nin²⁴⁻²²tʃʌi³³⁴ həu²¹⁻²²ʃaŋ⁵⁵kɔ⁵⁵⁴ ʃap²²pat⁵³⁻²²tʌi²²³ həu²¹⁻²²ʃaŋ⁵⁵ȵi⁵⁵⁴ ʃiu⁵²⁻³³kuʌn⁵⁵⁴	后生仔 少君	ɔ²⁴²⁻²¹ʃɛŋ⁴⁴⁻³²tʃai⁵² ʃiu³²kuɐn⁴⁴
女青少年	后生女 淑婉 闺秀 十八妹 溜荫妹	həu²¹⁻²²ʃaŋ⁵⁵ny²²³ ʃok²²un²²³ kuʌi⁵⁵lʌu⁵² ʃʌp²²pat⁵³⁻²²mui²¹ lʌu⁵⁵⁻³²iʌm⁵⁵⁻²²mui²¹	后生女 闺秀	ɔ²¹ʃɛŋ⁴⁴⁻³²nɔi²⁴² kuɐi⁴⁴⁻³²ʃou³²
半大孩子	细路仔	ɬʌi⁵²⁻³²ləu²¹⁻²²tʃʌi³³⁴	奀仔	ni³²tʃai⁵²
小孩	细个儿 细蚊儿	ɬʌi⁵²⁻³²kɔ⁵²⁻²²ȵi⁵⁵⁴ ɬʌi⁵²⁻³³muʌn⁵⁵ȵi⁵⁵⁴	奀仔 狗湿蝇	ni³²tʃai⁵² kou⁵²⁻³²ʃɛp⁵⁵⁻³²iɛn²⁴
小男孩	弟儿	tuʌi²¹⁻²²i⁵⁵⁴	奀仔勾	ni³²tʃai⁵²⁻³²kɐu⁴⁴
小女孩	妹儿（史）	mui⁵⁵ȵi⁵⁵(ʃi³³⁴)	奀仔肸	ni³²tʃai⁵²⁻³²hɐi⁴⁴
婴儿	朥虾 嫩儿	ɬəu⁵⁵ha⁵⁵⁴ nun²¹⁻²²ȵi²⁴³	阿□	a³²uɛ²⁴²
个高的人	高佬 高妹	kəu⁵⁵ləu²²³ kəu⁵⁵mui⁵⁵⁴	高佬 高妹	kɔ⁴⁴⁻³²lɔ⁵² kɔ⁴⁴⁻³²mui⁴⁴

续上表

义项	封川话词条	封川话标音	开建话词条	开建话标音
个矮的人	五寸仔（男） 矮仔（男） 矮婆室（女）	ŋ²²³tʰun⁵²⁻³³tʌi³³⁴ ai³³⁴tʌi³³⁴ ai³³⁴pɔ²⁴⁻²²tʌt⁵⁵	二度短 矮仔 矮婆	ȵi²¹tu²¹tyn⁵² ai⁵²⁻³²tʃai⁵² ai⁵²⁻³²pu²⁴
胖人	肥佬 肥婆 肥仔 肥妹	fi²⁴³⁻²²ləu²²³ fi²⁴³⁻²²pɔ²⁴³ fi²⁴³⁻²²tʃʌi³³⁴ fi²⁴³⁻²²mui⁵⁵⁴	肥佬 肥婆 肥仔 肥妹	fɐi²⁴⁻²¹lɔ⁵² fɐi²⁴⁻²¹pu²⁴ fɐi²⁴⁻²¹tʃai⁵² fɐi²⁴⁻²¹mui⁴⁴
瘦人	瘦拐 奀仔 奀妹	ʃʌu⁵²⁻³³kuai³³⁴ ŋʌn⁵⁵tʃʌi³³⁴ ŋʌn⁵⁵mui⁵⁵⁴	骨人 马骝	kuɐt⁵⁵⁻³²ȵien²⁴ ma³³lɐu⁴⁴
强壮的人	大嘈佬 大只佬	tai²¹⁻²²kʌu²¹⁻²²ləu³³⁴ tai²¹⁻²²tʃek⁵⁵ləu³³⁴	大嘈佬 大橼竹	tai²¹kou²¹lɔ⁵² tai²¹lok⁵⁵⁻³²tʃok⁵⁵
生病的人	病猫 病鬼	peŋ²¹⁻²²miɛu⁵⁵⁴ peŋ²¹⁻²²kuʌi³³⁴	病猫 病鬼	piŋ²¹mɐu⁴⁴ piŋ²¹kuei⁵²
俊俏的人	靓仔 靓女	leŋ⁵⁵tʃʌi³³⁴ leŋ⁵⁵ny²²³	靓仔 靓女	liŋ³²tʃai⁵² liŋ³²nɔi²⁴²
有鬍子的人	胡须佬	pu²⁴³⁻²²ɬu⁵⁵ləu²²³	胡须佬 胡须啃	u²⁴³⁻²¹ʃœy⁴⁴⁻³²lɔ⁵² u²⁴³⁻²¹ʃœy⁴⁴⁻³²kɐt⁵⁵
眼睛大的人	大眼括 大眼佬 大眼妹	tai²¹⁻²²ŋan²³⁻²²kʰuak⁵⁵ tai²¹⁻²²ŋan²²³ləu³³⁴ tai²¹⁻²²ŋan²²³mui⁵⁵⁴	大眼灯	tai²¹ŋan²⁴²⁻²¹tɐŋ⁴⁴
声音大的人	高音喇叭 大声佬 大声婆	kəu⁵⁵iʌm⁵⁵la⁵⁵pa⁵⁵⁴ tai²¹⁻²²ʃeŋ⁵⁵ləu³³⁴ tai²¹⁻²²ʃeŋ⁵⁵pɔ²⁴³	阿□ 大喇叭	a⁴⁴⁻³²ua⁵² tai²¹la²¹pa⁴⁴
瞌睡的人	眼困虫	ŋan²²³⁻²²huʌn⁵²⁻²²tʃɔŋ²⁴³	眼困虫	ŋan²⁴²⁻²²fin³²tʃɔŋ²⁴
馋嘴的人	饿猫 饿喫鬼	ŋɔ²¹⁻²²miɛu⁵⁵⁴ ŋɔ²¹⁻²²hek⁵⁵kuʌi³³⁴	饿喫虫 饿喫鬼	ŋu²¹hiʔk⁵⁵⁻³²tʃɔŋ²⁴ ŋu²¹hiʔk⁵⁵⁻³²kuei⁵²
贪玩的人	跳皮仔 跳皮女	tʰiu²⁴⁻²²pi²⁴⁻²²tʃai³³⁴ tʰiu⁵²⁻³²pi²⁴³⁻²²ny²²³	顽皮仔 顽皮女	ŋan²⁴⁻²¹pɐi²⁴⁻²¹tʃai⁵² ŋan²⁴⁻²¹pɐi²⁴⁻²¹nɔi²⁴²
喝酒的人	酒佬 酒鬼	tʌu³⁴ləu³³⁴ tʌu³⁴kuʌi³³⁴	酒佬 酒鬼	tʃau⁵²⁻³²lɔ⁵² tʃau⁵²⁻³²kuei⁵²

续上表

义项	封川话词条	封川话标音	开建话词条	开建话标音
抽烟的人	烟佬 烟鬼 烟杠	in$^{55\text{-}33}$ləu^{334} in$^{55\text{-}33}$kuʌi^{334} in$^{55\text{-}32}$kɔŋ$^{52\text{-}21}$	烟佬 烟鬼 烟枪	in$^{44\text{-}32}$lɔ^{52} in$^{44\text{-}32}$kuei^{52} in$^{44\text{-}32}$tʃʰyŋ^{44}
肮脏的人	邋遢佬/婆 □□佬/婆 赖挨佬/婆	lat^{22}tʰat$^{53\text{-}33}$ləu^{334}/pɔ^{243} lœ^{22}ɬœ^{22}ləu^{334}/pɔ^{243} lai^{21}ai^{55}ləu^{334}/pɔ^{243}	邋遢君 邋遢鬼	lat^{21}tat^{32}kuɐn^{44} lat^{21}tat^{32}kuei^{52}
傻子	傻佬/婆 雯佬/婆	ʃɔ$^{21\text{-}22}$ləu^{334}/pɔ^{243} ɬap$^{53\text{-}33}$ləu^{334}/pɔ^{243}	傻佬/婆	ʃɔ^{21}lɔ^{21}/puɔ^{24}
疯子	发疯佬/婆 慭佬/婆 生疯佬/婆	fat$^{53\text{-}33}$foŋ$^{55\text{-}33}$ləu^{334}/pɔ^{243} ŋɔŋ$^{52\text{-}33}$ləu^{334}/pɔ^{243} ʃaŋ$^{55\text{-}33}$foŋ$^{55\text{-}33}$ləu^{334}/pɔ^{243}	慭鬼/佬/婆 □鬼/佬/婆	ŋœŋ^{32}kuei^{52}/lɔ^{52}/puɔ^{24} pʰœŋ^{32}kuei^{52}/lɔ^{52}/puɔ^{24}
独眼者	独眼龙 单眼佬	tok^{22}ŋan^{223}loŋ^{243} tan^{55}ŋan^{223}ləu^{334}	独眼龙	tok$^{34\text{-}21}$ŋan$^{242\text{-}21}$loŋ^{24}
哑巴者	啥(冚)佬/婆	həm^{23}ləu^{334}/pɔ^{243}	哑巴	a^{32}pa^{44}
结巴者	阿伦吉 多气佬/婆	a$^{55\text{-}32}$lʌn$^{243\text{-}22}$tʃʌt^{55} tɔ^{554}hi$^{52\text{-}33}$ləu^{334}/pɔ^{243}	下是轮	a^{21}tʃi$^{242\text{-}21}$lɐn^{24}
驼背者	背寒佬/婆 背拱佬/婆	pui$^{52\text{-}32}$hun$^{24\text{-}22}$ləu^{223}/pɔ^{243} pui$^{52\text{-}33}$koŋ^{334}ləu^{334}/pɔ^{243}	驼背佬/婆	tu$^{ɔ24\text{-}21}$pui^{32}lɔ^{52}/puɔ^{24}
瘫子	风瘫佬/婆	foŋ$^{55\text{-}33}$tʰan^{334}ləu^{334}/pɔ^{243}	瘫个	tʰan^{44}ku^{ɔ21}
聋子	聋佬/婆	loŋ^{334}ləu^{334}/pɔ^{243}	阿聋	a^{32}loŋ^{44}
瘸子	跛脚佬/婆	puʌi^{55}kiek^{55}ləu^{334}/pɔ^{243}	跛脚佬/婆	pɐi$^{44\text{-}32}$kiɔk$^{54\text{-}32}$lɔ^{52}/puɔ^{24}
手残者	跛手佬/婆 手骑佬/婆	puʌi^{55}ʃʌu^{334}ləu^{334}/pɔ^{243} ʃʌu^{334}kɛ^{243}ləu^{334}/pɔ^{243}	跛手佬/婆	pɐi$^{44\text{-}32}$ʃou$^{52\text{-}32}$lɔ^{52}/puɔ^{24}
瞎子	盲佬/婆	maŋ$^{243\text{-}22}$ləu^{334}/pɔ^{243}	眼盲佬/婆	ŋan$^{242\text{-}21}$mɐŋ^{24}lɔ^{52}/puɔ^{243}
近视的人	近视眼	ʃʌn$^{21\text{-}22}$tʃʰi$^{21\text{-}22}$ŋan^{223}	近视眼 四眼	tʃɐn$^{242\text{-}21}$tʃi^{21}ŋan^{242} ʃei^{32}ŋan^{242}
斜视的人	斜眼佬/婆	tʃʰɛ$^{52\text{-}32}$ŋan^{223}ləu^{334}/pɔ^{243}	笪眼佬/婆	tʃʰiɛ^{32}ŋan$^{242\text{-}21}$lɔ^{52}/puɔ^{24}
秃子	光头佬	kuɔŋ$^{55\text{-}32}$tʌu$^{24\text{-}22}$ləu^{223}	光头佬	kuŋ$^{44\text{-}32}$tɐu$^{24\text{-}21}$lɔ^{52}
左撇子	左手跛	tɔ$^{35\text{-}33}$ʃau$^{334\text{-}33}$puʌi^{554}	吾□□	ŋ^{21}kʰɛ^{32}pɐŋ^{44}

续上表

义项	封川话词条	封川话标音	开建话词条	开建话标音
豁唇的人	崩嘴人（佬/婆/仔/妹）	maŋ$^{55-33}$tui^{334}n̠iʌn^{243}（ləu^{334}/pɔ^{243}/tʃʌi^{334}/mui^{554}）	崩唇个	meŋ$^{44-32}$tʃen^{24}ku^{ɔ21}
缺门牙的人	崩牙西	maŋ$^{55-32}$ŋa$^{24-22}$ʃʌi^{554}	崩牙佬	meŋ$^{44-32}$ŋa$^{24-21}$lɔ^{52}
长麻子的人	豆皮佬/婆	tʌu$^{21-22}$pi$^{243-22}$ləu^{334}/pɔ^{243}	本锥⁼佬/婆	pen$^{52-32}$tʃœ$^{44-32}$lɔ^{52}
大脑袋的人	大头木/鬼	tai$^{21-22}$tʌu$^{243-22}$mok^{55}/kuʌi^{334}	大头鬼	tai^{21}tɐu$^{24-21}$kuei^{52}
哭的人	啼哭猫	ti$^{243-22}$hok^{55}miɛu^{554}	喽哭虫	lei^{21}tʰok$^{55-32}$tʃoŋ^{24}
开心的人	快活亨 快活巢	fai$^{52-32}$ut^{22}haŋ^{55} fai$^{55-32}$ut^{22}tʃau^{243}	开心果	hɐi$^{44-32}$ʃem$^{44-32}$ku^{ɔ52}
没精神的人	翁⁼鸡 发瘟鸡	ŋoŋ^{223}kʌi^{554} fat$^{53-33}$uʌn^{55}kʌi^{554}	□人	ŋoŋ^{242}n̠ien^{24}
精神恍惚的人	失魂鸡 戆丧鬼	ʃʌt$^{55-33}$uʌn$^{243-22}$kʌi^{554} ŋoŋ$^{52-32}$łoŋ^{52}kuʌi^{334}	发晕鸡	fat^{32}uʌn$^{24-21}$kɐi^{44}
好人	好心人	həu^{334}łʌm^{55}n̠iʌn^{243}	好人	hɔ^{52}n̠ien^{24}
坏人	坏鬼人	uai$^{21-22}$kuʌi^{334}n̠iʌn^{243}	坏鬼	uai^{21}kuei^{52}
朋友	朋友	paŋ$^{243-22}$iʌu^{223}	朋友	pen$^{24-21}$iau^{242}
好朋友	老友记	ləu^{223}iʌu^{223}ki^{52}	老友	lɔ^{242}iau^{242}
领头的人	带头人 阿哥头 缆头 话事人	tai$^{52-32}$tʌu$^{243-22}$n̠iʌn^{243} a$^{55-33}$kɔ^{55}tʌu^{243} lam^{223}tʌu^{243} ua$^{21-22}$ʃi$^{21-22}$n̠iʌn^{243}	阿头	a^{32}tɐu^{24}
出主意的人	出计人 扭计师爷	tʃʰʌt$^{55-33}$kʌi$^{21-22}$n̠iʌn^{243} nʌu^{334}kʌi^{21}ʃi^{554}iɛ^{243}	师爷	ʃi$^{44-32}$i̯e^{24}
自己人	侬啲人	naŋ^{55}ti^{55}n̠iʌn^{243}	吾己人	ŋ̍$^{24-21}$ki^{52}n̠ien^{24}
同伙	我哋个帮	ŋɔ^{223}ti^{21}kɔ^{22}poŋ^{55}	同党	toŋ$^{24-21}$tœŋ^{52}
外人	外人 外头人	ŋui$^{21-22}$n̠iʌn^{243} ŋui$^{21-22}$tau$^{243-22}$n̠iʌn^{243}	器兜人 外人	hi^{32}tɐu^{44}n̠ien^{24} ŋoi^{21}n̠ien^{24}

续上表

义项	封川话词条	封川话标音	开建话词条	开建话标音
陌生人	生人 生面人	ʃaŋ⁵⁵n̠iʌn²⁴³ ʃaŋ⁵⁵⁻³²min²¹⁻²²n̠iʌn²⁴³	唔识个	n̩⁴⁴(n̠i⁴⁴)ʃɐk⁵⁵ku²¹
恋人	拍拖嘅人 痴情人 恋人	pʰak⁵³⁻⁵⁵tʰɔ⁵⁵ke³³n̠iʌn²⁴³ tʃʰi⁵⁵ɬeŋ²⁴³⁻²²n̠iʌn²⁴³ lun²¹⁻²²n̠iʌn²⁴³	情人	tʃiᵊŋ²⁴⁻²¹n̠iɐn²⁴
男友	男朋友	nam²⁴³⁻²²paŋ²⁴³⁻²²iʌu²²³	男朋友	nam²⁴⁻²¹pɐŋ²⁴⁻²¹iau²⁴²
女友	女朋友	ny²²³paŋ²⁴³⁻²²iʌu²²³	女朋友	nɔi²⁴²⁻²¹pɐŋ²⁴⁻²¹iau²⁴²
主人	东家	toŋ⁵⁵ka⁵⁵⁴	东家	toŋ⁴⁴⁻³²ka⁴⁴
情夫	老契 契家佬	ləu²²³kʰʌi⁵² kʰʌi⁵²⁻³³kʰa⁵⁵⁻³³ləu³³⁴	情郎	tʃiᵊŋ²⁴⁻²¹lœŋ²⁴
情妇	老契儿 契家婆	ləu²²³kʰʌi⁵²⁻³³n̠i⁵⁵⁴ kʰʌi⁵²⁻³³ka⁵⁵⁻³³pɔ²⁴³	老契	lɔ²⁴²⁻²¹kɛ³²
客人	人客	n̠iʌn²¹hak⁵⁵	客人	hɛk³²n̠iɐn²⁴
女客	女客	ny²²³hak⁵⁵	女客	nɔi²⁴²⁻²¹hɛk³²
男客	男客	nam²⁴³⁻²²hak⁵⁵	男客	nam²⁴⁻²¹hɛk³²
陪客的人	陪客	pui²²³hak⁵⁵	陪客	pui²⁴⁻²¹hɛk³²
邻居或街坊	隔篱 隔篱邻舍	kak⁵³⁻³²li²⁴³ kak⁵³⁻³²li²⁴³lʌn²⁴⁻²²ʃɛ²¹	隔篱屋 隔篱邻舍	kɛk³²lɐi²⁴⁻²¹ok⁵⁵ kɛk³²lɐi²⁴lɐn²⁴⁻²¹ʃi³²
影迷	影迷	ieŋ³³⁴muʌi²⁴³	影迷	iᵊŋ⁵²mɐi²⁴
歌迷	歌迷	kɔ⁵⁵muʌi²⁴³	歌迷	kuɔ⁴⁴⁻³²mɐi²⁴
球迷	球迷	kʰʌu²⁴⁻²²muʌi²⁴³	球迷	tʃɐu²⁴⁻²¹mɐi²⁴
戏迷	戏迷	hi⁵²⁻³²muʌi²⁴³	戏迷	hi³²mɐi²⁴
同学	同学 同窗	toŋ²⁴³⁻²²hɔk²² toŋ²⁴⁻²²tʃʰieŋ⁵⁵⁴	同学 同班个	toŋ²⁴⁻²¹œk²¹ toŋ²⁴⁻²¹pan⁴⁴ku²¹
同龄人	同庚 同年人	toŋ²⁴³⁻²²kaŋ⁵⁵⁴ toŋ²⁴³⁻²²nin²⁴³⁻²²n̠iʌn²⁴³	同庚 同年人	toŋ²⁴⁻²¹kɐŋ⁴⁴ toŋ²⁴⁻²¹nɛn²⁴⁻²¹n̠iɐn²⁴
对手	对手 敌手	tui⁵²⁻³³ʃʌu³³⁴ tek²²ʃʌu³³⁴	对手	tœ³²ʃou⁵²

续上表

义项	封川话词条	封川话标音	开建话词条	开建话标音
仇人	冤家	iun^{55}ka^{554}	仇人	tʃɐu$^{24-21}$n̠iɐn^{24}
本地人	本地人	pun^{334}ti$^{21-22}$n̠iʌn^{243}	本地人	pɐn$^{52-32}$tei^{21}n̠iɐn^{24}
外地人	外地人 北佬（贬） 捞佬（贬）	ŋɔi$^{21-22}$ti$^{21-22}$n̠iʌn^{243} pɐk^{55}lɐu^{334} lau^{55}lɐu^{334}	外地人 北佬（贬） 捞佬（贬）	ŋɔi^{21}tei^{21}n̠iɐn^{24} pɐk$^{55-32}$lɔ^{52} lau$^{55-32}$lɔ^{52}
乡下人	乡下人 乡下佬 山涌佬	hiɛŋ^{55}ha$^{223-22}$n̠iʌn^{243} hiɛŋ^{55}ha$^{223-22}$lɐu^{223} ʃan$^{55-33}$tʃʰoŋ$^{55-33}$lɐu^{334}	乡下个 乡下佬 山涌佬	hyŋ$^{44-32}$a^{242}ku^{21} hyŋ$^{44-32}$a$^{242-21}$lɔ^{52} ʃan$^{44-32}$tʃʰoŋ$^{44-32}$lɔ^{52}
城里人	街边人 城市人	kai$^{55-33}$pin^{55}n̠iʌn^{243} tʃeŋ$^{243-22}$ʃi^{223}n̠iʌn^{243}	住街个 城市个	tɔi^{21}kai^{44}ku^{21} tʃiʔŋ$^{24-21}$tʃi^{242}ku^{21}
北方人	北方人 北佬 捞佬	pɐk^{55}fɔŋ^{55}n̠iʌn^{243} pɐk^{55}lɐu^{334} lau^{55}lɐu^{334}	北方人 北佬 捞佬	pɐk$^{55-32}$fuᵒ$^{44-32}$n̠iɐn^{24} pɐk$^{55-32}$lɔ^{52} lau$^{44-32}$lɔ^{52}
南方人	南方人	nam$^{243-22}$fɔŋ^{55}n̠iʌn^{243}	南方人	nam$^{24-21}$fuᵒ$^{44-32}$n̠iɐn^{24}
华侨或海外华人	华侨 华人 过番人（俗）	ua$^{24-22}$kiu^{243} ua$^{243-22}$n̠iʌn^{243} kuɔ$^{52-33}$fan^{55}n̠iʌn^{243}	华侨	ua$^{24-21}$kiu^{24}
外国人	番鬼佬	fan$^{554-33}$kuʌi^{334}lɐu^{334}	外国鬼 鬼佬	ŋɔi^{21}kok$^{55-32}$kuei^{52} kuei$^{52-32}$lɔ^{52}
媒人	大葵扇 媒人婆/公	tai$^{21-22}$kuʌi$^{24-21}$ʃin$^{52-21}$ mui$^{24-22}$n̠iʌn$^{243-22}$pɔ^{243}/koŋ^{554}	媒人 媒人婆/公	mui$^{24-21}$n̠iɐn^{24} mui$^{24-21}$n̠iɐn$^{24-21}$pu^{24}/koŋ^{44}
新郎	新娘公	ɬʌm$^{55-32}$niɛŋ$^{243-22}$koŋ^{554}	新郎公	ʃen$^{44-32}$lœŋ$^{24-21}$koŋ^{44}
新娘	新娘	ɬʌm$^{554-33}$niɛŋ^{243}	客姑	hɛk^{32}ku^{44}
伴郎	客郎 伴郎 大叔 伴郎哥	hak^{53}lɐŋ^{243} pun^{223}lɐŋ^{243} tai$^{21-22}$ʃok^{55} pun^{223}lɐŋ$^{243-22}$kɔ^{554}	客郎 伴郎 客郎公	hɛk^{32}lœŋ^{24} pɔn$^{242-21}$lœŋ^{24} hɛk^{32}lœŋ$^{24-21}$koŋ^{44}
伴娘	茶婆 同伴妹	tʃa$^{243-22}$pɔ^{243} toŋ$^{243-22}$pun^{223}mui^{21}	刮袄大妗 伴娘	kɛt$^{55-32}$pok$^{34-21}$tai^{21}tʃem^{24} pɔn$^{242-21}$nyŋ^{24}
亲戚	亲戚	tʰʌn$^{554-33}$tʰek^{55}	亲戚	tʃʰen$^{44-32}$tʃʰiᵒk^{55}

续上表

义项	封川话词条	封川话标音	开建话词条	开建话标音
贺客	贺客	hɔ$^{21-22}$hak^{55}	贺客	ɔ^{21}hɛk^{32}
产妇	月婆	ȵiut^{22}pɔ^{243}	导月婆	tɔ^{21}ȵyt$^{34-21}$pu^{024}
孕妇	大肚婆	tai$^{21-22}$tu^{223}pɔ^{243}	大肚婆	tai^{21}tɔ$^{242-21}$pu^{024}
头胎	第一胎 头窦	tʌi$^{21-22}$iʌt^{55}tʰui^{55} tʌu$^{24-22}$tʌu^{52}	头胎	tɐu$^{24-21}$tʰɔi^{44}
鳏夫	鳏夫 寡佬 光棍	kuan^{55}fu^{554} kua^{334}ləu^{334} kuɔŋ$^{554-52}$kuʌn$^{52-21}$	寡佬 光棍	kua$^{52-32}$lɔ^{52} kuᵒŋ$^{44-32}$kuin^{32}
寡妇	寡母婆	kua^{334}mu^{223}pɔ^{243}	寡母婆	kua$^{52-32}$mu$^{242-21}$pu^{024}
未婚男子	青头仔	tʰeŋ$^{554-32}$tʌu$^{243-22}$tʃʌi^{334}	后生仔	ɔ$^{242-21}$ʃɛŋ$^{44-32}$tʃai^{52}
未婚女子	青头女	tʰeŋ$^{55-33}$tʌu$^{243-22}$ny^{223}	后生女	ɔ$^{242-21}$ʃɛŋ$^{44-32}$nɔi^{242}
年长未婚女子	老姑婆	ləu^{223}ku$^{554-32}$pɔ^{243}	老姑婆	lɔ$^{242-21}$ku$^{44-32}$pu^{024}
再婚的人	再醮婆/女 续婚婆/女 翻头婆/女	tui^{52}tiu^{52}pɔ^{243}/ny^{223} ɬok^{22}fuʌn^{554}pɔ^{243}/ny^{223} fan$^{55-32}$tʌu$^{243-22}$pɔ^{243}/ny^{223}	翻嫁婆	fan$^{44-32}$ka^{32}pu^{024}
同性恋者	同性恋	toŋ$^{243-22}$ɬeŋ^{52}lun^{21}	同性恋	toŋ$^{24-21}$ʃiᵒŋ^{32}lyn^{242}
长命的人	老寿星	ləu^{223}tʃʌu$^{21-22}$ɬeŋ^{554}	寿星	ʃou^{32}ʃiᵒŋ^{44}
短命的人	短命种 短命鬼	tun$^{334-32}$meŋ$^{21-22}$tʃoŋ^{334} tun$^{334-32}$meŋ$^{21-22}$kuʌi^{334}	短命鬼	tyn$^{52-32}$miᵒŋ^{21}kuei^{52}
死去的人	死鬼	ɬi^{334}kuʌi^{334}	死人	ʃei$^{52-32}$ȵien^{24}
富人	有钱佬 财主佬 阔佬	iʌu^{223}ɬin$^{243-22}$ləu^{334} ɬui$^{243-22}$tʃy^{334}ləu^{334} fut^{55}ləu^{334}	有钱佬 有钱人 阔佬	ia$^{242-21}$tʃɛn$^{24-21}$lɔ^{52} ia$^{242-21}$tʃɛn^{24}ȵien^{24} fut$^{55-32}$lɔ^{52}
穷人	穷鬼 穷佬仔	koŋ$^{243-22}$kuʌi^{334} koŋ$^{243-22}$ləu^{334}tʌi^{334}	穷人 穷鬼	koŋ$^{24-21}$ȵien^{24} koŋ$^{24-21}$kuei^{52}

续上表

义项	封川话词条	封川话标音	开建话词条	开建话标音
暴发户	暴发户	pəu²¹⁻²² fat⁵³⁻³² u²²³	暴发户	pɔ²¹ fat³² u²⁴²
破落户	破败户	pʰɔ⁵²⁻³² pai²¹⁻²² u²²³	落拓户	lœk²¹ tʰœk³² u²⁴²
地位高的人	大名绅 大乡绅 高贵人 大乡/德望	tai²¹⁻²² mɛŋ²⁴³⁻²² ʃʌn⁵⁵⁴ tai²¹⁻²² hiɛŋ⁵⁵ ʃʌn⁵⁵⁴ kəu⁵⁵ kuʌi⁵²⁻³² ȵiʌn²⁴³ tai²¹ hiɛŋ⁵⁵⁴/tak⁵⁵ mɔŋ²¹	贵人 乡绅	kuei³² ȵiɐn²⁴ hyŋ⁴⁴⁻³² ʃɛn⁴⁴
没地位的人	下贱人 贱骨头	ha²¹⁻²² ɬin²¹⁻²² ȵiʌn²⁴³ ɬin²¹⁻²² kuʌt⁵⁵⁻³² tʌu²⁴³	下等人 贱人	a²⁴²⁻²¹ tɛŋ⁵² ȵiɐn²⁴ tʃin²¹ ȵiɐn²⁴
替罪者	替死鬼 顶罪鬼	tʰʌi⁵²⁻³² ɬi³³⁴ kuʌi³³⁴ tɛŋ³³⁴ ɬui²²³ kuʌi³³⁴	替死鬼 贴死鬼	tʰei³² ʃei⁵²⁻³² kuei⁵² tʰɛp³² ʃei⁵²⁻³² kuei⁵²
不幸的人	失时鬼 失运鬼	ʃʌt⁵⁵⁻³² ʃi²⁴³⁻²² kuʌi³³⁴ ʃʌt⁵⁵ uʌn²⁴⁻²² kuʌi³³⁴	失运鬼	ʃɐt⁵⁵⁻³² uin²¹ kuei⁵²
倒霉的人	衰运人	ʃui⁵⁵ uʌn²¹⁻²² ȵiʌn²⁴³	黑仔	hɐk⁵⁵⁻³² tʃai⁵²
孤独的人	古佬 阴佬	ku³⁴ ləu³³⁴ iʌm⁵⁵ ləu³³⁴	古人 古缩鬼	ku⁵² ȵiɐn²⁴ ku⁵²⁻³² ʃok⁵⁵⁻³² kuei⁵²
游手好闲的人	二流子	ȵi²¹⁻²² lʌu²⁴³⁻²² ti³³⁴	二流子	ȵi²¹ lɐu²⁴⁻²¹ tʃˀ⁵²
闲杂人	闲杂人	han²⁴³⁻²² ɬap²² ȵiʌn²⁴³	闲人	an²⁴⁻²¹ ȵiɐn²⁴
聪明机灵的人	叻人 灵火人 伶俐人	liɛk⁵⁵ ȵiʌn²⁴³ lɛŋ⁵⁵ fɔ³³⁴ ȵiʌn²⁴³ lɛn²⁴³⁻²² li²¹⁻²² ȵiʌn²⁴³	叻人 灵火人 伶俐人	liᵊk⁵⁵ ȵiɐn²⁴ liᵊŋ⁴⁴⁻³² fu⁵² ȵiɐn²⁴ liŋ²¹ lei²⁴ ȵiɐn²⁴
愚笨的人	笨拙人 一嚯饭	puʌn²¹⁻²² tʃut⁵⁵ ȵiʌn²⁴³ iʌt⁵⁵ kʌu²¹ fan²¹	蠢猪 蠢人	tʃʰɛn⁵²⁻³² tœy⁴⁴ tʃʰɛn⁵² ȵiɐn²⁴
糊涂的人	懵懂人 沙喱混账	mɔŋ³³⁴⁻³³ tɔŋ³³⁴ ȵiʌn²⁴³ ʃa⁵⁵⁻²² li⁵⁵ uʌn²¹ tʃiɛŋ⁵²	懵佬 糊涂虫	mɔŋ⁵²⁻³² lɔ⁵² u²⁴⁻²¹ tu²⁴⁻²¹ tʃɔŋ²⁴
嘴笨的人	口拙佬	hʌu³³⁴ tʃut⁵⁵ ləu³³⁴	嘴钝个	tʃœ⁵² tɛn²⁴² ku²¹
能干的人	叻人	liɛk⁵⁵ ȵiʌn²⁴³	能人	nɛŋ²⁴⁻²¹ ȵiɐn²⁴
无能的人	蠢材 蠢猪 四方木	tʃʰuʌn³³⁴ ɬui²⁴³ tʃʰuʌn³³⁴ tʃˀ⁵⁵⁴ ɬi⁵²⁻³³ fɔŋ⁵⁵ mok²²	番薯猪 大番薯 蠢猪	fɛn⁴⁴⁻³² tʃˀ²⁴⁻²¹ tœy⁴⁴ tai²¹ fan⁴⁴⁻³² tʃˀ⁵⁴ tʃʰɛn⁵²⁻³² tœy⁴⁴

续上表

义项	封川话词条	封川话标音	开建话词条	开建话标音
老手	老马 老手	ləu^{223}ma^{223} ləu^{223}ʃəu^{334}	老马 老手	lɔ$^{242-21}$ma^{242} lɔ$^{242-21}$ʃou^{52}
新手	新手 阿雏鸡 新学手	ɬʌn^{55}ʃʌu^{334} a^{33}tʃʰɔ^{55}kʌi^{554} ɬʌn^{55}hɔk^{22}ʃʌu^{334}	新手 生手 新兵	ʃɐn$^{44-32}$ʃou^{52} ʃɐŋ$^{44-32}$ʃou^{52} ʃɐn$^{44-32}$piᵊŋ^{44}
内行人	行家 在行嘅人	hɔŋ$^{243-22}$ka^{554} ɬui$^{21-22}$hɔŋ^{243}kɛ^{33}n̠iʌn^{243}	行家	œŋ$^{24-21}$ka^{44}
外行人	冇在行嘅人 冇入门嘅人	mou^{223}ɬui$^{21-22}$hɔŋ^{243}kɛ^{33} n̠iʌn^{243} mou$^{223-23}$n̠iʌp^{22}mun^{243}kɛ^{33} n̠iʌn^{243}	外行人	ŋɔi^{21}œŋ$^{24-21}$n̠iɐn24
识字的人	文化人 有墨水	muʌn^{22}fa^{52}n̠iʌn^{243} iʌu^{223}mak^{22}ʃui^{334}	有文化个 知书识墨个	ia^{242}mɐn$^{24-21}$fa^{32}ku^{21} tʃi$^{44-32}$ʃy^{44}ʃɐk$^{55-32}$mɐk^{34}ku^{21}
不识字的人	文盲 盲牛	muʌn$^{243-22}$maŋ^{243} maŋ$^{243-22}$ŋʌu^{243}	文盲 眼瞎个	mɐn$^{24-21}$mɐŋ^{24} ŋan^{242}hat^{32}ku^{21}
爱读书的人	蛀书虫	tʃy$^{52-33}$ʃy^{55}tʃɔŋ^{243}	书虫	ʃy$^{44-32}$tʃɔŋ^{24}
不会游泳的人	落水秤砣	lɔk^{22}ʃui^{334}tʃʰɐn$^{52-33}$tɔ^{243}	秤砣大佬	tʃʰɐn^{32}tu^{o24}tai^{21}lɔ^{52}
败家子	败家仔	pai$^{21-22}$ka^{55}tʃʌi^{334}	败家仔	pai^{21}ka$^{44-32}$tʃai^{52}
半懂不懂的人	半桶水	pun$^{52-33}$tʰɔŋ^{334}ʃui^{334}	半桶水	pun^{32}tʰɔŋ$^{52-32}$ʃœ^{52}
自以为是的人	鸠屎佬 牙擦鬼 周身刀	kʌu^{55}ʃi$^{334-33}$lɐu^{334} ŋa$^{243-22}$tʃʰat$^{53-33}$kuʌi^{334} tʃʌu^{55}ʃʌn^{55}tɐu^{554}	屎屎佬 牙擦鬼	tɐu$^{52-32}$ʃi$^{52-32}$lɔ^{52} ŋa$^{24-21}$tʃʰat^{32}kuei^{52}
固执的人	硬颈牛 硬颈佬	ŋaŋ$^{21-22}$kɛŋ^{334}ŋʌu^{243} ŋaŋ$^{21-22}$kɛŋ^{334}lɐu^{334}	硬颈牛 硬颈鬼	ŋɐŋ^{21}kiŋ$^{52-32}$ŋɐu^{24} ŋɐŋ^{21}kiŋ$^{52-32}$kuei^{52}
老成的人	老成人 老练人 老马	ləu$^{223-22}$tʃɛŋ^{22}n̠iʌn^{243} ləu^{223}lin^{22}n̠iʌn^{243} ləu^{223}ma^{223}	老马	lɔ$^{242-21}$ma^{242}
粗心的人	大老粗 大囊裤	tai$^{21-22}$ləu^{223}tʃʰu^{554} tai$^{21-22}$nɔŋ$^{243-22}$fu$^{52-21}$	大老粗	tai^{21}lɔ$^{242-21}$tʃʰu^{44}

续上表

义项	封川话词条	封川话标音	开建话词条	开建话标音
不利索的人	万丈线	man$^{21\text{-}22}$tʃiɛn$^{21\text{-}22}$ɬin^{52}	摩挲鬼	mu$^{044\text{-}32}$ʃu$^{044\text{-}32}$kuei^{52}
懒人	懒虫 懒蛇	lan^{223}tʃoŋ^{243} lan^{223}tʃɛ^{243}	大懒虫 懒人	tai^{21}lan$^{242\text{-}21}$tʃoŋ^{24} lan^{242}ɲiɐn^{24}
坚强的人	铁人 铁砧头	tʰit$^{55\text{-}33}$ɲiʌn^{243} tʰit$^{55\text{-}33}$tʃam$^{554\text{-}32}$tʌu^{243}	铁人	tʰɛt^{32}ɲiɐn^{24}
软弱的人	软骨头 软鼻牛	iun^{223}kuʌt$^{55\text{-}33}$tʌu^{243} iun^{223}pi$^{243\text{-}22}$ŋʌu^{243}	脸柿	nɐm$^{24\text{-}21}$tʃɛ^{242}
爱吹牛的人	大炮友	tai$^{21\text{-}22}$pʰau$^{52\text{-}32}$iʌu^{223}	大炮鬼	tai^{21}pʰau^{32}kuei^{52}
自负的人	自称佬 称叻佬	ɬi$^{21\text{-}22}$tʃʰeŋ^{55}lou^{334} tʃʰeŋ^{55}liɛk^{55}lou^{334}	牙擦鬼	ŋa$^{24\text{-}21}$tʃʰat^{32}kuei^{52}
花哨的人	花□仔 花腩狗 䨴噏鬼	fa^{55}fiɛt^{55}tʌi^{334} fa$^{55\text{-}33}$li^{22}kʌu^{334} ɬap$^{53\text{-}33}$ŋap^{55}kuʌi^{334}	花□仔	fa$^{44\text{-}32}$fit$^{55\text{-}32}$tʃai^{52}
爱说话的人	□□鬼 □□婆 麻雀嘴 哥丢儿	pa^{22}la^{22}kuʌi^{334}tʌi^{334} pa^{22}la^{22}pɔ^{243} ma$^{24\text{-}22}$tiɛk^{22}tui^{334} kɔ$^{55\text{-}33}$tiɛu^{21}ɲi^{243}	哈了	ha$^{44\text{-}32}$liu^{32}
沉默的人	暗独鬼 暗恶	əm$^{52\text{-}32}$tok^{22}kuʌi^{334} əm$^{52\text{-}32}$nɐm^{223}	暗独鬼	om^{32}tok^{21}kuei^{52}
内向的人	孤僻佬	ku$^{55\text{-}33}$pʰek^{55}lou^{334}	鹌鹑	om^{32}tʃʰɐn^{44}
与人为善的人	和善人 慈善人	u$^{243\text{-}22}$ʃin^{223}ɲiʌn^{243} ɬi$^{243\text{-}22}$ʃin^{223}ɲiʌn^{243}	善人	tʃin^{242}ɲiɐn^{24}
管闲事的人	理事太翁/婆 家婆嫲	li^{223}ʃi$^{21\text{-}22}$tʰai$^{52\text{-}33}$oŋ^{554}/pɔ^{243} ka$^{55\text{-}33}$pɔ$^{243\text{-}22}$na^{334}	和事佬	u$^{ɔ24\text{-}21}$tʃi^{21}lɔ^{52}
搬弄是非的人	多事闻 生事鬼	tɔ^{55}ʃi$^{21\text{-}22}$muʌn^{243} ʃaŋ$^{55\text{-}32}$ʃi$^{21\text{-}22}$kuʌi^{334}	八卦婆	pat^{32}kua^{32}pu^{ɔ24}

续上表

义项	封川话词条	封川话标音	开建话词条	开建话标音
势利的人	小人 高奏鬼 白眼油	ɬiu³³⁴ȵʌn²⁴³ kəu⁵⁵tʌu⁵²kuʌi³³⁴ pak²¹ŋan²²³⁻²²iʌu²⁴³	小人 势利鬼	ʃeu⁵²ȵiɐn²⁴ ʃiᶓ³²lei²¹kuei⁵²
耍赖的人	赖皮鬼/佬 赖猫 甩喱头	lai⁵²⁻³²pi²¹⁻²²kuʌi³³⁴/ləu³³⁴ lai⁵²⁻³²mieu⁵⁵⁴ lʌt⁵⁵lɛ⁵⁵tʌu²⁴³	赖皮狗 无赖	lai²⁴²⁻²¹pei²⁴⁻²¹kou⁵² mu²⁴⁻²¹lai²⁴²
吝啬鬼	兀失鬼 孤寒鬼	ŋʌt⁵⁵⁻³³ʃʌt⁵⁵kuʌi³³⁴ ku⁵⁵⁻³²hun²⁴³⁻²²kuʌi³³⁴	兀失鬼 孤寒鬼	ŋɐʈ⁵⁵⁻³²ʃeʈ⁵⁵⁻³²kuei⁵² ku⁴⁴⁻³²ɔn²⁴⁻²¹kuei⁵²
油滑的人	滑头雀 奸油	uat²²tʌu²⁴³⁻²²tiek²² kan⁵⁵iʌu²⁴³	老油条	lɔ²⁴²⁻²¹iɐu²⁴⁻²¹tɐu²⁴
奸诈的人	奸窍鬼 嚣(翘)种	kan⁵⁵⁴⁻³³kʰiu³³kuʌi³³⁴ hiu⁵⁵tʃoŋ³³⁴	奸窍鬼	an⁴⁴⁻³²kɛu⁵²⁻³²kuei⁵²
暴躁的人	炮仗颈	pʰau⁵²⁻³²tieŋ⁵²⁻²²keŋ³³⁴	暴躁鬼	pɔ²¹tʃʰɔ³²kuei⁵²
慢性子的人	滋悠佬/鬼	ti⁵⁵iʌu²²ləu³³⁴/kuʌi³³⁴	摩梭鬼	muᵓ⁴⁴⁻³²ʃuᵓ⁴⁴⁻³²kuei⁵²
急性子的人	□佬 炮仗颈 猴急颈	paŋ²⁴³ləu³³⁴ pʰau⁵²⁻⁴³tieŋ²¹⁻²²keŋ³³⁴ hʌu²⁴³⁻²²kʌp⁵⁵keŋ³³⁴	急颈鬼	kɐp⁵⁵⁻³²kiɐŋ⁵²⁻³²kuei⁵²
热心的人	好心人	həu³³⁴ɬʌm⁵⁵ȵiʌn²⁴³	好心人	hɔ⁵²ʃɐm⁴⁴ȵiɐn²⁴
爱哭的孩子	啼哭虫	ti²⁴³⁻²²hok⁵⁵tʃoŋ²⁴³	喉哭虫	lei²¹tʰok³²tʃoŋ²⁴
尿床的孩子	赖尿鳖/虫	lai²¹⁻²²niu²¹⁻²²piet⁵⁵/tʃoŋ²⁴³	濑尿鳖虫	lai²¹niu²¹pɐt³²/tʃoŋ²⁴
淘气的孩子	调皮仔/女 顽皮仔/女 霎气仔/女	tʰiu⁵²⁻³²pi²⁴⁻²²tʃʌi³³⁴/ny²²³ uan²⁴³⁻²²pi²⁴⁻²²tʃʌi³³⁴/ny²²³ ɬap⁵³hi⁵²⁻²¹tʌi³³⁴/ny²²³	顽皮仔/女 顽皮B 缭息虫	ŋan²⁴⁻²¹pei²⁴⁻²¹tʃai⁵²/nɔi²⁴² ŋan²⁴⁻²¹pei²⁴⁻²¹pi⁴⁴ leu⁵²⁻³²ʃɐk⁵⁵⁻³²tʃoŋ²⁴
撒娇的孩子	趷扭虫	kʌt²²nʌu³³⁴tʃoŋ²⁴³	扭计虫 撬扭虫	nau⁵²kɛ²¹tʃoŋ²⁴² kiu²¹nau⁵²⁻³²tʃoŋ²⁴
可爱的孩子	好孩	həu⁵²ui⁵²⁻²¹		

续上表

义项	封川话词条	封川话标音	开建话词条	开建话标音
蛮横凶悍的人	盲恶人	maŋ²⁴³⁻²²ɔk⁵³⁻³²ȵiʌn²⁴³	盲恶人	mɛŋ²⁴⁻²¹œk³²ȵiɛn²⁴
吓唬小孩的虚构人物	人熊婆婺 阉□佬	ȵiʌn²⁴⁻²¹ȵioŋ²⁴⁻²¹pɔ²⁴³⁻²¹ta⁵⁵⁴ im⁵⁴kɛ⁵⁵lɐu³³⁴	人熊婺 □婆	ȵiɛn²⁴⁻²¹ioŋ²⁴⁻²¹tai⁴⁴ pʰœŋ³²pu²⁴
品行不端的人	衰鬼 翘=种	ʃui⁵⁵kuʌi³³⁴ hiu⁵⁵tʃoŋ³³⁴	邪佬 烂头仔	tʃiᵉ²⁴⁻²¹lɔ⁵² lən²¹tɐu²⁴⁻²¹tʃai⁵²
好色的男人	白鼻佬 咸湿佬	pak²²pi²¹⁻²²lɐu³³⁴ ham²⁴³⁻²²ʃʌp⁵⁵lɐu³³⁴	咸湿鬼 咸湿佬	am²⁴⁻²¹ʃɐp⁵⁵⁻³²kuei⁵² am²⁴⁻²¹ʃɐp⁵⁵⁻³²lɔ⁵²
淫荡的女人	姣婆 姣胗 姣妹	hau²⁴⁻²²pɔ²⁴³ hau²⁴³⁻²²hʌi⁵⁵⁴ hau²⁴³⁻²²mui⁵⁵⁴	姣婆 姣胗	au²⁴⁻²¹pu²⁴ au²⁴⁻²¹hei⁴⁴
女人气的男人	阿妹货	a⁵⁵⁻³³mui²¹⁻²²fɔ⁵²⁻²¹	女人儿	nɔi²⁴²⁻²¹ȵiɛn²⁴⁻²¹ȵi²⁴⁻²¹
男人气的女人	霸家婆 女强人	pa⁵²⁻³³ka⁵⁵pɔ²⁴³ ny²²³kiɛŋ²⁴³⁻²²ȵiʌn²⁴³	男人婆	nam²⁴⁻²¹ȵiɛn²⁴⁻²¹pu²⁴
泼辣的女人	恶婆 霸楂婆 飞天鸡乸	ɔk⁵³pɔ²⁴³ pa⁵²⁻³³tʃa⁵⁵⁻²²pɔ²⁴³ fi⁵⁵tʰin⁵⁵kʌi⁵⁵⁻³³na³³⁴	恶婆 烂胗 恶胗	œk³²pu²⁴² lan²¹hei⁴⁴ œk³²hei⁴⁴
惧内的男人	老婆奴	lɐu²²³⁻²²pɔ²⁴³⁻²²nu²⁴³	老婆奴	lɔ²⁴²⁻²¹pu²⁴⁻²¹nu²⁴
戴绿帽的男人	龟公 二叔公	kuʌi⁵⁵⁴koŋ⁵⁵⁴ i²¹⁻²²ʃok⁵⁵koŋ⁵⁵⁴	龟公	kuɐi⁴⁴⁻³²koŋ⁴⁴
有各种爱好的人	垃圾篸	lap²²ɬap²²tʃʰam³³⁴	垃圾篸	lɐp³⁴⁻²¹ʃɐp⁵⁵⁻³²tʃam⁵²
父	阿爸（面称） 老窦（背称）	a⁵⁵⁻³²pa²¹ lɐu²²³tʌu²¹	吾爸/叔/哥 老头	m²⁴⁻²¹pa³²/ʃok⁵⁵/kœ⁴⁴ lɔ²⁴²⁻²¹tɐu²⁴
母	阿妈（面称） 老母（背称）	a⁵⁵⁻³³ma⁵⁵⁴ lɐu²²³mu²²³	吾乸/婶/娸 老乸	m²⁴⁻²¹na²¹/ʃem⁵²/tʃi³² lɔ²⁴²⁻²¹na²¹
父母	父母	fu²¹⁻²²mu²²³	爷乸	iᵉ⁴⁴⁻³²na²¹

续上表

义项	封川话词条	封川话标音	开建话词条	开建话标音
继父或养父	义父 继父 便宜老窦	ȵi²¹⁻²²fu²²³ kʌi⁵²fu²²³ piɛt²²ȵi²⁴³lau³³⁴tʌu²¹	后毒爷	ɐu²⁴²⁻²¹tok³⁴⁻²¹iɛ⁴⁴
继母、养母或庶母	后母 后仔䯲	hʌu²¹⁻²²mu²²³ hɔ²¹⁻²²tʌi³³⁴na³³⁴	后毒䯲	ɐu²⁴²⁻²¹tok³⁴⁻²¹na²¹
伯	阿父	a⁵⁵⁻³²fu²¹	爸	pa³²
伯母	阿母	a⁵⁵⁻³³mu²²³	䯲	na²¹
叔	阿叔	a⁵⁵⁻³³ʃok⁵⁵	叔	ʃok⁵⁵
婶	阿婶	a³³ʃʌm³³⁴	婶	ʃɐm⁵²
父之姐	大姑母	tai²¹⁻²²ku⁵⁵mu²²³	吾娘	n̩²⁴⁻²¹nyŋ²⁴
父之妹	阿娘 阿姑	a⁵⁵⁻³³niɛŋ²⁴³ a⁵⁵⁻³³ku⁵⁵⁴	吾姑	n̩²⁴⁻²¹ku⁴⁴
大姑夫	大姑爷	tai²¹⁻²²ku⁵⁵iɛ²⁴³	吾丈	n̩²⁴⁻²¹tyŋ²⁴²
小姑夫	姑爷 娘翁	ku⁵⁵iɛ²⁴³ niɛŋ²⁴³⁻²²oŋ⁵⁵⁴	姑丈	ku⁴⁴⁻³²tyŋ²⁴²
舅	舅父	tʃʌu²²³fu²²³⁻²¹	舅翁	tʃɔ²⁴²⁻²¹oŋ⁴⁴
舅母	舅母	tʃʌu²²³mu²²³	舅婆	tʃɔ²⁴²⁻²¹pu²⁴
母之姐	大姨母	tai²¹⁻²²i²⁴³⁻²²mu²²³	大姨婆	tai²¹i²⁴⁻²¹pu²⁴
母之妹	阿姨	a³³i²⁴³	姨婆	i²⁴⁻²¹pu²⁴
姨夫	姨丈	i²⁴³⁻²²tʃiɛŋ²¹	姨翁	i²⁴⁻²¹oŋ⁴⁴
岳父	外父 丈人	ŋui²¹⁻²²fu²²³ tʃiɛŋ²¹⁻²²ȵiʌn²⁴³	外父（佬）	ŋɔi²¹pu²⁴²⁻²¹(lɔ⁵²)
岳母	外母	ŋui²¹⁻²²mu²²³	外母（佬）	ŋɔi²¹mu²⁴²⁻²¹(lɔ⁵²)
夫之父	君翁/爷	kuʌn⁵⁵⁻³³oŋ⁵⁵⁴/iɛ⁵⁵⁴	家翁	ka⁴⁴⁻³²oŋ⁴⁴
夫之母	家婆	ka⁵⁵⁻³²pɔ²⁴³	家婆	ka⁴⁴⁻³²pu²⁴
夫之父母	翁姑	oŋ⁵⁵⁻³³ku⁵⁵⁴	翁婆 公婆	oŋ⁴⁴⁻³²pu²⁴ koŋ⁴⁴⁻³²pu²⁴

续上表

义项	封川话词条	封川话标音	开建话词条	开建话标音
弟兄的岳母或姐妹的婆婆	亲家娘 姻母	$t^h\Lambda n^{55\text{-}33} ka^{55\text{-}33} ni\epsilon\eta^{243\text{-}55}$ $i\Lambda n^{55} mu^{223}$	亲家㛋	$t\int^h en^{44\text{-}32} ka^{44\text{-}32} na^{21}$
弟兄的岳父或姐妹的公公	亲家爷	$t^h\Lambda n^{55\text{-}33} ka^{55\text{-}33} i\epsilon^{554}$	亲家翁	$t\int^h en^{44\text{-}32} ka^{44\text{-}32} o\eta^{44}$
祖父	阿翁	$a^{33} o\eta^{55}$	吾翁	$\eta̍^{24\text{-}21} o\eta^{44}$
祖母	阿婆 阿嫲	$a^{55\text{-}32} p\mathfrak{o}^{243}$ $a^{33} ma^{334}$	吾婆	$m̩^{24\text{-}21} pu^{24}$
祖父的哥哥	伯翁	$pak^{53} o\eta^{55}$	伯翁	$p\epsilon k^{32} o\eta^{44}$
祖父的弟弟	叔翁	$\int ok^{55\text{-}33} o\eta^{554}$	叔翁	$\int ok^{55\text{-}32} o\eta^{44}$
外祖父	翁嗲	$o\eta^{55\text{-}33} ta^{554}$	嗲翁	$tai^{44\text{-}32} o\eta^{44}$
外祖母	婆嗲	$p\mathfrak{o}^{243\text{-}22} ta^{554}$	吾嗲	$\eta̍^{24\text{-}21} tai^{44}$
父或母之大姑母	姑婆	$ku^{55\text{-}32} p\mathfrak{o}^{243}$	娘婆	$ny\eta^{24\text{-}21} pu^{24}$
父或母之小姑母	姑婆	$ku^{55\text{-}32} p\mathfrak{o}^{243}$	姑婆	$ku^{44\text{-}32} pu^{24}$
父或母之姨母	姨婆	$i^{24\text{-}22} p\mathfrak{o}^{243}$	姨婆太	$i^{24\text{-}21} pu^{24\text{-}21} t^h ai^{32}$
父或母之舅	舅翁	$t\int u^{223\text{-}22} o\eta^{554}$	舅翁太	$t\int \mathfrak{o}^{21} o\eta^{44\text{-}32} t^h ai^{32}$
父或母之舅母	妗婆	$t\int \Lambda m^{243\text{-}22} p\mathfrak{o}^{243}$	舅婆太	$t\int \mathfrak{o}^{21} pu^{24\text{-}21} t^h ai^{32}$
曾祖母	太婆	$tai^{52\text{-}32} p\mathfrak{o}^{243}$	吾太	$\eta̍^{24\text{-}21} t^h ai^{32}$

续上表

义项	封川话词条	封川话标音	开建话词条	开建话标音
曾祖父	太翁	tai$^{52\text{-}33}$oŋ^{554}	太翁	tʰai^{32}oŋ^{44}
父亲的外祖父或母亲的祖父	翁姈太	oŋ$^{554\text{-}32}$ta$^{554\text{-}22}$tʰai$^{52\text{-}21}$	太翁	tʰai^{32}oŋ^{44}
父亲的外祖母或母亲的祖母	婆姈太	pɔ$^{243\text{-}22}$ta$^{55\text{-}22}$tʰai$^{52\text{-}21}$	吾太	n̩$^{24\text{-}21}$tʰai^{32}
面称兄	大哥	tai$^{21\text{-}22}$kɔ^{554}	吾哥	ŋ̍$^{24\text{-}21}$kœ^{44}
背称兄	大佬	tai$^{21\text{-}22}$ləu^{334}	哥	kœ^{44}
嫂	大嫂	tai$^{21\text{-}22}$ɬəu^{334}	嫂	ʃɔ^{52}
面称弟	小弟	ɬiu^{334}tʌi^{223}	吾弟	n̩$^{24\text{-}21}$tɐi^{242}
背称弟	细佬	ɬʌi$^{52\text{-}33}$ləu^{334}	老舍	lɔ$^{242\text{-}21}$ʃiᵉ^{32}
弟媳	细婶	ɬʌi$^{52\text{-}33}$ʃʌm^{334}	奀婶	ni^{32}ʃʌm^{52}
面称妹	小妹	ɬiu^{334}mui^{21}	吾妹	n̩$^{24\text{-}21}$mui^{21}
背称妹	舍妹	ʃɛ$^{52\text{-}32}$mui^{21}	舍妹	ʃiᵉ^{32}mui^{21}
妹夫	妹夫	mui$^{21\text{-}22}$fu^{554}	妹夫	mui^{21}fu^{44}
面称姐	大姐 阿家	tai$^{21\text{-}22}$tɛ^{334} a$^{55\text{-}33}$ka^{554}	吾姊	n̩$^{24\text{-}21}$tʃei^{52}
背称姐	大姨	tai$^{21\text{-}22}$i^{554}	姊	tʃei^{52}
姐夫	姐夫	ti$^{334\text{-}33}$fu^{554}	姊夫	tʃei$^{52\text{-}32}$fu^{44}
姐弟	姐弟	tɛ$^{334\text{-}32}$tʌi^{223}	姊弟	tʃei$^{52\text{-}32}$tɐi^{242}
兄妹	兄妹	heŋ^{55}mui$^{21\text{-}35}$	兄妹	hiᵊŋ$^{44\text{-}32}$mui^{21}
姐妹	姊妹	ti^{52}mui^{21}	姊妹	tʃei$^{52\text{-}32}$mui^{21}
兄与弟	兄弟	heŋ$^{55\text{-}32}$tʌi^{223}	兄弟	hiᵊŋ$^{44\text{-}32}$tɐi^{242}
兄弟姐妹	兄弟 姊妹	heŋ^{55}tʌi^{223} ti^{334}mui^{21}	兄弟 姊妹	hiᵊŋ$^{44\text{-}32}$tɐi^{243} tʃei$^{52\text{-}32}$mui^{21}
夫	老翁	ləu$^{223\text{-}22}$oŋ^{554}	老翁	lɔ$^{242\text{-}21}$oŋ^{44}

续上表

义项	封川话词条	封川话标音	开建话词条	开建话标音
妻	老婆	ləu$^{223-22}$pɔ^{243}	婆老	pu$^{24-21}$lɔ^{242}
妾	细婆 爱妾 二（如）夫人	ɬʌi^{52}pɔ^{243} ui$^{52-33}$tʰit^{55} y^{243}fu^{55}nɪʌn^{243}	吾嫂	ŋ̍$^{24-21}$ʃɔ^{52}
夫妻	两公婆	liɛŋ^{223}koŋ$^{554-32}$pɔ^{243}	两公婆	lyŋ^{242}koŋ$^{44-32}$pu^{24}
妻姐	大姐 内姐	tai$^{21-22}$tɐ^{334} nui$^{21-22}$tɐ^{334}	吾姊	ŋ̍$^{24-21}$tʃei^{52}
妻妹	小姨 舅妹	ɬiu^{334}i^{243} tʃʌu^{223}mui^{21}	吾姨	ŋ̍$^{24-21}$i^{24}
妻兄	舅兄 大舅佬 内兄	tʃʌu^{223}hɐŋ^{554} tai$^{21-22}$tʃʌu^{223}ləu^{334} nui$^{21-22}$hɐŋ^{554}	大舅 内兄	tai^{21}tʃɐu^{242} nɔi^{21}hiŋ^{44}
妻弟	细舅 内弟	ɬʌi$^{52-32}$tʃʌu^{223} nui$^{21-22}$tʌi^{223}	吾舅 内弟	ŋ̍$^{24-21}$tʃɐu^{242} nɔi^{21}tɐi^{242}
夫之兄	大爷	tai$^{21-22}$iɛ$^{243-554}$	伯	pɛk^{32}
夫之弟	细叔	ɬʌi$^{52-33}$ʃok^{55}	叔	ʃok^{55}
夫之姐	大姑娘	tai$^{21-22}$ku^{55}niɛŋ^{243}	吾姊	ŋ̍$^{24-21}$tʃei^{52}
夫之妹	阿姑 阿娘	a$^{55-33}$ku^{554} a$^{55-33}$niɛŋ^{243}	吾姑	ŋ̍$^{24-21}$ku^{44}
姑嫂	姑嫂	ku$^{55-33}$ɬəu^{334}	姑嫂	ku$^{44-32}$ʃɔ^{52}
连襟	襟兄 襟弟	kʰʌm^{55}hɐŋ^{554} kʰʌm^{55}tʌi^{223}	吾襟	ŋ̍$^{24-21}$tʃʰɐm^{44}
妯娌	两手母	liɛŋ^{223}ʃʌu$^{334-33}$mu^{223}	姊妹	tʃei$^{52-32}$mui^{21}
亲家	亲家	tʰʌn$^{55-33}$ka^{554}	亲家	tʃʰɐn^{32}ka^{44}
亲家翁	亲家翁	tʰʌn$^{52-32}$ka$^{55-22}$oŋ^{554}	亲家翁	tʃʰɐn^{32}ka$^{44-32}$oŋ^{44}
亲家母	亲家母	tʰʌn$^{52-32}$ka$^{55-22}$mu^{223}	亲家𡚸	tʃʰɐn^{32}ka$^{44-32}$na^{21}
儿子	仔	tʌi^{334}	仔	tʃai^{52}
大儿子	大仔	tai$^{21-22}$tʌi^{334}	大仔	tai^{21}tʃai^{52}
小儿子	细仔 屘仔	ɬʌi$^{52-33}$tʌi^{334} lai^{55}tʌi^{334}	尾仔 仔屘	mɿ$^{242-21}$tʃai^{52} tʃai$^{52-32}$lai^{44}

续上表

义项	封川话词条	封川话标音	开建话词条	开建话标音
儿媳	家嫂 新妇	ka^{55}łəu^{334} łʌm$^{55-32}$pu^{223}	新妇	ʃen$^{44-32}$pu^{242}
童养媳	新妇儿	łʌm$^{55-32}$pu$^{23-22}$ȵi^{554}	新妇仔	ʃen$^{44-32}$pu$^{242-21}$tʃai^{52}
女儿	女	ny^{223}	女	nɔi^{242}
小女儿	屘女	lai$^{554-32}$ny^{223}	尾女	mei$^{242-21}$nɔi^{242}
女婿	郎家	lɔŋ$^{243-22}$ka^{554}	郎家	lœŋ$^{24-21}$ka^{44}
独子	独仔	tok^{22}tʌi^{334}	独仔	tok$^{34-21}$tʃai^{52}
养子女	养仔	iɛŋ^{223}tʌi^{334}	养仔	yŋ$^{242-21}$tʃai^{52}
养子女	养女	iɛŋ^{223}ny^{334}	养女	yŋ$^{242-21}$nɔi^{242}
妇女改嫁带的子女	驼归仔（女） 油瓶仔（女） 挽油瓶	tɔ$^{24-22}$kuʌi$^{55-32}$tʌi^{334}/ny^{223} iʌu$^{243-22}$peŋ$^{243-22}$tʌi^{334}/ny^{223} uan^{334}iʌu$^{243-22}$peŋ^{243}	驼来仔/女	tu$^{24-21}$lɔi$^{24-21}$tʃai^{52}/nɔi^{242}
私生子	野仔 杂种	iɛ$^{223-23}$tʌi^{334} łap^{22}tʃɔŋ^{334}	私生仔	ʃu$^{ɔ44-32}$ʃeŋ$^{44-32}$tʃai^{52}
子女	仔女	tʌi$^{334-33}$ny^{223}	仔女	tʃai$^{52-32}$nɔi^{242}
父子或父女	两仔爷 几仔爷	liɛŋ$^{223-23}$tʌi$^{334-33}$iɛ$^{24-554}$ ki^{334}tʌi$^{334-33}$iɛ$^{24-554}$	两仔爷	lyŋ^{242}tʃai$^{52-32}$iɛ$^{24-44}$
母子或母女	两仔㜷 几仔㜷	liɛŋ$^{243-23}$tʌi$^{334-33}$na^{334} ki^{334}tʌi$^{334-33}$na^{334}	两仔㜷 几仔㜷	lyŋ^{242}tʃai$^{52-32}$na^{21} ki^{52}tʃai$^{52-32}$na^{21}
侄子	阿侄	a^{33}tʃʌt^{22}	吾侄	n̩$^{24-21}$tʃɐt^{34}
侄女	侄女	tʃʌt^{22}ny^{223}	侄女	tʃɐt$^{34-21}$nɔi^{242}
外甥	外甥	ŋui$^{21-22}$ʃaŋ^{55}	外甥	ŋɔi^{21}ʃeŋ^{44}
外甥女	外甥女	ŋui$^{21-22}$ʃaŋ$^{554-33}$ny^{223}	外甥女	ŋɔi^{21}ʃeŋ$^{44-32}$nɔi^{242}
妻之兄弟之子	舅哥	tʃʌu$^{223-22}$kɔ^{554}	舅哥	tʃou^{21}ku^{ɔ44}
妻之兄弟之女	舅大	tʃʌu$^{223-22}$tai^{21}	舅姊	tʃou^{21}tʃei^{52}
双胞胎	孖仔	ma^{55}tʌi^{334}	孖仔	ma$^{44-32}$tʃai^{52}
双胞胎	孖女	ma^{55}ny^{223}	孖女	ma$^{44-32}$nɔi^{242}

续上表

义项	封川话词条	封川话标音	开建话词条	开建话标音
双胞胎	龙凤胎	loŋ²⁴³⁻²²foŋ²¹⁻²²tʰui⁵⁵⁴	龙凤胎	loŋ²⁴⁻²¹puŋ²¹tʰɔi⁴⁴
遗腹子	锐腹子	iui²¹⁻²²fok⁵⁵ti³³⁴	孤寒仔	ku⁴⁴⁻³²ɔn²⁴⁻²¹tsai⁵²
叔侄	叔侄	ʃok⁵⁵⁻³²tʃʌt²²	叔侄	ʃok⁵⁵⁻³²tʃɐt³⁴
姑侄	姑侄	ku⁵⁵tʃʌt²²	姑侄	ku⁴⁴⁻³²tʃɐt³⁴
舅甥	舅甥	tʃʌu²²³ʃaŋ⁵⁵⁴	舅甥	tʃeu²⁴²⁻²¹ʃeŋ⁴⁴
婆媳	婆媳	pɔ²⁴³⁻²²ɬek⁵⁵	婆媳	pu²⁴⁻²¹ʃɐt⁵⁵
孙子	孙仔	ɬun⁵⁵tʌi³³⁴	吾孙	ŋ̍²⁴⁻²¹ʃɐn⁴⁴
孙媳妇	孙新妇	ɬun⁵⁵⁴⁻⁵²ɬam⁵⁵⁻²²pu²²³	吾孙新妇	ŋ̍²⁴⁻²¹ʃɐn⁴⁴ʃɐn⁴⁴⁻³²pu²⁴²
孙女	孙女	ɬun⁵⁵⁻³²ny²²³	孙女	ʃɐn⁴⁴⁻³²nɔi²⁴²
孙女婿	孙郎 孙胥	ɬun⁵⁵⁻³²lɔŋ²⁴³ ɬun⁵⁵ɬʌi⁵²	孙女郎	ʃɐn⁴⁴⁻³²nɔi²⁴²⁻²¹lœŋ²⁴
外孙	外孙	ŋui²¹⁻²²ɬun⁵⁵⁴	外孙	ŋɔi²¹ʃɐn⁴⁴
外孙女	外孙女	ŋui²¹⁻²²ɬun⁵⁵⁻³³ny²²³	外孙女	ŋɔi²¹ʃɐn⁴⁴⁻³²nɔi²⁴²
爷孙	翁孙 几翁孙	oŋ⁵⁵⁻³³ɬun⁵⁵ ki³³⁴oŋ⁵⁵⁻³³ɬun⁵⁵⁴	翁孙	oŋ⁴⁴⁻³²ʃɐn⁴⁴
重孙	塞	ɬak⁵⁵	吾塞	ŋ̍²⁴⁻²¹ʃɐk⁵⁵
重孙女	女塞	ny²²³ɬak⁵⁵	塞女	ʃɐk⁵⁵⁻³²nɔi²⁴²
玄孙	唛	mak⁵⁵	吾唛	ŋ̍²⁴⁻²¹mɐk⁵⁵
长辈	长辈 老行	tʃiɛŋ³³⁴pui⁵² lɐu²²³hɔŋ²⁴³	长辈 高行	tʃyŋ⁵²pui³² kɔ⁴⁴œŋ²⁴
平辈	同行 同趟	toŋ²⁴³⁻²²hɔŋ²⁴³ toŋ²⁴³⁻²²tʰɔŋ⁵²	同行	tʰoŋ²⁴⁻²¹œŋ²⁴
晚辈	低行 低趟	tʌi⁵⁵hɔŋ²⁴³ tʌi⁵⁵tʰɔŋ⁵²	低行	tɐi⁴⁴⁻³²œŋ²⁴
一家人	全家 冚家	ɬun⁵⁵⁻²²ka⁵⁵⁴ hʌm²¹⁻²²ka⁵⁵⁴	冚屋人	om²¹ok⁵⁵n̠iɛn²⁴
家属	屋企人 屋里人	ok⁵⁵⁻³³kʰi³³⁴n̠iʌn²⁴³ ok⁵⁵⁻³²ly²²³n̠iʌn²⁴³	屋人	ok⁵⁵n̠iɛn²⁴
亲戚	亲戚	tʰʌn⁵⁵⁻³³tʰek⁵⁵	亲戚	tʃʰɐn⁴⁴⁻³²tʃʰiˀk⁵⁵
本家	本户	pun²²³u²²³	本家	pɐn⁵²⁻³²ka⁴⁴

续上表

义项	封川话词条	封川话标音	开建话词条	开建话标音
娘家	外家	ŋui²¹⁻²²ka⁵⁵⁴	女家	nɔi²⁴²⁻²¹ka⁴⁴
丈人家	外佬	ŋui²¹⁻²²lɐu²²³	姥翁呗	tai⁴⁴⁻³²oŋ⁴⁴pui⁵²
婆家	夫家	fu⁵⁵ka⁵⁵⁴	夫家	fu⁴⁴ka⁴⁴
姥姥家	婆姥	puᵓ²⁴³⁻²²ta⁵⁵⁴	吾姥呗	ŋ̍²⁴⁻²¹tai⁴⁴pui⁵²
男家	男方 男家头	nam²⁴³⁻²²fɔŋ⁵⁵ nam²⁴³⁻²²ka⁵⁵tʌu²⁴³	男方	nan²⁴⁻²¹fuŋ⁴⁴
女家	女方 女家头	ny²²³fɔŋ⁵⁵⁴ ny²²³ka⁵⁵tʌu²⁴³	女方	nɔi²⁴²⁻²¹fuŋ⁴⁴
堂亲	同翁兄弟 姊妹	toŋ²⁴³⁻²²oŋ⁵⁵heŋ⁵⁵tʌi³³⁴ ti³³⁴mui²¹	同翁兄弟 姊妹	toŋ²⁴⁻²¹oŋ⁴⁴hiᵓŋ⁴⁴⁻³²tɐi²⁴² tʃei⁵²⁻³²mui²¹
远房亲戚	疏堂兄弟 姊妹	ʃɔ⁵⁵tɔŋ²³⁴heŋ⁵⁵tʌi³³⁴ ti³³⁴mui²¹	疏堂兄弟 姊妹	ʃuᵓ⁴⁴⁻³²tœŋ²⁴hiᵓŋ⁴⁴⁻³²tɐi²⁴³ tʃei⁵²⁻³²mui²¹
表亲	老表	lɐu²²³piu³³⁴	老表	lɔ²⁴²⁻²¹pɛu⁵²
父系表亲	血表	hut⁵⁵⁻³³piu³³⁴	血表	hyt⁵⁵⁻³²pɛu⁵²
母系表亲	姨表	i²⁴³⁻²²piu³³⁴	姨表	i²⁴⁻²¹pɛu⁵²
乾亲	契亲	kʰʌi⁵²⁻³³tʰʌn⁵⁵⁴	契亲	kʰɛ³²tʃʰɐn⁴⁴
老师	先生	ɬin⁵⁵⁻³³ʃaŋ⁵⁵⁴	老师	lɔ²⁴²⁻²¹ʃi⁴⁴
学生	学徒	hɔk²²tu²⁴³	学生	œk²¹ʃɐŋ⁴⁴
师生	师生	ʃi⁵⁵ʃa⁵⁵⁴	师徒	ʃi⁴⁴⁻³²tu²⁴
读书人	读书人	tok²²ʃy⁵⁵n̩iʌn²⁴³	读书个	tok³⁴⁻²¹ʃy⁴⁴kuᵓ²¹
军人	军佬 当差佬 勇	kuʌn⁵⁵lɐu³³⁴ tɔŋ⁵⁵⁴tʰai⁵⁵⁴lɐu³³⁴ n̩iɔŋ²²³	军佬	kuɐn⁴⁴⁻³²lɔ⁵²
师傅	师傅	ʃi⁵⁵⁻³²fu²²³	师傅	ʃi⁴⁴⁻³²pu²⁴²
徒弟	徒弟	tu²⁴³⁻²²tʌi²²³⁻²¹	徒弟	tu²⁴⁻²¹tɐi²⁴²
师徒	师徒	ʃi⁵⁵tu²⁴³	师徒	ʃi⁴⁴⁻³²tu²⁴
戏曲演员	戏子	hi⁵²⁻³³ti³³⁴	戏佬	hi³²lɔ⁵²

续上表

义项	封川话词条	封川话标音	开建话词条	开建话标音
老生	老生	lɐu^{223}ʃaŋ^{554}	老生	lɔ$^{242-21}$ʃɛŋ^{44}
小生	小生	ɬiu^{334}ʃaŋ^{554}	小生	ʃɛu$^{52-32}$ʃɛŋ^{44}
武生	武生	mu^{223}ʃaŋ^{554}	武生	mu$^{242-21}$ʃɛŋ^{44}
花脸	花脸 大花面	fa^{55}lim^{223} tai$^{21-22}$fa^{55}min^{21}	大花面	tai^{21}fa$^{44-32}$min^{21}
小丑	杂脚	ɬap^{22}kiɐp^{22}	丑生	tʃʰau$^{52-32}$ʃɛŋ^{44}
刀马旦	刀马旦	tɐu^{55}ma^{223}tan^{52}	刀马旦	tɔ$^{44-32}$ma$^{242-21}$tan^{32}
老旦	老旦	lɐu^{223}tan^{52}	老旦	lɔ$^{242-21}$tan^{32}
青衣	青衣	tʰeŋ$^{55-33}$i^{554}	青衣	tʃʰiɤŋ$^{44-32}$i^{44}
花旦	花旦	fa^{55}tan^{52}	花旦	fa$^{44-32}$tan^{32}
小旦	小旦	ɬiu^{334}tan^{52}	小旦	ʃɛu$^{52-32}$tan^{32}
主角	主角	tʃy^{334}kɔk^{53}	主角	tʃy$^{52-32}$kœk^{32}
配角	配角	pui^{52}kɔk^{53}	配角	pʰui^{32}kœk^{32}
跑龙套的	龙套	loŋ$^{243-22}$tʰɐu$^{52-21}$	龙套	loŋ$^{24-21}$tʰɔ^{32}
票友	票友	pʰiu^{32}iʌu^{24}	票友	pʰiu^{32}iau^{242}
运动员	运动员	uʌn$^{21-22}$toŋ$^{21-22}$iun^{243}	运动员	uin^{21}toŋ$^{242-21}$yn^{24}
裁判	裁判	ɬui$^{243-22}$pʰun^{52}	裁判	tʃɔi$^{24-21}$pʰun^{32}
练武的人	功夫佬 武牛	koŋ$^{55-32}$fu^{22}lɐu^{334} mu^{223}ŋɐu^{243}	学武功个 打功夫个	œk^{21}mu$^{242-21}$koŋ^{44}ku^{21} ta^{52}koŋ^{44}fu^{44}ku^{21}
社区工作者	大队干部	tai$^{21-22}$tui$^{21-22}$kun$^{52-32}$pu^{21}	大队干部	tai^{21}tœ^{21}kun^{32}pu^{21}
秘书	秘书	pi$^{52-33}$ʃy^{554}	秘书	pei^{32}ʃy^{44}
医生	先生（老） 医生（新）	ɬin$^{55-33}$ʃaŋ^{554} i^{55}ʃaŋ^{554}	医生	i$^{44-32}$ʃɛŋ^{44}
护士	护士	u$^{21-22}$tʃi^{223}	护士	u^{21}tʃi^{242}
接生婆	执妈 接妈	tʃʌp$^{55-33}$ma^{554} tip$^{55-33}$ma^{554}	接生婆/娘	tʃɛp^{32}ʃɛŋ$^{44-32}$pu^{24}/nyŋ^{24}
裁缝师傅	车衫佬 裁缝佬 针衫佬	tʃʰɛ$^{55-33}$ʃam$^{55-33}$lɐu^{334} ɬui$^{243-22}$foŋ$^{243-22}$lɐu^{334} tʃam$^{55-33}$ʃam$^{55-33}$lɐu^{334}	车衫佬 裁缝佬	tʃʰiɛ$^{44-32}$ʃam$^{44-32}$lɔ^{52} tʃɔi$^{24-21}$poŋ$^{24-21}$lɔ^{52}

续上表

义项	封川话词条	封川话标音	开建话词条	开建话标音
理发匠	飞发佬 剃头佬	fi⁵⁵fat⁵³⁻³³ləu³³⁴ tʰʌi⁵²⁻³³tʌu²⁴³⁻²²ləu³³⁴	挥发佬	fei⁴⁴⁻³²fat³²lɔ⁵²
铁匠	打铁佬	ta³³⁴⁻³³tʰit⁵⁵⁻³³ləu³³⁴	打铁佬	ta⁵²⁻³²tʰɛt³²lɔ⁵²
铜匠	铸铜佬	tʃy⁵²⁻³²toŋ²⁴³⁻²²ləu³³⁴	打铜佬	ta⁵²⁻³²toŋ²⁴⁻²¹lɔ⁵²
木匠	斗木佬	tʌu⁵²⁻³²mok²²ləu³³⁴	斗木佬	tou³²mok³⁴⁻²²lɔ⁵²
银匠	打银佬	ta³³⁴⁻³²ŋʌn²⁴³⁻²²ləu³³⁴	打银佬	ta⁵²⁻³²ŋɐn²⁴⁻²¹lɔ⁵²
锁匠	打锁佬	ta³³⁴ɬɔ³³⁴ləu³³⁴	打锁佬	ta⁵²⁻³²ʃuᵒ⁵²⁻³²lɔ⁵²
皮匠	制皮佬	tʃʌi⁵²pi²⁴³⁻²²ləu³³⁴		
花匠	花匠	fa⁵⁵ɬieŋ²¹	苗圃工人	mɛu²⁴⁻²¹pʰuᵒ⁵²koŋ⁴⁴⁻³²n̩ien²⁴
建筑工	泥水佬	nʌi²⁴³⁻²²ʃui³³⁴ləu³³⁴	起屋佬	hi⁵²⁻³²ok⁵⁵⁻³²lɔ⁵²
补锅的	补镬佬	pu⁵²⁻³³uɔk²²ləu³³⁴	补铛佬	pu⁵²⁻³²tʃʰɛŋ⁴⁴⁻³²lɔ⁵²
焊壶的	焊壶的	hon²²³⁻²²u²⁴³kɛ³³	补铛佬	pu⁵²⁻³²tʃʰɛŋ⁴⁴⁻³²lɔ⁵²
手艺人	手工人	ʃau³³⁴koŋ⁵⁵n̩iʌn²⁴³	手艺人	ʃou⁵²⁻³²ŋɛ²¹n̩ien²⁴
司机	司机	ɬi⁵⁵ki⁵⁵⁴	司机佬	ʃuᵒ⁴⁴⁻³²ki⁴⁴⁻³²lɔ⁵²
工人	工人	koŋ⁵⁵n̩iʌn²⁴³	工人	koŋ⁴⁴⁻³²n̩ien²⁴
生意人	生意佬	ʃaŋ⁵⁵i⁵²⁻³³ləu³³⁴	做生意个	tʃu³²ʃɛŋ⁴⁴⁻³²i³²kuᵒ²¹
奸商	奸商	kan⁵⁵ʃieŋ⁵⁵⁴	奸商	kan⁴⁴⁻³²ʃyŋ⁴⁴
合伙人	伙记	fɔ⁵²⁻³²ki⁵²⁻²¹	合本人	kəp³²pɐn⁵²n̩ien²⁴
生意中介人	中间人 中介人	tʃoŋ⁵⁵⁻³²kan⁵⁵⁻²²n̩iʌn²⁴³ tʃoŋ⁵⁵kai⁵²⁻²²n̩iʌn²⁴³	中间人	tʃoŋ⁴⁴⁻³²kan⁴⁴⁻³²n̩ien²⁴
摊贩	摊贩	tʰan⁵⁵fan⁵²	摆摊个	pai⁵²⁻³²tʰan⁴⁴kuᵒ²¹
小贩	小贩	ɬiu³³⁴fan⁵²	贩佬/鬼	fan³²lɔ⁵²/kuei⁵²
卖艺者	江湖佬	koŋ⁵⁵⁴⁻³²u²⁴³⁻²²ləu³³⁴	江湖佬	kœŋ⁴⁴⁻³²u²⁴⁻²¹lɔ⁵²
弹棉花的	棉胎佬	min²⁴³⁻²²tʰui⁵⁵⁻²²ləu³³⁴	弹棉佬	tan²⁴⁻²¹mɛn²⁴⁻²¹lɔ⁵²
代书者	书佣 卖字佬	ʃy⁵⁵ioŋ²⁴³ mai²¹⁻²²ɬi²¹⁻²²ləu³³⁴	写对佬 写字佬	ʃiᵉ⁵²⁻³²tœy³²lɔ⁵² ʃiᵉ⁵²⁻³²tʃi²¹lɔ⁵²
卖报者	报纸佬	pəu⁵²⁻³²tʃi⁵³⁻³³ləu³³⁴	卖报纸个	mai²¹pɔ³²tʃi⁵²kuᵒ²¹
卖鱼人	卖鱼佬	mai²¹⁻²²n̩y²⁴³⁻²²ləu³³⁴	鱼佬/鬼	n̩y²⁴⁻²¹lɔ⁵²/kuei⁵²

续上表

义项	封川话词条	封川话标音	开建话词条	开建话标音
收废品者	垃圾佬 糖瓜佬	lap^{22}ɬap^{22}ləu^{334} tɔŋ$^{243-22}$kua$^{55-33}$ləu^{334}	垃圾佬 □铃佬	lɐp^{21}ʃɐp$^{55-32}$lɔ^{52} te$^{44-3}$leŋ$^{44-32}$lɔ^{52}
捡破烂的	垃圾佬	lap^{22}ɬap^{22}ləu^{334}	垃圾佬	lɐp^{21}ʃɐp$^{55-32}$lɔ^{52}
倒卖票的人	二道贩	ȵi$^{21-22}$təu$^{21-22}$fan^{52}	黄牛党	uŋ$^{24-21}$ŋɐu$^{24-21}$tœŋ^{52}
屠户	劏猪佬	tʰɔŋ$^{55-33}$tʃy$^{55-33}$ləu^{334}	劏猪佬	tʰœn$^{44-32}$tœy$^{44-32}$lɔ^{52}
看门人	守门人 门口狗	ʃʌu^{334}mun$^{243-22}$ȵiʌn^{243} mun$^{243-22}$hʌu^{334}kʌu^{334}	守门狗 门口狗	ʃou$^{52-32}$mɐn$^{24-21}$kou^{52} mɐn$^{24-21}$hɐu$^{52-32}$kou^{52}
跑腿的人	跑腿 行江	pʰau^{334}tʰui^{334} haŋ$^{243-22}$kɔŋ^{554}	走狗	tʃou$^{52-32}$kou^{52}
饲养员	饲养员	ɬi$^{21-22}$iɛŋ$^{223-23}$iun^{243}	饲养员	tʃu^{21}yŋ$^{242-21}$yn^{24}
厨师	厨师 大厨 火头	tʃy$^{243-22}$ʃi^{554} tai$^{21-22}$tʃy^{243} fɔ$^{334-32}$tau^{243}	厨师 大厨 火头军	tʃy$^{24-21}$ʃu^{044} tai^{21}tʃy^{24} fu$^{052-32}$tɐu$^{24-21}$kuɐn^{44}
火夫	火夫	fɔ$^{334-33}$fu^{554}	火夫	fu$^{052-32}$fu^{44}
搬运工	搬运工	pun^{55}uʌn$^{21-22}$kɔŋ^{554}	苦力工	fu$^{52-32}$lɐk$^{34-21}$kɔŋ^{44}
车夫	车夫	tʃʰɛ^{55}fu^{554}	车夫	tʃʰiɛ$^{44-32}$fu^{44}
挑夫	挑夫	tʰiu^{55}fu^{554}	担担佬	tam$^{44-32}$tam^{32}lɔ^{52}
轿夫	抬轿佬	tui$^{243-22}$kiu$^{21-22}$ləu^{334}	轿夫	kiu^{21}fu^{44}
船家	大船佬 遁家	tai$^{21-22}$tʃun$^{243-22}$ləu^{334} tʌn$^{21-22}$ka^{554}	大船佬 蛋家佬	tai^{21}tʃyn$^{24-21}$lɔ^{52} tan^{21}ka$^{44-32}$lɔ^{52}
水手	水手	ʃui^{334}ʃʌu^{334}	水手	ʃœ$^{52-32}$ʃou^{52}
修脚工	修脚工	ɬʌu$^{55-33}$kiɛk$^{55-33}$kɔŋ^{554}		
农民	耕田佬 农夫	kaŋ$^{55-33}$tin$^{243-22}$ləu^{334} nɔŋ$^{243-21}$fu^{554}	农民	nɔŋ$^{24-21}$mɐn^{24}
渔民	遁家佬 蛋家佬	tʌn$^{21-22}$ka$^{554-33}$ləu^{334} tan^{21}ka^{554}lɔ^{334}	大船佬	tai^{21}tʃyn$^{24-21}$lɔ^{52}
牧民	放牧人	fɔ$^{52-32}$mok^{22}ȵiʌn^{243}	牧民	mok$^{34-21}$mɐn^{24}
猎人	打猎人	ta^{334}lip^{22}ȵiʌn^{243}	打猎个	ta$^{52-32}$lɛt^{21}ku^{021}

续上表

义项	封川话词条	封川话标音	开建话词条	开建话标音
顾客	买家 顾客	mai^{223}ka^{554} ku$^{52\text{-}33}$hak^{55}	买家 客	mai$^{242\text{-}21}$ka^{44} hɛk^{32}
东家	东家	toŋ^{55}ka^{554}	东家	toŋ$^{44\text{-}32}$ka^{44}
老闆	老板	ləu^{223}pan^{223}	老板	lɔ$^{242\text{-}21}$pan^{52}
老闆娘	老板娘	ləu^{223}pan^{334}niɛŋ^{243}	老板娘	lɔ$^{242\text{-}21}$pan$^{52\text{-}32}$nyŋ^{24}
房东	房东 屋主	fɔŋ$^{243\text{-}22}$toŋ^{554} ok$^{55\text{-}32}$tʃy^{334}	屋主	ok$^{55\text{-}32}$tʃy^{52}
账房先生	二掌柜 经管师爷	ɲi$^{21\text{-}22}$tʃiɛŋ$^{334\text{-}22}$kuʌi^{21} keŋ^{55}kun^{334}ʃi^{55}iɛ^{243}	会计	ui^{21}kɛ^{32}
堂倌	服务生	fok^{22}mu$^{21\text{-}22}$ʃaŋ^{554}	服务员	pok$^{34\text{-}21}$mu^{21}yn^{24}
学徒	徒弟	tu$^{243\text{-}22}$tʌi^{21}	学徒	œk^{21}tu^{24}
店员	打工仔	ta^{334}koŋ^{55}tʌi^{334}	（打）工仔	(ta$^{52\text{-}32}$)koŋ$^{44\text{-}32}$tʃai^{52}
雇工	雇工	ku$^{52\text{-}33}$koŋ^{554}	工仔	koŋ$^{44\text{-}32}$tʃai^{52}
长工	长工	tʃiɛn$^{243\text{-}22}$koŋ^{554}	长工	tyŋ$^{24\text{-}21}$koŋ^{44}
零工	散工	ɫan^{334}koŋ^{554}	零工	liᵊŋ$^{24\text{-}21}$koŋ^{44}
短工	短工	tun^{334}koŋ^{554}	临时工	lɐm$^{24\text{-}21}$tʃi$^{24\text{-}21}$koŋ^{44}
管家	管家	kun^{334}ka^{554}	管家	kun$^{52\text{-}32}$ka^{44}
仆人	佣人	ioŋ^{21}ɲiʌn^{243}	仆人	pok$^{34\text{-}21}$ɲiɛn^{24}
女仆	女佣人 阿头妹	ny^{223}ioŋ^{21}ɲiʌn^{243} a^{33}tʌu$^{243\text{-}22}$mui^{554}	阿妹头	a^{32}mui^{21}tɐu^{24}
丫环	妹仔	mui^{55}tʌi^{334}	妹仔	mui$^{44\text{-}32}$tʃai^{52}
保姆	保姆	pəu^{334}mu^{223}	保姆	pɔ$^{52\text{-}32}$mu^{242}
奶妈	奶妈	nai^{223}ma^{554}	奶妈	nai$^{242\text{-}21}$ma^{44}
看坟人	守坟人	ʃʌu^{334}fuʌn$^{243\text{-}22}$ɲiʌn^{243}	守墓个	ʃou^{52}mu^{21}ku^{21}
殡葬工	仵作佬	ɲi$^{21\text{-}22}$tok^{22}ləu^{334}		
孝子	孝子	hau$^{52\text{-}33}$ti^{334}	孝子	hau^{32}tʃu^{52}
孝孙	孝孙	hau$^{52\text{-}33}$ɫun^{554}	孝孙	hau^{32}ʃɐn^{44}
乞丐	乞儿	hʌt$^{55\text{-}33}$i^{554}	乞儿	hɐt$^{55\text{-}32}$ɲi^{44}
官员	官员	kun^{55}iun^{243}	官	kun^{44}

续上表

义项	封川话词条	封川话标音	开建话词条	开建话标音
大官	大官	tai²¹⁻²²kun⁵⁵⁴	大官	tai²¹kun⁴⁴
清官	清官	tʰeŋ⁵⁵kun⁵⁵⁴	清官	tɕʰiəŋ⁴⁴⁻³²kun⁴⁴
赃官	贪官	tʰam⁵⁵kun⁵⁵⁴	贪官	tʰam⁴⁴⁻³²kun⁴⁴
司法人员	法官	fat⁵³⁻³³kun⁵⁵⁴	法官	fat³²kun⁴⁴
原告	原告 起诉人	n̠iun²⁴³⁻²²kəu⁵² hi³³⁴ʃu⁵²n̠iɐn²⁴³	原告	n̠yn²⁴⁻²¹kɔ³²
被告	被告	pi²¹⁻²²kəu⁵²	被告	pei²¹kɔ³²
讼师	状棍 状骨佬	tʃɔŋ²¹⁻²²kuʌn⁵² tʃɔŋ²¹⁻²²kuʌt⁵ləu³³⁴	律师 师爷	let³⁴⁻²²ʃi⁴⁴ ʃi⁴⁴⁻³²i̯ɛ²⁴
作证的人	见证人 中间人	kin⁵²tʃeŋ⁵²⁻²²n̠iɐn²⁴³ tʃɔŋ⁵²kan⁵⁵⁴⁻³³n̠iɐn²⁴³	证人	tʃiŋ³²n̠iɐn²⁴
警察	警察 差佬	keŋ³³⁴tʃʰat⁵³ tʃʰai⁵⁵ləu³³⁴	公安 阿 sir	koŋ⁴⁴⁻³²ɔn⁴⁴ a³²ʃœ²¹
监狱看守	睇监佬	tʰʌi³³⁴⁻³³kam⁵⁵⁴ləu³³⁴	看监个	hɵn³²kam⁴⁴kuɔ²¹
和尚	和尚	uɔ²⁴³⁻²²tʃʰɔ²¹	和尚	u²⁴⁻²¹tʃɔŋ²¹
尼姑	尼姑	ni²⁴³⁻²²ku⁵⁵⁴	尼姑	nɐi²⁴⁻²¹ku⁴⁴
道士	喃么佬	nam²⁴³⁻²²mɔ⁵⁵⁻⁵²ləu³³⁴	喃么佬 南么师傅 道士	nam²⁴⁻²¹mu²⁴⁴⁻³²lɔ⁵² nam²⁴⁻²¹mu⁴⁴ʃi⁴⁴⁻³²pu²⁴² tɔ²¹tʃi²⁴²
算命先生	算命先生 算命佬	ɬun⁵²⁻³²meŋ²¹⁻²²ɬin⁵⁵⁻³³ʃaŋ⁵⁵⁴ ɬun⁵²⁻³²meŋ²¹⁻²²ləu³³⁴	算命先生 算命佬	ʃyn³²miŋ²¹ʃen⁴⁴⁻³²ʃeŋ⁴⁴ ʃyn³²miŋ²¹lɔ⁵²
巫师（男）	问仙佬 大话佬	muʌn²¹⁻²²ɬin⁵⁵⁻³³ləu³³⁴ tai²¹⁻²²ua²¹⁻²²ləu³³⁴	神棍	tʃen²⁴⁻²¹kuin³²
巫师（女）	问仙婆 大话婆	muʌn²¹⁻²²ɬin⁵⁵⁻³³pɔ²⁴³ tai²¹⁻²²ua²¹⁻²²pɔ²⁴³	迷仙婆	mɐi²⁴⁻²¹ʃen⁴⁴⁻³²pu²⁴
其他神职人员	测字佬（婆） 画符佬（婆）	tʃʰak⁵³⁻³²ɬi²¹⁻²²ləu³³⁴/pɔ²⁴³ uak²²fu²⁴³⁻²²ləu³³⁴/pɔ²⁴³		

续上表

义项	封川话词条	封川话标音	开建话词条	开建话标音
其他宗教信仰者	信男 信女 信徒	ɬʌn$^{52-32}$nam^{243} ɬʌn$^{53-32}$ny^{223} ɬʌn$^{52-32}$tu^{243}	信男 信女 信徒	ʃin^{32}nam^{24} ʃin^{32}nɔi^{242} ʃin^{32}tu^{24}
其他职业的人	占卦佬 地理佬 风水佬	tʃim$^{52-32}$kua$^{21-22}$ləu^{334} ti$^{21-22}$li^{223}ləu^{334} foŋ$^{55-33}$ʃui^{334}ləu^{334}	占卦佬 地理佬/牯 风水佬	tʃim^{32}kua^{32}lɔ^{52} tei^{21}lɐi$^{242-21}$lɔ^{52}/ku^{52} foŋ$^{44-32}$ʃœ$^{52-32}$lɔ^{52}
扒手	白粘 三只手	pak^{22}nim^{554} ɬam^{55}tʃek$^{\underline{55-33}}$ʃʌu^{334}	白拈	pɛk$^{\underline{21}}$nɛm^{44}
贼	贼佬	ɬak$^{\underline{22}}$ləu^{334}	贼	tʃɐk$^{\underline{34}}$
强盗	贼佬 劫匪	ɬak$^{\underline{22}}$ləu^{334} kip$^{\underline{55-33}}$fi^{334}	土匪	tʰu$^{52-32}$fei^{52}
土匪	土匪	tʰu^{334}fi^{334}	土匪	tʰu$^{52-32}$fei^{52}
人贩子	人贩	ȵiʌn$^{243-22}$fan^{52}	人贩子	ȵiɐn$^{24-21}$fan^{32}tʃu^{52}
骗子	光棍佬 呃棍	kuɔŋ$^{55-32}$kuʌn$^{52-22}$ləu^{334} ŋak$^{\underline{55}}$kuʌn^{52}	骗子	pʰin^{32}tʃu^{52}
放高利贷者	大耳窿 大耳狗	tai$^{21-22}$ȵi^{223}loŋ^{554} tai$^{21-22}$ȵi^{223}kʌu^{334}	大耳窿	tai^{21}ȵi$^{242-21}$loŋ^{44}
流氓	地痞	ti$^{21-22}$məu^{554}	流氓	lɐu$^{24-21}$mœŋ^{24}
赌徒	赌鬼	tu^{334}kuʌi^{334}	赌鬼	tu$^{52-32}$kuei^{52}
吸毒者	粉仔 烟鬼 烟杠	fuʌn$^{334-34}$tʌi^{334} in$^{554-33}$kuʌi^{334} in$^{554-33}$kɔŋ$^{52-21}$	粉仔	fɐn$^{52-32}$tʃai^{52}
恶霸	恶爷 恶棍	ɔk$^{\underline{53-33}}$iɛ^{554} ɔk$^{\underline{53-33}}$kuʌn^{52}	恶爷 恶霸	œk^{32}iɛ^{44} œk^{32}pa^{32}
黑帮头子	头诺=	tʌu$^{243-22}$nɔk$^{\underline{55}}$	大佬	tai^{21}lɔ^{52}
黑帮走卒	帮凶 马仔 打手	pɔŋ^{55}hoŋ^{554} ma^{223}tʌi^{334} ta$^{334-34}$ʃʌu^{334}	马仔	ma$^{242-21}$tʃai^{52}
逆子	反骨仔	fan^{334}kuʌt$^{\underline{55}}$tʌi^{334}	反骨仔	fan$^{52-32}$kuɐt$^{\underline{55-32}}$tʃai^{52}
犯人	犯人	fan$^{21-22}$ȵiʌn^{243}	犯人	pam$^{242-21}$ȵiɐn^{24}

续上表

义项	封川话词条	封川话标音	开建话词条	开建话标音
囚犯	监墩	kam$^{55-33}$tΛn^{223}	监墩	kam$^{44-32}$tɐn^{52}
同案犯	同案犯	toŋ$^{243-22}$on$^{52-32}$fan^{223}	同案犯	toŋ$^{24-21}$ɵn^{32}pam^{242}
妓女	老举	lɐu^{223}ky^{334}	鸡，老举	kɐi^{44}, lɔ$^{242-21}$ky^{52}
男妓	男举	nam$^{243-22}$ky^{334}	鸭	ap^{32}
色情业中介	老举寨	lɐu^{223}ky^{334}tʃai^{21}	老举寨 鸡窦	lɔ$^{242-21}$ky$^{52-32}$tʃai^{21} kɐi$^{44-32}$tou^{32}
其他色情从业人员	龟头 龟婆 龟公	kuΛi^{55}tΛu^{243} kuΛi^{55}pɔ^{243} kuΛi^{55}koŋ^{554}	龟头 龟婆 龟公	kuɐi$^{44-32}$tɐu^{243} kuɐi$^{44-32}$pu^{024} kuɐi$^{44-32}$koŋ^{44}
头	头	tΛu^{243}	头	tɐu^{24}
脑	脑	nəu^{223}	脑	nɔ^{242}
头顶	头(壳)顶	tΛu$^{243-22}$(hɔk$^{53-33}$)teŋ^{334}	头(壳)顶	tɐu$^{24-21}$(hœk^{32})ti^{o}ŋ^{52}
后脑勺	头壳灭=	tΛu$^{243-22}$hɔk$^{53-33}$miɛt^{55}	头壳督	tɐu$^{24-21}$hœk^{32}tok^{55}
颈后凹处	后股枕	hau$^{21-22}$ku^{334}tʃΛm^{334}	后枕冲	ɐu$^{242-21}$tʃɐm$^{52-32}$tʃʰoŋ^{44}
囟门	额门	ŋek^{22}mun^{243}	山门	ʃan$^{44-32}$mɐn^{24}
太阳穴	脑瘪	nəu^{223}miɛt^{55}	云精	uɐn$^{24-21}$tʃi^{o}ŋ^{44}
额	额头	ŋek^{22}tΛu^{243}	肉门头	niok$^{34-21}$mɐn$^{24-21}$tɐu^{24}
头发	头毛	tΛu$^{243-22}$məu^{243}	头发/毛	tɐu$^{24-21}$fat^{32}/mɔ^{44}
髪旋	头毛旋	tΛu$^{243-22}$məu$^{243-22}$łun^{21}	旋	tʃyn^{21}
鬓	荫(淫)	iΛm^{243}	滴水	tek$^{55-32}$ʃœ^{52}
额前发	头毛层	tΛu$^{243-22}$məu$^{243-22}$łaŋ^{243}	留髻	lɐu^{32}iɐm^{44}
辫	辫	pɛn^{554}	辫	pɛn^{242}
髻	髻	kΛi^{52}	髻	kei^{32}
头屑	白屑 白雪	pak^{22}łit^{55} pak^{22}łut^{55}	白屑	pɛk^{21}ʃɛt^{32}
脸	面	min^{21}	面	min^{21}
脸蛋	面相 面容	min$^{21-22}$łiɐn$^{52-21}$ min$^{21-22}$ioŋ^{243}	面相	min^{21}ʃyŋ^{32}
颧骨	面颧骨	min$^{21-22}$kun$^{243-22}$kuΛt^{55}	面颧骨	min^{21}kyn$^{24-21}$kuɐt^{55}

续上表

义项	封川话词条	封川话标音	开建话词条	开建话标音
眉	眼眉	ŋan²²³⁻²²mi²⁴³	眼眉	ŋan²⁴²⁻²¹mɐi²⁴
眼	眼	ŋan²²³	眼	ŋan²⁴²
眼珠	眼核	ŋan²²³⁻²²uʌt²²	眼核	ŋan²⁴²⁻²¹uɐt³⁴
黑眼珠	眼黑	ŋan²²³⁻²²hak⁵⁵	眼黑	ŋan²⁴²⁻²¹hɐk⁵⁵
白眼珠	眼白	ŋan²²³⁻²²pak²²	眼白	ŋan²⁴²⁻²¹pɐk²¹
瞳人	眼仁	ŋan²²³⁻²²ȵiʌn²⁴³	眼仁	ŋan²⁴²⁻²¹ȵien²⁴
眼眶	眼烘	ŋan²²³⁻²²hoŋ²¹	眼唇	ŋan²⁴²⁻²¹tʃen²⁴
眼眶	眼盖	ŋan²²³⁻²²kui⁵²⁻²¹	眼盖	ŋan²⁴²⁻²¹kɔi³²
眼角	眼角	ŋan²²³⁻²²kɔk⁵³⁻²²	眼角	ŋan²⁴²⁻²¹kœk³²
双眼皮	双眼皮	ʃoŋ⁵⁵ŋan²²³pi²⁴³	双眼皮	ʃœŋ⁴⁴⁻³²ŋan²⁴²⁻²¹pei²⁴
眼角皱纹	鱼尾纹	ȵy²⁴³⁻²²mi²²³muʌn²⁴³	鱼尾纹	ȵy²⁴⁻²¹mɐi²⁴²⁻²¹mɐn²⁴
单眼皮	湿眵眼	ʃʌp⁵⁵⁻³³ʃi⁵⁵ŋan²²³	单眼皮	tan⁴⁴⁻³²ŋan²⁴²⁻²¹pei²⁴
眼皮	眼皮	ŋan²²³⁻²²pi²⁴³	眼皮	ŋan²⁴²⁻²¹pei²⁴
睫毛	眼眉毛	ŋan²²³mi²⁴³⁻²²məu²⁴³	眼眉毛	ŋan²⁴²⁻²¹mɐi²⁴⁻²¹mɔ²⁴
眼圈	眼圈	ŋan²²³⁻²²hun⁵⁵⁴	眼圈	ŋan²⁴²⁻²¹hyn⁴⁴
眼泪	眼泪水	ŋan²²³⁻²²lui²¹⁻²²ʃui³³⁴	眼泪水	ŋan²⁴²⁻²¹lœ²¹ʃœ⁵²
眼屎	眼眵	ŋan²²³⁻²²tʃʰi⁵⁵⁴	眼屎	ŋan²⁴²⁻²¹ʃi⁵²
鼻	鼻	pi²¹	鼻	pei²¹
鼻尖	鼻头	pi²¹⁻²²tʌu²⁴³	鼻头	pei²¹tɐu²⁴
鼻梁	鼻梁	pi²¹⁻²²lieŋ²⁴³	鼻梁	pei²¹lyŋ²⁴
鼻翅	鼻翼	pi²¹⁻²²iek²²		
鼻孔	鼻窿	pi²¹⁻²²loŋ⁵⁵⁴	鼻窿	pei²¹loŋ⁴⁴
鼻毛	鼻毛	pi²¹⁻²²məu²⁴³	鼻毛	pei²¹mɔ²⁴
鼻涕	鼻涕	pi²¹⁻²²tʰʌi⁵²⁻²¹	鼻	pei²¹
鼻屎	鼻屎	pi²¹⁻²²ʃi³³⁴	鼻屎	pei²¹ʃi⁵²
鼻的其他部位	鼻拳头	pi²¹⁻²²kun²⁴³⁻²²tʌu²⁴³		
耳	耳	ȵi²²³	耳尾，耳	ȵi²⁴²⁻²¹mɐi²⁴², ȵi²⁴²

续上表

义项	封川话词条	封川话标音	开建话词条	开建话标音
耳垂	耳坠	ȵi²²³⁻²²tʃui²¹	耳尾珠	ȵi²⁴²⁻²¹mɐi²⁴²⁻²¹tʃy⁴⁴
耳孔	耳窿	ȵi²²³⁻²²loŋ⁵⁵⁴	耳尾窿	ȵi²⁴²⁻²¹mɐi²⁴²⁻²¹loŋ⁴⁴
耳屎	耳屎	ȵi²²³⁻²²ʃi³³⁴	耳屎	ȵi²⁴²⁻²¹ʃi⁵²
耳的其他部位	耳尖 耳罂（莺）	ȵi²²³⁻²²tim⁵⁵⁴ ȵi²²³⁻²²aŋ⁵⁵⁴	耳尾缸 耳罂	ȵi²⁴²⁻²¹mɐi²⁴²⁻²¹kœŋ⁴⁴ ȵi²⁴²⁻⁴¹ɛŋ⁴⁴
嘴	嘴	tui³³⁴	嘴	tʃœ⁵²
唇	嘴唇	tui⁵²tʃuʌn²⁴³	嘴唇	tʃœ⁵²⁻³²tʃɐn²⁴
牙	牙	ŋa²⁴³	牙	ŋa²⁴
门牙	当门/面牙	tɔŋ⁵⁵⁴⁻⁵²mun²⁴³⁻²²/min²¹ŋa²⁴³	当门	tœŋ⁴⁴⁻³²mɐn²⁴
大牙	大牙	tai²¹⁻²²ŋa²⁴³	大牙	tai²¹ŋa²⁴
智齿	智齿	tʃi⁵²tʃʰi³³⁴	智齿	tʃi³²tʃʰi⁵²
牙垢	牙佳 牙釀	ŋa²⁴³⁻²²kai²⁴³ ŋa²⁴³⁻²²ȵiɛŋ²⁴³	牙胶 牙齿闷	ŋa²⁴⁻²¹kau⁴⁴ ŋa²⁴⁻²¹tʃʰi⁵²⁻³²mun²¹
牙根	牙根	ŋa²⁴³⁻²²kʌn⁵⁵⁴	牙根	ŋa²⁴⁻²¹kɐn⁴⁴
牙床	牙床	ŋa²⁴³⁻²²tʃɔŋ²⁴³	牙齿肉	ŋa²⁴⁻²¹tʃʰi⁵²⁻³²ȵiok³⁴
舌	舌	tʃiet²²	舌脷	tʃit³⁴⁻²¹lei²¹
舌苔	舌苔	tʃiet²²tʰui⁵⁵⁴	舌苔	tʃit³⁴⁻²¹tʰɔi⁴⁴
小舌	喉灵定	hʌu²⁴³⁻²²leŋ²⁴³⁻²²teŋ²¹	吊钟	tiu³²tʃoŋ⁴⁴
唾沫	口水	hʌu³³⁴⁻³³ʃui³³⁴	口水	hɐu⁵²⁻³²ʃœ⁵²
唾沫星子	口水花	hʌu³³⁴⁻³³ʃui³³⁴⁻³³fa⁵⁵⁴	口水泡	hɐu⁵²⁻³²ʃœ⁵²⁻³²pɔ²⁴²
痰	口潺	hʌu³³⁴⁻³³łan²⁴³	口潺	hɐu⁵²⁻³²tʃan²⁴
嘴的其他部位	嘴角 嘴唇丢⁼	tui³³⁴⁻³³kɔk⁵³⁻²² tui³³⁴⁻⁵³tʃʌn²⁴³⁻²²tiɐu¹	嘴角 嘴唇丢⁼	tʃœ⁵²⁻³²kœk³² tʃœ⁵²⁻³²tʃɐn²⁴⁻²¹tiu⁵²
人中	人中	ȵiʌn²⁴³⁻²²tʃoŋ⁵⁵⁴	人中	ȵiɐn²⁴⁻²¹tʃoŋ⁴⁴
酒窝	酒沸	tʌu³³⁴⁻³³fiɛt⁵⁵	酒盅	tʃau⁵²⁻³²tʃoŋ⁴⁴
腮帮	下巴腮 牙骸腮	ha²¹⁻²²pa⁵⁵⁻²²łui⁵⁵⁴ ŋa²⁴²⁻²²kau⁵²⁻³³łui⁵⁵	下巴腮	a²⁴²⁻²¹pa²⁴⁻²¹ʃɔi⁴⁴
下巴	下骸	ha²¹⁻²²kau⁵²⁻²¹	下巴	a²⁴²⁻²¹pa²⁴

续上表

义项	封川话词条	封川话标音	开建话词条	开建话标音
髭子	胡须	pu$^{243-22}$ɬy^{554}	胡须	u$^{24-21}$ʃœy^{44}
颈	颈	keŋ^{334}	颈	ki°ŋ^{52}
喉咙	喉头	hʌu$^{243-22}$tʌu^{243}	喉头	hɐu$^{24-21}$tɐu^{24}
喉结	喉榄	hʌu$^{243-22}$lam^{223}	喉头灵	hɐu$^{24-21}$tɐu^{24}li°ŋ^{24}
躯体	身(体)	ʃʌn^{554}(tʰʌi^{334})	身(体)	ʃɐŋ^{44}(tʰei^{52})
肩	膊头	pɔk^{53}tʌu^{243}	膊头	pœk^{32}tɐu^{24}
肩窝	肩瘪	kin^{55}miet^{55}	颈罂	ki°ŋ$^{52-32}$ɐŋ^{44}
胛骨	膊(头)骨	pɔk^{53}tʌu$^{243-22}$kuʌt^{55}	饭匙骨	pan^{21}tʃi$^{24-21}$kuɐt^{55}
锁骨	锁骨	ɬɔ^{334}kuʌt^{55}	锁骨	ʃu$^{ə52-32}$kuɐt^{55}
腋窝	册肋	tʃʰak$^{53-33}$lak^{55}	肋脚下	lɐk$^{34-21}$ki°k$^{55-32}$a^{242}
胸口	心口	ɬm$^{55-33}$hʌu^{334}	心口	ʃɐm$^{44-32}$hɐu^{52}
胸脯	心胸	ɬʌm$^{554-33}$hoŋ^{554}	心胸	ʃɐm$^{44-32}$hoŋ^{44}
乳房	奶脯	nai$^{223-22}$pok^{22}	脌	nin^{44}
脊背	背脊	pui$^{52-33}$tek^{55}	谷胨鼓	kok$^{55-32}$mui$^{24-21}$ku^{52}
脊骨	脊龙骨	tek$^{55-32}$loŋ$^{243-22}$kuʌt^{55}	脊龙骨	tʃi°k$^{55-32}$loŋ$^{24-21}$kuɐt^{55}
肋骨	肋支骨	lak^{22}tʃi$^{55-32}$kuʌt^{55}	□支骨	ʃɐk^{32}tʃi$^{44-32}$kuɐt^{55}
小腹	小肚	ɬiu$^{52-32}$tu^{223}	屎肚	ʃi$^{52-32}$tɔ^{242}
腰	腰	iu^{554}	腰	iu^{44}
腹	肚	tu^{223}	肚	tɔ^{242}
脐眼	肚膘=	tu$^{223-22}$piɛu^{554}	屎肚□	ʃi$^{52-32}$tɔ$^{242-21}$piu^{44}
尾骨	尾骨	mi^{223}kuʌt^{55}	尾骨	mɐi$^{242-21}$kuɐt^{55}
两腿之间	腿罅	tʰui^{52}la^{21}	腿罅	tʰœ$^{52-32}$la^{32}/li^{e32}
腹股沟	大髀罅	tai$^{21-22}$pi$^{21-22}$la^{21}	屎肚罅	ʃi$^{52-32}$tɔ$^{242-32}$la^{32}/li^{e32}
臀	屎窟 囉柚	ʃi$^{334-33}$fuʌt^{55} lɔ^{55}iʌu^{243}	屎窟臀	ʃi$^{52-32}$fet$^{55-32}$tɐn^{24}
臀沟	屎窟罅	ʃi$^{334-33}$fuʌt$^{55-32}$la^{21}	屎窟罅	ʃi$^{52-32}$fet$^{55-32}$la^{32}/li^{e32}
肛门	屎窟窿	ʃi$^{334-33}$fuʌt$^{55-32}$loŋ^{554}	屎窟窿	ʃi$^{52-32}$fet$^{55-32}$loŋ^{44}
男阴	鸠 出=	kʌu^{554} ɬʌt^{22}	鸠 出=	kɐu^{44} tʃʰɐt^{34}

续上表

义项	封川话词条	封川话标音	开建话词条	开建话标音
小儿阴	鸠儿/口儿	kʌu⁵⁵ȵi⁵⁵⁴/kɛ⁵⁵ȵi⁵⁵⁴	鸠啫（仔）	kɐu⁴⁴⁻³²tʃɛ⁴⁴（tʃai⁵²）
女阴	肟	hʌi⁵⁵⁴	肟	hɐi⁴⁴
女阴	肟咩（仔）	hʌi⁵⁵⁴⁻³³mie³³⁴	肟咩（仔）	hɐi⁴⁴⁻³²mɛ⁴⁴（tʃai⁵²）
五脏	五脏	ŋ̍²²³ɫɔŋ²¹	五脏	ŋ̍²⁴²⁻²¹tʃœŋ²¹
心	心	ɫʌm⁵⁵⁴	心	ʃem⁴⁴
肺	肺	fi⁵²	肺	fei³²
肝	肝	kɔn⁵⁵⁴	肝	kɔn⁴⁴
脾	脾	pi²⁴³	脾	pei²⁴
肾	肾	tʃʌn²²³	肾	tʃen²⁴²
胰腺	䐁	pɔŋ³³⁴		
胃	胃	uʌi²²³	胃	uɐi²⁴²
肠	肠	tʃiɛŋ²⁴³	肠	tʃœŋ²¹
小肠	小肠	ɫiu³³⁴⁻³²tʃiɛŋ²⁴³	肠仔	tʃœŋ²¹tʃai⁵²
大肠	大肠	tai²¹⁻²²tʃiɛŋ²⁴³	大肠	tai²¹tʃœŋ²¹
盲肠	盲肠	maŋ²⁴³⁻²²tʃiɛŋ²⁴³	盲肠	mɛŋ²⁴⁻²¹tʃœŋ²¹
膀胱	尿囊	niu²¹⁻²²nɔŋ⁵⁵⁴	尿囊	niu²¹nœŋ⁴⁴
胆	胆	tam³³⁴	胆	tam⁵²
其他脏腑	筋络	tʃʌn⁵⁵lɔk⁵³	筋	tʃen⁴⁴
上肢	上肢	tʃiɛŋ²¹⁻²²tʃi⁵⁵⁴	手	ʃou⁵²
右手	右手	iʌu²¹⁻²²ʃʌu³³⁴	吾右手	ŋ²⁴⁻²¹iou²¹ʃou⁵²
左手	左手	tɔ³³⁴⁻³³ʃʌu³³⁴	吾契手/口	ŋ²⁴⁻²¹kʰɛ³²ʃou⁵²/pɛŋ⁴⁴
臂	手臂	ʃʌu³³⁴pi⁵²	手臂	ʃou⁵²⁻³²pei³²
上臂	手胫	ʃʌu³³⁴⁻³³keŋ³³⁴	上臂	tʃuŋ²¹pei³²
肘	手髻	ʃʌu³³⁴⁻³²kʌi⁵²⁻²¹	手口	ʃou⁵²⁻³²kʰœ³²
下臂	下臂	ha²¹⁻²²pi⁵²	下臂	a²⁴²⁻²¹pei³²
腕	腕	un³³⁴	手颈	ʃou⁵²⁻³²kiᵊŋ⁵²
手腕骨	手腕骨	ʃʌu³³⁴⁻³³un³³⁴kuʌt⁵⁵	手口	ʃou⁵²⁻³²kœ²¹
腕以下部分	手掌	ʃʌu³³⁴⁻³³tʃiɛŋ³³⁴	手	ʃou⁵²

续上表

义项	封川话词条	封川话标音	开建话词条	开建话标音
拳	拳	kun²⁴³	□拳(牯)	kʰɐm³²kyn²⁴(ku⁵²)
手指	手指	ʃʌu³³⁴⁻³³tʃi³³⁴	手指头	ʃou⁵²⁻³²tʃi⁵²⁻³²tɐu²⁴
拇指	手木头 手指头	ʃʌu³³⁴⁻³³mok²²tʌu²⁴³ ʃʌu³³⁴⁻³³tʃi²⁴³⁻³³tʌu²⁴³	手指婆	ʃou⁵²⁻³²tʃi⁵²⁻³²pu²⁴
食指	食指 二指	ʃek²²tʃi³³⁴ ȵi²¹⁻²²tʃi³³⁴	二指	ȵi²¹tʃi⁵²
中指	中指 三指	tʃoŋ⁵⁵⁻³³tʃi³³⁴ ɬam⁵⁵⁻³³tʃi³³⁴	中指	tʃoŋ⁴⁴⁻³²tʃi⁵²
无名指	无名指 四指	mu²⁴³⁻²²meŋ²⁴³⁻²²tʃi³³⁴ ɬi⁵²⁻³³tʃi³³⁴	无名指 四指	mu²⁴⁻²¹miᵊŋ²⁴⁻²¹tʃi⁵² ʃei³²tʃi⁵²
小指	尾指	mi⁵⁵⁴⁻³³tʃi³³⁴	手指仔	ʃou⁵²⁻³²tʃi⁵²⁻³²tʃai⁵²
指缝	指罅	tʃi³³⁴⁻³²la²¹	手指罅	ʃou⁵²⁻³²tʃi⁵²⁻³²la³²
指关节	指关节	tʃi³³⁴kuan⁵⁵tit⁵⁵	指关节	tʃi⁵²kuan⁴⁴⁻³²tʃɛt³²
手掌	手掌	ʃʌu³³⁴⁻³²tʃiɛŋ³³⁴	手掌	ʃou⁵²⁻³²yŋ⁵²
手心	手心 手板心	ʃʌu³³⁴ɬam⁵⁵⁴ ʃʌu³³⁴pan²¹ɬam⁵⁵⁴	手板心	ʃou⁵²⁻³²pɐn⁵²⁻³²ʃɐm⁴⁴
手腕	手腕	ʃʌu³³⁴⁻³³kan³³⁴	手肾	ʃou⁵²⁻³²tʃɐn²⁴²
手背	手背	ʃʌu³³⁴⁻³²pui²¹	手背	ʃou⁵²⁻³²pui⁵²
指尖	指尖 手指尖	tʃi³³⁴tim⁵⁵⁴ ʃʌu³³⁴⁻³²tʃi³³⁴⁻²²tim⁵⁵⁴	手指尖	ʃou⁵²⁻³²tʃi⁵²⁻³²tʃɐm⁴⁴
指头肚儿	指头肚	tʃi³³⁴tʌu²⁴³tɔ²⁴²	手指肚	ʃou⁵²⁻³²tʃi⁵²⁻³²tɔ²⁴²
指甲	手甲	ʃʌu³³⁴kap⁵³	手指甲	ʃou⁵²⁻³²tʃi⁵²⁻³²kap³²
指纹	指纹	tʃi³³⁴muʌn²⁴³	指模	tʃi⁵²⁻³²mu⁴⁴
箕形指纹	簊箕纹	tʃʰam³³⁴⁻³²ki⁵⁵⁻²²muʌn²⁴³	蚬	hɐn⁵²
圆形指纹	箩斗纹	lɔ²⁴³⁻²²tʌu³³⁴muʌn²⁴³	螺	lu²⁴
手指其他部位	鸡腿	kʌi⁵⁵tʰui³³⁴	手□	ʃou⁵²⁻³²kʰœ³²

续上表

义项	封川话词条	封川话标音	开建话词条	开建话标音
上肢其他部位	手朵 手瓜 手梗 手郁 脉门	ʃʌu$^{334\text{-}33}$tœ^{55}（te^{55}） ʃʌu$^{334\text{-}33}$kua^{554} ʃʌu$^{334\text{-}33}$kuaŋ^{243} ʃʌu^{334}iok^{55} mak^{22}mun^{243}	手瓜 脉	ʃou$^{52\text{-}32}$kua^{44} mɛk^{21}
虎口	虎口	fu^{334}hʌu^{334}	手指丫	ʃou$^{52\text{-}32}$tʃi$^{52\text{-}32}$a^{44}
下肢	脚	kiɛk^{55}	脚	kiˀk^{55}
大腿	大髀	tai$^{21\text{-}22}$pi^{334}	大腿（筒）	tai^{21}tʰœ^{52}（toŋ^{24}）
胯骨	饭匙骨	fan$^{21\text{-}22}$tʃi$^{243\text{-}22}$kuʌt^{55}	饭匙骨	pan^{21}tʃi$^{24\text{-}21}$kuɐt^{55}
大腿根	大腿根	tai$^{21\text{-}22}$tʰui$^{334\text{-}33}$kʌn^{554}	大腿根	tai^{21}tʰœ^{52}kɐn^{44}
膝盖	脱"头牯	tʰut$^{55\text{-}32}$tʌu$^{243\text{-}22}$ku^{334}	膝头牯	ʃœ^{32}tɐu$^{24\text{-}21}$ku^{52}
膝盖背面	脚郁	kiɛk$^{55\text{-}33}$iok^{55}	脚坳	kiˀk$^{55\text{-}32}$ŋau^{32}
小腿	胻胫	haŋ^{22}tʰeŋ^{554}	胻胫	hɛŋ^{32}tʃʰiˀŋ^{44}
腿肚子	脚恋 脚瓜	kiɛk$^{55\text{-}32}$nəm^{21} kiɛk$^{55\text{-}33}$kua^{55}	胻膀囊	hɛŋ^{32}pɛŋ$^{52\text{-}32}$nœŋ^{44}
胫骨	胻胫骨	haŋ^{22}tʰeŋ$^{554\text{-}22}$kuʌt^{55}	胻胫骨	hɛŋ^{32}tʃʰiˀŋ$^{44\text{-}32}$kuɐt^{55}
脚腕	脚颈	kiɛk$^{55\text{-}33}$keŋ^{334}	脚颈	kiˀk$^{55\text{-}32}$kiˀŋ^{52}
踝	脚眼 脚踩	kiɛk$^{55\text{-}32}$ŋan^{223} kiɛk$^{55\text{-}33}$tœ^{554}	脚□	kiˀk$^{55\text{-}32}$kʰœ^{32}
踝以下部分	脚掌	kiɛk$^{53\text{-}33}$tʃiɐŋ^{334}	脚	kiˀk^{55}
脚背	脚面 脚背	kiɛk^{53}min^{21} kiɛk^{53}pui$^{52\text{-}21}$	脚面	kiˀk$^{55\text{-}32}$min^{21}
脚跟	脚跟 脚豚	kiɛk$^{55\text{-}33}$kʌn^{554} kiɛk$^{53\text{-}33}$tok^{55}	脚豚	kiˀk$^{55\text{-}32}$tok^{55}
脚掌	脚掌	kiɛk^{53}tʃiɐŋ^{334}	脚掌	kiˀk$^{55\text{-}32}$yŋ^{52}
脚心	脚心	kiɛk$^{53\text{-}33}$ɬʌm^{554}	脚板心	kiˀk$^{55\text{-}32}$pan$^{52\text{-}32}$ʃɐm^{44}
脚趾	脚趾	kiɛk$^{53\text{-}33}$tʃi^{334}	脚趾头	kiˀk$^{55\text{-}32}$tʃi$^{52\text{-}32}$tɐu^{24}
拇趾	脚木头	kiɛk^{53}mok^{22}tʌu^{243}	脚趾婆	kiˀk$^{55\text{-}32}$tʃi$^{52\text{-}32}$pu^{24}

续上表

义项	封川话词条	封川话标音	开建话词条	开建话标音
拇趾外侧的骨头	脚距	kiɛk⁵³kœ³³⁴	脚□	kiᵊk⁵⁵⁻³²kœ²¹
小趾	脚趾儿	kiɛk⁵³tʃi³³⁴⁻²²n̠i⁵⁵⁴	脚趾仔	kiᵊk⁵⁵⁻³²tʃi⁵²⁻³²tʃai⁵²
趾缝	脚趾罅	kiɛk⁵³tʃi³³⁴⁻²²la²¹	脚趾罅	kiᵊk⁵⁵⁻³²tʃi⁵²⁻³²la³²
趾甲	脚甲	kiɛk⁵³kap⁵³⁻²²	脚趾甲	kiᵊk⁵⁵⁻³²tʃi⁵²⁻³²kap³²
脚尖	脚尖	kiɛk⁵³⁻³³tim⁵⁵⁴	脚尖	kiᵊk⁵⁵⁻³²tʃɛm⁴⁴
下肢其他部位	脚眼	kiɛk⁵³⁻³²ŋan²²³	脚眼	kiᵊk⁵⁵⁻³²ŋan⁵²
	脚瓜	kiɛk⁵³⁻²kua⁵⁵⁴	脚瓜	kiᵊk⁵⁵⁻³²kua⁴⁴
皮肤	皮	pi²⁴³	皮（肤）	pɐi²⁴⁻²¹（fu⁴⁴）
寒毛	寒毛	hᵒn²⁴³⁻²²məu²⁴³	汗毛	un²¹mɔ²⁴
毛孔	毛管眼	məu²⁴³⁻²²kun³³⁴⁻²²ŋan²²³	毛管眼	mɔ²⁴⁻²¹kun⁵²⁻³²ŋan⁵²
痣	痣	tʃi⁵²	记	ki³²
身体印记	胎记	tʰui⁵⁵ki⁵²	胎记	tʰɔi⁴⁴ki³²
	麻子点	ma²¹⁻²²ti³³⁴⁻³³tim³³⁴	麻子	ma²⁴⁻²¹tʃai⁵²
骨	骨	kuɐt⁵⁵	骨	kuɐt⁵⁵
筋	筋	tʃʌn⁵⁵⁴	筋	tʃɐn⁴⁴
血管	血管	hut⁵⁵⁻³³kun³³⁴	血管	hyt⁵⁵⁻³²kun⁵²
脉	脉	mak²²	脉	mɛk²¹
血	血	hut⁵⁵	血	hyt⁵⁵
屎	屎	ʃi³³⁴	屎	niu²¹
尿	尿	niu²¹	尿	niu²¹
汗	汗	hon²¹	汗	un²¹
体垢	疥	kai²⁴³	泥	nɐi⁴⁴
奶汁	奶水	nai²²³⁻²²ʃui³³⁴	脬	nin⁴⁴
精液	出⁼水	tʃʰʌt²²ʃui³³⁴	出⁼水	tʃʰɐt³⁴⁻²¹ʃœ⁵²
月经	月经	n̠iut²²keŋ⁵⁵⁴	月经	n̠yt³⁴⁻²¹kiᵊŋ⁴⁴
胎盘	胎盘	tʰui⁵⁵pun²⁴³	胎盘	tʰɔi⁴⁴⁻³²pɔn²⁴
尸骨	死人骨	ɬi³³⁴n̠ʌn²⁴³⁻²²kuʌt⁵⁵	死人骨	ʃei⁵²⁻³²n̠iɐn²⁴⁻²¹kuɐt⁵⁵

续上表

义项	封川话词条	封川话标音	开建话词条	开建话标音
老人斑	老人斑	ləu²²³ȵiʌn²⁴³⁻²²pan⁵⁵⁴	老人斑	lɔ²⁴²⁻²¹ȵiɐn²⁴⁻²¹pan⁴⁴
暗疮	暗疮	əm⁵²⁻³³tʃʰɔŋ⁵⁵⁴	暗疮	om³²tʃʰœŋ⁴⁴
汗斑	汗斑	hon²¹⁻²²pan⁵⁵	汗斑	un²¹pan⁴⁴
肉坠	肉坠	iok²²tʃui²¹	肉□	ȵiok²¹nyn⁵²
疣	疣（有毒）	iʌu²⁴³	湿疣	ʃɐp⁵⁵⁻³²iɐu³⁴
乌晕	乌晕（孕妇产后脸上出现的）	u⁵⁵⁴⁻³²uʌn²⁴³		

二、动植物

义项	封川话词条	封川话标音	开建话词条	开建话标音
猫	猫	miɛu⁵⁵⁴	猫	mɛu⁴⁴
公猫	猫头/公	miɛu⁵⁵⁴⁻³²tʌu²⁴³/koŋ⁵⁵⁴	猫牯	mɛu⁴⁴⁻³²ku⁵²
雌猫	猫乸	miɛu⁵⁵⁴⁻³³na³³⁴	猫婆	mɛu⁴⁴⁻³²pu²⁴
小猫	猫儿	miɛu⁵⁵⁴⁻³³ȵi⁵⁵⁴	猫仔	mɛu⁴⁴⁻³²tʃai⁵²
狗	狗	kʌu³³⁴	狗	kou⁵²
公狗	狗牯	kʌu³³⁴⁻³³ku³³⁴	狗牯	kou⁵²⁻³²ku⁵²
母狗	狗乸	kʌu³³⁴⁻³³na³³⁴	狗婆	kou⁵²⁻³²pu²⁴
小狗	狗儿	kʌu³³⁴⁻³³ȵi⁵⁵⁴	狗仔	kou⁵²⁻³²tʃai⁵²
哈吧狗	哈吧狗	ha⁵⁵pa⁵⁵kʌu³³⁴	哈吧狗	ha⁴⁴⁻³²pa⁴⁴⁻³²kou⁵²
牲口	牲口	ʃaŋ⁵⁵⁴⁻³³hʌu³³⁴	牲口	ʃɛŋ⁴⁴⁻³²hɐu⁵²
羊	羊咩	iɛŋ²⁴³⁻²²mɛ⁵⁵⁴	羊咩	yŋ²⁴⁻²¹mɛ⁴⁴
山羊	山羊	ʃan⁵⁵iɛŋ²⁴³	山羊	ʃan⁴⁴⁻³²yŋ²⁴
绵羊	绵羊	min²⁴³⁻²²iɛŋ²⁴³	绵羊	mɛn²⁴⁻²¹yŋ²⁴
种羊	羊牯头	iɛŋ²⁴³⁻²²ku³³⁴⁻²²tʌu²⁴³	羊公	yŋ²⁴⁻²¹koŋ⁴⁴
羊羔	羊儿	iɛŋ²⁴³⁻²²ȵi⁵⁵⁴	羊仔	yŋ²⁴⁻²¹tʃai⁵²
猪	猪	tʃy⁵⁵⁴	猪	tœy⁴⁴
公猪	猪牯	tʃy⁵⁵⁴⁻³³ku³³⁴	猪牯	tœy⁴⁴⁻³²ku⁵²

续上表

义项	封川话词条	封川话标音	开建话词条	开建话标音
种猪	猪郎 猪头	tʃy⁵⁵⁴⁻³² lɔŋ²⁴³ tʃy⁵⁵⁴⁻³² tʌu²⁴³	猪郎	tœy⁴⁴⁻³² lœn²⁴
母猪	猪𡚸	tʃy⁵⁵⁴⁻³³ na³³⁴	猪婆	tœy⁴⁴⁻³² pu²⁴
骟猪	肉猪	ȵiok²² tʃy⁵⁵⁴	肉猪	ȵiok³⁴⁻²¹ tœy⁴⁴
小猪	猪儿	tʃy⁵⁵⁴⁻³³ ȵi⁵⁵⁴	猪仔	tœy⁴⁴⁻³² tʃai⁵²
牛	牛	ŋʌu²⁴³	牛	ŋeu²⁴
黄牛	黄牛	uɔŋ²⁴³⁻²² ŋʌu²⁴³	沙牛	ʃa⁴⁴⁻³² ŋeu²⁴
水牛	水牛	ʃui⁵²⁻³³ ŋʌu³³⁴	水牛	ʃœ⁵²⁻³² ŋeu²⁴
公牛	牛牯	ŋʌu²⁴³⁻²² ku³³⁴	牛牯	ŋeu²⁴⁻²¹ ku⁵²
犍牛	骟牯 熟牯	ɬin⁵²⁻³³ ku³³⁴ tʃok²² ku³³⁴	熟牯	tʃok³⁴⁻²¹ ku⁵²
母牛	牛𡚸	ŋʌu²⁴³⁻²² na³³⁴	牛婆	ŋeu²⁴⁻²¹ pu²⁴
小母牛	牛牸	ŋʌu²⁴³⁻²² ɬi²¹	牛牸	ŋeu²⁴⁻²¹ tʃei²¹
牛犊	牛儿	ŋʌu²⁴³⁻²² ȵi⁵⁵⁴	牛仔	ŋeu²⁴⁻²¹ tʃai⁵²
其他牛	生牯童（小） 生牯头（大）	ʃaŋ⁵⁵⁴⁻³² ku³³⁴⁻²² tɔŋ²⁴³ ʃaŋ⁵⁵⁴⁻³² ku³³⁴⁻²² tʌu²⁴³	生牯童 生牯	ʃɛŋ⁴⁴⁻³² ku⁵²⁻³² tɔŋ²⁴ ʃɛŋ⁴⁴⁻³² ku⁵²
马	马	ma²²³	马	ma²⁴²
公马	马公	ma²²³⁻²² kɔŋ⁵⁵⁴	马公	ma²⁴²⁻²¹ kɔŋ⁴⁴
母马	马𡚸	ma²²³⁻²² na³³⁴	马婆	ma²⁴²⁻²¹ pu²⁴
骟马	骟马	ɬin⁵²⁻³² ma²²³	阉马	im⁴⁴⁻³² ma²⁴²
驴	驴	ly²⁴³	驴	ly²⁴
公驴	公驴	kɔŋ⁵⁵ ly²⁴³	驴公	ly²⁴⁻²¹ kɔŋ⁴⁴
母驴	母驴	mu²⁴ ly²⁴³	驴婆	ly²⁴⁻²¹ pu²⁴
骡	骡	lɔ²⁴³	骡	lu²⁴
野兽	野兽	iɛ²²³ ʃʌu⁵²	野兽	iɛ²⁴²⁻²¹ ʃou³²
虎	老虎 大虫/猫	lɐu²²³⁻³² fu³³⁴ tai²¹ tʃɔŋ²⁴³/miɛu⁵⁵⁴	老虎	lɔ²⁴²⁻²¹ fu⁵²
狮	狮子	ʃi⁵⁵⁴⁻³³ ti³³⁴	狮子	ʃi⁴⁴⁻³² tʃu⁵²
熊	人熊	ȵiɛn²⁴³⁻²² ȵiɔŋ²⁴³	人熊（呆）	ȵiɛn²⁴⁻²¹ iɔŋ²⁴（tai⁴⁴）
豹	豹□	pau⁵²⁻³³ kɛ³³⁴	豹□	pau³² kʰɛ⁴⁴

167

续上表

义项	封川话词条	封川话标音	开建话词条	开建话标音
狼	狼	lɔŋ²⁴³	狼	lœŋ²⁴
狐	野狸	iɛ²²³⁻²²li²⁴³	狐狸	u⁴⁴⁻³²lei²⁴
黄鼠狼	黄毛□	uoŋ²⁴³⁻²²məu²⁴³⁻²²ŋʌt⁵⁵	黄鼠狼	uŋ²⁴⁻²¹ʃy⁵²⁻³²lœŋ²⁴
獾	獾	kun⁵²		
山猫	花猫	fa⁵⁵⁴⁻³³miɛu⁵⁵⁴	野猫	iɛ²⁴²⁻²¹mɛu⁴⁴
兔	兔	tʰu⁵²	兔	tʰu³²
猴	马骝	ma⁵⁵lau⁵⁵⁴	马骝	ma³²leu⁴⁴
穿山甲	山鲩鱼	ʃan⁵⁵⁴⁻³³uan³³⁴⁻³³n̠y²⁴³	地鳞	tei²¹len²⁴
家鼠	老鼠	ləu²²³⁻²²ʃy³³⁴	屋鼠	ok⁵⁵⁻³²ʃy⁵²
田鼠	田鼠	tin²⁴³⁻²²ʃy³³⁴	田鼠	tɛn²⁴⁻²¹ʃy⁵²
松鼠	松鼠	ɬoŋ²⁴³⁻²²ʃy³³⁴	松鼠	tʃoŋ²⁴⁻²¹ʃy⁵²
水獭	水獭	ʃui³³⁴tʃʰat⁵³	水獭	ʃœ⁵²⁻³²tʃʰat³²
旱獭	旱獭	hun²²³tʃʰat⁵³	獭	tʃʰat³²
蝙蝠	飞鼠	pʰi⁵⁵⁴⁻³³ʃy³³⁴	飞鼠	fɐi⁴⁴⁻³²ʃy⁵²
鹿	鹿	lok²²	鹿	lok³⁴
骆驼	骆驼	lok⁵³⁻³²tɔ²⁴³	骆驼	lœk³²tu²⁴
野猪	山猪	ʃan⁵⁵⁴⁻³³tʃy⁵⁵⁴	山猪	ʃaṷ⁴⁴⁻³²tœy⁴⁴
豪猪	笏猪	lak²²tʃy⁵⁵⁴	箭猪	tʃin³²tœy⁴⁴
象	大笨象	tai²¹⁻²²puʌn²¹⁻²²ɬiɛn²¹	大象	tai²¹tʃyŋ²⁴²
象鼻	象鼻	ɬiɛn²²³pi²¹	象鼻	tʃyŋ²⁴²⁻²¹pei²¹
兽爪	爪	n̠iau³³⁴	爪	n̠iau⁵²
角	角	kɔk⁵³	角	kœk³²
尾	尾	mi²²³	尾	mɐi²⁴²
蹄	蹄	tʌi²⁴³	蹄	tei²⁴
蛇	蛇	tʃɛ²⁴³	蛇	tʃiɛ²⁴
蟒蛇	山蟒	ʃan⁵⁵mɔŋ²²³	山蟒	ʃan⁴⁴⁻³²man²⁴
眼镜蛇	眼镜蛇	ŋan²²³keŋ⁵²⁻³²tʃɛ²⁴³	眼镜蛇	ŋan²⁴²⁻²¹kiŋ³²tʃiɛ²⁴
蜥蜴	盲眼蛇	maŋ²⁴³⁻²²ŋan²²³tʃɛ²⁴³	草园蛇	tʃʰɔ⁵²⁻³²yn²⁴⁻²¹tʃiɛ²⁴
壁虎	檐蛇	im²⁴³⁻²²tʃɛ²⁴³	□□蛇 偷盐蛇	tɐp⁵⁵⁻³²te⁵²⁻³²tʃiɛ²⁴ tʰɐu⁴⁴⁻³²im²⁴⁻²¹tʃiɛ²⁴

续上表

义项	封川话词条	封川话标音	开建话词条	开建话标音
蚯蚓	蚓	ȵiʌn²²³	蚓	ȵien⁵²
鳄	鳄鱼	ŋɔk²²ȵy²⁴³	鳄鱼	ŋɐk²¹ȵy²⁴
蛙	蛤	kʌp⁵⁵	蛤	kɐp⁵⁵
蟾蜍	蟾蜍	kʌm²⁴³⁻²²ky²⁴³	蟾蜍	kɐm²⁴⁻²¹ky²⁴
蝌蚪	蛤抱儿	kʌp⁵⁵⁻³²pəu²²³ȵi²⁴³	蛤□	kɐp⁵⁵⁻³²nop⁵⁵
龟	乌龟	u⁵⁵kuʌi⁵⁵⁴	乌龟	u⁴⁴⁻³²kuɐi⁴⁴
鳖	鳖	piet⁵⁵	鳖	pet³²
蝼蛄	土狗	tʰu³³⁴⁻³³kʌu³³⁴	土狗	tʰu⁵²⁻³²kou⁵²
蟑螂	蟑螂	kʰʌm²⁴³⁻²²ləu²⁴³	蟑螂	kɐm²⁴⁻²¹lɔ²⁴
蝇虎	抓蝇虎	tʃa⁵⁵⁻³²ieŋ²²fu³³⁴	蝇虎	ieŋ²⁴⁻²¹fu⁵²
小螃蟹	蟑挠	kʰʌm²⁴³⁻²²ŋau⁵⁵⁴	虾蝲	ha⁴⁴⁻³²lat³²
家禽	家禽	ka⁵⁵⁴⁻³²tʃʌm²⁴³	家禽	ka⁴⁴⁻³²tʃɐm²⁴
鸡	鸡	kʌi⁵⁵⁴	鸡	kɐi⁴⁴
公鸡	鸡公	kʌi⁵⁵⁴⁻³³koŋ⁵⁵⁴	鸡公	kɐi⁴⁴⁻³²koŋ⁴⁴
小公鸡	生鸡儿	ʃaŋ⁵⁵⁴⁻³³kʌi⁵⁵⁻³³ȵi⁵⁵⁴	生鸡仔	ʃeŋ⁴⁴⁻³²kɐi⁴⁴⁻³²tʃai⁵²
阉鸡	骗鸡	ɬin⁵²⁻³³kʌi⁵⁵⁴	骗鸡	ʃin³²kɐi⁴⁴
母鸡	鸡㜮	kʌi⁵⁵⁴⁻³³na³³⁴	鸡婆	kɐi⁴⁴⁻³²puᵒ²⁴
孵蛋鸡	䴉菢鸡	tʃʰi⁵⁵⁴⁻³²pəu²¹⁻²²kʌi⁵⁵⁴	鸡婆	kɐi⁴⁴⁻³²puᵒ²⁴
小母鸡	鸡项	kʌi⁵⁵⁴⁻³³ɔŋ²¹	鸡项	kɐi⁴⁴⁻³²œŋ²¹
小鸡	鸡儿	kʌi⁵⁵⁴⁻³³ȵi⁵⁵⁴	鸡仔	kɐi⁴⁴⁻³²tʃai⁵²
乌鸡	黑鸡	hak⁵⁵⁻³²kʌi⁵⁵⁴	黑鸡	hɐk⁵⁵⁻³²kɐi⁴⁴
鸡冠	鸡关	kʌi⁵⁵⁴⁻³³kuan⁵⁵⁴	鸡关	kɐi⁴⁴⁻³²kuan⁴⁴
鸭	鸭	ap⁵³	鸭	ap³²
公鸭	鸭公	ap⁵³⁻³³koŋ⁵⁵⁴	鸭公	ap³²koŋ⁴⁴
母鸭	鸭㜮	ap⁵³⁻³³na³³⁴	鸭婆	ap³²puᵒ²⁴
小鸭	鸭儿	ap⁵³⁻³³ȵi⁵⁵⁴	鸭仔	ap³²tʃai⁵²
鹅	鹅	ŋɔ²⁴³	鹅	ŋu²⁴
小鹅	鹅儿	ŋɔ²⁴³⁻²²ȵi⁵⁵⁴	鹅仔	ŋu²⁴⁻²¹tʃai⁵²
鸟	雀儿	tiɛk⁵³⁻³³ȵi⁵⁵⁴	雀仔	tʃok⁵⁵⁻³²tʃai⁵²
鸽	鸽	kəp⁵⁵	鸽	kəp³²

续上表

义项	封川话词条	封川话标音	开建话词条	开建话标音
猫头鹰	清高	tʰeŋ⁵⁵⁻³³kəu⁵⁵⁴	猫头鹰	mɛu⁴⁴⁻³²tɐu²⁴⁻²¹eŋ⁴⁴
麻雀	麻雀儿	ma²⁴³⁻²²tiɛk²²ni²⁴³	雀谷老	tʃʰiʔk⁵⁵⁻³²kok⁵⁵⁻³²lɔ²⁴²
鹞鹰	牙鹰	ŋa²⁴³⁻²²ieŋ⁵⁵⁴	牙鹰	ŋa²⁴⁻²¹eŋ⁴⁴
燕	燕子	in⁵²⁻³³ti³³⁴	火燕	fu⁰⁵²⁻³²in³²
杜鹃	杜鹃	tu²¹⁻²²kun⁵⁵⁴	杜鹃	tu²¹kyn⁴⁴
百灵	百灵	pak⁵³⁻³²leŋ²⁴³	百灵	pɛk³²liʔŋ²⁴
黄鹂	黄莺	uɔŋ²⁴³⁻²²aŋ⁵⁵⁴	黄莺	uºŋ²⁴⁻²¹ŋeŋ⁴⁴
黄雀	黄雀	uɔŋ²⁴³⁻²²tiɛk⁵³	黄雀	uºŋ²⁴⁻²¹tʃʰiʔk⁵⁵
画眉	画眉	ua²²mi²⁴³	画眉	ua²¹mɐi²⁴
翠鸟	青翠雀	tʰeŋ⁵⁵⁻³²tʰui⁵³⁻²²tiɛk⁵³⁻²²	青翠（音碎）	tʃʰiʔŋ⁴⁴⁻³²ʃœ³²
雁	雁	ŋan²¹	红鳝鹤	oŋ²⁴⁻²¹tʃin²⁴²⁻²¹œk²¹
斑鸠	斑鸠	pan⁵⁵⁴⁻³³tʃʌu⁵⁵⁴	斑鸠	pan⁴⁴⁻³²tʃɐu⁴⁴
鹌鹑	鹌鹑	əm⁵⁵⁻³³tʃʰʌn⁵⁵⁴	鹌鹑	om³²tʃʰɐn⁴⁴
鸬鹚	鸬鹚	tʃɛ⁵²⁻³³ku⁵⁵⁴	鸬鹚	tʃɐk⁵⁵⁻³²ku⁴⁴
野鸡	山鸡	ʃan⁵⁵⁴⁻³³kʌi⁵⁵⁴	山鸡	ʃan⁴⁴⁻³²kɐi⁴⁴
喜鹊	阿鹊	a⁵⁵⁻³³tʰiɛk²²	喜鹊	hi⁵²⁻³²ʃœk³²
乌鸦	老鸦	lɐu²²³a⁵⁵⁴	老鸦	lɔ²⁴²⁻²¹a⁴⁴
布谷鸟	湿谷雀	ʃap⁵⁵⁻³³kok⁵⁵⁻³²tiɛk²²	雀噘	tʃʰiʔk⁵⁵⁻³²kyt⁵⁵
啄木鸟	啄木鸟 竹唛鬼	tɔk⁵³mok²²niu²²³ tʃok⁵⁵⁻³³mak⁵⁵kuʌi³³⁴	啄木鸟	tœk³²mok³⁴⁻²¹nɛu²⁴²
鹦鹉	鹦鹉	ieŋ⁵⁵mu²²³	鹦鹉	iºŋ⁴⁴⁻³²mu²⁴²
八哥	了哥	liɛu⁵⁵⁻³³kɔ⁵⁵⁴	了哥	ha⁴⁴⁻³²liu³²
鹤	白鹤	pak²²hɔk²¹	白鹤	pɛk²¹œk²¹
鹰	牙鹰	ŋa²⁴³⁻²²ieŋ⁵⁵⁴	牙鹰	ŋa²⁴⁻²¹eŋ⁴⁴
天鹅	天鹅	tʰin⁵⁵ŋɔ²⁴³	天鹅	tʰɛn⁴⁴⁻³²ŋu²⁴
野鸭	水鸭	ʃui³³⁴⁻³²ap⁵³⁻²²	水鸭	ʃœ⁵²⁻³²ap³²
鸳鸯	鸳鸯	iun⁵⁵⁴⁻³³ieŋ⁵⁵⁴	鸳鸯	yn⁴⁴⁻³²yŋ⁴⁴
鹭	白鹭/白鹤	pak²¹lu²¹/pak²¹hɔk²¹	白鹤	pɛk²¹œk²¹
鸬鹚	鸬鹚	lu²¹⁻²²ti²⁴³	鱼蛟	nʸ²⁴⁻²¹kau³²
羽毛	毛	məu²⁴³	毛	mɔ²⁴

续上表

义项	封川话词条	封川话标音	开建话词条	开建话标音
翅膀	翼	iek^{22}	翅	tʃʰi^{32}
鸟爪	爪	ȵiau^{334}	爪	ȵiau^{52}
蹼	膜	mɔk^{53}	□	lui^{32}
蛋	春	tʃʰʌn^{554}	春	tʃʰɐn^{44}
嗉囊	嗉 吤=	ɬu^{52} nɐŋ^{554}	□	ɐi^{44}
番鸭	番鸭	fan^{55}ap^{53}	番鸭	fan$^{44-32}$ap^{32}
火鸡	火鸡	fɔ^{334}kʌi^{554}	火鸡	fu$^{052-32}$kɐi^{44}
虫	虫	tʃoŋ^{243}	虫	tʃoŋ^{24}
菜青虫	菜青虫	tʰui^{52}tʰɐŋ^{554}tʃoŋ^{243}	菜虫	tʃʰɔi^{32}tʃoŋ^{24}
蟋蟀	烛蟀	tʃok$^{55-33}$tʌt^{55}	蟋蟀	ʃap$^{55-32}$tʃɐt^{55}
灶蟋蟀	灶虾	təu$^{52-33}$ha^{554}	灶鸡	tʃɔ^{32}kɐi^{44}
蜻蜓	羊咩	iɛŋ$^{243-22}$mɛ^{554}	□□	kʰœŋ$^{44-32}$kʰɐn^{44}
蝶	蝴蝶	u$^{243-22}$tip^{22}	蝴蝶	u$^{24-21}$tɛp^{21}
蛾	飞蛾	fi$^{554-32}$ŋɔ^{243}	飞蛾	fei$^{44-32}$ŋu^{24}
萤火虫	萤火虫	iɛŋ^{22}fɔ$^{334-33}$tʃoŋ^{243}	萤火虫	iɛŋ$^{24-21}$fu$^{052-32}$tʃoŋ^{24}
毛虫	火毛 古毛蛆	fɔ$^{334-32}$məu$^{243-554}$ ku$^{334-33}$mou$^{243-22}$tʰy^{554}	火毛	fu$^{052-32}$mɔ$^{24-44}$
蝗	蜢	maŋ^{334}	□□	kʰœŋ^{32}kʰɐk^{55}
蝗蝻	嫩蜢	nun$^{21-22}$maŋ^{334}	□□仔	kʰœŋ^{32}kʰɐk^{55}tʃai^{52}
蚱蜢	蚱蜢	tʃa$^{52-33}$maŋ^{334}	蜢憎	mɐŋ$^{52-32}$tʃɐŋ^{44}
螟	白翼虫	pak^{22}iek^{22}tʃoŋ^{243}	飞蛾	fei$^{44-32}$ŋu^{24}
瓢虫	衫钮虫	ʃam$^{55-43}$nau$^{223-22}$tʃoŋ^{243}	铜勺龟	toŋ$^{24-21}$tʃi^{21}k^{21}kuɐi^{44}
天牛	牛角虫	ŋau$^{243-22}$kok$^{53-22}$tʃoŋ^{243}	甘扎	kɔm$^{44-32}$tʃat^{32}
蜘蛛	吊钟	tiu$^{52-33}$tʃoŋ^{554}	蜘蛛	tʃi^{44}tʃy^{44}
蝎	拖鞋板	tʰɔ$^{554-32}$hai$^{243-22}$pan^{334}		
蚁	蚁	ŋʌi^{223}	蚁	ŋɛ^{242}
白蚁	白蚁	pak^{22}ŋʌi^{223}	白蚁	pɛk^{21}ŋe^{242}
蝼蛄	土狗	tʰu$^{334-33}$kʌu^{334}	土狗	tʰu$^{52-32}$kou^{52}
土鳖	土鳖	tʰu$^{334-33}$piet^{55}	土鳖	tʰu$^{52-32}$pɛt^{32}

续上表

义项	封川话词条	封川话标音	开建话词条	开建话标音
蚯蚓	蚓，沙虫	n̻iʌn³³⁴, ʃa⁵⁵⁴⁻³²tʃoŋ²⁴³	蚓	n̻iɐn⁵²
蜗牛	流乱蛆	lʌu²⁴³⁻²²lun²¹⁻²²tʰy⁵⁵⁴	□乱蛆	la²¹lyn²¹tʃʰœy⁴⁴
蜈螂	垄屎硬	puʌn²¹⁻²²ʃi³³⁴⁻³³ŋaŋ²¹	屎□揿钉	ʃi⁵²⁻³²kom³² kom²¹tiᵊŋ⁴⁴
螳螂	马郎狂	ma²²³lɔŋ²⁴³⁻²²kɔŋ²⁴³	马边东	ma²⁴²⁻²¹pɐn⁴⁴⁻³²toŋ⁴⁴
蟑螂	早甴	kat²²ɬat²²	甴	kut³²tʃat²¹
粮食裹的虫	谷牛	kok⁵⁵⁻³²ŋʌu²⁴³	谷牛	kok⁵⁵⁻³²ŋɐu²⁴²
蚜虫	蚜虫	ŋa²⁴³⁻²²tʃoŋ²⁴³	笋虫	ʃɐn⁵²⁻³²tʃoŋ²⁴
蝇	蝇子	ieŋ²⁴³⁻²²ti³³⁴	蝇	iɐŋ²⁴
蛆	蛆	tʰy⁵⁵⁴	蛆	tʃʰœy⁴⁴
蚊	蚊	muʌn⁵⁵⁴	蚊仔	mɐn²⁴⁻²¹tʃai⁵²
蚊幼虫	蚊蠊儿	muʌn²⁴³⁻²²liɛm⁵⁵n̻i⁵⁵⁴	屎蠓	ʃi⁵²⁻³²moŋ²⁴²
蠓	沙蠊儿	ʃa⁵⁵⁻³²liɛm²⁴³⁻²²n̻i⁵⁵⁴⁻²¹	虫蠓 沙蠊	tʃoŋ²⁴⁻²¹moŋ²⁴² ʃa⁴⁴⁻³²lɛm⁴⁴
虱	虱㡀	ʃʌt⁵⁵⁻³³na³³⁴	虱㡀	ʃɐt⁵⁵⁻³²na⁵²
跳蚤	狗蚤	kʌu³³⁴⁻³³tʌu³³⁴	跳虱	tʰlu³⁷ʃɐt⁵⁵
牛虻	斑蝇	pan⁵⁵⁴⁻³³ieŋ²⁴³	牛蝇	ŋɐu²⁴²⁻²¹iɐŋ²⁴
蜈蚣	蜈蚣	ŋ̩²⁴³⁻²²koŋ⁵⁵⁴	蜈蚣	ŋ̩²⁴⁻²¹koŋ⁴⁴
臭虫	木虱	mok²²ʃʌt⁵⁵	木虱	mok³⁴⁻²¹ʃɐt⁵⁵
蝉	蝉虫，肚瘪	tʃim²⁴³⁻²²tʃoŋ²⁴³, tu²²³miɛt⁵⁵	知晕	tʃi⁴⁴⁻³²uɐn⁴⁴
蚕	蚕	ɬam²⁴³	蚕	tʃam²⁴
蜜蜂	蜜蜂	muʌt²²foŋ⁵⁵⁴	蜜	mɐt³⁴
胡蜂	白头共	pak²²tʌu²⁴³⁻²²koŋ²¹	棱	lɐŋ²⁴
蜂窝	蜂窝 蜂窦	foŋ⁵⁵uɔ⁵⁵⁴ foŋ⁵⁵tʌu⁵²	棱窦	lɐŋ²⁴⁻²¹tou³²
萤火虫	萤火虫	ieŋ²⁴³⁻²²fɔ³³⁴tʃoŋ²⁴³	萤火虫	iɐŋ²⁴⁻²¹fu⁵²⁻³²tʃoŋ²⁴
臭大姐	臭鼻虫	tʃʰʌu⁵²⁻⁴³pi²¹⁻²²tʃoŋ²⁴³	臭□	tʃʰou³²kɐŋ²⁴
蛭	蚂蝗	ma²²uɔŋ²⁴³	红蜞	oŋ²⁴⁻²¹ki²⁴
蛔虫	天蛇	tʰin⁵⁵⁴⁻³²tʃɛ²⁴³	屎蛇	ʃi⁵²⁻³²tʃi²⁴

续上表

义项	封川话词条	封川话标音	开建话词条	开建话标音
绦虫	寄生蛇	ki$^{52-33}$ʃaŋ^{55}tʃɛ^{243}	屎蛇	ʃi$^{52-32}$tʃi^{24}
虫卵	虫春	tʃoŋ$^{243-22}$tʃʰʌn^{554}	虫春	tʃoŋ$^{24-21}$tʃʰɐn^{44}
蛹	蛹	ȵioŋ^{334}	□仔	lɐŋ$^{24-21}$tʃai^{52}
触须	触须	tʃok^{55}ɬy^{554}	须	ʃœy^{44}
螯针	□	ty^{52}	□	tu^{32}
其他虫类	推车虫 绿眼娇	tʰui^{55}tʃʰɛ^{55}tʃoŋ^{243} lok^{22}ŋan$^{223-22}$kiu^{554}		
鱼	鱼	ȵy^{243}	鱼	ȵy^{24}
金鱼	金鱼	kʌm$^{554-32}$ȵy^{243}	金鱼	tʃom$^{44-32}$ȵy^{24}
鳝	鳝	tʃin^{223}	鳝	tʃin^{242}
鳅	泥鳅，□□	nʌi$^{243-22}$nʌu^{554}，ŋʌu^{52}ŋʌu^{334}	狗甩	kou$^{52-32}$lɐt^{55}
鳙	大头	tai$^{21-22}$tʌu^{243}	鳙鱼	tʃoŋ$^{24-21}$ȵy^{24}
鲶	鲶	nim^{223}	鲶（鱼）	nɛm^{242}（ȵy^{24}）
鲢	白鲢	pak^{22}lin^{243}	白鲢	pɛk^{21}lɛn^{24}
鲈	鲈鱼	lu$^{243-22}$ȵy^{243}	鲈鱼	lu$^{24-21}$ȵy^{24}
鲫	鲫鱼	tak$^{55-32}$ȵi^{243}	鲫鱼	tʃɐk$^{55-32}$ȵy^{24}
鲥	鲥鱼	tʃi$^{243-22}$ȵy^{243}	鲥鱼	tʃi$^{24-21}$ȵy^{24}
鲮	鲮鱼	lɐŋ$^{243-22}$ȵy^{243}	鲮鱼	liᵒŋ$^{24-21}$ȵy^{24}
鳢	三鳢鱼	ɬam$^{553-33}$lʌi$^{223-22}$ȵy^{243}	石□	tʃiᵋk^{21}kʰop^{55}
鳊	鳊鱼	pɛn$^{334-32}$ȵy^{243}	鳊鱼	pɛn$^{52-32}$ȵy^{24}
鲩	鲩鱼	uan$^{223-22}$ȵy^{243}	鲩鱼	uan$^{242-21}$ȵy^{24}
鲤	鲤鱼	li$^{223-22}$ȵy^{243}	鲤鱼	lei$^{242-21}$ȵy^{24}
鳜	桂鱼	kuʌi$^{52-32}$ȵy^{243}	桂花鱼	kuei^{32}fa$^{44-32}$ȵy^{24}
带鱼	带鱼	tai$^{52-32}$ȵy^{243}	带鱼	tai^{32}ȵy^{24}
马鲛	马鲛鱼	ma^{223}kau^{55}ȵy^{243}	马鲛鱼	ma$^{242-21}$kau$^{44-32}$ȵy^{24}
石斑鱼	石斑鱼	tʃek^{22}pan^{55}ȵy^{243}	石斑	tʃiᵋk^{21}pan^{44}
鲳	鲳鱼	tʃʰiɛŋ^{55}ȵy^{243}	鲳鱼	tʃʰœn$^{44-32}$ȵy^{24}
鳗	鳗鱼	man$^{21-22}$ȵy^{243}	鳗鱼	man^{21}ȵy^{24}
鲨	鲨鱼	ʃa^{55}ȵy^{243}	鲨鱼	ʃa$^{44-32}$ȵy^{24}
鳕	鳕鱼	ɬut$^{55-32}$ȵy^{243}	鳕鱼	ʃyt$^{55-32}$ȵy^{24}

续上表

义项	封川话词条	封川话标音	开建话词条	开建话标音
其他鱼	塘鲡鱼 山涌狗	tɔŋ²⁴³⁻²²ɬui³³n̻y²⁴³ ʃan⁵⁵⁴⁻⁵³tʃʰoŋ⁵⁵⁴⁻³³kʌu³³⁴	塘鲡 石□	tœŋ²⁴⁻²¹ʃet⁵⁵ tʃiᵉk²¹kʰop⁵⁵
海马	海马	hui³³⁴ma²²³	海马	hɔi⁵²⁻³²ma²⁴²
鱼苗	鱼苗 鱼花	n̻y²⁴³⁻²²miu²⁴³ n̻y²⁴³⁻²²fa⁵⁵⁴	鱼苗 鱼花	n̻y²⁴⁻²¹mɐu²⁴ n̻y²⁴⁻²¹fa⁴⁴
海蜇	海蜇	hui³³⁴tʃit⁵⁵	海蜇	hɔi⁵²⁻³²tʃit⁵⁵
虾	虾	ha⁵⁵⁴	虾	ha⁴⁴
蟹	蠘钩	kʌm²⁴³⁻²²ŋʌu⁵⁵⁴	虾蝲	ha⁴⁴⁻³²lat³²
蛤蜊	蚬	hin³³⁴	蚬	hɛn⁵²
螺	螺	lɔ²⁴³	螺	lu²⁴
牡蛎	生蚝	ʃaŋ⁵⁵hɐu²⁴³	生蚝	ʃɐŋ⁴⁴⁻³²ɔ²⁴
蚌	大蚬	tai²¹⁻²²hin³³⁴	大蚬	tai²¹hɛn⁵²
贝	贝	pui⁵²	蚬	hɛn⁵²
贝壳	贝壳	pui⁵²⁻⁵³hɔk⁵³	蚬壳 贝壳	hɛn⁵²⁻³²hœk³² pui³²hœk³²
鲍	鲍鱼	pau⁵⁵n̻y²⁴³	鲍鱼	pau⁴⁴⁻³²n̻y²⁴
海星	海星	hui³⁴ɬeŋ⁵⁵⁴	海星	hɔi⁵²⁻³²ʃiᵉŋ⁴⁴
海参	海参	hui³³⁴ʃam⁵⁵⁴	海参	hɔi⁵²⁻³²ʃɐm⁴⁴
鲸	鲸鱼	keŋ²⁴³⁻²²n̻y²⁴³	鲸鱼	kiᵉŋ²⁴⁻²¹n̻y²⁴
海豚	海豚	hui³³⁴⁻³³tʌn²⁴³	海豚	hɔi⁵²⁻³²tɐn²⁴
鱿鱼	鱿鱼	iʌu²⁴³⁻²²n̻y²⁴³	鱿鱼	iɐu²⁴⁻²¹n̻y²⁴
墨鱼	墨鱼	mak²²n̻y²⁴³	墨鱼	mɐk³⁴⁻³²n̻y²⁴
章鱼	章鱼	tʃieŋ⁵⁵n̻y²⁴³	八爪鱼	pat³²n̻iau⁵²⁻³²n̻y²⁴
鳞	鱼鳞	n̻y²⁴³⁻²²lʌn²⁴³	鱼鳞	n̻y²⁴⁻²¹lɐn²⁴
鳃	鱼鳃	n̻y²⁴³⁻²²ɬui⁵⁵⁴	鱼鳃	n̻y²⁴⁻²¹ʃɔi⁴⁴
鳔	鱼泡	n̻y²⁴³⁻²²pʰau⁵²⁻²¹	鱼泡	n̻y²⁴⁻²¹pʰɐu⁴⁴
鱼卵	鱼春	n̻y²⁴³⁻²²tʃʰʌn⁵⁵⁴	鱼春	n̻y²⁴⁻²¹tʃʰɐn⁴⁴
鱼刺	鱼骨 鱼丝	n̻y²⁴³⁻²²kuʌt⁵⁵ n̻y²⁴³⁻²²ɬi⁵⁵⁴	鱼骨 鱼丝	n̻y²⁴⁻²¹kuɐt⁵⁵ n̻y²⁴⁻²¹ʃei⁴⁴

续上表

义项	封川话词条	封川话标音	开建话词条	开建话标音
鱼蛇等体液	潺	ɬan²⁴³	潾 潺	lan²⁴² tʃan²⁴²
树	树	tʃy²¹	树	tʃy²¹
灌木	杂木	ɬap²²mok²²	杂木	tʃap²¹mok³⁴
槐	槐树	uai²⁴³⁻²²tʃy²¹	槐树	uai²⁴⁻²¹tʃy²¹
槐花	槐花	uai²⁴³⁻²²fa⁵⁵⁴	槐花	uai²⁴⁻²¹fa⁴⁴
杨	杨树	iɛŋ²⁴³⁻²²tʃy²¹	杨树	yŋ²⁴⁻²¹tʃy²¹
柳	柳树	lʌu²²³tʃy²¹	柳树	lau²⁴²⁻²¹tʃy²¹
油桐	桐油树	toŋ²⁴³⁻²²iʌu²⁴³⁻²²tʃy²¹	桐油树	toŋ²⁴⁻²¹iɐu²⁴⁻²¹tʃy²¹
梧桐	梧桐树	ŋ̍²⁴³⁻²²toŋ²⁴³⁻²²tʃy²¹	梧桐树	ŋ̍²⁴⁻²¹toŋ²⁴⁻²¹tʃy²¹
漆树	漆树	tʰʌt⁵⁵tʃy²¹	漆树	tʃʰɐt⁵⁵⁻³²tʃy²¹
红豆树	红豆树	hoŋ²⁴³⁻²²tʌu²¹ʃy²¹	红豆树	oŋ²⁴⁻²¹tou²¹tʃy²¹
杉	杉木	tʃʰam⁵²⁻³²mok²²	杉	tʃʰam⁵²
松	松	ɬoŋ²⁴³	松	tʃoŋ²⁴
松针	松毛	ɬoŋ²⁴³⁻²²məu⁵⁵⁴	松毛	tʃoŋ²⁴⁻²¹mɔ²⁴
松果	松鸡	ɬoŋ²⁴³⁻²²kʌi⁵⁵⁴	松鸡	tʃoŋ²⁴⁻²¹kɐi⁴⁴
柏	柏木	pak⁵³⁻³²mok²²	松柏	tʃoŋ²⁴⁻²¹pɛk³²
榛	盒箩榛	ham²²lɔ²⁴³⁻²²tʌn⁵⁵⁴	椎	tʃœ⁴⁴
榉	水栗	ʃui³³⁴⁻³²lʌt²²	水栗	ʃœ⁵²⁻³²lɐt³⁴
檀	檀香	tan²⁴³⁻²²hiɛŋ⁵⁵⁴	檀香	tan²⁴⁻²¹hyŋ⁴⁴
楠	楠木	nam²⁴³⁻²²mok²²	楠木	nam²⁴⁻²¹mok³⁴
桉	桉树 咖喱树	on⁵⁵tʃy²¹ ka⁵⁵li⁵⁵tʃy²¹	桉树 咖哩木	ɔn⁴⁴⁻³²tʃy²¹ ka⁴⁴⁻³²lei⁴⁴⁻³²mok³⁴
桑	桑	ɬoŋ⁵⁵⁴	桑树	ʃœŋ⁴⁴⁻³²tʃy²¹
桑叶	桑叶	ɬoŋ⁵⁵⁴⁻³²ip²²	桑叶	ʃœŋ⁴⁴⁻³²ip³⁴
桑椹	桑果	ɬoŋ⁵⁵⁴⁻³³kuɔ³³⁴	桑果	ʃœŋ⁴⁴⁻³²kuɔ⁵²
榕	榕树	ioŋ²⁴³⁻²²tʃy²¹	榕树	ioŋ²⁴⁻²¹tʃy²¹
气根	榕须	ioŋ²⁴³⁻²²ɬy⁵⁵⁴	榕须	ioŋ²⁴⁻²¹ʃœy⁴⁴
无花果	木奶子 无花果	mok²²nai²²³ti³³⁴ mu²²fa⁵⁵kuɔ³⁴	无花果 牛奶果	mu²⁴⁻²¹fa⁴⁴⁻³²kuɔ⁵² ŋɐu²⁴⁻²¹nai²⁴²⁻²¹kuɔ⁵²

续上表

义项	封川话词条	封川话标音	开建话词条	开建话标音
合欢	合欢	həp²² fun⁵⁵⁴	合欢	ɔp²¹ fun⁴⁴
枫	枫木	foŋ⁵⁵ mok²²	枫木	poŋ⁴⁴⁻³² mok³⁴
楝	苦楝	fu³³⁴⁻³³ lim³³⁴	苦楝	fu⁵²⁻³² lim³²
椿	椿树	tʃʰʌn⁵⁵ tʃy²¹	臭椿	tʃʰou³² tʃʰɐn⁴⁴
樟	樟胡	tʃiɛŋ⁵⁵⁴⁻⁴³ u²⁴³	樟胡	tʃyŋ⁴⁴⁻³² u²⁴
人面子	人面果	ȵiʌn²⁴³⁻²² min²¹⁻²² kuɔ³³⁴	人面果	ȵiɛn²⁴⁻²¹ min²¹ ku ɔ⁵²
凤凰树	凤凰树	foŋ²¹⁻²² uoŋ²⁴³⁻²² tʃy²¹	凤凰树	puŋ²¹ uŋ²⁴⁻²¹ tʃy²¹
羊蹄甲	羊蹄甲	iɛŋ²⁴³⁻²² tʌi²⁴³⁻³² kap⁵³	羊蹄甲	yŋ²⁴⁻²¹ tʌi²⁴⁻²¹ kap³²
银杏	白果	pak²² kuɔ³³⁴	白果	pɛk²¹ ku ɔ⁵²
栀子	山黄栀	ʃan⁵⁵⁴⁻³² uɔŋ²⁴³⁻²² tʃʰi⁵⁵⁴	烟株	in⁴⁴⁻³² tʃy⁴⁴
木兰	木兰花	mok²² lan²⁴³⁻²² fa⁵⁵⁴	木兰花	mok³⁴⁻²¹ lan²⁴⁻²¹ fa⁴⁴
夹竹桃	夹竹桃	kap⁵³ tʃok⁵⁵⁻⁵⁵ təu²⁴³	夹竹桃	kap³² tʃok⁵⁵⁻³² tɔ²⁴
木棉	木棉花 杉元花	mok²² min²⁴³⁻²² fa⁵⁵⁴ tʃʰam⁵²⁻³³ ȵiun²⁴³⁻²² fa⁵⁵⁴	木棉花	mok³⁴⁻²¹ mɛn²⁴⁻²¹ fa⁴⁴
椰子	椰子树	iɛ²⁴³⁻²² ti³³⁴ tʃy²¹	椰子树	iɛ²⁴⁻²¹ tʃu ɔ⁵²⁻³² tʃy²¹
椰子	椰子	iɛ²⁴³⁻²² ti³³⁴	椰子	iɛ²⁴⁻²¹ tʃu ɔ⁵²
槟榔	槟榔	pun⁵⁵⁴⁻³² loŋ²⁴³	槟榔	pɐn⁴⁴⁻³² lœŋ²⁴
蒲葵	葵扇	kuʌi²⁴³⁻²² ʃin⁵²⁻²¹	葵扇	kuɐi²⁴⁻²¹ ʃin³²
荆棘	笏蓬	lak²² paŋ²⁴³	笏棚 笏□	lɐk³⁴⁻²¹ pɛn²⁴ lɐk³⁴⁻²¹ pom²¹
树林	树林	tʃy²¹⁻²² lʌm²⁴³	山林	ʃan⁴⁴⁻³² lɐm²⁴
树苗	树苗	tʃy²¹⁻²² miu²⁴³	树苗	tʃy²¹ mɛu²⁴
树干	树身	tʃy²¹⁻²² ʃʌn⁵⁵⁴	树身	tʃy²¹ ʃɐn⁴⁴
树枝	树枝	tʃy²¹⁻²² tʃi⁵⁵⁴	树枝	tʃy²¹ tʃi⁴⁴
树梢	树梢	tʃy²¹⁻²² ʃau⁵⁵⁴	树尾顶	tʃy²¹ mɛi²⁴²⁻²¹ ti ɔŋ⁵²
根	薑	kiɛŋ³³⁴	薑	kyŋ⁵²
叶	叶	ip²²	叶	ip³⁴
芽	芽	ŋa²⁴³	芽	ŋa²⁴
苗	苗	miu²⁴³	苗	mɛu²⁴
树皮	树皮	tʃy²¹⁻²²¹ pi²⁴³	树皮	tʃy²¹ pɐi²⁴

续上表

义项	封川话词条	封川话标音	开建话词条	开建话标音
年轮	树轮	tʃy²¹⁻²²lʌn²⁴³	树轮	tʃy²¹lɛn²⁴
木节	木节	mok²²tit⁵⁵	树/木□	tʃy²¹/mok³⁴⁻²¹kʰei³²
树疤	树疮	tʃy²¹⁻²²tʃʰɔŋ⁵⁵⁴	树瓣	tʃy²¹na⁴⁴
竹	竹	tʃok⁵⁵	竹	tʃok⁵⁵
竹叶	竹叶	tʃok⁵⁵⁻³²ip²²	竹叶	tʃok⁵⁵⁻³²ip³⁴
竹节	竹节	tʃok⁵⁵⁻³²tit⁵⁵	竹□	tʃok⁵⁵⁻³²kʰei³²
笋	竹笋	tʃok⁵⁵⁻³²lʌn³³⁴	竹笋	tʃok⁵⁵⁻³²ʃɛn⁵²
竹木刺	笏	lak²²	笏	lɐk³⁴
花	花	fa⁵⁵⁴	花	fa⁴⁴
花瓣	花片	fa⁵⁵pʰin⁵²	花叶	fa⁴⁴⁻³²ip³⁴
花蕊	花蕊	fa⁵⁵ȵiui²²³	花蕊	fa⁴⁴⁻³²ȵiœ²⁴²
花蕾	花卒	fa⁵⁵⁴⁻³³tut⁵⁵	花□	fa⁴⁴⁻³²nop⁵⁵
花粉	花粉	fa⁵⁵fuʌn³³⁴	花粉	fa⁴⁴⁻³²fɛn⁵²
月季花	月季花	ȵiut⁵⁵kuʌi⁵²⁻³³fa⁵⁵⁴	月季花	ȵyt³⁴⁻²¹kuei³²fa⁴⁴
玫瑰	玫瑰花	mui²⁴³⁻²²kuʌi⁵²⁻³³fa⁵⁵⁴	玫瑰花	mui²⁴⁻²¹kuei³²fa⁴⁴
蔷薇	蔷薇	ɬiɛŋ²⁴³⁻²²mi²⁴³		
兰	兰花	lan²⁴³⁻²²fa⁵⁵⁴	兰花	lan²⁴⁻²¹fa⁴⁴
鸡冠花	鸡关花	kuʌi⁵⁵⁴⁻³³kuan⁵⁵fa⁵⁵⁴	鸡关花	kɐi⁴⁴⁻³²kuan⁴⁴⁻³²fa⁴⁴
牵牛花	喇叭花	la⁵⁵pa⁵⁵fa⁵⁵⁴	□□花	ti⁻³²tɛ⁴⁴⁻³²fa⁴⁴
夜来香	夜来香	iɛ²¹⁻²²lui²¹hiɛŋ⁵⁵	夜来香	iɛ²¹lɔi²⁴⁻²¹hyŋ⁴⁴
菊	菊花	kok⁵⁵⁻³³fa⁵⁵⁴	菊花	kok⁵⁵⁻³²fa⁴⁴
蒲公英	蒲公英	pəu²⁴³⁻²²koŋ⁵⁵iɛŋ⁵⁵⁴	蒲公英	pu²⁴⁻²¹koŋ⁴⁴⁻³²iŋ⁴⁴
茉莉	茉莉花	mut²²li²¹⁻²²fa⁵⁵⁴	茉莉花	mɐt²¹lei²¹fa⁴⁴
睡莲	睡莲	tʃui²¹⁻²²lin²⁴³	睡莲	tʃœ²¹lɛn²⁴
荷	荷花	hɔ²⁴³⁻²²fa⁵⁵⁴	莲藕花	lɛn²⁴⁻²¹ŋɐu²⁴²⁻²¹fa⁴⁴
荷叶	莲藕叶	lin²⁴³⁻²²ŋʌu²⁴³ip²²	莲藕叶	lɛn²⁴⁻²¹ŋɐu²⁴²⁻²¹ip³⁴
莲蓬	莲蓬	lin²⁴³⁻²²poŋ²⁴³	莲蓬	lɛn²⁴⁻²¹poŋ²⁴
	莲子壳	lin²⁴³⁻²²ti³³⁴hɔk⁵³	莲子壳	lɛn²⁴⁻²¹tʃu⁰⁵²⁻²¹hœk³²
莲子	莲子	lin²⁴³⁻²²ti³³⁴	莲子	lɛn²⁴⁻²¹tʃu⁰⁵²

续上表

义项	封川话词条	封川话标音	开建话词条	开建话标音
藕	莲藕	lin²⁴³⁻²²ŋʌu²²³	莲藕	lɛn²⁴⁻²¹ŋɐu²⁴²
牡丹	牡丹	mau²²³⁻²²tan⁵⁵⁴	牡丹	mau²⁴²⁻²¹tan⁴⁴
芍药	芍药	tʃiɛk⁵³iɛk²²	蛇药	tʃiᵉ²⁴⁻²¹iɛk²¹
万年青	万年青	man²¹⁻²²nin²⁴³⁻²²tʰeŋ⁵⁵⁴	万年青	man²¹nɛn²⁴⁻²¹tʃʰiᵒŋ⁴⁴
薄荷	薄荷	pɔk²²hɔ²⁴³	薄荷	pœk²¹ɔ²⁴
吊兰	吊兰	tiu⁵²⁻³²lan²⁴³	吊兰	tiu³²lan²⁴
凤仙	凤仙	foŋ²¹⁻²²ɬin⁵⁵⁴	凤仙	puŋ²¹ʃɛn⁴⁴
仙人掌	仙人掌	ɬin⁵⁵⁴⁻³²niʌn²⁴³⁻²²tʃiɛn³³⁴	仙人掌	ʃɛŋ⁴⁴⁻³²niɛn²⁴⁻²¹tʃyŋ⁵²
杜鹃花	杜鹃花	tu²¹⁻²²kun⁵⁵fa⁵⁵⁴	杜鹃花	tu²¹kyn⁴⁴⁻³²fa⁴⁴
吊钟花	吊钟花	tiu⁵²⁻³³tʃoŋ⁵⁵fa⁵⁵⁴	吊钟	tiu³²tʃoŋ⁴⁴
梅	梅花	mui²⁴³⁻²²fa⁵⁵⁴	梅花	mui²⁴⁻²¹fa⁴⁴
梅子	梅子	mui²¹⁻²²ti³³⁴	梅仔	mui²⁴⁻²¹tʃai⁵²
桂花	桂花	kuʌi⁵²⁻³³fa⁵⁵⁴	桂花	kuei³²fa⁴⁴
米兰	米兰	muʌi²²³lan²⁴³	米兰	mai²⁴²⁻²¹lan²⁴
石竹	石竹	tʃek²²tʃok⁵⁵	野鬼划 假梅花	iᵉ²⁴²⁻²¹kuei⁵²⁻³²uɛk²¹ ka⁵²⁻³²mui²⁴⁻²¹fa⁴⁴
向日葵	葵瓜子	kuʌi²⁴³⁻²²kua⁵⁵ti³³⁴	葵瓜子	kuei²⁴⁻²¹kua⁴⁴⁻³²tʃu⁵²
天竺葵	天竺葵	tʰin⁵⁵tʃok⁵⁵kuʌi²⁴³	天竺葵	tʰɛn⁴⁴⁻³²tʃok⁵⁵⁻³²kuei²⁴
木芙蓉	木芙蓉	mok²²fu²⁴³⁻²²ioŋ²⁴³	木莲花	mok³⁴⁻²¹lɛn²⁴⁻²¹fa⁴⁴
百合	百合	pak⁵³hɔp²²	百合	pɛk³²ɔp²¹
水仙	水仙	ʃui³³⁴ɬin⁵⁵⁴	水仙花	ʃœ⁵²⁻³²ʃɛn⁴⁴⁻³²fa⁴⁴
含羞草	怕丑草	pʰa⁵²⁻³³tʃʰʌu³³⁴tʰɐu³³⁴	怕丑草	pʰa³²tʰau⁵²⁻³²tʃʰɔ⁵²
樱花	樱花	ieŋ⁵⁵fa⁵⁵⁴	樱花	iᵒŋ⁴⁴⁻³²fa⁴⁴
紫云英	紫云英	tit³³⁴uʌn²⁴³⁻²²ieŋ⁵⁵⁴		
海棠	海棠	hui³³⁴tɔŋ²⁴³	海棠	hɔi⁵²⁻³²tœn²⁴
山茶花	山茶花	ʃan⁵⁵⁴⁻³³tʃa²⁴³⁻²²fa⁵⁵⁴	山茶花	ʃan⁴⁴⁻³²tʃa²⁴⁻²¹fa⁴⁴
绣球花	绣球花	ɬʌu⁵²kʌu²⁴³⁻²²fa⁵⁵⁴	绣球花	ʃou³²tʃeu²⁴⁻²¹fa⁴⁴
昙花	昙花	tam²⁴³⁻²²fa⁵⁵⁴	昙花	tan²⁴⁻²¹fa⁴⁴
美人蕉	美人蕉	mi²²³niʌn²⁴³⁻²²tiu⁵⁵⁴	美人蕉	mɐi²⁴²⁻²¹niɛn²⁴⁻²¹tʃeu⁴⁴

义项	封川话词条	封川话标音	开建话词条	开建话标音
苜蓿	苜蓿	mok²²ɫok⁵⁵	绿肥	lok³⁴⁻²¹pui²⁴
莎草	莎草	ʃa⁵⁵tʰəu³³⁴	阴绐	iɐm⁴⁴⁻³²tʃʰɐn⁴⁴
萱草	萱草	ɫun⁵⁵tʰəu³³⁴	萱草	ʃyn⁴⁴⁻³²tʃʰɔ⁵²
芦苇	芦笛竹	lu²⁴³⁻²²tek²²tʃok⁵⁵	老株	lɔ²¹tʃy⁴⁴
葫芦	葫芦瓜	pu²⁴³⁻²²lu²⁴³⁻²²kua⁵⁵⁴	葫芦瓜	u²⁴⁻²¹lu²⁴⁻²¹kua⁴⁴
剑麻	剑麻	kim⁵²ma²⁴³	剑麻	kim³²ma²⁴
盆景树	盆景	pun²⁴³⁻²²keŋ³³⁴	盘景	pɔn²⁴⁻²¹ki°ŋ⁵²
果	生果	ʃaŋ⁵⁵⁴⁻³³kuɔ³³⁴	生果	ʃɛŋ⁴⁴⁻³²kuɔ⁵²
瓜果或花与枝相连的小柄	梗	kuaŋ³³⁴	梗	kuɛŋ⁵²
花木汁液	娘⁼	ȵiɛŋ²⁴³	娘⁼	nyŋ²⁴
草	草	tʰəu³³⁴	草	tʃʰɔ⁵²
草秆	草秆	tʰəu³³⁴kun³³⁴	草梗	tʃʰɔ⁵²⁻³²kuɛŋ⁵²
浮萍	水浮莲	ʃui³³⁴⁻³²pʰʌu²⁴³⁻²²lin²⁴³	水葫芦	ʃœ⁵²⁻³²u²⁴⁻²¹lu²⁴
水藻	水草	ʃui³³⁴tʰəu³³⁴	水草	ʃœ⁵²⁻³²tʃʰɔ⁵²
青苔	青苔	tʰeŋ⁵⁵⁴⁻³²tui²⁴³	青苔	tʃʰi°ŋ⁴⁴⁻³²tɔi²⁴
海带	海带	hui³³⁴tai⁵²	海带	hɔi⁵²⁻³²tai³²
紫菜	紫菜	ti³³⁴tʰui⁵²	紫菜	tʃu⁰⁵²⁻³²tʃʰɔi³²
蘑菇	菌	kuʌn²²³	菌	kuɐn²⁴²
香菇	冬菇	toŋ⁵⁵ku⁵⁵⁴	冬菇	toŋ⁴⁴⁻³²ku⁴⁴
草菇	草菇	tʰəu³³⁴ku⁵⁵⁴	草菇	tʃʰɔ⁵²⁻³²ku⁴⁴
木耳	木耳	mok²²ȵi²²³	木耳	mok³⁴⁻²¹ȵi²⁴²
银耳	雪耳	ɫut⁵⁵⁻³²ȵi²²³	雪耳	ʃyt⁵⁵⁻³²ȵi²⁴²
蕨	蕨居勾	kut⁵⁵⁻³²ky⁵⁵⁴⁻²²ŋʌu⁵⁵⁴	蕨勾	kyt³²ŋɐu⁴⁴
艾草	艾	ŋui²¹	艾	ŋɔi²¹
人参	人参	ȵiʌn²⁴³⁻²²tʃʌm⁵⁵⁴	人参	ȵien²⁴⁻²¹tʃʰam⁴⁴
庄稼	禾	uɔ²⁴³	禾木	u²⁴⁻²¹mok³⁴
五谷	五谷	ŋ²²³kok⁵⁵	谷米	kok⁵⁵⁻³²mai²⁴²

义项	封川话词条	封川话标音	开建话词条	开建话标音
稻	禾	uɔ²⁴³	禾	u²²⁴
早稻	早造	təu³³⁴ɬəu²¹	早造	tʃɔ⁵²⁻³²tʃɔ²¹
晚稻	晚造	man²²³ɬəu²¹	晚造	man²⁴²⁻²¹tʃɔ²¹
中季稻	中季稻	tʃoŋ⁵⁵kuʌi⁵²təu²¹		
麦	麦	mak²²	麦	mɛk²¹
大麦	大麦	tai²¹⁻²²mak²²	大麦	tai²¹mɛk²¹
小麦	冬耕	toŋ⁵⁵kaŋ⁵⁵⁴	冬耕	toŋ⁴⁴⁻³²kɛŋ⁴⁴
荞麦	荞麦	kiu²⁴³⁻²²mak²²	荞麦	kiu²⁴⁻²¹mɛk²¹
麦芒	麦芒	mak²²mɔŋ⁵⁵⁴	麦芒	mɛk²¹mœŋ⁴⁴
谷子	谷	kok⁵⁵	谷	kok⁵⁵
黍	粟	ɬok⁵⁵	狗尾粟	kou⁵²⁻³²mei²⁴²⁻²²ʃok⁵⁵
高粱	高粱	kəu⁵⁵lɛŋ²⁴³	高粱	kɔ⁴⁴⁻³²lyŋ²⁴
玉米	包粟	pau⁵⁵⁴⁻³³ɬok⁵⁵	麦	mɛk²¹
玉米棒	包粟球	pau⁵⁵⁴⁻³²ɬok⁵⁵⁻²²tʃʌu²⁴³	麦□	mɛk²¹lœŋ⁴⁴
薏苡	薏米	i⁵²muʌi²²³	薏米	i³²mai²⁴²
穗	禾丛 禾空	uɔ²⁴³⁻²²ɬoŋ²⁴³ uɔ²⁴³⁻²²kʰoŋ⁵⁵⁴	禾□	u²²⁴⁻²¹lœŋ⁴⁴
籽实	核	uʌt²²	核	uɐt³⁴
秕	瘪 某=	miɛt⁵⁵ mʌu⁵²	□ 某=	mɛ³² mou⁵²
秸秆	稿	kəu³³⁴	树	tʃy²¹
遗落田里或地上的谷穗	禾屉= 谷屉=	uɔ²⁴³⁻²²lai⁵⁵ kok⁵⁵⁻³³lai⁵⁵⁴	禾屉=	u²²⁴⁻²¹lai⁴⁴
庄稼的茬子	禾秆头	uɔ²⁴³⁻²²kon²²³tʌu²⁴³	禾秆头	u²²⁴⁻²¹kɔn⁵²⁻³²tɐu²⁴
秧苗	秧	iɛŋ⁵⁵⁴	秧	yŋ⁴⁴
种子	种	tʃoŋ³³⁴	种	tʃoŋ⁵²
稗	稗	puʌi²¹	粟米	ʃok⁵⁵⁻³²mai²⁴²
豆	豆	tʌu²¹	豆	tou²¹

续上表

义项	封川话词条	封川话标音	开建话词条	开建话标音
黄豆	黄豆	uɔŋ²⁴³⁻²²tʌu²¹	黄豆	uŋ²⁴⁻²¹tou²¹
绿豆	绿豆	lok²²tʌu²¹	绿豆	lok³⁴⁻²¹tou²¹
黑豆	黑豆	hak⁵⁵⁻³²tʌu²¹	黑豆	hɐk⁵⁵⁻³²tou²¹
红小豆	红饭豆 赤小豆	hoŋ²⁴³⁻²²fan²¹⁻²²tʌu²¹ tʃʰek⁵⁵⁻³³łiu³³⁴⁻³⁴tʌu²¹	红饭豆	oŋ²⁴⁻²¹pan²¹tou²¹
扁豆	扁豆	piɛn³³⁴tʌu²¹	扁豆	pɛn⁵²⁻³²tou²¹
豌豆	红花豆	hoŋ²⁴³⁻²²fa⁵⁵tʌu²¹	冬豆	toŋ⁴⁴⁻³²tou²¹
菜豆	菜豆	tʰui⁵²tʌu²¹	四季豆	ʃei³²kuei³²tou²¹
豇豆	豇豆	kɔŋ⁵⁵tʌu²¹	长荚豆	tyŋ²⁴⁻²¹lœn⁴⁴⁻³²tou²¹
蚕豆	蚕豆	łam²⁴³⁻²²tʌu²¹	蚕豆	tʃam²⁴⁻²¹tou²¹
其他豆	刀豆	təu⁵⁵tʌu²¹	大刀山=	tai²¹tɔ⁴⁴⁻³²ʃan⁴⁴
豆荚	豆壳	tʌu²²hɔk⁵³	豆壳	tou²¹hɐk³²
根瘤	根瘤菌	kʌn⁵⁵lʌu²⁴³⁻²²kuʌn²⁴³	薑	kyŋ⁵²
马铃薯	马铃薯	ma²²³lɛŋ²⁴³⁻²²tʃy²⁴³	马铃薯	ma²⁴²⁻²¹liŋ²⁴⁻²¹tʃy²⁴
番薯	番薯	fan⁵⁵⁴tʃy²⁴³	番薯	fɐn⁴⁴⁻³²tʃy²⁴
豆薯	豆薯	tʌu²¹⁻²²tʃy²⁴³	葛薯	kɔt³²tʃy²⁴
木薯	木番薯	mok²²fan⁵⁵⁻²²tʃy²⁴³	木番薯	mok³⁴⁻²¹fɐn⁴⁴⁻³²tʃy²⁴
芋	芋头	u²¹⁻²²tʌu²⁴³	芋（头）	u²¹(tɐu²⁴)
薯蓣	山薯（野生） 淮山	ʃan⁵⁵tʃy²⁴³ uai²⁴³⁻²²ʃan⁵⁵⁴	大薯 淮山	tai²¹tʃy²⁴ uai²⁴⁻²¹ʃan⁴⁴
甜菜	甜菜	tim²⁴³⁻²²tʰui⁵²	红头萝卜	oŋ²⁴⁻²¹tɐu²⁴lɔ²¹⁻²pɐk³⁴
花生	花生 地豆	fa⁵⁵⁴⁻³³ʃaŋ⁵⁵⁴ ti²¹⁻²²tʌu²¹	花生	fa⁴⁴⁻³²ʃɛŋ³⁴
芝麻	芝麻	tʃi⁵⁵⁴ma²⁴³	芝麻	tʃi⁴⁴⁻³²ma²⁴
苎麻	苎麻	tʃy²¹⁻²²ma²⁴³	苎麻	tʃy³²ma²⁴
亚麻	亚麻	a³³ma²⁴³	黄麻	u̯ŋ²⁴⁻²¹ma²⁴
麻秆	麻秆	ma²⁴³⁻²²kon³³⁴	麻梗	ma²⁴⁻²¹kuɛn⁵²
棉	棉花	min²⁴³⁻²²fa⁵⁵⁴	棉花	mɛn²⁴⁻²¹fa⁴⁴
棉桃	棉桃	min²⁴³⁻²²təu²⁴³	贝桃	pui³²tɔ²⁴
蓖麻	蓖麻	pi⁵²⁻³²ma²⁴³	蓖麻	pei³²ma²⁴

续上表

义项	封川话词条	封川话标音	开建话词条	开建话标音
胡椒	胡椒 茶辣	u²⁴³⁻²²tiu⁵⁵⁴ tʃa²⁴³⁻²²lat²²	胡椒	u²⁴⁻²¹tʃɐu⁴⁴
蔗	蔗	tʃɛ⁵²	蔗	tʃiᵉ³²
蔗叶	蔗荚	tʃɛ⁵²hap²²	蔗叶	tʃiᵉ³²ip³⁴
烟草	烟	in⁵⁵⁴	烟	in⁴⁴
蔬菜	青菜	tʰeŋ⁵⁵⁴⁻³²tʰui⁵²⁻²¹	青菜	tʃʰiᵒŋ⁴⁴⁻³²tʃʰɔi³²
绿叶蔬菜	青菜	tʰeŋ⁵⁵⁴⁻³²tʰui⁵²⁻²¹	青菜	tʃʰiᵒŋ⁴⁴⁻³²tʃʰɔi³²
小白菜	白菜	pak²²tʰui⁵²⁻²¹	白菜仔	pɐk²¹tʃʰɔi³²tʃai⁵²
大白菜	黄牙白 象牙白	uɔŋ²⁴³⁻²²ŋa²⁴³⁻²²pak²² łiɛŋ²¹⁻²²ŋa²²pak²²	黄牙白 白菜	uᵒŋ²⁴⁻²¹ŋa²⁴⁻²¹pɐk²¹ pɐk²¹tʃʰɔi³²
芥菜	芥菜	kai⁵²⁻³²tʰui⁵²⁻²¹	芥菜	kɐi⁴⁴⁻³²tʃʰɔi³²
芹菜	芹菜	tʃʌn²⁴³⁻²²tʰui⁵²⁻²¹	芹菜	tʃʰɐŋ²⁴⁻²¹tʃʰɔi³²
苋菜	笏苋菜	lak²²han²¹⁻²²tʰui⁵²⁻²¹	笏苋菜	lɐk³⁴⁻²²yn²¹tʃʰɔi³²
生菜	生菜	ʃaŋ⁵⁵⁴⁻³²tʰui⁵²⁻²¹	生菜	ʃɐŋ⁴⁴⁻³²tʃʰɔi³²
莴笋	莴笋	uᵒ⁵⁵⁴ʃʌn³³⁴	甜麦头	tem²⁴⁻²¹mɐk²¹tɐu²⁴
苦荬菜	苦麦	fu³³⁴⁻³²mak²²tʰui⁵²⁻²¹	苦麦	fu⁵²⁻³²mɐk²¹
卷心菜	挛心菜	lun³³⁴⁻³³łʌm³³tʰui⁵²⁻²¹	卷心菜	kyn⁵²⁻³²ʃɐm⁴⁴⁻³²tʃʰɔi³²
花椰菜	椰菜包 椰菜花	iɛ²⁴³⁻²²tʰui⁵²⁻³³pau⁵⁵⁴ iɛ²⁴³⁻²²tʰui⁵²⁻³³fa⁵⁵⁴	椰兰包 椰菜包	iᵉ²⁴⁻²¹lan²⁴⁻²¹pau⁴⁴ iᵉ²⁴⁻²¹tʃʰɔi³²pau⁴⁴
苤蓝	芥蓝	kai⁵²⁻³²lan²⁴³	芥兰	kai³²lan²⁴
大头菜	头菜	tʌu²⁴³⁻²²tʰui⁵²	头菜	tɐu²⁴⁻²¹tʃʰɔi³²
油菜	油菜	iʌu²⁴³⁻²tʰui⁵²	油麦	iɐu²⁴⁻²¹mɐk²¹
油菜薹	油菜梗	iʌu²⁴³⁻²²tʰui⁵²⁻³³kuaŋ³³⁴	油麦梗	iɐu²⁴⁻²¹mɐk²¹kuɐŋ⁵²
油菜籽	油菜籽	iʌu²⁴³⁻²²tʰui⁵²⁻³³ti³³⁴	菜仁	tʃʰɔi³²ŋɐn²⁴
菠菜	菠菜	pɔ⁵⁵tʰui⁵²	波菠	pu²⁴⁴⁻³²lɐŋ²⁴
蕹菜	蕹菜	ŋɔŋ⁵²⁻³³tʰui⁵²	蕹菜	œŋ⁴⁴⁻³²tʃʰɔi³²
茼蒿	颂蒿	tʰoŋ²⁴³⁻²²həu⁵⁵⁴	塘蒿	tɐŋ²⁴⁻²¹ŋɔ⁴⁴
芫荽	芫荽（盐西）	im²⁴³⁻²²łi⁵⁵⁴	芫荽	yn²¹tʃɐi⁴⁴
蒜	蒜	łun⁵²	蒜	ʃyn³²

续上表

义项	封川话词条	封川话标音	开建话词条	开建话标音
青蒜	蒜叶	ɬun^{52}ip^{22}	蒜叶	ʃyn^{32}ip^{34}
蒜苗	蒜苗	ɬun$^{52-32}$miu^{243}	蒜苗	ʃyn^{32}mɛu^{24}
蒜头	蒜头	ɬun$^{52-32}$tʌu^{243}	蒜头	ʃyn^{32}tɐu^{24}
葱	葱	tʰoŋ^{554}	葱	ʧʰoŋ^{44}
葱叶	葱叶	tʰoŋ^{55}ip^{22}	葱叶	ʧʰoŋ$^{44-32}$ip^{34}
葱白	葱白	tʰoŋ^{55}pak^{22}	葱白	ʧʰoŋ$^{44-32}$pɛk^{21}
韭菜	韭菜	ʧʌu$^{334-32}$tʰui^{52}	韭菜	ʧou$^{52-32}$ʧʰɔi^{32}
韭黄	韭黄	ʧʌu$^{334-32}$uoŋ^{243}	韭菜心	ʧou$^{52-32}$ʧʰɔi^{32}ʃɐm^{44}
黄花菜	针菜	ʧʌm$^{554-32}$tʰui$^{52-21}$	针菜	ʧɐm$^{44-32}$ʧʰɔi^{32}
洋葱	洋葱头	iɛŋ$^{243-22}$tʰoŋ^{55}tʌu^{243}	洋葱头	yŋ$^{24-21}$ʧʰoŋ$^{44-32}$tɐu^{24}
薤	薤	kiu^{334}	藠	kiu^{242}
辣椒	辣椒	lat^{22}tiu^{554}	迟辣	ʧi^{21}lat^{21}
柿子椒	灯笼椒	taŋ^{55}loŋ$^{243-22}$tiu^{554}	灯笼辣	tɐŋ$^{44-32}$loŋ$^{24-21}$lat^{21}
菜薹	菜叶	tʰui$^{52-32}$ip^{22}	菜叶	ʧʰɔi^{32}ip^{34}
菜帮子	菜梗	tʰui$^{52-33}$kuaŋ^{334}	菜梗	ʧʰɔi^{32}kuɛŋ^{52}
萝卜	萝卜	lɔ$^{243-22}$pak^{22}	萝卜	lɔ$^{24-21}$pɐk^{34}
胡萝卜	红萝卜	hoŋ$^{243-22}$lɔ$^{243-22}$pak^{22}	红萝卜	oŋ$^{24-21}$lɔ$^{24-21}$pɐk^{34}
萝卜叶	萝卜叶	lɔ$^{243-22}$pak^{22}ip^{22}	萝卜叶	lɔ$^{24-21}$pɐk$^{34-21}$ip^{34}
冬瓜	冬瓜	toŋ$^{554-33}$kua^{554}	冬瓜	toŋ$^{44-32}$kua^{44}
南瓜	金瓜	ʧʌm^{55}kua^{554}	金瓜	ʧɐm$^{44-32}$kua^{44}
黄瓜	黄瓜	uɔŋ$^{243-22}$kua^{554}	黄瓜	uŋ$^{24-21}$kua^{44}
丝瓜	丝瓜（有棱） 水瓜（无棱）	ɬi^{55}kua^{554} ʃui$^{334-33}$kua^{554}	丝瓜 水瓜	ʃɐi$^{44-32}$kua^{44} ʃœ$^{52-32}$kua^{44}
菜瓜	菜瓜	tʰui$^{334-33}$kua^{554}	囗瓜	tom^{32}kua^{44}
苦瓜	苦瓜	fu$^{334-33}$kua^{554}	苦瓜	fu$^{52-32}$kua^{44}
瓠子	蒲瓜	pu$^{243-22}$kua^{554}	蒲瓜	pu$^{24-21}$kua^{44}
芋头	芋头	u$^{21-22}$tʌu^{243}	芋头	u^{21}tɐu^{24}
茄	矮瓜	ai$^{334-33}$kua^{554}	矮瓜	ai$^{52-32}$kua^{44}
番茄	番茄	fan^{55}kɛ^{243}	番茄	fan$^{44-32}$ʧi^{24}
野菜	野菜	iɛ$^{223-23}$tʰui^{52}	野菜	iɛ$^{242-21}$ʧʰɔi^{32}

续上表

义项	封川话词条	封川话标音	开建话词条	开建话标音
姜	姜	kiɛŋ⁵⁵⁴	姜	kyŋ⁴⁴
慈姑	慈姑	ɬi²⁴³⁻²¹ku⁵⁵⁴	慈姑	tʃi²⁴⁻²¹ku⁴⁴
荸荠	马蹄	ma²²³tʌi²⁴³	马蹄菇	ma²⁴²⁻²¹tɐi²⁴⁻²¹ku⁴⁴
芡实	肇实	tʃiu²¹⁻²²tʃʌt²²	肇实	tʃiu²¹tʃɐt³⁴
菱角	菱角	lɛŋ²⁴³⁻²²kʰɔk⁵³⁻²²	棱角	lɛŋ²⁴⁻²¹kœk³²
水果	生果	ʃaŋ⁵⁵⁴⁻³³kuɔ³³⁴	生果	ʃɛŋ⁴⁴⁻³²ku⁵²
苹果	苹果	pɛŋ²⁴³⁻²²kuɔ³³⁴	苹果	piəŋ²⁴⁻²¹ku⁵²
梨	沙梨	ʃa⁵⁵⁴⁻³³li²⁴³	梨	lɐi²⁴
橙	橙柑	tʰaŋ²⁴³kəm⁵⁵⁴	橙柑	tʃɛŋ²⁴⁻²¹kɔm⁴⁴
柑	柑	kəm⁵⁵⁴	柑	kɔm⁴⁴
橘	橘子	kuʌt⁵⁵⁻³³ti³³⁴	柑橘	kɔm⁴⁴⁻³²kɐt⁵⁵
橘瓣	橘瓣 橘敛	kuʌt⁵⁵⁻³²pʰan²²³ kuʌt⁵⁵⁻³²lim²²³	柑□	kɔm⁴⁴⁻³²kʰɛŋ³²
橘络	柑衣	kəm⁵⁵i⁵⁵⁴	柑衣	kɔm⁴⁴⁻³²i⁴⁴
柚	牯柚	ku³³⁴⁻³²iʌu²⁴³⁻²¹	大柑	tai²¹kɔm⁴⁴
李	夹（合）李	hap²²li²²³	竹李	tʃok⁵⁵⁻³²lɐi²⁴²
葡萄	葡萄	pu²⁴³⁻²²təu²⁴³	葡萄	pu²⁴⁻²¹tɔ²⁴
石榴	石榴	tʃek²²lʌu²⁴³	花棯	fa⁴⁴⁻³²nɛm⁴⁴
桃	桃子	təu²⁴³⁻²²ti³³⁴	桃	tɔ²⁴
甜瓜	香瓜	hiɛŋ⁵⁵kua⁵⁵⁴	香瓜	hyŋ⁴⁴⁻³²kua⁴⁴
西瓜	西瓜	ɬʌi⁵⁵kua⁵⁵⁴	西瓜	ʃɐi⁴⁴⁻³²kua⁴⁴
木瓜	木瓜	mok²²kua⁵⁵⁴	木瓜	mok³⁴⁻²¹kua⁴⁴
番木瓜	番木瓜	fan⁵⁵⁴⁻³²mok²²kua⁵⁵⁴	番鬼 木瓜	fan⁴⁴⁻³²kuei⁵² mok²¹kua⁴⁴
枇杷	枇杷	pi²⁴³⁻²²pa²⁴³	枇杷	pei²¹pa²⁴
凤梨	沙梨	ʃa⁵⁵⁴⁻³³li²⁴³	沙梨	ʃa⁴⁴⁻³²lɐi²⁴
杏	杏	haŋ²¹	杏	ɐŋ²¹
蕉	大蕉	tai²¹⁻²²tiu⁵⁵⁴	蕉	tʃɛu⁴⁴
芒果	芒果	mɔŋ⁵⁵kuɔ³³⁴	芒果	mœŋ⁴⁴⁻³²ku⁵²

续上表

义项	封川话词条	封川话标音	开建话词条	开建话标音
草莓	草莓	tʰəu³³⁴⁻³⁴mui³³⁴	草莓	tʃʰɔ⁵²⁻³²mui²⁴
樱桃	樱桃	ieŋ⁵⁵təu²⁴³	樱桃	iᵊŋ⁴⁴⁻³²tɔ²⁴
枣	枣	təu³³⁴	枣	tʃɔ⁵²
柿	柿使̄	ʃi²¹⁻²²ʃʌi³³⁴	柿	tʃɛ²⁴²
荔枝	荔枝	lʌi²¹⁻²²tʃi⁵⁵⁴	荔枝	lei²¹tʃi⁴⁴
龙眼	鹿眼	lok²²ŋan²²³	龙(鹿)眼	loŋ²⁴⁻²¹(lok³⁴⁻²¹)ŋan⁵²
佛手	佛手瓜	fuʌt²²ʃʌu³³⁴kua⁵⁵⁴	佛手瓜	pɐt³⁴⁻²¹ʃou⁵²⁻³²kua⁴⁴
核桃	核桃	uʌt²²təu²⁴³	核桃	ɐt³⁴⁻²¹tɔ²⁴
山楂	山楂	ʃan⁵⁵⁴⁻³³tʃa⁵⁵⁴	山楂	ʃan⁴⁴⁻³²tʃa⁴⁴
栗子	栗子	lʌt²²ti³³⁴	栗	lɐt³⁴
橄榄	橄榄 / 榄子	kəm³³⁴⁻³³lam³³⁴ / lam³³⁴⁻¹³ti³³⁴	果榄	kuᵒ⁵²⁻³²lam⁵²
柠檬	柠檬	leŋ²⁴³⁻²²moŋ⁵⁵⁴	柠檬	niŋ²⁴⁻²¹moŋ⁴⁴
果壳	果壳	kuɔ³³⁴hɔk⁵³	果壳	kuᵒ⁵²⁻³²hœk³²
果核	果核	kuɔ³³⁴uʌt⁵³	果核	kuᵒ⁵²⁻³²uɐt³⁴
果仁	果肉	kuɔ³³⁴ɲiok²²	果肉	kuᵒ⁵²⁻³²ɲiok³⁴
果籽	果核	kuɔ³³⁴uʌt⁵³	果核	kuᵒ⁵²⁻³²uɐt³⁴

三、自然生理

义项	封川话词条	封川话标音	开建话词条	开建话标音
天	天	tʰin⁵⁵⁴	天	tʰɛn⁴⁴
地	地	ti²¹	地	tei²¹
太阳	热头	ɲit²²tʌu²⁴³	热头	ɲit³⁴⁻²¹tɐu²⁴
阳光	热头	ɲit²²tʌu²⁴³	热头	ɲit³⁴⁻²¹tɐu²⁴
月亮	月亮	ɲiut²²leŋ²¹	月亮	ɲyt³⁴⁻²¹luŋ²¹
日晕	日烘	ɲiʌt²²hoŋ⁵⁵⁴⁻²¹	日晕	ɲiɐt³⁴⁻²¹uɐn²¹
月晕	月烘	ɲyut²hoŋ⁵⁵⁴⁻²¹	月晕	ɲyt³⁴⁻²¹uɐn²¹
日蚀	天狗食日	tʰin⁵⁵kʌu³³⁴ʃek²²ɲiʌt²²	天狗喫日	tʰɛn⁴⁴⁻³²kou⁵²hiᵊk⁵⁵⁻³²ɲiɐt³⁴
月蚀	天狗食月	tʰin⁵⁵kʌu³³⁴ʃek²²ɲiut²²	天狗喫月	tʰɛn⁴⁴⁻³²kou⁵²hiᵊk⁵⁵⁻³²ɲyt³⁴

续上表

义项	封川话词条	封川话标音	开建话词条	开建话标音
天亮	天光	tʰin⁵⁵kuoŋ⁵⁵⁴	天光	tʰɛn⁴⁴kuŋ⁴⁴
天放暗	天暗 天哦⁼	tʰin⁵⁵əm⁵² tʰin⁵⁵ɔ⁵²	天暗	tʰɛn⁴⁴om³²
霞	霞	ha²⁴³	霞	a²¹
虹	龙	loŋ²⁴³	旱龙	ɔn²⁴²⁻²¹loŋ²⁴
星	天星	tʰin⁵⁵⁴⁻³³ɬeŋ⁵⁵⁴	天星	tʰɛn⁴⁴⁻³²ʃiəŋ⁴⁴
银河	天河	tʰin⁵⁵hɔ²⁴³	天河	tʰɛn⁴⁴⁻³²ɔ²⁴
北斗	北斗	pak⁵⁵⁻³³tʌu³³⁴	北斗	pek⁵⁵⁻³²tou⁵²
金星	金星	tʃʌm⁵⁵ɬeŋ⁵⁵⁴	金星	tʃɐm⁴⁴⁻³²ʃiəŋ⁴⁴
彗星	扫把星 彗星	ɬou⁵²⁻³³pa³³⁴ɬeŋ⁵⁵⁴ uʌi²¹⁻²²ɬeŋ⁵⁵⁴	扫把星	ʃɔ³²pa⁵²⁻³²ʃiəŋ⁴⁴
流星	流星	lʌu²⁴³⁻²²ɬeŋ⁵⁵⁴	天星敫闷 流星	tʰɛn⁴⁴⁻³²ʃiəŋ⁴⁴tʰɐu⁵²⁻³²mun²¹ lɐu²⁴⁻²¹ʃiəŋ⁴⁴
天气	天色	tʰin⁵⁵⁴⁻³³ʃek⁵⁵	天时	tʰɛn⁴⁴⁻³²tʃi²⁴
晴天	好天	həu³³⁴tʰin⁵⁵⁴	好天	hɔ⁵²tʰɛn⁴⁴
阴天	阴天	iʌm⁵⁵tʰin⁵⁵⁴	阴天	iɐm⁴⁴tʰɛn⁴⁴
春寒	洇春	ʌu⁵²⁻³³tʃʰʌn⁵⁵⁴	春寒	tʃʰɐn⁴⁴⁻³²ɔn²⁴
秋热	焗秋	kok²²tʰʌu⁵⁵⁴	秋热	tʃʰɐu⁴⁴⁻³²n̩it³⁴
天冷	天冷	tʰin⁵⁵laŋ²²³	天冷	tʰɛn⁴⁴lɛŋ²⁴²
天热	天热	tʰin⁵⁵n̩it²²	天热	tʰɛn⁴⁴n̩it³⁴
闷热天气	焗热 晕热	kok²²n̩it²² uʌn⁵²n̩it²²	焗热	kok³⁴⁻²¹n̩it³⁴
立秋后的气候	燥热	tʰəu⁵²n̩it²²	燥热	tʃʰɔ³²n̩it³⁴
雨	雨	y²²³	雨	y²⁴²
毛毛雨	鹅毛雨	ŋɔ²⁴³⁻²²məu²⁴³⁻²²y²²³	牛毛雨	ŋɐu²⁴⁻²¹mɔ²⁴⁻²¹y²⁴²
暴雨	大雨	tai²¹⁻²²y²²³	大雨	tai²¹y²⁴²
雷阵雨	雷阵雨 过云雨	lui²⁴³⁻²²tʃʌn²¹⁻²²y²²³ kuɔ⁵²⁻⁴³uʌn²⁴³⁻²²y²²³	雷阵雨 过云雨	lœ²⁴⁻²¹tʃɐn²¹y²⁴² ku³²uɐn²⁴⁻²¹y²⁴²
连阴雨	落雨洇	lɔk²²y²²³⁻²²ʌu⁵²⁻²¹	落雨洇	lœk²¹y²⁴²⁻²¹ou³²
冷雨	雪雨	ɬut⁵⁵⁻³²y²²³	雪雨	ʃyt⁵⁵⁻³²y²⁴²

续上表

义项	封川话词条	封川话标音	开建话词条	开建话标音
太阳雨	热头雨 白浊雨	ȵit^{22}tʌu$^{243-22}$y^{223} pak^{22}tʃok^{22}y^{223}	热头雨	ȵit$^{34-21}$tɐu$^{24-21}$y^{242}
下雨	落雨	lɔk^{22}y^{223}	落雨	lœk^{21}y^{242}
雨停	雨晴 天晾	y$^{223-23}$ɬeŋ^{243} tʰin^{55}lɔŋ^{52}	雨晴 天晾	y^{242}tʃiᵊŋ^{24} tʰɛn^{44}lœŋ^{32}
雪	雪	ɬut^{55}	雪	ʃyt^{55}
雨夹雪	雨雪	y^{223}ɬut^{55}	雪雨	ʃyt$^{55-32}$y^{242}
下雪	落雪	lɔk^{22}ɬut^{55}	落雪	lœk^{21}ʃyt^{55}
雪停	雪晴 雪塱	ɬut^{55}ɬeŋ^{243} ɬut^{55}lɔŋ^{52}	雪晴	ʃyt^{55}tʃiᵊŋ^{24}
雪化	雪融 雪乳=	ɬut^{55}ioŋ^{243} ɬut^{55}iui^{223}	化雪	fa^{32}ʃyt^{55}
雹	雹	pʰɔk^{53}	雹	pœk^{21}
冰	冰	peŋ^{554}	冰	piᵊŋ^{44}
冰凌	冰条	peŋ^{55}tiu^{243}	冰条	piᵊŋ^{44}tɐu^{24}
结冰	挂冰	kuɛ$^{52-33}$peŋ^{554}	结冰	kit$^{55-32}$piᵊŋ^{44}
溶化	溶/蕊	ioŋ^{243}/ iui^{223}	溶	ioŋ^{24}
风	风	foŋ^{554}	风	foŋ^{44}
狂风	大风	tai$^{21-22}$foŋ^{554}	大风	tai^{21}foŋ^{44}
台风	台风	tui$^{243-22}$foŋ^{554}	台风	tɔi$^{24-21}$foŋ^{44}
顺风	顺风	ʃʌn$^{21-22}$foŋ^{554}	顺风	ʃɐn^{21}foŋ^{44}
顶风	逆风	ŋek^{22}foŋ^{554}	逆风	ŋiᵋk^{21}foŋ^{44}
旋风	旋风	ɬun$^{243-22}$foŋ^{554}	龙卷风	loŋ$^{24-21}$kyn$^{52-32}$foŋ^{44}
刮风	吹风	tʃʰui$^{554-33}$foŋ^{554}	吹风	tʃʰœ$^{44-32}$foŋ^{44}
风停	风停	foŋ^{55}teŋ^{243}	风静	foŋ^{44}tʃiᵊŋ^{242}
闪电	爧	leŋ^{21}	爧	liŋ^{21}
打闪	霎令	lap^{22}leŋ^{21}	□爧	iap^{21}liŋ^{21}
雷	雷公	lui$^{243-22}$koŋ^{554}	雷公	lœ$^{24-21}$koŋ^{44}
打雷	响雷公 雷公叫	hieŋ^{34}lui$^{243-22}$koŋ^{554} lui$^{243-22}$koŋ^{55}kiu^{52}	响雷公	hyŋ^{52}lœ$^{24-21}$koŋ^{44}

续上表

义项	封川话词条	封川话标音	开建话词条	开建话标音
雷劈	雷公啤	lui$^{243\text{-}22}$koŋ$^{554\text{-}22}$pɛ^{554}	雷劈	lœ^{24}pʰiˀk^{55}
云	云	uʌn^{243}	云	uɐn^{24}
雾	雾	mu^{21}	雾	mu^{21}
下雾	落雾	lɔk^{22}mu^{21}	落雾	lœk^{21}mu^{21}
露	雾水	mu$^{21\text{-}22}$ʃui^{554}	雾水 寒露	mu^{21}ʃœ^{44} ɔn$^{24\text{-}21}$lu^{21}
下露	落雾水	lɔk^{22}mu$^{21\text{-}22}$ʃui^{554}	落雾水	lœk^{21}mu^{21}ʃœ^{44}
霜	霜	ʃɔŋ^{554}	霜	ʃœŋ^{44}
下霜	落霜	lɔk^{22}ʃɔŋ^{554}	落霜	lœk^{21}ʃœŋ^{44}
洪灾	发大水	fat$^{55\text{-}32}$tai$^{21\text{-}22}$ʃui^{334}	发大水	fat^{32}tai^{21}ʃœ^{52}
涝灾	发大涝	fat$^{53\text{-}32}$tai$^{21\text{-}22}$lɐu^{21}	发大涝	fat^{32}tai^{21}lɔ^{21}
旱灾	旱	hon^{223}	天旱	tʰɛn^{44}ɔn^{242}
地震	地震	ti$^{21\text{-}22}$tʃʌn^{52}	地震	tei^{21}tʃin^{32}
干土	泥	nʌi^{243}	干泥	kɔn$^{44\text{-}32}$nɐi^{24}
烂泥	烂湴	lan$^{21\text{-}22}$pan^{21}	□	nɐn^{242}
沙土	泥沙 沙泥	nʌi$^{243\text{-}22}$ʃa^{554} ʃa$^{554\text{-}33}$nʌi^{243}	泥沙	nɐi$^{24\text{-}21}$ʃa^{44}
沙	沙	ʃa^{554}	沙	ʃa^{44}
石	大石牯 石头儿	tai$^{21\text{-}22}$tʃek^{22}ku^{334} tʃek^{22}tʌu$^{243\text{-}22}$ȵi^{554}	石头牯	tʃiᵊk^{21}tɐu$^{24\text{-}21}$ku^{52}
板状石	石板	tʃek^{22}pan^{334}	石板	tʃiᵊk^{21}pan^{52}
鹅卵石	鹅卵石	ŋɔ$^{243\text{-}22}$lun^{223}tʃek^{22}	马卵石	ma$^{242\text{-}21}$lyn$^{242\text{-}21}$tʃiᵊk^{21}
灰尘	墥尘	pʰoŋ$^{554\text{-}32}$tʃʌn^{243}	墥尘	pʰuŋ^{32}tɐn^{242}
金	金	tʃʌm^{554}	金	tʃɐm^{44}
银	银	ŋʌn^{243}	银	ŋɐn^{24}
铁	铁	tʰit^{55}	铁	tʰɛt^{32}
铜	铜	toŋ^{243}	铜	toŋ^{24}
锡	锡	ɬek^{55}	锡	ʃiᵊk^{55}
玉	玉	ȵiok^{22}	玉	ȵiok^{34}
磁石	摄石	ʃip$^{55\text{-}32}$tʃek^{22}	摄石	ʃip$^{55\text{-}32}$tʃiᵊk^{21}

续上表

义项	封川话词条	封川话标音	开建话词条	开建话标音
水	水	ʃui^{334}	水	ʃœ^{52}
清水	水清	ʃui^{334}tʰeŋ^{554}	水清	ʃœ^{52}tʃʰiºŋ^{44}
浑水	水浊	ʃui^{334}tʃɔk^{22}	水浊	ʃœ^{52}tʃœk^{21}
温水	暖水	nun^{223}ʃui^{334}	暖水	nyn$^{242-21}$ʃœ^{52}
热水	热水	it^{22}ʃui^{334}	热水	ȵit$^{34-21}$ʃœ^{52}
沸水	滚水	kuʌn^{34}ʃui^{334}	滚水	kuɐn$^{52-32}$ʃœ^{52}
凉水	冻水	toŋ$^{52-33}$ʃui^{334}	冻水	tuŋ^{32}ʃœ^{52}
水蒸汽	焗汗水	kok^{22}hun$^{21-22}$ʃui^{334}	焗汗水	kok$^{34-21}$un^{21}ʃœ^{52}
泉水	汶水	muʌn$^{52-33}$ʃui^{334}	汶水	min^{32}ʃœ^{52}
江河	江	kɔŋ^{554}	江	kœŋ^{44}
小河	圳	tʃʌn^{52}	水边 水圳	ʃœ^{52} ʃœ$^{52-32}$tʃin^{32}
河汊	河岔	hɔ$^{243-22}$tʃʰa^{52}	河岔	ɔ$^{24-21}$tʃʰa^{32}
河湾	河湾	hɔ$^{243-22}$uan^{554}	江湾	kœŋ$^{44-32}$uan^{44}
山间水流	石芽水	tʃek^{22}ŋa$^{243-22}$ʃui^{334}	山水	ʃan$^{44-32}$ʃœ^{52}
急流	水急	ʃui^{334}tʃʌp^{55}	水急	ʃœ^{52}kɐp^{55}
湖	水库，湖	ʃui^{334}fu^{52}, u^{243}	水库	ʃœ$^{52-32}$fu^{32}
潭	潭	tam^{243}	潭	tam^{24}
水坑	水凼	ʃui^{334}təm^{223}	水凼/窝	ʃœ$^{52-32}$tem^{242}/u^{ɔ44}
水沟	水沟	ʃui$^{334-33}$kʰʌu^{554}	水沟圳	ʃœ$^{52-32}$kɐu$^{44-32}$tʃin^{32}
岸	岸 河基	ŋun^{21} hɔ$^{243-22}$ki^{554}	水边沿	ʃœ$^{52-32}$pen$^{44-32}$in^{242}
滩	滩	tʰan^{554}	滩	tʰan^{44}
海	大海	tai$^{21-22}$hui^{334}	大海	tai^{21}hɔi^{52}
海湾	海湾	hui^{34}uan^{554}	海湾	hɔi$^{52-32}$uan^{44}
岛	岛	tɐu^{334}	岛	tʰɔ^{52}
沙洲	沙洲	ʃa$^{554-33}$tʃʌu^{554}	沙洲	ʃa$^{44-32}$tʃɐu^{44}
浪	浪	lɔŋ^{21}	浪	lœŋ^{21}

续上表

义项	封川话词条	封川话标音	开建话词条	开建话标音
洪水	大水 大涝	tai$^{21-22}$ʃui^{334} tai$^{21-22}$ləu^{21}	大水	tai^{21}ʃœ^{52}
洪峰	水头	ʃui^{334}tʌu^{243}	水头	ʃœ$^{52-32}$tɐu^{24}
潮汐	潮汐	tʃiu$^{243-22}$ɬek^{22}		
火	火	fɔ^{334}	火	fu^{ɔ52}
火苗	火尾	fɔ$^{334-33}$mi^{334}	火尾	fu$^{ɔ52-32}$mɐi^{242}
火屑	火屎 火散煤 火散灰	fɔ$^{334-33}$ʃi^{334} fɔ$^{334-33}$ɬam$^{52-33}$mui^{243} fɔ$^{334-33}$ɬam$^{52-33}$fui^{554}	火屎	fu$^{ɔ52-32}$ʃi^{52}
火烟	火烟	fɔ$^{334-33}$in^{554}	火烟	fu$^{ɔ52-32}$in^{44}
灰	火灰	fɔ$^{334-33}$fui^{554}	火灰	fu$^{ɔ52-32}$fui^{44}
平原	平地	peŋ$^{243-22}$ti^{21}	平地	pi^{ə}ŋ$^{24-21}$tei^{21}
高处平地	埌	lɔŋ^{52}	塘	tœŋ^{24}
低地	坪 坦	peŋ^{243} tan^{223}	粒﹦	nɐp^{55}
山	山	ʃan^{554}	山	ʃan^{44}
山谷	山肚	ʃan$^{55-33}$tu$^{223-334}$	山肚	ʃan$^{44-32}$tɔ^{242}
山间平地	埌坪	lɔŋ^{52}peŋ^{243}	垌	tuŋ^{21}
山顶	山顶	ʃan$^{554-33}$teŋ^{334}	山顶	ʃan$^{44-32}$ti^{ə}ŋ^{52}
山脚	山脚	ʃan$^{554-33}$kiɛk^{55}	山脚	ʃan$^{44-32}$ki^{ə}k^{55}
山腰	山腰	ʃan$^{554-33}$iu^{554}	山腰	ʃan$^{44-32}$iu^{44}
山坡	山坡	ʃan$^{554-33}$pɔ^{55}	坡	p^{h}u^{ɔ44}
山崖	山崖	ʃan$^{554-33}$ŋa^{243}	山崖	ʃan$^{44-32}$ŋai^{24}
阳坡	明坡	meŋ$^{243-22}$pɔ^{55}	明坡	mi^{ə}$^{24-21}$p^{h}u^{ɔ44}
阴坡	暗坡	ɔm$^{52-33}$pɔ^{554}	暗坡	om^{32}p^{h}u^{ɔ44}
睡	瞓	huʌn^{52}	瞓	fin^{32}
入睡	瞓着	huʌn^{52}tʃiɛk^{22}	瞓着	fin^{32}ti^{e}k^{21}
失眠	瞓冇着	huʌn$^{52-32}$mʌu^{223}tʃiɛk^{22}	瞓唔着	fin^{32}n̩^{44}ti^{e}k^{21}

续上表

义项	封川话词条	封川话标音	开建话词条	开建话标音
眼睏	眼瞓	ŋan²²³huʌn⁵²	眼睏	ŋan²⁴²fin³²
打鼾	打鼻窟	ta³³⁴pi²¹⁻²²fuʌt⁵⁵	打鼻管	ta⁵²pei²¹kun⁵²
做梦	着梦	tʃiɛk²²moŋ²¹	发梦	fat³²muŋ²¹
说梦话	讲梦话	kɔŋ³³⁴moŋ²¹⁻²²ua²¹	讲梦话	kœŋ⁵²muŋ²¹ua²¹
梦魇	着魇	tʃiɛk²²im³³⁴	发恶梦	fat³²œk³²muŋ²¹
打瞌睡	瞌眼瞓 春眼瞓	həp⁵⁵ŋan²²³huʌn⁵² tʃoŋ⁵⁵ŋan²²³huʌn⁵²	瞌眼睏	həp⁵⁵ŋan²⁴²⁻²¹fin³²
打哈欠	打撒暗	ta³³⁴ɬat⁵³⁻³²əm²¹	打阿□	ta⁵²a³²om⁵²
打嗝	打缩呃	ta³³⁴ɬok⁵⁵⁻³³ŋek⁵⁵	□□	ʃek⁵⁵⁻³²ŋek⁵⁵
打喷嚏	打压⁼钊⁼	ta³³⁴at⁵³⁻³³tʃʰiu⁵⁵⁴	打乞□	ta⁵²hɐt⁵⁵⁻³²tʃʰiu⁵²
呼吸	唞气	ʃɔk⁵³hi⁵²⁻²¹	唞气	ʃœk³²hi³²
视力	眼力	ŋan²²³lɐk²²	眼力	ŋan²⁴²⁻²¹lɐk³⁴
视力好	眼利	ŋan²²³li²¹	眼利	ŋan²⁴²lei²¹
视力差	眼朦	ŋan²²³moŋ⁵⁵⁴	眼掘	ŋan²⁴²kuɐt³⁴
近视眼	近视眼	tʃʌn²²³⁻²²ʃi²¹⁻²²ŋan²²³	近视眼	tʃɐn²⁴²⁻²¹tʃi²¹ŋan²⁴²
远视眼	远视眼	iun²²³ʃi²¹⁻²²ŋan²²³	远视眼	yn²⁴²⁻²¹tʃi²¹ŋan²⁴²
老花眼	老花眼	ləu²²³fa⁵⁵ŋan²²³	老花眼	lɔ²⁴²⁻²¹fa⁴⁴⁻³²ŋan²⁴²
鼓眼泡	突眼泡	tʌt²²ŋan²²³⁻²²pʰau⁵⁵⁴	大眼灯	tai²¹ŋan²⁴²⁻²¹tɐŋ⁴⁴
斜视	斜视	tʃʰɛ⁵²⁻²²ʃi²¹	斜视	tʃiɛ²⁴⁻²¹tʃi²¹
斗鸡眼	斗鸡眼	tʌu⁵²kʌi⁵⁵⁻²²ŋan²²³	斗鸡眼	tou³²kɐi⁴⁴ŋan²⁴²
盲	盲	maŋ²⁴³	盲/瞎	mɐŋ²⁴/hat³²
盲一目	独眼	tok²²ŋan²²³	独眼龙	tok³⁴⁻²²ŋan²⁴²⁻²¹loŋ²⁴
眼深陷	深勾	ʃʌm⁵⁵⁴⁻³³ŋʌu⁵⁵⁴	眼□□	ŋan²⁴²ŋam⁵²ham⁵²
听觉好	耳利	ȵi²²³li²¹	耳利	ȵi²⁴²lei²¹
聋	聋	loŋ²⁴³	聋	loŋ⁴⁴
耳背	大听 耳背	tai²¹⁻²²tʰeŋ⁵⁵⁴⁻²¹ ȵi²²³pui⁵²⁻²¹	耳大听	ȵi²⁴²ta²¹tʰiŋ³²
嗅觉好	好鼻才	həu³³⁴pi²¹⁻²²ɬui²⁴³	鼻随⁼灵	pei²¹tʃœ²⁴liŋ²⁴
嗅觉差			鼻崩	pei²¹mɐŋ⁴⁴

· 191 ·

续上表

义项	封川话词条	封川话标音	开建话词条	开建话标音
鼻不通气	鼻噎	pi$^{21\text{-}22}$it^{55}	鼻塞	pei^{21}ʃɐk^{55}
歪嘴	歪嘴	mɛ^{334}tui^{334}	歪嘴	mai$^{52\text{-}32}$tʃœ^{52}
豁唇	崩唇	maŋ$^{554\text{-}32}$tʃʌn^{243}	崩唇	mɐŋ$^{44\text{-}32}$tʃen^{24}
龅牙	龅牙	pau$^{243\text{-}22}$ŋa^{243}	龅牙	pau^{32}ŋa^{24}
大舌头	大舌根	tai$^{21\text{-}22}$tʃiet^{22}kʌn^{554}	大舌脷	tai^{21}tʃit$^{34\text{-}21}$lei^{21}
倒胃口	反叩	fan$^{334\text{-}32}$kʰʌu$^{52\text{-}21}$	反胃	fan$^{52\text{-}32}$uɐi^{242}
哑	啥	həm^{223}	哑	a^{52}
嘶哑	沙声	ʃa$^{554\text{-}33}$ʃeŋ^{554}	声沙	ʃiᵊ^{44}fa^{44}
口吃	阿伦吉	a^{33}lʌn$^{243\text{-}22}$tʃʌt^{55}	下齿轮	a$^{242\text{-}21}$tʃi$^{52\text{-}32}$lɐn^{24}
口臭	口臭	hʌu^{334}tʃʰʌu^{52}	口臭	hɐu^{52}tʃʰou^{32}
脱发	甩发	lʌt^{55}fat^{53}	甩头发	lɐt^{55}tɐu$^{24\text{-}21}$fat^{32}
狐臭	臭狐 臭汗□	tʃʰʌu$^{52\text{-}32}$u^{243} tʃʰʌu$^{52\text{-}32}$hon$^{21\text{-}22}$ŋʌt^{55}	汗臭 汗□	un^{21}tʃʰou^{32} un^{21}ŋet^{55}
流汗	出汗	tʃuʌt$^{55\text{-}32}$hon^{21}	出汗	tʃʰet$^{55\text{-}32}$un^{21}
闭汗	闭汗	puʌi$^{52\text{-}32}$hon^{21}	收汗	ʃeu$^{44\text{-}32}$un^{21}
落枕	甩枕	lʌt$^{55\text{-}32}$tʃəm^{334}	甩枕	let$^{53\text{-}32}$tʃem^{52}
细腰	蜂腰	foŋ^{55}iu^{554}	奀腰	ni^{32}iu^{44}
外斜肩	笪膊	tʃʰɛ$^{52\text{-}32}$pɔk^{22}	笪膊	tʃʰiɛ^{32}pœk^{32}
耸肩	秤膊	tʃʰeŋ$^{52\text{-}32}$pɔk^{22}	秤膊	tʃʰeŋ^{32}pœk^{32}
驼背	背拱 背寒	pui$^{52\text{-}33}$koŋ^{334} pui$^{52\text{-}43}$hon^{243}	胸□□	mui^{24}leŋ^{52}teŋ^{52} /leu^{44}tʃeu^{44}
鸡胸	鸡胸	kʌi^{55}hoŋ^{554}	躯胸	ɛn$^{52\text{-}32}$hoŋ^{44}
残疾	残废	ɬan$^{243\text{-}22}$fi^{52}	残废	tʃan$^{24\text{-}21}$fei^{32}
肢残	手瘸/跛 脚瘸/跛	ʃʌu^{334}kœ^{243}/puʌi^{554} kiɛk^{55}kœ^{243}/puʌi^{554}	手跛 脚跛	ʃou^{52}pɐi^{44} kiᵊk^{55}pɐi^{44}
瘸	跛 瘸 抑 □	puʌi^{554} kœ^{243} iek^{55} ɲiʌt^{55}	跛 趄	pɐi^{44} kɐt^{34}
八字脚	八字脚	pat$^{53\text{-}32}$ɬi$^{21\text{-}22}$kiɛk^{55}	叉孖脚	tʃʰa^{32}ma$^{44\text{-}32}$kiᵊk^{55}
扁平足	鸭乸脚	ap$^{53\text{-}33}$na^{334}kiɛk^{55}	鸭婆脚	ap^{32}pu$^{24\text{-}21}$kiᵊk^{55}

续上表

义项	封川话词条	封川话标音	开建话词条	开建话标音
六指	孖指	ma$^{554-33}$tʃi^{334}	多手指	tu$^{044-32}$ʃou$^{52-32}$tʃi^{52}
累	劮(会=) 累(垒=)	kui^{21} lui^{334}	□	nœ^{32}
抽筋	抽筋	tʃʰʌu^{55}tʃʌn^{554}	抽筋	tʃʰɐu$^{44-32}$tʃɐn^{44}
饿	肚饥	tu^{223}ki^{554}	肚饥	tɔ^{242}ki^{44}
饱	肚饱	tu^{223}pau^{334}	肚饱	tɔ^{242}pau^{52}
渴	颈渴	keŋ^{334}hut^{55}	颈渴	kiᵊŋ^{52}hɔt^{32}
醉	醉	tui^{52}	醉	tʃœ^{32}
雀斑	老人斑	ləu^{223}ɲiʌn$^{243-22}$pan^{554}	老人斑	lɔ$^{242-21}$ɲiɐn$^{24-21}$pan^{44}
粉刺	麻子点 玉米疮	ma$^{243-22}$ti$^{334-33}$tim^{334} ɲiok^{22}muʌi^{223}tʃʰɔŋ^{554}	粉刺	fɐn$^{52-32}$tʃʰei^{32}
痱	热背子	ɲit^{22}pui$^{52-22}$ti^{334}	热跳=	ɲit$^{34-21}$tʰiu^{32}
疣	肉赘	ɲiok^{22}tʃui^{21}	肉□	ɲiok$^{34-21}$nyn^{52}
皮肤疙瘩	襯皱	na^{55}nʌu^{52}	□	nyn^{52}
鸡皮疙瘩	鸡肉蚊	kʌi$^{55-32}$lok^{22}muʌn^{554}	鸡皮	kɐi$^{44-32}$pɐi^{24}
痖	淹	im^{334}	淹	im^{52}
疤	瘌皱	na^{554}nʌu^{52}	瘌	na^{44}
汗斑	汗斑	hon$^{21-22}$pan^{554}	汗斑	un^{21}pan^{44}
内急	急急胀	tʃʌp^{55}tʃʌp^{55}tʃiɛŋ^{52}	屎□	ʃi^{52}tʃʰɐŋ^{52}
排便	屙屎/尿	ɔ^{55}ʃi^{334}/ɲiɐu^{21}	屙屎/尿	u$^{344-32}$ʃi^{52}/niu^{21}
性交	屌胗	tiu$^{334-33}$hʌi^{554}	屌胗	tɛu$^{52-32}$hɐi^{44}
疾病	病	peŋ^{21}	病	piŋ^{21}
生病	生病	ʃaŋ$^{554-33}$peŋ^{21}	生病	ʃaŋ$^{44-32}$piŋ^{21}
感冒	沤冷热 感冒	ɔ^{52}laŋ^{223}ɲit^{22} kəm^{334}məu^{21}	感冒	kɔm$^{52-32}$mɔ^{21}
麦粒肿	肉纽 肉零	ɲiok^{22}nʌu^{52} ɲiok^{22}leŋ^{243}	肉□	ɲiok$^{34-21}$nyn^{52}
夜盲	青光	tʰeŋ$^{554-33}$kuɔŋ^{554}	青光眼	tʃʰiŋ$^{44-32}$kuᵒŋ$^{44-32}$ŋan^{242}
白内障	白内障	pak^{22}nui$^{21-22}$tʃiɛn^{52}	白内障	pɛk^{21}nɔi^{21}tʃyŋ^{32}

续上表

义项	封川话词条	封川话标音	开建话词条	开建话标音
虫牙	虫牙 蛀牙	tʃoŋ$^{243-22}$ŋa^{243} tʃy^{52}ŋa^{243}	蛀牙	tʃy^{32}ŋa^{24}
鸡眼	鸡眼	kʌi$^{55-32}$ŋan^{223}	鸡眼	kɐi$^{44-32}$ŋan^{242}
患寄生虫	生虫	ʃaŋ$^{554-33}$tʃoŋ^{243}	有虫	ia$^{242-21}$tʃoŋ^{24}
疮	毒疔 恶毒大疮	tok^{22}tʰeŋ^{554} ɔk$^{53-22}$tok^{22}tai$^{21-22}$tʃʰɔŋ^{554}	毒记=	tok$^{34-21}$ki^{32}
脓	脓	noŋ^{243}	脓	nuŋ^{21}
疮	疮	tʃʰɔŋ^{554}	疮	tʃʰœŋ^{44}
疥疮	癣癞	ɬin^{334}lai^{52}	癞□	lat^{32}li^{44}
冻疮	咸暖= 萝卜儿	ham$^{243-22}$nun^{223} lɔ$^{243-22}$pak^{2}ɲi^{554}	咸□ 冻疮	am$^{24-21}$nyn^{52} tuŋ^{32}tʃʰœŋ^{44}
痔疮	痔疮	tʃi$^{21-22}$tʃʰɔŋ^{554}	痔疮	tʃu^{21}tʃʰœŋ^{44}
荨麻疹	出麻	tʃʰʌt$^{55-32}$ma^{243}	麻	ma^{24}
癣	癣	ɬin^{334}	癣	ʃɛn^{52}
瘌痢	瘌痢	lʌt$^{53-33}$le^{554}	瘌痢	la^{3}ɬi
灰指甲	窿甲	loŋ$^{554-32}$kap^{22}	窿甲	loŋ$^{44-32}$kap^{32}
白癜风	白力席	pak^{22}lek^{22}ɬek^{22}	白癜风	pɐk^{21}ten$^{44-32}$foŋ^{44}
麻风	麻风	ma$^{243-22}$foŋ^{554}	麻风	ma$^{24-21}$foŋ^{44}
瘤	瘤	lʌu^{243}	瘤	lɐu^{24}
消化不良	肚局粟	tu^{223}kok^{22}ɬok^{55}	肚谷=	tɔ^{242}kok^{55}
气管炎	气管炎	hi$^{52-33}$kun^{334}im^{21}	气管炎	hi^{32}kun$^{52-32}$im^{21}
腮腺炎	沙腮	ʃa$^{55-33}$ɬui^{554}	虾腮	ha$^{44-32}$ʃɔi^{44}
癫痫	鸡儿吊 发花痫	kʌi$^{554-32}$ɲi$^{243-22}$tiu^{21} fat$^{53-33}$fa^{55}tin^{554}	羊吊	yŋ$^{24-21}$tiu^{32}
霍乱	发人瘟	fat$^{53-32}$ɲiʌn$^{243-22}$uʌn^{554}	霍乱	fœk^{32}lyn^{21}
伤寒	伤风	ʃieŋ^{55}foŋ^{554}	风寒	foŋ$^{44-32}$ɔn^{24}
疟疾	发冷病	fat$^{53-32}$laŋ^{223}peŋ^{21}	发冷	fat^{32}leŋ^{242}
疝气	小肠气	ɬiu^{334}tʃieŋ$^{243-22}$hi^{52}		

续上表

义项	封川话词条	封川话标音	开建话词条	开建话标音
鼠疫	鼠疫	ʃy³³⁴iek²²	鼠疫	ʃy⁵²iᵉk²¹
黄疸	黄疸	uɔŋ²⁴³⁻²²tʰan³³⁴	黄疸	uŋ²⁴⁻²¹tam⁵²
肝炎	肝炎	kun⁵⁵im²¹	肝炎	kɔn⁴⁴⁻³²im²¹
肺炎	肺炎	fi⁵²im²¹	肺炎	fei³²im²¹
肺结核	肺痨	fi⁵²lou²⁴³	肺痨	fei³²lɔ²⁴
哮喘	哮喘	hau⁵⁵tʃʰun³³⁴	哮喘	hau³²tʃʰyn⁵²
胃病	胃病	uʌi²²³peŋ²¹	胃病	uɐi²⁴²⁻²¹piŋ²¹
白喉	白喉	pak²²hʌu²⁴³	白喉病	pɛk²¹ɐu²⁴⁻²¹piŋ²¹
苦夏	落汗	lɔk²²hon²¹		
甲状腺肿大	大颈泡	tai²¹⁻²²keŋ³³⁴⁻²²pʰau⁵⁵⁴	大颈□	tai²¹kiᵊŋ⁵²⁻³²ɐi⁴⁴
水痘	水痘	ʃui⁵²tʌu²¹	水痘	ʃœ⁵²⁻³²tou²¹
麻疹	麻	ma²⁴³	麻	ma²⁴
天花	豆皮	tʌu²¹pi²⁴³	天花	tʰɛn⁴⁴⁻³²fa⁴⁴
中风	中风	tʃoŋ⁵²⁻³³foŋ⁵⁵⁴	中风	tʃuŋ³²foŋ⁴⁴
阑尾炎	阑尾炎	lan²⁴³⁻²²mi²²³im²¹	阑尾炎	lan²⁴⁻²¹mɐi²⁴²⁻²¹im²¹
性病	花柳	fa⁵⁵lʌu²²³	花柳	fa⁴⁴⁻³²lau²⁴²
脱肛	出大肠头	tʃʰʌt⁵⁵tai²¹⁻²²tʃiɛŋ²¹⁻²²tʌu²⁴³	肠头出	tʃœŋ²¹tɐu²⁴tʃʰɐt⁵⁵
子宫脱垂	子宫下坠	ti³³⁴koŋ⁵⁵ha²²³tʃui²¹	子宫下坠	tʃuᵊ⁵²⁻³²koŋ⁴⁴ᵃ²⁴²⁻²¹tʃœ²¹
泻肚	肚屙	tu²²³ɔ⁵⁵⁴	屙屎泻	uᵊ⁴⁴⁻³²ʃi⁵²⁻³²ʃiᵉ³²
尿频	尿多	niu²¹⁻²²tɔ⁵⁵⁴	尿多	niu²¹tu⁵⁴
上火	动火	toŋ²²³fɔ³³⁴	动火	toŋ²⁴²⁻²¹fu⁵²
中暑	中暑	tʃoŋ⁵²⁻³³ʃy³³⁴	中暑	tʃuŋ³²ʃy⁵²
咳嗽	咳瘘	kʰʌt⁵⁵⁻³³ha⁵⁵⁴	咳	kʰɐt⁵⁵
气喘	气喘	hi⁵²⁻³³tʃʰun³³⁴	气□□	hi³²mɐu⁴⁴mɐu⁴⁴
呕	呕	ʌu³³⁴	呕	ɐu⁵²
干哕	打沤企⁼	ta³³⁴ʌu⁵²⁻³²kœ³³⁴	□	œ⁴⁴
恶心	心闷	ɫam⁵⁵mun⁵²	心闷	ʃɐm⁴⁴mun²¹

续上表

义项	封川话词条	封川话标音	开建话词条	开建话标音
咯血	呕血 咯血	ʌu$^{52\text{-}33}$hut^{55} kat^{22}hut^{55}	呕血	ɐu$^{52\text{-}32}$hyt^{55}
疼痛	痛	tʰoŋ^{52}	痛	tʰuŋ^{32}
胸口疼	心口痛 心气痛	ɬʌm$^{554\text{-}33}$hʌu^{334}tʰoŋ^{52} ɬʌm$^{554\text{-}33}$hi$^{52\text{-}33}$tʰoŋ^{52}	心口痛	ʃem$^{44\text{-}32}$hɐu^{52}tʰuŋ^{32}
肚疼	肚痛	tu^{223}tʰoŋ^{52}	肚痛	tɔ^{242}tʰuŋ^{32}
头疼	头痛	tʌu^{243}tʰoŋ^{52}	头痛	tɐu^{24}tʰuŋ^{32}
头晕	头晕	tʌu^{243}uʌn^{243}	头晕	tɐu^{24}uɐn^{44}
晕车船	晕车/船	uʌn$^{243\text{-}22}$tʃʰɛ^{554}/tʃun^{243}	晕车/船	uɐn$^{24\text{-}21}$tʃʰiɛ^{44}/tʃyn^{24}
发烧	发烧	fat$^{53\text{-}33}$ʃiu^{554}	发烧	fat^{32}ʃiu^{44}
发冷	发冷	fat^{53}laŋ^{223}	发冷	fat^{32}leŋ^{242}
抽风	抽风	tʃʰʌu^{55}foŋ^{554}	抽筋	tʃʰɐu$^{44\text{-}32}$tʃɐu^{44}
惊风	惊风	keŋ^{55}foŋ^{554}	抽筋	tʃʰɐu$^{44\text{-}32}$tʃɐu^{44}
岔气	岔气	tʃʰa$^{52\text{-}33}$hi^{52}	岔气	tʃʰa^{32}hi^{32}
瘫痪	半边不遂	pun$^{52\text{-}33}$pin^{55}pʌt$^{55\text{-}32}$tʃui^{21}	瘫哈 半边不遂	tʰan^{44}ha^{52} pun^{32}pɐn^{44}pɐt$^{55\text{-}32}$tʃœ^{21}
红肿	红肿	hoŋ$^{243\text{-}22}$tʃoŋ^{334}	红肿	oŋ$^{24\text{-}21}$tʃoŋ^{52}
溃脓	流脓	lʌu$^{243\text{-}22}$noŋ^{243}	发恶/出脓	fat^{32}œk^{32}/tʃʰ$^{55\text{-}32}$nuŋ^{21}
淤血	淤血	y^{223}hut^{55}	瘀血	y$^{44\text{-}32}$hyt^{55}
出血	出血	tʃʰʌt$^{55\text{-}33}$hut^{55}	出血	tʃʰɐt$^{55\text{-}32}$hyt^{55}
麻木	麻木 麻痹	ma$^{243\text{-}22}$mok^{22} ma$^{243\text{-}22}$pi^{52}	麻木 麻	ma$^{24\text{-}21}$mok^{34} ma^{24}
碰伤	碰伤 撞伤	pʰoŋ^{52}ʃiɛŋ^{554} tʃoŋ$^{21\text{-}22}$ʃiɛŋ^{554}	碰伤 撞伤	pʰuŋ^{32}ʃyŋ^{44} tʃœŋ^{21}ʃyŋ^{44}
扭伤	扭伤 屈伤	nʌu^{334}ʃiɛŋ^{554} uʌt^{55}ʃiɛŋ^{554}	扭伤	nau^{52}ʃyŋ^{44}
烫伤	烚伤 渌伤	nat^{53}ʃiɛŋ^{554} lok^{22}ʃiɛŋ^{554}	渌溚	lok^{34}tʰat^{32}
跌伤	□伤	tʌp^{22}ʃiɛŋ^{554}	□伤	tɐp^{34}ʃyŋ^{44}

续上表

义项	封川话词条	封川话标音	开建话词条	开建话标音
割伤	筲伤 筲穿	ʃau⁵⁵ʃiɛŋ⁵⁵⁴ ʃau⁵⁵tʃʰun⁵⁵⁴	割漀	kɔt³²tʰat³²
擦伤	揩伤	hai⁵⁵ʃiɛŋ⁵⁵⁴	揩伤	hai⁴⁴ʃyŋ⁴⁴
受惊吓	吓着 霍着	hak⁵⁵tʃiɛk²² fɔk⁵³tʃiɛk²²	着吓着	tiᵉk²¹hɛk³²tiᵉk²¹
呓语	梦话	moŋ²¹⁻²²ua²¹	梦话	muŋ²¹ua²¹
傻	傻	ʃɔ²¹	傻	ʃɔ²¹
疯	疯	foŋ⁵⁵⁴	□	pʰœŋ³²
疯	戆	ŋɔŋ⁵²	戆	ŋœŋ³²
疯	讳＝	fuʌi⁵²	痴线/神化	tʃʰi⁴⁴⁻³²ʃin³²/tʃɛn²⁴⁻²¹fa³²
花痴	花癫	fa⁵⁵tin⁵⁵⁴	花痴	fa⁴⁴⁻³²tʃʰi⁴⁴
发情	起生	hi³³⁴⁻³³ʃiɛŋ⁵⁵⁴	发情	fat³²tʃiᵊŋ²⁴
蜕皮	换皮	un²¹⁻²²pi²⁴³	□皮	tʰyn³²pɐi²⁴
孵	菢	pəu²¹	菢	pɔ²¹
菢窝	菢窦	pəu²¹⁻²²tʌu⁵²	菢窦	pɔ²¹tou³²
产仔	生仔	ʃaŋ⁵⁵⁴⁻³³tʌi³³⁴	生仔	ʃɛŋ⁴⁴⁻³²tʃai⁵²
产仔	生儿	ʃaŋ⁵⁵⁻³³ɲi⁵⁵⁴	落仔	lœk²¹tʃai⁵²
鸡啼	鸡啼	kʌi⁵⁵tʌi²⁴³	鸡啼	kɐi⁴⁴tɐi²⁴
狗叫	狗吠	kʌu³³⁴fuʌi²¹/pui²¹	狗吠	kou⁵²pui²¹
冬眠	过冬	kuɔ⁵²⁻³³toŋ⁵⁵⁴	叫	kiu³²
分蘖	发棵	fat⁵³⁻³³pʰɔ⁵⁵⁴	分棵	fɐn⁴⁴⁻³²pʰuɔ⁴⁴
扬花	浪花	lɔŋ²¹⁻²²fa⁵⁵⁴	出禾花	tʃʰɛt⁵⁵uɔ²⁴⁻²¹fa⁴⁴
结穗	入米	ɲiʌp²²muʌi²²³	入米	iɐp³⁴⁻²¹mai²⁴²
开花	开花	hui⁵⁵⁴⁻³³fa⁵⁵⁴	开花	hɔi⁴⁴⁻³²fa⁴⁴
结果实	结果	kit⁵⁵⁻³³kuɔ³³⁴	结果	kit⁵⁵⁻³²kuɔ⁵²

四、物品

义项	封川话词条	封川话标音	开建话词条	开建话标音
粮食	谷米 谷粟麦豆	kok$^{55\text{-}32}$muΛi^{223} kok$^{55\text{-}33}$ɬok^{55}mak^{22}tΛu^{21}	谷米	kok$^{55\text{-}32}$mai^{242}
面粉	面粉	min$^{21\text{-}22}$fuΛn^{334}	面粉	min^{21}fɐn^{52}
小米	小米	ɬiu^{334}muΛi^{223}	小米	ʃɛu$^{52\text{-}32}$mai^{242}
大米	米	muΛi^{223}	米	mai^{242}
糯米	糯米	nɔ$^{21\text{-}22}$muΛi^{223}	糯米	nu^{21}mai^{242}
籼米	粘米	tʃim$^{554\text{-}33}$muΛi^{223}	粘米	tʃim$^{44\text{-}32}$mai^{242}
糙米	糙米	t^{h}əu^{52}muΛi^{223}	粗米	ts^{h}u$^{44\text{-}32}$mai^{242}
精米	精米	teŋ^{55}muΛi^{223}	靓米	liŋ^{32}mei^{242}
米粒	米碎	muΛi$^{243\text{-}22}$ɬui$^{52\text{-}21}$	米粒	mai$^{242\text{-}21}$nɐm^{44}
谷物碎粒	谷屑	kok$^{55\text{-}33}$lip^{55}	谷碎	kok$^{55\text{-}32}$ʃœ^{32}
玉米面	包粟粉	pau$^{554\text{-}33}$ɬok^{55}fuΛn^{334}	麦粉	mɛk^{21}fɐn^{52}
玉米粒	包粟粒	pau$^{554\text{-}33}$ɬok$^{55\text{-}33}$nΛp^{55}	麦粒	mɛk^{21}nɐm^{44}
玉米花	包粟花	pau$^{554\text{-}33}$ɬok$^{55\text{-}33}$fa^{554}	麦花	mɛk^{21}fa^{44}
玉米糊	包粟浆	pau$^{554\text{-}33}$ɬok$^{55\text{-}33}$tiɛŋ^{554}	麦浆	mɛk^{21}tʃyŋ^{44}
麸糠	麸，糠	fu^{554}, hɔŋ^{554}	麸，糠	fu^{44}, hœŋ^{44}
米饭	饭	fan^{21}	饭	pan^{21}
米汤	粥羹	tʃok$^{55\text{-}33}$kaŋ^{554}	粥羹	tʃok$^{55\text{-}32}$kɛŋ^{44}
饭粒	饭粒	fan$^{21\text{-}22}$nΛp^{55}	饭粒	pan^{21}nɐm^{44}
粥	粥	tʃok^{55}	粥	tʃok^{55}
米糊	米浆 米糊	muΛi^{243}tiɛŋ^{554} muΛi^{243}u^{243}	米浆	mai$^{242\text{-}21}$tʃyŋ^{44}
锅巴	饭焦	fan$^{21\text{-}22}$tɛu^{55}	饭焦	pan^{21}tʃɛu^{44}
米粉条	米粉	muΛi^{223}fuΛn^{334}	米粉	mai$^{242\text{-}21}$fɐn^{52}
米粉饼	米粉饼 米饼	muΛi$^{223\text{-}23}$fuΛn^{334}peŋ^{554} muΛi^{223}peŋ^{334}	炒米饼	tʃ^{h}au$^{52\text{-}32}$mai$^{242\text{-}21}$piŋ^{52}
糍粑	糍 挤	ɬi^{243} tʃΛi^{21}	挤	tʃɐi^{24}

续上表

义项	封川话词条	封川话标音	开建话词条	开建话标音
粽	粽 饭包	toŋ^{52} fan$^{21-22}$pau^{554}	棱角粿	leŋ$^{24-21}$kœk^{32}tʃei^{24}
爆米花	爆花	pau^{53}fa^{55}	炒米花	tʃʰau$^{52-32}$mai$^{242-21}$fa^{44}
剩饭	冷饭 隔餐饭	laŋ^{223}fan^{21} kak^{53}tʰan^{55}fan^{21}	饭剩	pan^{21}tʃeŋ^{21}
面食	面食	min$^{21-22}$ʃek^{22}	面	min^{21}
面条	面条 面	min$^{21-22}$tiu^{243} min^{21}	面	min^{21}
汤面	汤面 渌面	tʰɔŋ^{55}min^{21} lok^{22}min^{21}	汤面 渌水面	tʰœŋ$^{44-32}$min^{21} lok$^{34-21}$ʃœ$^{52-32}$min^{21}
面汤	面汤	min$^{21-22}$tʰɔŋ^{554}	面汤	min^{21}tʰœŋ^{44}
炒面条	炒面	tʃʰau^{334}min^{21}	炒面	tʃʰau$^{52-32}$min^{21}
干面条	干面	kɔn^{55}min^{21}	干面	kɔn$^{44-32}$min^{21}
馒头	馒头	man$^{243-22}$tʌu^{243}	馒头	man$^{24-21}$tɐu^{24}
包子	包	pau^{554}	包	pau^{44}
烙饼	煎饼	tin^{55}peŋ^{334}	煎饼	tʃɛn$^{44-32}$piəŋ^{52}
烧饼	烧饼	ʃiu$^{554-33}$peŋ^{334}	烧饼	ʃiu$^{44-32}$piəŋ^{52}
油饼	油饼	iʌu$^{243-22}$peŋ^{334}	油饼	iɐu$^{24-21}$piəŋ^{52}
油条	油炸鬼	iʌu$^{243-22}$tʃa$^{52-22}$kuʌi^{334}	油条	iɐu$^{24-21}$tɐu^{24}
其他油炸食品	糖环 煎堆	tɔŋ$^{243-22}$uan^{243} tin$^{55-33}$tui^{554}	糖环 炸角	tœŋ$^{24-21}$uan^{24} tʃau^{32}kœk^{32}
饺子	饺子	kau^{34}ti^{334}	饺子	kau$^{52-32}$tʃu^{52}
馄饨	云吞	uʌn$^{243-22}$tʰʌn^{554}	云吞	uɐn$^{24-21}$tʰɐn^{44}
烧卖	烧卖	ʃiu^{55}mai^{21}	烧卖	ʃiu$^{44-32}$mai^{21}
馅	馅	ham^{21}	窒	tɐt^{55}
花卷	花卷	fa$^{55-33}$kun^{334}	花卷	fa$^{44-32}$kyn^{52}
春卷	春卷	tʃʰʌn^{55}kun^{334}	春卷	tʃʰɐn$^{44-32}$kyn^{52}
面糊	面糊	min$^{21-22}$u^{243}	面糊	min^{21}u^{24}
元宵	圆子羹 水圆羹	iun$^{243-22}$ti$^{334-33}$kaŋ^{554} ʃui$^{334-33}$iun$^{243-22}$kaŋ^{554}	水椭粿	ʃœ$^{52-32}$tʰu$^{52-32}$tʃei^{24}
汤圆	汤圆	tʰɔŋ^{55}iun^{243}	汤圆	tʰœŋ$^{44-32}$yn^{24}

续上表

义项	封川话词条	封川话标音	开建话词条	开建话标音
面包	面包	min$^{21-22}$pau^{554}	面包	min^{21}pau^{44}
饼干	饼	peŋ^{334}	饼	piᵊŋ^{52}
月饼	月饼	ȵiut^{22}peŋ^{334}	大饼	tai^{21}piᵊŋ^{52}
蛋糕	蛋糕	tan$^{21-22}$kəu^{554}	蛋糕	tan^{21}kɔ^{44}
糖	糖	tɔŋ^{243}	糖	tœŋ^{24}
砂糖	砂糖	ʃa$^{554-33}$tɔŋ^{243}	砂糖	ʃa$^{44-32}$tœŋ^{24}
白糖	白糖	pak^{22}tɔŋ^{243}	白糖	pɛk^{21}tœŋ^{24}
红糖	红糖	hoŋ$^{243-22}$tɔŋ^{243}	红糖	oŋ$^{24-21}$tœŋ^{24}
冰糖	冰糖	peŋ$^{554-32}$tɔŋ^{243}	冰糖	piᵊŋ$^{44-32}$tœŋ^{24}
芝麻糖	芝麻糖	tʃi$^{554-32}$ma$^{243-22}$tɔŋ^{243}	芝麻糖	tʃi$^{44-32}$ma$^{24-21}$tœŋ^{24}
麦芽糖	麦芽糖	mak^{22}ŋa$^{243-22}$tɔŋ^{243}	麦芽糖	mɛk^{21}ŋa$^{24-21}$tœŋ^{24}
花生糖	花生糖	fa$^{554-33}$ʃɛŋ$^{554-33}$tɔŋ^{243}	花生糖	fa$^{44-32}$ʃeŋ$^{44-32}$tœŋ^{24}
糖块	糖糕	tɔŋ$^{243-22}$kəu^{554}	糖瓜	tœŋ$^{24-21}$kua^{44}
糖果	糖瓜	tɔŋ$^{243-22}$kua^{554}	糖瓜	tœŋ$^{24-21}$kua^{44}
酒	酒	tʌu^{334}	酒	tʃau^{52}
白酒	烧酒	ʃiu$^{554-33}$tʌu^{334}	烧酒	ʃiu$^{44-32}$tʃau^{52}
	米酒	muʌi^{223}tʌu^{334}	米酒	mai$^{242-21}$tʃau^{52}
黄酒	黄酒	uɔŋ$^{243-22}$tʌu^{334}	黄酒	uŋ$^{24-21}$tʃau^{52}
江米酒	江米酒	kɔŋ^{55}muʌi^{223}tʌu^{334}	甜酒	tɛm$^{24-21}$tʃau^{52}
料酒	料酒	liu$^{21-22}$tʌu^{334}	烧酒	ʃiu$^{44-32}$tʃau^{52}
烟	烟	in^{554}	烟	in^{44}
烟叶	烟叶	in$^{554-32}$ip^{22}	烟叶	in$^{44-32}$ip^{34}
烟丝	烟丝	in$^{554-33}$ɬi^{554}	烟丝	in$^{44-32}$ʃei^{44}
香烟	香烟	hiɛŋ^{55}in^{554}	烟仔	in$^{44-32}$tʃai^{52}
	烟仔	in^{55}tʌi^{334}		
旱烟	烟	in^{554}	烟	in^{44}
黄烟	烟	in^{554}	烟	in^{44}
茶	茶	tʃa^{243}	茶	tʃa^{24}
茶叶	茶叶	tʃa$^{243-22}$ip^{22}	茶叶	tʃa$^{24-21}$ip^{34}

续上表

义项	封川话词条	封川话标音	开建话词条	开建话标音
泡过的茶叶	茶底	tʃa²⁴³⁻²²tʌi³³⁴	茶叶	tʃa²⁴⁻²¹ip³⁴
茶垢	茶渍	tʃa²⁴³⁻²²tek⁵⁵	茶胶	tʃa²⁴⁻²¹kau⁴⁴
食油	油	iʌu²⁴³	油	ieu²⁴
荤油	肉油	ȵiok²²iʌu²⁴³	肉油	ȵiok³⁴⁻²¹ieu²⁴
素油	清油	tʰeŋ⁵⁵⁴⁻³³iʌu²⁴³	清油	tʃʰiə̯ŋ⁴⁴⁻³²ieu²⁴
花生油	花生油	fa⁵⁵⁴⁻³³ʃaŋ⁵⁵⁴⁻³³iʌu²⁴³	花生油 / 清油	fa⁴⁴⁻³²ʃeŋ⁴⁴⁻³²ieu²⁴ / tʃʰiə̯ŋ⁴⁴⁻³²ieu²⁴
芝麻油	芝麻油	tʃi⁵⁵⁴⁻⁵²ma²⁴³⁻²²iʌu²⁴³	芝麻油	tʃi⁴⁴⁻³²ma²⁴⁻²¹ieu²⁴
豆油	豆油	tʌu²¹⁻²²iʌu²⁴³	豆油	tou²¹ieu²⁴
茶油	茶油	tʃa²⁴³⁻²²iʌu²⁴³	茶油	tʃa²⁴⁻²¹ieu²⁴
菜油	菜籽油	tʰui⁵²⁻³³ti³³⁴iʌu²⁴³	菜籽油	tʃʰɔi³²tʃai⁵²⁻³²ieu²⁴
盐	盐	im²⁴³	盐	im²⁴
精盐	幼盐 熟盐	iʌu⁵²im²⁴³ tʃok²²im²⁴³	幼盐 熟盐	iou³²im²⁴ tʃok³⁴⁻²¹im²⁴
粗盐	生盐 粗盐	ʃaŋ⁵⁵⁴⁻³²im²⁴³ tʰu⁵⁵im²⁴³	生盐 粗盐	ʃeŋ⁴⁴⁻³²im²⁴ tʃʰu⁴⁴⁻³²im²⁴
酱油	豉油	ʃi²¹⁻²²iʌu²⁴³	豉/味油	tʃi²¹/mei²¹ieu²⁴
辣酱	辣椒酱	lat²²tiu⁵⁵⁴⁻²²tieŋ²¹	辣椒酱	lat²¹tʃi⁴⁴⁻³²ieu²⁴
番茄酱	番茄酱	fan⁵⁵⁴⁻³³kɛ²⁴³⁻²²tieŋ⁵²	番茄酱	fan⁴⁴⁻³²tʃie²⁴⁻²¹tʃyŋ³²
芝麻酱	芝麻酱	tʃi⁵⁵⁴⁻³²ma²⁴³⁻²²tieŋ⁵²	芝麻酱	tʃi⁴⁴⁻³²ma²⁴⁻²¹tʃyŋ³²
甜面酱	甜面酱	tim²¹min²¹tieŋ⁵²	甜酱	tem²⁴⁻²¹tʃyŋ³²
花生酱	花生酱	fa⁵⁵⁴⁻³³ʃaŋ⁵⁵tieŋ⁵²	花生酱	fa⁴⁴⁻³²ʃeŋ⁴⁴⁻³²tʃyŋ³²
豆瓣酱	豆酱	tʌu²¹⁻²²tieŋ⁵²	豆酱	tou²¹tʃyŋ³²
醋	醋	tʰu⁵²	醋	tʃʰu³²
作料	配料	pʰui⁵²⁻³²liu²¹	配料	pʰui³²liu²¹
花椒	花椒	fa⁵⁵tiu⁵⁵⁴	花椒	fa⁴⁴⁻³²tʃeu⁴⁴
胡椒粉	胡椒粉 茶辣	u²⁴³⁻²²tiu⁵⁵fuʌn³³⁴ tʃa²⁴³⁻²²lat²²	胡椒粉	u²⁴⁻²¹tʃeu⁴⁴⁻³²fen⁵²
辣椒粉	辣椒粉	lat²²tiu⁵⁵fuʌn³³⁴	辣椒粉	lat²¹tʃɛ⁴⁴⁻³²fen⁵²

续上表

义项	封川话词条	封川话标音	开建话词条	开建话标音
八角	八角	pak$^{53\text{-}33}$kɔk^{53}	八角	pat^{32}kɶk^{32}
卤汁	卤肉汁	lu$^{223\text{-}23}$ȵiok^{22}tʃʌp^{55}	卤肉汁	lu$^{242\text{-}21}$ȵiok$^{34\text{-}21}$tʃep^{55}
味精	味精	mi$^{21\text{-}22}$teŋ^{554}	味精	mei^{21}tʃi°ŋ^{44}
桂皮	桂皮	kuʌi$^{52\text{-}33}$pi^{243}	桂枝皮	kuei^{32}tʃi$^{44\text{-}32}$ᵽei^{24}
芡粉	芡粉	hin$^{52\text{-}33}$fuʌn^{334}	生粉	ʃɛŋ$^{44\text{-}32}$fen^{52}
藕粉	莲藕粉	lin$^{243\text{-}22}$ŋʌu^{223}fuʌn^{334}	莲藕粉	lɛn$^{24\text{-}21}$ŋɐu$^{242\text{-}21}$fen^{52}
淀粉	生粉	ʃaŋ^{55}fuʌn^{334}	生粉	ʃɛŋ$^{44\text{-}32}$fen^{52}
蒜泥	蒜蓉	ɬun$^{52\text{-}32}$ioŋ^{243}	蒜蓉	ʃyn^{32}ioŋ^{24}
豆腐乳	腐乳	fu$^{21\text{-}22}$ȵiui^{223}	腐乳	pu^{21}ȵiœ^{242}
面筋	面筋	min$^{21\text{-}22}$tʃʌn^{554}	面筋	min^{21}tʃen^{44}
食用肉	肉	ȵiok^{22}	肉	ȵiok^{34}
瘦肉	瘦肉	ʃʌu^{52}ȵiok^{22}	瘦肉	ʃou^{32}ȵiok^{34}
肥肉	肥肉	fi$^{243\text{-}22}$ȵiok^{22}	肥肉	pui$^{24\text{-}21}$ȵiok^{34}
五花肉	五花腩	ŋ̍^{223}fa^{55}nam^{223}	五花腩	ŋ̍$^{242\text{-}21}$fa$^{44\text{-}32}$nam^{242}
里脊	脢肉	mui$^{243\text{-}22}$ȵiok^{22}	脢肉	mui$^{24\text{-}21}$ȵiok^{34}
排骨	排骨	pai$^{243\text{-}22}$kuʌt^{55}	排骨	pai$^{24\text{-}21}$kuɐt^{55}
板油	大肚油	tai$^{21\text{-}22}$tu^{223}iʌu^{243}	肚油	tɔ$^{242\text{-}21}$iɐu^{24}
猪肘	猪手	tʃy$^{554\text{-}33}$ʃʌu^{334}	猪手	tœy$^{44\text{-}32}$ʃou^{52}
猪舌	猪脷	tʃy$^{554\text{-}32}$li^{21}	猪舌脷	tœy$^{44\text{-}32}$tʃit$^{34\text{-}21}$lei^{21}
猪血	猪红	tʃy$^{554\text{-}32}$hoŋ^{243}	猪红	tœy$^{44\text{-}32}$oŋ^{24}
猪蹄	猪蹄 猪脚	tʃy$^{554\text{-}32}$tʌi^{243} tʃy$^{554\text{-}33}$kiɛk^{55}	猪蹄	tœy$^{44\text{-}32}$tɐi^{24}
猪下水	猪下水	tʃy$^{554\text{-}32}$ha^{22}ʃui^{334}	猪下水	tœy$^{44\text{-}32}$a$^{242\text{-}21}$ʃœ^{52}
猪大肠	猪大肠	tʃy$^{554\text{-}32}$tai$^{21\text{-}22}$tʃiɛŋ^{243}	猪大肠	tœy$^{44\text{-}32}$tai^{21}tʃœŋ^{21}
猪小肠	粉肠	fuʌn^{334}tʃiɛŋ^{243}	粉肠	fen$^{52\text{-}32}$tʃyŋ^{24}
猪肝	猪润 猪湿	tʃy$^{554\text{-}32}$ȵiʌn^{21} tʃy$^{554\text{-}32}$ʃʌp^{55}	猪润	tœy$^{44\text{-}32}$ȵin^{21}
猪肺	猪肺	tʃy$^{554\text{-}32}$fi$^{52\text{-}21}$	猪肺	tœy$^{44\text{-}32}$fei^{32}
猪腰	猪腰	tʃy$^{554\text{-}32}$iu^{554}	猪腰	tœy$^{44\text{-}32}$iu^{44}
猪心	猪心	tʃy$^{554\text{-}33}$ɬʌm^{554}	猪心	tœy$^{44\text{-}32}$ʃem^{44}

续上表

义项	封川话词条	封川话标音	开建话词条	开建话标音
猪肚	猪肚	tʃy⁵⁵⁴⁻³²tu²²³	猪肚	tœy⁴⁴⁻³²tɔ⁵²
牛肉	牛肉	ŋʌu²⁴³⁻²²ȵiok²²	牛肉	ŋɐu²⁴⁻²¹ȵiok³⁴
羊肉	羊肉	iɛŋ²⁴³⁻²²ȵiok²²	羊肉	yŋ²⁴⁻²¹ȵiok³⁴
牛肚	牛肚	ŋʌu²⁴³⁻²²tu²²³	牛肚	ŋɐu²⁴⁻²¹tɔ⁵²
羊肚	羊肚	iɛŋ²⁴³⁻²²tu²²³	羊肚	yŋ²⁴⁻²¹tɔ⁵²
鸡肫	鸡肫	kʌi⁵⁵⁴⁻³²tʃʌn²²³	鸡肫	kɐi⁴⁴⁻³²tʃɐn²⁴²
鸡杂	鸡下水	kʌi⁵⁵⁴⁻³²ha²¹⁻²²ʃui³³⁴	鸡下水	kɐi⁴⁴⁻³²a²⁴²⁻²¹ʃœ⁵²
鸡血	鸡红	kʌi⁵⁵⁴⁻³²hoŋ²⁴³	鸡红	kɐi⁴⁴⁻³²oŋ²⁴
肉片	肉片	ȵiok²²pʰin⁵²	肉片	ȵiok³⁴⁻²¹pʰin³²
肉丝	肉丝	ȵiok²²ɬi⁵⁵⁴	肉丝	ȵiok³⁴⁻²¹ʃɐi⁴⁴
肉末	肉粒	ȵiok²²nʌp⁵⁵	肉粒	ȵiok³⁴⁻²¹nɐp⁵⁵/nɐm⁴⁴
肉泥	肉酱	ȵiok²²tiɛŋ⁵²⁻²¹	肉酱	ȵiok³⁴⁻²¹tʃyŋ³²
肉丸	肉丸	ȵiok²²ȵiun²⁴³	肉丸	ȵiok³⁴⁻²¹yn²⁴
肉松	肉松	ȵiok²²ɬoŋ²⁴³	肉松	ȵiok³⁴⁻²¹ʃoŋ⁴⁴
肉丁	肉丁	ȵiok²²teŋ⁵⁵⁴	肉粒	ȵiok³⁴⁻²¹nɐm⁴⁴
生肉	生肉	ʃaŋ⁵⁵⁴⁻³²ȵiok²²	生肉	ʃɛŋ⁴⁴⁻³²ȵiok³⁴
熟肉	熟肉	tʃok²²ȵiok²²	熟肉	tʃok³⁴ȵiok³⁴
烤肉	烧肉	ʃiu⁵⁵ȵiok²²	烧肉	ʃiu⁴⁴⁻³²ȵiok³⁴
烤鸡	烧鸡	ʃiu⁵⁵kʌi⁵⁵⁴	烧鸡	ʃiu⁴⁴⁻³²kɐi⁴⁴
烤鸭	烧鸭	ʃiu⁵⁵ap⁵³	烧鸭	ʃiu⁴⁴⁻³²ap³²
烤鹅	烤鹅	ʃiu⁵⁵ŋɔ²⁴³	烤鹅	ʃiu⁴⁴⁻³²ŋu²⁴
卤酱食品	卤水	lu²²³ʃui³³⁴	卤水	lu²⁴²⁻²¹ʃœ⁵²
香肠	腊肠	lap²²tʃiɛŋ²⁴³	腊肠	lap²¹tʃyŋ²⁴
河鲜	河鲜	hɔ²⁴³⁻²²ɬin⁵⁵⁴	河鲜	ɔ²⁴⁻²¹ʃɛn⁴⁴
海鲜	海鲜	hui³³⁴ɬin⁵⁵⁴	海鲜	hɔi⁵²⁻³²ʃɛn⁴⁴
蟹黄	蟹黄	hai²²³uɔŋ²⁴³	蟹黄	
鱼干	鱼干	ȵy²⁴³⁻²²kon⁵⁵	鱼干	ȵy²⁴⁻²¹kɔn⁴⁴
虾米	虾米	ha⁵⁵⁴⁻³²muʌi²²³	虾米/仔	ha⁴⁴⁻³²mai²⁴²/tʃai⁵²
虾仁	虾仁	ha⁵⁵⁴⁻³²ȵiʌn²⁴³	虾仁	ha⁴⁴⁻³²ȵiɐn²⁴

续上表

义项	封川话词条	封川话标音	开建话词条	开建话标音
虾子	虾儿	ha$^{554\text{-}32}$ȵi^{554}	虾仔	ha$^{44\text{-}32}$tʃai^{52}
饭	饭	fan^{21}	饭	pan^{21}
菜	菜	tʃʰui^{52}	菜	tʃʰɔi^{32}
咸菜	咸菜	ham$^{243\text{-}22}$tʃʰui^{52}	咸菜	am$^{24\text{-}21}$tʃʰɔi^{32}
剩菜	剩菜	tʃeŋ$^{21\text{-}22}$tʃʰui^{52}	菜剩	tʃʰɔi^{32}tʃeŋ^{21}
素菜	素菜	ɬu^{52}tʃʰui^{52}	青菜	tʃʰiəŋ$^{44\text{-}32}$tʃʰɔi^{32}
荤菜	荤腥	fuʌn^{55}ɬeŋ^{554}	肉类	ȵiok$^{34\text{-}21}$lœ^{242}
汤	汤 羹	tʰɔŋ^{554} kaŋ^{554}	汤 羹	tʰœ^{44} kɛŋ^{44}
豆腐	豆腐	tʌu$^{21\text{-}22}$fu^{21}	豆腐	tou^{21}pu^{21}
豆腐脑	豆腐花	tʌu$^{21\text{-}22}$fu$^{21\text{-}22}$fa^{554}	豆腐花	tou^{21}pu^{21}fa^{44}
豆腐泡	豆腐博= 腐博= 腐炸	tʌu$^{21\text{-}22}$fu$^{21\text{-}22}$pɔk^{55} fu$^{21\text{-}22}$pɔk^{55} fu^{21}tʃa^{21}	豆腐煎 豆腐渣	tou^{21}pu^{21}tʃen^{44} tou^{21}pu^{21}tʃa^{44}
豆腐丝	豆腐丝	tʌu$^{21\text{-}22}$fu$^{21\text{-}22}$ɬi^{554}	豆腐丝	tou^{21}pu^{21}ʃɐi^{44}
豆腐干	腐饼	fu$^{21\text{-}22}$peŋ^{334}	豆腐润	tou^{21}pu^{21}ȵin^{21}
腐竹	腐竹	fu$^{21\text{-}22}$tʃok^{55}	腐竹	pu^{21}tʃok^{55}
豆腐皮	豆腐皮	tʌu$^{21\text{-}22}$fu$^{21\text{-}22}$pi^{243}	豆腐皮	tou^{21}pu^{21}pɐi^{24}
粉条	粉条	fuʌn^{334}tiu^{243}	粉条	fɐn$^{52\text{-}32}$tɐu^{24}
粉皮	粉皮	fuʌn^{334}pi^{243}	粉皮	fɐn$^{52\text{-}32}$pɐi^{24}
粉丝	粉丝	fuʌn^{334}ɬi^{554}	丝粉	ʃɐi$^{44\text{-}32}$fɐn^{52}
豆芽	豆芽	tʌu$^{21\text{-}22}$ŋa^{243}	豆芽	tou^{21}ŋa^{24}
鸡蛋	鸡春	kʌi$^{554\text{-}33}$tʃʰʌn^{554}	鸡春	kɐi$^{44\text{-}32}$tʃʰɐn^{44}
鸭蛋	鸭春	ap$^{53\text{-}33}$tʃʰʌn^{554}	鸭春	ap^{32}tʃʰɐn^{44}
蛋白	蛋白	tan$^{21\text{-}22}$pak^{22}	春白	tʃʰɐn$^{44\text{-}32}$pɐk^{21}
蛋黄	蛋黄	tan$^{21\text{-}22}$uɔŋ^{243}	春黄	tʃʰɐn$^{44\text{-}32}$u°^{24}
蛋壳	蛋壳	tan$^{21\text{-}22}$hɔk^{53}	春壳	tʃʰɐn$^{44\text{-}32}$hœk^{32}
鹹蛋	鹹春	ham$^{243\text{-}22}$tʃʰʌn^{554}	咸春	am$^{24\text{-}21}$tʃʰɐn^{44}
松花蛋	皮蛋	pi$^{243\text{-}22}$tan^{21}	皮蛋	pɐi$^{24\text{-}21}$tan^{21}
荷包蛋	荷包蛋	hɔ$^{243\text{-}22}$pau^{55}tan^{21}	荷包蛋	ɔ$^{24\text{-}21}$pau$^{44\text{-}32}$tan^{21}

续上表

义项	封川话词条	封川话标音	开建话词条	开建话标音
茶叶蛋	茶叶蛋	tʃa²⁴³⁻²²ip²²tan²¹	茶叶蛋	tʃa²⁴⁻²¹ip²¹tan²¹
水煮蛋	熟蛋	tʃok²²tan²¹	潎水蛋	tʃap²¹ʃœ⁵²tan²¹
炒蛋	炒蛋	tʃʰau³³⁴tan²¹	煎蛋	tʃɛn⁴⁴⁻³²tan²¹
蛋羹	蛋汤	tan²¹⁻²²tʰɔŋ⁵⁵⁴	春羹	tʃʰɐn⁴⁴⁻³²kɐŋ⁴⁴
年糕	喜糕 年糕	hi³³⁴⁻³³kəu⁵⁵⁴ nin²⁴³⁻²²kəu⁵⁵⁴	年糕 松糕	nɛn²⁴⁻²¹kɔ⁴⁴ ʃoŋ⁴⁴⁻³²kɔ⁴⁴
甜食	甜品	tim²⁴³⁻²²pʰʌn³³⁴	甜品	tɐm²⁴⁻²¹pʰʌn⁵²
点心	点心	tim³³⁴ɬʌm⁵⁵⁴	点心	tɐm⁵²⁻³²ʃɐm⁴⁴
零食	小口 口酿	ɬiu³⁴⁴⁻³³hʌu³³⁴ hʌu³⁴⁴⁻³²ȵiɛŋ²¹	小口	ʃɐu⁵²⁻³²hɐu⁵²
凉粉	凉粉	liɛŋ²⁴³⁻²²fuʌn³³⁴	凉粉	lyŋ²⁴⁻²¹fɐn⁵²
瓜子	瓜子	kua⁵⁵⁴⁻³³ti³³⁴	瓜子	kua⁴⁴⁻³²tʃuᵒ⁵²
葵花籽	葵瓜籽	kuʌi²⁴³⁻²²kua⁵⁵ti³³⁴	葵瓜子	kuɐi²⁴⁻²¹kua⁴⁴⁻³²tʃuᵒ⁵²
干果	干果	kon⁵⁵⁴⁻³³kuɔ³³⁴		
水果干	水果干 果爽	ʃui³³⁴⁻³⁴kuɔ³³⁴kon⁵⁵⁴ kuɔ³³⁴ʃɔŋ³³⁴	生果干	ʃɛŋ⁴⁴⁻³²ku⁵²⁻³²kɔn⁴⁴
龙眼肉	鹿眼肉	lok²²ŋan²²³⁻²²ȵiok²²	龙/鹿眼肉	loŋ²⁴⁻²¹/lok³⁴⁻²¹ŋan²⁴²⁻²¹ȵiok³⁴
花生米	花生米	fa⁵⁵⁴⁻³²ʃaŋ⁵⁵⁴⁻²²muʌi²²³	花生仁	fa⁴⁴⁻³²ʃɛŋ⁴⁴ŋɐn²⁴
花生壳	花生壳	fa⁵⁵⁴⁻³²ʃaŋ⁵⁵⁴⁻²²hɔk⁵³⁻²²	花生壳	fa⁴⁴⁻³²ʃɛŋ⁴⁴⁻³²hœk³²
花生皮	花生衣	fa⁵⁵⁴⁻³²ʃaŋ⁵⁵⁴⁻²²i⁵⁵⁴	花生衣	fa⁴⁴⁻³²ʃɛŋ⁴⁴⁻³²i⁴⁴
榄制食品	榄角 甜榄	lam²²³kɔk⁵³ tim²⁴³⁻²²lam²²³	榄角 果榄	lam⁵²⁻³²kœk³² kuᵒ⁵²⁻³²lam⁵²
金针菇	金针菇	kʌm⁵⁵⁴⁻³³tʃʌm⁵⁵ku⁵⁵⁴	金针菇	kɐm⁴⁴⁻³²tʃɐm⁴⁴⁻³²ku⁴⁴
蜜饯	蜜枣	muʌt²²təu³³⁴	蜜枣	mɐt³⁴⁻²¹tʃɔ⁵²
冷饮	冷饮	laŋ²²³ȵiʌm²²³	冰水	piᵒŋ⁴⁴⁻³²ʃœ⁵²
冰棍	雪条	ɬut⁵⁵⁻³²tiu²⁴³	雪条	ʃyt⁵⁵⁻³²tɐu²⁴
冰激凌	雪糕	ɬut⁵⁵⁻³³kəu⁵⁵⁴	雪糕	ʃyt⁵⁵⁻³²kɔ⁴⁴
蜂蜜	蜜糖	muʌt²²tɔŋ²⁴³	蜜糖	mɐt³⁴⁻²¹tœŋ²⁴
豆浆	豆浆	təu²¹⁻²²tiɛŋ⁵⁵⁴	豆浆	tou²¹tʃyŋ⁴⁴
开水	滚水	kuʌn³⁴ʃui³³⁴	滚水	kuɐn⁵²⁻³²ʃœ⁵²

续上表

义项	封川话词条	封川话标音	开建话词条	开建话标音
泡菜水	榨士水 榨罂水	tʃa⁵²ʃi²¹⁻²²ʃui³³⁴ tʃa⁵²⁻³³aŋ⁵⁵ʃui³³⁴	塔士水	tʰap³²tʃi²⁴²⁻²¹ʃœ⁵²
酵母	酵母	hau⁵⁵mu²²³	酵母	hau³²mu²⁴²
饮料	饮料	ȵiʌm²²³liu²¹	饮料	iɐm⁵²⁻³²liu²¹
春节饮食	年宴 春宴	nin²⁴³⁻²²in⁵² tʃʰʌn⁵⁵in⁵²	年夜饭	nɛn²⁴⁻²¹iᵉ²¹pan²¹
元宵食品	圆子羹	iun²⁴³⁻²²ti³³⁴⁻²²kaŋ⁵⁵⁴	汤圆 煮羹粞	tʰœŋ⁴⁴⁻³²yn²⁴ tʃy⁵²⁻³²kɐŋ⁴⁴⁻³²tʃei²⁴
端午食品	灰水粽 灰水粞	fui⁵⁵⁴⁻³³ʃui³³⁴toŋ⁵² fui⁵⁵⁴⁻³³ʃui³³⁴tʃʌi²¹	灰水粞	fui⁴⁴⁻³²ʃœ⁵²⁻³²tʃei²⁴
中秋食品	月饼	ȵiut²²peŋ³³⁴	大饼	tai²¹piᵊŋ⁵²
婚嫁饮食	婚宴 嫁娶酒	fuʌn⁵⁵in⁵² ka⁵²⁻³³ɬy²²tʌu³³⁴	结婚酒	kit⁵⁵⁻³²fɐn⁴⁴⁻³²tʃau⁵²
丧葬饮食	食斋饭	ʃek²²tʃai⁵⁵fan²¹	喫馒头饭	hiᵊk⁵⁵man²⁴⁻²¹tɐu²⁴pan²¹
供品	供品	koŋ⁵²⁻³³pʰuʌn³³⁴	供品/三牲	kuŋ³²pʰɐn⁵²/ʃam⁴⁴⁻³²ʃɐŋ⁴⁴
中药	中药	tʃoŋ⁵⁵iɛk²²	中药	tʃoŋ⁴⁴⁻³²iᵉk²¹
草药	草药	tʰəu³³⁴iɛk²²	草药	tʃʰ⁵²⁻³²iᵉk²¹
汤药	汤药	tʰɔŋ⁵⁵iɛk²²	汤药	tʰœŋ⁴⁴⁻³²iᵉk²¹
膏药	膏药	kəu⁵⁵⁴⁻⁵²iɛk²²	膏药	kɔ⁴⁴⁻³²iᵉk²¹
药粉	药粉	iɛk²²fuʌn³³⁴	药粉	iᵉk²¹fɐn⁵²
药丸	药丸	iɛk²²iun²⁴³	药丸	iᵉk²¹yn²⁴
药膏	药膏	iɛk²²kəu⁵⁵⁴	药膏	iᵉk²¹kɔ⁴⁴
药引	药引	iɛk²²iʌn²²³	药引	iᵉk²¹iɐn²⁴²
毒品	毒品	tok²²pʰuʌn³³⁴	毒品	tok³⁴⁻²¹pʰɐn⁵²
衣服	衫裤	ʃam⁵⁵fu⁵²	衫裤	ʃam⁴⁴⁻³²fu³²
上衣	衫	ʃam⁵⁵⁴	衫	ʃam⁴⁴
外衣	外衣	ŋui²¹⁻²²i⁵⁵⁴	衫皮	ʃam⁴⁴⁻³²pei²⁴
内衣	贴肉衫	ȵiep⁵³ȵiok²²ʃam⁵⁵⁴	底衫	tai⁵²⁻³²ʃam⁴⁴
棉衣	棉衫	min²¹⁻²²ʃam⁵⁵⁴	棉衫	mɛn²⁴⁻²¹ʃam⁴⁴

续上表

义项	封川话词条	封川话标音	开建话词条	开建话标音
皮袄	皮草	pi$^{243-22}$tʰəu^{334}	皮草	pɐi$^{24-21}$tʃʰɔ^{52}
大衣	大楼	tai$^{21-22}$lʌu^{554}	大楼	tai^{21}lɐu^{44}
短大衣	大褂	tai$^{21-22}$kua$^{52-21}$	褂	kua^{32}
披风	背楼	pui$^{52-33}$lʌu^{554}	背楼	pui^{32}lɐu^{44}
衬衫	恤衫	ɬʌt^{55}ʃam^{554}	恤衫	ʃɐt$^{55-32}$ʃam^{44}
夹衣	夹衲	kap$^{53-32}$nap^{22}	棉褂	mɛn$^{24-21}$kua^{32}
单衣	单衫	tan$^{554-33}$ʃam^{554}	单衫	tan$^{44-32}$ʃam^{44}
裙	裙	kuʌn^{243}	裙	kuɐn^{24}
旗袍	旗袍	ki$^{243-22}$pəu^{243}	旗袍	ki$^{24-21}$pɔ^{24}
长衫	长衫	tʃiɛŋ$^{243-22}$ʃam^{554}	长衫	tyŋ$^{24-21}$ʃam^{44}
马褂	马褂	ma^{223}kua^{52}	马褂	ma$^{242-21}$kua^{32}
西装	西装	ɬʌi^{55}tʃɔŋ^{554}	西装	ʃei$^{44-32}$tʃɐŋ^{44}
中装	唐装	tɔŋ$^{243-22}$tʃɔŋ^{554}	唐装	tɐŋ$^{24-21}$tʃɐŋ^{44}
制服	制服	tʃʌi$^{52-32}$fok^{22}	制服	tʃɛ^{32}pok^{34}
毛衣	冷衫	laŋ^{55}ʃam^{554}	□衫	lɐŋ$^{44-32}$ʃan^{44}
绒衣	灯心绒	taŋ^{55}ɬʌm^{55}n.ioŋ^{243}	灯衫绒	tɐŋ$^{44-32}$ʃam$^{44-32}$ioŋ^{24}
针织衫	半袖褂	pun$^{52-32}$ɬʌu$^{21-22}$kʰua^{52}	□褂	lɐŋ$^{44-32}$kua^{32}
背心	马骝褂 / 背心	ma^{55}lʌu^{55}kua^{52} / pui$^{52-33}$ɬam^{554}	背心褂	pui^{32}ʃɐm$^{44-32}$kua^{32}
肚兜	围裙	uʌi$^{243-22}$kuʌn^{243}	围裙	uɐi$^{24-21}$kuɐn^{24}
长袖	长袖衫	tʃiɛŋ$^{243-22}$ɬʌu$^{21-22}$ʃam^{554}	长袖衫	tyŋ$^{24-21}$tʃou^{21}ʃam^{44}
短袖	短袖衫	tun^{334}ɬʌu$^{21-22}$ʃam^{554}	短袖衫	tyn$^{52-32}$tʃou^{21}ʃam^{44}
领子	衫领	ʃam$^{554-32}$lɛŋ^{223}	衫领	ʃam$^{44-32}$liəŋ^{242}
袖	衫袖	ɬam$^{554-32}$ɬʌu^{21}	衫袖	ʃam$^{44-32}$tʃou^{21}
衣襟	衫裨	ʃam$^{554-33}$pi^{554}	衫裨	ʃam$^{44-32}$pɐi^{44}
对襟	内襟	nui$^{21-22}$kʰʌm^{554}	开胸衫	hɔi$^{44-32}$hoŋ$^{44-32}$ʃam^{44}
大襟	大襟	tai$^{21-22}$kʰʌm^{554}	大襟	tai^{21}kʰɐm^{44}
小襟	上襟	tʃiɛŋ$^{21-22}$kʰʌm^{554}		
下襬	衫脚	ʃam$^{554-33}$kiɛk^{55}	衫脚	ʃam$^{44-32}$kiək^{55}
衣袋	衫袋	ɬam$^{554-32}$tui^{21}	衫袋	ʃam$^{44-32}$tɔi^{21}

续上表

义项	封川话词条	封川话标音	开建话词条	开建话标音
纽扣	衫纽	ʃam$^{554-32}$nʌu^{223}	衫纽	ʃam$^{44-32}$nau^{242}
扣襻	衫纽姆	ʃam$^{554-32}$nʌu$^{223-22}$na^{334}	纽婆	nɐu$^{242-21}$pu^{024}
扣眼	衫纽公	ʃam$^{554-32}$nʌu$^{223-22}$koŋ^{554}	纽扣	nɐu$^{242-21}$kʰou^{32}
补丁	补瘌	pu$^{334-33}$na^{554}	补瘌	pu$^{52-32}$na^{44}
裤	裤	fu^{52}	裤	fu^{32}
长裤	长裤	tʃiɛŋ$^{243-22}$fu^{52}	长裤	tyŋ$^{24-21}$fu^{32}
短裤	裤椂 掘头裤	fu$^{52-33}$lok^{55} kuʌt^{22}tʌu$^{243-22}$fu$^{52-21}$	裤椂	fu^{32}lok^{55}
裤衩	底裤 内裤	tʌi^{334}fu^{52} nui$^{21-22}$fu^{52}	底裤	tai$^{52-32}$fu^{32}
开裆裤	开囊裤	hui$^{52-32}$nɔŋ$^{21-22}$fu^{52}	开囊裤	hɔi$^{44-32}$nœŋ$^{24-21}$fu^{32}
裤腰	裤腰	fu$^{52-33}$iu^{554}	裤腰	fu^{32}iu^{44}
裤裆	裤囊	fu$^{52-33}$nɔŋ$^{243-21}$	裤囊	fu^{32}nœŋ^{21}
裤腿	裤脚	fu$^{52-33}$kiɛk^{55}	裤脚	fu^{32}kiʔk^{55}
裤骨	裤骨	fu$^{52-32}$kuʌt^{55}	裤骨	fu^{32}kuɐt^{55}
裤其他部件	裤柳	fu$^{52-32}$lʌu^{223}		
鞋	鞋	hai^{243}	鞋	ai^{24}
布鞋	布鞋	pu$^{52-32}$hai^{243}	布鞋	pu^{32}ai^{24}
棉鞋	棉鞋	min$^{21-22}$hai^{243}	棉鞋	mɛn$^{24-21}$ai^{24}
皮鞋	皮鞋	pi$^{243-22}$hai^{243}	皮鞋	pɐi$^{24-21}$ai^{24}
凉鞋	凉鞋	liɛŋ$^{243-22}$hai^{243}	凉鞋	lyŋ$^{24-21}$ai^{24}
雨鞋	水鞋 水靴	ʃui^{334}hai^{243} ʃui^{334}hɛ^{55}/hœ^{554}	水鞋 水靴	ʃœ$^{52-32}$ai^{24} ʃœ$^{52-32}$hœ^{44}
靴	靴	hɛ^{554}/hœ^{554}	靴	hœ^{44}
拖鞋	拖鞋 跋鞋	tʰɔ^{55}hai^{243} tʰat^{53}hai^{243}	跋鞋	tʰat^{32}ai^{24}
木屐	木屐 木鞋 木喀	mok^{22}kek^{22} mok^{22}hai^{243} mok^{22}kʰak^{55}	木鞋	mok$^{34-21}$ai^{24}
草鞋	草鞋	tʰɐu^{334}hai^{243}	草鞋	tʃʰɔ$^{52-32}$ai^{24}

续上表

义项	封川话词条	封川话标音	开建话词条	开建话标音
鞋帮	鞋踭	hai²¹⁻²²tʃaŋ⁵⁵⁴	鞋踭	ai²⁴⁻²¹tʃɛŋ⁴⁴
鞋带	鞋带	hai²¹⁻²²tai⁵²⁻²¹	鞋带	ai²⁴⁻²¹tai³²
鞋底	鞋底	hai²¹⁻²²tʌi³³⁴	鞋底	ai²⁴⁻²¹tai⁵²
鞋跟	鞋督	hai²⁴³⁻²²tok⁵⁵	鞋督	ai²⁴⁻²¹tok⁵⁵
鞋襻	鞋耳	hai²¹⁻²²ȵi²²³	鞋耳	ai²⁴⁻²¹ȵi²⁴²
鞋垫	鞋垫	hai²¹⁻²²tin²¹	鞋垫	ai²⁴⁻²¹tim²¹
鞋其他部件	襻带	pʰan⁵⁵tai⁵²	鞋脷	ai²⁴⁻²¹lei²¹
	鞋抽	hai²¹⁻²²tʃʰʌu⁵⁵⁴		
鞋楦子	鞋靴	hai²¹⁻²²hœ⁵⁵⁴	鞋模/样	ai²⁴⁻²¹mu⁴⁴/iuŋ²¹
帽	帽	məu²¹	转=	tʃyn⁵²
	头短	tʌu²⁴³⁻²²tun³³⁴		
鸭舌帽	鸭舌帽	at⁵³tʃit²²məu²¹	转=	tʃyn⁵²
瓜皮帽	瓜皮帽	kua⁵⁴⁻³²pi²⁴³⁻²²məu²¹	蒸转=	tʃɛŋ⁴⁴⁻³²tʃyn⁵²
草帽	草帽	tʰəu³³⁴məu²¹	草帽	tʃʰɔ⁵²⁻³²mɔ²¹
斗笠	笠帽	lap⁵⁵məu²¹	笠帽	lɐp²¹mɔ²¹
帽檐	帽框	məu²¹⁻²²kʰuaŋ⁵⁵⁴	笠帽框	lɐp²¹mɔ²¹kʰuɐŋ⁴⁴
袜	袜	mat²²	袜	mɔt²¹
长袜	长袜	tʃiɛŋ²⁴³⁻²²mat²²	长柄袜	tyŋ²⁴⁻²¹piŋ³²mɔt²¹
短袜	短袜	tun³³⁴mat²²	短柄袜	tyn⁵²⁻³²piŋ³²mɔt²²
丝袜	丝袜	ɬi⁵⁵mat²²	丝袜	ʃɐi⁴⁴⁻³²mɔt²¹
线袜	布袜	pu⁵²⁻³²mat²²	布袜	pu³²mɔt²¹
袜带	袜箍	mat²²kʰu⁵⁵⁴	袜箍	mɔt²¹kʰu⁴⁴
裹脚布	绑脚布	pɔŋ³³⁴⁻³³kiɐk⁵⁵pu⁵²⁻²¹	扎脚布	tʃat³²kiᵊk⁵⁵⁻³²pu³²
手套	手套	ʃʌu³³⁴tʰəu⁵²	手套/袜	ʃou⁵²⁻³²tʰɔ³²/mɔt²¹
坎肩	短褂	tun³³⁴kua⁵²	褂	kua³²
围嘴	口水枷	hʌu³³⁴⁻³²ʃui³³⁴⁻²²ka⁵⁵⁴	口水系	hɐu⁵²⁻³²ʃœ⁵²⁻³²kɛ³²
围裙	围裙	uʌi²⁴³⁻²²kuʌn²⁴³	围裙	uɐi²⁴⁻²¹kuɐn²⁴
蓑衣	蓑衣	ɬɔ⁵⁵⁴⁻³³i⁵⁵⁴	蓑衣	ʃuɔ⁴⁴⁻³²i⁴⁴
雨衣	雨衣	y²²³i⁵⁵⁴	雨衣	y²⁴²⁻²¹i⁴⁴
围巾	颈巾	keŋ³³⁴tʃʌn⁵⁵⁴	围巾	uɐi²⁴⁻²¹tʃɛn⁴⁴

续上表

义项	封川话词条	封川话标音	开建话词条	开建话标音
腰布	腰布	iu^{55}pu^{52}	腰布	iu$^{44-32}$pu^{32}
头巾	头巾	tʌu$^{243-22}$tʃʌn^{554}	头巾	tɐu$^{24-21}$tʃɐn^{44}
腰带	腰带	iu^{55}tai^{52}	腰带	iu$^{44-32}$tai^{32}
套袖	袖套	ɬʌu$^{21-22}$tʰəu^{52}	手/袖套	ʃou$^{52-32}$/tʃou^{21}tʰɔ^{32}
手绢	手巾	ʃʌu$^{334-33}$tʃʌn^{554}	手巾	ʃou$^{52-32}$tʃɐn^{44}
婴儿包被	被仔	pi^{223}tʃʌi^{334}	被仔	pɐi$^{242-21}$tʃai^{52}
尿布	尿布	niu$^{21-22}$pu^{52}	尿布	niu^{21}pu^{32}
	尿片	niu$^{21-22}$pʰiɛn^{334}	尿片	niu^{21}pʰɛn^{52}
背带	孖带	mɛ^{55}tai^{52}	（背）带	(pui^{32}) tai^{32}
	把呢	pa$^{334-32}$nɛ^{334}		
裹腿	扎脚	tʃat$^{53-33}$kiɛk^{55}	扎脚	tʃat^{32}kiᵊk^{55}
嫁衣	嫁衣	ka$^{52-33}$i^{554}	嫁妆	ka^{32}tʃœŋ^{44}
盖头	包头	pau$^{554-32}$tʌu^{243}	包头	pau$^{44-32}$tɐu^{24}
寿衣	寿衣	ʃʌu$^{21-22}$i^{554}	白衫	pɛk^{21}ʃam^{44}
孝服	孝服	hau$^{52-32}$fok^{22}	孝衫	hau^{32}ʃam^{44}
首饰	首饰	ʃʌu$^{334-33}$ʃek^{55}	首饰	ʃou$^{52-32}$ʃiᵊk^{55}
戒指	嫁指	ka$^{52-33}$tʃi^{334}	戒指	kai^{32}tʃi^{52}
项链	颈链	kɛŋ^{334}lin^{21}	项链	œŋ$^{242-21}$lin^{21}
项圈	颈鈪	kɛŋ^{334}ak^{55}	颈鈪	kiᵊŋ$^{52-32}$ɛk^{32}
耳环	耳环	i^{223}uan^{243}	耳环	n̠i$^{242-21}$uan^{24}
镯	鈪	ak^{55}	鈪	ɛk^{32}
胸饰	胸配	hoŋ^{55}pʰui^{52}	胸饰	hoŋ$^{44-32}$ʃiᵊk^{55}
簪	发簪	fuat$^{53-32}$tam^{554}	发簪	fat^{32}tʃam^{44}
发卡	发夹	fuat$^{53-33}$niɛp^{53}	发夹	fat^{32}kap^{21}
头饰	头饰	tʌu$^{243-22}$ʃek^{55}	头饰	tɐu$^{24-21}$ʃiᵊk^{55}
	头髻	tʌu^{21}kʌi^{21}		
梳头油	梳头油	ʃɔ$^{554-32}$tʌu$^{243-22}$iʌu^{243}	梳头油	ʃu$^{344-32}$tɐu$^{24-21}$iɐu^{24}
粉	粉	fuʌn^{334}	粉	fɐn^{52}
胭脂	胭脂	in^{55}tʃi^{554}	胭脂	in$^{44-32}$tʃi^{44}

续上表

义项	封川话词条	封川话标音	开建话词条	开建话标音
香囊	香囊	hiɛŋ^{55}nɔŋ^{243}	香囊	hyŋ$^{44-32}$nœn^{24}
铺盖	床铺 铺陈 床窦	tʃɔŋ$^{21-22}$pʰu^{554} pʰu$^{554-32}$tʃʌn^{243} tʃɔŋ$^{243-22}$tʌu$^{52-21}$	铺盖 被铺	pu$^{44-32}$kɔi^{32} pɐi$^{242-21}$pʰu^{44}
席子	席	ɬek^{22}	席	tʃi^{e}k^{21}
枕头	枕头	tʃʌm$^{334-32}$tʌu^{243}	枕头	tʃɐm$^{52-32}$tɐu^{24}
枕芯	枕头	tʃʌm$^{334-32}$tʌu^{243}	枕头（肉）	tʃɐm$^{52-32}$tɐu^{24}(ȵiok^{34})
枕套	枕头套	tʃʌm$^{334-32}$tʌu$^{243-22}$tʰəu$^{52-21}$	枕头套	tʃɐm$^{52-32}$tɐu$^{24-21}$tʰɔ^{32}
被子	被	pi^{223}	被	pɐi^{242}
被套	被套	pi$^{223-22}$tʰəu^{52}	被衣	pɐi$^{242-21}$i^{44}
被裹	被囊	pi$^{223-22}$nɔŋ^{243}	被囊	pɐi$^{242-21}$nœn^{24}
棉胎	棉胎	min$^{21-22}$tʰui^{554}	棉胎	mɛn$^{24-21}$tʰɔi^{44}
毯	毡	tʃin^{554}	毡	tʃin^{44}
褥	褥子	ȵiok^{22}ti^{334}	被垫	pɐi$^{242-21}$tim^{21}
床单	床单	tʃɔŋ$^{243-22}$tan^{554}	床单	tʃœn$^{24-21}$tan^{44}
被窝	床窦	tʃɔŋ$^{243-22}$tʌu^{52}	被窦	pɐi$^{242-21}$tou^{32}
垫子	坐垫	ɬɔ$^{223-22}$tin^{21}	坐垫	tʃu$^{242-21}$tim^{21}
蚊帐	蚊帐	muʌn^{55}tʃiɛŋ^{52}	蚊帐	mɐn$^{24-21}$tʃuŋ^{32}
帐子	帐	tʃiɛŋ^{52}	帐	tʃuŋ^{32}
帘	窗帘	tʃʰiɛŋ$^{554-32}$lim^{243}	窗帘	tʃʰyŋ$^{44-32}$lɛm^{24}
蒲团	蒲团	pu$^{243-22}$tun^{243}	坐垫	tʃu$^{242-21}$tim^{21}
家具	家具	ka^{55}ky^{21}	家具	ka$^{44-32}$ky^{21}
床	床	tʃɔŋ^{243}	床	tʃœn^{24}
床板	床板	tʃɔŋ$^{243-22}$pan^{334}	床板	tʃœn$^{24-21}$pan^{52}
桌	台	tui^{243}	台	tɔi^{24}
梳妆台	化妆台	fa$^{52-33}$tʃɔŋ^{55}tui^{243}	化妆台	fa^{32}tʃœn$^{44-32}$tɔi^{24}
椅	椅	i^{334}	椅	i^{242}
长椅	长椅	tʃiɛŋ$^{243-22}$i^{334}	长椅	tyŋ$^{24-21}$i^{52}
椅背	椅背	i^{334}pui^{52}	椅把	i$^{52-32}$pa^{32}
躺椅	折椅	tʃip$^{55-33}$i^{334}	折椅	tʃip$^{55-32}$i^{52}

续上表

义项	封川话词条	封川话标音	开建话词条	开建话标音
凳	凳	taŋ⁵²	凳	tɐŋ³²
长板凳	长凳	tʃiɛn²⁴³taŋ⁵²	长凳	tyŋ²⁴⁻²¹tɐŋ³²
沙发	沙发	ʃa⁵⁵fat⁵³	沙发	ʃa⁴⁴⁻³²fat³²
摇篮	摇篮 晃篮	iu²⁴³⁻²²lam²⁴³ faŋ⁵²lam²⁴³	摇篮 晃篮	iu²⁴⁻²¹lam²⁴ fɐŋ³²lam²⁴
柜	柜	kuʌi²¹	柜	kuei²¹
衣橱	衣柜	i⁵⁵kuʌi²¹	衫柜	ʃam⁴⁴⁻³²kuei²¹
抽屉	柜桶	kuʌi²¹⁻²²tʰoŋ³³⁴	柜桶	kuei²¹tʰoŋ⁵²
箱	笼（垄）	loŋ²⁴³	笼	loŋ²⁴²
炊具总称	家鐣	ka⁵⁵⁴⁻³³tʃʰaŋ⁵⁵⁴	家铛	ka⁴⁴⁻³²tʃʰɛŋ⁴⁴
饭锅	饭镬 饭鐣	fan²¹⁻²²uɔk²² fan²¹⁻²²tʃʰaŋ⁵⁵	饭铛	pan²¹tʃʰɛŋ⁴⁴
炒菜锅	炒镬	tʃʰau³³⁴uɔk²²	铛	tʃʰɛŋ⁴⁴
砂锅	沙煲	ʃa⁵⁵⁴⁻³³pəu⁵⁵⁴	沙煲	ʃa⁴⁴⁻³²pɔ⁴⁴
平底锅	平足镬	peŋ²⁴³⁻²²tok⁵⁵uɔk²²	平督铛	piᵊŋ²⁴⁻²¹tok⁵⁵⁻³²tʃʰɛŋ⁴⁴
大锅	大镬 大鐣	tai²¹⁻²²uɔk²² tai²¹⁻²²tʃʰaŋ⁵⁵⁴	大铛	tai²¹tʃʰɛŋ⁴⁴
小锅	鐣儿	tʃʰaŋ⁵⁵⁴⁻³³ȵi⁵⁵⁴	铛仔	tʃʰɛŋ⁴⁴⁻³²tʃai⁵²
火锅	火锅 边炉	fɔ³³⁴uo⁵⁵⁴ pin⁵⁵lu²⁴³	边炉	pɛn⁴⁴⁻³²lu²⁴
铝锅	铝鐣	ly²³tʃʰaŋ⁵⁵⁴	铝铛	lui²⁴²⁻²¹tʃʰɛŋ⁴⁴
烧水壶	烧水壶（煲）	ʃiu⁵⁵⁴⁻³³ʃui³³⁴u²⁴³（pəu⁵⁵⁴）	滚水壶	kuɐn⁵²⁻³²ʃœ⁵²⁻³²u²⁴
锅盖	镬盖	uɔk²²kui⁵²⁻²¹	铛盖	tʃʰɛŋ⁴⁴⁻³²kɔi³²
锅铲	镬铲 鐣铁	uɔk²²tʃʰan³³⁴ tʃʰaŋ⁵⁵⁴⁻³³tʰit⁵⁵	铛铲	tʃʰɛŋ⁴⁴⁻³²tʃʰan⁵²
洗锅刷	鐣扫 鐣筅	tʃʰaŋ⁵⁵⁴⁻³²tɵu⁵²⁻²¹ tʃʰaŋ⁵⁵⁴⁻³²tʃa²¹	铛刷	tʃʰɛŋ⁴⁴⁻³²tʃat²¹
勺	壳，勺	hɔk⁵³，tʃiɛk⁵³	铜勺	toŋ²⁴⁻²¹tʃiᵊk²¹
水瓢	水壳	ʃui³³⁴hɔk⁵³	水壳	ʃœ⁵²⁻³²hœk³²

续上表

义项	封川话词条	封川话标音	开建话词条	开建话标音
水缸	水缸 水瓮	ʃui$^{334\text{-}33}$kɔŋ^{554} ʃui$^{334\text{-}32}$oŋ$^{52\text{-}21}$	水缸	ʃœ$^{52\text{-}32}$kœŋ^{44}
泔水缸	潲水缸	ʃau$^{52\text{-}32}$ʃui$^{334\text{-}22}$kɔŋ^{554}	潲水塝	ʃau^{32}ʃœ$^{52\text{-}32}$pœŋ^{21}
罂	埕	tʃɛŋ^{243}	埕	tʃɛŋ^{24}
酒罂	酒埕	tʌu$^{334\text{-}32}$tʃɛŋ^{243}	酒埕	tʃau$^{52\text{-}32}$tʃɛŋ^{24}
罐	罂	aŋ^{55}	罂	ɛŋ^{44}
炉	风炉	foŋ$^{554\text{-}32}$lu^{243}	风炉	foŋ$^{44\text{-}32}$lu^{24}
灶	灶	təu^{52}	灶	tʃɔ^{32}
灶台	灶头	təu^{52}tʌu^{243}	灶头	tʃɔ^{32}teu^{24}
舂具	舂	tʃoŋ^{554}	舂	tʃoŋ^{44}
礤床	丝刨	ɬi^{55}pau^{243}		
菜刀	菜刀	tʰui$^{52\text{-}33}$təu^{243}	菜刀	tʃʰɔi^{32}tɔ^{44}
砧板	砧板	tʃʌm$^{554\text{-}33}$pan^{334}	砧板	tʃɛm$^{44\text{-}32}$pan^{52}
箅	箅（披） 蒸箅（披） 拦箅（披）	pʰɛ^{554} tʃɛŋ^{55}pʰɛ^{554} lan$^{243\text{-}22}$pʰɛ^{554}	蒸笼架	tʃɛŋ$^{44\text{-}32}$loŋ$^{44\text{-}32}$ka^{21}
蒸笼	蒸笼	tʃɛŋ^{55}loŋ^{243}	蒸笼	tʃɛŋ$^{44\text{-}32}$loŋ$^{24\text{-}44}$
筲箕	筲 菜筲 饭筲	ʃau^{554} tʰui$^{52\text{-}33}$ʃau^{554} fan$^{21\text{-}22}$ʃau^{554}	出篱	tʃʰet$^{55\text{-}32}$lɛi^{24}
笊篱	笊篱	lau^{33}li^{554}	呖/捞篱	liᵏ$^{55\text{-}32}$/lau^{32}lɛi^{44}
漏斗	漏斗	lʌu$^{21\text{-}22}$tʌu^{334}	漏斗	lou^{21}tou^{52}
食具总称	餐具 厨具	tʰan^{55}ky^{21} tʃy$^{243\text{-}22}$ky^{21}	碗碟	un^{52}tɛp^{21}
碗	碗	un^{334}	碗	un^{52}
汤碗	汤碗	tʰɔŋ^{55}un^{334}	汤碗	tʰœŋ$^{44\text{-}32}$un^{52}
搪瓷碗	瓦碗	ŋa^{223}un^{334}	泥碗	nei$^{24\text{-}21}$un^{52}
金属碗	铁碗	tʰit$^{55\text{-}33}$un^{334}	铁碗	tʰɛt^{32}un^{52}
钵	钵	put^{55}	钵	pɔt^{32}
盘子	盘	pun^{243}	盘	pɔn^{24}
碟	碟	tip^{22}	碟	tɛp^{21}

续上表

义项	封川话词条	封川话标音	开建话词条	开建话标音
杯	杯	pui^{554}	杯	pui^{44}
茶碗	茶碗	$tʃa^{243-22}un^{334}$	茶碗	$tʃa^{24-21}un^{52}$
茶碟	茶碟	$tʃa^{243-22}tip^{22}$	茶碟	$tʃa^{24-21}tɛp^{21}$
茶盘	茶盘 茶托	$tʃa^{243-22}pun^{243}$ $tʃa^{243-22}tʰɔk^{53-22}$	茶盘	$tʃa^{24-21}pɔn^{24}$
酒杯	酒杯	$tʌu^{334-33}pui^{554}$	酒杯	$tʃau^{52-32}pui^{44}$
壶	壶	u^{243}	壶	u^{24}
饭桶	饭桶	$fan^{21-22}tʰoŋ^{334}$	饭桶	$pan^{21}tʰoŋ^{52}$
筷	筷子	$fai^{52-33}ti^{334}$	筷子	$kʰuai^{32}tʃu^{ɔ52}$
筷笼	筷子筒	$fai^{52-32}ti^{334-22}toŋ^{243}$	筷子筒	$kʰuai^{32}tʃu^{ɔ52-32}toŋ^{24}$
羹匙	匙羹	$tʃi^{243-22}kaŋ^{554}$	匙羹	$tʃi^{24-21}kɛŋ^{44}$
食盒	饭盒	$fan^{21-22}həp^{22}$	饭盒	$pan^{21}ɔp^{21}$
焐饭包	炕饭	$hɔŋ^{52}fan^{21}$	炕饭	$hœŋ^{32}pan^{21}$
物品	嘢 东西	$ɲiɛ^{223}$ $toŋ^{554-33}ɬʌi^{554}$	嘢	$ɲie^{52}$
肥皂	番枧	$fan^{55}kan^{334}$	洋枧	$yŋ^{24-21}kan^{52}$
香皂	香枧	$hiɛŋ^{55}kan^{334}$	香枧	$hyŋ^{44-32}kan^{52}$
洗衣粉	洗衣粉	$ɬʌi^{334}i^{55}fuʌn^{334}$	洗衫粉	$ʃai^{52-32}ʃam^{44-32}fɛn^{52}$
蚊香	蚊香	$muʌn^{55}hiɛŋ^{55}$	蚊(仔)香	$mɛn^{24-21}tʃai^{52-32}hyŋ^{44}$
卫生球	臭珠	$tʃʰʌu^{52-33}tʃy^{554}$	臭丸	$tʃʰou^{32}yn^{24}$
火柴	火柴	$fɔ^{334}tʃai^{243}$	火柴	$fu^{ɔ52-32}tʃai^{24}$
米袋	米袋	$muʌi^{223}tui^{21}$	米袋	$mai^{242-21}tɔi^{21}$
浆糊	浆糊	$tiɛŋ^{554-32}u^{243}$	浆糊	$tʃyŋ^{44-32}u^{24}$
手纸	擦纸	$tʃʰat^{53-33}tʃi^{334}$	纸巾仔	$tʃi^{52-32}tʃɛn^{44-32}tʃai^{52}$
擦脚布	抹脚布	$muat^{53-32}kiɛk^{22}pu^{52-21}$	抹脚布	$mɔt^{32}tɔi^{24-21}pu^{32}$
桌布	台布	$tui^{243-22}pu^{52}$	台布	$tɔi^{24-21}tɛŋ^{44}$
电灯	电灯	$tin^{21-22}taŋ^{554}$	电灯	$tin^{21}tɛŋ^{44}$
煤油灯	水油灯	$ʃui^{334}iʌu^{243-22}taŋ^{554}$	煤油灯	$mui^{24-21}iɛu^{24-21}tɛŋ^{44}$
气灯	气灯	$hi^{52-33}taŋ^{554}$	气灯	$hi^{32}tɛŋ^{44}$
油灯	油灯	$iʌu^{243-22}taŋ^{55}$	油灯	$iɛu^{24-21}tɛŋ^{44}$

续上表

义项	封川话词条	封川话标音	开建话词条	开建话标音
灯泡	灯泡	taŋ^{55}pʰʌu^{554}	灯泡	teŋ$^{44\text{-}32}$pʰɐu^{44}
灯盏	灯盏	taŋ$^{554\text{-}33}$tʃan^{334}	灯盏	teŋ$^{44\text{-}32}$tʃan^{52}
灯草	灯草	taŋ$^{554\text{-}33}$tʰəu^{334}	灯草	teŋ$^{44\text{-}32}$tʃʰɔ^{52}
灯心	灯心	taŋ$^{554\text{-}33}$ɬʌm^{554}	灯芯	teŋ$^{44\text{-}32}$ʃɐm^{44}
灯罩	灯罩	taŋ$^{554\text{-}32}$tʃau$^{52\text{-}21}$	灯罩	teŋ$^{44\text{-}32}$tʃau^{32}
灯笼	灯笼	taŋ$^{554\text{-}32}$loŋ^{243}	灯笼	teŋ$^{44\text{-}32}$loŋ^{24}
手电	电筒	tin$^{21\text{-}22}$toŋ^{243}	电筒	tin^{21}toŋ^{24}
镜	镜	keŋ^{52}	镜	kiŋ^{32}
望远镜	望远镜	mɔŋ$^{21\text{-}22}$iun^{223}keŋ^{52}	望远镜	mœŋ^{21}yn$^{242\text{-}21}$kiŋ^{32}
钟	钟	tʃoŋ^{554}	钟	tʃoŋ^{44}
锞	手锞	ʃau^{334}piu^{554}	手锞	ʃou$^{52\text{-}32}$pɐu^{44}
收音机	收音机	ʃau^{55}iʌm$^{554\text{-}33}$ki^{554}	收音机	ʃɐu$^{44\text{-}32}$iɐm$^{44\text{-}32}$ki^{44}
掸子	鸡毛扫	kʌi^{55}məu$^{243\text{-}22}$ɬəu^{52}	鸡毛扫	kɐi$^{44\text{-}32}$mɔ$^{24\text{-}21}$ʃɔ^{32}
夹子	夹	kiɛp^{22}	夹	nap^{32}
镊子	镊	niɛp^{53}	夹	nap^{32}
剪子	铰剪	kau$^{334\text{-}33}$tin^{334}	铰剪	kau$^{52\text{-}32}$tʃɛn^{52}
指甲剪	指甲钳	tʃi^{334}kap^{53}kiɛm^{243}	指甲钳	tʃi$^{52\text{-}32}$kap^{32}kim^{24}
锥子	锥	iui^{554}	锥	ɲiœ^{44}
刀	刀	təu^{554}	刀	tɔ^{44}
折叠刀	折刀	tʃip$^{55\text{-}33}$təu^{554}	折刀	tʃip$^{55\text{-}32}$tɔ^{44}
刀柄	刀柄	təu$^{554\text{-}32}$peŋ^{21}	刀柄	tɔ$^{44\text{-}32}$piŋ^{32}
针	针	tʃʌm^{554}	针	tʃɐm^{44}
针尖	针头	tʃʌm$^{554\text{-}32}$tʌu^{243}	针头	tʃɐm$^{44\text{-}32}$tɐu^{24}
针鼻	针鼻	tʃʌm$^{554\text{-}32}$pi^{21}	针鼻	tʃɐm$^{44\text{-}32}$pei^{21}
顶针	顶针	teŋ^{334}tʃʌm^{554}	顶针	tiᵊŋ$^{52\text{-}32}$tʃɐm^{44}
针线	针线	tʃʌm^{55}ɬin^{52}	针线	tʃɐm$^{44\text{-}32}$ʃin^{32}
筐箩	盒箩	həm^{21}lɔ^{243}		
线轴	线碌	ɬin$^{52\text{-}33}$lok^{55}	线碌	ʃin^{32}lok^{55}
熨斗	烫斗	tʰɔ$^{52\text{-}33}$tʌu^{334}	烫斗	tʰœŋ^{32}tou^{52}
烟斗	烟筒斗	in$^{554\text{-}32}$toŋ$^{243\text{-}22}$tʌu^{334}	烟筒斗	in$^{44\text{-}32}$toŋ$^{24\text{-}21}$tou^{52}

续上表

义项	封川话词条	封川话标音	开建话词条	开建话标音
烟嘴	烟嘴	in⁵⁵⁴⁻³³tui³³⁴	烟嘴	in⁴⁴⁻³²tɕœ⁵²
水烟具	水烟筒	ʃui³³⁴⁻³²in²¹⁻²²toŋ²⁴³	水烟筒	ʃœ⁵²⁻³²in⁴⁴⁻³²toŋ²⁴
烟盒	烟盒	in⁵⁵⁴⁻³²həp²²	烟盒	in⁴⁴⁻³²ɔp²¹
烟灰缸	烟灰缸	in⁵⁵⁴⁻³³fui⁵⁵kɔŋ⁵⁵⁴	烟灰缸	in⁴⁴⁻³²fui⁴⁴⁻³²kœŋ⁴⁴
毛巾	手巾	ʃʌu³³⁴⁻³³tʃʌn⁵⁵⁴	手巾	ʃou⁵²⁻³²tʃɐn⁴⁴
耳挖子	耳撩	ȵi²²³⁻²²lieu⁵⁵⁴	耳屎挖	ȵi²⁴²⁻²¹ʃi⁵²⁻³²uat³²
挠痒笓	挠痒笓	ŋau⁵⁵⁴⁻³²hʌn²⁴³⁻²²pa³³⁴	挠痒笓	ŋau⁴⁴⁻³²ɐn²⁴⁻²¹kua²⁴
浇水壶	淋水壶	lʌm²⁴³⁻²²ʃui³³⁴u²⁴³	花洒	fa⁴⁴⁻³²ʃa⁵²
扁担	粪挑	pun⁵²⁻³³tʰiu⁵⁵⁴	粪挑	pin³²tʰɛu⁴⁴
			担挑	tam³²tʰɛu⁴⁴
抹布	抹台布	mat⁵³⁻³²tui²⁴³⁻²²pu²¹	抹台布	mɔt²¹tɔi²⁴⁻²¹pu³²
脸盆	面盘	min²¹⁻²²pun²⁴³	面盘	min²¹pɔn²⁴
脸盆架	面盘架	min²¹⁻²²pun²⁴³⁻²²ka⁵²	面盘架	min²¹pɔn²⁴⁻²¹ka²⁴
澡盆	冲凉盘	tʃʰoŋ⁵⁵lieŋ²⁴³⁻²²pun²⁴³	冲凉盘	tʃʰoŋ⁴⁴⁻³²lyŋ²⁴⁻²¹pɔn²⁴
洗脚盆	洗脚盘	ɬʌi³³⁴⁻³²kiɛk²²pun²⁴³	洗脚盘	ʃai⁵²⁻³²kiᵊk⁵⁵⁻³²pɔn²⁴
马桶	尿桶	niu²¹⁻²²tʰoŋ³³⁴	尿桶	niu²¹tʰoŋ⁵²
马桶盖	尿桶盖	niu²¹⁻²²tʰoŋ³³⁴⁻²²kui⁵²⁻²¹	尿桶盖	niu²¹tʰoŋ⁵²⁻³²kɔi³²
火盆	火盘	fɔ³³⁴⁻³²pun²⁴³	火盘	fuɔ⁵²⁻³²pɔn²⁴
火柴	火柴	fɔ³³⁴tʃai²⁴³	火柴	fuɔ⁵²⁻³²tʃai²⁴
火机	火机	fɔ³⁴ki⁵⁵⁴	火机	fuɔ⁵²⁻³²kɐi⁴⁴
火石	火石	fɔ³⁴tʃek²²	火石	fuɔ⁵²⁻³²tʃiᵉk²¹
通火工具	吹火筒	tʃʰui⁵⁵⁴⁻³³fɔ³³⁴⁻³³toŋ²⁴³	吹火筒	tʃʰœ⁴⁴⁻³²fuɔ⁵²⁻³²toŋ²⁴
风箱	风箱	foŋ⁵⁵łieŋ⁵⁵⁴	风箱	foŋ⁴⁴⁻³²ʃyŋ⁴⁴
绳	绳，藤	tʃeŋ²⁴³，taŋ²⁴³	藤	teŋ²⁴
绳结	绳缝	tʃeŋ²⁴³⁻²²lit⁵⁵	藤陲	teŋ²⁴⁻²¹tœ²⁴
井绳	水井绳	ʃui³³⁴teŋ³³⁴tʃeŋ²⁴³	水井绳	ʃœ⁵²⁻³²tʃiᵊŋ⁵²⁻³²teŋ²⁴
拐杖	打柱棍	ta³³⁴⁻³²ty²²kuʌn⁵²⁻²¹	士的	ʃy²¹tek⁵⁵
棍	棍	kuʌn⁵²	棍	kuin³²
莲蓬头	花洒	fa⁵⁵⁴⁻³³ʃa³³⁴	花洒	fa⁴⁴⁻³²ʃa⁵²

续上表

义项	封川话词条	封川话标音	开建话词条	开建话标音
手提包	手提包	ʃʌu³⁴³tʌi²⁴³⁻²²pau⁵⁵⁴	手提包	ʃou⁵²⁻³²tɐi²⁴⁻²¹pau⁴⁴
钱包	荷包	hɔ²⁴³⁻²²pau⁵⁵⁴	银包	ŋɐn²⁴⁻²¹pau⁴⁴
扇	扇	ʃin⁵²	扇	ʃin³²
伞	夜遮	iɛ²¹⁻²²tʃɛ⁵⁵⁴	雨遮	y²⁴²⁻²¹tʃiɛ⁴⁴
梳子	梳	ʃɔ⁵⁵⁴	妹梳	mui⁴⁴⁻³²ʃu⁰⁴⁴
篦	篦梳	pi²¹ʃɔ⁵⁵	密齿妹梳	mɐt³⁴⁻²¹tʃʰi⁵²mui⁴⁴⁻³²ʃu⁰⁴⁴
洗衣板	洗衫板	ɬʌi³³⁴⁻³³ʃam⁵⁵pan³³⁴	洗衫板	ʃai⁵²⁻³²ʃam⁴⁴⁻³²pan⁵²
洗衣棒	洗衫棍	ɬʌi³³⁴⁻³³ʃam⁵⁵kuʌn⁵²	洗衫棍	ʃai⁵²⁻³²ʃam⁴⁴⁻³²kuin³²
晾衣架	晒衫架	ʃai⁵²⁻³³ʃam⁵⁵ka⁵²	晒衫架	ʃai³²ʃam⁴⁴⁻³²ka³²
晾衣竿	晒衫篙	ʃai⁵²⁻³³ʃam⁵⁵⁴⁻²²kəu⁵⁵⁴	晾衫竹竿	lœŋ²¹ʃam⁴⁴tʃok⁵⁵⁻³²kɔ⁴⁴
架子	架	ka⁵²	架	ka³²
搁板	柜板	kuʌi²¹⁻²²pan³³⁴	柜板	kuei²¹pan⁵²
扫帚	扫秆	ɬɔu⁵²⁻³³kun³³⁴	扫秆	ʃɔ³²kɔn⁵²
拖把	拖把	tʰɔ⁵⁵pa³³⁴	拖把	tu⁰⁴⁴⁻³²pa⁵²
梆子	铜锣棍	toŋ²⁴³⁻²²lɔ²⁴³⁻²²kuʌn⁵²⁻²¹	铜锣棍	toŋ²⁴⁻²¹lu⁰²⁴⁻²¹kuin³²
包袱口袋	包袱袋	pau⁵⁵⁴⁻³²fok²²tui²¹	包袱	pau⁴⁴⁻³²pok³⁴
眼镜	眼镜	ŋan²²³kɐn⁵²	眼镜	ŋan²⁴²⁻²¹kiŋ³²
研船	研船	ŋan²⁴³tʃun²⁴³	研	ŋin²⁴
钩	钩	ŋʌu⁵⁵⁴	钩	ŋɐu⁴⁴
帐钩	蚊帐钩	muʌn⁵⁵⁴⁻³³tʃiɛŋ⁵²⁻²²ŋʌu⁵⁵⁴	蚊帐钩	mɐn²⁴⁻²¹tʃuŋ³²ŋɐu⁴⁴
盒	盒	həp²²	盒	ɔp²¹
瓶	瓶 樽	pɐŋ²⁴³ tʌn⁵⁵⁴	瓶 罂	pi°ŋ²⁴ ɛŋ⁴⁴
瓶盖	瓶樟 樽樟	pɐŋ²⁴³⁻²²tʌt⁵⁵ tʌn⁵⁵⁴⁻³³tʌt⁵⁵	瓶盖 罂樟	pi°ŋ²⁴⁻²¹kɔi³² ɛŋ⁴⁴⁻³²tɐt⁵⁵
塞子	樟	tʌt⁵⁵	樟	tɐt⁵⁵
花瓶	花瓶	fa⁵⁵pɐŋ²⁴³	花瓶	fa⁴⁴⁻³²pi°ŋ²⁴
水桶	水桶	ʃui³³⁴⁻³³tʰoŋ³³⁴	水桶	ʃœ⁵²⁻³²tʰoŋ⁵²
汤壶	暖壶	nun²²³u²⁴³	暖壶	nyn²⁴²⁻²¹u²⁴

续上表

义项	封川话词条	封川话标音	开建话词条	开建话标音
尿壶	尿壶	niu²¹⁻²²u²⁴³	尿壶	niu²¹u²⁴
篮	篮（高） 笼（浅）	lam²⁴³ iun³³⁴	篮	lam²⁴⁻⁴⁴
筐	篮	lam²⁴³	篮	lam²⁴⁻⁴⁴
箩	箩	lɔ²⁴³	箩（仔）	lu⁰²⁴⁴ (tʃai⁵²)
笼子	笼	loŋ²⁴³	笼	loŋ²⁴
撮箕	簩	tʃʰam³³⁴	拌笼	pɐt⁵⁵⁻³²loŋ²⁴²
三脚架	三脚架	ɬam⁵⁵⁴⁻³²kiɛk⁵³⁻²²ka⁵²⁻²¹	三脚架	ʃam⁴⁴⁻³²kiᵊk⁵⁵⁻³²ka³²
铃	铃	leŋ²⁴³	铃	liᵊŋ²⁴
锁	锁	ɬɔ³³⁴	锁	ʃu⁰⁵²
钥匙	钥匙	ɬɔ³³⁴⁻³²tʃi²⁴³	锁匙	ʃu⁰⁵²⁻³²tʃi²⁴
把手	把手	pa³³⁴ʃʌu³³⁴	把手	pa⁵²⁻³²ʃou⁵²
梯子	梯 脚踏	tʰʌi⁵⁵⁴ kiɛk⁵⁵⁻³²tap²²	梯	tʰɐi⁴⁴
奶嘴	奶嘴	nai²²³tui³³⁴	奶嘴	nai²⁴²⁻²¹tʃœ⁵²
开瓶器	撬	kɛu²¹	撬	kiu²¹
暖水瓶	暖壶	nun²²³u²⁴³	暖壶	nyn²⁴²⁻²¹u²⁴
鸡笼	鸡笼	kʌi⁵⁵⁴⁻³²loŋ²⁴³	鸡笼	kɐi⁴⁴⁻³²loŋ²⁴
鸡罩	鸡罩	kʌi⁵⁵⁴⁻³²tʃau²¹	鸡罩	kɐi⁴⁴⁻³²tʃau³²
家畜食盆	潲槽 潲桶 潲兜 鸡行⁼ 鸭行⁼	ʃau⁵²⁻³²ɬəu²⁴³ ʃau⁵²⁻³²tʰoŋ³³⁴ ʃau⁵²⁻³³tʌu⁵⁵⁴ kuʌi⁵⁵⁴⁻³²hɔŋ²¹ ap⁵³⁻³²hɔŋ³³⁴	潲槽 潲桶 鸡项⁼ 鸭项⁼	ʃau³²tʃɔ²⁴ ʃau³²tʰoŋ⁵² kɐi⁴⁴⁻³²œŋ²⁴² ap³²œŋ²⁴²
旋笔刀	笔旋	puʌt⁵⁵⁻³²ɬun²¹	笔旋	pɐt⁵⁵⁻³²tʃyn²¹
橡皮	胶擦	kau⁵⁵tʰat⁵³	胶擦	kau⁴⁴⁻³²tʃʰat³²
橡皮筋	胶圈	kau⁵⁵hun⁵⁵	胶箍	kau⁴⁴⁻³²kʰu⁴⁴
花灯	花灯	fa⁵⁵taŋ⁵⁵⁴	花灯	fa⁴⁴⁻³²teŋ⁴⁴
尺	尺	tʃʰet⁵⁵	尺	tʃʰiᵊk⁵⁵
钢笔	水笔	ʃui³³⁴puʌt⁵⁵	水笔	ʃœ⁵²⁻³²pɐt⁵⁵
圆规	圆规	iun²⁴³⁻²²kʰuʌi⁵⁵⁴	圆规	yn²⁴⁻²¹kʰuɐi⁴⁴

续上表

义项	封川话词条	封川话标音	开建话词条	开建话标音
铅笔	木笔 铅笔	mok²²puʌt⁵⁵ iun²²puʌt⁵⁵	木笔 铅笔	mok²¹pɐt⁵⁵ yn²⁴⁻²¹pɐt⁵⁵
三角板	三角板	ɬam⁵⁵kɔk⁵³pan³³⁴	三角板	ʃam⁴⁴⁻³²kœk³²pan⁵²
毛笔	墨笔	mak²²puʌt⁵⁵	毛笔	mɔ²⁴⁻²¹pɐt⁵⁵
镇纸	压纸 砥纸	at⁵³tʃi³³⁴ tʃak⁵³tʃi³³⁴	镇纸	tʃin³²tʃi⁵²
笔帽	笔塔	puʌt⁵⁵⁻³³tʰʌp⁵⁵	笔塔	pɐt⁵⁵⁻³²tʰɐp⁵⁵
黑板	黑板	hak⁵⁵⁻⁵³pan³³⁴	黑板	hɐk⁵⁵⁻³²pan⁵²
笔筒	笔筒	puʌt⁵⁵⁻³²toŋ²⁴³	笔筒	pɐt⁵⁵⁻³²toŋ²⁴
粉笔	粉笔	fuʌn³³⁴⁻³³puʌt⁵⁵	粉笔	fɐn⁵²⁻³²pɐt⁵⁵
墨盒	墨盒	mak²²həp²²	墨盒	mɐk³⁴⁻²¹ɔp²¹
板擦	粉笔擦	fuʌn³³⁴⁻³³puʌt⁵⁵tʰat⁵³⁻³³	粉笔擦	fɐn⁵²⁻³²pɐt⁵⁵⁻³²tʃʰat³²
砚	砚 墨砚	in²¹ mak²²in²¹	砚 墨砚	in³² mɐk³⁴⁻²¹in³²
讲台	讲台	kɔŋ³³⁴⁻³³tui²⁴³	讲台	kœŋ⁵²⁻³²tɔi²⁴
书包	书包	ʃy⁵⁵pau⁵⁵⁴	书包	ʃy⁴⁴⁻³²pau⁴⁴
教鞭	教鞭	kau⁵²⁻³³pin⁵⁵⁴	教鞭	kau³²pɐn⁴⁴
戒尺	戒尺	kai⁵²⁻³³tʃʰek⁵⁵	戒尺	kai³²tʃʰiºk⁵⁵
封条	封条	foŋ⁵⁵⁴⁻³²tiu²⁴³	封条	foŋ⁴⁴⁻³²teu²⁴
毛衣针	冷衫针	laŋ⁵⁵ʃaŋ⁵⁵tʃʌm⁵⁵⁴	□针	lɐŋ⁴⁴⁻³²tʃɐm⁴⁴
刺绣绷子	把呢	pa³³⁴⁻³³nɛ³³⁴		
话筒	咪头	muʌi⁵⁵tʌu²⁴³	唛头	mɐi⁴⁴⁻³²tɐu²⁴
足球	足球	tok⁵⁵kʌu²⁴³	足球	tʃok⁵⁵⁻³²tʃɐu²⁴
篮球	篮球	lam²⁴³⁻²²kʌu²⁴³	篮球	lam²⁴⁻²¹tʃɐu²⁴
排球	排球	pai²⁴³⁻²²kʌu²⁴³	排球	pai²⁴⁻²¹tʃɐu²⁴
羽毛球	羽毛球	y²²³məu²⁴³⁻²²kʌu²⁴³	羽毛球	y²⁴²⁻²¹mɔ²⁴⁻²¹tʃɐu²⁴
乒乓球	台波	tui²⁴³⁻²²pɔ⁵⁵⁴	台波 乒乓球	tɔi²⁴⁻²¹puº⁴⁴ piºŋ⁴⁴⁻³²pɐŋ⁴⁴⁻³²tʃɐu²⁴
台球	桌球	tʃʰɔk⁵³⁻³²kʌu²⁴³	桌球	tʃok³²tʃɐu²⁴

续上表

义项	封川话词条	封川话标音	开建话词条	开建话标音
毽子	苑	iun³³⁴	燕	in³²
陀螺	地碌	ti²¹⁻²²lok⁵⁵	地锥	tei²¹tʃœ⁴⁴
风筝	纸鹞	tʃi³³⁴⁻³²iu²⁴³⁻²¹	纸鹞/风筝	tʃi⁵²⁻³²iu²⁴/foŋ⁴⁴⁻³²tʃɛŋ⁴⁴
不倒翁	不倒翁	puʌt⁵⁵təu³³⁴oŋ⁵⁵⁴		
面具	面具	min²¹⁻²²ky²¹	面具	min²¹ky²¹
二胡	二胡	ȵi²¹⁻²²u²⁴³	二胡	ȵi²¹u²⁴
鼓	鼓	ku³³⁴	鼓	ku⁵²
锣	锣	lɔ²⁴³	锣	lu⁰²⁴
钹	钞	tʃʰau⁵²	钞	tʃʰau³²
唢呐	滴笛	ti⁵⁵tek²²	的□	ti⁴⁴⁻³²te⁴⁴
笛	笛	tek²²	笛	tiᵉk²¹
箫	箫	ɬiu⁵⁵	箫	ʃɐu⁴⁴
其他弦乐器	三弦	ɬam⁵⁵⁴⁻³²in²⁴³	三弦	ʃam⁴⁴⁻³²yn²⁴
其他打击乐器	筑	tʃok⁵⁵		
幕布	帆布	fan²⁴³⁻²²pu⁵²	帆布	pan²⁴⁻²¹pu³²
象棋	棋	ki²⁴³	棋	ki²⁴
象棋将帅	棋㑈	ki²⁴³⁻²²na³³⁴	㑈	na²¹
象棋兵卒	卒	tʌt⁵⁵	卒	tʃɐt⁵⁵
象棋车	车	ky⁵⁵⁴	车	ky⁴⁴
象棋马	马	ma²²³	马	ma²⁴²
象棋炮	炮	pʰau⁵²	炮	pʰau³²
象棋士	士/蚀	tʃi²²³/ʃiɛt²²	士	tʃi²⁴²
象棋象相	象	ɬiɛŋ²²³	象	tʃyŋ²¹
围棋	围棋	uʌi²⁴³⁻²²ki²⁴³	围棋	uɐi²⁴⁻²¹ki²⁴
白子	白子	pak²²ti³³⁴	白子	pɛk²¹tʃu⁰⁵²

续上表

义项	封川话词条	封川话标音	开建话词条	开建话标音
黑子	黑子	hak⁵³⁻³³ti³³⁴	黑子	hɐk⁵⁵⁻³²tʃu⁰⁵²
扑克	披˵ 百分	pʰe⁵⁵⁴ pak⁵³⁻³³fuʌn⁵⁵⁴	□	pʰe⁴⁴
扑克黑桃	黑桃	hak⁵³⁻³²tʌu²⁴³	黑桃	hɐk⁵⁵⁻³²tɔ²⁴
扑克红桃	红桃	hoŋ²⁴³⁻²²təu²⁴³	红桃	oŋ²⁴⁻²¹tɔ²⁴
扑克梅花	梅花	mui²⁴³⁻²²fa⁵⁵⁴	梅花	mui²⁴⁻²¹fa⁴⁴
扑克方块	介砖	kai⁵²⁻³³tʃun⁵⁵	介砖	kai³²tʃyn⁴⁴
扑克大小王	大鬼 小鬼 大小鬼	tai²¹⁻²²kuʌi³³⁴ ɬiu³³⁴kuʌi³³⁴ tai²¹⁻²²ɬiu³³⁴kuʌi³³⁴	大小鬼	tai²¹ʃeu⁵²⁻³²kuei⁵²
扑克A	一屎，烟屎	iʌt⁵⁵ʃi³³⁴, in⁵⁵⁴ʃi³³⁴	一屎	iɐt⁵⁵⁻³²ʃi⁵²
扑克K	倾公	kʰeŋ⁵⁵koŋ⁵⁵⁴	倾(公)	kʰiᵊŋ⁴⁴⁻³²(koŋ⁴⁴)
扑克Q	奻	muʌn²²³	奻(仔)	mɐn⁴⁴(tʃai⁵²)
扑克J	勾	ŋʌu⁵⁵⁴	积(仔)	tʃiᵊk⁵⁵(tʃai⁵²)
麻将	麻雀	ma²⁴³⁻²²tiɛk²²	麻雀 雀谷佬	ma²⁴⁻²¹tʃiᵊk⁵⁵ tʃʰiᵊk⁵⁵⁻³²kok⁵⁵⁻³²lɔ²⁴²
牌九	牌九	pai²⁴³⁻²²tʃʌu³³⁴	牌九	pai²⁴⁻²¹tʃou⁵²
哨子	银鸡	ŋʌn²⁴³⁻²²kʌi⁵⁵⁴	银鸡	ŋʌn²⁴⁻²¹kɐi⁴⁴
烟花	烟花	in⁵⁵fa⁵⁵⁴	火花	fu⁰⁵²⁻³²fa⁴⁴
爆竹	爆仗	pʰau⁵²⁻³²tiɛŋ⁵²⁻²¹	连炮	len²⁴⁻²¹pʰau³²
骰子	骰子	ʃek⁵⁵⁻³³ti³³⁴	骰子	ʃɐk⁵⁵⁻³²tʃu⁰⁵²
筹码	筹	tʃʌu²⁴³	筹	tʃɐu²⁴
药罐	药罐/罂	iɛk²²kun⁵²/aŋ⁵⁵	药罐/罂	iᵉk²¹kun³²/ɛŋ⁴⁴
佛龛	神龛	tʃʌn²⁴³⁻²²həm⁵⁵⁴	神龛	tʃɐn²⁴⁻²¹hɔm⁴⁴
祖宗牌位	神主牌	tʃʌn²⁴³⁻²²tʃy³³⁴pai²⁴³	太翁牌位	tʰai³²oŋ⁴⁴pai²⁴⁻²¹uei²¹
香	香	hiɛŋ⁵⁵	香	hyŋ⁴⁴

续上表

义项	封川话词条	封川话标音	开建话词条	开建话标音
香炉	香炉	hieŋ⁵⁵⁴⁻³²lu²⁴³	香炉	hyŋ⁴⁴⁻³²lu²⁴
香案	香台	hieŋ⁵⁵⁴⁻³²tui²⁴³	神台	tʃɐn²⁴⁻²¹tɔi²⁴
蜡烛	蜡烛	lap²²tʃok⁵⁵	蜡烛	lap²¹tʃok⁵⁵
烛台	灯盏	taŋ⁵⁵⁴⁻³³tʃam³³⁴	灯盏	teŋ⁴⁴⁻³²tʃan⁵²
元宝	盐宝	in²⁴³⁻²²pəu³³⁴	盐宝	im²⁴⁻²¹pɔ⁵²
其他敬神用品	启钱	kʰʌi³³⁴ɬin²⁴³	启钱	kɛ⁵²⁻³²tʃɐn²⁴
棺材	棺材 长生	kun⁵⁵⁴⁻³²ɬui²⁴³ tʃien²⁴³⁻²²ʃaŋ⁵⁵⁴	棺材	kun⁴⁴⁻³²tʃɔi²⁴
纸钱	盐宝纸	im²⁴³⁻²²pəu³³⁴tʃy³³⁴	纸钱/盐宝	tʃi⁵²⁻³²tʃɐn²⁴/im²⁴⁻²¹pɔ⁵²
纸扎	灵屋	leŋ²⁴³⁻²²ok⁵⁵	灵堂	liŋ²⁴⁻²¹tœŋ²⁴
灵床	灵床	leŋ²⁴³⁻²²tʃɔŋ²⁴³	灵床	liŋ²⁴⁻²¹tʃœŋ²⁴
灵牌	灵牌	leŋ²⁴³⁻²²pai²⁴³	灵牌	liŋ²⁴⁻²¹pai²⁴
灵桌	灵台	leŋ²⁴³⁻²²tui²⁴³	灵台	liŋ²⁴⁻²¹tɔi²⁴
哭丧棒	孝棍 孝傍棍	hau⁵²⁻³²kuʌn⁵²⁻²¹ hau⁵²⁻³²pɔŋ²¹⁻²²kuʌn⁵²⁻²¹	孝棍	hau³²kuin³²
骨灰罐	骨灰盒	kuʌt⁵⁵⁻³³fui⁵⁵həp²²	骨灰盒	kuɐt⁵⁵⁻³²fui⁴⁴⁻³²ɔp²¹
祭幡	祭幡	tʌi⁵²⁻³³fan⁵⁵⁴	云圖	uɐn²⁴⁻²¹pɐn⁵²
其他丧葬物品	祭幛 祭布	tʌi⁵²⁻³²tʃien⁵²⁻²¹ tʌi⁵²⁻³²pu⁵²⁻²¹	祭幛 祭布	tʃei³²tʃyŋ³² tʃei³²pu³²
布料	布料	pu⁵²⁻³²liu²¹	布料	pu³²liu²¹
绸缎	丝绸	ɬi⁵⁵tʃʌu²⁴³	丝布	ʃei⁴⁴⁻³²pu³²
松紧带	宽紧带	fun⁵⁵tʃʌn³³⁴tai⁵²	松紧带	ʃoŋ⁴⁴⁻³²tʃɐn⁵²⁻³²tai³²
带子	带	tai⁵²	带	tai³²
线	线	ɬin⁵²	线	ʃin³²
缝衣线	针线	tʃʌm⁵⁵ɬin⁵²	针线	tʃɐm⁴⁴⁻³²ʃin³²
线头	线头	ɬin⁵²⁻³²tʌu²⁴³	线头	ʃin³²tɐu²⁴
灯油	煤油 火水油	mui²⁴³⁻²²iʌu²⁴³ fɔ³³⁴⁻³³ʃui³³⁴iʌu²⁴³	煤油 火水油	mui²⁴⁻²¹iɐu²⁴ fu⁵²⁻³²iɐu²⁴
蜂窝煤	煤饼	mui²⁴³⁻²²peŋ³³⁴	煤饼	mui²⁴⁻²¹piŋ⁵²

续上表

义项	封川话词条	封川话标音	开建话词条	开建话标音
煤球	煤球	mui$^{243-22}$kʌu^{243}	煤球	mui$^{24-21}$tʃɐu^{24}
柴	柴	tʃai^{243}	柴	tʃai^{24}
洗脸水	洗面水	ɬʌi$^{334-32}$min$^{21-22}$ʃui^{334}	洗面水	ʃai$^{52-32}$min^{21}ʃœ^{52}
墨汁	墨汁	mak^{22}tʃʌp^{55}	墨汁	mak$^{34-21}$tʃɐp^{55}
墨水	墨水	mak^{22}ʃui^{334}	墨水	mak$^{34-21}$ʃœ^{52}
印泥	印色油	iʌn$^{52-33}$ʃek^{55}iʌu^{243}	印泥	in^{32}nɐi^{24}
钱	银纸	ŋʌn$^{243-22}$tʃi^{334}	银纸	ŋɐn$^{24-21}$tʃi^{52}
纸币	银纸	ŋʌn$^{243-22}$tʃi^{334}	银纸	ŋɐn$^{24-21}$tʃi^{52}
硬币	银币 银儿	ŋʌn$^{243-22}$puʌi$^{52-21}$ ŋʌn$^{243-22}$ɲi^{554}	硬币 银钉	ŋɐn$^{24-21}$pɛ^{21} ŋɐn$^{24-21}$teŋ^{44}
银元	银元	ŋʌn$^{243-22}$iun^{243}	银元/袁大头	ŋɐn$^{24-21}$yn^{24}/yn$^{24-21}$tai^{21}tɐu^{24}
铜钱	铜钱 铜镭	toŋ$^{243-22}$ɬin^{243} toŋ$^{243-22}$lui^{554}	铜钱 铜镭	toŋ$^{24-21}$tʃin^{24} toŋ$^{24-21}$lœ^{44}
零钱	散纸 碎纸	ɬan^{334}tʃi^{334} ɬui$^{52-33}$tʃi^{334}	散纸	ʃan$^{52-32}$tʃi^{52}
一元	一文	iʌt$^{55-33}$muʌn^{554}	一文	iet$^{55-32}$mɐn^{44}
一角	一角，一毫	iʌt$^{55-33}$kɔk^{53}, iʌt$^{55-32}$hɐu^{243}	一角	iet$^{55-32}$kœk^{32}
一分	一分	iʌt$^{55-33}$fuʌn^{554}	一分	iet$^{55-32}$fen^{44}
十元	十文	ʃʌp^{22}muʌn^{554}	十文	ʃɐp^{34}mɐn^{44}
一百元	一百元	iʌt$^{55-33}$pak^{55}muʌn^{554}	(一)百文	(iet$^{55-32}$)pɛk^{32}mɐn^{44}
一千元	一千元	iʌt$^{55-33}$tʰin^{55}muʌn^{554}	(一)千文	(iet$^{55-32}$)tʃʰɛn^{44}mɐn^{44}
一万元	一万元	iʌt$^{55-33}$man^{22}muʌn^{554}	(一)万文	(iet$^{55-32}$)man^{21}mɐn^{44}
存款	存款	ɬun$^{243-22}$fun^{334}	存款	tʃyn$^{24-21}$fun^{52}
本钱	本钱	pun^{334}ɬin^{243}	本钱	pɐn$^{52-32}$tʃɛn^{24}
利息	利息	li$^{21-22}$ɬek^{55}	利息	lei^{21}ʃek^{55}
工钱	工钱	koŋ^{55}ɬin^{243}	工钱	koŋ$^{44-32}$tʃɛn^{24}
路费	水脚费	ʃui^{334}kiɛk^{53}fi^{52}	水脚费	ʃœ$^{52-32}$kiᵒk$^{55-32}$fei^{32}
红包	封包 利事	foŋ$^{554-33}$pau^{554} li$^{21-22}$ʃi^{21}	封包 利事	foŋ$^{44-32}$pau^{44} lei^{21}tʃi^{21}
礼钱	礼金	lʌi^{223}kʌm^{554}	礼金	lɐi$^{242-21}$tʃɐm^{44}

续上表

义项	封川话词条	封川话标音	开建话词条	开建话标音
押岁钱	年晚钱	nin²⁴³⁻²²man²²³ɬin²⁴³	年晚钱	nɛn²⁴⁻²¹man²⁴²⁻²¹tʃɛn²⁴
赏钱	打赏钱	ta³³⁴⁻³³ʃiɛŋ³³⁴ɬin²⁴³	奖金	tʃyŋ⁵²kɐm⁴⁴
开销	使用	ʃʌi³³⁴⁻³²ioŋ²¹	开销	hɔi⁴⁴⁻³²ʃɐu⁴⁴
房租	房租	fɔŋ²⁴³⁻²²tu⁵⁵	房租	puŋ²⁴⁻²¹tʃu⁴⁴
地租	地租	ti²¹⁻²²tu⁵⁵⁴	地租	tei²¹tʃu⁴⁴
学费	学费	hɔk²²fi⁵²	学费	œk²¹fei³²
捐税	纳税	nap²²ʃui⁵²	纳税	nap²¹ʃœ³²
定金	比定	pi³³⁴⁻³²teŋ²¹	定金	tiᵊŋ²¹tʃɐm⁴⁴
押金	押金	at⁵⁵⁻³³kʌm⁵⁵⁴	押金	at³²tʃɐm⁴⁴
赎金	赎金	tʃok²²kʌm⁵⁵⁴	赎金	tʃok³⁴⁻²¹tʃɐm⁴⁴
债	债	tʃai⁵²	债	tʃai³²
烂账	死账	ɬi³³⁴tʃiɛŋ⁵²	烂账	lan²¹tʃyŋ³²
悬账	赖账	lai²²³tʃiɛŋ⁵²	遢数	tʰat³²ʃu³²
礼物	礼物	lʌi²²³muʌt²²	礼	lɐi²⁴²
书	书	ʃy⁵⁵⁴	书	ʃy⁴⁴
封面	封面	foŋ⁵⁵⁴⁻³²min²¹	封面	foŋ⁴⁴⁻³²min²¹
课本	课本	fɔ⁵²⁻³³pun³³⁴	课本	kʰuᵓ⁵²⁻³²pɐn⁵²
字帖	字帖	ɬi²¹⁻²²tʰip⁵⁵	字帖	tʃei²¹tʰɐp³²
文凭	文凭	muʌn²⁴³⁻²²paŋ²⁴³	文凭	mɐn²⁴⁻²¹pɐŋ²⁴
历书	通书 通胜 日历	tʰoŋ⁵⁵⁴⁻³³ʃy⁵⁵⁴ tʰoŋ⁵⁵⁴⁻³²ʃeŋ²¹ ȵiʌt²²lek²²	通书 通胜 日历牌	tʰoŋ⁴⁴⁻³²ʃy⁴⁴ tʰoŋ⁴⁴⁻³²ʃɐŋ³² ȵiɐt³⁴⁻²¹liɐk²¹pai²⁴
便条	便条	pin²¹⁻²²tiu²⁴³	便条	pin²¹tɐu²⁴
招牌	招牌 大宝号	tʃiu⁵⁵⁴⁻³²pai²⁴³ tai²¹⁻²²pɐu³³⁴hɐu²¹	招牌	tʃiu⁴⁴⁻³²pai²⁴
字号	字号	ɬi²¹⁻²²hɐu²¹	字号	tʃei²¹ɔ²¹
执照	执照	tʃʌp⁵⁵tʃiu⁵²	执照	tʃɐp⁵⁵⁻³²tʃiu³²
发票	发票 飞	fat⁵⁵⁻³²pʰiu⁵² fi⁵⁵⁴	发票	fat³²pʰiu³²
收据	收据	ʃʌu⁵⁵ky⁵²	收据	ʃɐu⁴⁴⁻³²ky³²
签诗	签诗	tʰim⁵⁵ʃi⁵⁵⁴		

续上表

义项	封川话词条	封川话标音	开建话词条	开建话标音
公章	公章，大印	koŋ^{55}tʃiɛn^{554}, tai^{21}iʌn^{52}	公章	koŋ$^{44-32}$tʃyŋ^{44}
私章	私章	ɬi^{55}tʃiɛn^{554}	私人章	ʃu$^{344-32}$niɐn$^{24-21}$tʃyŋ^{44}
地契	地契	ti$^{21-22}$kʰʌi^{52}	地契	tei^{21}kʰɛ^{32}
路条	路条	lu$^{21-22}$tiu^{243}	路条	lu^{21}tɛu^{24}
聘书	聘书	pʰɛŋ$^{52-33}$ʃy^{554}	聘书	pʰiə$^{44-32}$ʃy^{44}
信	信	ɬʌn^{52}	信	ʃin^{32}
匿名帖	匿名信	nek$^{55-32}$mɛn$^{243-22}$ɬʌn^{52}		
礼贴	礼贴 礼柬	lʌi^{223}tʰip^{55} lʌi^{223}kan^{334}	礼贴	lɐi$^{242-21}$tʰɛp^{32}
请帖	请柬	tʰɛŋ^{334}kan^{334}	请帖	tʃʰiə$^{52-32}$tʰɛp^{32}
拜贴	拜贴	pai$^{52-33}$tʰip^{55}	拜贴	pai^{32}tʰɛp^{32}
状子	状纸	tʃɔŋ$^{21-22}$tʃi^{334}	状纸	tʃœŋ^{21}tʃi^{52}
传票	传飞	tʃun$^{243-22}$fi^{554}	传票	tʃyn$^{24-21}$pʰiu^{32}
案卷	案卷	un$^{52-33}$kun^{334}	案宗	ɵn^{32}tʃoŋ^{44}
告示	告示	kəu$^{52-32}$ʃi^{21}	告示	kɔ^{32}tʃi^{21}
通知	通知	tʰoŋ^{55}tʃi^{554}	通知	tʰoŋ$^{44-32}$tʃi^{44}
广告	广告	kuɔŋ^{334}kəu^{52}	广告	kuŋ$^{52-32}$kɔ^{32}
草稿	草稿	tʰəu^{334}kəu^{334}	草稿	tʃʰɔ$^{52-32}$kɔ^{52}
药方	药方 处方	iɛk^{22}fɔŋ^{554} tʃʰy$^{52-32}$fɔŋ^{554}	药方 处方	iᵉk^{21}fuᵒŋ^{44} tʃʰy^{32}fuᵒŋ^{44}
偏方	偏方 单方	pʰin^{55}fɔŋ^{554} tan^{55}fɔŋ^{554}	偏方	pʰɛn$^{44-32}$fuᵒŋ^{44}
病历	病历	pɛŋ$^{21-22}$lek^{22}	病历	piŋ^{21}liᵉk^{21}
笔记本	笔记簿	puʌt^{55}ki$^{52-33}$pu^{223}	笔记簿	pɐt$^{55-32}$ki^{32}pu^{242}
练习本	练习簿	lin$^{21-22}$ɬap^{22}pu^{223}	练习簿	lin^{32}tʃɐp$^{34-21}$pu^{242}
作文本	作文簿	tɔk$^{53-32}$muʌn$^{21-22}$pu^{223}	作文簿	tʃœk^{32}mɛn$^{24-21}$pu^{242}
红模子	红模	hoŋ$^{243-22}$mu^{554}		
考卷	试卷	ʃi$^{52-33}$kun^{334}	试卷	ʃi^{32}kyn^{52}
纸	纸	tʃi^{334}	纸	tʃi^{52}
信封	信封	ɬʌn^{32}fɔŋ^{554}	信封	ʃin^{32}foŋ^{44}
点名册	花名册	fa$^{554-32}$mɛn$^{243-22}$tʃʰak^{55}	花名册	fa$^{44-32}$miᵒ$^{24-21}$tʃʰɛk^{32}

续上表

义项	封川话词条	封川话标音	开建话词条	开建话标音
账目	账	tʃiɐŋ⁵²	账	tʃyŋ³²
货物	货	fɔ⁵²	货	fu³³²
正牌货	正嘢 正斗	tʃeŋ⁵²⁻³²n̠ie²⁴³ tʃen⁵²⁻³³tʌu³³⁴	正嘢	tʃiŋ³²n̠ie⁵²
大路货	大路货	tai²¹⁻²²lu²¹⁻²²fɔ⁵²	地摊货	tei²¹tʰan⁴⁴⁻³²fu³²
假货	假漏嘢	ka³³⁴lau²¹⁻²²n̠ie²⁴³	流嘢	lɐu²⁴⁻²¹n̠ie⁵²
走私货	走私货	tʌu³⁴ɬi⁵⁵fɔ⁵²	走私货 水货	tʃou⁵²⁻³²ʃu⁰⁴⁴⁻³²fu³² ʃœ⁵²⁻³²fu³²
旧货	旧货	tʃʌu²¹⁻²²fɔ⁵²	旧货	tʃou²¹fu³²
剩货	货尾	fɔ³²mi³³⁴	货尾 卖剩货	fu³²mɐi²⁴² mai²¹tʃɐŋ²¹fu³²
典当物	典当	tin³³⁴tɔŋ⁵²	抵押	tei⁵²⁻³²at³²
遗物	遗物 赖物	uʌi²⁴³⁻²²muʌt²² lai²²³muʌt²²	遗物	uɐi²⁴⁻²¹mɐt³⁴
垃圾	垃圾	lap²²ɬap⁵³	垃圾	lɐp²¹ʃɐp⁵⁵
炉灰	香炉灰	hiɐŋ⁵⁵⁴⁻³²lu²⁴³⁻²²fui⁵⁵⁴	香炉灰	hyŋ⁴⁴⁻³²lu²⁴⁻²¹fui⁴⁴
锅烟子	铛乌 镬乌	tʃʰan⁵⁵⁴⁻³³u⁵⁵⁴ uɔk²²u⁵⁵⁴	铛墨	tʃʰɐŋ⁴⁴⁻³²mɐk³⁴
烟黑子	火散煤 火龙网	fɔ³³⁴⁻³²ɬan⁵²⁻²²mui²⁴³ fɔ³³⁴⁻³²lɔŋ²⁴³⁻²²mɔŋ²²³	烟灰 烟屎	in⁴⁴⁻³²fui⁴⁴ in⁴⁴⁻³²ʃi⁵²
烟灰	烟灰	in⁵⁵⁴⁻³³fui⁵⁵⁴	烟灰	in⁴⁴⁻³²fui⁴⁴
污渍	污渍	u⁵⁵tʃek⁵⁵	污渍/胶	u⁴⁴⁻³²tʃiʔk⁵⁵/kau⁴⁴
泔水	潲水	ʃau⁵²⁻³³ʃui³³⁴	潲水	ʃau³²ʃœ⁵²
脚印	脚印	kiɛk⁵⁵iʌn⁵²	脚印	kiʔk⁵⁵⁻³²in³²

五、工具建筑

义项	封川话词条	封川话标音	开建话词条	开建话标音
机器	机器	ki⁵⁵hi⁵²	机器	ki⁴⁴⁻³²hi³²
齿轮	齿轮	tʃʰi³³⁴lʌn²⁴³	齿轮	tʃʰi⁵²⁻³²lɐn²⁴

续上表

义项	封川话词条	封川话标音	开建话词条	开建话标音
钉锤	钉锤 铁锤	teŋ⁵⁵tʃui²⁴³ tʰit⁵⁵⁻³²tʃui²⁴³	铁锤	tʰɛt³²tœ²⁴
钳子	瓦钳	ŋa²²³⁻²²kiɛm²⁴³	瓦钳	ŋa²⁴²⁻²¹kim²⁴
扳手	扳手	pan³³⁴ʃʌu³³⁴	扳手	pan⁴⁴⁻³²ʃou⁵²
螺丝刀	螺丝披	lɔ²⁴³⁻²²ɬi⁵⁵pʰuʌi⁵⁵⁴	螺丝批	lu²⁴⁻²¹ʃei⁴⁴⁻³²pʰei⁴⁴
烙铁	烙铁	lɔk⁵⁵⁻³³tʰit⁵⁵	烘笒	nat³²kɐi⁴⁴
锯子	锯	ky⁵²	锯	ky³²
钻子	电钻	tin²¹⁻²²tun⁵²	电钻	tin²¹tʃyn³²
刨子	刨	pau²⁴³	刨	pau²⁴
镑子	镑	pʰɔŋ⁵⁵⁴	镑	pʰœŋ⁴⁴
錾子	冷錾	laŋ²²³tʃam²⁴³	刻刀	hɐk⁵⁵⁻³²tɔ⁴⁴
凿子	凿	ɬɔk²²	凿	tʃœk²¹
冲子	撞针	tʃɔŋ²¹tʃɐm⁵⁵⁴	钱凿	tʃɛn²⁴⁻²¹tœk²¹
锉子	锯陶	ky⁵²⁻³²tɘu²⁴³	锯砣	ky³²tuɔ²⁴
斧	斧头	fu⁵²⁻³²tʌu²⁴³	斧头	pʰu⁵²⁻³²tɐu²⁴
摺尺	摺尺	tʃip⁵⁵⁻³³tʃʰek⁵⁵	摺尺	tʃip⁵⁵⁻³²tʃʰiºk⁵⁵
卷尺	卷尺	kun³³⁴tʃʰek⁵⁵	卷尺	kyn⁵²⁻³²tʃʰiºk⁵⁵
曲尺	曲尺	kʰok⁵⁵⁻³³tʃʰek⁵⁵	三角尺	ʃam⁴⁴⁻³²kœk³²tʃʰiºk⁵⁵
墨斗	墨斗	mak²²tʌu³³⁴	墨斗	mɐk³⁴⁻²¹tou⁵²
墨斗线	墨线	mak²²ɬin⁵²	墨线	mɐk³⁴⁻²¹ʃin⁵²
楔子	楔	ɬip⁵⁵	凳撑	teŋ³²tʃʰiŋ³²
铁砧	铁砧	tʰit⁵⁵⁻³³tʃm⁵⁵⁴	铁砧板	tʰɛt³²tʃɐm⁴⁴⁻³²pan⁵²
瓦刀	浆刀	tiɛŋ⁵⁵⁴⁻³³tɘu⁵⁵⁴	浆刀	tʃyŋ⁴⁴⁻³²tɔ⁴⁴
抹子	灰匙	fui⁵⁵⁴⁻³²tʃi²⁴³	灰匙	fui⁴⁴⁻³²tʃi²⁴
灰兜	灰斗	fui⁵⁵⁴⁻³³tʌu³³⁴	灰斗	fui⁴⁴⁻³²tou⁵²
泥板	荡板 烫板	tɔŋ²¹⁻²²pan³³⁴ tʰɔŋ⁵²⁻³³pan³³⁴	烫板	tʰœŋ³²pan⁵²
夯	木槌	mok²²tʃui²⁴³	木槌	mok³⁴⁻²¹tœ²⁴
杠棍	杠	kɔŋ⁵²	杠	kœŋ³²
撬棍	铁笔	tʰit⁵⁵⁻³³puʌt⁵⁵	铁笔	tʰɛt³²pɐt⁵⁵

续上表

义项	封川话词条	封川话标音	开建话词条	开建话标音
纺车	纺车	fɔŋ³³⁴tʃʰɛ⁵⁵⁴	贝绞	pui³²kau⁵²
纺锤	纺锤	fɔŋ³³⁴tʃui²⁴³		
织布机	织布机	tʃek⁵⁵pu⁵²⁻³³ki⁵⁵⁴	织布机	tʃek⁵⁵⁻³²pu³²ki⁴⁴
梭	梭	ɬɔ⁵⁵⁴	梭	ʃu²⁴⁴
缝纫机	衣车	i⁵⁵tʃʰɛ⁵⁵⁴	衣车	i⁴⁴⁻³²tʃʰi⁴⁴
弓子	弹弓	tan²¹⁻²²koŋ⁵⁵⁴	弹弓	tan²¹koŋ⁴⁴
传呼机	BP机	pi⁵⁵pi⁵⁵ki⁵⁵⁴	BP机	pi⁴⁴⁻³²pʰi³²ki⁴⁴
秤	秤	tʃʰeŋ⁵²	秤	tʃʰɐŋ³²
磅秤	磅	pɔŋ²¹	磅称	pœŋ²¹tʃʰeŋ³²
秤锤	秤砣	tʃʰeŋ⁵²⁻³²tɔ²⁴³	秤砣	tʃʰɐŋ³²tu²⁴
秤星	秤星	tʃʰeŋ⁵²⁻³²ɬeŋ⁵⁵⁴	秤星	tʃʰɐŋ³²ʃiŋ⁴⁴
秤盘	戥盘	taŋ³³⁴⁻²²pun²⁴³	称盘	tʃʰɐŋ³²pɔn²⁴
秤毫	秤圈	tʃʰeŋ⁵²⁻³³hun⁵⁵⁴	称环	tʃʰɐŋ³²uan²⁴
秤钩	秤钩	tʃʰeŋ⁵²⁻³³ŋʌu⁵⁵⁴	称钩	tʃʰɐŋ³²ŋɐu⁴⁴
秤杆	秤杆	tʃʰeŋ⁵²⁻³³kun⁵⁵⁴	称杆	tʃʰɐŋ³²kɔn⁴⁴
戥	厘戥	li²⁴³⁻²²taŋ³³⁴	厘戥	lɐi²⁴⁻²¹tɐŋ⁵²
天平	天平	tʰin⁵⁵peŋ²⁴³	天平	tʰɛn⁴⁴⁻³²piŋ²⁴
算盘	算盘	ɬun⁵²⁻³²pun²⁴³	算盘	ʃyn³²pɔn²⁴
水牌	水牌	ʃui³³⁴pai²⁴³	水牌	ʃœ⁵²⁻³²pai²⁴
肉案	肉台	ȵiok²²tui²⁴³	肉台	ȵiok³⁴⁻³²tɔi²⁴
推子	推剪	tʰui³³⁴tin³³⁴	推剪	tʰœ⁴⁴⁻³²tʃɛn⁵²
梳形剪	偷剪	tʰʌu⁵⁵⁴tin³³⁴	偷(发)剪	tʰɐu⁴⁴⁻³²(fat³²)tʃɛn⁵²
剃刀	剃刀	tʰʌi⁵²⁻³³təu⁵⁵⁴	剃刀	tʰei³²tɔ⁴⁴
鐾刀布	刮布	kuat⁵³pu⁵²⁻²¹	磨刀布	mu²⁴⁻²¹tɔ⁴⁴⁻³²pu³²
磨刀石	磨刀石	mɔ²⁴³⁻²²təu⁵⁵⁴⁻²²tʃek²²	磨刀石	mu²⁴⁻²¹tɔ⁴⁴⁻³²tʃiᵋk²¹
锄	镑头	pʰɔŋ⁵⁵⁴⁻³²tʌu²⁴³	镑头	pʰœŋ⁴⁴⁻³²tɐu²⁴
镐	鸡嘴锄	kʌi⁵⁵⁴⁻³³tui³³⁴tʃɔ²⁴³	尖嘴镑	tʃɛm⁴⁴⁻³²tʃœ⁵²pʰœŋ⁴⁴
铁锹	锹	tʰiu⁵⁵⁴	锹	tʃʰɐu⁴⁴
木锹	木锹	mok²²tʰiu⁵⁵⁴	木锹	mok²¹tʃʰɐu⁴⁴
橇	橇	kiu²¹	橇/铁笔	kiu²¹/tʰɛt³²pɐt⁵⁵

续上表

义项	封川话词条	封川话标音	开建话词条	开建话标音
耙子	耙	pa²⁴³	耙	pa²⁴
杈子	杈	tʃʰa⁵⁵	辣	lat²¹
犁	犁	lʌi²⁴³	犁	lɐi²⁴
犁头	犁头	lʌi²⁴³⁻²²tʌu²⁴³	犁头	lɐi²⁴⁻²¹tɐu²⁴
犁弓	犁弓	lʌi²⁴³⁻²²koŋ⁵⁵⁴	犁弓	lɐi²⁴⁻²¹koŋ⁴⁴
犁头环	犁头环	lʌi²⁴³⁻²²tʌu²⁴³⁻²²uan²⁴³	犁头环	lɐi²⁴⁻²¹tɐu²⁴⁻²¹uan²⁴
犁镜	犁镜	lʌi²⁴³⁻²²keŋ⁵²	犁软	lɐi²⁴⁻²¹n̩yn²⁴²
犁口	犁口	lʌi²⁴³⁻²²hʌu³³⁴	犁口	lɐi²⁴⁻²¹hɐu⁵²
犁靴	犁靴	lʌi²⁴³⁻²²hɛ⁵⁵⁴	臭鱼角	tʃʰou³²ny²⁴⁻²¹kœk³²
犁的其他部件	犁担	lʌi²⁴³⁻²²tam⁵⁵⁴	犁担	lɐi²⁴⁻²¹tam⁴⁴
	犁垫	lʌi²⁴³⁻²²tin²¹	犁垫	lɐi²⁴⁻²¹tim²¹
	犁楔	lʌi²⁴³⁻²²ɬit⁵⁵	犁楔	lɐi²⁴⁻²¹ʃɛp³²
碓	碓	tui⁵²	碓	tœ³²
碓口	碓口	tui⁵²⁻³³hʌu³³⁴	碓口	tœ³²hɐu⁵²
碓腰	碓腰	tui⁵²⁻³³iu⁵⁵⁴	碓腰	tœ³²iu⁴⁴
碓身	碓身	tui⁵²⁻³³ʃʌn⁵⁵⁴	碓身	tœ³²ʃɐn⁴⁴
碓柱	碓柱	tui⁵²⁻³³tʃʰy³³⁴	碓撑	tœ³²tʃʰiŋ³²
	碓撑	tui⁵²⁻³³tʃʰaŋ⁵⁵⁴		
碓坎	碓坎	tui⁵²⁻³³həm³³⁴	碓坎	tœ³²hɔm⁵²
碓的部件	碓柱人	tui⁵²⁻³³tʃʰy³³⁴n̩.iʌn²⁴³	碓矮	tœ³²ai⁵²
石磨	磨	mɔ²¹	磨	mu²¹
磨心	磨心	mɔ²¹⁻²²ɬɐm⁵⁵⁴	磨心	mu²¹ʃɐm⁴⁴
磨盘	磨围	mɔ²¹⁻²²uʌi²⁴³	磨围	mu²¹uɐi²⁴
	磨盘	mɔ²¹⁻²²pun²⁴³		
磨把	磨手	mɔ²¹⁻²²ʃau³³⁴	磨手	mu²¹ʃou⁵²
连枷	连枷	lin²⁴³⁻²²ka⁵⁵⁴		
磙	木链	mok²²lin²¹	木碌	mok³⁴⁻²¹lok⁵⁵
砻	谷磨	kok⁵⁵⁻³²mɔ²¹	谷磨	kok⁵⁵⁻³²mu²¹
扇车	风柜	foŋ⁵⁵⁴⁻⁴³kuʌi²¹	风柜	foŋ⁴⁴⁻³²kuei²¹

续上表

义项	封川话词条	封川话标音	开建话词条	开建话标音
脱粒的农具	打禾机 谷桶	ta³⁴uɔ²⁴³⁻²²ki⁵⁵⁴ kok⁵⁵⁻³³tʰoŋ³³⁴	打禾机	ta⁵²⁻³²u²⁴⁻²¹ki⁴⁴
水车	水车 龙骨车	ʃui³³⁴tʃʰɛ⁵⁵⁴ loŋ²⁴³⁻²²kuʌt⁵⁵tʃʰɛ⁵⁵⁴	水车	ʃœ⁵²⁻³²tʃʰiɛ⁴⁴
水车部件	车心 车页	tʃʰɛ⁵⁵⁴⁻³³ɫʌm⁵⁵⁴ tʃʰɛ⁵⁵⁴⁻³³ip²²	车心 车页	tʃʰiɛ⁴⁴⁻³²ʃem⁴⁴ tʃʰiɛ⁴⁴⁻³²ip⁵⁵
镰	镰刀	lim²⁴³⁻²²təu⁵⁵⁴	禾镰	u²⁴⁻²¹lɛm²⁴
砍刀	大刀 勾刀	tai²¹⁻²²təu⁵⁵⁴ ŋʌu⁵⁵⁻³³təu⁵⁵⁴	开山刀 牛草刀	hɔi⁴⁴⁻³²ʃan⁴⁴⁻³²tɔ⁴⁴ ŋeu²⁴⁻²¹tʃʰɔ⁵²⁻³²tɔ⁴⁴
铡刀	铡刀	tʃap²²təu⁵⁵⁴	铡刀	tʃap²¹tɔ⁴⁴
驮桶	吊桶	tiu⁵³⁻³³tʰoŋ³³⁴	吊桶	tiu³²tʰoŋ⁵²
篓	篮	lam²⁴³	篮	lam²⁴⁻⁴⁴
囤	谷围	kok⁵⁵⁻³²uʌi²⁴³	谷围	kok⁵⁵⁻³²uɐi²⁴
粗篾席	竹席	tʃok⁵⁵⁻³²ɫek²¹	竹席	tʃok⁵⁵⁻³²tʃiɛk²¹
簸箕	簸箕	pɔ⁵²⁻³³ki⁵⁵⁴	簸箕	pu³²ki⁴⁴
罗	罗斗	lɔ²⁴³⁻²²tʌu⁵⁵⁴	襟帕	pʰan⁴⁴⁻³²pʰa³²
筛子	筛箕	ʃʌi⁵⁵⁴⁻³³ki⁵⁵⁴	筛	ʃiɛ⁴⁴
拾粪用具	粪篸 粪箕	fuʌn⁵²⁻³³tʃʰʌm³³⁴ fuʌn⁵²⁻³³ki⁵⁵⁴	拌笼	pet⁵⁵⁻³²loŋ²⁴²
轭	轭	ak⁵³⁻³⁵	轭	ɛk³²
马牛笼嘴	牛嘴镭	ŋʌu²⁴³⁻²²tui³³⁴lui⁵⁵⁴	牛镭	ŋeu²⁴⁻²¹lœ⁴⁴
牛桊	牛桊(卷)	ŋʌu²⁴³⁻²²kon²¹	牛鼻环	ŋeu²⁴⁻²¹pei²¹uan²⁴
缰绳	牛绳 牛藤	ŋʌu²⁴³⁻²²tʃeŋ²⁴³ ŋʌu²⁴³⁻²²taŋ²⁴³	牛藤	ŋeu²⁴⁻²¹teŋ²⁴
食槽	潲槽	ʃau⁵²⁻³²ɫau²⁴³	潲槽	ʃau³²tʃɔ²⁴
斗	斗	tʌu³³⁴	斗	tou⁵²
刮板	刮板	kuat⁵²⁻³³pan³³⁴	刮板	kuat³²pan⁵²
鱼钩	钓钩	tiu³²ŋau⁵⁵	钓钩	tiu³²ŋeu⁴⁴
鱼竿	钓弓	tiu⁵²⁻³³koŋ⁵⁵⁴	钓鱼竹	tiu³²ny²⁴⁻²¹tʃok⁵⁵

续上表

义项	封川话词条	封川话标音	开建话词条	开建话标音
鱼篓	笠 芡	lʌp⁵⁵ mun⁵⁵⁴	鱼□	ȵy²⁴⁻²¹niᵊŋ⁵²
渔网	渔网	ȵy²⁴³⁻²²mɔŋ²⁴³	鱼网	ȵy²⁴⁻²¹myŋ²⁴²
其他捕鱼用具	笱 罾 缴	kʌu³³⁴ taŋ⁵⁵⁴ kiu³³⁴	笱 罾 缴	kou⁵² tʃŋ⁴⁴ kiu⁵²
引水槽	水涧	ʃui³³⁴⁻³³kan³³⁴	水筒	ʃœ⁵²⁻³²kan⁵²
枪	枪	tʰiɛŋ⁵⁵⁴	枪	tʃʰyŋ⁴⁴
弓箭	弓箭	koŋ⁵⁵tin⁵²	弓箭	koŋ⁴⁴⁻³²tʃin³²
手铐	手链	ʃʌu³³⁴⁻³³lin²¹	手铐	ʃou⁵²⁻³²kʰau³²
脚镣	脚镣 脚链	kiɛk⁵³liu²⁴³ kiɛk⁵³⁻³³lin²¹	脚链	kiᵊk⁵⁵⁻³²lin²¹
斩条	死牌	ɬi³³⁴pai²⁴³		
钉子	铁钉	tʰit⁵⁵⁻³³teŋ⁵⁵⁴	铁钉	tʰɛt³²tiᵊŋ⁴⁴
螺丝	螺丝钉	lɔ²⁴³⁻²²ɬi⁵⁵teŋ⁵⁵⁴	丝钉	ʃei⁴⁴tiᵊŋ⁴⁴
螺帽	丝母 螺母	ɬi⁵⁵mu²²³ lɔ²⁴³⁻²²mu²²³	丝母 螺母	ʃei⁴⁴mu²⁴² lu²⁴⁻²¹mu²⁴²
纱线	纱线	ʃa⁵⁵⁴⁻³²ɬin⁵²⁻²¹	纱线	ʃa⁴⁴⁻³²ʃin³²
废纱	废纱	fi⁵³⁻³³ʃa⁵⁵⁴		
钢索	钢缆	kɔŋ⁵²⁻³²lam²¹	钢缆	kœŋ³²lam²¹
铁丝	铁丝	tʰit⁵⁵⁻³³ɬi⁵⁵⁴	铁丝	tʰɛt³²ʃi⁴⁴
铁皮	铁皮	tʰit⁵⁵⁻³²pi²⁴³	铁皮	tʰɛt³²pei²⁴
汽油	汽油	hi⁵²⁻³²iʌu²⁴³	汽油	hi³²iɐu²⁴
煤油	火水油	fɔ³³⁴⁻³³ʃui³³⁴iʌu²⁴³	火油	fuᵒ⁵²⁻³²iɐu²⁴
煤	煤	mui²⁴³	煤	mui²⁴
煤炭	煤炭	mui²⁴³⁻²²tʰan⁵²	煤炭	mui²⁴⁻²¹tʰan³²
焦炭	焦炭	tiu⁵⁵tʰan⁵²	焦炭	tʃɛu⁴⁴⁻³²tʰan³²
木炭	火炭	fɔ³³⁴tʰan⁵²	火炭	fuᵒ⁵²⁻³²tʰan³²
火把	竹篙 火篙	tʃok⁵⁵⁻³²li²⁴³ fɔ³³⁴⁻³²li²⁴³	竹篙	tʃok⁵⁵⁻³²lɐi²⁴
砖	砖	tʃun⁵⁵⁴	砖	tʃyn⁴⁴

续上表

义项	封川话词条	封川话标音	开建话词条	开建话标音
砖坯	砖格	tʃun⁵⁵⁴⁻³³kak⁵⁵	砖架	tʃyn⁴⁴⁻³²ka²¹
土坯	泥砖	nʌi²⁴³⁻²²tʃun⁵⁵⁴	泥砖	nɐi²⁴⁻²¹tʃyn⁴⁴
瓦	瓦	ŋa²²³	瓦	ŋa²⁴²
石灰	石灰	tʃek²²fui⁵⁵⁴	石灰	tʃiᵉk²¹fui⁴⁴
水泥	红毛泥	hoŋ²⁴³⁻²²məu²⁴³⁻²²nʌi²⁴³	水泥	ʃœ⁵²⁻³²nɐi²⁴
灰浆	灰沙浆	fui⁵⁵⁴⁻³³ʃa⁵⁵tiɛŋ⁵⁵⁴	灰沙浆	fui⁴⁴⁻³²ʃa⁴⁴⁻³²tʃyŋ⁴⁴
混凝土	水泥浆	ʃui³³⁴nʌi²⁴³⁻²²tiɛŋ⁵⁵⁴	水泥浆	ʃœ⁵²⁻³²nɐi²⁴⁻²¹tʃyŋ⁴⁴
刷墙浆	石灰浆	tʃek²²fui⁵⁵⁴⁻²²tiɛŋ⁵⁵⁴	石灰浆	tʃiᵉk²¹fui⁴⁴⁻³²tʃyŋ⁴⁴
粪肥	粪	fuʌn⁵²	粪	pin³²
灰肥	草木灰	tʰəu³³⁴mok²²fui⁵⁵⁴	火灰	fuᵒ⁵²⁻³²fui⁴⁴
草肥	绿肥	lok²²fi²⁴³	绿肥	lok³⁴⁻²¹pui²⁴
甘蔗种子	蔗种	tʃɛ⁵²⁻³³tʃoŋ³³⁴	蔗种	tʃiᵉ³²tʃoŋ⁵²
篾片	篾	miɛt²²	篾	mɛt²¹
饲料	饲料	ɬi²¹⁻²²liu²¹	饲料	tʃuᵒ²¹liu²¹
鱼饵	鱼饵	y²⁴³⁻²²n̠i²²³⁻²¹	鱼引	n̠y²⁴⁻²¹iɐn²⁴²
房屋	屋	ok⁵⁵	屋	ok⁵⁵
楼房	楼	lʌu²⁴³	楼	lɐu²⁴
平房	平层 平房	peŋ²⁴³⁻²²ɬaŋ²⁴³ peŋ²⁴³⁻²²foŋ²⁴³	平顶屋 平层	piᵊŋ²⁴⁻²¹tiᵊŋ⁵²⁻³²ok⁵⁵ piᵊŋ²⁴⁻²¹tʃeŋ²⁴
西式楼房	平顶屋	peŋ²⁴³⁻²²teŋ³³⁴ok⁵⁵	平顶屋	piᵊŋ²⁴⁻²¹tiᵊŋ⁵²⁻³²ok⁵⁵
瓦房	瓦屋	ŋa²²³ok⁵⁵	瓦屋	ŋa²⁴²⁻²¹ok⁵⁵
草房	草屋	tʰəu³³⁴ok⁵⁵	草屋	tʃʰɔ⁵²⁻³²ok⁵⁵
草棚	草棚	tʰəu³³⁴paŋ²⁴³	草棚	tʃʰɔ⁵²⁻³²pɐŋ²⁴
吊脚楼	吊脚楼	tiu⁵²⁻³³kiɛk⁵⁵lʌu²⁴³	吊脚楼	tiu³²kiᵊk⁵⁵⁻³²lɐu²⁴
其他房屋形式	茅屋 茅房	mau²⁴³⁻²²ok⁵⁵ mau²⁴³⁻²²foŋ²⁴³	茅屋 茅寮	mau²⁴⁻²¹ok⁵⁵ mau²⁴⁻²¹lɐu²⁴
婚房	洞房	toŋ²¹⁻²²foŋ²⁴³	婚房	fɐn⁴⁴⁻³²puŋ²⁴
单元	栋	toŋ²¹	单元	tan⁴⁴⁻³²yn²⁴

续上表

义项	封川话词条	封川话标音	开建话词条	开建话标音
房间	房间	fɔŋ²⁴³⁻²²kan⁵⁵⁴	房间	puŋ²⁴⁻²¹kan⁴⁴
正房	大房	tai²¹⁻²²fɔŋ²⁴³	大房	tai²¹puŋ²⁴
堂屋	厅屋	tʰeŋ⁵⁵ok⁵⁵	厅屋	tʰiᵊŋ⁴⁴⁻³²ok⁵⁵
卧室	房	fɔŋ²⁴³	房	puŋ²⁴
书房	书房	ʃy⁵⁵fɔŋ²⁴³	书房	ʃy⁴⁴⁻³²puŋ²⁴
客厅	厅屋	tʰeŋ⁵⁵⁴⁻³³ok⁵⁵	厅屋	tiᵊŋ⁴⁴⁻³²ok⁵⁵
饭厅	喫饭厅	hek⁵⁵⁻³²fan²¹⁻²²tʰeŋ⁵⁵⁴	饭厅	pan²¹tʰiᵊŋ⁴⁴
厢房	厢房	ɬiaŋ⁵⁵⁴⁻³²fɔŋ²⁴³	屋仔	ok⁵⁵⁻³²tʃai⁵²
里间	后房 尾房	hʌu²¹⁻²²fɔŋ²⁴³ mi²²³fɔŋ²⁴³	里头间房	lɔ²¹tɐu²⁴kan⁴⁴⁻³²ok⁵⁵
外间	外房 头房	ŋui²¹⁻²²fɔŋ²⁴³ tʌu²⁴³⁻²²fɔŋ²⁴³	器⁼兜⁼间房	hi³²tɐu⁴⁴kan⁴⁴⁻³²ok⁵⁵
下房	走底	tʌu³³⁴⁻³³tuʌi³³⁴	廊	lœŋ²⁴
门房	门楼	mun²⁴³⁻²²lʌu²⁴³	门楼	mɐn²⁴⁻²¹lɐu²⁴
门厅	朝厅	tʃiu²⁴³⁻²²tʰeŋ⁵⁵⁴	门厅	mɐn²⁴⁻²¹tʰiᵊŋ⁴⁴
厨房	副炉	fu⁵²⁻³²lu²⁴³	下间	a²⁴²⁻²¹kan⁴⁴
阁楼	阁楼	kɔk⁵³lʌu²⁴³	杂物楼	tʃap²¹mɐt²¹lɐu²⁴
磨房	磨房	mɔ²¹⁻²²fɔŋ²⁴³		
粮仓	谷仓	kok⁵⁵⁻³³tʰɔŋ⁵⁵⁴	粮仓	lyŋ²⁴⁻²¹tʃʰœŋ⁴⁴
柴房	柴房	tʃai²⁴³⁻²²fɔŋ²⁴³	柴房	tʃai²⁴⁻²¹puŋ²⁴
装草木灰的土屋	粪围	fuʌn⁵²⁻³²uʌi²⁴³	粪篱	pin³²lɐi²⁴
院子	地堂	ti²¹⁻²²tɔŋ²⁴³	禾地	uᵒ²⁴⁻²¹tei²¹
天井	天井	tʰin⁵⁵⁴⁻³³teŋ³³⁴	天井	tʰɛŋ⁴⁴⁻³²tʃiᵊŋ⁵²
阳台	阳台 骑楼	ieŋ²⁴³⁻²²tui²⁴³ kɛ²⁴³⁻²²lʌu²⁴³	阳台	yŋ²⁴⁻²¹tɔi²⁴
露台	天棚顶	tʰin⁵⁵⁴⁻³²paŋ²²teŋ³³⁴	天棚顶	tʰɛn⁴⁴⁻³²pɛŋ²⁴⁻²¹tiᵊŋ⁵²
厕所	屎坑 厕所 卫生间	ʃi³³⁴⁻³³haŋ⁵⁵⁴ tʃʰi⁵²⁻³³sɔ³³⁴ uʌi²¹ʃaŋ⁵⁵kan⁵⁵⁴	屎坑 厕所 卫生间	ʃi⁵²⁻³²hɐŋ⁴⁴ tʃʰei³²ʃu⁵² uɐi²⁴²⁻²¹ʃɐŋ⁴⁴⁻³²kan⁴⁴

续上表

义项	封川话词条	封川话标音	开建话词条	开建话标音
走廊	走廊	tʌu³³⁴lɔŋ²⁴³	（走）廊	(tʃou⁵²⁻³²)lœŋ²⁴
房屋其他部分	屋巷 廊 廊颈	ok⁵⁵hɔŋ²¹ lɔŋ²⁴³ lɔŋ²⁴³⁻²²kɛŋ³³⁴	屋巷 廊	ok⁵⁵⁻³²œŋ²¹ lœŋ²⁴
墙	墙	ɬiɛŋ²⁴³	墙根	tʃyŋ²⁴⁻²¹kɐn⁴⁴
院墙	墙围	ɬiɛŋ²⁴³⁻²²uʌi²⁴³	门口墙 墙头围	mɐn²⁴⁻²¹hɐu⁵²⁻³²tʃyŋ²⁴ tʃyŋ²⁴tɐu²⁴⁻²¹uɐi²⁴
影壁	照墙	tʃiu⁵²ɬiɛŋ²⁴³	照墙	tʃiu³²tʃyŋ²⁴
山墙	山墙	ʃan⁵⁵ɬiɛŋ²⁴³	山墙	ʃan⁴⁴⁻³²tʃyŋ²⁴
门	门	mun²⁴³	门	mɐn²⁴
门楼	门楼	mun²⁴³⁻²²lʌu²⁴³	门楼	mɐn²⁴⁻²¹lɐu²⁴
栅栏门	栏栅	lan²⁴³⁻²²ʃan⁵⁵⁴	草园门	tsʰɔ⁵²⁻³²yn²⁴⁻²¹mɐn²⁴
正门	正门	tʃɛŋ⁵²mun²⁴³	正门	tʃiŋmɐn²⁴
边门	侧门	tʃak⁵⁵mun²⁴³	侧门	tʃɐk⁵⁵⁻³²mɐn²⁴
后门	后门	hʌu²¹⁻²²mun²⁴³	后门	ɐu²⁴²⁻²¹mɐn²⁴
门槛	门槛	mun²⁴³⁻²²kʰam²²³	门交	mɐn²⁴⁻²¹kau⁴⁴
楣	楣 门楣	mi²⁴³ mun²⁴³⁻²²mi²⁴³	门楣	mɐn²⁴⁻²¹mɐi²⁴
窗	窗	tʃʰiɛŋ⁵⁵⁴	窗门（仔）	tʃok⁵⁵⁻³²mɐn²⁴⁻²¹tʃai⁵²
天窗	天窗	tʰin⁵⁵⁴⁻³³tʃʰiɛŋ⁵⁵⁴	天窗	tʰɛn⁴⁴⁻³²tʃʰyŋ⁴⁴
窗台	窗台	tʃʰiɛŋ⁵⁵tui²⁴³	窗台	tʃʰyŋ⁴⁴⁻³²tɔi²⁴
窗格	窗格	tʃʰiɛŋ⁵⁵⁴⁻³³kak⁵⁵	窗格	tʃʰyŋ⁴⁴⁻³²kɐk³²
钉锦	窗撑	tʃʰiɛŋ⁵⁵⁴⁻³²tʃʰaŋ⁵⁵⁴⁻²¹	窗撑	tʃʰyŋ⁴⁴⁻³²tʃʰiŋ³²
门窗扇	窗扇	tʃʰiɛŋ⁵⁵⁴⁻³²ʃin²¹	窗门	tʃʰyŋ⁴⁴⁻³²mɐn²⁴
门窗框	窗眼框	tʃʰiɛŋ⁵⁵⁴⁻³²ŋan²²³kʰuan⁵⁵⁴	窗括	tʃʰyŋ⁴⁴⁻³²kʰuɐk⁵⁵
门窗栓	窗关	tʃʰiɛŋ⁵⁵⁴⁻³²kuan⁵⁵⁴	插销	tʃʰap³²ʃɐu⁴⁴
转页	锁黡	ɬɔ³³⁴⁻³³im³³⁴	锁黡	ʃu⁵²⁻³²im⁵²
其他门窗部件	窗花 窗帘	tʰiɛŋ⁵⁵fa⁵⁵⁴ tʰiɛŋ⁵⁵lim²⁴³	窗花 窗帘	tʃʰyŋ⁴⁴⁻³²fa⁴⁴ tʃʰyŋ⁴⁴⁻³²lɛm²⁴
楼梯	楼梯	lʌu²⁴³⁻²²tʰʌi⁵⁵⁴	楼梯	lɐu²⁴⁻²¹tʰɐi⁴⁴
栏杆	围栏	uʌi²⁴³lan²⁴³	围栏	uɐi²⁴⁻²¹lan²⁴

续上表

义项	封川话词条	封川话标音	开建话词条	开建话标音
女墙	墙头齿	ɬiɛŋ²⁴³⁻²²tʌu²⁴³⁻²²tʃʰi³³⁴	墙头齿	tʃyŋ²⁴⁻²¹tɐu²⁴⁻²¹tʃʰi⁵²
台阶	码头级	ma²²³⁻²²tʌu²⁴³⁻²²kʰʌp⁵⁵	埗（头）梯	pu²¹(tɐu²⁴⁻²¹)tʰei⁴⁴
地基	地脚 地基	ti²¹⁻²²kiɛk⁵⁵ ti²¹⁻²²ki⁵⁵⁴	地脚	tei²¹kiᵒk⁵⁵
房顶	屋顶	ok⁵⁵⁻³³teŋ³³⁴	屋顶	ok⁵⁵⁻³²tiᵒŋ⁵²
房脊	屋脊	ok⁵⁵⁻³³tek⁵⁵	屋脊	ok⁵⁵⁻³²tʃiᵒk⁵⁵
檩	横担 桁条	uan²⁴³⁻²²tam⁵⁵⁴ han²⁴³⁻²²tiu²⁴³	桁	ɛŋ²⁴
横梁	正梁	tʃɛŋ⁵²liɛŋ²⁴³	横梁	uɛŋ²⁴⁻²¹lyŋ²⁴
椽	桷子	kɔk⁵³⁻³³ti³³⁴	桷	kœk³²
烟囱	烟通	in⁵⁵⁴⁻³³tʰoŋ⁵⁵⁴	烟通	in⁴⁴⁻³²tʰoŋ⁴⁴
楼板	楼板	lʌu²⁴³⁻²²pan³³⁴	楼板	lɐu²⁴⁻²¹pan⁵²
地板	地板	ti²¹⁻²²pan³³⁴	地板	tei²¹pan⁵²
天花板	天花板	tʰin⁵⁵fa⁵⁵pan³³⁴	天花板	tʰɛn⁴⁴⁻³²fa⁴⁴⁻³²pan⁵²
柱	柱	tʃy²²³	柱	tʃy²⁴²
柱础	柱墩	tʃy²³tʌn²²³	柱墩	tʃy²⁴²⁻²¹tɐn⁴⁴
檐	屋檐	ok⁵⁵⁻³²im²⁴³	瓦檐尾	ŋa²⁴²⁻²im²⁴⁻²¹mɐi²⁴²
檐沟	瓦行	ŋa²²³⁻²²hɔŋ²⁴³⁻²¹	瓦槽	ŋa²⁴²⁻²¹tʃɔ²⁴
篷子	篷	poŋ²⁴³	蓬	poŋ²⁴
污水渠	沟渠	kʌn⁵⁵³⁻³²ky²⁴³	水洸 水沟圳	ʃœ⁵²⁻³²kuŋ³² ʃœ⁵²kɐu⁴⁴⁻³²tʃin³²
碑	碑	pi⁵⁵⁴	碑	pɐi⁴⁴
柜台	柜台	kuʌi²¹⁻²²tui²⁴³	柜台	kuei²¹tɔi²⁴
账房	账房	tʃiɛŋ⁵²⁻³²fɔŋ²⁴³	账房	tʃyŋ³²puŋ²⁴
戏台	戏台	hi⁵²⁻³²tui²⁴³	戏台	hi³²tɔi²⁴
栅栏	篱槛	li²⁴³⁻²²kam²²³	园篱	yn²⁴⁻²¹lɐi²⁴
篱笆	篱界	li²⁴³⁻²²kai⁵²⁻²¹	园辣	yn²⁴⁻²¹lat²¹
狗窝	狗窦	kau³³⁴⁻³³tʌɛ⁵²⁻²¹	狗窦	kou⁵²⁻³²tou²⁴
羊圈	羊圈	iɛŋ²⁴³⁻²²hun⁵⁵⁴	羊六	yn²⁴⁻²¹lok³⁴
马棚	马棚	ma²²³⁻²²paŋ²⁴³	马栏	ma²⁴²⁻²¹lan²⁴

续上表

义项	封川话词条	封川话标音	开建话词条	开建话标音
牛圈	牛栏	ŋʌu²⁴³⁻²²lan²⁴³	牛栏	ŋeu²⁴⁻²¹lan²⁴
猪圈	猪六	tʃy⁵⁵⁴⁻³²lok²²	猪六	tœy⁴⁴⁻³²lok³⁴
鸡窝	鸡窦	kʌi⁵⁵⁴⁻³²tʌu⁵²⁻²¹	鸡窦	kɐi⁴⁴⁻³²tou³²
鸡窝	鸡六	kʌi⁵⁵⁴⁻³²lok²²	鸡六	kɐi⁴⁴⁻³²lok³⁴
水塘	水塘	ʃui³⁴toŋ²⁴³	塘窝	tœŋ²⁴⁻²¹u⁴⁴
水渠	水圳	ʃui³³⁴⁻³²tʃʌn⁵²⁻²¹	水圳	ʃœ⁵²⁻³²tʃin³²
堤坝	堤	tʌi²⁴³	堤	tɐi²⁴
井	水井	ʃui³³⁴⁻³³teŋ³³⁴	水井	ʃœ⁵²⁻³²tʃiŋ⁵²
粪坑	屎坑	ʃi³³⁴⁻³³haŋ⁵⁵⁴	屎坑	ʃi⁵²⁻³²heŋ⁴⁴
城墙	城墙	tʃeŋ²⁴³⁻²²ɬieŋ²⁴³	城墙	tʃiᵊŋ²⁴⁻²¹tʃyŋ²⁴
城门	城门	tʃeŋ²¹mun³⁴	城门	tʃiᵊŋ²⁴⁻²¹mɐn²⁴
墓	坟	fuʌn²⁴³	墓	mu²¹
路	路	lu²¹	路	lu²¹
马路	大街	tai²¹⁻²²kai⁵⁵⁴	大路	tai²¹lu²¹
街	街	kai⁵⁵⁴	街	kai⁴⁴
巷	巷	hɔŋ²¹	巷	œŋ²¹
过道	行人道	haŋ²⁴³⁻²²ȵiʌn²⁴³⁻²²təu²¹	行人路	heŋ²⁴⁻²¹ȵien²⁴⁻²¹lu²¹
公路	公路	koŋ⁵⁵lu²¹	公路	koŋ⁴⁴⁻³²lu²¹
铁路	铁路	tʰit⁵⁵⁻³²lu²¹	铁路	tʰɛt³²lu²¹
铁轨	铁轨	tʰit⁵⁵⁻³²kuʌi³³⁴	铁轨	tʰɛt³²kuei⁵²
桥	桥	kiu²⁴³	桥	kiu²⁴
桥墩	桥墩	kiu²⁴³⁻²²tʌn³³⁴	桥墩	kiu²⁴⁻²¹teŋ⁴⁴
桥洞	桥窿	kiu²⁴³⁻²²lɔŋ⁵⁵⁴	桥窿	kiu²⁴⁻²¹lɔŋ⁴⁴
车站	车站	tʃʰɛ⁵⁵tʃam²¹	车站	tʃʰiɛ⁴⁴⁻³²tʃam²¹
渡口	渡口	tu²¹⁻²²hʌu³³⁴	渡头	tu²¹tɐu²⁴
渡口	埠头	pu²¹⁻²²tʌu²⁴³	埠头	pu²¹tɐu²⁴
渡口	码头	ma²²³⁻²²tʌu²⁴³		
车	车	tʃʰɛ⁵⁵⁴	车	tʃʰiɛ⁴⁴
汽车	汽车	hi⁵²⁻³³tʃʰɛ⁵⁵⁴	汽车	hi³²tʃʰiɛ⁴⁴
自行车	单车	tan⁵⁵tʃʰɛ⁵⁵⁴	单车	tan⁴⁴⁻³²tʃʰiɛ⁴⁴

续上表

义项	封川话词条	封川话标音	开建话词条	开建话标音
摩托车	摩托车	mɔ⁵⁵tɔk⁵³⁻³³tʃʰɛ⁵⁵⁴	摩托车	muᵒ⁴⁴⁻³²tʰœk³²tʃʰiᵉ⁴⁴
火车	火车	fɔ³⁴tʃʰɛ⁵⁵⁴	火车	fuᵒ⁵²⁻³²tʃʰiᵉ⁴⁴
三轮车	三轮车	ɬam⁵⁵⁴⁻³²lʌn²⁴³⁻²²tʃʰɛ⁵⁵⁴	三轮车	ʃam⁴⁴⁻³²lɐn²⁴⁻²¹tʃʰiᵉ⁴⁴
轿车	轿车 小车	kiu²¹⁻²²tʃʰɛ⁵⁵⁴ ɬiu³³⁴tʃʰɛ⁵⁵⁴	小车	ʃɛu⁵²⁻³²tʃʰiᵉ⁴⁴
板车	胶轮车	kau⁵⁵lʌn²⁴³⁻²²tʃʰɛ⁵⁵⁴	胶轮车	kau⁴⁴⁻³²lɐu²⁴⁻²¹tʃʰiᵉ⁴⁴
手推车	手推车	ʃʌu³⁴tʰui⁵⁵tʃʰɛ⁵⁵⁴	手推车	ʃou⁵²⁻³²tʰœ⁴⁴⁻³²tʃʰiᵉ⁴⁴
黄包车	黄包车	uɔŋ²⁴³⁻²²pau⁵⁵tʃʰɛ⁵⁵⁴	黄包车	uŋ²⁴⁻²¹pau⁴⁴⁻³²tʃʰiᵉ⁴⁴
畜力车	牛车	ŋʌu²⁴³⁻²²tʃʰɛ⁵⁵⁴	牛车	ŋɐu²⁴⁻²¹tʃʰiᵉ⁴⁴
公共汽车	公交车	koŋ⁵⁵kau⁵⁵tʃʰɛ⁵⁵⁴	公交车	koŋ⁴⁴⁻³²kau⁴⁴⁻³²tʃʰiᵉ⁴⁴
客车	客车 大巴 大客车 小客车	hak⁵³⁻³tʃʰɛ⁵⁵⁴ tai²¹⁻²²pa⁵⁵⁴ tai²¹⁻²²hak⁵³⁻³³tʃʰɛ⁵⁵⁴ ɬiu³³⁴⁻³³hak⁵³⁻³³tʃʰɛ⁵⁵⁴	客车 大巴	hɛk³²tʃʰiᵉ⁴⁴ tai²¹pa⁴⁴
货车	货车	fɔ⁵²⁻³³tʃʰɛ⁵⁵⁴	货车	fu³³²tʃʰiᵉ⁴⁴
急救车	救护车	tʃʌu⁵²⁻³²u²¹⁻²²tʃʰɛ⁵⁵⁴	救护车	tʃou³²u²¹tʃʰiᵉ⁴⁴
囚车	警车	keŋ³³⁴tʃʰɛ⁵⁵⁴	警车	kiᵒŋ⁵²⁻³²tʃʰiᵉ⁴⁴
车轮	车轮	tʃʰɛ⁵⁵⁴⁻³²lʌn²⁴³	车轮	tʃʰiᵉ⁴⁴⁻³²lɐn²⁴
轮胎	轮胎	lʌn²⁴³⁻²²tʰui⁵⁵⁴	车胎	tʃʰiᵉ⁴⁴⁻³²tʰɔi⁴⁴
车轴	车轴	tʃʰɛ⁵⁵tʃok²²	车轴	tʃʰiᵉ⁴⁴⁻³²tʃok³⁴
车辐	车碌 车框	tʃʰɛ⁵⁵⁴⁻³³lok⁵⁵ tʃʰɛ⁵⁵⁴⁻³³kʰuaŋ⁵⁵⁴	车碌 车框	tʃʰiᵉ⁴⁴⁻³²lok⁵⁵ tʃʰiᵉ⁴⁴⁻³²kʰuɛŋ⁴⁴
方向盘	方向盘	fɔŋ⁵⁵hɛŋ⁵²⁻³²pun²⁴³	方向盘	fuŋ⁴⁴⁻³²hyŋ³²pɔn²⁴
刹车器	车刹	tʃʰɛ⁵⁵ʃat⁵³⁻²²	车刹	tʃʰiᵉ⁴⁴⁻³²ʃat³²
车座	座位	ɬɔ²²³⁻²²uʌi²¹	座位	tʃu²¹uei²¹
车铃	车铃	tʃʰɛ⁵⁵len⁵⁵	车铃/呤钟	tʃʰiᵉ⁴⁴⁻³²liᵒŋ²⁴/lɐŋ⁴⁴⁻³²tʃoŋ⁴⁴
脚踏	脚踏	kiɛk⁵⁵⁻³²tap²²	脚踏	kiᵒk⁵⁵⁻³²tap²¹
船	船	tʃun²⁴³	船	tʃyn²⁴
轮船	轮船	lʌn²⁴³⁻²²tʃun²⁴³	轮船	lɐn²⁴⁻²¹tʃyn²⁴
帆船	帆船	fan²¹⁻²²tʃun²⁴³	帆船	pam²⁴⁻²¹tʃyn²⁴

续上表

义项	封川话词条	封川话标音	开建话词条	开建话标音
篷船	篷船	poŋ243-22tʃun243	篷船	poŋ24-21tʃyn24
舢舨	板艇 蕉荡壳	pan334teŋ223 tʃiu554toŋ21hɔk53	艇	tiᵊŋ242
渔船	捯鱼，钓艇	lɔ243-32tʃun243, tiu52teŋ223	渔船	ny24-21tʃyn24
渡船	渡船	tu21-22tʃun243	渡船	tu21tʃyn24
筏	竹排	tʃok55-32pai243	竹排	tʃok55-32pai24
舵	舵	tɔ243	舵	tu24
帆	帆	fan243	帆	pam24
桅	桅杆	uʌi243-22kon554	桅杆	ŋei24-21kɔn44
桨	桨	tieŋ334	桨	tʃyŋ52
橹	舵	tɔ243	舵	tu24
篙	竹篙 撑篙	tʃok55-32kəu554 tʃʰaŋ55kəu554	竹篙	tʃok55-32kɔ44
船篷	船篷	tʃun243-22poŋ243	船篷	tʃyn24-21poŋ24
跳板	渡板	tu21-22pan334	跳板	tʰiu32pan52
轿	轿	kiu21	轿	kiu21
花轿	花轿	fa55kiu21	花轿	fa44-32kiu21
村	村	tʰun554	村	tʃʰɐn44
镇	镇	tʃʌn52	镇	tʃin32
乡村	乡	hieŋ554	乡	hyŋ44
城市	城市	tʃeŋ22ʃi223	城市	tʃiᵊŋ24-21tʃi242
城里	城市 里头	tʃeŋ243-22ʃi223 lu223-22tʌu243	城市 里头	tʃiᵊŋ24-21tʃi242 lœ(y)242-21tɐu24
乡下	乡下	hieŋ55ha21	乡下	hyŋ44-32a242
野外	开外	hui55ŋui21	田垌	teŋ24-21tuŋ21
住地	立脚地	lʌp22kiɛk55ti21		
家	家，屋	ka55, ok55	屋	ok55
老家	老家	ləu223ka554	老屋	lɔ242-21ok55
村头	村头	tʰun554-32tʌu243	村头	tʃʰɐn44-32tɐu24
邻屋	隔篱屋	kak53-22li243-22ok55	隔篱屋	kɛk32lei24-21ok55

续上表

义项	封川话词条	封川话标音	开建话词条	开建话标音
农贸集市	市场	ʃi³³⁴tʃʰiɛŋ²⁴³	市场	tʃi²⁴²⁻²¹tʃyŋ²⁴
菜市场	菜市	tʰui⁵²⁻³²ʃi²²³	卖菜市场	mai²¹tʃʰɔi³²tʃi²¹tʃyŋ²⁴
商店	商店	ʃiɛŋ⁵⁵tim⁵²	店	tim³²
铺面	铺面 铺头	pʰu⁵²⁻³²min²⁴³ pʰu⁵²⁻³²tʌu²⁴³	铺面 铺头	pʰu³²min²¹ pʰu³²tɐu²⁴
百货店	百货商店	pak⁵⁵fɔ⁵²⁻³³ʃiɛŋ⁵⁵tim⁵²	百货商场	pɛk³²fu³³²ʃyŋ⁴⁴⁻³²tʃyŋ²⁴
杂货店	杂货铺	ɬap²²fɔ⁵²⁻²²pʰu⁵²⁻²¹	杂货店	tʃap²¹fu³³²tim³²
布店	布店	pu⁵²⁻³³tim⁵²	布店	pu³²tim³²
点心店	面包店	min²¹⁻²²pau⁵⁵tim⁵²	面包店	min²¹pau⁴⁴⁻³²tim³²
熟菜店	烧腊店	ʃiu⁵⁵lap²²tim⁵²	烧腊店	ʃiu⁴⁴⁻³²lap²¹tim³²
瓷器店	缸瓦铺	kœŋ⁵⁵⁴⁻³²ŋa²²³pʰu⁵²	缸瓦铺	kœŋ⁴⁴⁻³²ŋa²⁴²⁻²¹pʰu³²
钟表店	钟表店	tʃoŋ⁵⁵piu⁵⁵tim⁵²	手表店	ʃou⁵²⁻³²pɛu⁴⁴⁻³²tim³²
鞋帽店	鞋店	hai²⁴³⁻²²tim⁵²	鞋店	ai²⁴²⁻²¹tim³²
文具店	文具店	muʌn²⁴³⁻²²ky²¹⁻²²tim⁵²	文具店	mɐn²⁴⁻²¹ky²¹tim³²
木器店	木店	mok²²tim⁵²	木店	mok³⁴⁻²²tim³²
粮店	米店	muʌi²²³tim⁵²	米店/铺	mai²⁴²⁻²¹tim³²/pʰu³²
肉铺	肉档	ȵiok²²tɔŋ⁵²	肉档	ȵiok³⁴⁻²²tœŋ³²
酱料店	豉油店	ʃi²¹⁻²²iʌu²⁴³⁻²²tim⁵²	豉油店	tʃi²¹iɐu²⁴⁻²¹tim³²
糖果店	糖瓜铺	toŋ²⁴³⁻²²kua⁵⁵pʰu⁵²	糖瓜铺/店	tœŋ²⁴⁻²¹kua⁴⁴⁻³²pʰu³²/tim³²
棉花店	棉花店	min²⁴³⁻²²fa⁵⁵tim⁵²	棉花店	mɐn²⁴⁻²¹fa⁴⁴⁻³²tim³²
寄卖店	寄卖店	ki⁵²mai²¹⁻²³tim⁵²		
旧货店	旧货铺/店	tʃʌu²¹⁻²²fɔ⁵²pʰu⁵²/tim⁵²	旧货铺/店	tʃou²¹fu³³²pʰu³²/tim³²
旧衣店	故衣店	ku⁵²⁻³³i⁵⁵tim⁵²	旧衫店	tʃou²¹ʃam⁴⁴⁻³²tim³²
银匠店	银店	ŋʌn²²³⁻²²tim⁵²	银店	ŋɐn²⁴⁻²¹tim³²
柴煤店	柴煤店	tʃai²⁴³⁻²²mui²⁴³⁻²²tim⁵²	柴煤店	tʃai²⁴⁻²¹mui²⁴⁻²¹tim³²
银行	银行	ŋʌn²⁴³⁻²²hɔŋ²⁴³	银行	ŋɐn²⁴⁻²¹œŋ²⁴
当铺	当铺	tɔŋ⁵²pʰu⁵²⁻²¹	当铺	tœŋ³²pʰu³²
中药铺	中药铺	tʃoŋ⁵⁵iɛk²²pʰu⁵²	中药店/铺	tʃoŋ⁴⁴⁻³²iɛk²¹tim³²/pʰu³²
西药房	西药房	ɬʌi⁵⁵iɛk²²fɔŋ²⁴³	西药房	ʃɐi⁴⁴⁻³²ik²¹puŋ²⁴

续上表

义项	封川话词条	封川话标音	开建话词条	开建话标音
理发店	剃头铺	tʰʌi⁵²⁻³²tʌu²⁴³⁻²²pʰu⁵²	挥发铺	fei⁴⁴⁻³²fat³²pʰu³²
澡堂	沐浴堂	mok²²iok²²toŋ²⁴³	冲凉房	tʃʰoŋ⁴⁴⁻³²lyŋ²⁴⁻²¹puŋ²⁴
旅店	旅店 客栈	ly²³tim⁵² hak⁵⁵⁻³²tʃan²¹	旅店	lui²⁴²⁻²¹tim³²
饭馆	饭店	fan²¹⁻²²tim⁵²	饭店	pan²¹tim³²
茶馆	茶楼	tʃa²⁴³⁻²²lʌu²⁴³	茶楼	tʃa²⁴⁻²¹lɐu²⁴
小吃店	零食店	leŋ²⁴³⁻²²ʃek²²tim⁵²	小卖铺	ʃɛu⁵²⁻³²mai²¹pʰu³²
冷饮店	冰室	peŋ⁵⁵ʃʌt⁵⁵	冰室	piŋ⁴⁴⁻³²ʃɐt⁵⁵
棺材店	棺材铺 长生铺	kun⁵⁵ɫui²⁴³⁻²²pʰu⁵² tʃʰieŋ²⁴³⁻²²ʃaŋ⁵⁵pʰu⁵²	棺材铺	kun⁴⁴⁻³²tʃɔi²⁴⁻²¹pʰu³²
寿衣店	寿衣店	tʃʌu²¹⁻²²i⁵⁵tim⁵²	万利和 缸瓦铺	man²¹lei²¹u²⁴ kœŋ⁴⁴⁻³²ŋa²⁴²⁻²¹pʰu³²
其他 店铺	玩具店 书店	uan²⁴³ky²¹⁻²²tim⁵² ʃy⁵⁵tim⁵²	玩具店 书店	uan²⁴⁻²¹ky²¹tim³² ʃy⁴⁴⁻³²tim³²
地摊	地摊	ti²¹⁻²²tʰan⁵⁵⁴	地摊	tei²¹tʰan⁴⁴
工厂	工厂	koŋ⁵⁵tʃʰieŋ³³⁴	厂	tʃʰœŋ⁵²
作坊	作坊	tok⁵³⁻³³fɔŋ⁵⁵⁴	店	tim³²
油坊	油坊	iʌu²⁴³⁻²²fɔŋ⁵⁵⁴	油炸屋	iɐu²⁴⁻²¹tʃa³²ok⁵⁵
染坊	染坊	nim³³⁴fɔŋ⁵⁵⁴		
屠宰场	屠场	tu²⁴³⁻²²tʃʰieŋ²⁴³		
铁匠铺	打铁铺	ta³⁴tʰet⁵³⁻³³pʰu⁵²⁻²¹	打铁铺	ta⁵²⁻³²tʰɛt³²pʰu³²
建筑 工地	工地 屋地	koŋ⁵⁵ti²¹ ok⁵⁵⁻³³ti²¹	工地 屋地	koŋ⁴⁴⁻³²tei²¹ ok⁵⁵⁻³³tei²¹
学校	学校	hɔk²²hau²¹	学校	œk²¹au²¹
私塾	私塾	ʃi⁵⁵ʃok²²		
托儿所	托儿所	tʰok⁵²⁻³²ni²⁴³⁻²²ʃɔ³³⁴	托儿所	tʰœk³²ni²⁴⁻²¹ʃu⁵²
幼儿园	幼儿园	iʌu⁵²⁻³²ni²⁴³⁻²²iun²⁴³	幼儿院	iou³²ni²⁴⁻²¹yn²¹
教室	教室	kau⁵²⁻³³ʃʌt⁵⁵	课室	kʰu⁵²⁻³²ʃɐt⁵⁵
考场	考场	hau³⁴tʃieŋ²⁴³	考场	hau⁵²⁻³²tʃyŋ²⁴
戏院	戏院	hi⁵²⁻³²iun²⁴³	戏院	hi³²yn²¹
舞厅	舞厅	mu²³tʰeŋ⁵⁵⁴	舞厅	mu²⁴²⁻²¹tʰiŋ⁴⁴

续上表

义项	封川话词条	封川话标音	开建话词条	开建话标音
水田	田	tin²⁴³	田	tɛn²⁴
旱地	旱地	hun²²³ti²¹	旱地	ɔn²⁴²⁻²¹tei²¹
山坡地	山地	ʃan⁵⁵⁴⁻³²ti²¹	山地	ʃan⁴⁴⁻³²tei²¹
沙土地	沙地	ʃa⁵⁵ti²¹	沙地	ʃa⁴⁴⁻³²tei²¹
滩地	平滩地	peŋ²⁴³⁻²²tʰan⁵⁵ti²¹	平滩地	piˀŋ²⁴⁻²¹tʰan⁴⁴⁻³²tei²¹
盐碱地	盐碱地	im²⁴³⁴⁻²²kan³³⁴ti²¹	咸地	am²⁴⁻²¹tei²¹
梯田	梯田	tʰʌi⁵⁵tin²⁴³	梯田	tʰɐi⁴⁴⁻³²tɛn²⁴
秧田	秧田	ieŋ⁵⁵tin²⁴³	秧田	yŋ⁴⁴⁻³²tɛn²⁴
菜地	菜地	tʰui⁵²⁻³²ti²¹	菜地	tʃʰɔi³²tei²¹
荒地	荒地	fɔŋ⁵⁵ti²¹	荒地	fuŋ⁴⁴⁻³²tei²¹
田埂	田基	tin²¹⁻²²ki⁵⁵⁴	田基	tɛn²⁴⁻²¹ki⁴⁴
打谷场	禾地	uɔ²⁴³⁻²²ti²¹	禾地	uˀ²⁴⁻²¹tei²¹
佛堂	佛寺	fuʌt²²ɬi²¹	和尚寺	uˀ²⁴⁻²¹tʃuŋ²¹tʃei²¹
关帝庙	关帝庙	kuan⁵⁵⁴⁻³²tʌi²¹⁻²²miu²¹	关帝庙	kuan⁴⁴⁻³²tei³²miu²¹
城隍庙	城隍庙	tʃeŋ²⁴³⁻²²uɔŋ²⁴³⁻²²miu²¹	城隍庙	tʃiˀŋ²⁴⁻²¹uŋ²⁴⁻²¹miu²¹
土地庙	土地庙	tʰu³³⁴ti²¹⁻²²miu²¹	土地庙	tʰu⁵²⁻³²tei²¹miu²¹
清真寺	清真寺	tʰeŋ⁵⁵tʃʌn⁵⁵ɬi²¹	清真寺	tʃʰiˀŋ⁴⁴⁻³²tʃɐn⁴⁴⁻³²tʃei²¹
教堂	教堂	kau⁵²⁻³²tɔŋ²⁴³	教堂	kau³²tœŋ²⁴
其他庙宇	文庙	muʌn²⁴³⁻²²miu²¹	文庙	mɐn²⁴⁻²¹miu²¹
	北帝庙	pak⁵⁵⁻³²tʌi²¹miu²¹	北帝庙	pɐk⁵⁵⁻³²tei³²miu²¹
阎王殿	阎王殿	ȵim²⁴³⁻²²uɔŋ²⁴³⁻²²tin²¹	阎王殿	im²⁴⁻²¹uˀŋ²⁴⁻²¹tin²¹
祠堂	祠堂	ɬi²⁴³⁻²²tɔŋ²⁴³	祠堂	tʃu²⁴⁻²¹tœŋ²⁴
灵堂	灵堂	leŋ²⁴³⁻²²tɔŋ²⁴³	灵堂	liˀŋ²⁴⁻²¹tœŋ²⁴
殡仪馆	殡仪馆	puʌn⁵²⁻³²ȵi²²kun³³⁴	殡仪馆	pɐn⁴⁴⁻³²i²⁴⁻²¹kun⁵²
火葬场	火葬场	fɔ³³⁴tɔŋ⁵²⁻³²tʃieŋ²⁴³	火葬场	fuˀ⁵²⁻³²tʃœŋ³²tʃyŋ²⁴
坟地	坟地	fuʌn²⁴³⁻²²ti²¹	墓地	mu²¹tei²¹
赌场	赌场	tu³³⁴tʃieŋ²⁴³	赌场	tu⁵²⁻³²tʃyŋ²⁴
妓院	鸡窦	kʌi⁵⁵tʌu⁵²	鸡窦	kɐi⁴⁴⁻³²tou³²
鸦片烟馆	烟土馆	in⁵⁵⁴⁻³³tʰu³³⁴kun³³⁴	鸦片馆	a⁴⁴⁻³²pʰin³²kun⁵²

六、方向时间

义项	封川话词条	封川话标音	开建话词条	开建话标音
方向	方向	fɔŋ^{55}hieŋ^{52}	方向	fuŋ$^{44-32}$hyŋ^{32}
位置	位置	uʌi$^{21-22}$tʃi^{52}	位置	uei^{21}tʃi^{32}
东边	东边	toŋ^{55}pin^{554}	东边	toŋ^{44}pɛn^{44}
西边	西边	ɬʌi^{55}pin^{554}	西边	ʃei^{44}pɛn^{44}
南边	南边	nam$^{243-22}$pin^{554}	南边	nam^{24}pɛn^{44}
北边	北边	pak^{55}pin^{554}	北边	pɐk^{55}pɛn^{44}
左边	左边	tɔ^{334}pin^{554}	左边	tʃu^{32}pɛn^{44}
右边	右边	iʌu$^{21-22}$pin^{554}	右边	iou^{21}pɛn^{44}
上面	上边/高	tʃieŋ$^{21-22}$pin^{554}/kəu^{554}	上边/高	tʃuŋ^{21}pɛn^{44}/kɔ^{44}
下面	下底	ha$^{21-22}$tʌi^{334}	下底	a$^{242-21}$tai^{52}
前面	前边	ɬin$^{243-22}$pin^{554}	前边	tʃɛn^{24}pɛn^{44}
后面	后边	hau$^{21-22}$pin^{554}	后边	ɐu^{242}pɛn^{44}
旁边	隔篱	kak$^{53-33}$li^{243}	隔篱	kɛk^{32}lɐi^{24}
侧面	侧边	tʃak$^{53-33}$pin^{554}	侧边	tʃɛk^{55}pɛn^{44}
周围	周围	tʃʌi^{55}uʌi^{243}	周围	tʃɐu$^{44-32}$uei^{24}
中间	中间	tʃoŋ$^{554-33}$kan^{554}	中间	tʃoŋ$^{44-32}$kan^{44}
两者之间	中间	tʃoŋ$^{554-33}$kan^{554}	中间	tʃoŋ$^{44-32}$kan^{44}
裏面	里头	ly$^{223-22}$tʌu^{243}	里头	lɔ(ɐi)$^{242-21}$tɐu^{24}
外面	开面	hui^{55}min^{21}	器"兜"	hi^{32}tɐu^{44}
底部	豚底	tok$^{55-33}$tʌi^{334}	豚底	tok$^{55-32}$tai^{52}
正面	正面	tʃeŋ$^{52-32}$min^{21}	正面	tʃiŋ^{32}min^{21}
反面	反面	fan^{334}min^{21}	反面	fan^{52}min^{21}
背面	背面	pui$^{52-32}$min^{21}	背面	pui^{32}min^{21}
脚下	脚底	kiɛk$^{55-33}$tʌi^{334}	脚底	kiᵊk$^{55-32}$tai^{52}
顶部	上高 顶头	tʃieŋ$^{21-22}$kəu^{554} teŋ^{334}tʌu^{243}	上高/顶	tʃuŋ^{21}kɔ^{44}/ti°ŋ^{52}
近处	近处	tʃʌn^{223}tʃʰy^{52}	近边	tʃɛn^{242}pɛn^{44}

续上表

义项	封川话词条	封川话标音	开建话词条	开建话标音
远处	远处	iun²³tʃʰy⁵²	远边	yn²⁴²pɐn⁴⁴
对面	对面	tui⁵²⁻³²min²¹	对面	tœ³²min²¹
到处	四围 周替围 周遭围	ɬi⁵²uʌi²⁴³ tʃʌu⁵⁵⁴⁻³²tʌm²¹⁻²²uʌi²⁴³ tʃʌu⁵⁵⁴⁻³²təm⁵⁵⁴⁻²²uʌi²⁴³	四围	ʃei³²uɐi²⁴
地方	地方 田堂	ti²¹⁻²²fɔŋ⁵⁵⁴ tin²⁴³⁻²²tɔŋ²⁴³	□	tœŋ²⁴²
地上	地泥	ti²¹⁻²²nʌi²⁴³	地泥	tei²¹nɐi²⁴
空位	空位	hoŋ⁵⁵⁴⁻³²uʌi²¹	空位	hoŋ⁴⁴⁻³²uei²¹
角落	角诺	kɔk⁵³⁻³³nɔk⁵⁵	屋角/诺	ok⁵⁵⁻³²kœk³²/nœk³²
缝隙	罅 裂	la⁵² lɛ⁵²	□	liᵉ³²
裂缝	裂	lɛ⁵²	罅	la³³
洞	窿	loŋ⁵⁵⁴	窿	loŋ⁴⁴
太阳地	朝热地 朝阳地	tʃiu²⁴³⁻²²ɲit²²ti²¹ tʃiu²⁴³⁻²²iɐŋ²⁴³⁻²²ti²¹	热头地	ɲit³⁴⁻²¹tɐu²⁴⁻²¹tei²¹
月亮地	月亮地	ɲiut²²liɐŋ²¹⁻²²ti²¹	月亮地	ɲyt³⁴⁻²¹luŋ²¹tei²¹
雪地	雪地	ɬut⁵⁵⁻³²ti²¹	雪地	ʃyt⁵⁵⁻³²tei²¹
春天	春天	tʃʰʌn⁵⁵tʰin⁵⁵⁴	春天	tʃʰɐn⁴⁴⁻³²tʰɐn⁴⁴
夏天	夏天	ha²¹⁻²²tʰin⁵⁵⁴	夏天	a²¹tʰɐn⁴⁴
秋天	秋天	tʰʌu⁵⁵tʰin⁵⁵⁴	秋天	tʃʰɐu⁴⁴⁻³²tʰɐn⁴⁴
冬天	冬天	toŋ⁵⁵tʰin⁵⁵⁴	冬天	toŋ⁴⁴⁻³²tʰɐn⁴⁴
清明	清明	tʰɐŋ⁵⁵⁴⁻³²mɐŋ²⁴³	清明	tʃʰiŋ⁴⁴⁻³²miŋ²⁴
冬至	冬节	toŋ⁵⁵tit⁵⁵	冬	toŋ⁴⁴
除夕	年卅晚	nin²⁴³⁻²²ɬa²²man²²³	年卅晚	nɛn²⁴⁻²¹ʃa⁴⁴⁻³²man²⁴²
年初一	大年初一	tai²¹⁻²²nin²⁴³tʃʰɔ⁵⁵⁴⁻³³iʌt⁵⁵	年初一	nɛn²⁴⁻²¹tʃʰu⁰⁴⁴⁻³²iɐt⁵⁵
元宵	元宵	ɲiun²⁴³⁻²²ɬiu⁵⁵⁴	元宵	yn²⁴⁻²¹ʃeu⁴⁴
寒食	寒食	hun²⁴³⁻²²ʃek²²	寒食节	ɔn²⁴⁻²¹tʃɐk³⁴⁻²¹tʃɐt³²
端午	五月节	ŋ²³ɲiut²²tit⁵⁵	五月节	ŋ²⁴²⁻²¹ɲyt³⁴⁻²¹tʃɐt³²
七夕	七夕	tʰʌt⁵⁵⁻³²ɬek²²	七月七	tʃʰɐt⁵⁵⁻³²ɲyt³⁴⁻²¹tʃʰɐt⁵⁵

续上表

义项	封川话词条	封川话标音	开建话词条	开建话标音
中元	盂兰节 中元节 七月十四	y$^{243-22}$lan$^{243-22}$tit^{55} tʃoŋ^{55}ȵiun$^{243-22}$tit^{55} tʰʌt^{55}ȵiut^{22}ɬʌp^{22}ɬi^{52}	七月半	tʃʰɐt$^{55-32}$ȵyt$^{34-21}$pun^{32}
中秋	八月十五	pat$^{53-32}$ȵiut^{22}ʃʌp^{22}ŋ^{223}	中秋	tʃuŋ$^{44-32}$tʃʰɐu^{44}
重阳	重阳节	tʃoŋ$^{243-22}$iɛŋ$^{243-22}$tit^{55}	重阳节	tʃoŋ$^{24-21}$yŋ$^{24-21}$tʃɛt^{32}
下元	下元	ha$^{21-22}$ȵiun^{243}		
暑假	农忙假	noŋ$^{243-22}$moŋ$^{243-22}$ka^{334}	农忙假	noŋ$^{24-21}$mœŋ$^{24-21}$ka^{52}
寒假	寒假	hun$^{243-22}$ka^{334}	新年假	ʃɐn$^{44-32}$nɛn$^{24-21}$ka^{52}
时间	时间 时	tʃi$^{243-22}$kan^{55} tʃi^{243}	时间 时	tʃi$^{24-21}$kan^{44} tʃi^{24}
年	年	nin^{243}	年	nɛn^{24}
月	月	ȵiut^{22}	月	ȵyt^{34}
日	日	ȵiʌt^{22}	日	ȵiet^{34}
正月	正月	tʃɐŋ^{55}ȵiut^{22}	正月	tʃiᵊŋ^{44}ȵyt^{34}
腊月	十二月	ʃʌp^{22}ȵi$^{21-22}$ȵiut^{22}	十二月	ʃep$^{34-21}$ȵi^{21}ȵyt^{34}
闰月	闰月	ȵiʌn$^{21-22}$ȵiut^{22}	闰月	ȵin^{21}ȵyt^{34}
两立春之年	双春	ʃoŋ$^{554-33}$tʃʰʌn^{554}	双春	ʃœn$^{44-32}$tʃʰɐn^{44}
无立春之年	盲春	maŋ$^{243-22}$tʃʰʌn^{554}	盲春	mɛn$^{24-21}$tʃʰɐn^{44}
大建	月大	ȵiut^{22}tai^{21}	月大	ȵyt$^{34-21}$tai^{21}
小建	月小	ȵiut^{22}ɬiu^{334}	月小	ȵyt$^{34-21}$ʃɐu^{52}
上旬	上旬	tʃiɐŋ$^{21-22}$ɬʌn^{243}	上旬	tʃuŋ^{21}tʃɐn^{24}
中旬	中旬	tʃoŋ^{55}ɬʌn^{243}	中旬	tʃoŋ^{44}tʃɐn^{24}
下旬	下旬	ha$^{21-22}$ɬʌn^{243}	下旬	a^{242}tʃɐn^{24}
星期天	礼拜日 星期日 星期天	lʌi^{223}pai$^{52-32}$ȵiʌt^{22} ɬɐŋ^{55}ki$^{243-22}$ȵiʌt^{22} ɬɐŋ^{55}ki$^{243-22}$tʰin^{554}	礼拜日 星期日	lei$^{242-21}$pai^{32}ȵiet^{34} ʃiᵊ$^{44-32}$ki$^{24-21}$ȵiet^{34}
凌晨	蒙造光	mu^{55}ɬɐu^{21}kuoŋ^{554}	暗洒光	om^{32}ʃa$^{52-32}$kuŋ^{44}
清晨	清早 一早	tʰɐŋ^{55}tɐu^{334} iʌt$^{55-33}$tɐu^{334}	一大早	iɐt$^{55-32}$tai^{21}tʃɔ^{52}

续上表

义项	封川话词条	封川话标音	开建话词条	开建话标音
午前	晏	an^{52}	朝间/头	tɐu^{44}kan^{44}/tɐu^{24}
上午	上午	tʃiɛŋ$^{21-22}$ŋ^{223}	朝间/头	tɐu^{44}kan^{44}/tɐu^{24}
中午	宴昼	an$^{52-33}$tʃʌu^{52}	宴间/头	an^{32}kan^{44}/tɐu^{24}
午后	晚	man^{223}	下晚	a$^{242-21}$man^{242}
下午	下午	ha$^{21-22}$ŋ^{223}	下晚	a$^{242-21}$man^{242}
白天	日间	ȵiʌt^{22}kan^{554}	日间	ȵiet^{34}kan^{44}
黄昏	入黑	ȵiʌp^{22}hak^{55}	下晚	a$^{242-21}$man^{242}
傍晚	挨晚	ai$^{554-32}$man^{223}	入黑	iɐp$^{34-21}$hɐk^{55}
夜晚	夜晚	iɛ$^{21-22}$man^{223}	晚间	man^{242}kan^{44}
上半夜	上半夜	tʃiɛŋ$^{21-22}$pun$^{52-22}$iɛ^{21}	上半夜	tʃuŋ^{21}pun^{32}i^{21}
下半夜	下半夜	ha$^{21-22}$pun$^{52-22}$iɛ^{21}	下半夜	a$^{242-21}$pun^{32}i^{21}
半夜	半夜	pun$^{52-32}$iɛ^{21}	半夜	pun^{32}i^{21}
整天	成日	ʃɛŋ$^{243-22}$ȵiʌt^{22}	成日	tʃiəŋ$^{24-21}$ȵiet^{34}
整夜	成晚	ʃɛŋ$^{243-22}$man^{223}	成晚	tʃiəŋ$^{24-21}$man^{242}
日期	日子	ȵiʌt^{22}ti^{334}	日子	ȵiet$^{34-21}$tʃu^{52}
今天	今日	kam$^{554-33}$muʌt^{55}	个日	ku^{332}ȵiet^{34}
明天	明朝日	mɛŋ$^{243-22}$tʃiu$^{554-22}$ȵiʌt^{22}	同日	toŋ$^{24-21}$ȵiet^{34}
后天	后日	hʌu$^{21-22}$ȵiʌt^{22}	后日	ɐu$^{242-21}$ȵiet^{34}
大后天	大后日	tai$^{21-22}$hʌu$^{21-22}$ȵiʌt^{22}	大后日	tai^{21}ɐu$^{242-21}$ȵiet^{34}
昨天	净日（上一日）	ɬɛŋ^{22}muʌt^{55}	谢日	tʃi^{21}ȵiet^{34}
前天	前日	ɬin$^{243-22}$ȵiʌt^{22}	前日	tʃɛn$^{24-21}$ȵiet^{34}
大前天	大前日	tai$^{21-22}$ɬin$^{243-22}$ȵiʌt^{22}	大前日	tai^{21}tʃɛn^{24}ȵiet^{34}
前几天	前几天 前几日	ɬin$^{243-22}$ki^{334}tʰin^{554} ɬin$^{243-22}$ki$^{334-44}$ȵiʌt^{22}	前几日	tʃɛn^{24}ki^{52}ȵiet^{34}
昨晚	净晚	ɬɛŋ^{22}man^{223}	谢晚	tʃi^{21}man^{242}
明早	明朝早	min$^{243-22}$tʃiu$^{554-22}$tɐu^{334}	同早	toŋ$^{24-21}$tʃɔ^{52}
月份	月	ȵiut^{22}	月	ȵyt^{34}
这个月	个个月	kɔ^{334}kɔ$^{52-33}$ȵiut^{22}	笄个月	kei^{52}ku^{332}ȵyt^{34}
上个月	上个月	tʃiɛŋ$^{243-22}$kɔ$^{52-33}$ȵiut^{22}	上个月	tʃuŋ^{21}ku^{332}ȵyt^{34}
下个月	下个月	ha$^{21-22}$kɔ$^{52-33}$ȵiut^{22}	下个月	a$^{242-21}$ku^{332}ȵyt^{34}

续上表

义项	封川话词条	封川话标音	开建话词条	开建话标音
下下个月	下下个月 最下个月	ha²¹⁻²²ha²¹⁻²²kɔ⁵²⁻³³n̠iut²² tui⁵²ha²¹⁻²²kɔ⁵²⁻³³n̠iut²²	下下个月	a²⁴²a²⁴²ku³²n̠yt³⁴
前个月	前个月	ɬin²⁴³⁻²²kɔ⁵²⁻³³n̠iut²²	前个月	tʃɛn²⁴ku³²n̠yt³⁴
月初	月初	n̠iut²²tʃʰɔ⁵⁵⁴	月初	n̠yt³⁴⁻²¹tʃʰu⁰⁴⁴
月中	月中	n̠iut²²tʃoŋ⁵⁵⁴	月中	n̠yt³⁴⁻²¹tʃoŋ⁴⁴
月底	月底	n̠iut²²tʌi³³⁴	月底 月尾	n̠yt³⁴⁻²¹tai⁵² n̠yt³⁴⁻²¹mɐi²⁴²
阴历月首日	初一	tʃʰɔ⁵⁵⁴⁻³³iʌt⁵⁵	初一	tʃʰu⁰⁴⁴⁻³²iɐt⁵⁵
阳历月首日	一号	iʌt⁵⁵həu²¹	一号	iɐt⁵⁵ɔ²¹
年份	年	nin²⁴³	年	nɛn²⁴
今年	今年	kʌm⁵⁵⁴⁻³²nin²⁴³	个年	ku³²nɛn²⁴⁻⁴⁴
明年	明年	min²⁴³⁻²²nin²⁴³	来年	lɔ²⁴⁻²¹nɛn²⁴
后年	后年	hʌu²³nin²⁴³	后年	ɐu²⁴²⁻²¹nɛn²⁴
大后年	大后年	tai²¹⁻²²hʌu²³nin²⁴³	大后年	tai²¹ɐu²⁴²nɛn²⁴
去年	旧年	tʃʌ²⁴³⁻²²nin²⁴³	谢年	tʃi²¹nɛn²⁴
前年	前年	ɬin²⁴³⁻²²nin²⁴³	前年	tʃɛn²⁴nɛn²⁴
大前年	大前年	tai²¹⁻²²ɬin²⁴³⁻²²nin²⁴³	大前年	tai²¹tʃɛn²⁴nɛn²⁴
往年	往年	uɔŋ²²³nin²⁴³	往年	uŋ²⁴²nɛn²⁴
上半年	上半年	tʃiɐn²¹⁻²²pun⁵²⁻²²nin²⁴³	上半年	tʃuŋ²¹pun³²nɛn²⁴
下半年	下半年	ha²¹⁻²²pun⁵²⁻²²nin²⁴³	下半年	a²⁴²⁻²¹pun³²nɛn²⁴
年初	年头	nin²⁴³⁻²²tʌu²⁴³	年初	nɛn²⁴⁻²¹tʃʰu⁰⁴⁴
年中	年中	nin²⁴³⁻²²tʃoŋ⁵⁵⁴	年中	nɛn²⁴⁻²¹tʃoŋ⁴⁴
年底	年尾	nin²⁴³⁻²²mi²²³	年底	nɛn²⁴⁻²¹tai⁵²
整年	成年	ʃeŋ²⁴³⁻²²nin²⁴³	成年	tʃiˀ²⁴⁻²¹nɛn²⁴
近几年	近几年	tʃʌn²²³ki³³⁴⁻³²nin²⁴³	笋几年	kei⁵²ki²¹nɛn²⁴
日后	以后	i²³hʌu²¹	以后	i²⁴²⁻²¹ɐu²⁴²
当时	当时	toŋ⁵⁵⁴⁻³²ʃi²⁴³	当时	tœn⁴⁴⁻³²tʃi²⁴
半天	半日	pun⁵²⁻³²n̠iʌt²²	半日	pun³²n̠iɐt³⁴

续上表

义项	封川话词条	封川话标音	开建话词条	开建话标音
大半天	大半日	tai²¹⁻²²pun⁵²n̩iʌt²²	大半日	tai²¹pun³²n̩iet³⁴
一会儿	一阵儿	iʌt⁵⁵tʃʌn²¹⁻²²n̩i⁵⁵⁴	一阵	iet⁵⁵⁻³²tin²¹
一星期	一个礼拜	iʌt⁵⁵kɔ⁵²⁻³³lʌi²²³pai⁵²	一粒礼拜	iet⁵⁵⁻³²nɐm⁴⁴lei²⁴²⁻²¹pai³²
一个月	一个月	iʌt⁵⁵kɔ⁵²⁻³³n̩iut²²	（一）个月	(iet⁵⁵⁻³²)ku³²n̩yt³⁴
十多天	十几日	ʃʌp²²ki³³⁴⁻³³n̩iʌt²²	十几日	ʃep³⁴⁻²¹ki⁵²n̩iet³⁴
一段日子	一段日子 一排日子	iʌt⁵⁵⁻³²tun²¹⁻²²n̩iʌt²²ti³³⁴ iʌt⁵⁵⁻³²pai²⁴³n̩iʌt²²ti³³⁴	一排 一轮	iet⁵⁵⁻³²pai²⁴ iet⁵⁵⁻³²lɐn²⁴
现在	个阵 依家	kɔ³³⁴tʃʌn²¹ i⁵⁵ka⁵⁵⁴	现在	in²¹tʃɔi²⁴²
先前	先头	ɬin⁵⁵tʌu²⁴³	先头	ʃen⁴⁴⁻³²tɐu²⁴
以前	以前	i²³ɬin²⁴³	以前	i²⁴²⁻²¹tʃen²⁴
刚才	个阵 啱先	kɔ³⁴tʃʌn²¹ ŋam⁵⁵ɬin⁵⁵⁴	悭先 头先	han⁴⁴⁻³²ʃen⁴⁴ tɐu²⁴⁻²¹ʃen⁴⁴
过一会儿	等阵	taŋ³⁴tʃʌn²¹	等阵	tɐŋ⁵²tin²¹
以后	以后	i²²³hʌu²¹	以后	i²⁴²⁻²¹ɐu²⁴²
次日	第二日	tʌi²¹⁻²²n̩i²¹⁻²²n̩iʌt²²	第二日	tei²¹n̩i²¹n̩iet³⁴
近来	近来，个排 近轮，个轮	tʃʌn²²³⁻²²lui²⁴³，kɔ³³pai²⁴³ kʌn²³lʌn²⁴³，kɔ³³lʌn²⁴³	笄轮	kei⁵²lɐn²⁴
自此以后	从今以后	ɬoŋ²⁴³⁻²²kʌm⁵⁵i²²³hʌu²¹	从今以后	tʃoŋ²⁴⁻²¹kɐm⁴⁴i²⁴²⁻²¹ɐu²⁴²
从今以后	从今以后	ɬoŋ²⁴³⁻²²kʌm⁵⁵i²²³hʌu²¹	从今以后	tʃoŋ²⁴⁻²¹kɐm⁴⁴i²⁴²⁻²¹ɐu²⁴²
一辈子	成世	ʃeŋ²⁴³⁻²²ʃʌi⁵²⁻²¹	通世	tʰoŋ⁴⁴⁻³²ʃiɛ³²
下辈子	下世	ha²¹⁻²²ʃʌi⁵²	下世	a²⁴²⁻²¹ʃiɛ³²
…之前	…之前	tʃi⁵⁵ɬin²⁴³	…之前	…tʃi⁴⁴⁻³²tʃen²⁴
…之后	…之后	tʃi⁵⁵hʌu²¹	…之后	…tʃi⁴⁴⁻³²ɐu²⁴²
…以来	…以来	i²²³lui²⁴³	…以来	…i²⁴²⁻²¹lɔi²⁴
生日	生日 日头出	ʃaŋ⁵⁵⁴⁻³²n̩iʌt²² n̩iʌt²²tʌu²⁴³tʃʰʌt⁵⁵	生日	ʃeŋ⁴⁴⁻³²n̩iet³⁴

续上表

义项	封川话词条	封川话标音	开建话词条	开建话标音
结婚的日子	星期 佳期 婚期	ɬeŋ^{55}ki^{243} kai^{55}ki^{243} fuʌn^{55}ki^{243}	日子 佳期 婚期	ȵiet$^{34\text{-}21}$tʃu^{52} kai$^{44\text{-}32}$ki^{24} fɐn$^{44\text{-}32}$ki^{24}
赶集日	墟日	hy^{55}ȵiʌt^{22}	墟日	hy$^{44\text{-}32}$ȵiet^{34}
农历	农历 旧历	noŋ$^{243\text{-}22}$lek^{22} tʃʌu$^{21\text{-}22}$lek^{22}	农历 旧历	noŋ$^{24\text{-}21}$li^{e}k^{21} tʃou^{21}li^{e}k^{21}
公历	阳历 新历	ieŋ$^{243\text{-}22}$lek^{22} ɬʌn^{55}lek^{22}	阳历 新历	yŋ$^{24\text{-}21}$li^{e}k^{21} ʃɐn$^{44\text{-}32}$li^{e}k^{21}
从小	从细	ɬoŋ$^{243\text{-}22}$ɬʌi^{52}	从小	tʃoŋ$^{24\text{-}21}$ʃeu^{52}
每天	每日	mui^{223}ȵiʌt^{22}	日日	ȵiet$^{34\text{-}21}$ȵiet^{34}
每月	每月	mui^{223}ȵiut^{22}	月月	ȵyt$^{34\text{-}21}$ȵyt^{34}
每年	每年	mui^{223}nin^{243}	年年	nɛn$^{24\text{-}21}$nɛn^{24}
每晚	每晚	mui^{223}man^{223}	晚晚	man$^{242\text{-}21}$man^{242}
每天早上	每日早	mui^{223}ȵiʌt^{22}təu^{334}	朝朝	teu$^{44\text{-}32}$teu^{44}
小时	钟头	tʃoŋ^{55}tʌu^{243}	钟头	tʃoŋ$^{44\text{-}32}$teu^{24}
分钟	分钟	fuʌn^{55}tʃoŋ^{554}	分钟	fɐn$^{44\text{-}32}$tʃoŋ^{44}
一刻钟	三个字	ɬam^{55}kɔ$^{52\text{-}33}$ɬi^{21}	三粒字	ʃam^{44}nɐp$^{55\text{-}32}$tʃoŋ^{44}

七、事体

义项	封川话词条	封川话标音	开建话词条	开建话标音
事情	事	ʃi^{21}	事	tʃi^{21}
活儿	工	koŋ^{554}	工	koŋ^{44}
大事	大事	tai$^{21\text{-}22}$ʃi^{21}	大事	tai^{21}tʃi^{21}
小事	小事	ɬiu^{334}ʃi^{21}	小事	ʃeu^{52}tʃi^{21}
杂事	垃杂事	lap^{22}ɬap^{22}ʃi^{21}	垃杂事	lap^{21}tʃap^{21}tʃi^{21}
难事	难做	nan$^{243\text{-}22}$tu^{52}	困难	kʰuɐn^{32}nan^{24}
往事	往事	uoŋ^{223}ʃi^{21}	古老事	ko^{32}lɐu$^{242\text{-}21}$tʃi^{21}
新鲜事	新闻	ɬʌn^{55}muʌn^{243}	新闻	ʃɐn$^{44\text{-}32}$mɐn^{24}

续上表

义项	封川话词条	封川话标音	开建话词条	开建话标音
麻烦事	棘手事	kʰek⁵⁵(kʰak⁵⁵)ʃʌu³³⁴ʃi²¹	棘手事	kʰek⁵⁵⁻³²ʃou⁵²⁻³²tʃi²¹
家务事	家务事	ka⁵⁵⁴⁻³²mu²¹ʃi²¹	家务事	ka⁴⁴⁻³²mu²¹tʃi²¹
亲事	喜事	hi³³⁴ʃi²¹	红/喜事	oŋ²⁴⁻²¹/hi⁵²tʃi²¹
丧事	白事	pak²²ʃi²¹	白事	pɛk²¹tʃi²¹
意外	事故	ʃi²¹⁻²²ku⁵²	事故	tʃi²¹ku³²
亏心事	阴湿事	iʌm⁵⁵ʃʌp⁵⁵ʃi²¹	亏心事	kʰuɐi⁴⁴⁻³²ʃɐm⁴⁴⁻³²tʃi²¹
蹊跷	古怪	ku³⁴kuai⁵²	古怪	ku⁵²⁻³²kuai³²
	翘棘	kʰiu⁵²⁻³³kʰek⁵⁵		
官司	官司/非	kun⁵⁵ɬi⁵⁵⁴/fi⁵⁵⁴	官司	kun⁴⁴⁻³²ʃu⁰⁴⁴
工作	工	koŋ⁵⁵⁴	工	koŋ⁴⁴
任务	任务	ȵiʌm²¹⁻²²mu²¹	任务	ȵiom²¹mu²¹
场面	场面	tʃiɛŋ²⁴³⁻²²min²¹⁻²⁴³	场面	tʃyŋ²⁴⁻²¹min²¹
秘密	秘密	pi⁵²⁻³²muʌt²²	秘密	pei³²mɐt³⁴
内情	内情	nui²¹⁻²²ɬeŋ²⁴³	内情	nɔi²¹tʃiᵊŋ²⁴
结局	收科	ʃʌu⁵⁵fɔ⁵⁵⁴	结局	kit⁵⁵⁻³²kok³⁴
	结局	kit⁵⁵⁻³²kok²²		
始末	从头到尾	ɬoŋ²⁴³⁻²²tʌu²⁴³⁻²²tɐu⁵²⁻³²mi²²³	经过	kiᵊŋ⁴⁴⁻³²ku³²
前景	前途	ɬin²⁴³⁻²²tu²⁴³	前途	tʃɛn²⁴⁻²¹tu²⁴
头绪	头绪	tʌu²⁴³⁻²²ɬy³³⁴	头绪	tɐu²⁴⁻²¹ʃui⁵²
条理	条理	tiu²⁴³⁻²²li²²³	条理	tɐu²⁴⁻²¹lɐi²⁴²
关系	关系	kuan⁵⁵hʌi²¹	关系	kuan⁴⁴⁻³²hɐi²¹
缘由	因由	iʌn⁵⁵iʌu²⁴³	理由	lɐi²⁴²⁻²¹iɐu²⁴
分寸	慎度	tʃʌn²¹⁻²²tu²¹	分寸	fɐn⁴⁴⁻³²tʃʰin³²
	分寸	fuʌn⁵⁵tʰun⁵²		
情势	形势	ieŋ²⁴³⁻²²ʃʌi⁵²	形势	iᵊŋ²⁴⁻²¹ʃiᵉ³²
状况	状况	tʃŋ²¹⁻²²kʰɔŋ⁵²	情况	tʃiŋ²⁴⁻²¹kʰuŋ³²
	情况	ɬeŋ²⁴³⁻²²kʰɔŋ⁵²		
市场状况	市道	ʃi²²³tɐu²¹	市场行情	tʃi²⁴²⁻²¹tʃyŋ²⁴œŋ²⁴⁻²¹tʃiᵊŋ²⁴

续上表

义项	封川话词条	封川话标音	开建话词条	开建话标音
动静	动静	toŋ²²³⁻²²ɬeŋ²²³	动静	toŋ²⁴²⁻²¹tʃiᵊŋ²⁴²
音信	音信 声息	iʌm⁵⁵ɬʌn⁵² ʃeŋ⁵⁵ɬek⁵⁵	音信	iɐm⁴⁴⁻³²ʃin³²
消息	消息	ɬiu⁵⁵ɬek⁵⁵	消息	ʃɐu⁴⁴⁻³²ʃek⁵⁵
声音	声	ʃeŋ⁵⁵⁴	声	ʃiᵊŋ⁴⁴
兆头	兆头	tʃiu²¹⁻²³tʌu²⁴³	意头	i³²tʌu²⁴³
怨仇	仇恨	tʃʌu²⁴³⁻²²hʌn²¹	冤仇	yn⁴⁴⁻³²tʃɐu²⁴
嫌隙	积怨 啱克	tek⁵⁵ȵiun⁵² ŋam²⁴³⁻²²hak⁵⁵	过节	ku³³²tʃet³²
把柄	把柄 鸡脚	pa³⁴peŋ⁵² kʌi⁵⁵kiɛk⁵⁵	把柄 鸡脚	pa⁵²⁻³²piŋ³² kɐi⁴⁴⁻³²kiᵊk³²
交情	交情	kau⁵⁵ɬeŋ²⁴³	交情	kau⁴⁴⁻³²tʃiᵊŋ²⁴
人际纠葛	拗拵	au⁵²⁻³³kʰiu³³⁴	拗拵	ŋau³²kiu²¹
趣味	过瘾	kuɔ⁵²⁻³²iʌn²²³	得意/过瘾	tek⁵⁵⁻³²i³²/ku³³²iɐn²⁴²
品种	品种 样本 花样	pʰuʌn³³⁴tʃoŋ³³⁴ iɛŋ²¹⁻²²pun³³⁴ fa⁵⁵iɛŋ²¹	款式 花样	fun⁵²⁻³²ʃek⁵⁵ fa⁴⁴⁻³²iun²¹
奔头	劲头	keŋ⁵²tʌu²⁴³	冲劲	tʃʰoŋ⁴⁴⁻³²kiŋ³²
盼头	惗头	nʌm²²³tʌu²⁴³	惗头	nom³²tɐu²⁴
甜头	着数 好捞	tʃiɛk²²ʃy⁵² hɐu³³⁴⁻³³lɐu⁵⁵⁴	着数	tʃœk²¹ʃu³²
苦头	喫辣蜢	hek⁵⁵lat²²maŋ³³⁴	苦	fu⁵²
满分	满分	mun²²³fuʌn⁵⁵⁴	满分	mɔn²⁴²⁻²¹fen⁴⁴
零分	零分	leŋ²⁴³⁻²²fuʌn⁵⁵⁴	零分	liŋ²⁴⁻²¹fen⁴⁴
零分	零蛋 零春	leŋ²⁴³⁻²²tan²¹ leŋ²⁴³⁻²²tʃʰʌn⁵⁵⁴	鸡/鸭春	kɐi⁴⁴⁻³²/ap³²tʃʰen⁴⁴
头名	头名 第一名	tʌu²⁴³⁻²²meᵊŋ²⁴³ tʌi²¹⁻²²iʌt⁵⁵meᵊŋ²⁴³	第一名	tei²¹iɐt⁵⁵miᵊŋ²⁴
末名	督尾名	tok⁵⁵⁻³³mi⁵⁵meŋ²⁴³	督尾名 老尾名	tok⁵⁵⁻³²mɐi²⁴²miᵊŋ²⁴ lɔ²⁴²⁻²¹mɐi²⁴²miᵊŋ²⁴

续上表

义项	封川话词条	封川话标音	开建话词条	开建话标音
本领	本事	pun³³⁴⁻³²ʃi²¹	本事	pɐn⁵²⁻³²tʃi²¹
技艺	手艺	ʃʌu³³⁴⁻³²ŋʌi²¹	手艺	ʃou⁵²⁻³²ŋe²¹
判断力	判断力	pʰun⁵²⁻³³tun⁵²⁻³²lek²¹	判断力	pʰun³²tyn²⁴²⁻²¹lɐk³⁴
威信	威信	uʌi⁵⁵ɬʌn⁵²	威信	uɐi⁴⁴⁻³²ʃin³²
素质	素质	ɬu⁵²⁻³³tʃʌt⁵⁵	素质	ʃu³²tʃet⁵⁵
口才	口才	hʌu³⁴ɬui²⁴³	口才	hɐu⁵²⁻³²tʃɔi²⁴
信用	信用	ɬʌn⁵²⁻³²ioŋ²¹	信用	ʃin³²iuŋ²¹
年龄	岁	ɬui⁵²	岁	ʃœ³²
性命	命	meŋ²¹	命	miᵊŋ²¹
架势	架势	ka⁵²⁻³³ʃʌi⁵²	架势	ka³²ʃiᵉ³²
姿势	姿势	ti⁵⁵ʃʌi⁵²	姿势	tʃuᵓ⁴⁴⁻³²ʃiᵉ³²
举止	行为	haŋ²⁴³⁻²¹uʌi²⁴³⁻²¹	行为	ɛŋ²⁴⁻²¹uɐi²⁴
派头	唛头	mak⁵⁵tʌu²⁴³	型	iᵊŋ²⁴
性格	性格	ɬeŋ⁵²⁻³²kak⁵⁵	性格	ʃiᵊŋ³²kek³²
品行	人品	ȵiɐn²⁴³⁻²²pʰuʌn³³⁴	人品	ȵien²⁴⁻²¹pʰɐn⁵²
力气	力	lek²²	力	lɐk³⁴
武功	武功 功夫	mu²²³koŋ⁵⁵⁴ koŋ⁵⁵⁴⁻³³fu⁵⁵⁴	功夫	koŋ⁴⁴⁻³²fu⁴⁴
唱功	唱功	tʃʰiɛŋ⁵²koŋ⁵⁵	唱功	tʃʰun³²koŋ⁴⁴
嗓门	把声	pa³³⁴ʃeŋ⁵⁵⁴	把声	pa⁵²⁻³²ʃiᵊŋ⁴⁴
势力	势力	ʃʌi⁵²⁻³²lek²²	势力	ʃiᵉ³²lɐk³⁴
火候	火候	fɔ³⁴hʌu²¹	火候	fuᵓ⁵²⁻³²ou²¹
把握	把握	pa³⁴ak⁵⁵	把握	pa⁵²⁻³²ŋɐk⁵⁵
运气	运气	uʌn²¹⁻²²hi⁵²	运气	uin²¹hi³²
手气	手气 手神	ʃʌu³³⁴⁻³²hi²¹ ʃʌu³³⁴⁻³²ʃʌn²⁴³	手气	ʃou⁵²⁻³²hi³²
缘份	缘份	iun²⁴³⁻²²fuʌn²¹	缘份	ȵyn²⁴⁻²¹fen²¹
姻缘	姻缘	iʌn⁵⁵iun²⁴³	姻缘	iɐn⁴⁴⁻³²ȵyn²⁴
利益	利益	li²¹⁻²²iek⁵⁵	利益	lei²¹⁻²¹iᵊk⁵⁵
口福	口福	hʌu³³⁴⁻³³fok⁵⁵	口福	hɐu⁵²⁻³²fok⁵⁵

续上表

义项	封川话词条	封川话标音	开建话词条	开建话标音
名份	名份	meŋ²⁴³⁻²²fuʌn²¹	名份	miᵊŋ²⁴⁻²¹fen²¹
排行	排行	pai²⁴³⁻²²hɔŋ²⁴³	排行	pai²⁴⁻²¹œŋ²⁴
辈分	辈分	pui⁵²⁻³²fuʌn²¹	辈分	pui³²fen²¹
节俗	节俗	tit⁵⁵⁻³²ɬok²²	节俗	tʃɛt³²tʃok³⁴
习俗	习俗	ɬʌp²²ɬok²²	习俗	tʃɐp³⁴⁻²¹tʃok³⁴
条款	条款	tiu²⁴³⁻²²fun³³⁴	条款	tɐu²⁴⁻²¹fun⁵²
行规	行规	hɔŋ²⁴³⁻²²kʰuʌi⁵⁵⁴	行规	œŋ²⁴⁻²¹kʰuɐi⁴⁴
规则	规则	kʰuʌi⁵⁵tʃak⁵⁵	规则	kʰuɐi⁴⁴⁻³²tʃɛk⁵⁵
相貌	面容	min²¹⁻²²iɔŋ²⁴³	样（子）	iuŋ²¹(tʃuᵓ⁵²)
瓜子脸	瓜子面	kua⁵⁵⁴⁻³²ti³³⁴⁻²²min²¹	瓜子面	kua⁴⁴⁻³²tʃuᵓ⁵²⁻³²min²¹
圆脸	苹果面	peŋ²⁴³⁻²²kuɔ³⁴min²¹	大饼面	tai²¹piᵊŋ⁵²⁻³²min²¹
方脸	国字面	kuɔk⁵³ɬi²¹⁻²²min²¹	国字面	kok⁵⁵⁻³²tʃei²¹min²¹
胖脸	面肥 迩须	min²¹⁻²²fi²⁴³ tʌn³³⁴⁻³³ɬy⁵⁵⁴	猪头面 面肥	tœy⁴⁴⁻³²tɐu²⁴⁻²¹min²¹ min²¹pui²⁴
瘦脸	面瘦 面瘦削 马骝面	min²¹⁻²²ʃʌu⁵² min²¹⁻²²ʃʌu⁵²⁻³³ɬiɛk⁵⁵ ma⁵⁵lʌu⁵⁵min²¹	马骝面 面瘦	ma⁴⁴⁻³²lɐu⁴⁴⁻³²min²¹ min²¹ʃou³²
前额前突的头型	额担锛	ŋak²²tam⁵²⁻³³pʰɔŋ⁵⁵⁴	鳙鱼头	tʃoŋ²⁴⁻²¹n̠y²⁴⁻²¹tɐu²⁴
下巴前突的头型	兜牙骸	tʌu⁵⁵ŋa²⁴³⁻²²kau⁵²⁻²¹		
体格	身体	ʃʌn⁵⁵tʰʌi³³⁴	身体	ʃen⁴⁴⁻³²tʰei⁵²
身材	身材	ʃʌn⁵⁵ɬui²⁴³	身材	ʃen⁴⁴⁻³²tʃi²⁴
大胸	大门板	tai²¹⁻²²mun²⁴³⁻²²pan³³⁴	大波板	tai²¹puᵓ⁴⁴⁻³²pan⁵²
粗身材	大趸 开膆	tai²¹⁻²²tʌn³³⁴ hui⁵⁵⁴⁻³²mui²⁴³	二度短	n̠i²¹tu²¹tyn⁵²
各种发型	陆军装 花旗装	lok²²kuʌn⁵⁵tʃɔŋ⁵⁵⁴ fa⁵⁵ki²⁴³⁻²²tʃɔŋ⁵⁵⁴	六分装 掘唛 西装 毛蛋头 出口	lok³⁴⁻²¹fen⁴⁴⁻³²tʃœŋ⁴⁴ kuɐt³⁴⁻²¹mɐk⁵⁵ ʃei⁴⁴⁻³²tʃœŋ⁴⁴ mo²⁴⁻²¹tan²¹tɐu²⁴ tʃʰɐt⁵⁵⁻³²tʰɐŋ⁵²/kʰɐk⁵⁵

续上表

义项	封川话词条	封川话标音	开建话词条	开建话标音
毛	毛	məu^{243}	毛	mɔ^{24}
白发	白头发	pak^{22}tʌu$^{243\text{-}22}$fat^{53}	白头发	pɛk^{21}tɐu$^{24\text{-}21}$fat^{32}
花白发	白头发	pak^{22}tʌu$^{243\text{-}22}$fat^{53}	白头发	pɛk^{21}tɐu$^{24\text{-}21}$fat^{32}
少白头	白头发	pak^{22}tʌu$^{243\text{-}22}$fat^{53}	白头发	pɛk^{21}tɐu$^{24\text{-}21}$fat^{32}
秃顶	秃顶	tʰok^{55}teŋ^{334}	光头	kuŋ$^{44\text{-}32}$tɐu^{24}
秃头	光头	kuɔŋ^{55}tʌu^{243}	光头	kuŋ$^{44\text{-}32}$tɐu^{24}
大眼	大眼	tai$^{21\text{-}22}$ŋan^{223}	眼大	ŋan^{242}tai^{21}
小眼	细眼	ɬʌi$^{52\text{-}32}$ŋan^{223}	眼夭	ŋan^{242}ni^{32}
丹凤眼	披〝尸〞眼 三角眼	pʰi^{55}ʃi^{55}ŋan^{223} ɬam$^{554\text{-}32}$kɔk^{22}ŋan^{223}	三角眼	ʃam$^{44\text{-}32}$kœk^{32}ŋan^{242}
金鱼眼	金鱼眼	tʃʌm$^{554\text{-}32}$n̠y$^{243\text{-}22}$ŋan^{223}	金鱼眼	tʃɐm$^{44\text{-}32}$n̠y$^{24\text{-}21}$ŋan^{242}
大嘴	大口	tai$^{21\text{-}22}$hʌu^{334}	嘴大	tʃœ^{52}tai^{21}
小嘴	细口	ɬʌi$^{52\text{-}33}$hʌu^{334}	嘴夭	tʃœ^{52}ni^{32}
其他嘴型	雷公嘴	lui$^{243\text{-}22}$koŋ$^{554\text{-}33}$tui^{334}	雷公嘴	lœ$^{24\text{-}21}$koŋ$^{44\text{-}32}$tʃœ^{52}
高鼻	高鼻拳	kəu^{55}pi$^{21\text{-}22}$kun^{243}	鼻斗□	pei^{21}tou^{52}nou^{52}
扁鼻	瘪鼻	miet$^{55\text{-}32}$pi^{21}	鼻笔扁	pei^{21}pɐt^{55}pen^{52}
瘪鼻	勾鼻 鹰嘴鼻 缩鼻	ŋʌu^{55}pi^{21} ieŋ^{55}tui^{334}pi^{21} ɬok^{55}pi^{21}	勾鼻	ŋɐu$^{44\text{-}32}$pei^{21}
招风耳	兜风耳	tʌu^{55}foŋ^{55}n̠i^{223}	猪婆耳	tœy$^{44\text{-}32}$puᵒ$^{24\text{-}21}$n̠i^{242}
长垂耳	长垂耳	tʃieŋ$^{243\text{-}22}$tʃui$^{243\text{-}22}$n̠i^{223}	耳尾（珠）□□	n̠i$^{242\text{-}21}$mɐi$^{242\text{-}21}$tʃy^{44}tʰœŋ^{32} nœŋ^{32}
浓须	琳任〝须	lʌm^{22}n̠iʌm^{22}ɬy^{554}	胡须刮	u$^{24\text{-}21}$ʃœy$^{44\text{-}32}$kɐt^{55}
淡须	胡须任〝	u$^{243\text{-}22}$ɬy$^{554\text{-}33}$n̠iem^{21}	胡须帘	u$^{24\text{-}21}$ʃœy$^{44\text{-}32}$lɛm^{24}
山羊须	山羊须	ʃan$^{554\text{-}32}$ieŋ^{22}ɬy^{554}	山羊须	ʃan$^{44\text{-}32}$yŋ$^{24\text{-}21}$ʃœy^{44}
络腮须	络腮须		胡须刮	u$^{24\text{-}21}$ʃœy$^{44\text{-}32}$kɐt^{55}
小脚	水鸡脚	ʃui$^{334\text{-}33}$kʌi^{55}kiɛk^{55}	脚仔	kiᵒk$^{55\text{-}33}$tʃai^{52}
大脚	大脚爬	tai$^{21\text{-}22}$kiɛk^{55}pa^{243}	脚大	kiᵒk^{55}tai^{21}
其他脚型	鸭嫲脚	ap$^{53\text{-}33}$na^{334}kiɛk^{55}	鸭婆脚	ap^{32}puᵒ$^{24\text{-}21}$kiᵒk^{55}

续上表

义项	封川话词条	封川话标音	开建话词条	开建话标音
气味	味	mi²¹	味	mei²¹
味道	味道	mi²¹⁻²²tɔu²¹	味道	mei²¹tɔ²¹
颜色	色	ʃɐk⁵⁵	色	ʃɐk⁵⁵
式样	式样	ʃek⁵⁵iɛŋ²¹	花样	fa⁴⁴⁻³²iuŋ²¹
花色	花色	fa⁵⁵ʃek⁵⁵	花色	fa⁴⁴⁻³²ʃɐk⁵⁵
条纹	条纹	tiu²⁴³⁻²²muʌn²⁴³	条纹	tɛu²⁴⁻²¹mɐn²⁴
圆圈	圆圈	iun²⁴³⁻²²hun⁵⁵⁴	圆圈	yn²⁴⁻²¹hyn⁴⁴
方框	方框	fɔŋ⁵⁵kʰuaŋ⁵⁵⁴	方框	fuŋ⁴⁴⁻³²kʰuɐŋ⁴⁴
三角	三角	ɬam⁵⁵⁴⁻³²kɔk⁵³⁻²²	三角（号）	ʃam⁴⁴⁻³²kœk³²(ɔ²¹)
记号	记号	ki⁵²⁻³²hɔu²¹	记号	ki³²ɔ²¹
叉号	叉号	tʃʰa⁵⁵⁴⁻³²hɔu²¹	交叉	kau⁴⁴⁻³²tʃʰa⁴⁴
勾号	勾号	ŋʌu⁵⁵hɔu²¹	勾	ŋeu⁴⁴
景色	景色	keŋ³³⁴ʃek⁵⁵	景色	kiᵊŋ⁵²⁻³²ʃɐk⁵⁵
脸色	面色	min²¹⁻²²ʃek⁵⁵	面色	min²¹ʃɐk⁵⁵
针脚	针脚	tʃʌm⁵⁵kiɐk⁵⁵	针脚	tʃɐm²⁴⁻³²kiᵊk⁵⁵
数量	数量	ʃy⁵²⁻³²liɛŋ²¹	数	ʃu³²
数目	数目	ʃy⁵²⁻³²mok²²	数目	ʃu³²mok³⁴
尾数	尾数	mi²²³ʃy⁵²	尾数	mei²⁴²⁻²¹ʃu³²
神仙	神仙	tʃʌn²⁴³⁻²²ɬin⁵⁵⁴	神仙	tʃɐn²⁴⁻²¹ʃen⁴⁴
鬼	鬼	kuʌi³³⁴	鬼	kuei⁵²
阎王	阎罗王	ɲim²⁴³⁻²²lɔu²⁴³⁻²²uɔŋ²⁴³	阎罗王	ɲim²⁴⁻²¹lu²⁴⁻²¹uᵊŋ²⁴
灶神	灶君	tɔu⁵²⁻³³kuʌn⁵⁵⁴	灶君	tʃɔ³²kuɐn⁴⁴
老天	老天	lɔu²²³tʰin⁵⁵⁴	老天	lɔ²⁴²⁻²¹tʰɐn⁴⁴
其他神怪	北帝 城隍 关帝	pak⁵⁵tʌi⁵² tʃeŋ²⁴³⁻²²uɔŋ²⁴³ kuan⁵⁵⁴⁻³²tʌi⁵²⁻²¹	北帝 城隍 关帝	pɐk⁵⁵⁻³²tei³² tʃiᵊŋ²⁴⁻²¹uᵊŋ²⁴ kuan⁴⁴⁻³²tei³²
佛	佛	fuʌt²²	佛	pɐt³⁴
菩萨	菩萨	pʰɔ²⁴³⁻²²ɬat²²	菩萨	pu²⁴⁻²¹ʃat³²
观音	观音	kun⁵⁵⁴⁻³³iʌm⁵⁵⁴	观音	kun⁴⁴⁻³²iɐm⁴⁴
道教	道教	tɔu²¹⁻²²kau⁵²	道教	tɔ²⁴²⁻²¹kau³²

续上表

义项	封川话词条	封川话标音	开建话词条	开建话标音
主意	计仔 主意	kʌi²¹⁻²²tʃʌi³³⁴ tʃy³⁴i⁵²	计仔 主意	kɛ²¹tʃai⁵² tʃy⁵²⁻³²i³²
窍门	绝窍	ɬut²²kʰiu⁵²	路数	lu²¹ʃu³²
计谋	计谋	kʌi⁵²⁻³²mʌu²⁴³	计	kɛ²¹
鬼点子	鬼计	kuʌi³⁴kʌi²¹	鬼计	kuei⁵²⁻³²kɛ²¹
办法	计	kʌi²¹	办法/计	pan²¹fat³²/kɛ²¹
花招	乜窍	mʌt⁵⁵kʰiu³³⁴	花招	fa⁴⁴⁻³²tʃiu⁴⁴
看法	睇法	tʰʌi³³⁴fat⁵³	谂法	nom³²fat³²
良心	良心	liɛŋ²⁴³⁻²²ɬʌm⁵⁵⁴	良心	lyŋ²⁴⁻²¹ʃɐm⁴⁴
心情	心情	ɬʌm⁵⁵⁴⁻³²tɛŋ²⁴³	心情	ʃɐm⁴⁴⁻³²tʃiŋ²⁴
心思	心水	ɬʌm⁵⁵⁴⁻³³ʃui³³	心思	ʃɐm⁴⁴⁻³²ʃu⁰⁴⁴
感情	感情	kəm³³⁴ɬeŋ²⁴³	感情	kɔm⁵²⁻³²tʃiŋ²⁴
精力	精力	teŋ⁵⁵lek²²	精力	tʃiŋ⁴⁴⁻³²lɐk³⁴
脾气	脾气	pi²⁴³⁻²²hi⁵²	脾气	pei²⁴⁻²¹hi³²
犟脾气	脾气梗	pi²⁴³⁻²²hi⁵²⁻³³kaŋ³³⁴	牛脾气	ŋɐu²⁴⁻²¹pei²¹hi³²
火爆脾气	火气爆 炮仗颈	fɔ³⁴hi⁵²⁻³³pau⁵² pʰau⁵²⁻³²tieŋ²¹keŋ³³⁴	暴躁脾气	pɔ²¹tʃʰɔ³²pei²¹hi³²
血性	血性	hut⁵⁵ɬeŋ⁵²	血性	hyt⁵⁵⁻³²ʃiŋ³²
怒气	怒气	nu²¹⁻²²hi⁵²⁻²¹	恶气	œk³²hi³²
门路	门路 路数	mun²⁴³⁻²²lu²¹ lu²¹⁻²²ʃy⁵²	路数	lu²¹ʃu³²
面子	面子	min²¹⁻²²ti³³⁴	面子	min²¹tʃu⁰⁵²
阴德	阴德 阴功	iʌm⁵⁵⁴⁻³²tak⁵⁵ iʌm⁵⁵⁴⁻³²koŋ⁵⁵⁴	阴德 阴功	iɐm⁴⁴⁻³²tɐk⁵⁵ iɐm⁴⁴⁻³²koŋ⁴⁴
字	字	ɬi²¹	字	tʃei²¹
繁体字	古老字	ku³³⁴lɜu³³⁴ɬi²¹	古老字	kɔ³²lɔ²⁴²⁻²¹tʃei²¹
简化字	简化字	kan³³⁴fa⁵²⁻³²ɬi²¹	简化字	kan⁵²⁻³²fa³²tʃei²¹
错字	错字 错别字	tʰɔ⁵²ɬi²¹ tʰɔ⁵²pit²²ɬi²¹	错别字	tʃʰu⁰³²pɛt²¹tʃei²¹
毛笔字	毛笔字	mɜu²⁴³⁻²²puʌt⁵⁵ɬi²¹	毛笔字	mɔ²⁴⁻²¹pɐt⁵⁵⁻³²tʃei²¹
楷体	正楷	tʃeŋ⁵²⁻³³kai⁵⁵⁴	正楷	tʃiŋ⁴⁴⁻³²kai⁴⁴

续上表

义项	封川话词条	封川话标音	开建话词条	开建话标音
草字	草书，潦草字	tʰəu³⁴ʃy⁵⁵, lau³³⁴⁻³³tʰəu³⁴tʃi²¹	草书	tʃʰɔ⁵²⁻³²ʃy⁴⁴
外国字	鬼佬字	kuʌi³³⁴ləu³³⁴ɬi²¹	鬼佬字	kuei⁵²⁻³²lɔ⁵²⁻³²tʃei²¹
图画	画	ua²¹	画	ua²¹
笔画	笔画	puʌt⁵⁵⁻³²uak²¹	笔(画)	pɐt⁵⁵⁻³²(uɐk²¹)
一横	一横	iʌt⁵⁵⁻³²uaŋ²⁴³⁻²¹	一横	iɐt⁵⁵⁻³²uɐŋ²⁴
一竖	一竖	iʌt⁵⁵⁻³²tʃy³³⁴	一竖	iɐt⁵⁵⁻³²tʃy²⁴²
一撇	一撇	iʌt⁵⁵⁻³²pʰiɛt⁵⁵	一撇	iɐt⁵⁵⁻³²pʰɛt³²
一捺	一捺	iʌt⁵⁵⁻³²nat⁵³	一捺	iɐt⁵⁵⁻³²nat²¹
一点	一点	iʌt⁵⁵⁻³²tiɛm³³⁴	一点	iɐt⁵⁵⁻³²tɛm⁵²
一勾	一勾	iʌt⁵⁵⁻³²ŋʌu⁵⁵⁴	一勾	iɐt⁵⁵⁻³²ŋɐu⁴⁴
一挑	一踢	iʌt⁵⁵⁻³³tʰek⁵⁵	一提	iɐt⁵⁵⁻³²tɐi²⁴
偏旁	偏旁	pʰin⁵⁵pɔŋ²⁴³	偏旁	pʰɛn⁴⁴⁻³²pœŋ²⁴
氵	三点水	ɬam⁵⁵⁴⁻³²tiɛm³³⁴⁻²²ʃui³³⁴	三点水	ʃam⁴⁴⁻³²tɛm⁵²⁻³²ʃœ⁵²
冫	两点水	liɛŋ²²³⁻²²tiɛm³³⁴⁻²²ʃui³³⁴	两点水	lyŋ²⁴²⁻²¹tɛm⁵²⁻³²ʃœ⁵²
灬	四点脚	ɬi⁵²tiɛm³³⁴⁻²²kiɛk⁵⁵	四点水	ʃei³²tɛm⁵²⁻³²ʃœ⁵²
囗	方格	fɔŋ⁵⁵kak⁵⁵	方囗	fuŋ⁴⁴⁻³²kʰuɛk⁵⁵
扌	踢手边	tʰek⁵⁵⁻³³ʃʌu³³⁴pin⁵⁵⁴	提手	tɐi²⁴⁻²¹ʃou⁵²
宀	宝贝	pəu³³⁴⁻³²pui²¹	宝盖	pɔ⁵²⁻³²kɔi³²
冖	秃宝贝 秃宝盖	tʰok⁵⁵pəu³³⁴pui⁵² tʰok⁵⁵pəu³³⁴kui⁵²	秃宝盖	tyt⁵⁵⁻³²pɔ⁵²⁻³²kɔi³²
辶	过桥	kuɔ⁵²⁻³²kiu²⁴³	走之	tʃou⁵²⁻³²tʃi⁴⁴
忄	竖心	tʃy³³⁴ɬʌm⁵⁵⁴	竖心	tʃy²⁴²⁻²¹ʃɛm⁴⁴
纟	绞丝	kʰiɛu⁵²⁻³³ɬi⁵⁵⁴	绞丝	kau⁴⁴⁻³²ʃei⁴⁴
阝	左耳	tuɔ³³⁴ȵi³³⁴	左耳	tʃu³²ȵi²⁴²
卩	厣斗	fu³²tʌu³³⁴	厣斗	fu³²tou⁵²
艹	草花	tʰəu³³⁴⁻³³fa⁵⁵	草花	tʃʰɔ⁵²⁻³²fa⁴⁴
刂	插刀	tʃʰap⁵⁵⁻³³təu⁵⁵⁴	立刀	lɐp³⁴⁻²¹tɔ⁴⁴
疒	病字头	pɛŋ²¹⁻²²ɬi²¹⁻²²tʌu²⁴³	病字头	piŋ²¹tʃei²¹tɐu²⁴
亻	企人	ki³³⁴⁻²²ȵiʌn²⁴³	企人	ki²⁴²⁻²¹ȵiɐn²⁴
彳	双企人	ʃŋ⁵⁵ki³³⁴⁻²²ȵiʌn²⁴³	双企人	ʃœŋ⁴⁴⁻³²ki²⁴²⁻²¹ȵiɐn²⁴

续上表

义项	封川话词条	封川话标音	开建话词条	开建话标音
犭	狗爪	kʌu³³⁴⁻³³ȵiau³³⁴	狗爪	kou⁵²⁻³²ȵiau⁵²
夊	反文	fan³³⁴muʌn²⁴³	反文	fan⁵²⁻³²mɐn²⁴
提土旁	踢土旁	tʰek⁵⁵tʰu³³⁴pɔŋ²⁴³	踢土旁	tʰik⁵⁵tʰu⁵²pœŋ²⁴
禾字旁	禾字旁	uɔ²⁴³ʧi²¹⁻²²pɔŋ²⁴³	禾字边	u⁽ᵒ⁾²⁴ʧei²¹pɐn⁴⁴
竹字头	竹节头	ʧok⁵⁵⁻³³tit⁵⁵tʌu²⁴³	竹节头	ʧok⁵⁵ʧɛt³²tɐu²⁴
火字旁	火字边	fuɔ³³⁴⁻³⁴ʧi²¹⁻²²pin⁵⁵⁴	火字边	fu⁽ᵒ⁾⁵²ʧei²¹pɐn⁴⁴
斜玉旁	斜玉边	ʧʰɛ⁵²ȵiok²²pin⁵⁵⁴	斜玉边	ʧʰie²⁴⁻²¹ȵiok³⁴pɐn⁴⁴
姓	姓	ɬeŋ⁵²	姓	ʃiŋ³²
耳东陈	耳东陈	ȵi²²³toŋ⁵⁵ʧʌn²⁴³	耳东陈	ȵi²⁴²⁻²¹toŋ⁴⁴ʧɐn²⁴
三横王	三划王	ɬam⁵⁵⁴⁻³²uak²²uɔŋ²⁴³	三划王	ʃam⁴⁴⁻³²uɛk²¹u⁽ᵒ⁾ŋ²⁴
草头黄	草头黄 大肚黄	tʰəu³⁴tau²⁴³⁻²²uɔŋ²⁴³ tai²¹⁻²²tu²²³uɔŋ²⁴³	草头黄	ʧʰɔ⁵²tɐu²⁴u⁽ᵒ⁾ŋ²⁴
弓长张	弓长张	koŋ⁵⁵ʧʰiɛŋ²⁴³⁻²²ʧiɛŋ⁵⁵⁴	弓长张	koŋ⁴⁴⁻³²tyŋ²⁴⁻²¹ʧyŋ⁴⁴
立早章	立早章	lap²²təu³³⁴ʧiɛŋ⁵⁵⁴	立早章	lɐk²⁴⁻²¹ʧɔ⁵²⁻³²ʧyŋ⁴⁴
木子李	木子李	mok²²ti³³⁴⁻³³li²²³	木子李	mok³⁴⁻²¹ʧu⁽ᵒ⁾⁵²⁻³²lɐi²⁴²
名字	名	meŋ²⁴³	名	miᵊŋ²⁴
乳名	儿名	ȵi⁵⁵meŋ²⁴³	阿□名	a³²uɛ²⁴²⁻²¹miᵊŋ²⁴
绰号	花名	fa⁵⁵⁴⁻³²meŋ²⁴³	花名	fa⁴⁴⁻³²miᵊŋ²⁴
话	话	ua²¹	话	ua²¹
随意说的话	闲话	han²⁴³⁻²²ua²¹	闲话	an²⁴⁻²¹ua²¹
谎话	大话	tai²¹⁻²²ua²¹	大话	tai²¹ua²¹
骂人话	喊人话	ham⁵²⁻³²ȵiʌn²⁴³ua²¹	喊人说话	hɐm³²ȵiɐn²⁴ʃyt⁵⁵⁻³²ua²¹
粗话	烂口 粗口	lan²¹⁻²²hʌu³³⁴ tʰu⁵⁵hʌu³³⁴	烂口 臭口	lan²¹hɐu⁵² ʧʰou³²hɐu⁵²
讽刺的话	呛人	tʰiɛŋ⁵⁵ȵiʌn²⁴³	反话	fan⁵²ua²¹
虚情假意的话	湿人话 氹人话 假供	ɬap⁵⁵ȵiʌn²⁴³⁻²²ua²¹⁻²⁴³ tʰʌm⁵²ȵiʌn²⁴³⁻²²ua²¹⁻²⁴³ ka³³⁴kʰoŋ⁵²	假话 氹人说话	ka⁵²ua²¹ tʰom³²ȵiɐn²⁴ʃyt⁵⁵⁻³²ua²¹
本地话	本地话	pun³³⁴ti²¹⁻²²ua²¹⁻²⁴³	本地话	pɐn⁵²⁻³²tei²¹ua²¹

续上表

义项	封川话词条	封川话标音	开建话词条	开建话标音
外地话	外地话	ŋui²¹⁻²²ti²¹⁻²²ua²¹⁻²⁴³	外地话	ŋɔi²¹tei²¹ua²¹
外国话	鬼佬话	kuʌi³³⁴ləu³³⁴ua²¹⁻²⁴³	鬼佬话	kuei⁵²⁻³²lɔ⁵²⁻³²ua²¹
方言词语	土话 土谈	tʰu³⁴ua²¹ tʰu³⁴tam²⁴³	地方土话	tei²¹fuŋ⁴⁴tʰu⁵²ua²¹
行业用语	行家话	hɔŋ²⁴³⁻²²ka⁵⁵ua²¹⁻²⁴³	行话	œŋ²⁴⁻²¹ua²¹
划拳用语	猜马	tʃʰai⁵⁵ma²²³	猜马	tʃʰai⁴⁴⁻³²ma²⁴²
黑话	黑话	hak⁵⁵ua²¹⁻²⁴³	黑话	hɐk⁵⁵⁻³²ua²¹
外行话	外行话	ŋui²¹⁻²²hɔŋ²⁴³⁻²²ua²¹⁻²⁴³	外行话	ŋɔi²¹œŋ²⁴⁻²¹ua²¹
诺言	应承	ieŋ⁵²⁻³²tʃeŋ²⁴³	应承说话	ieŋ³²tʃeŋ²¹ʃyt⁵⁵⁻³²ua²¹
童子言	童子口	toŋ²⁴³⁻²¹ti³³⁴hʌu³³⁴	奀仔话	ni³²tʃai⁵²⁻³²ua²¹
玩笑	玩笑	uan²⁴³ɬiu⁵²	玩笑	uan²⁴⁻²¹ɬiu³²
诗词	诗词	ʃi⁵⁵ɬi²⁴³	诗词	ʃi⁴⁴⁻³²tʃu²⁴
本地大戏	粤剧 采茶戏	iut²²kʰek²² tʰui³⁴tʃa²⁴³⁻²²hi⁵²	粤剧	yt³⁴⁻²¹kʰiᵊk⁵⁵
京剧	京剧	keŋ⁵⁵kek²²	京剧	kiᵊŋ⁵⁵⁻³²kʰiᵊk⁵⁵
木偶戏	木头戏	mok²²tʌu²⁴³⁻²²hi⁵²	木头戏	mok²⁴⁻²¹tɐu²⁴⁻²¹hi³²
皮影戏	皮影戏	pi²⁴³⁻²²ieŋ³⁴hi⁵²	皮影戏	pɐi²⁴⁻²¹iᵊ⁵²⁻³²hi³²
其他戏剧	山歌剧	ʃan⁵⁵kɔ⁵⁵kek²²	采茶戏	tʃʰɔi⁵²⁻³²tʃa²⁴⁻²¹hi³²
剧情单	戏桥	hi³²kiu²⁴³	戏单	hi³²tan⁴⁴
说书	讲古	kɔŋ³³⁴⁻³³ku³³⁴	讲古	kœŋ⁵²⁻³²ku⁵²
说唱	说唱	ʃut⁵⁵tʃʰieŋ⁵²	说唱	ʃyt⁵⁵⁻³²²tʃʰuŋ³²
快板	快板	fai³³pan³³⁴	快板	fai³²pan⁵²
歌谣	歌谣	kɔ⁵⁵iu²⁴	歌	kuᵓ⁴⁴
其他曲艺	山歌 遁家歌	ʃan³³kɔ⁵⁵ tʌn³²ka²¹kɔ⁵⁵	山歌	ʃan⁴⁴⁻³²kuᵓ⁴⁴
民间曲艺团体	私伙局	ɬi⁵⁵fɔ³³⁴kok²²	私伙局	ʃi⁴⁴⁻³²fuᵓ⁵²⁻³²kok³⁴
故事	古	ku³³⁴	古	ku⁵²

续上表

义项	封川话词条	封川话标音	开建话词条	开建话标音
谜语	谜	mu∧i^{243}	谜	mɐi^{24}
对联	对联	tui$^{52-32}$lun^{24}	对联	tœy^{32}lyn^{24}

八、动作

义项	封川话词条	封川话标音	开建话词条	开建话标音
动	喐	ȵiok^{55}	喐	ȵiok^{55}
摇	擎	ŋəu^{55}	擎	ŋɔ^{24}
摆动	摆，晃	pai^{334}, faŋ^{52}	摆，晃	pai^{52}, fɐŋ^{32}
甩动	甩	l∧t^{55}	甩	fɛk^{32}
震动	震	tʃ∧n^{52}	震	tin^{21}
弹动	弹	tan^{243}	弹	tan^{21}
扭动	扭	n∧u^{334}	扭	nau^{52}
转动	转	tʃun^{334}	转	tyn^{32}
移	挪	nɔ^{243}	挪	nu^{24}
滚	辘	lok^{55}	辘	lok^{55}
升	升	ʃɐŋ^{55}	升	ʃɐŋ^{44}
降	降	kɔŋ^{52}	降	kœŋ^{32}
坠	坠	tʃui^{21}	坠	tœ^{21}
塌	塌	tʰap^{53}	塌	tʰat^{32}/tʰap^{32}
倒下	崩/冧	paŋ^{554}/l∧m^{52}	崩/冧	pɐŋ^{44}/lom^{32}
滑下	挞落	tʰat^{53}lɔk^{22}	挞/滑落	tʰat^{32}/uat^{21}lœk^{21}
扬起	扬起	iɔŋ$^{243-22}$hi^{334}	甩起	fɛk^{32}hi^{52}
飘	飘	pʰiu^{554}	飘	pʰɐu^{44}
靠	凭	paŋ^{21}	凭	pɐŋ^{21}
触动	碰着	pʰoŋ^{52}tʃiɛk^{22}	骾倒	kɐŋ^{242}tɔ^{52}
碰	碰	pʰoŋ^{52}	挨	ŋai^{32}
磕	磕/呃	ŋ∧p^{55}/ŋak^{55}	冲下	tʃʰuŋ$^{44-32}$a^{242}
撞	撞/创	tʃɔŋ^{21}/tʃʰɔŋ^{52}	撞/创	tʃœŋ^{21}/tʃʰœŋ^{32}

续上表

义项	封川话词条	封川话标音	开建话词条	开建话标音
摩擦	摩擦	mɔ²⁴³⁻²²tʃʰat⁵³	擦	tʃʰat³²
流	流	lʌu²⁴³	流	lɐu²⁴
泻	泻	ɬɛ⁵²	卸	ʃiᵉ³²
滴	滴	tek⁵⁵	滴	tek³⁴
溅	焱/溅	piu⁵⁵/tʰin²²³	弹	tan²¹
晃荡	哴	lɔŋ⁵²	哴	lœŋ⁵²
溢	满出	mun²²³tʃʰuʌt⁵⁵	□	mɐt³²
喷射	射, 汶	tʃɛ²¹, tʃiɛt⁵⁵	射	tʃiᵉ²¹
喷	喷	pʰuʌn⁵²	喷	pʰɐn⁴⁴
渗	□	iam⁵²	□	iam³²
泄	泄	ɬit⁵⁵	泄	ʃɛt³²
来	来	lui²⁴³	来	lɔi²⁴
去	去	hy⁵²	去	hœy³²
上	上	tʃiɛŋ²²³	上	tʃyŋ²⁴²
下	落	lɔk²²	落	lœk²¹
出	出	tʃʰʌt⁵⁵	出	tʃʰɐt⁵⁵
入	入	ȵiʌp²²	入	iɐp³⁴
前进	行先	haŋ²⁴³⁻²²ɬin⁵⁵⁴	行前	ɛŋ²⁴⁻²¹tʃɛn²⁴
后退	缩后 退后	ʃok⁵⁵hʌu²¹ tʰui⁵²hʌu²¹	缩后 踺后	ʃok⁵⁵⁻³²ɐu²⁴² tʰɐn³²ɐu²⁴²
回	返	fan⁵⁵⁴	返	fan⁴⁴
起来	起身	hi³³⁴⁻³³ʃʌn⁵⁵⁴	起身	hi⁵²⁻³²ʃɐn⁴⁴
上来	上来	tʃiɛŋ²²³lui²⁴³	上来	tʃyŋ²⁴²lɔ²⁴
下去	落去	lɔk²²hy⁵²	落去	lœk²¹hœy³²
过来	过来	kuɔ⁵²lɔi²⁴³	过来	kuɔ³³²lɔi²⁴
过去	过去	kuɔ⁵²hy⁵²	过去	kuɔ³³²hœy³²
调转	调转	tiu²¹⁻²²tʃun⁵²	调转	tiu²¹tyn³²
翻转	翻转	fan⁵⁵tʃun⁵²	翻转	fan⁵²tyn³²
靠拢	靠埋	kʰau⁵²mai²⁴³	靠埋	kʰau³²mai²⁴
离开	行开	haŋ²⁴³⁻²²hui⁵⁵⁴	走开	tʃou⁵²hɔi⁴⁴

续上表

义项	封川话词条	封川话标音	开建话词条	开建话标音
落下	跌落	tɔ³³lɔk²²	落来/□落	lœk²¹lɔi²⁴/tɐp³⁴lœk²¹
其他趋向动作	闪缩 缩缩影影 屈尾十	ʃim³³⁴⁻³³ʃok⁵⁵ ʃok⁵⁵ʃok⁵⁵ieŋ³³⁴⁻³³ieŋ³³⁴ uʌt⁵⁵⁻³²mi²²³ʃʌp²²	闪缩 师⁼师⁼缩缩	ʃim⁵²⁻³²ʃok⁵⁵ ʃi⁴⁴⁻³²ʃi⁴⁴ʃok⁵⁵⁻³²ʃok⁵⁵
拐弯	转弯	tʃun³³⁴⁻³³uan⁵⁵⁴	拐弯	kuai⁵²⁻³²uan⁴⁴
绕圈	转圈	tʃun³³⁴⁻³²hun⁵⁵⁴	转圈	tyn³²hyn⁴⁴
来回走	行翻行去 撩转撩去	haŋ²⁴³⁻²²fan⁵⁵haŋ²⁴³⁻²²hy⁵² lieu³³⁴tʃyn⁵²lieu³³⁴hy⁵²	行返行去	eŋ²⁴fan⁴⁴eŋ²⁴hœy³²
走过头	行过头	haŋ²⁴³kuɔ⁵²tʌu²⁴³	行过头	eŋ²⁴kuɔ³²teu²⁴
行走	行走	haŋ²⁴³⁻²²tʌu³³⁴	行路	eŋ²⁴⁻²¹lu²¹
跛行	挹	ȵiʌp⁵⁵	跂	kɐt³⁴
跑	迢	tiu²⁴³	走	tʃou⁵²
奔	冲	tʃʰoŋ⁵⁵⁴	冲	tʃʰoŋ⁴⁴
爬	缘⁼ 辣⁼	iun²⁴³ lat⁵³	缘⁼	yn²⁴
钻爬	元⁼	ȵiun⁵⁵	□	ŋyn⁴⁴/ŋun⁴⁴
攀	攀 爬 烹	pʰaŋ⁵⁵⁴ pa²⁴³ pʰaŋ⁵⁵⁴	□	kua²⁴
飞	飞	fei⁵⁵⁴	飞	fɐi⁴⁴
跳	跳	tʰiu⁵²	跳	tʰiu³²
站	企	ki³³⁴	企	ki²⁴²
坐	坐	tɔ²²³	坐	tʃuɔ²⁴²
骑	骑	kɛ²⁴³	骑	ki²⁴
跪	跪	kuʌi²¹	跪	kuei²¹
蹲	跍 蹲	mʌu⁵⁵⁴ tun⁵⁵⁴	□	ŋɐp⁵⁵
躺	打横瞓	ta³³⁴⁻³²uaŋ²⁴³⁻²²huʌn⁵²	睡	tʃœ²¹
仰卧	仰瞓	ȵiɛŋ²²³huʌn⁵²	仰倒睏	ŋœ²⁴²tɔ⁵²⁻³²fin³²
趴	仆/辣	pok²²/lat⁵³	仆	pʰok⁵⁵

续上表

义项	封川话词条	封川话标音	开建话词条	开建话标音
扑	拎（猛力）	kɔm²¹	扑	pʰœk³²
倚	凭	paŋ²¹	凭	pɐŋ²¹
俯	拱/塎/拎	koŋ³³⁴/ŋoŋ³³⁴/ŋɔm³³⁴	□	ŋoŋ⁴⁴
摔跟头	跌得向向仰	tʌp²²tak⁵⁵hiɛŋ⁵²hiɛŋ²²ȵiɛŋ²²³	□斗	tɐp³⁴⁻²²tou⁵²
跌倒	□交 跌交	tʌp²²kau⁵⁵⁴ tit⁵⁵⁻³³kau⁵⁵⁴	□斗	tɐp³⁴⁻²²tou⁵²
爬起来	爬起身	pa²⁴³hi³³⁴⁻³³ʃʌn⁵⁵⁴	□起身	kua²⁴hi⁵²⁻³²ʃɐn⁴⁴
伸腰	伸腰	ʃʌn⁵⁵iu⁵⁵⁴	□起腰骨	ɛn⁵²hi⁵²iu⁴⁴⁻³²kuɐt⁵⁵
弯腰	拱腰 拎腰	koŋ³³⁴iu⁵⁵⁴ ŋɔm³³⁴iu⁵⁵⁴	□落腰骨	ŋoŋ⁴⁴lœk²¹iu⁴⁴⁻³²kuɐt⁵⁵
叉腰	叉腰	tʃʰa⁵⁵iu⁵⁵⁴	叉腰	tʃʰa⁴⁴⁻³²iu⁴⁴
转身	抡转身 转身 屈尾十	lʌn³³⁴tʃun⁵²ʃʌn⁵⁵⁴ tʃun⁵²⁻³³ʃʌn⁵⁵⁴ uʌt⁵⁵⁻³²mi²²³ʃʌp²²	调屎窟	tiu²¹ʃi⁵²⁻³²fɐt⁵⁵
扭身	侧身	tʃak⁵⁵ʃʌn⁵⁵⁴	侧身	tʃɐk⁵²⁻³²ʃɐn⁴⁴
挺腹	撚肚	ȵiɛn³³⁴tu²²³	躀起肚	ɛn⁵²hi⁵²tɔ²⁴²
撅臀	趷高屎窟	kʌt⁵⁵kəu⁵⁵ʃi³³⁴⁻³³fuʌt⁵⁵	趷起屎窟	kɐt³⁴hi⁵²ʃi⁵²⁻³²fɐt⁵⁵
倒立	立中吊	lap²²tʃoŋ⁵⁵⁴⁻³³tiu⁵⁵⁴	翻纵尖	fan⁵²tʃoŋ³²tʃɛm⁴⁴
翻跟头	打金头	ta³³⁴tʃʌm⁵⁵⁴⁻³³tʌu³³⁴	翻金斗	fan⁵²tʃɐm⁴⁴⁻³²tou⁵²
推挤	拥夹	ȵioŋ³³⁴kiɛp²²	□	min³²
避让	闪开	ʃim³³⁴⁻³³hui⁵⁵⁴	闪	ʃim⁵²
颤抖	抖，震	ȵiʌu³³⁴, tʃʌn⁵²	□□	nɐŋ⁵²nɐŋ⁵²
挠痒	挠痒	ŋau⁵⁵⁴⁻³³hʌn²⁴³	挠痕	ŋau⁴⁴⁻³²ɛn²⁴
扛	扛，抬	kʰɔŋ⁵⁵⁴, tui²⁴³	扛	kʰœŋ⁴⁴
揹	孭	mɛ⁵⁵⁴	孭/背	nɛ³²/pui³²
挎	挎	kʰa⁵²	挎	kʰua³²
回头	返头 转头	fan⁵⁵⁴⁻³²tʌu²⁴³ tʃun⁵²tʌu²⁴³	返头	fan⁴⁴⁻³²tɐu²⁴
点头	呃头	ŋak⁵⁵tʌu²⁴³	□头	nek³⁴⁻²¹tɐu²⁴
摇头	晃头	faŋ⁵²tʌu²⁴³	晃头	fɐŋ³²tɐu²⁴

续上表

义项	封川话词条	封川话标音	开建话词条	开建话标音
抬头	抬头 翿高头	tui$^{243-22}$tʌu^{243} ŋaŋ^{55}kəu^{55}tʌu^{243}	仰起头	ŋœŋ^{242}hi^{52}tɐu^{24}
低头	嗒头 拱头	tʌp^{55}tʌu^{243} koŋ^{334}tʌu^{243}	口低头	ŋoŋ^{44}tɐi^{44}tɐu^{24}
转脸	抢面 掉开面	lʌn^{334}min^{21} tiu$^{21-22}$hui^{55}min^{21}	调面	tiu^{21}min^{21}
看	睇	tʰʌi^{334}	看	hɐn^{32}
望	望	mɔŋ^{21}	望	mœŋ^{21}
看见	望见 睇见	mɔŋ$^{21-22}$kin^{52} tʰʌi^{334}kin^{52}	望见 看见	mœŋ^{21}kin^{32} hɐn^{32}kin^{32}
盯	睇紧 眅实	tʰʌi^{334}tʃʌn^{334} kʌp^{22}tʃʌt^{22}	看实 望实	hɐn^{32}tʃɐt^{34} mœŋ^{21}tʃɐt^{34}
瞥	瞭眼	lau$^{21-22}$ŋan^{223}	睄	ʃau^{21}
细看	仔细睇 岸=真	ti$^{334-33}$ɬʌi$^{52-33}$tʰʌi^{334} ŋun$^{21-22}$tʃʌn^{554}	独慢看	tok$^{34-21}$man^{21}hɐn^{32}
窥视	偷睇 偷渗=	tʰʌu^{55}tʰʌi^{334} tʰʌu^{55}ʃʌm^{52}	偷看	tʰɐu$^{44-32}$hɐn^{32}
睁	撑	tʃʰaŋ^{52}	撑	tʃʰɐŋ^{32}
闭眼	觅眼 瞑眼	muʌi^{52}ŋan^{223} mɐŋ^{243}ŋan^{223}	眯眼	mei^{32}ŋan^{242}
眨	眨（挹）	iap^{53}	眨	iap^{32}
挤眼	挼眼	nɔ^{55}ŋan^{223}	挼/捽眼	nuᵓ^{44}/tʃɐt$^{52-32}$ŋan^{242}
瞪	恼	nəu^{223}	撑	tʃʰiŋ^{32}
眯	眯	mi^{554}	眯	mei^{32}
转眼珠	抡	lʌn^{223}	转眼核	tyn^{32}ŋan$^{242-21}$uɐt^{34}
使眼色	打眼色	ta$^{334-34}$ŋan^{23}ʃek^{55}	使眼色	ʃiᵋ^{52}ŋan$^{242-21}$ʃek^{55}
低头看	渗=	ʃʌm^{52}	望	mœŋ^{21}
瞄	瞄	miu^{554}	瞄	mɛu^{44}
认真看	相	ɬieŋ^{52}	相	ʃyŋ^{32}
皱眉	皱眉	ȵiɔ^{52}mi^{243}	皱眉	ȵiou^{32}mei^{24}

续上表

义项	封川话词条	封川话标音	开建话词条	开建话标音
耸眉	掹眉 扯眉	maŋ^{55}mi^{243} tʃʰɛ^{334}mi^{243}	翘起眼眉	kʰiu^{32}hi^{52}ŋan$^{242-21}$mɐi^{24}
张嘴	撑嘴	tʃʰaŋ$^{554-33}$tui^{334}	孖开嘴	ma^{44}hɔi^{44}tʃœ^{52}
闭嘴	收口	ʃʌu$^{554-33}$hʌu^{334}	含返嘴	ɔm^{24}fan^{44}tʃœ^{52}
抿嘴	粒嘴 瘪嘴	nʌp^{55}tui^{334} miɛt^{55}tui^{334}	□嘴	mɛt^{32}tʃœ^{52}
努嘴	恼嘴	nəu^{223}tui^{334}	嘟嘴	tʃyt$^{52-32}$tʃœ^{52}
歪嘴	歪嘴	mɛ$^{334-33}$tui^{334}	歪嘴	mai$^{52-32}$tʃœ^{52}
撇嘴	敛嘴	liɛm^{334}tui^{334}	撇嘴	pʰɛt^{32}tʃœ^{52}
咂嘴	嗒嘴	tap$^{53-33}$tui^{334}	嗒嘴	tɛp$^{55-32}$/tap^{32}tʃœ^{52}
嚼	嚼	kuʌt^{55}	嚼	tʃyt^{55}
喫	喫	hek^{55}	喫	hiᵊk^{55}
尝	试	ʃi^{52}	试	ʃi^{32}
咬	咬（小口） 哨（大口） 甩	ŋau^{223} łap^{53} lʌt^{55}	咬 □ 甩	ŋau^{242} ʃɐi^{21} lɐt^{55}
嚼	噍	łiu^{21}	噍	tʃiu^{21}
含	含	həm^{243}	含	ɔm^{24}
衔	糊= 担	pu^{243} tam^{554}	衔	ɐm^{24}
啄	啄/喃	tɔk^{53}/nam^{554}	啄/□	tœk^{32}/tʃʰɔn^{44}
吞	吞	tʰʌn^{554}	□	nɐn^{44}
饮	饮	niʌm^{334}	饮	iɐm^{52}
吸食	啜	ʃɔk^{53}	啜	ʃœk^{32}
吮	□/啜	nʌn^{554}/ʃɔk^{53}	吮	tʃyn^{242}
吹	吹	tʃʰui^{554}	吹	tʃʰœ^{44}
喷吐	喷	pʰuʌn^{52}	喷	pʰɐn^{32}
舔	舐	tsai^{223}	舐	tsai^{242}
大口喝	呷	hak^{53}	呷	hap^{32}
小口喝	咪	mi^{52}	□	mɛt^{55}

续上表

义项	封川话词条	封川话标音	开建话词条	开建话标音
塞住喉	勃⁼	put²²	勃⁼	pɔt²¹
呛到	嗾	ɬok²²	嗾	tʃok³⁴
哽咽	噎 哽	it⁵⁵ kʰaŋ³³⁴	勃⁼ 哽	pɔt²¹ kɐŋ²⁴²
听	听	tʰeŋ⁵²	听	tʰiŋ³²
闻	闻	muʌn²⁴³	闻	mɐn²⁴
吸鼻涕	唰鼻涕	ʃɔk⁵³⁻³²pi²¹tʰʌi²¹	唰鼻水	ʃɐk³²pei²¹ʃœ⁵²
耸鼻	秤鼻 认⁼鼻	tʃʰeŋ⁵²pi²¹ ȵieŋ⁵²pi²¹	郁鼻	iok⁵²⁻³²pei²¹
呼气	吐气	tʰu³³⁴⁻³³hi⁵²	吐气	tʰu⁵²⁻³²hi³²
哈气	透气	tʰʌu⁵²hi⁵²⁻²¹	哈气	ha⁴⁴⁻³²hi³²
吸气	唰气	ʃɔk⁵³hi⁵²	吸气	kʰɐp⁵⁵⁻³²hi³²
干咳	干咳	kon⁵⁵kʰʌt⁵⁵	咳	kʰɐt⁵⁵
拿	拧/搦/攞	neŋ³³⁴/nek⁵⁵/lɔ³³⁴	拧/揸/抓	niᵊŋ⁴⁴/tʃa⁴⁴/ȵia⁴⁴
连带	㧿	nai⁵²	㧿/㨳	nai³²/nɐŋ³²
抓	揸	tʃa⁵⁵⁴	揸	tʃa⁴⁴
拈	拈	tim⁵⁵⁴	拈	nɛm⁴⁴
掬	捧	poŋ³³⁴	捧	pʰoŋ⁵²
提	掂(尖) 递	tim⁵⁵⁴ tʌi²¹	抠 秤	kʰɐu⁴⁴ tʃʰeŋ³²
举	举	ky³³⁴	举	ky⁵²
托	托	tʰɔk⁵³	托	tʰœk³²
拉	搇	maŋ⁵⁵⁴	搇/拉	mɐŋ⁴⁴/lai⁴⁴
抽	抽	tʃʰʌu⁵⁵⁴	抽	tʃʰɐu⁴⁴
拔	搇/扯	maŋ⁵⁵⁴/tʃʰɛ³³⁴	搇/□	mɐŋ⁴⁴/lei⁵²
端	拘	kʰʌu⁵⁵⁴	张	tyŋ⁴⁴
捡	执	tʃʌp⁵⁵	执	tʃɐp⁵⁵
推	擁	oŋ³³⁴	擁	oŋ⁵²
搬	搬 抦	pun⁵⁵⁴ peŋ⁵²	搬 抦	pɔn⁴⁴ piŋ³²

续上表

义项	封川话词条	封川话标音	开建话词条	开建话标音
运送	运	uʌn²¹	运	uin²¹
送给	送畀	ɬoŋ⁵²⁻³³pi³³⁴	送畀	ʃuŋ³²pei⁵²
指	报	pəu⁵²	指/□	tʃi⁵²/n.y⁵²
抠	撩 壅	liɐu³³⁴ ŋoŋ⁵²	□	ŋuɐk⁵⁵
掐	捽（用指甲） 撚（用手）	nʌt⁵⁵ niɛn³³⁴	搣（用手指） 撚（用指甲）	miᵊk⁵⁵ nen⁵²
捏	捏 捽	nʌi⁵⁵⁴ nʌt⁵⁵	捽	nɐt⁵⁵
扭	扭	nʌu³³⁴	扭	nau⁵²
拗	拗	au³³⁴	拗	ŋau⁵²
摸	摸	mɔ⁵⁵⁴	𰯲⁼	la³²
抚	𰯲⁼ 烫 敬⁼	la³³⁴ tʰɔŋ⁵² keŋ⁵²	𰯲⁼ 烫	la³² tʰœŋ³²
揉	搓	n.iai⁵⁵⁴	𰯲⁼	la³²
捋	捋	lut²²	捋	lyt³⁴
拭	抹	mut⁵⁵	擦	tʃʰat³²
按	撳	kʌm²¹	撳	kom²¹
捂	捂 揞	u³³⁴ əm³³⁴	揞	ɐm⁴⁴
击打	扰 敲 揎	tʌm³³⁴ hau⁵⁵⁴ ŋaŋ⁵²	扰 敲 揎	tɐm²⁴² hau⁴⁴ ŋɐŋ³²
拍	拍	pʰak⁵⁵	拍	pʰɛk³²
捶	捶	tʃui²⁴³	捶/□	tœ²⁴/tɐp³⁴
用指节敲	推	pʰak⁵⁵	□	kʰuɐk⁵⁵
捆	霍	fɔk⁵³	捆	kuɐk³²
揭	揭/扢	hit⁵⁵/hɐk⁵⁵	揭	kʰyt⁵⁵/kʰut⁵⁵
扒	扒	pa²⁴³	扒	pa²⁴

续上表

义项	封川话词条	封川话标音	开建话词条	开建话标音
扳	搣	maŋ⁵⁵⁴	扳	man⁴⁴
拧	扭	nʌu³³⁴	扭	nau⁵²
撕	撕	li⁵⁵⁴	撕	tsʰi⁴⁴
掰	擘	mak⁵⁵	擘	mɛk³²
剥	剥 抔 搣	mɔk⁵⁵ mok⁵⁵ mit⁵⁵	搣	miᵊk⁵⁵
蹾	进⁼	tɐn⁵²	蹾	tɐn³²
抛	抛	pʰau⁵⁵⁴	抛	pʰau⁴⁴
抡	抡	lʌn³³⁴	□	fɛŋ⁵²
撒	撒	ɬat⁵³	撒	ʃat³²
泼	泼	pʰut⁵⁵	泼	pʰɔt³²
扔	抹 棹	ueŋ²⁴³ tʃau²¹	抹	ueŋ⁴⁴
向下扔	掟	teŋ⁵²	抹/掟	ueŋ⁴⁴/tiᵊŋ⁴⁴
挤	撚	nien³³⁴	□	nɐt⁵⁵
搂	揽	ləm³³⁴	揽	lɔm⁵²
抱	抱	pəu²²³	抱	pɔ²⁴²
搓	搓	ȵiai⁵⁵⁴/tʃʰai⁵⁵⁴	挨	ŋai⁴⁴
扶	扶	pu²⁴³	扶	pu²⁴
伸手	伸手	ʃʌn⁵⁵ʃau³³⁴	擂手	lœ⁴⁴ʃou⁵²
招手	招手 挹手	tʃiu⁵⁵ʃʌu³³⁴ iap⁵³ʃʌu³³⁴	挹手	iap²¹ʃou⁵²
摆手	罅手	la⁵²⁻³³ʃʌu³³⁴	晃手	fɐŋ³²ʃou⁵²
举手	举手	ky³³⁴ʃʌu³³⁴	举手	ky⁵²⁻³²ʃou⁵²
抬手	递手 居手 抬手	tʌi²¹ʃʌu³³⁴ ky⁵⁵ʃʌu³³⁴ tui²⁴³⁻²²ʃʌu³³⁴	秤手	tʃʰɐŋ⁴⁴⁻³²ʃou⁵²
揩手	敛手	liɛm³³⁴ʃʌu³³⁴	敛手	lɛm²⁴²⁻²¹ʃou⁵²
叉手	叉手 绞手	tʃʰa⁵⁵ʃʌu³³⁴ kieu²²³ʃʌu³³⁴	叉手 敛手	tʃʰa⁴⁴ʃou⁵² lɛm²⁴²⁻²¹ʃou⁵²

续上表

义项	封川话词条	封川话标音	开建话词条	开建话标音
笼手	恁手 秤手	nʌm⁵²ʃʌu³³⁴ tʃʰeŋ⁵²ʃʌu³³⁴	敛手	lɛm²⁴²⁻²¹ʃou⁵²
拱手	拱手	koŋ³³⁴ʃʌu³³⁴	拱手	koŋ⁵²⁻³²ʃou⁵²
撒手	撒手 放手	łat⁵³ʃʌu³³⁴ fɔŋ⁵²ʃʌu³³⁴	放手	fuŋ³²ʃou⁵²
打响指	打手括	ta³³⁴ʃʌu³³⁴⁻³³kʰuak⁵⁵	捽手指头	nɐt⁵⁵ʃou⁵²⁻³²tʃi⁵²⁻³²tɐu²⁴
弹指头	弹指甲头	tan²¹⁻²²tʃi³³⁴⁻³³kap⁵³⁻²²tʌu²⁴³	弹手指头	tan²¹ʃou⁵²⁻³²tʃi⁵²⁻³²tɐu²⁴
握拳	握拳 □拳	ak⁵⁵kun²⁴³ niom⁵⁵kun²⁴³	揸实□拳	tʃa⁴⁴tʃɐt³⁴kʰɐm⁴⁴kyn²⁴
张开手掌	撑开手掌	tʃʰaŋ⁵²⁻³³hui⁵⁵ʃʌu³³⁴tʃieŋ³³⁴	伸开手坟心	ʃɐŋ⁴⁴hɔi⁴⁴ʃou⁵²⁻³²pɐn²⁴⁻²¹ʃɐm⁴⁴
拍手	拍手	pʰak⁵⁵ʃʌu³³⁴⁻²¹	拍手	pʰɛk³²ʃou⁵²
胳肢	挠赤肋	ŋau⁵⁵tʃʰak³³lak⁵⁵	挠肋脚下	ŋau⁴⁴lɐk³⁴⁻²¹kiˀk⁵⁵⁻³²a²⁴²
擤	擤/□	łaŋ⁵²/nut⁵⁵	擤	ʃɐŋ³²
拈	拈	nim⁵⁵⁴	拈	nɛm⁴⁴
两边劈	撇	pʰiɛt⁵⁵	撇	pʰɛt³²
劈	劈	pʰek⁵⁵	劈	pʰiˀk⁵⁵
摺	摺	tʃip⁵⁵	摺	tʃip⁵⁵
揩擦	揩	hai⁵⁵⁴	揩	hai⁴⁴
抓挠	挠	ŋau⁵⁵	挠	ŋau⁴⁴
扎刺	刮⁼	kʌt⁵⁵	刮⁼ 北⁼	kɐt⁵⁵ pɐk⁵⁵
戳	督⁼ 戳 束	tok⁵⁵ tʃʰɔk⁵³ tʃʰok⁵⁵	督	tok⁵⁵
其他上肢动作	反 捼	fan³³⁴ lʌi²²³	反	fan⁵²
踩	踩	nai³³⁴	踩	ȵiai⁵²/tʃʰai⁵²
踩	蕊	ȵiui³³⁴	踩	ȵiai⁵²/ȵiai⁴⁴
蹬	𮢶	tʃaŋ⁵⁵⁴	□	ȵiɛŋ⁵²
跨	蹡	lam⁵²	蹡/□	lam³²/kʰam³²

续上表

义项	封川话词条	封川话标音	开建话词条	开建话标音
踢	踢 搬	tʰek⁵⁵ pun⁵⁵⁴	踢	tʰiᵊk⁵⁵
跺	揞=	tʌm²¹	揞= 震	tom²¹ tin²¹
踡	挛	lun⁵⁵⁴	挛	lyn⁴⁴
张开腿	撑开肶	tʃʰaŋ⁵⁵⁴⁻³³hui⁵⁵pi³³⁴	撑/叉开腿	tʃʰɐŋ⁴⁴⁻³²/tʃʰa⁴⁴hɔi⁴⁴kiᵊk⁵⁵
劈叉	撑开脚	tʃʰaŋ⁵⁵⁴⁻³³hui⁵⁵kiɛk⁵⁵	撑/叉开脚	tʃʰɐŋ⁴⁴⁻³²/tʃʰa⁴⁴hɔi⁴⁴kiᵊk⁵⁵
跷二郎腿	挢起脚	kiu²⁴³hy³³⁴⁻³³kiɛk⁵⁵	挢起脚	kɐu²⁴²hi⁵²kiᵊk⁵⁵
抖腿	揿腿	n̡ʌm⁵²kiɛk⁵⁵	扤脚	ŋɐt³⁴⁻²¹kiᵊk⁵⁵
踮	跻	lɛŋ⁵²	□	nɐ⁴⁴
抱膝	抱膝	pɔu²²³ɬʌt⁵⁵	揽水头牯	lɔm⁵²ʃœ⁵²tɐu²⁴⁻²¹ku⁵²
盘脚	盘脚	pun²⁴³⁻²²kiɛk⁵⁵	挢脚	kɐu²⁴²kiᵊk⁵⁵
跪	跪	kuʌi²¹	跪	kuei²¹
晾	晾	lɔŋ⁵²	晾	lœŋ³²
站	倚（企）	ki²²³	倚（企）	ki²⁴²
抬起	秤	tʃʰeŋ⁵²	秤	tʃʰɐŋ³²
其他下肢动作	撑	kʰeŋ⁵²	跄	kɐt³⁴
抬	扛	kʰɔŋ⁵⁵⁴	扛	kʰœŋ⁴⁴
挑	担	tam⁵⁵	担	tam⁴⁴
砍	斩 报	tʃam³³⁴ ŋʌn⁵²	斩 报 □	tʃam⁵² ŋin³² lɐk⁵⁵/pʰœk³²
切割	切	tʰit⁵⁵	切	tʃʰet³²
削	米=	muʌi⁵⁵⁴	剃	pʰei⁴⁴
刮	刮	kuat⁵³	刮	kuat³²
劗	劗	tʃam²²³	劗	tʃam²⁴²
插	插	tʃʰap⁵³	插	tʃʰap³²
钻	钻 刡=	tun⁵² kʌt⁵⁵	□	ŋun³²

续上表

义项	封川话词条	封川话标音	开建话词条	开建话标音
划	划	uak²²	划	uɛk²¹
拨	拨	put⁵⁵	拨	pɔt³²
拌	搅 捞 捞	kau³³⁴ lau³³⁴ ləu⁵⁵⁴	捞 搅	lou⁵² kau²⁴²
搦	搦	ʃin⁵²	搦	ʃin³²
撬	撬	kiɛu²¹	撬	kʰiu³²/kiu²¹
挖	挖	uat⁵³	挖	uat³²
锄	镑	pʰɔŋ⁵⁵⁴	镑	pʰœŋ⁴⁴
剜	挖	uat⁵³	□	ŋuɛk⁵⁵
磨	磨	mɔ²⁴³	磨	mu²⁴
碾	碾	ŋan²¹	研	ŋin²⁴
铲去	铲去 蠢⁼开	tʃʰan³³⁴hy⁵² tʃʰʌn³³⁴hui⁵⁵⁴	铲脱	tʃʰan⁵²tʰyt⁵⁵
擦掉	擦开	tʃʰat⁵³hui⁵⁵⁴	擦脱	tʃʰat³²tʰyt⁵⁵
涂抹	搽/抹	tʃa²⁴³/mat⁵³	搽/抹	tʃa²⁴/mɔt³²
搅	搅	kau³³⁴	搅	kau²⁴²
敲	敲, □	hau⁵⁵⁴, ŋaŋ⁵²	敲, □	hau⁴⁴, ŋaŋ³²
棒击	捐	ŋaŋ⁵²	□	kut⁵⁵
抽打	冎 稍 挠	ʃak⁵⁵ ʃau³³⁴ fak⁵⁵	□	fɛu⁵²
遮	遮	tʃɛ⁵⁵	遮	tʃie⁴⁴
盖住	冚住	kʰʌm³³⁴tʃy²¹	冚倒	kʰɔm³²tɔ⁵²
罩住	罩住	tʃau⁵²tʃy²¹	罩倒	tʃau³²tɔ⁵²
蒙	蒙⁼	meŋ⁵⁵	揞	ɐm⁴⁴
塞	塞	ɬak⁵⁵	塞	ʃɐk⁵⁵
装	装 载	tʃɔŋ⁵⁵ tui⁵²	装	tʃœŋ⁴⁴

续上表

义项	封川话词条	封川话标音	开建话词条	开建话标音
倒出	倒出 扁出	təu^{334}tʃʰʌt^{55} piɛn^{334}tʃʰʌt^{55}	□出	kɐŋ^{32}tʃʰɐt^{55}
埋	壅	ioŋ^{554}	壅	ioŋ^{44}
牵	拉	lai^{554}	拉	lai^{44}
拦	拦，截	lan^{243}, ɬit^{22}	拦	lan^{24}, tʃɐt^{21}
打开	打开	ta^{334}hui^{554}	打开	ta^{52}hɔi^{44}
解开	解开 蹍开	kai^{334}hui^{554} tʰʌn^{52}hui^{554}	解开	kai^{52}hɔi^{44}
抖开	搜开	ɬʌu^{334}hui^{554}	□开	iap^{21}hɔi^{44}
放开	放开	fɔŋ^{52}hui^{554}	放开	fuŋ^{32}hɔi^{44}
拆	拆	tʃʰak^{55}	拆	tʃʰɛk^{32}
换	换	un^{21}	换	un^{21}
关上	闩翻	ʃan^{55}fan^{55}	闩翻	ʃan^{44}fan^{44}
锁上	锁上/好	ɬɔ^{334}tʃiɛn^{223}/həu^{334}	锁倒	ʃu^{052}tɔ^{52}
闩上	闩翻	ʃan^{55}fan^{554}	闩翻	ʃan^{44}fan^{44}
包起	包起	pau^{55}hi^{334}	包起	pau^{44}hi^{52}
别上	绋	kʰuaŋ^{52}	扣倒	kʰou^{32}tɔ^{52}
扣上	扣好	kʰʌu^{52}həu^{334}	扣倒	kʰou^{32}tɔ^{52}
绑	绑	pɔŋ^{334}	绑	pœŋ^{52}
缠绕	缭	liɛu^{334}	缠	tɛn^{242}
勒	索 缩 绹 勒	ɬok^{53} ɬok^{55} təu^{243} lak^{22}	雪 绹	ʃyt^{55} tɔ^{24}
绊	缭	liɛu^{334}	缭	lɛu^{52}
接驳	接驳	tip^{55}pɔk^{53}	接驳	tʃɛp^{32}pœk^{32}
编	编	pʰin^{554}	编	pʰɛn^{44}
黏贴	黏 呢 捺	nim^{554} ni^{554} nat^{53}	黏 黐 捺	net^{32} tʃʰi^{44} nat^{32}
砌	砌	tʰʌi^{52}	砌	tʃʰei^{32}

续上表

义项	封川话词条	封川话标音	开建话词条	开建话标音
摞	沓	tap^{22}	沓	tap^{21}
挂	挂	kua^{52} p^{h}iɛ^{52}	□	k^{h}uɐŋ^{32}
搭	搭	tap^{53}	搭	tap^{32}
竖起	栋起	toŋ$^{21\text{-}22}$hi^{334}	栋起	tuŋ^{21}hi^{52}
架起	架起	ka^{52}hi^{334}	架起	ka^{32}hi^{52}
垫起	垫起	tim$^{21\text{-}22}$hi^{334}	垫起	tim^{21}hi^{52}
叠起	叠起 沓起	tit^{22}hi^{334} tap^{22}hi^{334}	叠起 沓起	tɐp^{21}hi^{52} tap^{21}hi^{52}
摺叠	摺起	tʃip^{55}hi^{334}	摺起	tʃip^{55}hi^{52}
够到	囊＂得到	nɔŋ^{55}tak^{55}təu^{52}	够得到	kou^{32}tɐk$^{55\text{-}32}$tɔ^{32}
洗	洗	ɬʌi^{334}	洗	ʃai^{52}
涮	哴	lɔŋ^{334}	哴	lœŋ^{52}
浇	淋	lʌm^{243}	淋	lɐm^{24}
舀	舀 滗 㨃	iu^{223} puʌt^{55} nam^{223}	舀 滗 㨃	ɲiu^{242} pɐt^{55} nɐm^{242}
捞	捞	lau^{554}	捞	lɐu^{44}
斟	斟	tʃʌm^{554}	斟	tʃɐm^{44}
滗	滗	puʌt^{55}	滗	pɐt^{55}
洒	洒	ʃa^{334}	洒，□	ʃa^{52}, iai^{32}
蘸	蘸，点，渌	tʌm^{334}, tiɛm^{334}, lok^{55}	蘸，渌	tɐm^{52}, lok^{55}
捡，摘	执	tʃʌp^{55}	执	tʃɐp^{55}
聚集	聚，集合	ɬu^{243}, ɬɐp^{21}hep^{21}	辑	tʃ^{h}ɐp^{55}
合上	合	kəp^{55}	含/□	ɔm^{24}/k^{h}om^{32}
拂	拂	p^{h}ut^{55}	拂	p^{h}ɐt^{55}
捶	捶	tʃui^{243}	捶	tœ^{24}
捋	捋	lut^{55}	捋	lyt^{34}
夹	夹	kap^{53}/niɛp^{53}/nap^{53}	夹	kap^{32}/nap^{32}

九、生活工作

义项	封川话词条	封川话标音	开建话词条	开建话标音
活	生 活	ʃaŋ⁵⁵⁴ ut²²	生	ʃɛŋ⁴⁴
死	死 过身 老大	ɬi³³⁴ kuɔ⁵²⁻³³ʃɐn⁴⁴ ləu²²³tai²¹	死 过身 百岁	ʃei⁵² ku³³²ʃɐn⁴⁴ pɛk³²ʃœ³²
过日子	过日子	kʰuɔ⁵²⁻³²ȵiʌt²²ti³³⁴	过日子	ku³³²ȵiɐt³⁴⁻²¹tʃuɔ⁵²
混日子	混（音菌） 捞 煲	kuʌn²²³ ləu⁵⁵⁴ pəu⁵⁵	混（音菌） □	kuɐn²⁴² lɐn⁵²
熬日子	捱日子 捱世界	ŋai²⁴³⁻²²ȵiʌt²²ti³³⁴ ŋai²⁴³⁻²²ʃʌi⁵²⁻³³kai⁵²	捱日子 捱世界	ŋai²⁴ȵiɐt³⁴⁻²¹tʃuɔ⁵² ŋai²⁴ʃiɛ³²kai³²
享受	叹 叹世界	tʰan⁵² tʰan⁵²ʃai⁵²kai⁵²	叹	tʰan³²
居住	住	tʃy²¹	住（音代）	tɔi²¹
租房	租房	tu⁵⁵fɔŋ²⁴³	租屋	tʃu⁴⁴⁻³²ok⁵⁵
买房	买房/楼	mai²³fɔŋ²⁴³/lʌu²⁴³	娶楼/屋	tʃʰɔ⁵²⁻³²lɐu²⁴/ok⁵⁵
入住	入住 进宅	ȵiʌp²²tʃy²¹ tʌn⁵²tʃak²²	入去住 进宅	iɐp³⁴hœy²²tɔi²¹ tʃin³²tʃɛk²¹
搬家	搬屋	pun⁵⁵⁴⁻³³ok⁵⁵	搬屋	pɔn⁴⁴⁻³²ok⁵⁵
睡午觉	睏晏觉	huʌn⁵²⁻³³an⁵²⁻³³kau⁵²	睏晏觉	fin³²an³²kau³²
睡懒觉	睏懒觉	huʌn⁵²⁻³³lan³³⁴kau⁵²	睏懒觉	fin³²lan²⁴²⁻²¹kau³²
熬夜	捱夜	ŋai²⁴³⁻²²iɛ²¹	捱夜	ŋai²⁴⁻²¹iɛ²¹
休息	敨	tʰʌu³³⁴	敨	tʰɐu⁵²
醒	醒	ɬeŋ³³⁴	醒	ʃiᵊŋ⁵²
起床	起身	hi³³⁴⁻³³ʃʌn⁵⁵⁴	起身	hi⁵²⁻³²ʃɐn⁴⁴
架床	叠床	tit²²tʃɔŋ²⁴³	建床	kyn²¹tʃœŋ²⁴
铺床	铺床	pʰu⁵⁵⁴⁻³²tʃɔŋ²⁴³	铺床	pʰu⁴⁴⁻³²tʃœŋ²⁴

续上表

义项	封川话词条	封川话标音	开建话词条	开建话标音
叠被	叠被 褶被	tip²²pi²²³ tʃip⁵⁵⁻³²pi²²³	叠被	tɛp²¹pɐi²⁴²
乘凉	晾凉	lɔŋ⁵²liɛŋ²⁴³	晾凉	lœŋ²¹lyŋ²⁴
梳头	梳头	ʃɔ⁵⁵⁴⁻³²tʌu²⁴³	梳头	ʃu²⁴⁴⁻³²tɐu²⁴
篦发	挠发	ŋau⁵⁵fuat⁵⁵	梳头	ʃu²⁴⁴⁻³²tɐu²⁴
梳髻	梳髻	ʃɔ⁵⁵⁴⁻³²kʌi⁵²⁻²¹	梳髻	ʃu²⁴⁴⁻³²kei³²
编辫	扑辫	piɛn²¹⁻²²piɛn⁵⁵⁴	结辫	kit⁵⁵⁻³²pɐn²⁴²
理发	剃头	tʰʌi⁵²tʌu²⁴³	剪头发	tʃɐn⁵²tɐu²⁴⁻²¹fat³²
烫发	烫头发	tʰɔŋ⁵²tʌu²⁴³⁻²²fat⁵³	烫头发	tʰœŋ³²tɐu²⁴⁻²¹fat³²
刮脸	刮面 刮汗毛 刮胡须	kuat⁵³min²¹ kuat⁵³hon²¹⁻²²məu²⁴³ kuat⁵³u²⁴³⁻²²ɬu⁵⁵⁴	刮胡须	kuat³²u²⁴⁻²¹ʃœy⁴⁴
剪指甲	剪手指甲	tin³³⁴ʃʌu³³⁴⁻³²tʃi³³⁴⁻²²kap⁵³	剪手指甲	tʃɐn⁵²ʃou⁵²⁻³²tʃi⁵²⁻³²kap³²
掏耳	撩耳	liɛu⁵⁵ni²²³	挖耳屎	uat²⁴²⁻²¹ni⁵²ʃi⁵²
绞脸	绞脸	kau³³⁴min²¹	裂面	lɛt²¹min²¹
修脚	修脚	ɬʌu⁵⁵kiɛk⁵⁵	修脚	ʃɐu⁴⁴⁻³²kiʔk⁵⁵
照镜	照镜	tʃiu⁵²keŋ⁵²	照镜	tʃiu³²kiŋ³²
化妆	化妆	fa⁵²⁻³³tʃɔŋ⁵⁵⁴	化妆	fa³²tʃœŋ⁴⁴
点灯	点灯	tim³³⁴⁻³³taŋ⁵⁵⁴	点灯	tɛm⁵²⁻³²tɛŋ⁴⁴
开灯	开灯 着灯	hui⁵⁵taŋ⁵⁵⁴ tʃiɛk²²taŋ⁵⁵⁴	开灯	hɔi⁴⁴⁻³²tɛŋ⁴⁴
熄灯	熄灯 黑灯	ɬek⁵⁵taŋ⁵⁵⁴ hak⁵⁵taŋ⁵⁵⁴	熄灯	ʃok⁵⁵⁻³²tɛŋ⁴⁴
点火	点火	tim³³⁴⁻³³fɔ³³⁴	点火	tɛm⁵²⁻³²fu⁰⁵²
打水	担水	tam⁵⁵⁴⁻³³ʃui³³⁴	担水	tam⁴⁴⁻³²ʃœ⁵²
提水	抠水	kʰau⁵⁵ʃui³⁴	抠水	kʰɐu⁴⁴⁻³²ʃœ⁵²
刷牙	刷牙	tʃʰat⁵³ŋa²⁴³	喉口/刷牙	lœŋ⁵²⁻³²hɐu⁵²/tʃʰat³²ŋa²⁴
漱口	喉口	lɔŋ³³⁴⁻³³hʌu³³⁴	喉口	lœŋ⁵²⁻³²hɐu⁵²
洗脸	洗面	ɬʌi³³⁴⁻³²min²¹	洗面	ʃai⁵²⁻³²min²¹
洗手	洗手	ɬʌi³³⁴⁻³³ʃʌu³³⁴	洗手	ʃai⁵²⁻³²ʃou⁵²
洗澡	洗凉	ɬʌi³³⁴liɛŋ²⁴³	洗凉	ʃai⁵²⁻³²lyŋ²⁴

续上表

义项	封川话词条	封川话标音	开建话词条	开建话标音
擦澡	抹凉	mat⁵³liɛŋ²⁴³	抹凉	mɔt³²lyŋ²⁴
洗脚	洗脚	ɬʌi³³⁴⁻³³kiɛk⁵⁵	洗脚	ʃai⁵²⁻³²kiᵊk⁵⁵
澡堂服务	沐足	mok²²tok⁵⁵	沐足	mok³⁴⁻²¹tʃok⁵⁵
按摩	按摩	on⁵²⁻³³mɔ⁵⁵⁴	按摩	on³²muᵊ⁴⁴
捶背	□骨	tap²²kuʌt⁵⁵	□骨	tɐp³⁴⁻²¹kuɐt⁵⁵
扫地	扫地	ɬəu³³⁴⁻³²ti²¹	扫地	ʃɔ³²tei²¹
擦地	擦地 拖地	tʰat⁵³ti²¹ tʰɔ⁵⁵ti²¹	拖地	tʰuᵊ⁴⁴⁻³²tei²¹
掸尘	拂ʺ尘	pʰut⁵⁵⁻³²tʃʌn²⁴³	拂埲尘	pʰɐt⁵⁵pʰoŋ⁴⁴⁻³²tɐn²⁴
倒垃圾	倒垃圾	təu³³⁴lap²²ɬap⁵³	□垃圾	kɐŋ³²lɐp³⁴⁻²¹ʃɐp⁵⁵
毒杀	毒杀	tok²²ʃat⁵³	喷农药	pʰɐn⁴⁴noŋ²⁴⁻²¹iɛk²¹
晒太阳	晒热头	ʃai⁵²⁻³³n̠it²²tʌu²⁴³	晒热头	ʃai³²n̠it³⁴⁻²¹tɐu²⁴
养育	养	iɛŋ²²³	养	yŋ²⁴²
带孩子	透儿	tʰʌu⁵²⁻³³n̠i⁵⁵⁴	带奀仔	tai³²ni³²tʃai⁵²
哄孩子	氹ʺ儿	tʰʌm⁵²⁻³³n̠i⁵⁵⁴	氹ʺ奀仔	tʰom³²ni³²tʃai⁵²
喂小孩	喂儿	uʌi⁵²⁻³³n̠i⁵⁵⁴	喂阿□	uei³²a³²uɛ²⁴²
尿床	濑尿	lai²¹⁻²²niu²¹	濑尿	lai²¹niu²¹
把屎	抠屎	kʰʌu⁵⁵⁴⁻³²ʃi³³⁴	抠屎	kʰɐu⁴⁴⁻³²ʃi⁵²
把尿	抠尿	kʰʌu⁵⁵⁴⁻³²niu²¹	抠尿	kʰɐu⁴⁴⁻³²niu²¹
烤火	炕火 冲火	hɔŋ⁵²⁻³³fɔ³³⁴ tʃʰoŋ⁵⁵⁻³³fɔ³³⁴	炕火	hœŋ³²fuᵊ⁵²
硌脚	梗脚	kɐŋ²¹⁻²²kiɛk⁵⁵	梗脚	kɐŋ²⁴²⁻²¹kiᵊk⁵⁵
开门窗	开门窗	hui⁵⁵mun²⁴³⁻²²tʃʰiɛŋ⁵⁵⁴	开门窗	hɔi⁴⁴⁻³²mɐn²⁴⁻²¹tʃʰyŋ⁴⁴
关门窗	闩门窗	ʃan⁵⁵mun²⁴³⁻²²tʃʰiɛŋ⁵⁵⁴	闩门窗	ʃan⁴⁴⁻³²mɐn²⁴⁻²¹tʃʰyŋ⁴⁴
照相	影相	iɛŋ³³⁴ɬiɛŋ⁵²	影相	iᵊŋ⁵²⁻³²ʃyŋ³²
洗照片	洗相片	ɬʌi³³⁴ɬiɛŋ⁵²⁻³³pʰin⁵²	洗相片	ʃai⁵²ʃyŋ³²pʰin³²
制衣	制衣 针衫	tʃʌi⁵²⁻³³i⁵⁵⁴ tʃʌm⁵⁵ʃam⁵⁵⁴	制衣	tʃɛ³²⁻³²i⁴⁴
量衣	度衫	tɔk²²ʃam⁵⁵⁴	度衫	tœk²¹ʃam⁴⁴
裁衣	裁衫	ɬui²⁴³⁻²²ʃam⁵⁵⁴	裁衫	tʃɔi²⁴⁻²¹ʃam⁴⁴

续上表

义项	封川话词条	封川话标音	开建话词条	开建话标音
做被卧	整床被	tʃeŋ³³⁴tʃɔŋ²⁴³⁻²²pi²²³	整床被	tʃiᵊŋ⁵²tʃœŋ²⁴⁻²¹pɐi²⁴²
缝	缝 车	foŋ²⁴³ tʃʰɛ⁵⁵⁴	缝 车	poŋ²⁴ tʃʰiᵊ⁴⁴
织	织	tʃek⁵⁵	织	tʃɐk⁵⁵
锁扣眼	扣衫纽	kʰʌu⁵²⁻³³ʃam⁵⁵⁴⁻³³nʌu³³⁴	系衫纽	kɛ³²ʃam⁴⁴⁻³²nau²⁴²
盘纽扣	盘衫纽	pun²⁴³⁻²²ʃam⁵⁵⁴⁻³³nʌu³³⁴	盘衫纽	pɔn²⁴ʃam⁴⁴⁻³²nau²⁴²
钉纽扣	钉衫纽	teŋ⁵²ʃam⁵⁵⁴⁻³³nʌu³³⁴	钉衫纽	tiᵊŋ⁴⁴⁻³²ʃam⁴⁴⁻³²nau²⁴²
绳边	绳边	kʰuʌn³⁴pin⁵⁵⁴	绳边	kʰuɐn⁴⁴⁻³²pɛn⁴⁴
缲边	缲边	tʰiu⁵²⁻³³pin⁵⁵⁴	缲边	tʃʰiu³²pɛn⁴⁴
打补丁	补衫，补𰱸	pu³³⁴⁻³³ʃam⁵⁵⁴，pu³⁴na⁵⁵⁴	补衫	pu⁵²⁻³²ʃam⁴⁴
纳鞋底	扭⁼鞋底	nʌu⁵²hai²⁴³⁻²²tʌi³³⁴	锥鞋底	ȵiœ⁴⁴ai²⁴⁻²¹tai⁵²
鞔鞋帮	蒙鞋跲	meŋ⁵⁵hai²⁴³⁻²²tʃɐŋ⁵⁵⁴	搢鞋跲	ɐm⁴⁴ai²⁴⁻²¹tʃɐŋ⁴⁴
绱鞋	上鞋面	tʃieŋ²²³hai²⁴³⁻²²min²¹	上鞋面	tʃyŋ²⁴²ai²⁴⁻²¹min²¹
绣花	绣花	ɬʌu⁵²⁻³³fa⁵⁵⁴	绣花	ʃou³²fa⁴⁴
穿针	穿针	tʃʰun⁵⁵⁴⁻³³tʃʌm⁵⁵⁴	穿针	tʃʰyn⁴⁴⁻³²tʃɐm⁴⁴
开线	开线	hui⁵⁵⁴⁻³²ɬin²¹	线缝开哈	ʃin³²puŋ²¹hɔi⁴⁴ha⁵²
搓洗	搓	ȵiai⁵⁵⁴	挨⁼	ŋai⁴⁴
漂洗	漂洗	pʰiu⁵²⁻³³ɬʌi³³⁴	漂白	pʰɛu⁴⁴⁻³²pɐk²¹
晒衣	晒衫	ʃai⁵²⁻³³ʃam⁵⁵⁴	晒衫	ʃai³²ʃam⁴⁴
晾	晾	lɔŋ⁵²	晾	lœŋ²¹
晒	晒	ʃai⁵²	晒	ʃai³²
浆衣	浆衫	tieŋ⁵⁵ʃam⁵⁵⁴	浸衫	tʃom³²ʃam⁴⁴
熨衣	烫衫	tʰɔŋ⁵²⁻³³ʃam⁵⁵⁴	烫衫	tʰœŋ³²ʃam⁴⁴
打扮	打扮 妆整	ta³³⁴pan²¹ tʃɔŋ⁵⁵⁴⁻³³tʃeŋ³³⁴	打扮	ta⁵²⁻³²pan²¹
穿衣	着衫	tʃiɛk⁵⁵⁻⁵³ʃam⁵⁵⁴	着衫	tiᵊk⁵⁵⁻³²ʃam⁴⁴
脱衣	解衫	kai³³⁴⁻³³ʃam⁵⁵⁴	□衫	tʰyn³²ʃam⁴⁴
披衣	褛衫	lʌu⁵⁵ʃam⁵⁵⁴	拤衫	kʰua³²ʃam⁴⁴
毅	打裂夕 倒弼⁼着	ta³³⁴let²²ɬet²² təu⁵²puʌt²²tʃiɛk⁵⁵	挞	tʰat³²

续上表

义项	封川话词条	封川话标音	开建话词条	开建话标音
赤脚	赤脚	tʃʰiek⁵⁵⁻³³kiɛk⁵⁵	出脚	tʃʰɐt⁵⁵⁻³²kiᵊk⁵⁵
赤身	赤肋	tʃʰak⁵⁵⁻³³lak⁵⁵	赤肋	tʃʰɛk³²lɛk³²
烹调	制菜	tʃʌi⁵²tʰui⁵²	煮	tʃy⁵²
做饭	煮饭	tʃy³⁴fan²¹	煮饭	tʃy⁵²⁻³²pan²¹
做菜	煮菜	tʃy³⁴tʰui⁵²	煮菜	tʃy⁵²⁻³²tʃɔi³²
做米饭	煮饭	tʃy³⁴fan²¹	煮饭	tʃy⁵²⁻³²pan²¹
做粥	煮粥	tʃy³⁴tʃok⁵⁵	煮粥	tʃy⁵²⁻³²tʃok⁵⁵
做汤	煲汤	pəu⁵⁵tʰɔŋ⁵⁵⁴	煲汤	pɔ⁴⁴⁻³²tʰœŋ⁴⁴
做饼	制/整/印饼	tʃʌi⁵²⁻³³/tʃiˀŋ³³⁴⁻³³/iʌn⁵²⁻³³peŋ³³⁴	整饼	tʃiˀŋ⁵²⁻³²piˀŋ⁵²
煮面条	捞=面	lau⁵⁵⁴⁻²²min²¹	渌/煮面	lok³⁴⁻²¹/tʃy⁵²⁻³²min²¹
蒸馒头	蒸包 炊包	tʃeŋ⁵⁵pau⁵⁵⁴ tʃʰui⁵⁵pau⁵⁵⁴	蒸包	tʃɐŋ⁴⁴⁻³²pau⁴⁴
淘米	洗米	ɬʌi³³⁴⁻³²muʌi²²³	洗米	ʃai⁵²⁻³²mai²⁴²
发面	发面	fat⁵³min²¹	发面	fat³²min²¹
和面	搓面	n̠iai⁵⁵min²¹	挨=面	ŋai⁴⁴⁻³²min²¹
揉面	搓面	n̠iai⁵⁵min²¹	挨=面	ŋai⁴⁴⁻³²min²¹
擀面条	碌面	lok⁵⁵min²¹	挨=面	ŋai⁴⁴⁻³²min²¹
买米	籴米 买米	tek²²muʌi²²³ mai²²³muʌi²²³	籴米 娶米	tiᵉk²¹mai²⁴² tʃʰɔ⁵²⁻³²mai²⁴²
买菜	买菜	mai²²³tʰui⁵²	娶菜	tʃʰɔ⁵²⁻³²tʃɔi³²
买肉	买肉	mai²²³n̠iok²²	娶肉	tʃʰɔ⁵²⁻³²n̠iok³⁴
买酒	买烧酒	mai²²³ʃiu⁵⁵⁴⁻³³tʌu³³⁴	娶烧酒	tʃʰɔ⁵²⁻³²ʃiu⁴⁴⁻³²tʃau⁵²
买熟食	买熟食	mai²²³⁻²³tʃok²²ʃek²²		
择菜	拣菜	kan³³⁴tʰui⁵²	拣菜	kan⁵²⁻³²tʃɔi³²
洗菜	洗菜	ɬʌi³³⁴tʰui⁵²	洗菜	ʃai⁵²⁻³²tʃʰɔi³²
切菜	切菜	tʰit⁵⁵tʰui⁵²	切菜	tʃʰɛt³²tʃɔi³²
打鸡蛋	挠鸡春	fak⁵⁵kʌi⁵⁵⁴⁻³³tʃʰʌn⁵⁵	□鸡春	tɐp³⁴kɐi⁴⁴⁻³²tʃʰɐn⁴⁴
腌制	腌制	ip⁵⁵tʃʌi⁵²	腌	ip⁵⁵
冰镇	冰	peŋ⁵⁵⁴	冰	piˀŋ⁴⁴

续上表

义项	封川话词条	封川话标音	开建话词条	开建话标音
煮	煮	tʃy³³⁴	煮	tʃy⁵²
文火煮	炆	muʌn⁵⁵⁴	炆	mɐn⁴⁴
焖	焗	kok²²	焗	kok³⁴
烧	烧	ʃiu⁵⁵⁴	烧	ʃiu⁴⁴
红烧	红烧	hoŋ²⁴³⁻²²ʃiu⁵⁵⁴	红烧	oŋ²⁴⁻²¹ʃiu⁴⁴
卤制	卤制	lu²²³tʃʌi⁵²	卤	lu²⁴²
清水煮	渫	tʃap²²	渫	tʃap²¹
焯	焯	tʃʰɔk⁵³	焯	tʃʰœk³²
炒	炒	tʃʰau³³⁴	炒	tʃʰau⁵²
油炸	油炸	iʌu²⁴³⁻²²tʃa⁵²	油炸	iɐu²⁴⁻²¹tʃa³²
烧烤	烧烤	ʃiu⁵⁵⁻³²hau⁵⁵⁴	烧烤	ʃiu⁴⁴⁻³²hau⁴⁴
蒸	蒸	tʃeŋ⁵⁵⁴	蒸	tʃeŋ⁴⁴
调味	调味	tiu²⁴³⁻²²mi²¹	调味	tiu²¹mei²¹
炖	炖	tʌn²¹	炖	tɐn²¹
煎	煎	tin⁵⁵⁴	煎	tʃen⁴⁴
炕	炕	hɔŋ⁵²	炕	hœŋ³²
煨	煨	ui⁵⁵⁴	煨	ui⁴⁴
喫饭	喫饭	hek⁵⁵⁻⁵³fan²¹	喫饭	hiʔk⁵⁵⁻³²pan²¹
喫早饭	喫朝	hek⁵⁵⁻⁵³tʃiu⁵⁵⁴	喫朝	hiʔk⁵⁵⁻³²tɐu⁴⁴
喫午饭	喫晏	hek⁵⁵⁻⁵³an²¹	喫宴	hiʔk⁵⁵⁻³²an³²
喫晚饭	喫夜	hek⁵⁵⁻³³iɛ²¹	喫夜	hiʔk⁵⁵⁻³²iɛ²¹
下馆子	去酒/饭店吃	hy⁵²tʌu³³⁴/fan²¹tim⁵²⁻³³hek⁵⁵	去酒/饭店喫	hœy³²tʃau⁵²/pan²¹tim³²hiʔk⁵⁵
喫食堂	喫食堂	hek⁵⁵ʃek²²tɔŋ²⁴³	住饭堂喫	tɔi²¹pan²¹tœŋ²⁴hiʔk⁵⁵
喫小灶	开小灶	hui⁵⁵ɬiu³³⁴tɐu⁵²	开小灶	hɔi⁴⁴⁻³²ʃɐu⁵²⁻³²tʃɔ³²
搭膳	搭食	tap⁵³ʃek²²	合喫	kɔp³²hiʔk⁵⁵
喫野食	野餐	iɛ²²³tʰan⁵⁵⁴	野餐	iɛ²⁴²⁻²¹tʰan⁴⁴
	田头饭/粥	tin²⁴³⁻²²tʌu²⁴³⁻²²fan²¹/tʃok⁵⁵	田头饭/粥	tɛn²⁴⁻²¹tɐu²⁴⁻²¹pan²¹/tʃok⁵⁵
喫零食	喫小口	hek⁵⁵ɬiu³³⁴hʌu³³⁴	喫小口	hiʔk⁵⁵ɬɐu⁵²⁻³²hɐu⁵²
喫素	喫斋	hek⁵⁵⁻³³tʃai⁵⁵⁴	喫斋	hiʔk⁵⁵⁻³²tʃai⁴⁴

续上表

义项	封川话词条	封川话标音	开建话词条	开建话标音
白喫	白喫	pak^{22}hek^{55}	白喫	pɛk^{21}hi°k^{55}
喫独食	独喫	tok^{22}hek^{55}	独喫	tok$^{34-21}$hi°k^{55}
开饭	上台 开饭	tʃiɛŋ$^{223-22}$tui^{243} hui^{55}fan^{21}	开台	hɔi$^{44-32}$tɔi^{24}
置酒席	摆酒	pai^{334}tʌu^{334}	摆酒	pai$^{52-32}$tʃau^{52}
请喫饭	请饮	tʰeŋ$^{334-33}$ɲiʌm^{334}	请饮	tʃʰi°$^{52-32}$iɐm^{52}
入席	入席	ɲiʌp^{22}ɬek^{22}	入席	iɐp$^{34-21}$tʃiᵉk^{21}
盛饭	舀饭	iu$^{223-22}$fan^{21}	舀饭	ɲiu$^{242-21}$pan^{21}
舀汤	舀汤 滗汤	iu$^{223-22}$tɔŋ^{554} puʌt^{55}tʰɔŋ^{554}	滗汤	pɐt$^{55-32}$tʰœŋ^{44}
上菜	上菜	tʃiɛŋ^{223}tʰui^{52}	上菜	tʃyŋ$^{242-21}$tʃʰɔi^{32}
揿菜	挟菜/毽 起筷	nap^{53}tʰui^{52}/ɬoŋ^{52} hi$^{334-33}$fai$^{52-21}$	夹菜	nap^{32}tʃʰɔi^{32}
喫火锅	打边炉	ta^{334}pin^{55}lu^{243}	打边炉	ta^{52}pɛn$^{44-32}$lu^{24}
以菜佐饭	送饭	ɬoŋ$^{52-32}$fan^{21}	送饭	ʃuŋ^{32}pan^{21}
以汤泡饭	掺饭	tʰʌm$^{554-32}$fan^{21}	湿饭	ʃɐp$^{55-32}$pan^{21}
喝酒	饮酒	ɲiʌm$^{334-33}$tʌu^{334}	饮酒	iɐm$^{52-32}$tʃau^{52}
斟酒	斟酒	tʃʌm^{55}tʌu^{334}	斟酒	tʃɐm$^{44-32}$tʃau^{52}
劝酒	劝酒	hun$^{52-33}$tʌu^{334}	劝酒	hyn^{32}tʃau^{52}
干杯	饮齐	ɲiʌm^{334}ɬʌi^{243}	饮齐/脱	iɐm^{52}tʃɐi^{24}/tʰyt^{55}
小口喝	喋	tiɛp^{55}	喋/啐	tɛp^{55}/tʃɐt^{55}
行酒令	猜马 拇战	tʃai$^{554-32}$ma^{223} mu^{223}tʃin^{52}	猜马	tʃʰai$^{44-32}$ma^{242}
喝茶	饮茶	ɲiʌm^{334}tʃa^{243}	饮茶	iɐm$^{52-32}$tʃa^{24}
沏茶	焗茶	kok^{22}tʃa^{243}	焗茶	kok$^{34-21}$tʃa^{24}
倒茶	斟茶	tʃʌm^{55}tʃa^{243}	斟茶	tʃɐm$^{44-32}$tʃa^{24}
敬茶	敬茶	keŋ^{52}tʃa^{243}	敬茶	kiŋ^{32}tʃa^{24}
抽烟	抽烟	hek$^{55-53}$in^{55}	喫烟	hi°k$^{55-32}$in^{44}
敬烟	敬烟	keŋ$^{52-33}$in^{554}	敬烟	kiŋ^{32}in^{44}

续上表

义项	封川话词条	封川话标音	开建话词条	开建话标音
烧火	烧火	ʃiu⁵⁵⁴⁻³³fɔ³³⁴	烧火	ʃiu⁴⁴⁻³²fu⁰⁵²
引火	逗火	tʌu²¹⁻²²fɔ³³⁴	导火	tɔ²¹fu⁰⁵²
生火	点火	tim³³⁴fɔ³³⁴	点火	tɐm⁵²⁻³²fu⁰⁵²
熄火	黑火 熄火	hak⁵⁵fɔ³³⁴ ɬek⁵⁵fɔ³³⁴	熄火	ʃok⁵⁵⁻³²fu⁰⁵²
烧	烧	ʃiu⁵⁵⁴	烧	ʃiu⁴⁴
熏	屈	uʌt⁵⁵	屈	uɐt⁵⁵
淬火	㓥ˉ水	kʌn⁵²⁻³³ʃui³³⁴	㓥ˉ水	kɐn³²ʃœ⁵²
烘烤	烘烤	hɔŋ⁵²	炕	hœŋ³²
烧水	烧水	ʃiu⁵⁵⁴⁻³³ʃui³³⁴	烧水	ʃiu⁴⁴⁻³²ʃœ⁵²
灌开水	上滚水	tʃieŋ²²³kuʌn³³⁴ʃui³³⁴	装滚水	tʃœŋ⁴⁴kuɐn⁵²⁻³²ʃœ⁵²
出门	出门	tʃʰʌt⁵⁵⁻³²mun²⁴³	出门	tʃʰɐt⁵⁵⁻³²mɐn²⁴
回家	翻屋 转归	fan⁵⁵ok⁵⁵ tʃun⁵²⁻³³kuʌi⁵⁵⁴	返屋 去归	fan⁴⁴⁻³²ok⁵⁵ hœy³²kuɐi⁴⁴
进城	进城 入城	tʌn⁵²⁻³²tʃeŋ²⁴³ ɲiʌp²²tʃeŋ²⁴³	入城	iɐp³⁴⁻²¹tʃiˀŋ²⁴
散步	散步	ɬan⁵²⁻³²pu²¹	散步	ʃan³²pu²¹
逛	荡 逛 行	tɔŋ²¹ kʰuaŋ⁵² haŋ²⁴³	耍 □ 行	ʃa³² lɐn⁵² ɛŋ²⁴
赶路	赶路	kun³³⁴⁻³³lu²¹	赶路	kɔn⁵²⁻³²lu²¹
跟踪	跟踪	kʌn⁵⁵tɔŋ⁵⁵⁴	跟踪	kɐn⁴⁴⁻³²tʃoŋ⁴⁴
迎接	迎接，接	ŋeŋ²⁴³⁻²²tip⁵⁵, tip⁵⁵	接	tʃɐp³²
兜风	兜风	tʌu⁵⁵foŋ⁵⁵⁴	兜风	tɐu⁴⁴⁻³²foŋ⁴⁴
迷路	迷路 荡失	muʌi²⁴³⁻²²lu²¹ tɔŋ²¹⁻²²ɬʌt⁵⁵	荡失路	tœŋ²¹ʃɐt⁵⁵⁻³²lu²¹
开车	开车 揸车	hui⁵⁵tʃʰɛ⁵⁵⁴ tʃa⁵⁵tʃʰɛ⁵⁵⁴	开车 揸车	hɔi⁴⁴⁻³²tʃʰie⁴⁴ tʃa⁴⁴⁻³²tʃʰie⁴⁴
骑车	踩车	tʃʰai³³⁴tʃʰɛ⁵⁵⁴	踩单车	tʃʰai⁵²tan⁴⁴⁻³²tʃʰie⁴⁴
乘车	搭车	tap⁵³⁻³³tʃʰɛ⁵⁵⁴	搭车	tap³²tʃʰie⁴⁴
搭顺风车	搭顺风车	tap⁵³⁻³²ʃʌn²¹⁻²²foŋ⁵⁵tʃʰɛ⁵⁵⁴	搭顺风车	tap³²ʃɐn²¹foŋ⁴⁴⁻³²tʃʰie⁴⁴

续上表

义项	封川话词条	封川话标音	开建话词条	开建话标音
招出租车	叫的士	kiu$^{52\text{-}33}$tek^{55}ʃi^{223}	吆的士	ɛ^{44}tek$^{55\text{-}32}$ʃi^{52}
堵车	塞车	ɬɐk^{55}tʃʰɛ^{554}	塞车	ʃek$^{55\text{-}32}$tʃʰiᵉ^{44}
停车	停车	teŋ$^{243\text{-}22}$tʃʰɛ^{554}	停车	tiᵊŋ$^{24\text{-}21}$tʃʰiᵉ^{44}
靠站	靠站	kʰau$^{52\text{-}32}$tʃam^{21}	入站	iɐp$^{34\text{-}21}$tʃam^{21}
	到站	tɐu^{52}tʃam^{21}	埋站	mai$^{24\text{-}21}$tʃam^{21}
刹车	刹车	ʃat$^{53\text{-}33}$tʃʰɛ^{554}	刹车	ʃat^{32}tʃʰiᵉ^{44}
驾船	开船	hui^{55}tʃun^{243}	开船	hɔi$^{44\text{-}32}$tʃyn^{24}
乘船	搭船	tap$^{53\text{-}33}$tʃun^{243}	搭船	tap^{32}tʃyn^{24}
过摆渡	过渡	kuɔ^{53}tɐu^{21}	过渡	ku^{ɔ32}tu^{21}
靠岸	靠岸	kʰau$^{52\text{-}32}$ŋon^{21}	到埗	tɔ^{32}pu^{21}
	泊岸	pʰak^{53}ŋon^{21}	停船	tiᵊŋ$^{24\text{-}21}$tʃyn^{24}
住店	住店	tʃy$^{21\text{-}22}$tim^{52}	住旅店	tɔi^{21}lui$^{242\text{-}21}$tim^{32}
	住栈	tʃy$^{21\text{-}22}$tʃan^{21}		
出国	出国	tʃʰʌt^{55}kuɔk^{53}	出国	tʃʰet$^{55\text{-}32}$kok^{55}
	过番	kuɔ^{52}fan^{554}		
探亲	探亲	tʰam$^{52\text{-}33}$tʰʌn^{554}	探亲	tʰam^{32}tʃʰɐn^{44}
巡逻	巡逻	ɬʌn$^{243\text{-}22}$lɔ^{243}	巡	tʃɐn^{24}
打电话	打电话	ta$^{334\text{-}33}$tin$^{21\text{-}22}$ua^{21}	打电话	ta^{52}tin^{21}ua^{21}
接电话	接电话	tip^{55}tin$^{21\text{-}22}$ua^{21}	接电话	tʃɐp^{32}tin^{21}ua^{21}
挂电话	挂电话	kʰua^{52}tin$^{21\text{-}22}$ua^{21}	扱电话	kʰɐp^{55}tin^{21}ua^{21}
	扱电话	kʰʌp^{55}tin$^{21\text{-}22}$ua^{21}		
掷骰	掷色子	tʃak^{22}ʃek$^{55\text{-}53}$ti^{334}	丢色子	tiu^{44}ʃek$^{55\text{-}32}$tʃu^{ɔ52}
	丢色子	tiu^{55}ʃek$^{55\text{-}53}$ti^{334}	□色子	nɐn^{52}ʃek$^{55\text{-}32}$tʃu^{ɔ52}
	□色子	nʌn^{334}ʃek$^{55\text{-}53}$ti^{334}		
抓阄	执筹	tʃʌp$^{55\text{-}53}$tʃʌu^{243}	拈阄	nem$^{44\text{-}32}$kʰɐu^{44}
排队	排队	pai$^{243\text{-}22}$tui^{21}	排队	pai^{21}tœy^{32}
插队	插队	tʃʰap^{53}tui^{21}	插队	tʃʰap^{32}tœy^{21}
	签队	tʰim^{55}tui^{21}		
立字据	立字据	lap^{22}ɬi$^{21\text{-}22}$ky^{52}	立字据	lɐp^{34}tʃei^{21}ky^{32}

续上表

义项	封川话词条	封川话标音	开建话词条	开建话标音
按手印	按手印 按手模	ɔn$^{52-33}$ʃʌu^{334}iʌn^{52} ɔn$^{52-33}$ʃʌu^{334}mu^{554}	打手印 揿手模	ta^{52}ʃou$^{52-32}$in^{32} kɔm^{21}ʃou^{32}mu^{44}
画押	画押	uak^{22}at^{53}		
盖章	盖章 扱章 㧅章	kui$^{52-33}$tʃiɛŋ^{554} k^{h}ʌp^{55}tʃiɛŋ^{554} k^{h}ʌm^{334}tʃiɛŋ^{554}	扱章 扰章	k^{h}ɐp$^{55-32}$tʃyŋ^{44} tɐm$^{52-32}$tʃyŋ^{44}
打手心	打手心	ta^{334}ʃʌu$^{334-33}$ɬam^{554}	□手坟心	kut^{55}ʃou^{52}pɐn$^{24-21}$ʃɛm^{44}
怀孕	怀孕 驮胎	uai$^{243-22}$iʌn^{21} tɔ$^{21-22}$t^{h}ui^{554}	驮胎	tu$^{24-21}$t^{h}ɔi^{44}
怀孕反应	有喜 呕仔 呕儿	iʌu^{223}hi^{334} ʌu$^{52-33}$tʌi^{334} ʌu$^{52-33}$ɲi^{243}	有喜 呕仔	ia$^{242-21}$hi^{52} ɐu$^{52-32}$tʃai^{52}
生孩子	生儿 臊=咗	ʃaŋ$^{554-33}$ɲi^{554} ɬɵu^{55}tʃɔ^{334}	生冇仔	ʃɛŋ^{44}ni^{32}tʃai^{52}
接生	接生 执孖	tip$^{55-53}$ʃaŋ^{554} tʃʌp^{55}ma^{554}	接生	tʃɐp^{32}ʃɛŋ^{44}
哺乳	喂奶	uai^{52}nai^{223}	喂脬	uei^{32}nin^{44}
起名字	起名 安名	hi^{52}mɛŋ^{243} un$^{554-32}$mɛŋ^{243}	起名 落名	hi$^{52-32}$miᵊŋ^{24} lœk^{21}miᵊŋ^{24}
坐月子	坐月 踎窦	ɬɔ$^{223-22}$ɲiut^{22} mʌu^{52}tʌu^{21}	导月	tɔ^{21}ɲyt^{34}
满月	满月	mun^{223}ɲiut^{22}	满月	mɔn$^{242-21}$ɲyt^{34}
百日	百罗=	pak$^{55-53}$lɔ^{554}	百日	pɐk^{32}ɲiet^{34}
小产	小产 流产	ɬiu^{334}tʃ^{h}an^{334} lʌu$^{243-22}$tʃ^{h}an^{334}	小产	ʃɛu$^{52-32}$tʃ^{h}an^{52}
打胎	打胎 落胎	ta^{334}t^{h}ui^{554} lɔk^{22}t^{h}ui^{554}	打胎 落胎	ta$^{52-32}$t^{h}ɔi^{44} lœk^{21}t^{h}ɔi^{44}
收养	收养	ʃʌu$^{554-32}$iɛŋ^{223}	收养	ʃɐu$^{44-32}$yŋ^{242}
做媒	做媒 做大葵扇	tu^{52}mui^{243} tu^{52}tai$^{21-22}$kuʌi$^{243-22}$ʃin$^{52-21}$	做媒人	tʃu^{32}mui$^{24-21}$ɲiɐn^{24}
相亲	相睇 相亲	ɬiɛŋ$^{52-33}$t^{h}ʌi^{334} ɬiɛŋ$^{52-33}$t^{h}ʌn^{554}	相亲	ʃyŋ^{32}tʃ^{h}ɐn^{44}

续上表

义项	封川话词条	封川话标音	开建话词条	开建话标音
求亲	求亲 求婚	tʃʌu²⁴³⁻²²tʰn⁵⁵⁴ tʃʌu²⁴³⁻²²fuʌn⁵⁵⁴	求婚	tʃɐu²⁴⁻²¹fɐn⁴⁴
配八字	合⁼八字	kəp⁵⁵pat⁵³ɬi²¹	合八字	kɔp³²pat³²tʃei²¹
订婚	订婚	teŋ⁵²⁻³³fuʌn⁵⁵⁴	订婚	tiŋ³²fɐn⁴⁴
送定礼	送定金 送吃定	ɬoŋ⁵²teŋ²¹⁻²²kʌm⁵⁵⁴ ɬoŋ⁵²hek⁵⁵⁻⁵³teŋ²¹	送礼帖	ʃuŋ³²lɐi²⁴²⁻²¹tʰɛp³²
谢媒	谢媒	ɬɛ²¹⁻²²mui²⁴³	谢媒	tʃie²¹mui²⁴
定婚期	定婚期 报日	teŋ²¹fuʌn⁵⁵ki²⁴³ pəu⁵²⁻³²ȵiʌt²²	定日子	tiŋ²¹ȵiɐt³⁴⁻²¹tʃuɔ⁵²
过嫁妆	送嫁妆	ɬoŋ⁵²⁻³³ka⁵²⁻³³tʃɔŋ⁵⁵⁴	送嫁妆	ʃuŋ³²ka³²tʃœŋ⁴⁴
结婚	嫁娶/结婚	ka⁵²ɬy²²³/kit⁵⁵⁻⁵³fuʌn⁵⁵⁴	结婚	kit⁵⁵⁻³²fɐn⁴⁴
出嫁	出嫁 出阁 出适	tʃʰʌt⁵⁵ka⁵² tʃʰʌt⁵⁵kɔk⁵³ tʃʰʌt⁵⁵⁻⁵³ʃek⁵⁵	出嫁	tʃʰɐt⁵⁵⁻³²ka³²
娶亲	娶老婆 圆婚 圆娶⁼	tʃʰy³³⁴ləu³³⁴pɔ²⁴³ ȵiun²⁴³⁻²²fuʌn⁵⁵⁴ ȵiun²⁴³⁻²²tʃʰy²²³	娶婆佬	tʃʰɔ⁵²puɔ²⁴⁻²¹lɔ²⁴²
嫁闺女	嫁女	ka⁵²⁻³³ny²²³	嫁女	ka³²nɔi²⁴²
入赘	上门	tʃiɛn²¹⁻²²mun²⁴³	招郎入门	tʃiu⁴⁴⁻³²lœŋ²⁴iɐp³⁴⁻²¹mɐn²⁴
结拜	结拜	kit⁵⁵⁻⁵³pai²¹	结拜	kit⁵⁵⁻³²pai³²
结亲家	做亲家	tu⁵²⁻³³tʰʌn⁵⁵⁴⁻³³ka⁵⁵⁴	做/结亲家	tʃu³²/kit⁵⁵tʃʰɐn³²ka⁴⁴
新娘装扮	行嫁衣	haŋ²⁴³⁻²²ka⁵³⁻²²i⁵⁵⁴	客姑装	hɐk³²ku⁴⁴⁻³²tʃœŋ⁴⁴
迎亲	迎亲	ȵien²⁴³⁻²²tʰʌn⁵⁵⁴	迎亲	iɔ²⁴⁻²¹tʃʰɐn⁴⁴
送亲	送亲	ɬoŋ⁵²⁻³³tʰʌn⁵⁵⁴	送亲	ʃuŋ³²tʃʰɐn⁴⁴
拜堂	拜堂	pai⁵²⁻³²tɔŋ²⁴³	拜堂	pai³²tœŋ²⁴
闹洞房	闹洞房	nau²¹⁻²²toŋ²¹⁻²²fɔŋ²⁴³	闹洞房	nau²¹tuŋ²¹puŋ²⁴
回门	回门 三朝 七日	ui²⁴³⁻²²mun²⁴³ ɬam⁵⁵⁴⁻³³tʃiu⁵⁵⁴ tʰʌt⁵⁵⁻⁵³ȵiʌt²²	回门	ui²⁴⁻²¹mɐn²⁴

续上表

义项	封川话词条	封川话标音	开建话词条	开建话标音
续弦	续弦 续娶 再醮	łok^{22}in^{243} łok^{22}ły^{223} tui$^{52\text{-}33}$tiu^{52}	续房	tʃok$^{34\text{-}21}$puŋ^{24}
填房	填房	tin$^{243\text{-}22}$fɔŋ^{243}	填房	tɛn$^{24\text{-}21}$puŋ^{24}
改嫁	改嫁	kui^{334}ka^{52}	改嫁	kɔi$^{52\text{-}32}$ka^{32}
再嫁	再嫁 做翻头婆	tui$^{52\text{-}33}$ka^{52} tu^{52}fan$^{554\text{-}32}$tʌu$^{243\text{-}22}$pɔ^{243}	再嫁	tʃɔi^{32}ka^{32}
做妾	做妾侍	tu^{52}tʰip$^{55\text{-}53}$ʃi^{21}	做唔嫂	tʃu^{32}n̩^{21}ʃɔ^{52}
纳妾	纳妾 擢细婆 纳宠	nap^{22}tʰip^{55} lɔ^{243}łɐi^{52}pɔ^{243} nap^{22}tʃʰoŋ^{334}	娶二嫂	tʃʰɵ^{52}n̩i^{21}ʃɔ^{52}
离婚	离婚	li$^{243\text{-}22}$fuʌn^{554}	离婚	lei$^{24\text{-}21}$fɛn^{44}
做生日	做生日 做出热头	tu$^{52\text{-}32}$ʃaŋ$^{554\text{-}32}$ȵiʌt^{22} tu^{52}nit^{22}tʌu$^{243\text{-}22}$tʃʰʌt^{55}	过生日 做牛一	ku^{332}ɛŋ$^{44\text{-}32}$ȵiɛt^{34} tʃu^{32}ŋɐu$^{24\text{-}21}$iɛt^{55}
祝寿	祝寿	tʃok^{55}tʃʌu^{21}	祝寿	tʃok$^{55\text{-}32}$ʃou^{21}
高寿	高寿	kəu^{55}tʃʌu^{21}	高寿	kɔ$^{44\text{-}32}$tʃou^{21}
折寿	折寿	tʃit^{55}tʃʌu^{21}	折寿	tʃit$^{55\text{-}32}$ʃou^{21}
报丧	报丧 眷丧	pəu$^{52\text{-}33}$łoŋ^{554} taŋ$^{243\text{-}22}$łoŋ^{554}	报丧	pɔ^{32}ʃœŋ^{44}
奔丧	奔丧 送终	puʌn^{55}łoŋ^{55} łoŋ$^{52\text{-}33}$tʃoŋ^{554}	送终	ʃuŋ^{32}tʃoŋ^{44}
入殓	入木	ȵiʌp^{22}mok^{22}	入殓	ȵiɐp$^{34\text{-}21}$lɛm^{242}
停灵	停灵	teŋ$^{243\text{-}22}$leŋ^{243}	停灵	tiᵊŋ$^{24\text{-}21}$liᵊŋ^{24}
守灵	守灵	ʃʌu$^{334\text{-}32}$leŋ^{243}	守灵	ʃou$^{52\text{-}32}$liᵊŋ^{24}
出殡	出山	tʃʰuʌt$^{55\text{-}33}$ʃan^{554}	出山	tʃʰɐt$^{55\text{-}32}$ʃan^{44}
下葬	落葬	lɔk^{22}tɔŋ$^{52\text{-}21}$	落葬	lœŋ^{21}tʃœŋ^{32}
带孝	带孝	tai^{52}hau^{52}	带孝	tai^{32}hau^{32}
做七	做七	tu^{32}tʰʌt^{55}	做七	tʃu^{32}tʃʰɐt^{55}
上坟	拜山	pai$^{52\text{-}33}$ʃan^{554}	拜山	pai^{32}ʃan^{44}
守孝	守孝	ʃʌu$^{334\text{-}32}$hau^{52}	守孝	ʃou$^{52\text{-}32}$hau^{32}
除孝	脱服	tʰut$^{55\text{-}33}$fok^{22}	脱孝	tʰyt$^{55\text{-}32}$hau^{32}

续上表

义项	封川话词条	封川话标音	开建话词条	开建话标音
改葬	改葬	kui³³⁴tɔŋ⁵²	改葬	kɔi⁵²⁻³²tʃœŋ³²
过节	过节	kuɔ³³tit⁵⁵	过节	ku³³²tʃɛt³²
过年	过年	kuɔ⁵²⁻³²nin²⁴³	过年	ku³³²nɛn²⁴
过冬至	过冬至	kuɔ⁵²⁻³³toŋ⁵⁵tʃi⁵²	过冬至	ku³³²toŋ⁴⁴⁻³²tʃi³²
过元宵	过元宵	kuɔ⁵²⁻³²ȵiun²⁴³⁻²²ɬiu⁵⁵⁴	过元宵	ku³³²yn²⁴⁻²¹ʃeu⁴⁴
过端午	过端午 过五月节	kuɔ⁵³⁻³³tun⁵⁵ŋ̍²²³ kuɔ⁵²⁻³²ŋ²²³ȵiut²²tit⁵⁵	过五月节	ku³³²ŋ²⁴²⁻²¹yt³⁴⁻²¹tʃɛt³²
过中秋	过中秋 过八月十五	kuɔ⁵²⁻³³tʃoŋ⁵⁵tʰʌu⁵⁵ kuɔ⁵²⁻³³pat⁵³⁻³²ȵiut²²ʃʌp²²ŋ²²³	过中秋	ku³³²tʃoŋ⁴⁴⁻³²tʃʰɐu⁴⁴
过重阳	过重阳	kuɔ⁵²⁻³²tʃoŋ²⁴³⁻²²iɛŋ²⁴³	过重阳	ku³³²tʃoŋ²⁴⁻²¹yŋ²⁴
信教	信教	ɬʌn⁵²⁻³³kau⁵²	信教	ʃin³²kau³²
上供	上供	tʃiɛŋ²²³koŋ⁵²	供	koŋ³²
烧香	烧香	ʃiu⁵⁵⁴⁻³³hiɛŋ⁵⁵⁴	烧香	ʃiu⁴⁴⁻³²hyŋ⁴⁴
念经	念经	nin²¹⁻²²keŋ⁵⁵⁴	念经	nin²¹kiᵊŋ⁴⁴
吃斋	吃斋	hek⁵⁵⁻³³tʃai⁵⁵⁴	喫斋	hiᵊk⁵⁵⁻³²tʃai⁴⁴
许愿	许愿	hy³³⁴ȵiun²¹	许愿	hy⁵²⁻³²ŋyn²¹
还愿	还愿	uan²⁴³⁻²²ȵiun²¹	还愿	uan²⁴⁻²¹ŋyn²¹
巫术	巫术	mu⁵⁵tʃʌt²²	法术	fat³²tʃɛt³⁴
祭灶	送灶	ɬoŋ⁵²⁻³³tɐu⁵²	祭灶/拜灶君	tʃei³²cɔ³²/pai³²tʃɔ³²kuɐn⁴⁴
测字	测字	tʃʰak⁵⁵⁻⁵³ti²¹	测字	tʃʰɐk⁵⁵⁻³²tʃei²¹
求签	求签	tʃʌu²⁴³⁻²²tʰim⁵⁵⁴	求签	tʃɐu²⁴⁻²¹tʰɘm⁴⁴
打卦	打卦	ta³⁴kua⁵²	跌爻	tɛt³²kau³²
看风水	睇风水	tʰʌi³⁴foŋ⁵⁵⁴⁻³³ʃui³³⁴	看风水	hɘn³²foŋ⁴⁴⁻³²ʃœ⁵²
看相	睇相	tʰʌi³³⁴⁻³³ɬiɛŋ²¹	看相	hɘn³²ʃyŋ³²
算命	算命	ɬun⁵²⁻³²meŋ²¹	算命	ʃyn³²miᵊŋ²¹
算八字	算八字	ɬun⁵²⁻³³pat⁵³⁻³²ti²¹	测八字	tʃʰɐk⁵⁵pat³²tʃei²¹
找工作	揾工	uan³³⁴koŋ⁵⁵⁴	揾工	uɐn⁵²⁻³²koŋ⁴⁴
上任	上任	tʃiɛŋ²²³ȵʌm²¹	上任	tʃuŋ²¹ȵiom²¹
卸任	卸任	ɬɛ⁵²ȵʌm²¹	落任	lœk²¹ȵiom²¹

续上表

义项	封川话词条	封川话标音	开建话词条	开建话标音
罢免	罢免	pa²¹⁻²²min²²³	撤职	tʃʰit⁵⁵⁻³²tʃɐk⁵⁵
做工	做工	tu⁵²⁻³³koŋ⁵⁵⁴	做工	tʃu³²koŋ⁴⁴
开工	开工	hui⁵⁵koŋ⁵⁵⁴	开工	hɔi⁴⁴⁻³²koŋ⁴⁴
收工	收工	ʃʌu⁵⁵koŋ⁵⁵⁴	收工	ʃɐu⁴⁴⁻³²koŋ⁴⁴
完工	完工	iun²⁴³⁻²²koŋ⁵⁵⁴	完工	yn²⁴⁻²¹koŋ⁴⁴
上班	上班	tʃiɛŋ²²³pan⁵⁵⁴	上班	tʃyŋ²⁴²⁻²¹pan⁴⁴
下班	下班	ha²²³pan⁵⁵⁴	落班	lœk²¹pan⁴⁴
挣钱	搵钱	uan³³⁴⁻³²ɬin²⁴³	搵银钱	uɐn⁵²ŋɐn²⁴⁻²¹tʃi⁵²
发工资	发薪水	fat⁵³⁻³³ʃʌn⁵⁵ʃui³³⁴	发工资	fat³²koŋ⁴⁴⁻³²tʃu⁴⁴
领工资	领工资 领薪	leŋ²²³koŋ⁵⁵ti⁵⁵⁴ leŋ²²³ɬʌn⁵⁵	领工资	liᵊŋ²⁴²koŋ⁴⁴⁻³²tʃu⁴⁴
雇人	请人	tʰeŋ³³⁴ȵiʌn²⁴³	请人	tʃʰiᵊŋ⁵²ȵiɛn²⁴
受雇	受雇	tʃʌu²¹⁻²²ku⁵²	着请	tiɛk²²tʃʰiᵊŋ⁵²
解雇	解雇	kai³³⁴ku⁵²	炒鱿鱼	tʃʰau⁴⁴²ieu²⁴⁻²¹ȵy²⁴
被解雇	着解雇	tʃiɛk²²kai³³⁴ku⁵²	着炒鱿鱼	tiᵋk²¹tʃʰau⁴²ieu²⁴⁻²¹ȵy²⁴
失业	失业	ʃʌt⁵⁵ȵip²²	失业	ʃet⁵⁵⁻³²ȵip³⁴
造	造	ɬɐu²²³	制	tʃɛ³²
修理	修理	ɬʌu⁵⁵li²²³	修	ʃɐu⁴⁴
盖房	盖房 起屋	kui⁵²⁻³²fɔŋ²⁴³ hi³³⁴⁻³³ok⁵⁵	起屋	hi⁵²⁻³²ok⁵⁵
砌砖	砌砖	tʰʌi⁵²⁻³³tʃun⁵⁵⁴	砌砖	tʃʰei³²tʃyn⁴⁴
上梁	升梁	ʃeŋ⁵⁵⁴⁻³²liɛŋ²⁴³	上梁	tʃyŋ²⁴²⁻²¹lyŋ²⁴
抹灰	抹灰 批荡	mat⁵³⁻³³fui⁵⁵⁴ pʰuʌi⁵⁵tɔŋ²¹	批荡	pʰɐi⁴⁴⁻³²tœn²¹
做木工	做木工	tu⁵²⁻³²mok²²koŋ⁵⁵⁴	做木工	tʃu³²mok³⁴⁻²¹koŋ⁴⁴
上漆	上漆	tʃiɛŋ²²³⁻²³tʰʌt⁵⁵	过漆	ku³²tʃʰɐt⁵⁵
纺纱	纺纱	fɔŋ³³⁴ʃa⁵⁵⁴		
缫丝	缫丝	tʃau²⁴³⁻²²ɬi⁵⁵⁴		
织土布	织土布	tʃek⁵⁵tʰu³³⁴pu⁵²	织土布	tʃek⁵⁵⁻³²tʰu⁵²⁻³²pu³²

续上表

义项	封川话词条	封川话标音	开建话词条	开建话标音
划船	棹船	tʃau²¹⁻²²tʃun²⁴³	棹船	tʃau²¹tʃyn²⁴
撑船	撑船	tʃʰaŋ⁵⁵⁴⁻³²tʃun²⁴³	撑船	tʃʰɛŋ⁴⁴⁻³²tʃyn²⁴
拉䌥	拉缆	lai⁵⁵lam²¹	搣缆	mɐn⁴⁴⁻³²lam²¹
掌舵	掌舵	tʃiɛn³³⁴tɔ²⁴³	摆舵	pai⁵²tu°²⁴²
搁浅	烳沙	nat⁵³⁻³³ʃa⁵⁵⁴	抗滩	kʰœŋ³²tʰan⁴⁴
种田	耕田	kaŋ⁵⁵⁴⁻³²tin²⁴³	做/种田	tʃu³²/tʃuŋ³²tɛn²⁴
下地干活	落地做工	lɔk²²ti²¹tu⁵²⁻³³kɔŋ⁵⁵	落田做工	lœk²¹tɛn²⁴tʃu³²kɔŋ⁴⁴
犁地	犁地	lʌi²⁴³⁻²²ti²¹	犁地	lɐi²⁴⁻²¹tei²¹
刨地	镑地	pʰɔŋ⁵⁵⁴⁻³²ti²¹	镑地	pʰœŋ⁴⁴⁻³²tei²¹
整地	整地	tʃɛŋ³³⁴⁻³²ti²¹	耕地	kɛŋ⁴⁴⁻³²tei²¹
下种	播种	pɔ⁵²⁻³³tʃoŋ³³⁴	播种	pu°³²tʃuŋ³²
插秧	插秧	tʃʰap⁵³⁻³³iɛŋ⁵⁵⁴	插秧	tʃʰap³²yŋ⁴⁴
积肥	积肥	tek⁵⁵fi²⁴³	储肥	tʃɔ²⁴²pui²⁴²
拾粪	执粪	tʃʌp⁵⁵fuʌn⁵²	拾粪	tʃɐp⁵⁵⁻³²pin³²
施肥	施肥	ʃi⁵⁵fi²⁴³	施肥	ʃi⁴⁴⁻³²pui²⁴
浇粪	淋粪	lʌm²⁴³⁻²²fuʌn⁵²⁻²¹	淋屎	lɛm²⁴⁻²¹ʃi⁵²
打尖	打梢	ta³³⁴⁻³³ʃau⁵⁵⁴	截尾	tʃɛt²¹mɐi²⁴²
除草	除草 薅草	tʃy²⁴³⁻²²tʰəu³³⁴ hʌu⁵⁵⁴⁻³³tʰəu³³⁴	薅草	ŋɔ⁴⁴⁻³²tʃʰɔ⁵²
培土	培土	pui²⁴³⁻²²tʰu³³⁴	填泥	tʰɛn²⁴⁻²¹nɐi²⁴
松土	松土	ɬoŋ⁵⁵tʰu³³⁴	松泥	ʃoŋ⁴⁴⁻³²nɐi²⁴
排水	排水	pai²⁴³⁻²²ʃui³³⁴	放水	fuŋ³²ʃœ⁵²
引水	引水	iʌn²²³ʃui³³⁴	娶水	tʃʰɔ⁵²⁻³²ʃœ⁵²
灌水	灌水	kun⁵²⁻³³ʃui³³⁴	浇水	kau³²ʃœ⁵²
夏收	夏收 六月春	ha²¹⁻²²ʃʌu⁵⁵⁴ lok²²n.iut²²tʃʌn⁵⁵⁴	夏收 六月春	a²¹ʃɐu⁴⁴ lok³⁴⁻²¹n.yt³⁴⁻²¹tʃʰɛn⁴⁴
秋收	秋收	tʰʌu⁵⁵ʃʌu⁵⁵⁴	秋收	tʃʰɐu⁴⁴⁻³²ʃuɛʃ⁴⁴
割稻	镰禾	lim²⁴³⁻²²u⁵²⁴³	割禾	kɔt³²u²²⁴
割麦	镰麦	lim²⁴³⁻²²mak²²	□麦	lɐk⁵⁵mɛk²¹

续上表

义项	封川话词条	封川话标音	开建话词条	开建话标音
风谷扬场	扇谷 拂谷	ʃin$^{52-33}$kok$^{\underline{55}}$ pʰuʌt$^{\underline{55-33}}$kok$^{\underline{55}}$	扇谷	ʃin^{32}kok$^{\underline{55}}$
碾米	铰米	kau^{33}muʌi^{223}	机米	ki$^{44-32}$mai^{242}
碓米	碴碓 碴粉 碴糁	tap$^{\underline{22}}$tui$^{52-21}$ tap$^{\underline{22}}$fuʌn^{334} tap$^{\underline{22}}$tʃʌi$^{243-21}$	舂米 碴粉	tʃoŋ$^{44-32}$mɐi^{242} tap$^{\underline{21}}$fɐn^{52}
磨面	磨面	mɔ$^{243-22}$min^{21}	磨粉	mu$^{\underline{24-21}}$fɐn^{52}
晒田	晒田 涸田	ʃai$^{52-32}$tin^{243} kʰɔk$^{\underline{55-32}}$tin^{243}	晒田	ʃai^{32}tɛn^{24}
碌田	辘田 涟=田	lok$^{\underline{55}}$tin^{243} lin^{52}tin^{243}	□田 练田	tɐp$^{\underline{34-21}}$tɛn^{24} lin^{21}tɛn^{24}
换工	换工	un$^{21-22}$koŋ^{554}	帮工	pœŋ$^{44-32}$koŋ^{44}
植树	种树	tʃoŋ$^{52-32}$tʃy^{21}	种树	tʃuŋ^{32}tʃy^{21}
砍树	砍树 斩树	həm^{34}tʃy^{21} tʃam^{34}tʃy^{21}	斩树 □树	tʃam^{52}tʃy^{21} lɐk$^{\underline{55}}$tʃy^{21}
养鱼	养鱼	iɛŋ$^{223-22}$ȵy^{243}	养鱼	yŋ$^{242-21}$ȵy^{24}
捕鱼	捉鱼	tʃok$^{\underline{53-32}}$ȵy^{243}	捉鱼	tʃœk$^{\underline{32}}$ȵy^{24}
清理鱼塘	清塘底	tʰeŋ^{55}tɔŋ$^{243-22}$tʌi^{334}	放塘	fuŋ^{32}tœŋ^{24}
饲养	养 饲养	iɛŋ^{223} ɬi$^{21-22}$iɛŋ^{223}	养	yŋ^{242}
放牛	放牛 睇牛	foŋ^{52}ŋʌu^{243} tʰai^{334}ŋʌu^{243}	睇牛	tʰai$^{52-32}$ŋɐu^{24}
喂禽畜	喂牲口	uai$^{52-33}$ʃaŋ$^{554-33}$hʌu^{334}	喂牲口	uei^{32}ʃɛŋ$^{44-32}$hɐu^{52}
配种	配种	pʰui$^{52-33}$tʃoŋ^{334}	配种	pʰui^{32}tʃoŋ^{52}
阉	阉	im^{554}	阉	im^{44}
扫圈	扫六	ɬəu^{52}lok$^{\underline{22}}$	扫猪六 扫牛栏	ʃɔ^{32}tœy$^{44-32}$lok$^{\underline{34}}$ ʃɔ^{32}ŋɐu$^{24-21}$lan^{24}
宰杀	㓥	tʰɔŋ^{554}	㓥	tʰœŋ^{44}
做生意	做生意	tu^{52}ʃaŋ$^{55-52}$i$^{?}$	做生意	tʃu^{32}ʃɛŋ$^{44-32}$i^{32}
摆摊	摆摊	pai$^{334-33}$tʰan^{554}	摆摊	pai$^{52-32}$tʰan^{44}

续上表

义项	封川话词条	封川话标音	开建话词条	开建话标音
跑单帮	跑单帮	pʰau³³⁴tan⁵⁵⁴⁻³³pɔŋ⁵⁵⁴		
开铺子	开铺	hui⁵⁵pʰu⁵²	摆铺头/仔	pai⁵²pʰu³²tɐu²⁴/tʃai⁵²
赶集	趁墟	tʃʰʌn⁵²⁻³³hœy⁵⁵⁴	趁墟	tʃʰɐn³²hy⁴⁴
叫卖	叫卖	kiu⁵²mai²¹		
站柜台	企柜台	ki³³⁴kuʌi²¹⁻²²tui²⁴³	企柜台	ki²⁴²kuei²¹tɔi²⁴
跑堂	跑堂	pʰau³³⁴tɔŋ²⁴³	跑腿	pʰau⁵²⁻³²tʰœ⁵²
买	买	mai²²³	娶	tʃʰɔ⁵²
全买下	包买晒⁼	pau⁵⁵mai²²³ɬai⁵²	总娶倒	tʃuŋ⁵²tʃʰɔ⁵²tɔ⁵²
卖	卖	mai²¹	卖	mai²¹
盘	盘	pun²⁴³	盘	pɔn²⁴
赊	赊	ʃe⁵⁵⁴	赊	ʃiɛ⁴⁴
开价	开价	hui⁵⁵ka⁵²	开价	hɔi⁴⁴⁻³²ka³²
还价	还价	uan²⁴³⁻²²ka⁵²	还价	uan²⁴⁻²¹ka³²
宰人	砍人 捉人 锯人	həm³⁴ȵiʌn²⁴³ ŋʌn⁵²ȵiʌn²⁴³ kœ⁵²ȵiʌn²⁴³	卖高价 揾笨出⁼	mai²¹kɔ⁴⁴⁻³²ka³² uɐn⁵²pɐn²¹tʃʰɐt³⁴
成交	成交	tʃeŋ²⁴³⁻²²kau⁵⁵⁴	成交	tʃiŋ²⁴⁻²¹kau⁴⁴
付款	付款 交钱	fu²¹⁻²²fun³³⁴ kau³³⁴ɬin²⁴³	畀银纸	pei⁵²ŋɐn²⁴⁻²⁵²tʃi⁵²
收款	收款	ʃʌu⁵⁵fun³³⁴	收银纸	ʃɐu⁴⁴ŋɐu²⁴⁻²¹tʃi⁵²
记账	记账	ki⁵²⁻³³tʃieŋ⁵²⁻³²	记账/数	ki³²tʃyŋ³²/ʃu³²
结账	结账	kit⁵⁵tʃieŋ⁵²	结帐/数	kit⁵⁵⁻³²tʃyŋ³²/ʃu³²
核账	核账 对账	hʌt²²tʃieŋ⁵² tui⁵²tʃieŋ⁵²	对账	tœ³²tʃyŋ³²
要账	要账 跑账 收钱	ȵiu³³⁴tʃieŋ⁵² pʰau³³⁴tʃieŋ⁵² ʃau⁵²tʃʰin²⁴³	收银纸 收数	ʃɐu⁴⁴ŋɐu²⁴⁻²¹tʃi⁵² ʃɐu⁴⁴⁻³²ʃu³²
盘点	盘点 结算	pun²⁴³⁻²²tim³³⁴ kit⁵⁵ɬun⁵²	结算	kit⁵⁵⁻³²ʃyn³²
算成本	计成本	kʌi⁵²⁻³²tʃeŋ²⁴³⁻²²pun³³⁴	算成本	ʃyn³²tʃiŋ²⁴⁻²¹pɐn⁵²

续上表

义项	封川话词条	封川话标音	开建话词条	开建话标音
赚钱	赚钱	tʃan²¹⁻²²ɬin²⁴³	赚钱	tʃan²¹tʃen²⁴
亏本	蚀本	ʃit²²pun³³⁴	赊本	tʃit³⁴⁻²¹pɐn⁵²
保本	保本	pəu³³⁴pun³³⁴	保本	pɔ⁵²⁻³²pɐn⁵²
分红	分红 分利	fuʌn⁵⁵⁴⁻³²hoŋ²⁴³ fuʌn⁵⁵⁴⁻³²li²¹	分红	fɐn⁴⁴⁻³²oŋ²⁴
典当	典当	tin³³⁴tɔŋ⁵²	当	tœŋ³²
做广告	做广告	tu⁵²⁻³³kɔŋ³³⁴kəu⁵²	做广告	tʃu³²kuºŋ⁵²⁻³²kɔ³²
付小费	付小费	fu²¹⁻²²ɬiu³³⁴fi⁵²	畀小使	pei⁵²ʃɐu⁵²⁻³²ʃiᵉ⁵²
打烊	打烊 收摊	ta³³⁴iɛŋ²²³ ʃʌu⁵⁵tʰan⁵⁵⁴	收摊	ʃɐu⁴⁴⁻³²tʰan⁴⁴
开业	开业 开张	hui⁵⁵ȵip²² hui⁵⁵tʃiɛŋ⁵⁵⁴	开张	hɔi⁴⁴⁻³²tʃyŋ⁴⁴
停业	停业	teŋ²⁴³⁻²²ȵip²²	休息	iɐu⁴⁴⁻³²ʃɐk⁵⁵
倒闭	执笠	tʃʌp⁵⁵lʌp⁵⁵	执笠	tʃɐp⁵⁵⁻³²lɐp⁵⁵
读书	读书	tok²²ʃy⁵⁵⁴	读书	tok³⁴⁻²¹ʃy⁴⁴
求学	求学	tʃʌu²⁴³⁻²²hɔk²²	读书	tok³⁴⁻²¹ʃy⁴⁴
攻读	攻读	koŋ⁵⁵tok²²	读书	tok³⁴⁻²¹ʃy⁴⁴
不认真学习	懒读书	lan²²³tok²²ʃy⁵⁵⁴	懒读书	lan²⁴²tok³⁴⁻²¹ʃy⁴⁴
升班	升级	ʃeŋ⁵⁵kʰʌp⁵⁵	升级	ʃɐŋ⁴⁴⁻³²kʰɐp⁵⁵
报考	报考	pəu⁵²⁻³³hau³³⁴	报考	pɔ³²hau⁵²
发榜	发榜 放榜	fat⁵³⁻³³pɔŋ³³⁴ fɔŋ⁵²⁻³³pɔŋ³³⁴	放榜	fuŋ³²pɐŋ⁵²
上课	上课	tʃiɛŋ²²³fɔ⁵²	上课	tʃyŋ²⁴²⁻²¹kʰu⁰⁵²
下课	落课 下课	lok²²fɔ⁵² ha²²³fɔ⁵²	落课	lœk²¹kʰu⁰⁵²
上学	返学 上学	fan⁵⁵hɔk²² tʃiɛŋ²²³hɔk²²	返学	fan⁴⁴⁻³²œk²¹
放学	放学	fɔŋ⁵²hɔk²²	放学	fuŋ³²œk²¹
放假	放假	fɔŋ⁵²⁻³³ka³³⁴	放假	fuŋ³²ka⁵²

续上表

义项	封川话词条	封川话标音	开建话词条	开建话标音
逃学	逃学	təu²⁴³⁻²²hɔk²²	走鸡	tʃou⁵²⁻³²kɐi⁴⁴
考试	考试	hau³⁴ʃi⁵²	考试	hau⁵²⁻³²ʃi³²
判卷	改卷	kui³³⁴kun³³⁴	改卷	kɔi⁵²⁻³²kyn⁵²
判作业	改作业	kui³³⁴tɔk⁵³⁻³³ȵip²²	改作业	kɔi⁵²tʃɐk³²ȵip³⁴
看书	睇书	tʰʌi³³⁴ʃy⁵⁵⁴	看书	hɐn³²ʃy⁴⁴
温书	温习	uʌn⁵⁵ɬʌp²²	复习	fok⁵⁵⁻³²tʃɐp³⁴
背书	念书	nim²¹⁻²²ʃy⁵⁵⁴	背书	pui³²ʃy⁴⁴
认字	认字	ȵieŋ²¹⁻²²ɬi²¹	识字	ʃɐk⁵⁵⁻³²tʃei²¹
	认大字头	ȵieŋ²¹⁻²²tai²¹⁻²²ɬi²¹⁻²²tʌu²⁴³		
写字	写字	ɬɛ³³⁴⁻³²ɬi²¹	写字	ʃiɛ⁵²⁻³²tʃei²¹
涂掉	涂抹	tu²⁴³⁻²²mut⁵⁵	擦脱	tʃʰat³²tʰyt⁵⁵
	抹去	mut⁵⁵hy⁵²		
	涂去	tu²⁴³hy⁵²		
临帖	临帖	lʌm²⁴³⁻²²tʰip⁵⁵	跟字帖练	kɐn⁴⁴tʃei²¹tʰɛp³²lin²¹
	眷住写	taŋ²⁴³tʃy²¹⁻²²ɬɛ³³⁴	临帖	lɐm²⁴⁻²¹tʰɛp³²
记笔记	记笔记	ki⁵²⁻³³puʌt⁵⁵⁻³²ki⁵²	做笔记	tʃu³²pɐt⁵⁵⁻³²ki³²
起稿子	起稿	hi³⁴kəu³³⁴	打草稿	ta⁵²tʃʰɔ⁵²⁻³²kɔ⁵²
	打稿	ta³⁴kəu³³⁴		
眷清	眷清	taŋ²⁴³tʰɐŋ⁵⁵⁴	抄齐	tʃʰau⁴⁴tʃei²⁴
交卷	交卷	kau⁵⁵kun³³⁴	交卷	kau⁴⁴⁻³²kyn⁵²
画画	画画	uak²²ua²¹	画画	uɐk²¹ua²¹
涂色	涂色	tu²⁴³⁻²²ʃek⁵⁵	涂色	tʰu²⁴⁻²¹ʃɐk⁵⁵
擦黑板	抹黑板	mat⁵³⁻³³hak⁵⁵⁻⁵³pan³³⁴	擦黑板	tʃʰat³²hɐk⁵⁵⁻³²pan⁵²
代书	代写	tui²¹⁻²²ɬɛ³³⁴	帮手写	pɐŋ⁴⁴⁻³²ʃou⁵²ʃiɛ⁵²
研墨	磨墨	mɔ²⁴³⁻²²mak²²	磨墨	mu²⁴⁻²¹mɐk³⁴
揾笔	揾笔	tiɛm²²³puʌt⁵⁵	凸笔	tɐt³⁴⁻²¹pɐt⁵⁵
上墨水	入墨水	ȵiʌp²²mak²²ʃui³³⁴	上墨水	tʃyŋ²⁴²mɐk³⁴⁻²¹ʃœ⁵²
掉字	漏字	lʌu²¹⁻²²ɬi²¹	漏字	lou²¹tʃei²¹
	赖字	lai²³ɬi²¹		

续上表

义项	封川话词条	封川话标音	开建话词条	开建话标音
读别字	读白字 读错字	tok²²pak²²ɬi²¹ tok²²tʰɔ⁵²ɬi²¹	读错字	tok³⁴tʃʰu³³²tɕei²¹
分数低	分数低	fuʌn⁵⁵ʃy⁵²⁻³³tʌi⁵⁵⁴	分数低	fen⁴⁴⁻³²ʃu³²tɐi⁴⁴
赛球	球赛	kʌu²⁴³⁻²²tʰui⁵²	球赛	tʃɐu²⁴⁻²¹tʃʰi²²
踢球	踢球	tʰek⁵⁵kʌu²⁴³	踢球	tʰiᵊk⁵⁵⁻³²tʃɐu²⁴
打球	打球	ta³⁴kʌu²⁴³	打球	ta⁵²⁻³²tʃɐu²⁴
打篮球	打篮球	ta³⁴lam²⁴³⁻²²kʌu²⁴³	打篮球	ta⁵²lam²⁴⁻²¹tʃɐu²⁴
打乒乓球	打台波	ta³⁴tui²⁴³⁻²²pɔ⁵⁵⁴	打台波	ta⁵²tɔi²⁴⁻²¹pu⁴⁴
拍球	拍球	pʰak⁵⁵kʌu²⁴³	打球	ta⁵²tʃɐu²⁴
打台球	打台球	ta³³⁴tʃʰok⁵³⁻³²kʌu²⁴³	督桌球	tok⁵⁵tʃʰok⁵⁵⁻³²tʃɐu²⁴
游泳	泅水	ɬau²⁴³⁻²²ʃui³³⁴	游水	iɐu²⁴⁻²¹ʃœ⁵²
潜水	觅⁼水	mi³³ʃui³³⁴	汤水	mei²¹ʃœ⁵²
拔河	拔河 搖缆	pat²²hɔ²⁴³ maŋ⁵⁵⁴⁻³²lam²¹	搖缆	mɐŋ⁴⁴⁻³²lam²¹
打拳	打拳	ta³⁴kun²⁴³	打拳	ta⁵²⁻³²kyn²⁴
滑雪	滑雪	uat²²ɬut⁵⁵	滑雪	uat²¹ʃyt⁵⁵
滑冰	滑冰	uat²²peŋ⁵⁵⁴	滑冰	uat²¹piᵊŋ⁴⁴
滑旱冰	滑冰	uat²²peŋ⁵⁵⁴	滑冰	uat²¹piᵊŋ⁴⁴
唱戏	唱戏	tʃʰieŋ⁵²hi⁵²⁻²¹	唱粤剧	tʃʰuŋ³²yt²¹kʰiᵊk⁵⁵
看戏	睇戏	tʰʌi³³⁴hi⁵²	看粤剧	hɐn³²yt²¹kʰiᵊk⁵⁵
看电影	睇电影	tʰʌi³³⁴tin²¹⁻²²ieŋ³³⁴	看电影	hɐn³²tin²¹iᵊŋ⁵²
跑马戏	跑马戏	pʰau³³⁴ma²²³hi⁵²	马戏	ma²⁴²⁻²¹hi³²
放花炮	放花炮	fɔŋ⁵²⁻³³fa⁵⁵pʰau⁵²	放花炮	fuŋ³²fa⁴⁴⁻³²pʰau³²
走马灯	走马灯	tʌu³³⁴ma²²³taŋ⁵⁵⁴	走马灯	tʃou⁵²ma²⁴²⁻²¹teŋ⁴⁴
打腰鼓	打腰鼓	ta²²³iu⁵⁵⁴ku³³⁴	打腰鼓	ta⁵²iu⁴⁴⁻³²ku⁵²
扭秧歌	扭秧歌	nʌu³³⁴ieŋ⁵⁵kɔ⁵⁵⁴	扭屎窟花	nau⁵²ʃi⁵²⁻³²fuɐt⁵⁵⁻³²fa⁴⁴
舞狮	舞狮子	mu²²³ʃi⁵⁵⁴⁻³³ti³³⁴	舞狮子	mu²⁴²ʃi⁴⁴⁻³²tʃu⁵²
踢毽	踢苑	tʰek⁵⁵iun³³⁴	踢燕	tʰiᵊk⁵⁵⁻³²in³²

续上表

义项	封川话词条	封川话标音	开建话词条	开建话标音
花会	花会 花市/街	fa⁵⁵ui²¹ fa⁵⁵ʃi²²³/kai⁵⁵⁴	花市/街	fa⁴⁴⁻³²tʃi²⁴²/kai⁴⁴
灯会	灯会	taŋ⁵⁵ui²¹	灯会	tɐŋ⁴⁴⁻³²ui²¹
放风筝	放纸鹞	fɔŋ⁵²⁻³³tʃi³³⁴⁻³³iu²¹	放风筝	fuŋ³²foŋ⁴⁴⁻³²tʃɛŋ⁴⁴
跑旱船	跑旱船	pʰau³³⁴hon³³⁴tʃun²⁴³		
赛龙船	爬龙船	pa²⁴³loŋ²⁴³⁻²²tʃun²⁴³	扒龙船	pa²⁴loŋ²⁴⁻²¹tʃyn²⁴
猜谜	猜谜	tʃʰai⁵⁵muʌi²⁴³	猜谜	tʃʰai⁴⁴⁻³²mɐi²⁴
下棋	下棋 捉棋	ha²²³ki²⁴³ tʃɔk⁵³ki²⁴³	捉棋	tʃœk³²ki²⁴
下围棋	下围棋 捉围棋	ha²²³uʌi²⁴³⁻²²ki²⁴³ tʃɔk⁵³uʌi²⁴³ki²⁴³	捉围棋	tʃœk³²uɐi²⁴⁻²¹ki²⁴
其他棋类	军棋 象棋 跳棋	kuʌn⁵⁵ki²⁴³ ɬiɛŋ²¹⁻²²ki²⁴³ tʰiu⁵²ki²⁴³	捉军棋	tʃœk³²kuɐn⁴⁴⁻³²ki²⁴
打牌	打牌 打披⁼	ta³³⁴pai²⁴³ ta³³⁴pʰɛ⁵⁵⁴	□披⁼ 打牌	tʰai⁵²⁻³²pʰɛ⁴⁴ ta⁵²pai²⁴
打扑克	打牌 打披⁼ 打扑克	ta³³⁴pai²⁴³ ta³³⁴pʰɛ⁵⁵⁴ ta³³⁴pʰɔk⁵³⁻³³hak⁵⁵	□披⁼	tʰai⁵²⁻³²pʰɛ⁴⁴
牌局	牌局	pai²⁴³⁻²²kok²²	牌局	pai²⁴⁻²¹kok³⁴
推牌九	推牌九 玩牌九	tui⁵⁵pai²⁴³⁻²²tʃʌu³³⁴ uan²⁴³pai²⁴³⁻²²tʃʌu³³⁴	□牌九	tʰai⁵²pai²⁴⁻²¹tʃɐu⁵²
打麻将	打麻将	ta³³⁴ma²⁴³⁻²²tiek²²	□麻雀	tʰai⁵²ma²⁴⁻²¹tʃiˀk⁵⁵
划拳	猜拳 猜马	tʃʰai⁵⁵kun²⁴³ tʃʰai⁵⁵ma²²³	猜枚 猜马	tʃʰai⁴⁴⁻³²mui²⁴ tʃʰai⁴⁴⁻³²ma²⁴²
放鞭炮	放炮仗	fɔŋ⁵²⁻³³pʰau⁵²⁻³²tiɛŋ²¹	响连炮	hyŋ⁵²lɐn²⁴⁻²¹pʰau³²
郊游	出去荡 出外荡 出去玩	tʃʰʌt⁵⁵hy⁵²tɔŋ²¹ tʃʰʌt⁵⁵ŋui²¹⁻²²tɔŋ²¹ tʃʰʌt⁵⁵hui⁵²uan²⁴³	去耍 去□	hœy³²ʃa³² hœy³²lɐn⁵²
玩魔术	玩魔术	uan²²³mɔ⁴⁴ʃʌt²²	玩魔术	uan²⁴²mu²⁴⁴⁻³²tʃət³⁴
跳舞	跳舞	tʰiu⁵²⁻³²mu²²³	跳舞	tʰiu⁵²mu²⁴²
玩耍	玩杂耍	uan²⁴³ɬap²²ʃa³³⁴	耍	ʃa³²

续上表

义项	封川话词条	封川话标音	开建话词条	开建话标音
捉迷藏	点觅觅	tim³³⁴miɛt⁵⁵miɛt⁵⁵	点住觅	tɛm⁵²tʃy²¹mei³²
打水飘	打水片	ta³³⁴ʃui³³⁴pʰɛn³³⁴	撇水撇	pʰɛt³²ʃœ⁵²⁻³²pʰɛt³²
抓子	抛子	pʰau⁵⁵⁴⁻³³ti³³⁴	执子	tʃɐp⁵⁵⁻³²tʃʮ⁵²
弹球	弹波珠	tan²¹⁻²²pɔ⁵⁵tʃy⁵⁵⁴	弹宝珠	tan²¹pɔ⁵²⁻³²tʃy⁴⁴
跳皮筋	跳绳	tʰiu⁵²tʃɐŋ²⁴³	跳绳	tʰiu³²tɐŋ²⁴
翻绳	翻绳	fan⁵⁵⁴⁻³²tʃɐŋ²⁴³	翘绳	kʰiu³²tɐŋ²⁴
玩陀螺	玩地砾	uan²⁴³ti²¹⁻²²lok⁵⁵	□地锥	lɛn⁵²tei²¹tʃœ⁴⁴
跳房子	跳房子 跳飞机	tʰiu⁵²fɔŋ²⁴³ti³³⁴ tʰiu⁵²fi⁵⁵ki⁵⁵⁴	跳大田	tʰiu³²tai²¹tɐn²⁴
少儿猜拳	猜头	tʃʰai⁵⁵⁴⁻⁵²tʌu²⁴³	剪包钝	tʃɐn⁵²pau⁴⁴tɐn²⁴²
打拐	打拐	ta³⁴kuai³³⁴	打拐	ta⁵²⁻³²kuai⁵²
请医生	请医生/先生	tʰɐŋ³³⁴i⁵⁵ʃaŋ⁵⁵/ʃin⁵⁵ʃaŋ⁵⁵⁴	请医生	tʃʰiəŋ⁵²i⁴⁴⁻³²ʃɐŋ⁴⁴
看病	睇病	tʰʌi³³⁴pɐŋ²²	看病	hɵn³²piəŋ²¹
号脉	把脉 打脉	pa³⁴mak²² ta³⁴mak²²	探脉	tʰam³²mɛk²¹
开药方	开药方 开处方	hui⁵⁵iɛk²²fɔŋ⁵⁵ hui⁵⁵tʃʰy⁵²⁻³³fɔŋ⁵⁵	开药方	hɔi⁴⁴iᵉk²¹fuŋ⁴⁴
抓药	执药	tʃʌp⁵⁴⁻³²iɛk²²	执药	tʃɐp⁵⁵⁻³²iᵉk²¹
买药	买药	mai²²³iɛk²²	娶药	tʃʰɔ⁵²⁻³²iᵉk²¹
煎药	煲药	pou⁵⁵iɛk²²	煲药	pɔ⁴⁴⁻³²iᵉk²¹
服药	服药，喫药	fok²²iɛk²², hek⁵⁵iᵉk²²	喫药	hiᵒk⁵⁵⁻³²iᵉk²¹
拔火罐子	觉˭痧 觉˭筒	kɔk⁵³⁻³²ʃa⁵⁵⁴ kɔk⁵³⁻³²toŋ²⁴³	觉˭痧	kœk³²ʃa⁴⁴
照透视	拍片	pʰak⁵⁵pʰin⁵²	照X光 拍片	tʃiu³²ek⁵⁵ʃi²¹kuᵒŋ⁴⁴ pʰɛk³²pʰin³²
住院	住院 留医	tʃy²¹⁻²²yn²¹⁻²⁴³ lʌu²⁴³⁻²²i⁵⁵⁴	留医	lɐu²⁴⁻²¹i⁴⁴
手术	手术	ʃʌu³³⁴tʃʌt²²	手术	ʃou⁵²⁻³²tʃɐt³⁴
扎针	针灸	tʃʌm⁵⁵tʃʌu⁵²	北针	pɐk⁵⁵⁻³²tʃɐm⁴⁴
打针	打针	ta³³⁴tʃʌm⁵⁵⁴	打针	ta⁵²⁻³²tʃɐm⁴⁴

续上表

义项	封川话词条	封川话标音	开建话词条	开建话标音
艾灸	艾灸	ŋui²¹⁻²²tʃʌu⁵²	艾灸	ŋɔi²¹tʃou³²
刮痧	刮痧	kuat⁵³⁻³²ʃa⁵⁵⁴	刮痧	kuat³²ʃa⁴⁴
搽药膏	搽药膏	tʃa²⁴³iɛk²²kəu⁵⁵⁴	搽药膏	tʃa²⁴iᵉk²¹kɔ⁴⁴
上药	上药 敷药 □药 包药	tʃiɛn²²³⁻²²iɛk²² fu⁵⁵iɛk²² ʌp⁵⁵iɛk²² pau⁵⁵iɛk²²	□药 敷药	ɐp⁵⁵⁻³²iᵉk²¹ fu⁴⁴⁻³²iᵉk²¹
拔牙	揌牙	maŋ⁵⁵⁴⁻³²ŋa²⁴³	揌牙	mɐŋ⁴⁴⁻³²ŋa²⁴
发汗	发汗	fat⁵³⁻³²hun²¹	发汗	fat³²un²¹
消食	消食 消滞	ɬiu⁵⁵ʃek²² ɬiu⁵⁵tʃʌi²²	开胃	hɔi⁴⁴⁻³²uɐi²⁴²
治病	医病	i⁵⁵peŋ²¹	医病	i⁴⁴⁻³²piŋ²¹
去湿	去湿	hy⁵²⁻³³ʃʌp⁵⁵	去湿	hœy³²ʃɐp⁵⁵
去火	去火	hy⁵²⁻³³fɔ³³⁴	坠火	tœ²¹fu³⁵²
去风	去风	hy⁵²⁻³³foŋ⁵⁵⁴	去风	hœy³²foŋ⁴⁴
去毒	去毒 拔毒	hy⁵²tok²² pat²²tok²²	去毒	hœy³²tok³⁴
种痘	种痘	tʃoŋ⁵²tʌu²¹	种痘	tʃuŋ³²tou²¹
打官司	打官司	ta³⁴kun⁵⁵⁴⁻³³ɬi⁵⁵⁴	打官司	ta⁵²kun⁴⁴⁻³²ʃu³⁴⁴
告状	告状	kəu⁵²⁻³²tʃɔŋ²²	告状	kɔ³²tʃœŋ²²
诬告	诬告 陷害	mu²¹⁻²²kəu⁵² ham²¹⁻²²hui²¹	陷害	am²¹ɔi²¹
问案	问案	muʌn²¹⁻²²un⁵²	问案	min²¹ɵn³²
过堂	过堂	kuɔ⁵²tɔŋ²⁴³	过堂	ku³³²tœŋ²⁴
对质	对质	tui⁵²⁻³³tʃʌt⁵⁵	对质	tœy³²tʃɐt⁵⁵
招供	招供/认	tʃiu⁵⁵koŋ⁵⁵⁴/ɲiɛn²¹	招供	tʃiu⁴⁴⁻³²koŋ³²
宣判	宣判	ɬuat⁵⁵pʰun⁵²	宣判	ʃyn⁴⁴⁻³²pʰun³²
上诉	上诉/告	tʃiɛn²²³⁻²²ɬu⁵²/kəu⁵²	上诉	tʃuŋ²⁴²⁻²¹ʃu³²
坐牢	坐监	tɔ²²³⁻²²kam⁵⁵⁴	坐监	tʃu³⁵²⁻²¹kam⁴⁴
探监	探监	tʰam⁵²⁻³³kam⁵⁵⁴	探监	tʰam³²kam⁴⁴

续上表

义项	封川话词条	封川话标音	开建话词条	开建话标音
连坐	诛连	tʃy⁵⁵lin²⁴³	诛连	tʃy⁴⁴⁻³²lɛn²⁴
逮捕	逮捕 捉 拉	tʌi²¹⁻²²pu²¹ tʃɔk⁵³ lai⁵⁵⁴	捉	tʃœk³²
押解	押解	at⁵³⁻³³kai⁵²	押	at³²
打屁股	打啰油	ta³⁴lɔ⁵⁵iʌu²⁴³	□屎窟	kut⁵⁵ʃi⁵²⁻³²fɐt⁵⁵
斩首	斩首，杀头 挶头	tʃam³⁴ʃʌu³³⁴, ʃat⁵³tʌu²⁴³ ŋʌn⁵²tʌu²⁴³	斩头 杀头	tʃam⁵²⁻³²tɐu²⁴ ʃat³²tɐu²⁴
枪毙	枪毙 打靶	tʰiɛn⁵⁵puʌi²¹ ta³³⁴⁻³³pa³³⁴	枪毙 打靶	tʃʰyŋ⁴⁴pɛ²¹ ta⁵²⁻³²pa⁵²
掏粪	掏粪 滗粪 执粪	təu²⁴³⁻²²fuʌn⁵² puʌt⁵⁵fuʌn⁵² tʃʌp⁵⁵fuʌn⁵²	滗粪 □屎	pɐt⁵⁵ʃi⁵² ŋuɐk⁵⁵⁻³²ʃi⁵²
打更	打更	ta³³⁴⁻³³kaŋ⁵⁵	打更	ta⁵²⁻³²kɛŋ⁴⁴
捡破烂	执垃圾	tʃʌp⁵⁵lʌp²²ɬʌp²²	执垃湿	tʃɐp⁵⁵lɐp³⁴⁻²¹ʃɐp⁵⁵
讨饭	乞饭	hʌt⁵⁵⁻⁵³fan²¹	乞喫	hɐt⁵⁵⁻³²hiᵊk⁵⁵

十、行为心理

义项	封川话词条	封川话标音	开建话词条	开建话标音
拥有	有份	iʌu²²³fuʌn²¹	有	ia²⁴²
占有	占有 霸住 揸住	tʃim⁵²iʌu²²³ pa⁵²⁻³²tʃy²¹ ŋa²¹tʃy²¹	占倒 霸硬 揸住	tʃim³²tɔ⁵² pa³²ŋɛŋ²¹ ŋa²¹tɔ⁵²
不拥有	冇份	mou²²³fuʌn²¹	唔有	n̩²¹n̠ia²⁴²
做	做	tu⁵²	做	tʃu³²
做事情	做事	tu⁵²⁻³²ʃi²¹	做事	tʃu³²tʃi²¹
努力做	努力做 落力做 勤力做	nu²²³lek²²tu⁵² lɔk²²lek²²tu⁵² tʃʌn²⁴³⁻²²lek²²tu⁵²	勤力住	tʃɛn²⁴⁻²¹lek³⁴tʃu³²

续上表

义项	封川话词条	封川话标音	开建话词条	开建话标音
亲自做	亲自做 亲手做 亲身做	$t^h\Lambda n^{55}ɬi^{21-22}tu^{52}$ $t^h\Lambda n^{55}ʃ\Lambda u^{334}tu^{52}$ $t^h\Lambda n^{55}ʃ\Lambda n^{55}tu^{52}$	亲手做	$tʃ^hɐn^{44-32}ʃou^{52}tʃu^{32}$
摆弄	摆弄	$pai^{334}noŋ^{21}$	□/舞	$lɛn^{52}/mu^{52}$
尽力做	尽力做	$ɬ\Lambda n^{21-22}lek^{22}tu^{52}$	尽量做	$tʃen^{242-21}lyŋ^{21}tʃu^{32}$
拼命干	搏命干	$pɔk^{55}meŋ^{21-22}tu^{52}$	搏命做	$pœk^{32}miŋ^{21}tʃu^{32}$
慢慢 地做	慢慢做	$man^{21-22}man^{21-55}tu^{52}$	独慢做	$tok^{34-21}man^{21}tʃu^{32}$
尝试	尝试 试试	$tʃ^hieŋ^{243-22}ʃi^{52}$ $ʃi^{52}ʃi^{52}$	试试	$ʃi^{32}ʃi^{32}$
照着样 子做	眷住做 照样做	$taŋ^{243}tʃy^{21-22}tu^{52}$ $tʃiu^{52}iɛŋ^{23}tu^{52}$	跟倒做	$kɐn^{44}tɔ^{52}tʃu^{32}$
见机 行事	睇餞食饭	$t^h\Lambda i^{334}ɬoŋ^{52}ʃek^{22}fan^{21}$	看倒来	$hɵn^{32}tɔ^{52}tʃu^{32}$
安排	安排	$on^{55}pai^{243}$	安排	$ɔn^{44-32}pai^{24}$
动手	郁手	$ȵiok^{55}ʃ\Lambda u^{334}$	郁手	$ȵiok^{55-32}ʃou^{52}$
入手	入手	$ȵi\Lambda p^{22}ʃ\Lambda u^{334}$	落手	$lœk^{21}ʃou^{52}$
开头	开头	$hui^{554-33}t\Lambda u^{243}$	开头	$hɔi^{44-32}tɐu^{24}$
预计	预计	$i^{21-22}k\Lambda i^{52}$	预计	$y^{21}kɛ^{32}$
完成	完成	$yn^{243-22}tʃeŋ^{243}$	搞掂	$kau^{52}tim^{21}$
收尾	收尾	$ʃ\Lambda u^{554-32}mi^{223}$	收尾	$ʃɐu^{44-32}mɐi^{242}$
停止	停止	$teŋ^{243-22}tʃi^{334}$	停	$ti^ɜŋ^{24}$
覆查	覆查	$fok^{55}tʃa^{243}$	复查	$fok^{55-32}tʃa^{32}$
善后	善后 执手尾	$ʃin^{21-22}h\Lambda u^{21}$ $tʃ\Lambda p^{243-22}ʃ\Lambda u^{334-32}mi^{223}$	执手尾	$tʃep^{55}ʃou^{52-32}mɐi^{242}$
了结	了结 搞掂	$liu^{34}kit^{55}$ $kau^{34}tim^{21}$	搞掂	$kau^{52}tim^{21}$
勾销	勾销	$ŋ\Lambda u^{55}ɬiu^{554}$	勾销	$ŋɐu^{44-32}ʃɛu^{44}$
有始 无终	有头威 无尾顺	$i\Lambda u^{223}t\Lambda u^{243-22}u\Lambda i^{55}$ $m\Lambda u^{223-22}mi^{223}ʃ\Lambda n^{21}$	有头无尾	$ia^{242-21}tɐu^{24}mu^{24-21}mɐi^{242}$
包揽	包揽	$pau^{55}lam^{223}$	包嗮	$pau^{44}ʃai^{32}$

续上表

义项	封川话词条	封川话标音	开建话词条	开建话标音
关照	关照	kuan⁵⁵tʃiu⁵²	关照	kuan⁴⁴⁻³²tʃiu³²
守护	守护 守住 护住	ʃʌu³³⁴u²¹ ʃʌu³³⁴tʃy²¹ u²¹⁻²²tʃy²¹	守倒 守实	ʃou⁵²tɔ⁵² ʃou⁵²tʃɐt³⁴
照料	照顾	tʃiu⁵²ku⁵²	照顾	tʃiu³²ku³²
带头	带头 起头 提头	tai⁵³⁻³²tʌu²⁴³ hi³³⁴⁻³²tʌu²⁴³ tʌi²⁴³⁻²²tʌu²⁴³	抽头	tʃʰɐu⁴⁴⁻³²tɐu²⁴
掌管	掌管	tʃiɛŋ³³⁴⁻³³kun³³⁴	管	kun⁵²
承担	承担	tʃeŋ²⁴³⁻²²tam⁵⁵⁴	负责	pu²¹tʃɛk³²
顶替	顶替	teŋ³³⁴tʰʌi⁵²	顶	tiᵒŋ⁵²
冒险	冒险 夹硬 博阔	məu²¹⁻²²him³³⁴ kap⁵³ŋaŋ³³⁴ pɔk⁵³⁻³³fut⁵⁵	夹硬	kap³²ŋaŋ²¹
弄妥	弄妥 搞掂	loŋ²¹⁻²²tɔ³³⁴ kau³³⁴tim²¹	搞掂	kau⁵²tim²¹
得手	得手	tak⁵⁵ʃʌu³³⁴	到手	tɔ³²ʃou⁵²
挽回局势	扳返转头 扳翻局势	man⁵⁵fan⁵⁵tʃun⁵²tʌu²⁴³ man⁵⁵fan⁵⁵kok²²ʃʌi⁵²	扳返局势	man⁴⁴fan⁴⁴kok³⁴⁻²¹ʃiᵉ³²
一蹴而就	一锹成井	iʌt⁵⁵tʰiu⁵⁵tʃeŋ²⁴³⁻²²teŋ³³⁴	一照搞掂	iɐt⁵⁵⁻³²tʃiu³²kau⁵²tim²¹
占上风	占上风 占大头	tʃim⁵²tʃiɛŋ²¹⁻²²foŋ⁵⁵⁴ tʃim⁵²tai²¹⁻²²tʌu²⁴³	占先	tʃim³²ʃen⁴⁴
发迹	发迹	fat⁵³⁻³³tek⁵⁵	发迹	fat³²tʃiᵒk⁵⁵
碰运气	碰运气 碰彩数	pʰoŋ⁵²uʌn²¹⁻²²hi⁵² pʰoŋ⁵²tʰui³³⁴ʃy⁵²	靠运气	kʰau³²uin²¹hi³²
捡便宜	执死鸡	tʃʌp⁵³ɬi³³⁴kʌi⁵⁵⁴	执死鸡	tʃɐp⁵⁵ʃei⁵²⁻³²kɐi⁴⁴
沾光	沾光	tʃim⁵⁵kuoŋ⁵⁵	有光	ia²⁴²⁻²¹kuᵒŋ⁴⁴
得益	得益	tak⁵³⁻³³iek⁵⁵	得利	tek⁵⁵⁻³²lei²¹
谋取利益	谋利	mʌu²⁴³⁻²²li²¹	谋财	mɐu²⁴⁻²¹tʃiᵒ²⁴

续上表

义项	封川话词条	封川话标音	开建话词条	开建话标音
趁机渔利	浑水摸鱼 搏憎	uʌn²⁴³⁻²²ʃui³⁴mɔ⁵⁵n̥y²⁴³ pɔk⁵³⁻³³moŋ³³⁴	搏憎	pɐk³²moŋ⁵²
搜刮	搜刮	ɬʌu³³⁴kuat⁵³	搜刮	ʃou⁵²⁻³²kuat³²
克扣	克扣	hak⁵⁵kʰʌu⁵²	扣	kʰou³²
犯错	犯错 做错	fan²¹⁻²²tʰɔ⁵² tu⁵²tʰɔ⁵²	做错	tʃu³²tʃʰu³²
弄糟	搞涡	kau³³⁴uɔ²²³	搞□	kau⁵²uɐŋ⁴⁴
弄僵	搞□□	kau³³⁴lœ²²tœ³³⁴	搞僵	kau⁵²kyŋ⁴⁴
失手	失手	ʃʌt⁵⁵ʃʌu³³⁴	失手	ʃɐt⁵⁵⁻³²ʃou⁵²
失去机会	冇机会 冇声气	mʌu³⁴ki⁵⁵ui²¹ mʌu³⁴ʃeŋ⁵⁵⁴⁻³²hi⁵²⁻²¹	错失 良机	tʃʰu³²ʃʌt⁵⁵ lyŋ²⁴⁻²¹ki⁴⁴
落空	落空 落孟⁼	lɔk²²hoŋ⁵⁵⁴ lɔk²²maŋ²¹	落空	lœk²¹hoŋ⁴⁴
首尾难顾	顾得头冇顾得脚	ku⁵²⁻³³tak⁵³⁻³³tʌu²⁴³məu²²³⁻³³ ku⁵²ə²²kiɛk⁵⁵	顾头难顾尾	ku³²tɐu²⁴nan²⁴ku³²mɐi²⁴²
雪上加霜	衰贴地	ʃui⁵⁵tʰip⁵³⁻³³ti²¹	衰贴地	ʃœ⁴⁴tʰɛp³²tei²¹
硬撑	硬撑 死撑	ŋaŋ²¹⁻²²tʃʰaŋ⁵² ɬi³³⁴tʃʰaŋ⁵²	死顶 死撑	ʃei⁵²tiʰŋ⁵² ʃei⁵²tʃʰiŋ³²
将错就错	将错就错	tiɛŋ⁵⁵tʰɔ⁵²ɬʌu²¹⁻²²tʰɔ⁵²	将错就错	tʃyŋ⁴⁴tʃʰu³²tʃou²¹tʃʰu³²
出事	出事（故）	tʃʰʌt⁵⁵ʃi²¹⁻²²(ku⁵²)	出事	tʃʰɐt⁵⁵⁻³²tʃi²¹
白费劲	嘥心机	ɬai⁵⁵ɬam⁵⁵⁴⁻³³ki⁵⁵⁴	白嘥心机	pɛk²¹ʃai⁴⁴ʃɐm⁴⁴⁻³²ki⁴⁴
自找麻烦	捉蛇入屎窟	tʃok⁵³tʃe²⁴³n̥iʌp²² ʃi³³⁴⁻³³fuʌt⁵⁵	喫饱力谷	hiʰk⁵⁵pau⁵²lɐk³⁴kok⁵⁵
退缩	退缩 跙后	tʰui⁵²⁻³³ʃok⁵⁵ tʰʌn⁵²⁻³²hʌu²¹	缩手缩脚	ʃok⁵⁵⁻³²ʃou⁵²ʃok⁵⁵⁻³²kiʰk⁵⁵
看风头	睇风头 见风使舵	tʌi³³⁴foŋ⁵⁵⁴⁻³³tʌu²⁴³ kin⁵²⁻³³foŋ⁵⁵⁴ʃʌi³³⁴tɔ²⁴³	见风摆舵	kin³²foŋ⁴⁴pai⁵²⁻³²tu²⁴
脱身	甩身	lʌt⁵³⁻³³ʃʌn⁵⁵⁴	□/脱身	lɐt⁵⁵⁻³²/tʰyt⁵⁵⁻³²ʃɐn⁴⁴

续上表

义项	封川话词条	封川话标音	开建话词条	开建话标音
过关	过关	kuɔ$^{52\text{-}33}$kuan^{55}	过关	ku^{332}kuan^{44}
控制	控制	hoŋ^{52}tʃʌi^{52}	控制	hoŋ^{32}tʃɛ^{32}
限制	限制	han$^{21\text{-}22}$tʃʌi^{52}	限制	an$^{242\text{-}21}$tʃɛ^{32}
蒙混	搏懵	pɔk$^{\underline{53\text{-}33}}$moŋ^{334}	搏懵	pɶk^{32}moŋ^{52}
假装	假装 冒充	ka^{34}tʃɔŋ^{55} məu^{21}tʃʰoŋ^{554}	假装	ka^{52}tʃɶŋ^{44}
装傻	装傻 扮傻 诈傻	tʃɔŋ^{55}ʃɔ^{21} pan$^{21\text{-}22}$ʃɔ^{21} tʃa$^{52\text{-}32}$ʃɔ^{21}	诈傻 扮懵	tʃa^{32}ʃɔ^{21} pan^{21}muŋ^{52}
隐瞒	隐瞒	iʌn^{334}mun^{243}	瞒倒	mɔn^{24}tɔ^{52}
耍赖	耍赖 搏赖 诈赖死	ʃa^{34}lai^{21} pɔk$^{\underline{53\text{-}33}}$lai^{21} tʃa^{52}lai$^{21\text{-}22}$ɬi^{334}	打赖 打赖死	ta$^{52\text{-}32}$lai^{21} ta$^{52\text{-}32}$lai^{21}ʃei^{52}
做作	做作	tu$^{52\text{-}22}$tɔk$^{\underline{53}}$	扮嘢	pan^{21}n̠iɛ^{52}
等待	等待 等	taŋ^{334}tui^{223} taŋ^{334}	等	tɐŋ^{52}
拖延	拖延 拖捱	tʰɔ^{55}in^{243} tʰɔ^{55}ŋai^{21}	拖	tʰu^{ɔ44}
打搅	打搅	ta^{334}kau^{334}	打搅	ta$^{52\text{-}32}$kau^{52}
扰乱	扰乱	n̠iu^{334}lun^{21}	搅乱	kau^{242}lyn^{21}
捣乱	捣乱 捞⁼乱 搞乱	təu^{334}lun^{21} lau^{243}lun^{21} kau^{334}lun^{21}	捣乱 缭塞	tɔ$^{52\text{-}32}$lyn^{21} lɛu$^{52\text{-}32}$ʃɐk$^{\underline{55}}$
讲排场	讲排场 摆阔绰	kɔŋ^{334}pai$^{243\text{-}22}$tʃiɛŋ^{243} pai^{334}fut$^{\underline{55}}$tʃʰɔk$^{\underline{53}}$	讲排场	kɶŋ^{52}pai$^{24\text{-}21}$tʃyŋ^{24}
讲时髦	讲时髦	kɔŋ^{334}tʃi$^{243\text{-}22}$məu^{55}	讲时髦	kɶŋ^{52}tʃi$^{24\text{-}21}$mɔ^{44}
装点	装点	tʃɔŋ^{55}tim^{334}	装饰	tʃɶŋ$^{44\text{-}32}$ʃiºk$^{\underline{55}}$
不通情理	冇通事理 盲撞	mou^{223}tʰoŋ^{55}ʃi$^{21\text{-}22}$li^{223} maŋ$^{243\text{-}22}$tʃɔŋ^{21}	死牛颈	ʃei$^{52\text{-}32}$ŋɐu$^{24\text{-}21}$kiºŋ^{52}
将就	相就	ɬiɛŋ^{55}ɬʌu^{21}	将就	tʃyŋ$^{44\text{-}32}$tʃou^{21}
驱赶	驱赶	kʰy$^{554\text{-}33}$kun^{334}	赶	kɔn^{52}
谦让	谦让	him^{55}n̠iɛŋ^{21}	谦让	him^{44}n̠yŋ^{21}

续上表

义项	封川话词条	封川话标音	开建话词条	开建话标音
独吞	独吞	tok^{22}t^{h}ʌn^{554}	独吞	tok$^{34-21}$t^{h}ɐn^{44}
打抱不平	路见不平 担锹铲	lu$^{21-22}$kin^{52}puʌt^{53}pen^{243} tam$^{52-33}$t^{h}iu^{55}tʃ^{h}an^{334}	同人出头	toŋ^{24}ɲien^{24}tʃ^{h}ɐt$^{55-32}$teu^{24}
吹毛求疵	厌〓尖	im$^{554-33}$tim^{554}		
承担责任	负责任	fu$^{21-22}$tʃak^{53}ȵiʌm^{21}	负责任	pu^{21}tʃɛk^{32}ȵiom^{21}
佔便宜	佔便宜 搵笨出〓	tʃim^{52}piet^{22}ȵi^{243} uʌn^{334}puʌn$^{21-22}$tɬʌt^{22}	占便宜 搵笨出	tʃim^{32}pin^{21}ȵi^{24} uɐn^{52}pɐn^{21}tʃ^{h}ɐt^{34}
露马脚	穿煲 爆馅	tʃ^{h}un^{55}pəu^{554} pau$^{52-32}$ham^{21}	穿煲	tʃ^{h}yn$^{44-32}$pɔ^{44}
脱漏	甩漏	lʌt^{55}lʌu^{21}	甩脱	lɐt^{55}t^{h}yt^{55}
拿某人开刀	觅人开刀 觅人晦气	muʌi$^{52-32}$ȵiʌn^{243}hui^{55}təu^{554} muʌi$^{352-2}$ȵiʌn^{243}fui^{55}hi^{52}	拧人开刀	niŋ^{44}ȵien^{24}hɔi$^{44-33}$tɔ^{44}
喫苦	喫苦 捱苦	hek$^{53-33}$fu^{334} ŋai$^{243-22}$fu^{334}	挨苦	ŋai$^{24-21}$fu^{52}
告密	告密	kəu^{52}muʌt^{22}	告状	kɔ^{32}tʃœŋ^{21}
逞能	称叻 鸠屎	tʃ^{h}eŋ^{55}liɛk^{55} kʌu^{55}ʃi^{334}	逞叻/能	tʃ^{h}eŋ$^{52-32}$liºk^{55}/nɐŋ^{24}
讨要	乞	hʌt^{55}	乞	hɐt^{55}
攀比	相耷	ɬiɛŋ$^{554-32}$taŋ^{243}	比	pei^{52}
跑腿	跑腿	p^{h}au^{334}t^{h}ui^{334}	走狗	tʃou$^{52-32}$kou^{52}
轮到	轮到	lʌn^{243}təu^{52}	轮到	lɐn^{24}tɔ^{32}
给	畀 合	pi^{334} kəp^{55}	畀	pei^{52}
分发	分	fuʌn^{554}	分	pɐn^{44}
归还	还	uan^{243}	还	uan^{24}
推让	推	t^{h}ui^{554}	推	t^{h}œ^{44}
收取	收	ʃʌu^{554}	收	ʃeu^{44}
强取	硬要	ŋaŋ$^{21-22}$ȵiu^{52}	硬抢	ŋɐŋ^{21}tʃ^{h}yŋ^{52}
偷取	偷	t^{h}ʌu^{554}	偷	t^{h}eu^{44}

续上表

义项	封川话词条	封川话标音	开建话词条	开建话标音
借	借	tɛ⁵²	借	tʃiᵋ³²
欠	欠/鎊⁼	him⁵²/tʃʰaŋ⁵⁵	鎊⁼	tʃʰɛŋ⁴⁴
存钱	存款 存钱	ɬun²⁴³⁻²²fun³³⁴ ɬun²⁴³⁻²²ɬin²⁴³	存银纸	tʃyn²⁴ŋɐn²⁴⁻²¹tʃi⁵²
募捐	捐款，捐钱	kun⁵⁵fun³³⁴，kun⁵⁵ɬin²⁴³	捐款	kyn⁴⁴⁻³²fun⁵²
施舍	施舍	ʃi⁵⁵⁴⁻³³ʃɛ³³⁴	施舍	ʃi⁴⁴⁻³²ʃie⁵²
白给	白畀，打水片	pak²²pi³³⁴，ta³⁴ʃui³⁴pʰiɛn³³⁴	白畀	pɛk²¹pei⁵²
赖账	赖数	lai²¹⁻²²ʃy⁵²	赖数	lai²¹ʃu³²
移交	交	kau⁵⁵⁴	交	kau⁴⁴
挑选	拣	kan³³⁴	拣	kan⁵²
选择	选	ɬun³³⁴	选	ʃyn⁵²
找	觅 揾	muʌi⁵² uʌn³³⁴	觅 揾	mɐi⁴⁴ uɐn⁵²
翻找	抄到寅 粉晒	tʃʰau⁵²tʌu³²iʌn²⁴ fuʌn³³⁴ɬai⁵²	□	uɐn²⁴²
搜罗	抄	tʃʰau⁵²	抄	tʃʰau³²
使用	用	ioŋ²¹	用	iuŋ²¹
收藏	收	ʃʌu⁵⁵⁴	收	ʃɐu⁴⁴
藏	收	ʃʌu⁵⁵⁴	□	tʃa²¹
积攒	蓄	ɬu³³⁴	造	tʃɔ²⁴²
凑	凑	tʰʌu⁵²	凑	tʃʰou³²
收拾	执拾	tʃʌp⁵³⁻³²ʃʌp²²	拾	tʃɐp⁵⁵
放置	安	on⁵⁵⁴	安	ɔn⁴⁴
安装	装	tʃɔŋ⁵⁵⁴	装	tʃœŋ⁴⁴
捕捉	捉	tʃɔk⁵³	捉	tʃœk³²
遗弃	抛弃 抰掉	pʰau⁵⁵hi⁵² uɐŋ⁵⁵tiu²¹	抰/丢	uɐŋ⁴⁴/tiu⁴⁴
遗失	赖咗 落咗 丢失	lai²³tʃɔ³³⁴ lɔk²²tʃɔ³³⁴ tiu⁵⁵ʃʌt⁵⁵	□ 唔见脱	tɐp³⁴ n̩⁴⁴kin³²tʰyt⁵⁵

续上表

义项	封川话词条	封川话标音	开建话词条	开建话标音
去除	除	tʃy²⁴³	抃	ueŋ⁴⁴
遗漏	赖落	lai²²³lɔk²²	除	tʃy²⁴
节省	悭	han⁵⁵⁴	漏	lou²¹
爱惜	劲惜	keŋ²¹⁻²²ɬek⁵⁵	悭	han⁴⁴
浪费	嘥	ɬai⁵⁵	爱惜	ɔi³²ʃiᵊk⁵⁵
花钱多	大使 大手大脚	tai²¹⁻²²ʃʌi³³⁴ tai²¹⁻²²ʃʌu³⁴tai²¹⁻²²kiɛk⁵⁵	嘥 大使	ʃai⁴⁴ tai²¹ʃiᵉ⁵²
阻挡	挡 拦	tɔŋ³³⁴ lan²⁴³	拦	lan²⁴
碍事	妨碍 砣手况ᵚ脚	fɔŋ²⁴³⁻²²ŋui²¹ tɔ²⁴³⁻²²ʃʌu³³⁴kʰuaŋ⁵²⁻³³kiɛk⁵⁵	阻手阻脚	tʃu²⁵²⁻³²ʃou⁵²tʃu²⁵²⁻³²kiᵊk⁵⁵
佔	占	tʃim⁵²	占	tʃim³²
分隔	隔开	kak⁵³⁻³³hui⁵⁵⁴	隔	kɛk³²
围	围	uʌi²⁴³	围	uɐi²⁴
围拢	围转	uʌi²⁴³tʃun⁵²	围	uɐi²⁴
聚拢	蓄ᵚ埋 攝埋	ɬu²⁴mai²⁴³ lap⁵³mai²⁴³	□	lyt⁵⁵
並拢	合冈ᵚ	kəp⁵³⁻³³kɔŋ⁵⁵⁴	並	piŋ³²
拼合	拼埋	pʰeŋ⁵²mai²⁴³	拼	pʰiŋ³²
嵌	镶	ɬiɛŋ⁵⁵⁴	镶	ʃyŋ⁴⁴
混合	靠埋 捞埋	kʰau⁵²mai²⁴³ ləu⁵⁵mai²⁴³	捞埋	lou⁵²mai²⁴
调配	调配 配	tiu²¹⁻²²pʰui⁵² pʰui⁵²	配	pʰui³²
勾兑	侵埋 靠埋 捞埋	tʰʌm⁵⁵mai²⁴³ kʰau⁵²mai²⁴³ ləu⁵⁵mai²⁴³	兑 勾 捞	tœ³² kʰɐu⁴⁴ lou⁵²
掺入	侵	tʰʌm⁵⁵	掺	tʃʰam⁴⁴
量	度	tɔk²²	度, □	tœk²¹, ɔ³²
称	称	tʃʰeŋ⁵⁵⁴	称	tʃʰeŋ⁴⁴

续上表

义项	封川话词条	封川话标音	开建话词条	开建话标音
过磅	过秤 过磅	kuɔ$^{52\text{-}33}$tʃʰeŋ^{52} kuɔ^{52}pɔŋ^{21}	过称 过磅	ku^{32}tʃʰeŋ^{32} ku^{32}peŋ^{21}
估	估	ku^{334}	估	ku^{52}
计算	算	ɬun^{52}	算	ʃyn^{32}
数	数	ʃy^{334}	数	ʃu^{52}
加	加	ka^{554}	加	ka^{44}
减	减	kam^{334}	减	kam^{52}
调对	校	kau^{52}	校	kau^{32}
奔波	频扑	puʌn$^{243\text{-}22}$pʰɔk^{53}	频扑	peɐn$^{24\text{-}21}$pʰœk^{32}
流浪	流浪	lʌu$^{243\text{-}22}$lɔŋ^{21}	流浪	leu$^{24\text{-}21}$lœŋ^{21}
启程	上路	tʃieŋ^{223}lu^{21}	出发	tʃʰɐt$^{55\text{-}32}$fat^{32}
到达	到	təu^{52}	到	tɔ^{32}
离去	走	təu^{334}	走	tʃou^{52}
溜走	溜	liu^{554}	溜	liu^{44}
滚蛋	躝 躝开	lan^{55} lan^{55}hui^{554}	躝	lan^{44}
逃跑	条	tiu^{243}	走	tʃou^{52}
偷渡	偷渡	tʰʌu^{55}tu^{21}	偷渡	tʰeu$^{44\text{-}32}$tu^{21}
逃难	逃难	təu$^{243\text{-}22}$nan^{21}	逃难	tɔ$^{24\text{-}21}$nan^{21}
跟随	跟住 跟后	kʌn^{55}tʃy^{21} kʌn$^{554\text{-}32}$hʌu^{223}	跟	keɐn^{44}
携带	携带 带	kuʌi$^{243\text{-}22}$tai^{52} tai^{52}	带	tai^{32}
带领	带/驮	tai^{52}/tɔ^{243}	带/驮	tai^{32}/tu^{24}
犯法	犯法	fan$^{21\text{-}22}$fat^{53}	犯法	pam$^{242\text{-}21}$fat^{32}
做坏事	做坏事	tu$^{52\text{-}32}$uai$^{21\text{-}22}$ʃi^{21}	做坏事	tʃu^{32}uai^{21}tʃi^{21}
偷窃	偷	tʰʌu^{554}	偷	tʰeu^{44}
抢劫	抢	tʰieŋ^{334}	抢	tʃʰyŋ^{52}
强奸	强奸	kieŋ$^{243\text{-}22}$kan^{554}	强奸	kyŋ$^{24\text{-}21}$kan^{44}
杀人	杀人	ʃat$^{53\text{-}32}$ɲiʌn^{243}	杀人	ʃat^{32}ɲieŋ^{24}

续上表

义项	封川话词条	封川话标音	开建话词条	开建话标音
投毒	落毒	lɔk²² tok²²	落毒	lɐk²¹ tok³⁴
绑票	绑架 拉飞	pɔŋ³³⁴⁻³² ka⁵²⁻²¹ lai⁵⁵ fi⁵⁵⁴	绑架	pœŋ⁵²⁻³² ka³²
勒索	勒索	lak²² ɬɔk⁵³	勒索	lɐk³⁴⁻²¹ ʃœk³²
敲竹杠	敲竹杠 捐脚骨	hau⁵⁵ tʃok⁵⁵ kɔŋ⁵² ŋaŋ⁵² kiɛk⁵³⁻³³ kuʌt⁵⁵	□银纸	hɐp⁵⁵ ŋɐn²⁴⁻²¹ tʃi⁵²
诈骗	呃	ŋak⁵⁵	呃	ŋɐk⁵⁵
受贿	收受浮财	ʃʌu⁵⁵ ʃʌu²¹⁻²² fʌu²⁴³⁻²² ɬui²⁴³	收黑钱	ʃɐu⁴⁴ hɐk⁵⁵⁻³² tʃɛn³⁴
行贿	买通关	mai²³ tʰoŋ⁵⁵⁴⁻³³ kuʌn⁵⁵⁴	送银纸 买通关	ʃuŋ³² ŋɐn²⁴⁻²¹ tʃi⁵² mai²⁴² tʰoŋ⁴⁴⁻³² kuan⁴⁴
赌博	赌	tu³³⁴	赌	tu⁵²
卖淫	卖身 卖朒	mai²¹⁻²² ʃʌn⁵⁵⁴ mai²¹⁻²² hʌi⁵⁵⁴	卖朒	mai²¹ hɐi⁴⁴
嫖娼	嫖 嫖老举	pɛu²⁴³ pɛu²⁴³ ləu³⁴ ky³³⁴	嫖	pɐu²⁴
调戏妇女	撩 淫诱 勾引 淫欲	liɛu⁵⁵⁴ iʌm²⁴³ iʌu²¹ ŋʌu⁵⁵ iʌn²²³ iʌm²⁴³ iok²²	撩 勾引	lɐu²⁴ ŋɐu⁴⁴⁻³² iɛn²⁴²
通奸	通奸	tʰoŋ⁵⁵ kan⁵⁵⁴	通奸	tʰoŋ⁴⁴⁻³² kan⁴⁴
打架	打交	ta³³⁴⁻³³ kau⁵⁵⁴	斗打	tou³² ta⁵²
打群架	打群交	ta³⁴ kuʌn²⁴³⁻²² kau⁵⁵⁴	打群交	ta⁵² kuɐn²⁴⁻²¹ kau⁴⁴
揍	□ 扁 松	tʌp²² pɛn³³⁴ ɬoŋ⁵⁵⁴	扁	pɛn⁵²
拷打	拷打	hau⁵⁵⁴⁻³³ ta³³⁴	拷打	hau⁴⁴⁻³² ta⁵²
食言	甩口齿 失口齿	lʌt⁵⁵ hʌu³³⁴⁻³³ tʃʰi³³⁴ ʃʌt⁵⁵ hʌu³³⁴⁻³³ tʃʰi³³⁴	唔有口齿 大炮噍	n̩²¹ nia²⁴² hɐu⁵²⁻³² tʃʰi⁵² tai²¹ pʰau⁴² tʃiu²¹
偷懒	偷懒	tʰʌu⁵⁵⁴⁻³² lan²²³	偷懒	tʰɐu⁴⁴⁻³² lan²⁴²
欺负	虾⁼, 洽⁼	ha⁵⁵⁴, hǝp⁵⁵	虾⁼	ha⁴⁴
作弊	做手脚	tu⁵²⁻³³ ʃʌu³³⁴ kiɛk⁵⁵	做手脚	tʃu³² ʃou⁵²⁻³² kiɛk⁵⁵

续上表

义项	封川话词条	封川话标音	开建话词条	开建话标音
放高利贷	放高利贷	fɔŋ³³kəu⁵⁵lei²¹⁻²²tʰai⁵²	放高利贷	fuŋ³²kɔ⁴⁴⁻³²lei²¹tʰai³²
自杀	自杀	ɬi²¹⁻²²ʃat⁵³	自杀	tʃu²¹ʃat³²
上吊	吊颈	tiu⁵²⁻³³keŋ³³⁴	吊颈	tiu³²kiᵊŋ⁵²
投水	跳水	tʰiu⁵²⁻³³ʃui³³⁴	跳水	tʰiu³²ʃœ⁵²
结交	结交 拜契	kit⁵³⁻³³kau⁵⁵⁴ pai⁴³⁻³²kʰʌi²¹	交	kau⁴⁴
人情往来	当人情 做人情	toŋ⁵⁵nʌn²⁴³⁻²²ɬeŋ²⁴³ tu⁵²nʌn²⁴³⁻²²ɬeŋ²⁴³	做人情	tʃu³²niɛn²⁴⁻²¹tʃiᵊŋ²⁴
送礼	送礼	ɬoŋ⁵²⁻³²lʌi²²³	送礼	ʃuŋ³²lei²⁴²
还礼	搭礼	tap⁵³lʌi²²³	回礼	ui²⁴⁻²¹lɐi²⁴²
谈恋爱	谈婚	tam²⁴³⁻²²fuʌn⁵⁵⁴	谈婚	tam²⁴⁻²¹fɐn⁴⁴
相处	相处	ɬiɛŋ⁵⁵tʃʰy⁵²	相处	ʃyŋ⁴⁴⁻³²tʃʰy³²
来往	来往	lui²⁴³⁻²²uɔŋ²²³	来往	lɔi²⁴⁻²¹uᵒŋ²⁴²
走亲戚	行亲 探亲	haŋ²⁴³⁻²²tʰʌn⁵⁵⁴ tʰam⁵²⁻³³tʰʌn⁵⁵⁴	探亲	tʰam³²tʃʰɐn⁴⁴
拜年	拜年	pai⁵²⁻³³nin²⁴³	拜年	pai³²nɛn²⁴
拜访	拜访	pai⁵²⁻³³fɔŋ³³⁴	拜访	pai³²fuŋ⁵²
私访	私访	ɬi⁵⁵⁴⁻⁵³fɔŋ³³⁴		
看望	望/睇	mɔŋ²¹/tʰʌi³³⁴	望/看	mœŋ²¹/hɐn³²
喫闭门羹	冇得入屋	məu³³⁴tak⁵⁵niʌp²²ok⁵⁵	唔畀入屋	m̩⁴⁴pei⁵²iɐp³⁴⁻²¹ok⁵⁵
回拜	回拜	ui²⁴³⁻²²pai⁵²	回拜	ui²⁴⁻²¹pai³²
做客	作客	tɔk⁵³⁻³³hak⁵⁵	做客	tʃu³²hɐk³²
下请帖	恭请	koŋ⁵⁵tʰeŋ³³⁴	落帖	lœk²¹tʰɛp³²
请客	请客	tʰeŋ³³⁴hak⁵⁵	请客	tʃʰiᵊŋ⁵²⁻³²hɐk³²
待客	待客	tui²²³hak⁵⁵	招呼客人	tʃiu⁴⁴⁻³²fu⁴⁴hɐk³²niɛn²⁴
招待	招待 款待	tʃiu⁵⁵tui²²³ fun³³⁴tui²²³	招待	tʃiu⁴⁴⁻³²tɔi²⁴²
陪客人	陪客人	pui²⁴³⁻²²hak⁵⁵nʌn²⁴³	伴客人	pɔn²⁴²hɐk³²niɛn²⁴

续上表

义项	封川话词条	封川话标音	开建话词条	开建话标音
送客	送客	ɬoŋ$^{52\text{-}33}$hak^{55}	送客	ʃuŋ^{32}hɐk^{32}
聚餐	会餐	ui$^{21\text{-}22}$tʰan^{554}	喫饭	hiˀk$^{55\text{-}32}$pan^{21}
凑钱聚餐	打酒聚	ta^{34}tʌu$^{334\text{-}33}$ɬy^{21}	合钱喫饭	kɔp^{32}tʃɛn^{24}hiˀk$^{55\text{-}32}$pan^{22}
喫酒席	饮酒	ȵiʌm^{334}tʌu^{334}	饮酒	iɐm$^{52\text{-}32}$tʃau^{52}
鞠躬	鞠躬 揖嘢=	kok^{55}koŋ^{55} ȵiʌp^{55}ȵiɛ^{223}	鞠躬	kok$^{55\text{-}32}$koŋ^{44}
作揖	拱手	koŋ^{334}ʃʌu^{334}	鞠躬	kok$^{55\text{-}32}$koŋ^{44}
磕头	叩头	kʰʌu^{52}tʌu^{243}	叩头	kʰou^{32}tɐu^{24}
接吻	各=嘴	kɔk$^{53\text{-}33}$tui^{334}	嚟嘴	tʃyt$^{55\text{-}32}$tʃœ^{52}
夸奖	夸	kʰua^{554}	夸	kʰua^{44}
称赞	赞	tan^{52}	赞	tʃan^{32}
说坏话	讲坏话	kɔŋ^{34}uai$^{21\text{-}22}$ua^{21}	讲坏话	kœŋ^{52}uai^{21}ua^{21}
指责	责怪	tʃak^{53}kuʌi$^{52\text{-}21}$	责怪	tʃɛk^{32}kuai^{32}
背后说坏话	督后股枕	tok^{55}hʌu$^{21\text{-}22}$ku^{34}tʃm^{334}	背后讲坏话 督屎窟	pui^{32}ɐu^{242}kœŋ^{52}uai^{21}ua^{21} tok^{35}ʃi^{52}fuʌt^{55}
搬弄是非	多事闻	tɔ^{55}ʃi$^{21\text{-}22}$mʌn^{243}	八卦	pat^{32}kua^{32}
说情	呐求	ŋʌi^{55}tʃʌu^{243}	求情，呐	tʃɐu$^{24\text{-}21}$tʃiˀŋ^{24}，ŋei^{44}
开玩笑	讲笑	kɔŋ$^{334\text{-}32}$ɬiu^{21}	讲笑	kœŋ$^{52\text{-}32}$ʃiu^{32}
错怪	错怪	tʰɔ^{52}kuai$^{52\text{-}21}$	错怪	tʃʰu^{332}kuai^{32}
得罪	得罪	tak$^{53\text{-}33}$ɬui^{223}	得罪	tɐk$^{55\text{-}32}$tʃœ^{242}
叫板	抛浪头	pʰau^{55}lɔŋ$^{21\text{-}22}$tʌu^{243}		
招惹	褛=惹 惹 躺=	lʌu^{55}ȵiɛ^{223} ȵiɛ^{223} hʌu^{554}	惹	ȵiɛ^{242}
调解	劝谏	hun$^{52\text{-}32}$kan$^{52\text{-}21}$	调解	tiu^{21}kai^{52}
打圆场	圆场 理头掂	iun$^{243\text{-}22}$tʃiɛŋ^{243} li^{223}tʌu$^{243\text{-}22}$tim^{21}	圆场	yn$^{24\text{-}21}$tʃyŋ^{24}
退让	让	ȵiɛŋ^{21}	让	ȵiuŋ^{21}
帮忙	帮手	pɔŋ$^{554\text{-}33}$ʃʌu^{334}	帮手	pœŋ$^{44\text{-}32}$ʃou^{52}

续上表

义项	封川话词条	封川话标音	开建话词条	开建话标音
委托	委托	uʌi³³⁴tʰɔk⁵³	委托	uei⁵²⁻³²tʰœk³²
搭救	救	tʃʌu⁵²	救	tʃou³²
搬救兵	搬救兵	pan⁵⁵tʃʌu⁵²⁻³³peŋ⁵⁵⁴	搬救兵	pɔn⁴⁴tʃou³²piᵊŋ⁴⁴
提携	打协	ta³⁴hip⁵⁵	带协	tai³²hip⁵⁵
予不当利益	放水	fɔŋ⁵²⁻³³ʃui³³⁴	放水	fuŋ³²ʃœ⁵²
施惠	畀好处	pi³³⁴həu³³⁴tʃʰy⁵²	畀好处	pei⁵²hɔ⁵²tʃʰy³²
积德	积阴德	tek⁵⁵iʌm⁵⁵⁻³³tak⁵⁵	积阴德	tʃiᵊk⁵⁵iɐm⁴⁴⁻³²tek⁵⁵
合伙	合档	kəp⁵³⁻³³tɔŋ⁵²	合伙	kɔp³²fuɔ⁵²
散伙	散档	ɬan³³⁴tɔŋ⁵²	散伙	ʃan³²fuɔ⁵²
一起讨生活	捞世界	ləu⁵⁵⁴ʃʌi⁵²kai⁵²	捞世界	lɔ⁴⁴ʃiɛ³²kai³²
合作	合作	həp²²tɔk⁵³	合作	ɔp²¹tʃœk³²
不合作	冇配合	mʌu³⁴pʰui⁵²⁻³²həp²²	唔配合	m̩⁴⁴pʰui³²ɔp²¹
撮合	拉埋	lai⁵⁵mai²⁴³		
对抗	作对	tɔk⁵³⁻³³tui⁵²	作对	tʃœk³²tœ³²
凑份子	合份	kəp⁵³⁻³²fuʌn²¹	合份	kɔp³²fɐn²¹
合谋	合谋	həp²²mʌu²⁴³	合谋	ɔp²¹mɐu²⁴
邀约	请	tʰeŋ³³⁴	请	tʃʰiᵊŋ⁵²
商量	商量 倾过	ʃiɛŋ⁵⁵lieŋ²⁴³ kʰeŋ⁵⁵kuɔ⁵²	商量	ʃyŋ⁴⁴⁻³²lyŋ²⁴
谈条件	斟条件	tʃʌm⁵⁵tiu²⁴³⁻²²kin²²³	倾条件	kʰiᵊŋ⁴⁴teu²⁴⁻²¹kin²⁴²
鼓动	鼓动 歹⁼歹⁼	ku³³⁴tɔŋ²¹ ɬai³⁴ɬai³³⁴	□	ʃœ²⁴²
支持	支持	tʃi⁵⁵tʃi²⁴³	支持	tʃi⁴⁴⁻³²tʃi²⁴³
请求	求	tʃʌu²⁴³	求	tʃɐu²⁴
乞求	呐求	n̩iʌi⁵⁵tʃʌu²⁴³	呐	ŋei⁴⁴
纠缠	难搞	nan²⁴³⁻²²kau³³⁴	难搞	nan²⁴⁻²¹kau⁵²
催	催	tʰui⁵⁵⁴	催	tʃʰœ⁴⁴
逼迫	逼	pek⁵⁵	逼	piᵊk⁵⁵

续上表

义项	封川话词条	封川话标音	开建话词条	开建话标音
监督	监督	kam⁵⁵tok⁵⁵	监督	kam⁴⁴⁻³²tok⁵⁵
支使	支使，吆	tʃi⁵⁵ʃʌi³³⁴, iu⁵⁵⁴	吆	ɛu⁴⁴
指使	指使	tʃi³³⁴ʃʌi³³⁴	指使	tʃi⁵²⁻³²ʃi e⁵²
怂恿	□□	ɬœ²¹⁻²²haŋ²¹	□	ʃœ²⁴²
骗	呃	ŋak⁵⁵	呃	ŋek⁵⁵
耍人	弄人	loŋ²¹⁻²²n̠iʌn²⁴³	氹=人	tʰom³²n̠ien²⁴
赏脸	畀面	pi³³⁴min²²³	畀面	pei⁵²⁻³²min²¹
有面子	好睇面	hʌu³³⁴⁻³³tʰʌi³³⁴⁻³²min²¹	有面子	ia²⁴²min²¹tʃuᵒ⁵²
丢脸	丢架 冇面	tiu⁵⁵⁴⁻³²ka⁵²⁻²¹ mʌu³⁴min²²³	失礼	ʃet⁵⁵⁻³²lei²⁴²
挽回颜面	攞返面	lɔ²⁴³⁻³⁴fan⁵⁵min²²³	扳返面子	man⁴⁴fan⁴⁴min²¹tʃuᵒ⁵²
出洋相	出晒丑	tʃʰʌt⁵⁵ɬʌi⁵²⁻³³tʃʰʌu³³⁴	出洋相	tʃʰet⁵⁵yŋ²⁴⁻²¹ʃyŋ³²
讲义气	讲义气	kɔŋ³³⁴n̠i²¹⁻²²hi⁵²	讲义气	kœŋ⁵²n̠i²¹hi³²
守信用	够牙斤	kʌu⁵²⁻³²ŋa²⁴³⁻²²tʃʌn⁵⁵⁴	守信用	ʃou⁵²ʃin³²iuŋ²¹
礼数周全	礼数周全 礼仪周知	lʌi²²³n̠i²¹⁻²²tʃʌu⁵⁵ɬyn²⁴³ lʌi²²³n̠i²¹⁻²²tʃʌu⁵⁵⁻³³tʃi⁵⁵⁴	礼数周全	lei²⁴²⁻²¹ʃu³²tʃeu⁴⁴⁻³²tʃyn²⁴
使人为难	难做	nan²⁴³⁻²²tu⁵²	难做	nan²⁴⁻²¹tʃu³²
使人白辛苦	白做	pak²²tu⁵²	白做	pɛk²¹tʃu³²
使人生气	赚得嘣	tʃan²¹⁻²²tak⁵⁵nʌu⁵⁵⁴	赚得嘣	tʃan²¹tek⁵⁵nɐu⁴⁴
负义	负义	fu²¹⁻²²n̠i²¹	唔讲义气	m̩⁴⁴kœŋ⁵²n̠i²¹hi³²
翻脸	反面	fan³⁴min²¹	反面	fan⁵²⁻³²min²¹
犯众怒	逢人憎	foŋ²⁴³⁻²²n̠iʌn²⁴³⁻²²taŋ⁵⁵	乞人憎	hɐk⁵⁵n̠ien²⁴⁻²¹tʃɐŋ⁴⁴
拉近乎	拉埋	lai⁵⁵mai²⁴³		
黏人	黏人疯	tʃi⁵⁵n̠iʌn²⁴³⁻²²foŋ⁵⁵	跟人	kɐn⁴⁴⁻³²n̠ien²⁴
合得来	啱计 啱巧=	ŋam⁵⁵kʌi²¹ ŋam⁵⁵kʰiu³³⁴	合得来 倾得埋	kɔp³²tek⁵⁵⁻³²lɔi²¹ kʰiᵒŋ⁴⁴tek⁵⁵⁻³²mai²⁴

· 309 ·

续上表

义项	封川话词条	封川话标音	开建话词条	开建话标音
不和	啱克	ŋam$^{243-22}$hak^{55}	唔合得来	m̩^{44}kɔp^{32}tɐk$^{55-32}$lɔi^{25}
断交	斩缆 撇断	tʃam^{334}lam^{21} pʰiɛt^{55}tun^{223}	绝交	tʃyn$^{24-21}$kau^{44}
应酬	应酬	iɛŋ$^{52-32}$tʃʌu^{243}	应酬	iɛŋ^{32}tʃɐu^{24}
敷衍	求其	kʌu$^{243-22}$ki^{21}	应付	iɛŋ^{32}pu^{21}
虚与周旋	应付	iɛŋ$^{52-32}$fu^{21}	应付	iɛŋ^{32}pu^{21}
管闲事	管闲事	kun^{34}han$^{243-22}$ʃi^{21}	管闲事	kun^{52}an$^{24-21}$tʃi^{21}
过问	过问	kuɔ$^{52-32}$muʌn^{21}	过问	ku^{332}min^{21}
不过问	冇过问	mʌu^{34}kuɔ$^{52-32}$muʌn^{21}	唔过问	ŋ̍^{44}ku^{332}min^{21}
放任	放任 放纵	fɔŋ^{52}niʌm^{21} fɔŋ^{52}tɔŋ^{52}	尽佢	tʃɐŋ^{242}ky^{24}
搭理	理/惹	li^{223}/ȵiɛ^{334}	理	lɐi^{242}
不搭理	冇理 冇惹	mʌu^{34}li^{223} mʌu^{34}ȵiɛ^{334}	唔理	ȵi^{44}lɐi^{242}
聚会	聚会	ɬy$^{21-22}$ui^{21}	聚会	tʃui^{21}ui^{21}
会面	见面	kin$^{52-32}$min^{21}	见面	kin^{32}min^{21}
遇见	撞见	tʃɔŋ$^{21-22}$kin^{52}	撞见	tʃœŋ^{21}kin^{32}
失约	失约	ʃʌt^{55}iɛk^{53}	失约	ʃɐt$^{55-32}$iʔk^{55}
躲藏	□	miet^{55}	□	mei^{32}
娇惯	宠惯	lɔŋ$^{21-22}$kuan^{52}	惯	kuan^{32}
宠爱	宠，纵	lɔŋ^{21}, tɔŋ^{52}	纵	tʃuŋ^{32}
迁就	迁就	tʰin^{55}ɬʌu^{21}	就	tʃou^{21}
抚慰	安慰	on^{55}uʌi^{334}	安慰	ɔn$^{44-32}$uei^{32}
笼络	拉拢	lai^{55}lɔŋ^{334}	拉拢	lai$^{44-32}$lɔŋ^{242}
偏袒	偏袒 偏向	pʰin^{55}tʰan^{334} pʰin^{55}hiɛŋ^{52}	偏	pʰɛn^{44}
讨好	买面光	mai^{223}min^{21}kuɔŋ^{554}	讨好/□	tʰɔ$^{52-32}$hɔ^{52}/lɐu^{44}
两面讨好	两头买面光	liɛŋ^{223}tʌu^{243}mai$^{21-22}$min$^{21-22}$kuɔŋ^{55}	两边讨好	lyŋ^{242}pɐn^{44}hɔ$^{52-32}$hɔ^{52}

续上表

义项	封川话词条	封川话标音	开建话词条	开建话标音
恭维	恭维	kɔŋ⁵⁵uʌi²⁴³	讲好说话	kœŋ⁵²hɔ⁵²ʃyt⁵⁵⁻³²ua²¹
拍马屁	拍马屁	pak⁵³⁻³³ma²²³pʰi⁵²	拍马屁	pʰɛk³²ma²⁴²⁻²¹pʰei³²
走门路	走后门	tʌu³³⁴hʌu²¹⁻²²mun²⁴³	走后门	tʃou⁵²ɐu²⁴²⁻²¹mɐn²⁴
用钱打发	用银纸搞掂	ioŋ²¹⁻²²ŋʌn²⁴³tʃi³³⁴kau³³⁴tim²¹	用银纸搞掂	iuŋ²¹ŋɐn²⁴⁻²¹tʃi⁵²kau⁵²tim²¹
摆架子	称架势	tʃʰeŋ⁵⁵ka⁵³⁻³³ʃʌi⁵²	摆谱	pai⁵²⁻³²pʰu⁵²
摆阔	摆阔佬 充阔佬	pai³⁴fut⁵⁵ləu³³⁴ tʃʰoŋ⁵⁵fut⁵⁵ləu³³⁴	充阔佬	tʃoŋ⁴⁴⁻⁵²fut⁵⁵⁻³²lɔ⁵²
看得起	睇得起	tʰʌi³³⁴tak⁵³⁻³³hi³³⁴	看得起	hɐn³²tɐk⁵⁵⁻³²hi⁵²
看不起	睇冇起	tʰʌi³³⁴mʌu³³⁴⁻³³hi³³⁴	看唔起	hɐn³²n̩⁴⁴hi⁵²
认生	怕生面	pa⁵²⁻³³ʃaŋ⁵⁵⁴⁻³²min²¹	怕生	pʰa³²ʃɐŋ⁴⁴
看热闹	睇热闹	tʰʌi³³⁴ȵit²²nau²¹	看热闹	hɐn³²ȵit³⁴⁻²¹nau²¹
应承	应承	ieŋ⁵²⁻³²tʃeŋ²⁴³	应承	ieŋ⁴⁴⁻³²tʃeŋ²¹
不应承	冇应承	mʌu³³⁴ieŋ⁵²⁻³²tʃeŋ²⁴³	唔应承	n̩⁴⁴ieŋ⁴⁴⁻³²tʃeŋ²¹
喫亏	蚀底	ʃit²²tʌi³³⁴	赊底	tʃit³⁴⁻²¹tɐi⁵²
受重用	受重用	ʃʌu²¹⁻²²tʃoŋ²³ioŋ²¹	受重用	tʃɐu²⁴²tʃoŋ²⁴²⁻²¹iuŋ²¹
受冷遇	受冷遇	ʃʌu²³laŋ²²³ȵy²¹	唔受重用	n̩⁴⁴tʃɐu²⁴²tʃoŋ²⁴²⁻²¹iuŋ²²
挨打	着打	tʃiɛk²²ta³³⁴	着□	tiᵉk²¹kut⁵⁵
挨说	着噷	tʃiɛk²²ŋʌp⁵⁵	着噷	tiɛk²¹ŋɐp⁵⁵
挨骂	着闹、着喊	tʃiɛk²²nau²¹, tʃiɛk²²ham⁵²	着□	tiᵉk²¹hɐm³²
受骗	着呃	tʃiɛk²²ŋak⁵⁵	着呃	tiᵉk²¹ŋɐk⁵⁵
强迫	啱⁼钳⁼	am⁵²kiɛm³³⁴	□	am⁴⁴
教	教	kau⁵²	教	kau³²
学	学	hok²²	学	œk²¹
说	讲	kɔŋ³³⁴	讲	kœŋ⁵²
唱	唱	tʃʰiɛŋ⁵²	唱	tʃʰuŋ³²
大声说	大孖声	tai²¹⁻²²ma⁵⁵ʃeŋ⁵⁵⁴	大力(呢)讲	tai²¹lɐk³⁴(nit⁵⁵)kœŋ⁵²
喊	吆	iu⁵⁵	吆	ɛu⁴⁴
小声说话	细声讲 讲声儿	ɬʌi⁵²⁻³³ʃeŋ⁵⁵kɔŋ³³⁴ kɔŋ³³⁴ʃeŋ⁵⁵⁴⁻³²ȵi⁵⁵⁴	奀声讲	ni³²ʃi⁴⁴kœŋ⁵²

续上表

义项	封川话词条	封川话标音	开建话词条	开建话标音
吭声	出声	tʃʰʌt⁵³⁻³³ʃeŋ⁵⁵⁴	出声	tʃʰet⁵⁵⁻³²ʃiᵊŋ⁴⁴
谈话	讲话	kɔŋ³³⁴⁻³²ua²¹	讲话	kœn⁵²⁻³²ua²¹
闲聊	倾计	kʰeŋ⁵⁵kʌi²¹	倾计	kʰiᵊŋ⁴⁴⁻³²kɛ²¹
问	问	muʌn²¹	问	min²¹
告诉	话	ua²¹	话	ua²¹
留言	留话	lʌu²⁴³⁻²²ua²¹	留话	lɐu²⁴⁻²¹ua²¹
听说	听闻讲	tʰeŋ⁵⁵⁴⁻³²muʌn²⁴³kɔŋ³³⁴	听闻讲	tʰiŋ³²mɐn²⁴⁻²¹kœŋ⁵²
学舌	跟人口水□	kʌn⁵⁵n̠iʌn²⁴³hʌu³³⁴⁻³²ʃui³³⁴⁻²²piɛ²²³	拾人口水尾	tʃep⁵⁵n̠iɐn²⁴hɐu⁵²⁻³²ʃœ⁵²mei²⁴²
诉说	投诉	tʌu²⁴³⁻²²tu⁵²⁻²¹	投诉	tɐu²⁴⁻²¹ʃu³²
哭穷	申穷	ʃʌn⁵⁵⁴⁻³²kɔŋ²⁴³	哭穷	tʰok⁵⁵⁻³²kɔŋ²⁴
发牢骚	发牛气	fat⁵³⁻³³ŋʌu²⁴³⁻²²hi⁵²⁻²¹	发牢骚	fat³²lɔ²⁴⁻²¹ʃɔ⁴⁴
插嘴	插嘴	tʃʰap⁵³⁻³³tui³³⁴	插嘴	tʃʰap³²tʃœ⁵²
搭话	搭嘴	tap⁵³tui³³⁴	搭/插嘴	tap³²/tʃʰap³²tʃœ⁵²
打招呼	呤过	lʌn⁵²⁻³²kuɔ⁵²	打招呼	ta⁵²tʃiu⁴⁴⁻³²fu⁴⁴
回答	应	eŋ⁵²	应	ɐŋ³²
骂	喊/闹	ham⁵²/nau²¹	□	hɐm³²
吵架	争交 嘈交	tʃaŋ⁵⁵⁴⁻³²kau⁵⁵⁴ ɬɐu²⁴³⁻²²kau⁵⁵⁴	斗争	tou³²tʃeŋ⁴⁴
打斗	斗打	tʌu⁵²⁻³³ta³³⁴	斗打	tou³²ta⁵²
顶嘴	顶嘴 顶喉 顶肺	teŋ³³⁴tui³³⁴ teŋ³³⁴hʌu²⁴³ teŋ³³⁴fi⁵²	顶嘴	tiᵊŋ⁵²⁻³²tʃœ⁵²
抬杠	赚得拗	tʃan²¹⁻²²tak⁵⁵au⁵²	顶颈	tiᵊŋ⁵²⁻³²kiᵊŋ⁵²
辩解	论理	lʌn²¹⁻²²li²²³	论理	lin²¹lei²⁴²
争辩	争诩 辩驳	tʃaŋ⁵⁵au⁵² pin²¹pɔk⁵³	争	tʃeŋ⁴⁴
抠字眼	撚字眼 撚字骨	nʌn³³⁴ɬi²¹⁻²²ŋan²²³ nʌn³⁴ɬi²¹⁻²²kuʌt⁵⁵	撚字眼	nɐn⁵²tʃei²¹ŋan⁵²
起哄	嘈崩天	ɬɐu²⁴³paŋ⁵⁵⁴⁻³³tʰin⁵⁵⁴	靴	hœ⁴⁴

续上表

义项	封川话词条	封川话标音	开建话词条	开建话标音
喧哗	嘈喧巴闭	ɬəu²⁴³⁻²²hy⁵⁵pa⁵⁵puʌi⁵²	嘈	tʃɔ²⁴
咋呼	叽叽呱呱 吟吟沉沉	ki⁵⁵ki⁵⁵kua⁵⁵⁴⁻³³kua⁵⁵⁴ ŋʌm²⁴³⁻²²ŋʌm²⁴³tʃʰʌm²⁴³⁻²² tʃʰʌm²⁴³⁻²¹	吱吱喳喳	tʃi⁴⁴⁻³²tʃi⁴⁴tʃa⁴⁴⁻³²tʃa⁴⁴
规劝	劝谏	hun⁵²⁻³²kan²¹	劝	hyn³²
命令	命令	meŋ²¹⁻²²leŋ²¹	命令	miŋ²¹liŋ²¹
嘱咐	吩咐	fuʌn⁵⁵⁴⁻³²fu²¹	吩咐	fen⁴⁴⁻³²fu²¹
呻吟	呻	ʃʌn⁵²	□□	ŋe⁵²ŋe⁵²
唠叨	多气 吟沉	tɔ⁵⁵⁴⁻³²hi⁵²⁻²¹ ŋʌm²⁴³⁻²²tʃʰʌm²⁴³⁻²¹	□□	ŋom²¹tʃom²¹
多嘴	口多 冇笠节	hʌu³⁴tɔ⁵⁵⁴ mʌu²³lʌp²²tit⁵⁵	嘴多	tʃœ⁵²tuɔ⁴⁴
费口舌	嘥气	ɬai⁵⁵hi⁵²	嘥口水	ʃai⁴⁴hɐu⁵²⁻³²ʃœ⁵²
白费口舌	赚得噙	tʃan²¹⁻²²tak⁵⁵ŋʌp⁵⁵	嘥口水	ʃai⁴⁴hɐu⁵²⁻³²ʃœ⁵²
自语	自□	ɬi²¹⁻²²ŋəm⁵²	自己同自己讲	tʃuɔ²¹ki⁵²toŋ²⁴tʃuɔ²¹ki⁵²kœn⁵²
私语	示尸嗳嗳 讲声儿	ʃi²¹⁻²²ʃi⁵⁵ʃiɛp²²ʃiɛp²² kɔŋ³³⁴ʃeŋ⁵⁵⁴⁻³³ni⁵⁵⁴	奀声讲	ni³²ʃiŋ⁴⁴kœn⁵²
说漂亮话	嘴甜 讲好说话	tui³³⁴tim²⁴³ kɔŋ³³⁴hʌu³³⁴ʃyt⁵³⁻³³ua²¹	嘴甜 讲好说话	tʃœ⁵²tɛm²⁴ kœn⁵²hɔ⁵²ʃyt⁵⁵⁻³²ua²¹
卖弄词语	牙擦 牙斩斩	ŋa²⁴³⁻²²tʃʰat⁵³ ŋa²⁴³⁻²²tʃam³³⁴tʃam³³⁴	牙擦 屄屎	ŋa²⁴⁻²¹tʃat³² tɐu⁵²⁻³²ʃi⁵²
嘴硬	嘴硬	tui³³⁴ŋaŋ²¹	嘴硬	tʃœ⁵²ŋɐŋ²¹
嘴巴要强	里掂颈 死要赢	lɔ³³⁴tim²¹⁻²²keŋ³³⁴ ɬi³³⁴iu⁵²⁻³³ieŋ²⁴³	嘴硬	tʃœ⁵²ŋɐŋ²¹
说话随便	求其讲	kʌu²⁴³⁻²²ki²⁴³⁻²²kɔŋ³³⁴	夏⁼围⁼讲	a²¹uɐi²⁴⁻²¹kœn⁵²
以言语逗弄	撩 丕⁼ 雯⁼	liɛu³³⁴ tʰʌm³³⁴ ɬʌp⁵⁵	撩	lɛu²⁴
说笑话	讲笑	kɔŋ³³⁴⁻³²ɬiu²¹	讲笑	kœn⁵²⁻³²ʃiu³²

续上表

义项	封川话词条	封川话标音	开建话词条	开建话标音
吹牛	好秤叻 周身刀 周身解=	hɐu³³⁴tʃʰeŋ⁵⁵liɛk⁵⁵ tʃʌu⁵⁵ʃʌn⁵⁵tɐu⁵⁵⁴ tʃʌu⁵⁵ʃʌn⁵⁵kai³³⁴	吹牛皮 吹牛盼	tʃʰœŋ⁴⁴ŋɐu²⁴⁻²¹pei²⁴ tʃʰœŋ⁴⁴ŋɐu²⁴⁻²¹hei⁴⁴
夸口	夸□ 讲大牙	kʰua⁵⁵⁴⁻³³hʌu³³⁴ kɔŋ³³⁴tai²¹⁻²²ŋa²⁴³	吹牛皮 吹牛盼	tʃʰœŋ⁴⁴ŋɐu²⁴⁻²¹pei²⁴ tʃʰœŋ⁴⁴ŋɐu²⁴⁻²¹hei⁴⁴
胡说	乱噏 乱吸 混账	lun²¹⁻²²ŋʌp⁵⁵ lun²²³kʌp²² uʌn²¹⁻²²tʃiɛŋ⁵²	乱噏 乱噏廿四	lyn²¹ŋɐp⁵⁵ lyn²¹ŋɐp⁵⁵n̩ia²¹ʃei³²
说谎	车大炮 讲大话	tʃʰɛ⁵⁵tai²¹⁻²²pʰau⁵² kɔŋ³³⁴tai²¹⁻²²ua²¹	车大炮	tʃʰiɛ⁴⁴tai²¹pʰau³²
说错话	讲错口	kɔŋ³³⁴tʰɔ⁵²⁻³³hʌu³³⁴	讲错话	kœŋ⁵²tʃʰu³²ua²¹
说粗话	讲粗口 讲烂臭	kɔŋ³³⁴tʰu⁵⁵hʌu³³⁴ kɔŋ³³⁴lan²¹⁻²²tʃʰʌu⁵²	讲烂口	kœŋ⁵²lan²¹hɐu⁵²
不说话	冇出声 冇讲话	mʌu²²³tʃʰuʌt⁵³⁻³³ʃeŋ⁵⁵⁴ mʌu²²³kɔŋ³³⁴⁻³²ua²¹	唔讲话	n̩i⁴⁴kœŋ⁵²⁻³²ua²¹
哑口无言	蛤口 孖大嘴得个窿	kʌp⁵³⁻³³hʌu³³⁴ mak⁵⁵tai²¹⁻²²tui³³⁴tak⁵⁵kɔ⁵²⁻³³loŋ⁵⁵⁴	孖开口得粒窿	ma⁴⁴hɔi⁴⁴hɐu⁵²tɛk⁵⁵nɐm⁴⁴⁻³²loŋ⁴⁴
支吾	拉拉过 喱喱过	lai²²³lai²²³kuɔ⁵² liɛ²²³liɛ²²³kuɔ⁵²	□□□□	ŋi²¹ŋi⁴⁴ŋɔ²¹ŋɔ²¹
打官腔	充音 充大头鬼	tʃʰoŋ⁵⁵iʌm⁵⁵⁴ tʃʰoŋ⁵⁵tai²¹⁻²²tʌu²⁴³⁻²²kuʌi³³⁴	讲官话	kœŋ⁵²kun⁴⁴⁻³²ua²¹
发誓	誓愿	tʃʌi²¹⁻²²n̩iun²¹	发誓	fat³²ʃi⁽ᵉ⁾³²
训斥	大声啰 大声靴	tai²¹⁻²²ʃeŋ⁵⁵lœ⁵⁵⁴ tai²¹⁻²²ʃeŋ⁵⁵hœ⁵⁵⁴	□	hɐm³²
挖苦	嘲讽 呛人	tʃau⁵⁵foŋ⁵² tʰiɛŋ⁵⁵n̩iʌn²⁴³	笑	ʃiu³²
评头品足	弹	tan²¹	弹	tan²¹
感叹	叹	tʰan⁵²	叹	tʰan³²
显摆	晒	ʃai³³⁴	晒	ʃai³²
争执	诪	au⁵²	诪	au³²

续上表

义项	封川话词条	封川话标音	开建话词条	开建话标音
喜欢	中意	tʃoŋ^{554}i^{52}	中意	tʃoŋ$^{44-32}$i^{32}
爱慕	心水	ɬʌm^{554}ʃui^{334}	心水	ʃɐm$^{44-32}$ʃœ^{52}
疼爱	执痛	tʃʌp$^{\underline{55-32}}$tʰoŋ$^{52-21}$	抵痛	tei$^{\underline{52-32}}$tʰuŋ^{32}
偏心	偏心	pʰin^{55}ɬʌm^{554}	偏心	pʰɛn$^{44-32}$ʃɐm^{44}
羡慕	羡慕 好恨	ɬin$^{21-22}$mu^{21} həu^{34}hʌn^{21}	羡慕 恨	ʃim^{21}mu^{21} hɐn^{21}
忌妒	眼热	ŋan^{223}n̠it$^{\underline{22}}$	妒忌，眼热	tu^{21}ki^{21}，ŋan^{242}n̠it$^{\underline{34}}$
反感	反感 好冇满	fan^{334}kəm^{334} həu^{334}mʌu^{34}mun^{223}	反感	fan$^{52-32}$kɔm^{52}
厌恶	好嬲	hʌu^{334}nʌu^{554}	讨厌	tɔ$^{52-32}$im^{32}
没感情	冇粒乃念	mʌu^{34}nʌk$^{\underline{55}}$nai^{223}nim^{21}	唔呢感情	n̠i^{44}nit$^{\underline{55}}$kɔm^{52}tʃiᵊŋ^{24}
服气	服气	fok$^{\underline{22}}$hi^{52}	服气	pok$^{\underline{34-21}}$hi^{32}
不服	冇耐得 冇忍得	mʌu^{34}nui$^{21-34}$tak$^{\underline{55}}$ mʌu^{34}n̠ʌn$^{223-34}$tak$^{\underline{55}}$	唔服气	n̠i^{44}pok$^{\underline{34-21}}$hi^{32}
相信	相信 信得过	ɬiɛŋ^{55}ɬʌn^{52} ɬʌn^{52}tak$^{\underline{55}}$kuɔ^{52}	信	ʃin^{32}
怀疑	思疑	ɬi$^{554-32}$n̠i^{243}	怀疑	uai$^{24-21}$n̠i^{24}
感谢	感谢	kəm^{34}ɬe^{21}	多谢，唔该	tu^{o44}tʃiᵊ^{21}，ŋ^{21}kɔi^{44}
抱怨	怨	iun^{52}	怨	yn^{32}
恨	憎	taŋ^{554}	嬲	nɐu^{44}
嫌	嫌	im^{243}	嫌	im^{24}
嫌弃	嫌意	im$^{243-22}$i$^{52-21}$	嫌，嫌意	im^{24}，im$^{24-21}$i^{32}
小看	睇低	tʰʌi^{334}tʌi^{554}	看小	hɐn^{32}ʃɐu^{52}
避讳	避忌	pi$^{21-22}$ki^{21}	避忌	pei^{21}ki^{21}
高兴	开心	hui^{55}ɬʌm^{554}	开心	hɔi$^{44-32}$ʃɐm^{44}
心爽	心乐 过瘾	ɬʌm^{55}lɔk$^{\underline{22}}$ kuɔ^{52}iʌn^{223}	心乐	ʃɐm^{44}lœk$^{\underline{21}}$
得意	得意 上相	tak$^{\underline{55}}$i^{52} tʃiɛŋ$^{223-22}$ɬiɛŋ^{52}	得戚	tɐk$^{\underline{55-32}}$tʰiᵊk$^{\underline{55}}$
安心	安心	on^{55}ɬʌm^{554}	安心	ɔn$^{44-32}$ʃɐm^{44}
放心	放心	fɔŋ$^{52-33}$ɬʌm^{554}	放心	fuŋ^{32}ʃɐm^{44}

续上表

义项	封川话词条	封川话标音	开建话词条	开建话标音
不安	心多 龙神不安	ɬʌm⁵⁵tɔ⁵⁵⁴ loŋ²⁴³⁻²²tʃʌn²⁴³pʌt⁵³⁻³³on⁵⁵⁴	唔安心 心唔乐	ɲi⁴⁴ɔn⁴⁴⁻³²ʃɐm⁴⁴ ʃɐm⁴⁴ɲi⁴⁴lœk²¹
悲伤	伤心	ʃiɛŋ⁵⁵ɬʌm⁵⁵⁴	伤心	ʃyŋ⁴⁴⁻³²ʃɐm⁴⁴
发愁	翳气	ʌi⁵²⁻³²hi⁵²	翳	ei³²
沮丧	丧晒气	ɬɔŋ⁵²⁻³³ɬai⁵²⁻³³hi⁵²⁻²¹		
烦躁	焦躁	tiu⁵⁵tʰɐu⁵²	躁	tʃʰɔ³²
没情绪	冇心机	mʌu³⁴ʃʌm⁵⁵⁴⁻³³ki⁵⁵⁴	唔心情	ɲi⁴⁴ʃɐm⁴⁴⁻³²tʃiᵊŋ²⁴
不耐烦	冇耐烦	mʌu³⁴nui²¹⁻²²fan²⁴³	烦	pam²⁴
无聊	无聊 冇粒瘾 唔三唔四	mu²⁴³⁻²²liu²⁴³ mʌu³⁴nʌp⁵⁵iʌn²²³ m̩²¹⁻²²ɬam⁵⁵m̩²¹⁻²²ɬi⁵²	无聊	mu²⁴⁻²¹lɛu²⁴
生气	发嬲 发□	fat⁵³⁻³³nʌu⁵⁵⁴ fat⁵³⁻³³niap²²	发嬲 发□	fat³²nɐu⁴⁴ fat³²niap³²
怄气	发牛气 吟沉	fat⁵³ŋʌu²⁴³⁻²²hi⁵²⁻²¹ ŋəm²⁴³⁻²²tʃʰʌm²⁴³⁻²¹	怄气	ou³²hi³²
赌气	斗气	tʌu⁵²⁻³³hi⁵²	斗气	tou³²hi³²
憋屈	鞠起泡气 冇气出	kok⁵⁵hi³³⁴pʰʌu⁵⁵⁴⁻³²hi⁵²⁻²¹ mʌu³⁴hi⁵²tʃʰʌt⁵⁵	鞠气，翳	kok⁵⁵⁻³²hi³², ei³²
耿耿 于怀	冇服气	mʌu³⁴fok²²hi⁵²	心□□	ʃɐm⁴⁴lek⁵⁵kʰek⁵⁵
着急	着准	tʃʰiɛk²²tʃʌn³³⁴	着紧	tiɛk²¹tʃɐn⁵²
担心	担心	tam⁵⁵ɬʌm⁵⁵⁴	担心	tam⁴⁴⁻³²ʃɐm⁴⁴
操心	操心 劳心	tʰəu⁵⁵ɬʌm⁵⁵⁴ ləu²⁴³⁻²²ɬʌm⁵⁵⁴	操心	tʃʰɔ⁴⁴⁻³²ʃɐm⁴⁴
热心	好心 轻情	hɐu³⁴ɬʌm⁵⁵⁴ heŋ⁵⁵⁴⁻³²ɬeŋ²⁴³	好心	hɔ⁵²ʃɐm⁴⁴
没兴趣	冇兴趣	mʌu³³⁴heŋ⁵²⁻³³tʰy⁵²	唔兴趣	ɲi⁴⁴hiŋ³²tʃʰui³²
上瘾	上瘾	tʃiɛŋ²²³iʌn²²³	上瘾	tʃyŋ²⁴²⁻²¹iɛn²⁴²
灰心	灰心 反气	fui⁵⁵ɬʌm⁵⁵⁴ fan³³⁴hi⁵²	灰心	fui⁴⁴⁻³²ʃɐm⁴⁴
记着	记住 记准	ki⁵²tʃy²¹ ki⁵²⁻³³tʃʌn³³⁴	记得	ki³²tɐk⁵⁵

续上表

义项	封川话词条	封川话标音	开建话词条	开建话标音
在乎	指拟	tʃi³³⁴⁻⁵⁵ȵi²²³	着紧	tiᵉk²¹tʃen⁵²
不当回事	冇准要 冇所谓 冇着紧	mʌu³⁴tʃʌn³⁴ȵiu⁵² mʌu³⁴ʃɔ³⁴uʌi²¹ mʌu³⁴tʃiɛk²²tʃʌn³³⁴	唔当回事 唔所谓	ȵi⁴⁴tœŋ⁴⁴⁻³²ui²¹tʃi²¹ ȵi⁴⁴ʃuᵒ⁵²uei²¹
愿意	愿	ȵiun²¹	愿	ȵyn²¹
允许	应承	ieŋ⁵²⁻³²tʃeŋ²⁴³	准	tʃen⁵²
不允许	冇应	mʌu³⁴ieŋ⁵⁵⁴	唔准	ȵi⁴⁴tʃen⁵²
盼望	激望	kek⁵⁵mɔŋ²¹	望，颈望长	mœŋ²¹, kiᵊŋ⁵²mœŋ²¹tyŋ²⁴
巴不得	觅冇见 立急需	muʌi⁵²mʌu³⁴kin⁵² lʌp²²kʌp²²ɫy⁵⁵⁴	恨唔得	hen²¹n̩²¹tɐk⁵⁵
想要	想要	ɫieŋ³³⁴ȵiu⁵²	想要	ʃyŋ⁵²iu³²
打算	打算	ta³³⁴ɫun⁵²	打算	ta⁵²⁻³²ʃyn³²
故意	独登	tok²²taŋ⁵⁵⁴	故意	ku³²i³²
失望	心淡 心凉 冇心	ɫʌm⁵⁵tam²²³ ɫʌm⁵⁵lieŋ²⁴³ mʌu³³⁴ɫʌm⁵⁵⁴	心淡	ʃɐm⁴⁴tam²⁴²
绝望	心死 冇计谂	ɫʌm⁵⁵ɫi³³⁴ mʌu³⁴kʌi²¹⁻²²nʌm³³⁴	心死	ʃɐm⁴⁴ʃei⁵²
合心意	啱心水	ŋam⁵⁵ɫʌm⁵⁵⁴⁻³³ʃui³³⁴	啱心水	ŋam⁴⁴ʃɐm⁴⁴⁻³²ʃœ⁵²
舍得	舍得	ʃɛ³³⁴tak⁵⁵	舍得	ʃiᵋ⁵²tɐk⁵⁵
舍不得	冇舍得	mʌu³⁴ʃɛ³³⁴tak⁵⁵	唔舍得	ȵi⁴⁴ʃiᵋ⁵²tɐk⁵⁵
思考	谂	nʌm³³⁴	谂	nom³²
想主意	出符法 谂计	tʃʰʌt⁵⁵fu²⁴³⁻²²fuʌt²² nʌm³³⁴kʌi⁵²	谂计	nom³²kɛ²¹
起念头	出符法	tʃʰʌt⁵⁵fu²⁴³⁻²²fat⁵³⁻³²	有谂法	ia²⁴²nom³²fat³²
挂念	谂住 挂怀	nʌm³³⁴tʃy²¹ kua⁵²uai²⁴³	谂倒	nom³²tɔ⁵²
回忆	谂返	nʌm³³⁴fan⁵⁵⁴	谂返	nom³²fan⁴⁴
猜想	估	ku³³⁴	估	ku⁵²
估量	估计	ku³³⁴kʌi⁵²	估	ku⁵²

续上表

义项	封川话词条	封川话标音	开建话词条	开建话标音
料定	估到	ku³³⁴təu³³⁴	估倒	ku⁵²tɔ⁵²
没想到	谂冇到	nʌm³³⁴mʌu³⁴təu³³⁴	唔有谂到 谂唔到	n̩²¹n̩ia²⁴²nom³²tɔ³² nom³²n̩i⁴⁴tɔ³²
误会	误会 误解	ŋ̍²¹⁻²²ui²¹ ŋ̍²¹⁻²²kai³³⁴	误会	ŋ̍²¹ui²¹
害怕	惊 惶（狂）	keŋ⁵⁵ uɔŋ²⁴³	惊	kiᵊŋ⁴⁴
受惊	嚇着	hak⁵⁵tʃiɛk²²	嚇着	hɛk³²tiᵉk²¹
镇定	淡定 定当	tam²¹⁻²²teŋ²¹ teŋ²¹⁻²²tɔŋ⁵²	定	tiŋ²¹
自信	自信	ɬi²¹⁻²²ɬʌn⁵²	自信	tʃu²²¹ʃin³²
专心	专心 正经	tʃun⁵⁵ɬʌm⁵⁵⁴ tʃeŋ⁵²⁻³³keŋ⁵⁵⁴	专心	tʃyn⁴⁴⁻³²ʃɐm⁴⁴
不专心	心散	ɬʌm⁵⁵ɬan³³⁴	唔专心	n̩i⁴⁴tʃyn⁴⁴⁻³²ʃɐm⁴⁴
提起精神	打起精神 顶起神气	ta³³⁴hi³³⁴⁻⁴⁴teŋ⁵⁵ʃʌn²⁴³ teŋ³³⁴hi³³⁴⁻⁴⁴ʃʌn²⁴³⁻²²hi⁵²	打起精神	ta⁵²hi⁵²tʃiᵊŋ⁴⁴⁻³²tʃen²⁴
当心	小心 好声啲	ɬiu³³⁴⁻³³ɬʌm⁵⁵⁴ hʌu³³⁴⁻³³ʃeŋ⁵⁵ti⁵⁵⁴	好生 小心	hɔ⁵²⁻³²ʃɐŋ⁴⁴ ʃɐu⁵²⁻³²ʃɐm⁴⁴
耐心	耐心 耐性	nui²¹⁻²²ɬʌm⁵⁵⁴ nui²¹⁻²²teŋ⁵²	耐性	nɔi²¹ʃiŋ³²
有恒心	有耐性	iʌu²³nui²¹⁻³³⁴teŋ⁵²	有恒心	ia²⁴²eŋ²⁴⁻²¹ʃɐm⁴⁴
犹疑	思疑	ɬi⁵⁵⁴⁻³²n̩i²⁴³		
懊悔	不知几恨	puʌt⁵⁵tʃi⁵⁵ki³³⁴⁻⁴⁴hʌn²¹	后悔	ɐu²⁴²⁻²¹fui⁵²
内疚	过意冇去	kuɔ⁵²⁻³³i⁵²⁻³²mʌu²²³hy⁵²	过意唔去	ku³³²i³²n̩⁴⁴hœy³²
留神	留意	lɐu²⁴³⁻²²i⁵²	好生	hɔ⁵²⁻³²ʃɐŋ⁴⁴
没在意	冇介意	mʌu³⁴kai⁵²⁻³³i⁵²	唔觉意	n̩i⁴⁴kœk³²⁻²i³²
看重	睇重 睇起	tʰʌi³⁴tʃɔŋ²²³ tʰʌi³⁴hi³³⁴	看重	hɐn³²tʃɔŋ²⁴²
不在乎	冇紧要	mʌu³⁴tʃʌn³³⁴iu⁵²	唔要紧	n̩i⁴⁴iu³²tʃen⁵²
难堪	难过/受㤚	nan²⁴³⁻²²kuɔ⁵²/ʃʌu⁵²¹mɔn³³⁴	失礼	ʃɐt⁵⁵⁻³²lɐi²⁴²
害羞	怕丑	pʰa⁵⁵⁻³³tʃʰʌu³³⁴	怕丑	pʰa³²tʃʰau⁵²

续上表

义项	封川话词条	封川话标音	开建话词条	开建话标音
忍	忍	ɲiʌn²²³	忍	ɲien²⁴²
忍不住	忍冇住	ɲiʌn²²³mʌu³⁴tʃy²¹	忍唔倒	ɲien²⁴²ɲi⁴⁴tɔ⁵²
主张	主意 打算	tʃy³³⁴⁻³²i⁵²⁻²¹ ta³³⁴ɬun⁵²	主见 打算	tʃy⁵²⁻³²kin³² ta⁵²⁻³²ʃyn³²
下决心	落定决心 立定决心	lɔk²²teŋ²¹⁻²²kʰut⁵⁵ɬʌm⁵⁵⁴ lʌp²²teŋ²¹⁻²²kʰut⁵⁵ɬʌm⁵⁵⁴	落定决心	lœk²¹tiŋ²¹kyt⁵⁵⁻³²ʃem⁴⁴
耍心眼	弄鬼鼠	nɔŋ²¹⁻²²kuʌi³³⁴ʃy³³⁴	出古惑	tʃʰet⁵⁵ku⁵²⁻³²uɛk²¹
打小算盘	打小九归	ta³³⁴⁻³⁴ɬiu³³⁴⁻⁴⁴ tʃʌu³³⁴⁻³³kuʌi⁵⁵⁴	打算盘	ta⁵²ʃyn³²pɔn²⁴
自以为是	假庆师 假灵丁	ka³⁴heŋ⁵²⁻³³ʃi⁵⁵⁴ ka³⁴leŋ²⁴³⁻²²teŋ⁵⁵	自以为是 多钉⁼	tʃuɔ²¹i²⁴²uɐi²¹tʃi²⁴² tu³⁴⁴⁻³²teŋ⁴⁴
习惯	习惯	ɬʌp²²kuan⁵²	习惯	tʃep³⁴⁻²¹kuan³²
知道	晓到	hiu³³⁴təu⁵²	知	tei⁴⁴
不知道	冇知 冇晓 乌当当 乌唶⁼唶⁼	mʌu³⁴tʃi⁵⁵⁴ mʌu³⁴hiu³³⁴ u⁵⁵tɔŋ⁵⁵⁴⁻³³tɔŋ⁵⁵⁴ u⁵⁵ɬœ²²ɬœ²⁴³	唔知	ɲi⁴⁴tei⁴⁴
懂	懂	tɔŋ³³⁴	知	tei⁴⁴
不懂	懵撑 傻	mɔŋ³⁴tʃʰaŋ⁵²⁻²¹ ʃɔ²¹	唔知 唔熟	ɲi⁴⁴tei⁴⁴ ɲ̩⁴⁴tʃok³⁴
认识	识得	ʃek⁵⁵tak⁵⁵	识	ʃek⁵⁵
明白	明白	meŋ²⁴³⁻²²pak²²	明	miᵊŋ²⁴
糊涂	戅居 懵	ŋɔ⁵²⁻²²ky⁵⁵⁴ mɔŋ³³⁴	唔明 □	ɲi⁴⁴miᵊŋ²⁴ ŋɔn²⁴²
醒悟	醒	ɬeŋ³³⁴	醒	ʃiᵊŋ⁵²
不开窍	蠢 盲塞	tʃʰʌn³³⁴ maŋ²⁴³⁻²²ɬak⁵⁵	蠢 盲塞	tʃʰɐn⁵² mɐŋ²⁴⁻²¹ʃek⁵⁵
看透	睇穿	tʰʌi³³⁴tʃʰun⁵⁵⁴	看清	hɐn³²tʃʰiŋ⁴⁴
走神	冇心神	mʌu³⁴ɬʌm³²ʃʌn²⁴³	失神/魂	ʃet⁵⁵tʃɐn²⁴/uɐn²⁴
忘记	忘记	mɔŋ²¹⁻²²ki⁵²⁻²¹	唔记得	ɲi⁴⁴ki³²tek⁵⁵
记得	记得	ki⁵²⁻³³tak⁵⁵	记得	ki³²tek⁵⁵

续上表

义项	封川话词条	封川话标音	开建话词条	开建话标音
想起	谂起	nʌm³³⁴hi³³⁴	谂起	nom³²hi⁵²
无可奈何	冇粒计 冇金计 冇办法	mʌu³⁴nʌp⁵⁵kʌi²¹ mʌu³⁴liɛm³³⁴kʌi²¹ mʌu³⁴pan²¹⁻²²fat⁵³	唔苦奈何 唔计出 唔办法	m̩²¹fu⁵²nɔi²¹ɔ²⁴ ȵi⁴⁴kɛ²¹tʃʰet⁵⁵ ȵi⁴⁴pan²¹fat³²
难为情	难做 难为	nan²⁴³⁻²²tu⁵² nan²⁴³⁻²²uʌi²⁴³	难做	nan²⁴⁻²¹tʃu³²
郁闷	翳	ʌi⁵²	翳	ei³²
笑	笑	ɬiu⁵²	笑	ʃiu³²
哭	啼哭 泣 干哭	ti²⁴³⁻²²hok⁵⁵ lʌp⁵⁵ kun⁵⁵hok⁵⁵	喊哭 哭	lei²¹tʰok⁵⁵ tʰok⁵⁵
温和	好相与	həu³⁴ɬiɛŋ⁵⁵⁴⁻³²y²²³	好相与	hɔ⁵²ʃyŋ³²y²⁴²
凶貌	好狼 好猛轰	həu³⁴lɔŋ²⁴³ həu³⁴maŋ³³⁴⁻³³kʰaŋ⁵⁵⁴	狼 恶	lœŋ²⁴ œk³²
怒貌	谷=起泡气	kok⁵⁵hi³³⁴⁻³³pʰau⁵⁵⁴⁻³²hi⁵²⁻²¹	嬲爆爆，谷=起项	nɐu⁴⁴pau³²pau³²，kok⁵⁵hi⁵²œŋ²⁴²
愠貌	恼人	nəu²²³ȵiʌn²⁴³	恼	nɔ²⁴²
愁貌	苦瓜面 面嘲 面乌	fu³³⁴⁻³²kua⁵⁵⁴⁻²²min²¹ min²¹⁻²²tʃau²⁴³ min²¹⁻²²u⁵⁵⁴	苦瓜面	fu⁵²⁻³²kua⁴⁴⁻³²min²¹
呆貌	面呆 呆呆丧丧	min²¹⁻²²ŋui²⁴³ ŋui²⁴³ŋui²⁴³⁻³⁴ɬɔŋ⁵²⁻³²ɬɔŋ⁵²⁻²¹	岳=壳=	ŋœk²¹hœk³²
无表情	冇宽容	mʌu²²³fun⁵⁵⁴⁻³²ioŋ²⁴³	面瘫	min²¹tʰan⁴⁴
无精打采	冇粒神气	mʌu³⁴nʌp⁵⁵ʃʌn²¹⁻²²hi⁵²	头耷眼湿	tɐu²⁴tɐp⁵⁵ŋan²⁴²ʃɐp⁵⁵
绷脸	搲执片面 面慉	maŋ⁵⁵tʃʌp⁵⁵pʰin⁵²⁻³²min²¹ min²¹⁻²²moŋ³³⁴	搲起面 搲起半肦	mɛŋ⁴⁴hi⁵²min²¹ mɛŋ⁴⁴hi⁵²ŋɐu²⁴⁻²¹hɐi⁴⁴
发愣	失神 仰掀	ʃʌt⁵⁵⁻³²ʃʌn²⁴³ ȵiɛŋ²²³hin⁵⁵⁴	发牛窦 □□	fat³²ŋɐu²⁴⁻²¹tɐu²¹ tʃɐŋ²⁴²ȵiɛn⁵²
叹息	叹气	tʰan⁵²hi⁵²	叹气	tʰan³²hi³²
失意	失意	ʃʌt⁵⁵⁻³²i⁵²⁻²¹	失意	ʃet⁵⁵⁻³²i³²

十一、外形状态

义项	封川话词条	封川话标音	开建话词条	开建话标音
大	大	tai²¹	大	tai²¹
小	细 奀	łʌi³² ŋʌn⁵⁵	奀	ni³²
小巧	菂式	tik⁵⁵⁻³³łek⁵⁵	菂式	tek⁵⁵⁻³²ʃek⁵⁵
长	长	tʃiɛŋ²⁴³	长	tyŋ²⁴
细长	拉长	lai²²³tʃiɛŋ²⁴³	□□	lœ²⁴⁻²¹hœ³²
短	短 瘪斥短	tun³³⁴ miet⁵⁵tʃʰiet⁵⁵tun³³⁴	短	tyn⁵²
粗	粗 杏饱	tʃʰu⁵⁵⁴ haŋ²¹⁻²²pau³³⁴	粗	tʃʰu⁴⁴
细	幼 奀粒	iʌu⁵² nʌi⁵²⁻³³nʌp⁵⁵	幼 奀粒	iou³² ni³²nɐm⁴⁴
厚	厚	hʌu²²³	厚	ɐu²⁴²
薄	薄	pɔk²²	薄	pœk²¹
宽	阔	fut⁵⁵	阔	fut⁵⁵
窄	窄	tʃak⁵⁵	窄	tʃɛk³²
狭小	劫劫窄	kiɛp²²kiɛp²²tʃak⁵⁵	□窄	pʰet⁵⁵tʃɛk³²
高	高	kəu⁵⁵⁴	高	kɔ⁴⁴
高大	高大	kəu⁵⁵⁴⁻³²tai²¹	高大	kɔ⁴⁴⁻³²tai²¹
低	低	tʌi⁵⁵⁴	矮，低	ai⁵², tɐi⁴⁴
矮	矮	ai³³⁴	矮	ai⁵²
矮小	瘪斥矮	miet⁵⁵tʃʰiet⁵⁵ai³³⁴	□矮	kʰet⁵⁵ai⁵²
尖	尖	tim⁵⁵⁴	尖	tʃɐm⁴⁴
不尖	倔	kuʌt²²	倔	kuɐt³⁴
锋利	利	li²¹	利	lei²¹
不锋利	钝/乇	tʌn²⁴³/muʌt⁵⁵	钝	tɐn²⁴²
平整	平	peŋ²⁴³	平	piɛŋ²⁴⁻²⁴²
不平整	生级/疤	ʃaŋ⁵⁵⁴⁻³³kʰʌp⁵⁵/kʰek⁵⁵	□□	lɐk⁵⁵⁻³²kʰɐk⁵⁵
光滑	溜光	ly⁵⁵⁴⁻³³kuɔŋ⁵⁵⁴	溜光	lau⁵²kuᵒŋ⁴⁴

续上表

义项	封川话词条	封川话标音	开建话词条	开建话标音
不光滑	拆豕⁼ 擦擦粗	tʃʰak⁵⁵tʃʰi⁵² tʃʰat⁵³⁻³²tʃʰat⁵³⁻²²tʰu⁵⁵⁴	□□ □粗	lɐk⁵⁵⁻³²n̠iɐk⁵⁵ n̠iap³²tʃʰu⁴⁴
齐平	坦平	tʰan³³⁴pen²⁴³	坦平	tʰan⁵²piᵊŋ²⁴²
不齐平	缉笪	tʃʰʌp⁵⁵⁻³²tʃʰɛ²¹	啫⁼侧，缉笪	tʃɛ⁴⁴tʃɐk⁵⁵, tʃʰɐp⁵⁵tʃʰiᵊ³²
凹	瘪	miet⁵⁵	□	ŋam⁵²
凸	凸	tʌt²²	凸	tɐt³⁴
皱	皱	n̠iʌu⁵²	皱	n̠iou³²
垂直	一线落	iʌt⁵⁵⁻³²ɬin⁵²lɔk⁵²	笔直，□锐	pɐt⁵⁵tʃɐk³⁴, iɐp⁵⁵iœ³²
竖	竖	tʃy²²³	竖/栋	tʃy²⁴²/tuŋ²¹
横	横	uaŋ²⁴³	横	uɐŋ²⁴
水平状	一线过	iʌt⁵⁵⁻³²ɬin⁵²kuɔ⁵²	坦平	tʰan⁵²piᵊŋ²⁴⁻²⁴²
不水平	歪倾	mai³³⁴⁻³³kʰeŋ³³⁴	啫⁼侧，□歪	tʃɛ⁴⁴tʃɐk⁵⁵, mœŋ⁴⁴mai⁵²
正	正	tʃeŋ⁵²	正	tʃiŋ³²
斜	笪	tʃʰɛ⁵²	笪	tʃʰiᵊ³²
陡	壁	pek⁵⁵	险	him⁵²
歪	歪	mɛ³³⁴, mai³³⁴	歪	mai⁵²
直	直	tʃek²²	直/锐	tʃɐk³⁴/iœ³²
弯	弯/挛	uan⁵⁵⁴/lun⁵⁵⁴	弯/曲	uan⁴⁴/kʰok⁵⁵
扭曲	屈曲 返翻转	uʌt⁵⁵kʰok⁵⁵ fan³³⁴fan⁵⁵tʃun⁵²	扭曲	nau⁵²⁻³²kʰok⁵⁵
拱起	拱起	koŋ³³⁴hi³³⁴	拱起	koŋ²⁴²hi⁵²
翘起	撅起 矫起	kʌt⁵⁵hi³³⁴ kiɛ²³hi³³⁴	跂起 翘起	kɐt³⁴hi⁵² kʰiu³²hi⁵²
圆	圆	iun²⁴³	圆	yn²⁴
方	方正	fɔŋ⁵⁵tʃeŋ⁵²	方正	fuŋ⁴⁴⁻³²tʃiŋ³²
扁	扁	pen³³⁴	扁	pɛn⁵²
形状不规则	伶仃古怪	leŋ²⁴³⁻²²teŋ⁵⁵ku³³⁴⁻³³kuai²¹	伶仃 奇形怪状	liᵊŋ⁴⁴tiᵊŋ²⁴ ki²⁴⁻²¹iᵊŋ²⁴kuai³²tʃœŋ²¹
亮	光	kuɔŋ⁵⁵⁴	光	kuᵒŋ⁴⁴
耀眼	锃眼	tʃaŋ²¹⁻²²ŋan²²³	映眼	œŋ⁵²⁻³²ŋan²⁴²

续上表

义项	封川话词条	封川话标音	开建话词条	开建话标音
锃亮	锃光 爬⁼光	tʃaŋ²¹⁻²³kuoŋ⁵⁵⁴ pa³⁴kuoŋ⁵⁵⁴	立靓	lɐp⁵⁵liŋ³²
无光泽	淤暗	y³³⁴əm⁵²	□暗	ɛ⁴⁴om³²
蒙蒙亮	蒙蒙光	moŋ⁵⁵moŋ⁵⁵kuoŋ⁵⁵	暗撒光	om³²ʃa⁵²⁻³²kuŋ⁴⁴
暗	暗	əm⁵²	暗	om³²
透明	透明	tʰʌu⁵²⁻³²meŋ²⁴³	透光/明	tʰou³²kuʰŋ⁴⁴/miᵊŋ²⁴
清晰	清晰	tʰeŋ⁵⁵ɫek⁵⁵	清楚	tʃʰiᵊŋ⁴⁴⁻³²tʃʰu⁰⁵²
模糊	雾图	mu²¹⁻²²tu²⁴³	□朦	mɛ²⁴moŋ²⁴
白	白	pak²²	白	pɐk²¹
黑	黑	hak⁵⁵	黑	hɐk⁵⁵
灰	灰	fui⁵⁵⁴	灰	fui⁴⁴
红	红	hoŋ²⁴³	红	oŋ²⁴
黄	黄	uoŋ²⁴³	黄	uŋ²⁴
蓝	蓝	lam²⁴³	蓝	lam²⁴
绿	绿	lok²²	绿	lok³⁴
青	青	tʰeŋ⁵⁵⁴	青	tʃʰiŋ⁴⁴
紫	紫	ti³³⁴	矮瓜色	ai⁵²⁻³²kua⁴⁴⁻³²ʃɐk⁵⁵
橙色	橙色	tʃaŋ²⁴³⁻²²ʃek⁵⁵	橙色	tʃeŋ²⁴⁻²¹ʃɐk⁵⁵
褐色	黑褐	hak⁵⁵⁻³³ui³³⁴	咖啡色	ka⁴⁴⁻³²fɛ⁴⁴⁻³²ʃɐk⁵⁵
颜色深	深色	ʃʌm⁵⁵ʃek⁵⁵	深色	ʃɐm⁴⁴⁻³²ʃɐk⁵⁵
颜色浅	浅色	tʰin³³⁴ʃek⁵⁵	浅色	tʃʰiŋ⁵²⁻³²ʃɐk⁵⁵
色彩丰富	花喱碌泠	fa⁵⁵li⁵⁵lok⁵⁵laŋ⁵⁵	愣⁼花	lɐŋ⁵²fa⁴⁴
鲜艳	光靓	kuoŋ⁵⁵liɛŋ⁵²	笠靓	lɐp⁵⁵liŋ³²
夺目	锃眼	tʃaŋ²¹⁻²²ŋan²²³	映眼	œŋ⁵²⁻³²ŋan²⁴²
色彩单一	清一色	tʰeŋ⁵⁵iʌt⁵⁵⁻³³ʃek⁵⁵	清一色	tʃʰiᵊŋ⁴⁴⁻³²iɐt⁵⁵⁻³²ʃɐk⁵⁵
色彩灰暗	淤浊	y³³⁴ tʃɔk²²	暗乌	om³² u⁸⁴
甜	甜	tim²⁴³	甜	tɛm²⁴

续上表

义项	封川话词条	封川话标音	开建话词条	开建话标音
苦	苦	fu³³⁴	苦	fu⁵²
咸	咸	ham²⁴³	咸	am²⁴
酸	酸	ɬun⁵⁵⁴	酸	ʃyn⁴⁴
辣	辣	lat²¹	辣	lat²¹
涩	涩(劫)	kip⁵⁵	涩(劫)	kip⁵⁵
带麻味	麻辣	ma²⁴³⁻²²lat²²	辣□	lat²¹ȵiem⁵²
带膻味	臊 兀=	ɬou⁵⁵⁴ ŋʌt⁵⁵	臊 兀=	ʃɔ⁴⁴ ŋɐt⁵⁵
味鲜	新鲜	ɬʌn⁵⁵⁴⁻³³ɬin⁵⁵⁴	新鲜	ʃɐn⁴⁴⁻³²ʃɛn⁴⁴
味浓	浓	ȵioŋ²⁴³	浓	noŋ²⁴
味烈	呛	tʰɛŋ⁵²	呛	tʃʰyŋ³²
味淡	淡	tam²²³	淡	tam²⁴²
无味	冇味 走味	mʌu³⁴mi²¹ tʌu³³⁴mi²¹	唔味	ȵi⁴⁴mei²¹
香	香	hiɛŋ⁵⁵⁴	香	hyŋ⁴⁴
臭	臭	tʃʰʌu⁵²	臭	tʃʰou³²
带尿臊	臊	ɬou⁵⁵⁴	臊	ʃɔ⁴⁴
带汗臭	兀=	ŋat⁵³	兀=	ŋɐt⁵⁵
带焦味	火燶	fɔ³³⁴⁻³²lɔ²¹	燶气	noŋ⁴⁴hi³²
带异味	臭恶 臭斗=	tʃʰʌu⁵²⁻³³nəm³³⁴ tʃʰʌu⁵²⁻³³tʌu³³⁴	怪味 臭馊	kuai³²mei²¹ tʃʰou³²ʃɐu⁴⁴
油变味	臭油溢	tʃʰʌu⁵²⁻³²iʌu²⁴³⁻²²iek⁵⁵	□	ŋɛk³²
响	响	hiɛŋ³³⁴	响	hyŋ⁵²
静	静	ɬeŋ²²³	静	tʃiᵒŋ²⁴²
声音小	细声	ɬʌi⁵²⁻³³ʃeŋ⁵⁵⁴	奀力	ni³²lɐk³⁴
吵闹	嘈	ɬou²⁴³	嘈	tʃɔ²⁴
响亮	大声	tai²¹⁻²²ʃeŋ⁵⁵⁴	大力/声	tai²¹lɐk³⁴/ʃiᵒŋ⁴⁴
沙哑	声沙 沙声	ʃeŋ⁵⁵ʃa⁵⁵⁴ ʃa⁵⁵⁴⁻³³ʃeŋ⁵⁵	沙 声沙	ʃa⁴⁴ ʃiᵒŋ⁴⁴ʃa⁴⁴
干	干	kon⁵⁵⁴	干	kɔn⁴⁴

续上表

义项	封川话词条	封川话标音	开建话词条	开建话标音
干而难喫	仆⁼喉	pʰok⁵⁵⁻³²hʌu²⁴³	勃⁼喉	pɔt²¹ɐu²⁴
不润	犼	hɔŋ³³⁴	犼	hœŋ⁵²
湿	湿	ʃʌp⁵⁵	湿	ʃɐp⁵⁵
潮	潮	tʃiu²⁴³	潮	tʃiu²⁴
带黏性	柅 柅汩	ni⁵⁵⁴ ni⁵⁵nʌp²²	□	nɛt³²
滑溜	溜滑 软滑	lʌu⁵⁵uat²¹ nəm⁵⁵uat²¹	溜滑	liu⁴⁴uat²¹
硬	硬	ŋaŋ²¹	硬	ŋɐŋ²¹
软	软	ȵiun²²³	软	ȵyn²⁴²
柔软	柔软	ȵiʌu⁵⁵ȵiun²²³	□软	ȵiom³²ȵyn²⁴²
松软	松软	łoŋ⁵⁵ȵiun²²³	松软	ʃoŋ⁴⁴ȵyn²⁴²
软而烂	脓	nəm²⁴³	脓	nɐm²⁴
韧	韧	ȵiʌn⁵⁵⁴	韧/□	ȵin³²/ȵiœn⁵²
脆	脆	tʰui⁵²	脆	tʃʰœ³²
酥脆	酥脆	łu⁵⁵tʰui⁵²	酥脆	ʃu⁴⁴tʃʰœ³²
热	热	ȵit²²	热	ȵit³⁴
沸	滚	kuʌn³³⁴	滚	kuɐn⁵²
闷热	焗热	kok²²ȵit²²	焗热	kok³⁴ȵit³⁴
烫	渌	lok²²	渌	lok³⁴
暖	暖	nun²²³	暖	nyn²⁴²
冷	冷	laŋ²²³	冷	lɛŋ²⁴²
凉快	凉化	liɛŋ²¹⁻²²fa⁵²	凉	lyŋ²⁴
多	多	tɔ⁵⁵⁴	多	tu⁰⁴⁴
无数	冇禁计	mʌu³⁴kʰʌm⁵⁵kʌi⁵²	无数（涯），□□	mu²⁴⁻²¹ʃu³²（ŋai²⁴），ȵiɐk²¹ʃɐp⁵⁵
少	少	ʃiu³³⁴	少	ʃiu⁵²
一些	粒儿	nʌp⁵⁵ȵi⁵⁵⁴	(一)呢	(iɐt⁵⁵⁻³²)nit⁵⁵
极少	湿碎	łʌp⁵⁵łui⁵²	好少，呢把	hɔ⁵²ʃiu⁵², nit⁵⁵⁻³²pa⁵²

续上表

义项	封川话词条	封川话标音	开建话词条	开建话标音
重	重	tʃoŋ²²³	重	tʃoŋ²⁴²
轻	轻	heŋ⁵⁵⁴	轻	hi°ŋ⁴⁴
比重大	大头 大咳⁼ 大拱⁼ 大边	tai²¹⁻²²tʌu²⁴³ tai²¹⁻²²kʰʌt⁵⁵ tai²¹⁻²²koŋ³³⁴ tai²¹⁻²²pin²¹	大头 大边 大份	tai²¹tɐu²⁴ tai²¹pɛn⁴⁴ tai²¹fɛn²¹
比重小	细拱⁼ 细擞⁼ 细头	ɬi⁵²⁻³³koŋ³³⁴ ɬi⁵²⁻³³kʰek⁵⁵ ɬi⁵²tʌu²⁴³	奀边 少边 奀份	ni³²pɛn⁴⁴ ʃiu⁵²pɛn⁴⁴ ni³²fɛn²¹
密	密	muʌt²²	密	mɐt³⁴
疏	疏	ʃɔ⁵⁵⁴	疏	ʃu⁰⁴⁴
稠	实/杰	tʃʌt²²/kit²²	□	kɛu⁴⁴/nɛu⁴⁴
浓	浓	ɲioŋ²⁴³	浓	noŋ²⁴
稀	清/稀	tʰeŋ⁵⁵⁴/hi⁵⁵⁴	清	tʃʰiŋ⁴⁴
深	深	ʃʌm⁵⁵⁴	深	ʃɐm⁴⁴
浅	浅	tʰin³³⁴	浅	tʃʰɛn⁵²
远	远	iun²²³	远	yn²⁴²
近	近	tʃʌn²²³	近	tʃɐn²⁴²
贴近	贴近 拍埋	tʰip⁵⁵tʃʌn²²³ pʰak⁵³mai²⁴³	贴近 拍埋	tʰɛp³²tʃɛn²⁴² pʰɛk³²mai²⁴
空	空	hoŋ⁵⁵⁴	空	hoŋ⁴⁴
满	满,□	mun²²³, lʌn²²³	□	lɐn²⁴²
中空	哝	loŋ⁵²	窿通	loŋ⁴⁴⁻³²tʰoŋ⁴⁴
空旷	空旷	hoŋ⁵⁵kʰɔŋ⁵²	茫茫	mœŋ²⁴²mœŋ²⁴²
通	通	tʰoŋ⁵⁵⁴	通	tʰoŋ⁴⁴
不通	冇通	mʌu³⁴tʰoŋ⁵⁵⁴	唔通	ni⁴⁴tʰoŋ⁴⁴
漏	漏	lʌu²¹	漏	lou²¹
密闭	密封	muʌt²²foŋ⁵⁵⁴	密封	mɐt³⁴⁻²¹foŋ⁴⁴
饱满	杏饱	han²¹⁻²²pau³³⁴	恒⁼	ɐŋ²⁴
瘪	瘪/嘈⁼	miet⁵⁵/ɬɐu²⁴³	□	me³²

续上表

义项	封川话词条	封川话标音	开建话词条	开建话标音
並排	並列	peŋ²³lit²²	並排	pi³ŋ²⁴²pai²⁴
间隔	间隔	kan⁵²⁻³³kak⁵⁵	间隔	kan³²kɛk³²
紧密	密实 紧密	muʌt²²tʃʌt²² kʌn³³⁴muʌt²²	密实	mɐt³⁴⁻²¹tʃet³⁴
宽松	宽松	fun⁵⁵ɬoŋ⁵⁵⁴	宽松	fun⁴⁴⁻³²ʃoŋ⁴⁴
拥挤	拥实	ȵioŋ²²³tʃʌt²²	拥	ȵioŋ²⁴²
宽敞	阔落	fut⁵⁵⁻³²lɔk²²	阔	fut⁵⁵
俊美	靓 标青 一表人才	lɛŋ⁵² piu⁵⁵tʰeŋ⁵⁵⁴ iʌt⁵⁵piu³³⁴ȵiʌn²⁴⁻²²ɬui²⁴³	靓 一表人才	liŋ³² iet⁵⁵⁻³²pɛu⁵²ȵien²⁴⁻²¹tʃi²⁴
貌酾	丑怪 丑	tʃʰʌu³³⁴kuai³² tʃʰʌu³³⁴	丑样	tʃʰau⁵²iuŋ²¹
外貌整洁	识妆整 企理	ʃek⁵⁵tʃoŋ⁵⁵⁴⁻³³tʃeŋ³³⁴ ki²³li²²³	菂式 虔诚	tek⁵⁵⁻³²ʃek⁵⁵ kin²⁴⁻²¹tʰi³ŋ²⁴
外貌不整洁	陋勾⁼ 漏抔⁼ □□	lʌu²¹⁻²²ȵiʌu⁵⁵⁴ lʌu²¹⁻²²pʰʌu⁵⁵⁴ lœ²²ɬœ²¹	邋遢 污糟 □拐⁼	lat²¹⁻tʰat³² ɔ⁴⁴⁻³²tʃɔ⁴⁴ lai⁵²kuai⁵²
有精神	够精神 够神气	kʌu⁵²⁻³³teŋ⁵⁵⁴⁻³²ʃʌn²⁴³ kʌu⁵²ʃʌn²⁴³⁻²²hi⁵²	精神	tʃi³ŋ⁴⁴⁻³²tʃen²⁴
疲态	□□ 软劼	ly²⁴³⁻²²ʃy⁵⁵⁴ ȵiun²²³kui²¹	□鼠 □	ly²⁴²ʃy⁵² nœ³²
脸色好	红白 光润 光鲜	hoŋ²⁴³⁻²²pak²² kuɔŋ⁵⁵⁴⁻³²ȵiʌn²¹ kuɔŋ⁵⁵⁴⁻³³ɬin⁵⁵⁴	红白 晃红	oŋ²⁴pɛk²¹ fœŋ³²oŋ²⁴
脸色不好	难睇 青丝 粧⁼ 淤	nan²⁴³⁻²²tʰʌi³³⁴ tʰeŋ⁵⁵⁴⁻³¹ɬi⁵⁵⁴ hoŋ³³⁴ y³³⁴	□黑 □白 □黄	ou⁵²hɐk⁵⁵ nan⁴⁴pɛk²¹ ŋom²⁴uᵒŋ²⁴
斯文	斯文	ɬi⁵⁵⁴⁻³²muʌn²⁴³	斯文	ʃi⁴⁴⁻³²mɐn²⁴
高雅	高雅	kəu⁵⁵ŋa²²³	高雅，斯文	kɔ⁴⁴⁻³²ŋa²⁴²，ʃi⁴⁴⁻³²mɐn²⁴
洋气	洋气	iɛŋ²⁴³⁻²²hi⁵²	洋气	yŋ²⁴⁻²¹hi³²

续上表

义项	封川话词条	封川话标音	开建话词条	开建话标音
时髦	时髦	tʃi²⁴³⁻²²məu⁵⁵⁴	时髦	tʃi²⁴⁻²¹mɔ⁴⁴
有派头	有型 够唛头	iʌu²²³ieŋ²⁴³ kʌu⁵²⁻³³mak⁵⁵tʌu²⁴³	有型	ia²⁴²⁻²¹iᵊŋ²⁴
俗气	老土 嚣⁼ 俗品	ləu²³tʰu³³⁴ hiu⁵⁵ łok²²pʰuʌn³³⁴	(老)土	(lɔ²⁴²⁻²¹)tʰu⁵²
土气	老土	ləu²²³tʰu³³⁴	(老)土	(lɔ²⁴²⁻²¹)tʰu⁵²
寒酸	寒酸	hon²⁴³⁻²²łun⁵⁵⁴	寒酸	ɔn²⁴⁻²¹ʃyn⁴⁴
苦相	苦相	fu³³⁴łeŋ⁵²	苦相	fu⁵²⁻³²ʃyŋ³²
健壮	大只 大嚆⁼	tai²¹⁻²²tʃek⁵⁵ tai²¹⁻²²kʌu²¹	大只 大碌	tai²¹tʃiᵊk⁵⁵ tai²¹lok⁵⁵
瘦弱	瘦削	ʃʌu⁵²⁻³³łiɛk⁵⁵	瘦	ʃou³²
肥胖	肥𩩈	fi²⁴³⁻²²tʌn³³⁴	肥	pui²⁴
肥壮	肥大	fi²⁴³⁻²²tai²¹	大嚆	tai²¹kou²¹
肿大	胀起	tʃieŋ⁵²⁻³³hi³³⁴	□	pʰou³²
瘦	歼 单薄	ŋʌn⁵⁵⁴ tan⁵⁵⁴⁻³²pɔk²²	瘦	ʃou³²
矮胖	冬瓜碌	toŋ⁵⁵⁴⁻³²kua²¹⁻²²lok⁵⁵	二度短	ni²¹tu²¹tyn⁵²
瘦高	竹篙拐	tʃok⁵⁵⁻³³kəu⁵⁵⁻³³kuai³³⁴	竹篙□	tʃok⁵⁵⁻³²kɔ⁴⁴⁻⁴³pɛŋ²⁴²
瘦小	歼痴	ŋʌn⁵⁵tʃʰi⁵⁵⁴	歼粒	ni³²nɐm⁴⁴
臃肿	龙肿	loŋ²⁴³⁻³³tʃoŋ³³⁴	㟺	pʰou³²
苗条	苗条 骨子 的息	miu⁵²tiu²⁴³ kuʌt⁵⁵⁻³³ti³³⁴ tek⁵⁵⁻³³łek⁵⁵	了条	lɛu²⁴²tɛu²⁴²
健康	健康，好健	kin²¹hoŋ⁵⁵⁴, həu³³⁴kun²¹	健康	kin²¹hœŋ⁴⁴
健康活泼	精灵 精俏	teŋ⁵⁵⁴⁻³³leŋ⁵⁵⁴ teŋ⁵⁵tʰiu⁵²	生龙活虎 灵巧	ʃeŋ⁴⁴⁻³²loŋ²⁴ut³⁴⁻²¹fu⁵² liᵊŋ⁴⁴⁻³²kʰiu³²
体弱	歼孻	ŋʌn⁵⁵tʃʰi⁵⁵⁴	虚	hy⁴⁴
病态	巅鸡	ŋoŋ²²³kʌi⁵⁵⁴	病猫样	piŋ²¹mɐu⁴⁴(n̩)iuŋ²¹
痊愈	病愈	peŋ²¹⁻²²y²¹	好哈/翻	hɔ⁵²ha⁵²/fan⁴⁴
病轻了	好翻啲	həu³³⁴fan⁵⁵tit⁵⁵	病好呢	piŋ²¹hɔ⁵²nit⁵⁵

续上表

义项	封川话词条	封川话标音	开建话词条	开建话标音
脾气好	脾气好	pi²⁴³⁻²¹hi⁵²həu³³⁴	脾气好	pei²¹hi³²hɔ⁵²
脾气坏	猛轰	maŋ³³⁴⁻³³kʰaŋ⁵⁵⁴	脾气差，火爆	pei²¹hi³²tʃʰa⁴⁴, fu²⁵²⁻³²pau³²
随和	好冇论好相与	həu³⁴mʌu³⁴lʌn²¹ həu³⁴ɬieŋ⁵⁵⁴⁻³²y²²³	好相与	hɔ⁵²ʃyŋ⁴⁴⁻³²y²⁴²
温顺	顺品	ʃʌn²¹⁻²²pʰuʌn³³⁴	顺品	ʃɐn²¹pʰɐn⁵²
暴躁	暴躁	pəu²¹⁻²²tʰəu⁵²	暴躁	pɔ²¹tʃʰɔ³²
固执	拗矫	au⁵²⁻³³kʰiu³³⁴	固执，拗颈	ku³²tʃɐt⁵, au³²kiᵊŋ⁵²
倔强	硬颈	ŋaŋ²¹⁻²²keŋ³³⁴	硬颈	ŋɐŋ²¹kiᵊŋ⁵²
乖戾	猛轰盲恶	maŋ³³⁴⁻³³kʰaŋ⁵⁵ maŋ²⁴³⁻²²ɔk⁵²⁻²²	恶死盲夹恶	œk³²ʃei⁵² mɛŋ²⁴kap³²œk³²
爱挑剔	捉鸡脚	tʃok⁵⁵⁻³³kʌi⁵⁵kiɐk⁵⁵	中意挑刺	tʃoŋ⁴⁴⁻³²i³²tʰeu⁴⁴⁻³²tʃʰei³²
乖	听话听讲	tʰeŋ⁵⁵⁴⁻³²ua²¹ tʰeŋ⁵⁵⁴⁻³³kɔŋ³³⁴	听话听讲	tʰiŋ³²ua²¹ tʰiŋ³²kœŋ²¹
顽皮	顽皮	fan²⁴³⁻²²pi²⁴³	顽皮	ŋan²⁴⁻²¹pɐi²⁴
软弱	浸受	tʌm²⁴³⁻²²ʃʌu²¹	脸柿	nɐm²⁴⁻²¹tʃɛ²⁴²
刚强	霸辣	pa⁵²⁻³²lat²²	硬净	ŋɐŋ²¹tʃiŋ²¹
慢性子	那呢	na²¹⁻²²ni²¹	摩挲	nu⁰⁴⁴⁻³²ʃu⁰⁴⁴
急性子	喉急	hʌu²⁴³⁻²²kʌp⁵⁵	喉急	ɐu²⁴⁻²¹kɐp⁵⁵
开朗	开朗，开派	hui⁵⁵lɔŋ²²³, hui⁵⁵pʰai⁵²	开朗	hɔi⁴⁴⁻³²lœŋ²⁴²
爽快	爽脆	ʃɔŋ³³⁴tʰui⁵²	爽快	ʃœŋ⁵²⁻³²fai³²
率直	正直	tʃeŋ⁵²⁻³²tʃek²²	正直	tʃiŋ³²tʃɐk³⁴
泼辣	巴渣	pa⁵⁵⁴⁻³³tʃa⁵⁵⁴	泼辣	pʰɔt³²lat²¹
爱唠叨	啥覃琐碎	ŋəm⁵²tʃʰəm²¹ ɬɔ³³⁴⁻³²ɬui²¹	好吟呣	hɔ⁵²ŋom²¹tʃom²¹
爱管闲事	好是非	həu⁵²⁻³³ʃi²¹⁻²²fi⁵⁵⁴	好管闲事	hɔ⁵²kun²⁴an²⁴⁻²¹tʃi²¹
内向	任坎	ȵiəm²¹⁻²²həm⁵⁵⁴	内向	nɔi²¹hyŋ³²
腼腆	面忙	min²¹⁻²²mɔŋ³³⁴	斯文，怕丑	ʃi⁴⁴⁻³²mɐn²⁴,pʰa³²tʃʰau⁵²
文静	文静斯文	muʌn²⁴³⁻²²ɬeŋ²²³ ɬi⁵⁵⁴⁻³²muʌn²⁴³	文静斯文	mɐn²⁴⁻²¹tʃiᵊŋ²⁴² ʃi⁴⁴⁻³²mɐn²⁴

续上表

义项	封川话词条	封川话标音	开建话词条	开建话标音
嘴严	嘴贴 嘴密实	tui³⁴tʰip⁵⁵ tui³⁴muʌt²²tʃʌt²²	嘴实 嘴密	tʃœ⁵²tʃɐt³⁴ tʃœ⁵²mɐt³⁴
疑心重	疑心重 思疑重	ɲi²⁴³⁻²²ɬʌm⁵⁵tʃoŋ²²³ ɬi⁵²ɲi²⁴³tʃoŋ²²³	疑心重	ɲi²⁴⁻²¹ʃem⁴⁴tʃoŋ²⁴²
自负	自负 自大	ɬi²¹⁻²²fu²¹ ɬi²¹⁻²²tai²¹	自以为是	tʃu⁰²¹i²⁴²uɐi²⁴⁻²¹tʃi²⁴²
自卑	自卑	ɬi²¹⁻²²pi⁵⁵⁴	自卑	tʃu⁰²¹pɐi⁴⁴
活泼	活泼 嘞嘞跳	ut²²pʰut⁵⁵ laŋ⁵⁵laŋ⁵⁵tʰiu⁵²	活泼	ut³⁴⁻²¹pʰɔt³²
挑食	拣吃	kan³³⁴⁻³³hek⁵⁵	拣喫/择	kan⁵²⁻³²hiᵊk⁵⁵/tʃɛk²¹
心善	好心	həu³³⁴⁻³³ɬʌm⁵⁵	心(地)好	ʃem⁴⁴⁻³²(tei²¹)hɔ⁵²
淳朴	老实	ləu³⁴ʃʌt²²	老实	lɔ²⁴²⁻²¹tʃɐt³⁴
心肠坏	恶毒 阴毒	ɔk⁵³⁻³²tok²² iʌm⁵⁵tok²²	恶毒 阴毒	œk³²tok³⁴ iem⁴⁴⁻³²tok³⁴
正直	正直	tʃeŋ⁵²tʃek²²	正直	tʃiŋ³²tʃɐk³⁴
缺德	阴湿 阴鸷	iʌm⁵⁵ʃʌp⁵⁵ iʌm⁵⁵⁴⁻³²tʃʌt⁵⁵	阴鸷 阴湿	iem⁴⁴⁻³²tʃɐt⁵⁵ iem⁴⁴⁻³²ʃɐp⁵⁵
无赖	甩喱 赖死	lʌt⁵⁵⁻³³lɛ⁵⁵⁴ lai²¹⁻²²ɬi³³⁴	无赖	mu²⁴⁻²¹lai²⁴²
老实	老实	ləu²²³ʃʌt²²	老实	lɔ²⁴²⁻²¹tʃɐt³⁴
忠厚	忠厚	tʃoŋ⁵⁵hʌu²²³	老实	lɔ²⁴²⁻²¹tʃɐt³⁴
讲诚信	讲信誉 讲口齿	kœŋ³³⁴⁻³⁴ɬʌn⁵²⁻³³y²¹ kœŋ³³⁴⁻³⁴hʌu³³⁴⁻³³tʃʰi³³⁴	讲信用 靠得住	kœŋ⁵²ʃin³²iuŋ²¹ kʰau³²tɐk⁵⁵tʃy²¹
虚伪	虚伪 假	hy⁵⁵ŋʌi²¹ ka³³⁴	虚伪 靠唔住	hy⁴⁴⁻³²ŋei²¹ kʰau³²ɲi⁴⁴tʃy²¹
尖刻	刻薄	hak⁵⁵pɔk²²	刻薄	hɐk⁵⁵⁻³²pœk²¹
狡猾	狡猾	kau³⁴uat²²	狡猾	kau⁵²⁻³²uat²¹
够朋友	够老友	kʌu⁵²ləu²²³iʌu²²³	(够)老友	(kou³²)lɔ²⁴²iau²⁴²
谦逊	谦逊 谦虚	him⁵⁵ɬun⁵² him⁵⁵hy⁵⁵⁴	谦虚 虚心	him⁴⁴⁻³²hy⁴⁴ hy⁴⁴⁻³²ʃem⁴⁴
骄傲	骄傲	kiu⁵⁵ŋəu²¹	骄傲	kiu⁴⁴⁻³²ŋɔ²¹

续上表

义项	封川话词条	封川话标音	开建话词条	开建话标音
大方	大方 开迈	tai²¹⁻²²fɔŋ⁵⁵⁴ hui⁵⁵mai²⁴³	大方	tai²¹fuŋ⁴⁴
吝啬	孤寒 利害 利兀⁼	ku⁵⁵⁴⁻³²hon²⁴³ li²¹⁻²²hui²¹ li²¹⁻²²ŋat⁵³	孤寒 兀⁼鼠 揞利	ku⁴⁴⁻³²ɔn²⁴ ŋet⁵⁵⁻³²ʃy⁵² ŋɐm²⁴⁻²¹lei²¹
正经	正经	tʃeŋ⁵²⁻³³keŋ⁵⁵⁴	正经	tʃiŋ³²kiᵊŋ⁴⁴
贪心	贪心	tʰam⁵⁵ɬʌm⁵⁵⁴	贪心	tʰam⁴⁴⁻³²ʃɐm⁴⁴
蛮横	盲恶	maŋ²⁴³⁻²²ɔk⁵⁵	野蛮	iɛ²⁴²⁻²¹man²⁴
色情	咸湿	ham²⁴³⁻²²ʃʌp⁵⁵	咸湿	am²⁴⁻²¹ʃɐp⁵⁵
轻浮	浮泛⁼	fʌu²⁴³⁻²²faŋ⁵²	轻薄/浮	hiᵊŋ⁴⁴⁻³²pœk²¹/pɐu²⁴
花心	花心	fa⁵⁵ɬʌm⁵⁵⁴	花心	fa⁴⁴⁻³²ʃɐm⁴⁴
马虎	论阵 啡⁼漏	lʌn²⁴³⁻²²tʃʌn²¹ fɛ²¹⁻²²lʌu²¹	论阵 粗心	lɐn²⁴⁻²¹tʃɐn²¹ tʃʰu⁴⁴⁻³²ʃɐm⁴⁴
仔细	仔细	ti⁵²ɬʌi⁵²⁻²¹	认真	ɲiŋ²¹tʃɐn⁴⁴
馋嘴	为屙	uʌi²⁴³⁻²²⁵⁵⁴	为喫	uɐi²¹hiᵊk⁵⁵
无情	无情 绝情	mu²⁴³⁻²²ɬeŋ²⁴³ ɬut²²ɬeŋ²⁴³	无情 绝情	mu²⁴⁻²¹tʃiᵊŋ²⁴ tʃyt³⁴⁻²²tʃiᵊŋ²⁴
能干	做得 摇得	tu⁵²⁻³³tak⁵⁵ lui²⁴³tak⁵⁵	做得 摇得	tʃu³²tɐk⁵⁵ lœ⁴⁴tɐk⁵⁵
无能	浸受	tʌm⁵²⁻³²ʃʌu²¹	唔能力	ɲi⁻⁴⁴nɐŋ²⁴⁻²¹lɐk³⁴
有出息	有出息 好出息	iʌu²⁴³tʃʰʌt⁵⁵⁻³³ʃek⁵⁵ həu³³⁴tʃʰʌt⁵⁵⁻³³ʃek⁵⁵	有出息 够叻	ia²⁴²tʃʰɐt⁵⁵⁻³²ʃɐk⁵⁵ kou³²liᵊk⁵⁵
不出息	冇出息	mʌu³⁴tʃʰʌt⁵⁵⁻³³ʃek⁵⁵	唔(有)出息	n̩²¹(ɲia²⁴²)tʃʰɐt⁵⁵⁻³²ʃɐk⁵⁵
利索	论⁼紧 爽脆 息索 利索	lʌn²²³tʃʌn³³⁴ ʃŋ³⁴tʰui⁵² ɬek⁵⁵ɬɔk⁵³ li²¹⁻²²ɬɔk⁵³	抡紧 爽脆 快(手)	lɐn⁴⁴⁻³²tʃɐn⁵² ʃœŋ⁵²⁻³²tʃʰœ³² fai³²(ʃou⁵²)
不利索	喺呐 恶挪	na²⁴⁻²²nəp²² nəp²²nɔ²⁴³	摩挲 糊糯	muᵒ⁴⁴⁻³²ʃu⁰⁴⁴ nəp³⁴⁻²¹nu⁰²¹
内行	在行 行家	tʃui²¹⁻²²hɔn²⁴³ hɔŋ²⁴³⁻²²ka⁵⁵⁴	自行 行家	tʃu²²¹œŋ²⁴ hœŋ²⁴⁻²¹ka⁴⁴

续上表

义项	封川话词条	封川话标音	开建话词条	开建话标音
外行	外行 冇在行	ŋui$^{21-22}$hɔŋ^{243} mʌu^{34}ɬui$^{21-22}$hɔŋ^{243}	外行 唔得	ŋɔi^{21}œŋ^{24} ȵi^{44}tɐk^{55}
熟练	熟手 老练 老马	ʃok^{22}ʃʌu^{334} ləu^{223}lin^{21} ləu^{23}ma^{223}	熟手 老□ 老马	tʃok$^{34-21}$ʃou^{52} lɔ$^{242-21}$lai^{52} lɔ$^{242-21}$ma^{242}
不熟练	生手	ʃaŋ^{55}ʃʌu^{334}	生手，唔热	ʃɛŋ$^{44-32}$ʃou^{52}, ȵi^{44}tʃok^{34}
老练	老练 老手 老马	ləu^{23}lin^{21} ləu^{23}ʃʌu^{334} ləu^{223}ma^{223}	老练 老手	lɔ$^{242-21}$lin^{21} lɔ$^{242-21}$ʃou^{52}
幼稚	嫩寸	nun$^{21-22}$tʰun^{21}	儿戏	ȵi^{21}hi$^{32-44}$
灵敏	精俏	teŋ^{55}tʰiu^{52}	灵敏	liᵊŋ$^{24-21}$mɐn^{242}
机灵	精灵	teŋ^{55}leŋ^{554}	精灵	tʃiŋ$^{44-32}$liᵊŋ$^{24-44}$
聪明	叻	liɛk^{55}	呖	liᵊk^{55}
口齿 伶俐	牙尖嘴利	ŋa^{243}tim^{55}tui^{334}li^{21}	牙尖嘴利	ŋa^{24}tʃɛm^{44}tʃœ^{52}lei^{21}
愚笨	浸痞 蠢笨 浸寿	tʌm$^{52-33}$mʌu^{554} tʃʰʌn^{334}puʌn^{21} tʌm^{52}ʃʌu^{21}	蠢 愚蠢 戆勾	tʃʰɐn^{52} ȵy$^{24-21}$tʃʰɐn^{52} ŋœn^{32}kɐu^{44}
迟钝	冇知论	mʌu^{34}tʃi^{55}lʌn^{21}	迟钝，慢	tʃi$^{24-21}$tɐn^{21}, man^{21}
记忆 力差	懵	mɔŋ^{334}	懵	mɔŋ^{52}
勇敢	够胆	kʌu$^{52-33}$tam^{334}	够胆	kou^{32}tam^{52}
胆大	沙胆 大胆	ʃa$^{55-33}$tam^{334} tai$^{21-22}$tam^{334}	沙胆 大胆	ʃa$^{44-32}$tam^{52} tai^{21}tam^{52}
胆小	细胆 狗蚕胆	ɬʌi$^{52-33}$tam^{334} kʌu$^{334-33}$tɐu$^{334-33}$tam^{334}	奀胆 怕死	ni^{32}tam^{52} pʰa^{32}ʃei^{52}
娇气	小姐气	ɬiu$^{334-33}$tiɛ$^{334-33}$hi^{52}	娇气	kiu$^{44-32}$hi^{32}
富	有银纸	iʌu^{23}ŋʌn$^{243-22}$tʃi^{334}	有银纸	ia^{242}ŋɐn$^{24-21}$tʃi^{52}
穷	穷 燶	kɔŋ^{243} nɔŋ^{55}	穷	kɔŋ^{24}
得志	得志	tak^{55}tʃi^{52}	得志	tɐk$^{55-32}$tʃi^{32}

续上表

义项	封川话词条	封川话标音	开建话词条	开建话标音
失志	冇得志	m^u^{334}tak^{55}tʃi^{52}	唔得志	ȵi^{44}tek$^{55\text{-}32}$tʃi^{32}
运气好	当运	tɔŋ^{55}uʌn^{21}	运气好	uin^{21}hi^{32}hɔ^{52}
运气差	失运	ʃʌt$^{55\text{-}32}$uʌn^{21}	运气唔好	uin^{21}hi^{32}ȵi^{44} cɔ^{52}
垮台	垮台 执笠	kʰua^{55}tui^{243} tʃʌp^{55}lʌp^{55}	冧档 执笠	lom^{32}tœŋ^{32} tʃɐp$^{55\text{-}32}$lɐp^{55}
失势	失势	ʃʌt^{55}ʃʌi^{52}	失势	ʃɐt$^{55\text{-}32}$ʃi^{e32}
遭殃	当衰	tɔŋ^{55}ʃui^{554}	当衰/黑	tœŋ$^{44\text{-}32}$ʃœ^{44}/hɐk^{55}
祸不单行	祸不单行	uɔ^{223}puʌt^{55}tan^{55}haŋ^{243}	祸不单行	u^{o242}pɐt^{55}tan^{44}ɛŋ^{24}
倒霉	当黑	tɔŋ^{55}hak^{55}	当黑，黑仔	tœŋ$^{44\text{-}32}$hɐk^{55}, hɐk^{55}tʃai^{52}
有麻烦	有麻烦	iʌu^{223}ma$^{243\text{-}22}$fan^{243}	有麻烦	ia^{242}ma$^{24\text{-}21}$pan^{24}
狼狈	解罗⁼□ 狗骑猪	kai^{34}lɔ$^{243\text{-}22}$ɬʌt^{22} kʌu^{34}kɛ$^{243\text{-}22}$tʃy^{554}	难落台	nan^{24}lœk^{21}tɔi^{21}
凄惨	惨	tʰam^{334}	惨	tʃʰam^{52}
可怜	可怜	hɔ$^{52\text{-}32}$lin^{243}	可怜	hɔ$^{52\text{-}32}$lɛn^{24}
衣着不整	漏勾⁼	lʌu$^{21\text{-}22}$ȵiʌu^{554}	□□	tʰɐŋ^{32}nɐu^{32}
舒服	舒服 过瘾	ʃy^{55}fok^{22} kuɔ$^{52\text{-}32}$iʌn^{223}	舒服 过瘾	ʃy$^{44\text{-}32}$pok^{34} ku^{o32}iɛn^{242}
悠闲	悠闲	iʌu^{55}han^{243}	得闲	tek$^{55\text{-}32}$an^{24}
从容	收由	ɬʌu$^{554\text{-}32}$iʌu^{243}	收由	ʃɐu$^{44\text{-}32}$iɐu^{24}
幸福	开心	hui^{55}ɬʌm^{55}	开心	hɔi$^{44\text{-}32}$ʃɐm^{44}
快乐	安乐	un$^{554\text{-}32}$lɔk^{22}	安乐	ɔn$^{44\text{-}32}$lœk^{21}
称心	称心	tʃʰeŋ^{55}ɬʌm^{554}	满意	mɔn$^{242\text{-}21}$i^{32}
艰辛	艰辛 辛苦 艰难	kan^{55}ɬʌn^{55} ɬʌn$^{554\text{-}32}$fu^{334} kan$^{554\text{-}32}$nan^{243}	艰难 辛苦	kan$^{44\text{-}32}$nan^{24} ʃɐn$^{44\text{-}32}$fu^{52}
难受	难受 难顶	nan$^{243\text{-}22}$ʃʌu^{21} nan$^{243\text{-}22}$teŋ^{334}	难顶 难过	nan$^{24\text{-}21}$tiəŋ^{52} nan$^{24\text{-}21}$ku^{o32}
痒	痕	hʌn^{243}	痕	ɐn^{24}
繁忙	忙	mɔŋ^{554}	忙	mœŋ^{24}

续上表

义项	封川话词条	封川话标音	开建话词条	开建话标音
匆忙	急	kʌp⁵⁵	急	kɐp⁵⁵
忙乱	乱	lun²¹	乱	lyn²¹
劳碌	劳碌	ləu²⁴³⁻²²lok⁵⁵	辛苦	ʃɛŋ⁴⁴⁻³²fu⁵²
劳累	累，劫	lui²²³, kui²¹	□	nœ³²
有生气	有声气	iʌu²³ʃeŋ⁵⁵hi⁵²	有声气	ia²⁴²ʃiᵊŋ⁴⁴⁻³²hi³²
无生气	冇声气	mʌu³⁴ʃeŋ⁵⁵hi⁵²	唔有声气	n̩²¹nia²⁴²ʃiᵊŋ⁴⁴⁻³²hi³²
和睦	和顺	uɔ²⁴³⁻²²ʃʌn²¹	和睦	u²⁴⁻²¹mok³⁴
投缘	合得来 谙倾	kəp⁵⁵tak⁵⁵⁻³²lui²⁴³ ŋam⁵⁵kʰeŋ⁵⁵⁴	合得来	kəp³²tɐk⁵⁵⁻³²lɔi²⁴
亲密	一对鸡	iʌt⁵⁵⁻³²tui²¹⁻²²kʌi⁵⁵⁴	黏实	nɛt³²tʃɛt³⁴
交情好	交情好	kau⁵⁵ɬeŋ²⁴³həu³³⁴	交情好	kau⁴⁴⁻³²tʃiᵊŋ²⁴hɔ³²
生疏	生疏	ʃaŋ⁵⁵⁴⁻³³ʃɔ⁵⁵	生疏	ʃɛŋ⁴⁴⁻³²ʃu²⁴⁴
陌生	陌生	mak²²ʃaŋ⁵⁵⁴, mʌu³⁴ʃok²²	唔熟	n̩ʲi⁴⁴ʃok³⁴
熟悉	熟识	ʃok²²ʃek⁵⁵	熟悉	tʃok³⁴⁻²¹ʃɐp⁵⁵
有嫌隙	唔"克 冇谙倾	ŋam²⁴³⁻²²hak⁵⁵ mʌu³⁴ŋam⁵⁵kʰeŋ⁵⁵⁴	有过节 唔谙倾	ia²⁴²ku³²tʃɛt³² n̩ʲi⁴⁴ŋam⁴⁴⁻³²kʰiᵊŋ⁴⁴
合不来	冇谙 死对头	mʌu³⁴ŋam⁵⁵⁴ ɬi³⁴tui⁵²⁻³²tʌu²⁴³	合唔来 合唔谙	kəp³²n̩⁴⁴lɔi²⁴ kəp³²n̩ʲi⁴⁴ŋam⁴⁴
一起	齐众	ɬʌi²⁴³⁻²²tʃoŋ⁵²⁻²¹	一齐，第"众	iɛt⁵⁵⁻³²tʃɐi²⁴, tei²¹tʃuŋ³²
单独 一人	一丁公	iʌt⁵⁵⁻³³teŋ⁵⁵koŋ⁵⁵	人人 梇佬	nʲiɛn⁴⁴nʲiɛn⁴⁴ lok⁵⁵lɔ⁵²
真	真	tʃʌn⁵⁵	真	tʃɐŋ⁴⁴
假	假	ka³³⁴	假	ka⁵²
对	谙	ŋam⁵⁵⁴	谙	ŋam⁴⁴
错	错	tʰɔ⁵²	错	tʃʰu³²
荒谬	离谱	li²⁴³⁻²²pʰu³³⁴	离谱	lɐi²⁴⁻²¹pʰu⁵²
好	好	həu³³⁴	好	hɔ⁵²
不好	差，渐	tʃʰa⁵⁵, ɬəm²²³	唔好	ŋ⁴⁴/nʲi⁴⁴hɔ⁵²
一般	一般 麻麻地	iʌt⁵⁵⁻³³pun⁵⁵⁴ ma²⁴³⁻²²ma²⁴³ti²¹⁻³³⁴	一般 马马乎乎	iɛt⁵⁵⁻³²pɔn⁴⁴ ma⁴⁴⁻³²ma⁴⁴fu⁴⁴⁻³²fu⁵²

续上表

义项	封川话词条	封川话标音	开建话词条	开建话标音
特殊	特殊	tak^{22}tʃy^{243}	特殊	tek$^{34\text{-}21}$tʃy^{21}
优良	优良	iʌu^{55}liɛŋ^{243}	良优	lyŋ$^{24\text{-}21}$iɐu^{44}
正宗	正宗	tʃeŋ$^{52\text{-}33}$toŋ^{554}	正宗	tʃiŋ^{32}tʃoŋ^{44}
差劲	差火 差鸡	tʃʰa^{55}fɔ^{334} tʃʰa^{55}kʌi^{554}	差鸡 洩	tʃʰa$^{44\text{-}32}$kɐi^{44} iɐi^{24}
儿戏	儿戏	ȵi$^{243\text{-}22}$hi^{554}	儿戏	ȵi$^{24\text{-}21}$hi$^{32\text{-}44}$
水平中等	中中哋	tʃoŋ^{55}tʃoŋ^{55}ti^{334}	一般	iet$^{55\text{-}32}$pɔn^{44}
好喫	好喫	həu$^{334\text{-}33}$hek^{55}	好喫	hɔ$^{52\text{-}32}$hiᵊk^{55}
难喫	难喫	nan$^{243\text{-}22}$hek^{55}	难喫	nan$^{24\text{-}21}$hiᵊk^{55}
好听	好听	həu$^{334\text{-}32}$tʰeŋ$^{52\text{-}21}$	好听	hɔ$^{52\text{-}32}$tʰiŋ^{32}
难听	难听	nan$^{243\text{-}22}$tʰeŋ$^{52\text{-}21}$	难听	nan$^{24\text{-}21}$tʰiŋ^{32}
顶用	有用	iʌu^{223}ioŋ^{21}	有用	ia$^{242\text{-}21}$iuŋ^{21}
好用	好用	həu^{34}ioŋ^{21}	好用	hɔ$^{52\text{-}32}$iuŋ^{21}
凑合	勉强	min^{223}kʰiɛŋ^{223}	勉强	mɛn$^{242\text{-}21}$kʰyŋ^{52}
无效	无效 失效	mu$^{223\text{-}22}$hau^{21} ʃʌt^{55}hau^{21}	无效	mu$^{24\text{-}21}$au^{21}
无益	冇益	mʌu^{34}iek^{55}	唔/无益	ȵi^{44}/mu$^{24\text{-}21}$iᵊk^{55}
顶得住	顶得住 顶得顺	teŋ$^{334\text{-}55}$tak^{55}tʃy^{21} teŋ^{334}tak^{55}ʃʌn^{21}	顶得倒	tiᵊŋ^{52}tɐk$^{55\text{-}32}$tɔ^{52}
顶不住	顶冇顺 顶冇住	teŋ^{34}mʌu^{34}ʃʌn^{21} teŋ^{34}mʌu^{34}tʃy^{21}	顶唔倒	tiᵊŋ^{52}ȵi^{44}tɔ^{52}
禁用	冇准啲 冇啲佢	mʌu^{34}tʃʌn$^{334\text{-}33}$ȵiok^{55} mʌu^{34}ȵiok^{55}ky^{243}	唔畀用 唔准郁	ȵi^{44}pei^{52}iuŋ^{21} ȵi^{44}tʃɛn$^{52\text{-}32}$ȵiok^{55}
不禁用	准使 准用	tʃʌn^{334}ʃʌi^{334} tʃʌn^{34}ioŋ^{21}	准使/用 畀用	tʃɛn$^{52\text{-}32}$ʃi^{ɛ52}/iuŋ^{21} pei^{52}iuŋ^{21}
有	有	iʌu^{223}	有	ia^{242}
无	冇 冇冇	mʌu^{34} mʌu^{34}iʌu^{223}	唔有	n̩^{21}ȵia^{242}
变	变	pin^{52}	变	pin^{32}
不变	冇变	mʌu^{34}pin^{52}	唔变	m̩^{44}pin^{32}

续上表

义项	封川话词条	封川话标音	开建话词条	开建话标音
有关系	有关系 有揶㨢	iʌu²³kuan⁵⁵hʌi²¹ iʌu²³na⁵⁵naŋ⁵²	有关事 有揶㨢	ia²⁴²kuan⁴⁴⁻³²tʃi²¹ ia²⁴²na⁴⁴⁻³²nɐŋ³²
没关系	冇关系 冇揶㨢	mʌu³⁴kuan⁵⁵hʌi²¹ mʌu³⁴na⁵⁵naŋ⁵²	唔关事 唔揶㨢	n̩⁴⁴kuan⁴⁴⁻³²tʃi²¹ n̩⁴⁴na⁴⁴⁻³²nɐŋ³²
相同	相同	ɬiɛŋ⁵⁵⁴⁻³²toŋ²⁴³	同	toŋ²⁴
不同	冇同	mʌu³⁴toŋ²⁴³	唔同	n̩⁴⁴toŋ²⁴
相似	相似	ɬiɛŋ⁵²ɬi²²³	似	tʃei²⁴²
差不多	差唔多	tʃʰa⁵⁵m̩²¹⁻²²tɔ⁵⁵⁴	差唔多	tʃa⁴⁴⁻³²n̩²¹tu²⁴⁴
差得远	差得远	tʃʰa⁵⁵tak⁵⁵iun²²³	差得远	tʃa⁴⁴⁻³²tɐk⁵⁵⁻³²yn²⁴²
增大	加大	ka⁵⁵tai²¹	加大	ka⁴⁴tai²¹
缩小	缩小	ɬok⁵⁵ɬʌi⁵²	缩小	ʃok⁵⁵ʃɐu⁵²
增多	增多	taŋ⁵⁵tɔ⁵⁵	多	tu²⁴⁴
加倍	加倍	ka⁵⁵⁴⁻³²pui²²³	加倍	ka⁴⁴pui²⁴²
减少	减少	kam³⁴ʃiu³³⁴	减少	kam⁵²ʃiu⁵²
够	够	kʌu⁵²	够	kou³²
缺乏	冇够	mʌu³⁴kʌu⁵²	缺少	kʰyt⁵⁵⁻³²ʃiu⁵²
不充足	冇够 有限	mʌu³⁴kʌu⁵² iʌu²²³han²²³	唔够	ŋ̍⁴⁴kou³²
快	快	fai⁵²	快	fai³²
慢	慢	man²¹	慢	man²¹
早	早	tɐu³³⁴	早	tʃɔ⁵²
迟	迟	tʃi²⁴³	迟	tʃi²⁴
久	久	tʃʌu³³⁴	耐	nɔi²¹
不久	冇几久 冇几耐	mʌu³⁴ki³³⁴⁻⁴⁴tʃʌu³³⁴ mʌu³⁴ki³³⁴nui²¹	唔冻耐 唔几耐	n̩⁴⁴tuŋ³²nɔi²¹ n̩i⁴⁴ki⁵²nɔi²¹
停	停	teŋ²⁴³	停	tiᵊŋ²⁴
开始	开始	hui⁵⁵tʃʰi³³⁴	开始	hɔi⁴⁴⁻³²tʃʰi⁵²
结束	结束	kit⁵⁵⁻³³tʃʰok⁵⁵	结束	kit⁵⁵⁻³²tʃʰok⁵⁵
整个	整个 成个	tʃeŋ³³⁴kɔ⁵² ʃeŋ²⁴³⁻²²kɔ⁵²	舍⁼粒	om²⁴⁻²¹nɐm⁴⁴

续上表

义项	封川话词条	封川话标音	开建话词条	开建话标音
每个	每个 个个	mui²²³kɔ³³⁴ kɔ³³⁴kɔ³³⁴	粒粒	nɐm⁴⁴⁻³²nɐm⁴⁴
干净	干净 企理	kon⁵⁵⁻³²ɬeŋ²¹ ki³⁴li²²³	虔诚 企理	kin²⁴⁻²¹tʃiᵊŋ²⁴ ki²⁴²⁻²¹lɐi²⁴²
脏	邋遢	lat²²tʰat⁵³	邋遢	lat²¹tʰat³²
脏乱	邋遢 漏勾	lat²²tʰat⁵³ lʌu²⁴³⁻²²ȵiʌu⁵⁵⁴	邋遢	lat²¹tʰat³²
纯净	净	ɬeŋ²¹	净	tʃiŋ²¹
清	清	tʰeŋ⁵⁵⁴	清	tʃʰiᵊŋ⁴⁴
浊	浊	tʃɔk²²	浊	tʃœk²¹
浸泡	浸	tʌm⁵²	浸	tʃom³²
淹	浸	tʌm⁵²	浸	tʃom³²
染	染	ȵim²²³	染	ȵim²⁴²
浮	浮	fʌu²⁴³	浮	pɐu²⁴
漂浮	浮	fʌu²⁴³/pʰʌu²⁴³	浮/漂	pɐu²⁴/pʰɐu⁴⁴
沉	沉	tʃʌm²⁴³	沉	tʃɐm²⁴
沉淀	沉底	tʃʌm²⁴³⁻²²tʌi³³⁴	沉底	tʃɐm²⁴⁻²¹tai⁵²
凝结	凝	ŋeŋ²⁴³	凝	ŋɐi²¹
泅	湛/泅	tʃam⁵²/iam⁵²	泅	iom³²
旺	旺	uɔŋ²¹	旺	uŋ²¹
不旺	冇旺	mʌu³⁴uɔŋ²¹	唔旺	ȵi⁴⁴uŋ²¹
向阳	朝阳	tʃiu²⁴³⁻²²ieŋ²⁴³	热边	ȵit³⁴pɐn⁴⁴
背阴	朝阴	tʃiu²⁴³⁻²²iʌm⁵⁵⁴	阴边	iɐm⁴⁴pɐn⁴⁴
烧焦	烧燶	ʃiu⁵⁵noŋ⁵⁵⁴	烧燶	ʃiu⁴⁴noŋ⁴⁴
闷	闷	mun⁵²	闷/□	mun²¹/ŋan⁴⁴
生	生	ʃaŋ⁵⁵⁴	生	ʃɐŋ⁴⁴
熟	熟	tʃok²²	熟	tʃok³⁴
嫩	嫩	nun²¹	嫩	nin²¹
老	老	lou²²³	老	lɔ²⁴²
新	新	ɬʌn⁵⁵⁴	新	ʃɐn⁴⁴

续上表

义项	封川话词条	封川话标音	开建话词条	开建话标音
旧	旧	tʃʌu²¹	旧	tʃou²¹
破旧	旧	tʃʌu²¹	旧/烂	tʃou²¹/lan²¹
美	靓	lɛŋ⁵²	靓	lin³²
丑	丑	tʃʰʌu³³⁴	丑	tʃʰau⁵²
精致	菂式	tek⁵⁵⁻³³tek⁵⁵	菂式	tek⁵⁵⁻³²ʃek⁵⁵
细腻	细腻	ɬʌi⁵²ni²¹	细腻	ʃei³²nei²¹
粗糙	捞潲 粗糙	lau²¹⁻²²ʃau²¹ tʰu⁵⁵⁴⁻³²tʰəu²¹	粗	tʃʰu⁴⁴
完整	齐整 齐全	ɬʌi²⁴³⁻²²tʃeŋ³³⁴ ɬʌi²⁴³⁻²²tun²⁴³	齐整 齐全	tʃɐi²⁴⁻²¹tʃiᵊŋ⁵² tʃɐi²⁴⁻²¹tʃyn²⁴
磨损	损校	ɬun³⁴hau²¹	磨损	mu²⁴⁻²¹ʃyn⁵²
破损	崩	paŋ⁵⁵⁴	烂	lan²¹
碎	碎	ɬui⁵²	碎	ʃœ³²
琐碎	琐碎 重论	ɬɔ³³⁴⁻³²tui²¹ tʃoŋ²⁴³⁻²²lʌn²¹	湿碎	ʃɐp⁵⁵⁻³²ʃœ³²
零星	零星	leŋ²⁴³⁻²²ɬeŋ⁵⁵⁴	零星, 散	liᵊŋ²⁴⁻²¹ʃiᵊŋ⁴⁴, ʃan⁵²
脱落	甩咗	lʌt⁵⁵tʃɔ³³⁴	□脱	tʰyn³²tʰyt⁵⁵
成双	成双	ʃeŋ²⁴³⁻²²ʃɔŋ⁵⁵⁴	成双	tʃiᵊŋ²⁴⁻²¹ʃœŋ⁴⁴
不配对	冇相戥	mʌu³⁴ɬieŋ⁵⁵⁴⁻³²taŋ²¹	落只	lœk²¹tʃiᵊk⁵⁵
单一	单一	tan⁵⁵iʌt⁵⁵	单调，独味 单方	tau⁴⁴⁻³²tiu²¹, tok³⁴⁻²¹mei²¹ tan⁴⁴⁻³²fuŋ⁴⁴
胀	胀	tʃieŋ⁵²	谷=	kok⁵⁵
缩	缩	ʃok⁵⁵	缩	ʃok⁵⁵
结实	实	tʃʌt²²	实	tʃɐt³⁴
不结实	松 宽	ɬoŋ⁵⁵⁴ fun⁵⁵⁴	脸 焙	nɐm²⁴ pʰou³²
整齐	整齐 正当	tʃeŋ³³⁴⁻³²ɬʌi²⁴³ tʃeŋ⁵²⁻³²toŋ⁵²	□齐 企理	tʃʰɔm⁵²tʃɐi²⁴ ki²⁴²⁻²¹lɐi²⁴²
均匀	匀	uʌn²⁴³	匀	iɐn²⁴
紧凑	紧	tʃʌn³³⁴	紧	tʃɐn⁵²

续上表

义项	封川话词条	封川话标音	开建话词条	开建话标音
吻合	啱啱 啱合 啱□	ŋan^{55}ŋam^{554} ŋam^{55}həp^{22} ŋam^{55}tʰʌp^{55}	悭啱 □啱	han^{44}ŋam^{44} tʰɐp^{55}ŋam^{44}
乱	乱	lun^{21}	乱	lyn^{21}
散	散	ɬan^{334}	散	ʃan^{52}
潦草	潦草	liɛu$^{334-33}$tʰəu^{334}	潦草	lɛu$^{52-32}$tʃʰɔ^{52}
地道	正斗	tʃɐŋ$^{52-33}$tʌu^{334}	正斗	tʃiŋ^{32}tou^{52}
搀假	搀假	tʰʌm^{55}ka^{334}	搀假	tʃʰam$^{44-32}$ka^{52}
稳	稳 准 稳阵	uɐn^{334} tʃʌn^{334} uʌn^{334}tʃʌn^{21}	稳 稳阵	uɐn^{52} uɐn$^{52-32}$tʃɐn^{21}
不稳	冇稳	mʌu^{34}uʌn^{334}	唔稳	ȵi^{44}uɐn^{52}
稳固	密实 贴 牢固	muʌt^{22}tʃʌt^{22} tʰip^{55} ləu$^{243-22}$ku^{52}	密实 掂当 稳阵	met$^{34-21}$tʃɐt^{34} tim^{21}tœŋ^{32} uɐn$^{52-32}$tʃɐn^{21}
不稳固	好儿戏	hʌu^{34}ȵi$^{243-22}$hi^{554}	唔稳阵	ȵi^{44}uɐn$^{52-32}$tʃɐn^{21}
颠簸	震	tʃʌn^{52}	震	tin^{21}
压	压	at^{53}	压	at^{32}
硌	梗⁼	kaŋ^{223}	梗⁼	kɐŋ^{242}
卡住	搭住	kʰak^{55}tʃy^{21}	搭倒	kʰɐk^{55}tɔ^{52}
堵住	塞住 窒住	ɬak^{55}tʃy^{21} tʌt^{55}tʃy^{21}	塞倒 窒实	ʃɐk^{55}tɔ^{52} tɐt^{55}tʃɐt^{34}
绊住	缭住	liɛu^{334}tʃy^{21}	缭倒	lɛu^{52}tɔ^{52}
碍着	阻住	tʃɔ^{334}tʃy^{21}	阻倒/住	tʃu^{052}tɔ^{52}/tʃy^{21}
显累赘	累赘	lui$^{21-22}$tʃui^{21}	累赘	lœ^{21}tʃœ^{21}
颠倒	调翻 调转 倒揆	tʰiu^{34}fan^{55} tʰiu^{34}tʃun^{52} təu$^{52-32}$puʌt^{55}	颠斗 反转	tɐn$^{44-32}$tou^{52} fan^{52}tyn^{32}
反扣	反扣	fan^{34}kʰʌu^{52}	反扣	fan$^{52-32}$kʰou^{32}
仰着	仰住	ȵiɐŋ^{223}tʃy^{21}	仰倒	ŋœŋ^{242}tɔ^{52}
连接	驳埋	pɔk^{53}mai^{243}	连倒	lɛn^{24}tɔ^{52}

续上表

义项	封川话词条	封川话标音	开建话词条	开建话标音
粘连	黐埋	tʃʰi⁵⁵mai²⁴³	粘倒	nɛt³²tɔ⁵²
断	断	tun²²³	断	tyn²⁴²
裂	裂	lit²²	裂	lɛt²¹
悬挂	吊	tiu⁵²	□倒	kʰuɐŋ³²tɔ⁵²
垂	坠落	tʃui²¹⁻²²lɔk²²	坠倒	tœ²¹tɔ⁵²
翘	噘	kʌt⁵⁵	□	kɛt²¹
松	宽，松	fun⁵⁵⁴, ɬoŋ⁵⁵⁴	松	ʃoŋ⁴⁴
紧	紧/实	tʃʌn³³⁴/tʃʌt²²	紧/实	tʃen⁵⁵/tʃet³⁴
紧绷	捼紧/实	maŋ⁵⁵tʃʌn³³⁴/tʃʌt²²	捼紧/实	meŋ⁴⁴tʃen⁵²/tʃet³⁴
裸露	露出	lu²¹⁻²²tʃʰʌt⁵⁵	现出	in²¹tʃʰet⁵⁵
蒙尘	蒙尘	meŋ⁵⁵tʃʌn²⁴³	尘	ten²⁴
灵巧	窍妙	kʰiu⁵²⁻³²miu²²³	灵窍	liᵊŋ⁴⁴⁻³²kʰiu³²
笨重	重	tʃoŋ²²³	重	tʃoŋ²⁴²
照射	照	tʃiu⁵²	照	tʃiu³²
爆炸	爆炸	pau⁵²tʃa⁵²	爆炸	pɔ²¹tʃa³²
竖立	栋住	toŋ²¹⁻²²tʃy²¹	竖倒	tʃy²⁴²tɔ⁵²
竖立	栋企	toŋ²¹⁻²²ki³³⁴	栋企	tuŋ²¹ki²⁴²
歪倒	歪倒	me³⁴tʃɔ³³⁴	歪倒	mai⁵²tɔ⁵²
褪色	甩色	lʌt⁵⁵⁻³³ʃek⁵⁵	脱色	tʰyt⁵⁵⁻³²ʃek⁵⁵
发霉	发毛	fat⁵⁵⁻³³məu⁵⁵⁴	发毛	fat³²mɔ⁴⁴
发霉	发菌	fat⁵⁵⁻³²kuʌn²²³	出菌	tʃʰet⁵⁵⁻³² kuɐn²⁴²
发霉			起菌	hi⁵²⁻³²kuɐn²⁴²
腐朽	某⁼	mʌu³³⁴	谬⁼	mou³²
变质	变质	pin⁵²⁻³³tʃʌt⁵⁵	变质	pin³²tʃet⁵⁵
腐烂	烂	lan²¹	烂	lan²¹
馊	馊	ʃʌu⁵⁵⁴	馊	ʃeu⁴⁴
出故障	出问题	tʃʰʌt⁵⁵⁻³²muʌn²¹⁻²²tʌi²⁴³	出问题	tʃʰet⁵⁵min²¹tei²⁴
失效	失效	ʃʌt⁵⁵⁻³²hau²¹	无效	mu²⁴⁻²¹au²¹
传染	传染	tʃun²⁴³⁻²²n̠im²²³	传染	tʃyn²⁴⁻²¹n̠im²⁴²
面	面	min²¹	粉，面	fen⁵², min²¹

续上表

义项	封川话词条	封川话标音	开建话词条	开建话标音
艮	艮	kʌn⁵²	艮	kɐn³²
呛嗓	呛喉	tʰiɛŋ⁵²hʌu²⁴³	噭喉	tʃok³⁴⁻²¹ɐu²⁴
腻	腻/坭	ni²¹/nʌi²¹	腻	nei³²
易	容易	ioŋ²⁴³⁻²²i²¹	容易	ioŋ²⁴⁻²¹i²¹
难	难	nan²⁴³	难	nan²⁴
好办	好办	həu³³⁴⁻³³pan²¹	好办	hɔ⁵²⁻³²pan²¹
难办	难办	nan²¹⁻²²pan²¹	难办	nan²⁴⁻²¹pan²¹
顺利	顺利	ʃʌn²¹⁻²²li²¹	顺利	ʃɐn²¹lei²¹
不顺利	曲挌	kʰok⁵⁵⁻³³kʰak⁵⁵	唔顺利	ɲi⁴⁴ʃɐn²¹lei²¹
方便	方便	fɔŋ⁵⁵pin²¹	方便	fuŋ⁴⁴⁻³²pin²¹
不方便	冇方便	mʌu³⁴fɔŋ⁵⁵pin²¹	唔方便	ɲi⁴⁴fuŋ⁴⁴⁻³²pin²¹
有希望	有希望	iʌu³⁴hi⁵⁵mɔŋ²¹	有希/得望	ia²⁴²hi⁴⁴⁻³²/tɐk⁵⁵⁻³²mœŋ²¹
没希望	冇希望	mʌu³⁴hi⁵⁵mɔŋ²¹	唔有希/得望	n̩²¹ɲia²⁴²hi⁴⁴⁻³²/tɐk⁵⁵⁻³²mœŋ²¹
有办法	有计谂	iʌu²²³kʌi²¹⁻²²nʌm³³⁴	有办法	ia²⁴²pan²¹fat³²
没办法	冇计谂 冇□计	mʌu³⁴kʌi²¹⁻²²nʌm³³⁴ mʌu³⁴niɛm⁵⁵kʌi²¹	唔计 唔办法	ɲi⁴⁴kɛ² ɲi⁴⁴pan²¹fat³²
可以	可以 得	hɔ³⁴i²²³ tak⁵⁵	可以 得	hɔ⁵²i²⁴² tɐk⁵⁵
不行	冇得	mʌu³⁴tak⁵⁵	唔得	n̩⁴⁴/ɲi⁴⁴tɐk⁵⁵
需要	需要	ɬy⁵⁵ɲiu⁵²	要	iu³²
不需要	冇需要 冇要	mʌu³⁴ɬy⁵⁵ɲiu⁵² mʌu³⁴ɲiu⁵²	唔要	ɲi⁴⁴iu³²
妥当	头掂	tʌu²⁴³⁻²²tin²¹	头掂，妥当	tɐu²⁴⁻³¹tim²¹, tʰuɔ⁵²⁻³²tœŋ³²
不妥	冇头掂	mʌu³⁴tʌu²⁴³⁻²²tin²¹	唔头掂 唔妥当	ɲi⁴⁴tɐu²⁴⁻²¹tim²¹ ɲi⁴⁴tʰuɔ⁵²⁻³²tœŋ³²
兴旺	旺	uɔŋ²¹	旺	uŋ²¹
吉利	吉利	tʃʌt⁵⁵li²¹	吉利	tʃɐt⁵⁵⁻³²lei²¹
成功	成功	tʃɛŋ²⁴³⁻²²kɔŋ⁵⁵⁴	成功	tʃiəŋ²⁴⁻²¹kɔŋ⁴⁴
失败	失败	ʃʌt⁵⁵pai²¹	失败	ʃɐt⁵⁵⁻³²pai²¹
糟糕	弊	pʌi²¹	弊	pɐi²¹

续上表

义项	封川话词条	封川话标音	开建话词条	开建话标音
后果严重	大单 大件事 大镬 大剂	tai²¹⁻²²tan⁵⁵⁴ tai²¹⁻²²kin²¹⁻²²ʃi²¹ tai²¹⁻²²uɔk²² tai²¹tʌi⁵⁵⁴	大单 大件事 大镬 大剂	tai²¹tan⁴⁴ tai²¹kin²⁴²⁻²¹tʃi²¹ tai²¹uɔk³⁴ tai²¹tʃɐi⁴⁴
完蛋	玩完	uan²⁴³iun²²³	玩完	uan²⁴²yn²⁴
紧张	紧张 犀利	tʃʌn³³⁴tʃiɛŋ⁵⁵⁴ ɬʌi⁵⁵li²¹	紧张	tʃɐn⁵²⁻³²tʃyŋ⁴⁴
紧急	紧急	tʃʌn³³⁴tʃʌp⁵⁵	紧急	tʃɐn⁵²⁻³²kɐp⁵⁵
危险	危险 汶⁼顺 牙冤	ŋʌi²⁴³⁻²²him³³⁴ muʌn⁵²ɬʌn²¹ ŋa²⁴³⁻²²iun⁵⁵⁴	危险 牙烟	ŋei²⁴⁻²¹him⁵² ŋa²⁴⁻²¹in⁴⁴
严峻	危急	ŋʌi²⁴³⁻²²tʃʌp⁵⁵	危急	ŋei²⁴⁻²¹kɐp⁵⁵
进退维谷	进退两难	tʌn⁵²tʰui⁵²liɛŋ²²³⁻²²nan²⁴³	两头难	lyŋ²⁴²tɐu²⁴nan²⁴
过时	过时	kuɔ⁵²ʃi²⁴³	过时	ku³³²tʃi²⁴
到点	够钟	kʌu⁵²⁻³³tʃoŋ⁵⁵⁴	够钟	kou³²tʃoŋ⁴⁴
过点	过钟	kuɔ⁵²⁻³³tʃoŋ⁵⁵⁴	过钟	ku³³²tʃoŋ⁴⁴
来得及	来得设	lui²⁴³tak⁵⁵⁻³³tʃʰit⁵⁵	来得及切	lɔi²⁴tɐk⁵⁵kɐp⁵⁵tʃʰit⁵⁵
来不及	来冇设	lui²⁴³mʌu³⁴tʃʰit⁵⁵	来唔及切	lɔi²⁴ɲi⁴⁴kɐp⁵⁵tʃʰit⁵⁵
临时	临时	lʌp²²tʃi²⁴³	临时	lɛm²⁴⁻²¹tʃi²⁴
找到	揾到	uʌn³³⁴təu³³⁴	揾倒	uɐn⁵²tɔ⁵²
牵连	牵连	hin⁵⁵⁴⁻³²lin²⁴³	连累	lɛn²⁴⁻²¹lœ²⁴²
依靠	靠	kʰau⁵²	靠	kʰau³²
依赖	依赖	i⁵⁵lai²¹	依赖	i⁴⁴⁻³²lai²¹
平常	平常	peŋ²⁴³⁻²²tʃiɛŋ²⁴³	平时	piᵊŋ²⁴⁻²¹tʃi²⁴
热闹	热闹	it²²nau²¹	热闹	ɲit³⁴⁻²¹nau²¹
沸沸扬扬	坎坎滚	hʌm²²hʌm²²kuʌn³³⁴	□□滚	liŋ²⁴²lɔm²⁴²kuɐn⁵²
兴师动众	全部出马	ʃun²⁴³⁻²²pu²¹⁻²²tʃʰʌt⁵⁵ma²²³	兴师动众	hɛŋ⁴⁴⁻³²ʃi⁴⁴toŋ²⁴²⁻²¹tʃuŋ³²
冷清	冷清	laŋ²²³tʰɛŋ⁵⁵	冷清	lɛŋ²⁴²⁻²¹tʃʰiᵊŋ⁴⁴

续上表

义项	封川话词条	封川话标音	开建话词条	开建话标音
偏僻	拐角	kuai^{34}kɔk^{53}	偏(僻)	pʰɛn$^{44(32)}$(pʰiək^{55})
冤枉	冤枉	iun$^{554-33}$uoŋ^{334}	冤枉	yn$^{44-32}$uᵒŋ^{242}
公道	公道	koŋ$^{554-33}$təu^{223}	公道	koŋ$^{44-32}$tɔ^{242}
不公	冇公道	mʌu^{34}koŋ$^{554-32}$təu^{223}	唔公道	ȵi^{44}koŋ$^{44-32}$tɔ^{242}
程度高	非常 认舍 几	fi$^{554-52}$ʃiɛŋ$^{243-21}$ ȵiɛŋ^{21}ʃɛ^{52} ki^{334}	佛=是	pɐt$^{34-21}$tʃi^{242}
程度低	少少 麻麻哋 一幕	ʃiu^{34}ʃiu^{334} ma$^{243-22}$ma^{243}ti^{334} iʌt^{55}mɔk^{53}	呢把 些少	nit$^{55-32}$pa^{52} ʃiɛ$^{44-32}$ʃiu^{52}
过分	过分	kuɔ$^{52-32}$fʌn^{21}	过分	ku^{332}fɐn^{21}
贵	贵	kuʌi^{52}	贵	kuei^{32}
价低	平	peŋ^{243}	平	piᵒŋ^{24}
涨价	升价 涨价 提价	ʃɛŋ^{55}ka^{52} tʃiɛŋ$^{52-33}$ka^{52} tʌi$^{243-22}$ka^{52}	升价 提价	ʃɛŋ$^{44-32}$ka^{32} tɐi$^{24-21}$ka^{32}
降价	降价 减价	kɔŋ^{52}ka^{52} kam^{34}ka^{52}	降价 减价	kœŋ^{32}ka^{32} kam$^{52-32}$ka^{32}
生意好	生意好 生意旺	ʃaŋ^{55}i$^{52-33}$həu^{334} ʃaŋ^{55}i$^{52-33}$uoŋ^{21}	旺 好生意	uŋ^{21} hɔ^{52}ʃɛŋ$^{44-32}$i^{32}
生意清淡	生意淡泊 生意冷淡	ʃaŋ^{55}i^{52}tam^{23}pɔk^{22} ʃaŋ^{55}i^{52}laŋ^{23}tan^{223}	淡 拍乌蝇	tam^{242} pʰɛk^{34}u$^{44-32}$iɐŋ^{44}
畅销	好卖	həu$^{52-32}$mai^{223}	好卖	hɔ$^{52-32}$mai^{21}
滞销	难卖	nan$^{243-22}$mai^{223}	难卖	nan$^{24-21}$mai^{21}
缺货	缺货 冇货	kʰut^{55}fɔ^{52} mʌu^{34}fɔ^{52}	缺货	kʰyt$^{55-32}$fu^{332}
秤尾高	秤得先	tʃʰɛŋ$^{554-33}$tak$^{55-33}$ɬin^{554}	□秤	tɐp$^{34-21}$tʃʰɛŋ^{32}
秤尾低	秤得慢	tʃʰɛŋ$^{55-33}$tak$^{55-33}$man^{21}	压秤	at^{32}tʃʰɛŋ^{32}
合算	抵	tʌi^{334}	抵	tei^{52}
不值	冇值 冇抵	mʌu^{34}tʃɐk^{22} mʌu^{34}tʌi^{334}	唔值 唔抵	ȵi^{44}tʃɐk^{34} ȵi^{44}tei^{52}

续上表

义项	封川话词条	封川话标音	开建话词条	开建话标音
赢	赢	ieŋ²⁴³	赢	iᵊŋ²⁴
输	输	ʃy⁵⁵⁴	输	ʃy⁴⁴
和	和	uɔ²⁴³	和	u²²⁴
功败垂成	卒之成功	tʃʌt⁵⁵tʃi⁵⁵tʃeŋ²⁴³⁻²²koŋ⁵⁵	差呢成功	tʃʰa⁴⁴nit⁵⁵tʃiᵊŋ²⁴⁻²¹koŋ⁴⁴
落下风	输蚀	ʃui⁵⁵ʃet²²	输蚀	ʃy⁴⁴⁻³²tʃit³⁴
出错	出错	tʃʰʌt⁵⁵tʰɔ⁵²	出错	tʃʰet⁵⁵⁻³²tʃʰu⁰³²
可爱	好爱	həu⁵²ui⁵²⁻²¹	得意	tɐk⁵⁵⁻³²i³²
可怕	发怕	fat⁵³pʰa⁵²⁻²¹	可怕	hɔ⁵²⁻³²pʰa³²
使人快乐	冹ⁿ人开心	tʰʌm³³⁴ȵiʌn²⁴³ hui⁵⁵ʃʌm⁵⁵	冹ⁿ人开心	tʰom³²ȵien²⁴ hɔi⁴⁴⁻³²ʃem⁴⁴
滑稽	鬼马 杂夹ⁿ	kuʌi³⁴ma²²³ ɬʌp²²kiep²²	妖怪 搞笑	iu³²kuai³² kau⁵²⁻³²ʃiu³²
有趣	过瘾	kuɔ⁵²⁻³²iʌn²²³	得意	tɐk⁵⁵⁻³²i³²
无聊	冇瘾头	mʌu³⁴iʌn²²³tʌu²⁴³	无聊	mu²⁴⁻²¹lɛu²⁴
枯燥	平淡 冇粒味	pʰeŋ²⁴³⁻²²tam²²³ mʌu³⁴nʌp⁵⁵mi²¹	无聊 唔呢瘾/味	mu²⁴⁻²¹lɛu²⁴ ȵi⁴⁴nit⁵⁵ien²⁴²/mei²¹
肉麻	肉酸	ȵiok²²ɬun⁵⁵	肉麻	ȵiok³⁴⁻²¹ma²⁴
可厌	好恼 好嬲	həu³⁴nəu²²³ həu³⁴nʌu⁵⁵⁴	讨厌	tʰɔ⁵²⁻³²im³²
可恨	觅人嬲	muʌi⁵²ȵiʌn²⁴³nʌu⁵⁵⁴	乞人憎	hɐt⁵⁵⁻³²ȵien²⁴⁻²¹tʃeŋ⁴⁴
无可指摘	冇得弹	mʌu³⁴tak⁵⁵⁻³²tan²⁴³	唔得弹 唔得讲	ȵi⁴⁴tɐk⁵⁵⁻³²tan²⁴ ȵi⁴⁴tɐk⁵⁵⁻³²kœŋ⁵²
了不起	犀利 飞得起	ɬʌi⁵⁵li²¹ fi²²tak⁵⁵⁻³³hi³³⁴	犀利 犀亘	ʃɐi⁴⁴⁻³²lei²¹ ʃɐi⁴⁴⁻³²kɐn³²
高贵	好上行	həu³⁴tʃien²¹⁻²²həŋ²⁴³	高贵	kɔ⁴⁴⁻³²kuei³²
低贱	下贱	ha²¹⁻²²ɬin²¹	贱（格）	tʃin²¹（kɛk³²）
要紧	要紧	ȵiu⁵²tʃʌn³³⁴	要紧	iu³²tʃɐŋ⁵²
重要	重要	tʃoŋ²¹⁻²²ȵiu⁵²	重要	tʃoŋ²⁴²⁻²¹iu³²
怪异	古怪	ku⁵²kuai²¹	怪	kuai³²

续上表

义项	封川话词条	封川话标音	开建话词条	开建话标音
奇怪	出奇	tʃʰʌt⁵⁵⁻³³kiˀ²⁴³	出奇	tʃʰɐt⁵⁵⁻³²ki²⁴
不合常理	冇啱常理	mʌu³⁴ŋam⁵⁵tʃiɛŋ²⁴³⁻²²liˀ²²³	唔合常理	n̠i⁴⁴ɔp²¹tʃyŋ²⁴⁻²¹lɐi²⁴²
勉强	夹硬	kʌp⁵³ŋaŋ³³⁴	夹/博硬	kap³²/pɔk³²ŋɐŋ²¹
有兴趣	过瘾	kuɔ⁵²⁻³²iʌnˀ²²³	有兴趣	ia²⁴²hɐŋ³²tʃʰui³²
稳妥	稳阵	uʌn³³⁴ʃʌn²¹	稳阵	uɐn⁵²⁻³²tʃɐn²¹
识相	识做	ʃek⁵⁵tu⁵²	识做	ʃek⁵⁵⁻³²tʃu³²
无分寸	冇分寸 冇□欧	mʌu³³⁴fuʌn⁵⁵⁴⁻³²tʰun²¹ mʌu³³⁴ʌn³³ʌu⁵⁵	唔有分寸	n̩²¹n̠ia²⁴²fɐn⁴⁴⁻³²tʃʰin³²
强硬	强硬	kiɛŋ²⁴³⁻²²ŋaŋ²¹	强硬	kyŋ²⁴⁻²¹ŋɐŋ²¹
齐全	齐全	ɬʌi²⁴³⁻²²tun²⁴³	齐	tʃɐi²⁴
严格	严格	n̠im²⁴³⁻²²kak⁵⁵	严	n̠im²⁴
正当	正当/行	tʃɐŋ⁵²tɔŋ⁵²/hɔŋ²⁴³	正当/行	tʃin³²tœŋ³²/œn²⁴
公开	公开	kɔŋ⁵⁵hui⁵⁵	公开	kɔŋ⁴⁴⁻³²hɔi⁴⁴
坦率	爽直	ʃɔŋ³³⁴tʃekˀ²²	直接	tʃɐk³⁴⁻²¹tʃɐp³²
露骨	出骨	tʃʰʌt⁵⁵⁻³³kuʌt⁵⁵	出骨	tʃʰɐt⁵⁵⁻³²kuɐt⁵⁵
私下裏	私自	ɬiˀ⁵⁵ɬiˀ²¹	督底	tok⁵⁵⁻³²tai⁵²
偷偷摸摸	偷偷摸摸 揽揽撷撷	tʰʌu⁵⁵⁴⁻³³tʰʌu⁵⁵mɔ⁵⁵⁴⁻³³mɔ⁵⁵⁴ ləm³³⁴⁻³³ləm³³⁴⁻⁴⁴la³³⁴⁻³³la³³⁴	偷偷摸摸 鬼鬼鼠鼠	tʰɐu⁴⁴⁻³²tʰɐu⁴⁴⁻³²muɔ⁴⁴muɔ⁴⁴ kuɐi⁵²⁻³²kuɐi⁵²ʃy⁵²⁻³²ʃy⁵²
猛	猛	maŋˀ²²³	猛	mɛŋ²⁴²
有条理	有路垒 有纹缕	iʌu²³lu²¹⁻²²luiˀ⁵⁵⁴ iʌu²³muʌn²⁴³⁻²²¹lʌu²⁴²	有条理 有纹路	ia²⁴²tɐu²⁴⁻²¹lɐi²⁴² ia²⁴²mɐn²⁴⁻²¹lu²¹
无条理	冇路垒 冇纹缕	mʌu³⁴lu²¹⁻²²luiˀ⁵⁵⁴ mʌu³⁴muʌn²⁴³⁻²²¹lʌu²⁴³	唔有条理 唔纹路	n̩²¹n̠ia²⁴²tɐu²⁴⁻²¹lɐi²⁴² n̠i⁴⁴mɐn²⁴⁻²¹lu²¹
有理	有理	iʌuˀ²²³liˀ²²³	有理	ia²⁴²⁻²¹lɐi²⁴²
无理	冇理 无理	mʌu³⁴liˀ²²³ mu²⁴³⁻²²liˀ²²³	唔理 无理	n̠i⁴⁴lɐi²⁴² mu²⁴⁻²¹lɐi²⁴²
谨慎	谨慎	tʃʌnˀ²²³ʃʌn²¹	谨慎	kɐn⁵²ʃɐn²¹
认真	认真 正经 定腾	n̠iɛn²¹⁻²²tʃʌn⁵⁵⁴ tʃɐŋ⁵²⁻³³kɐn⁵⁵ tɛŋ²¹⁻²²taŋ²⁴³	认真 正经	n̠in²¹tʃɐn⁴⁴ tʃiŋ³²ki°ŋ⁴⁴

续上表

义项	封川话词条	封川话标音	开建话词条	开建话标音
轻率	儿戏 浮晃	n̩i$^{243\text{-}22}$hi^{554} fʌu$^{243\text{-}22}$faŋ^{52}	轻率 随便	hiᵊŋ$^{44\text{-}32}$ʃɐt$^{\underline{55}}$ tʃœ$^{24\text{-}21}$pin^{21}
草率	随便	ɬui$^{243\text{-}22}$pin^{21}	随便/求其	tʃœ$^{24\text{-}21}$pin^{21}/kɐu$^{24\text{-}21}$ki^{21}
离谱	离谱	li$^{243\text{-}22}$pʰu^{334}	离谱	lɐi$^{24\text{-}21}$pʰu^{52}
多手	手多	ʃʌu^{34}tɔ^{554}	多手	tu$^{⊃44}$ʃou^{52}
凶狠	狼	lɔŋ^{243}	狼（胎）	lœŋ^{24} (tʰɔi^{44})
男	男	nam^{243}	男	nam^{24}
女	女	ny^{223}	女	nɔi^{242}
雄性	公 牯	koŋ^{55} ku^{334}	公 牯	koŋ^{44} ku^{52}
雌性	嫲 婆	na^{334} pɔ^{243}	嫲 婆	na^{52} pu$^{⊃24}$
老	老	lɐu^{223}	老	lɔ^{242}
幼小	细小	ɬʌi$^{52\text{-}33}$ɬiu^{334}	奀	ni^{32}
年轻	后生	hʌu$^{21\text{-}22}$ʃaŋ^{554}	后生	ɔ^{21}ʃɛŋ^{44}
稳重	稳阵	uʌn^{34}ʃʌn^{21}	老成	lɔ$^{242\text{-}21}$tʃiᵊŋ^{24}
浮躁	急躁	kʌp^{55}tʰɔu^{52}	急躁	kɐp$^{\underline{55\text{-}32}}$tʃʰɔ^{32}
世故	世故	ʃʌi$^{52\text{-}32}$ku^{52}	世故	ʃiᵉ^{32}ku^{32}
文雅	斯文	ɬi^{55}muʌn^{243}	斯文	ʃi$^{44\text{-}32}$mɐn^{24}
粗俗	俗品	ʃok$^{\underline{22}}$pʰuʌn^{334}	粗俗	tʃʰu$^{44\text{-}32}$tʃok$^{\underline{34}}$
滑头	滑头	uat$^{\underline{22}}$tʌu^{243}	滑头	uat$^{\underline{21}}$tɐu^{24}
公正	公正	koŋ^{55}tʃɛŋ^{52}	公正	koŋ$^{44\text{-}32}$tʃiŋ^{32}
自私	自私	ɬi$^{21\text{-}22}$ɬi^{554}	自私	tʃu$^{⊃21}$ʃu$^{⊃44}$
勤劳	勤力	tʃʌn$^{243\text{-}22}$lek$^{\underline{22}}$	勤力	tʃɐn$^{24\text{-}21}$lek$^{\underline{34}}$
懒	懒	lan^{223}	懒	lan^{242}
孝顺	孝顺	hau$^{52\text{-}32}$ʃʌn^{21}	孝顺	hau^{32}ʃɐn^{21}
忠实	老实	lɐu^{223}ʃʌt$^{\underline{22}}$	老实	lɔ$^{242\text{-}21}$tʃɐt$^{\underline{34}}$
叛逆	难靠	nan$^{243\text{-}22}$kʰau$^{52\text{-}21}$	难教	nan$^{24\text{-}21}$kau^{32}
磊落	光明正大	kuɔŋ^{55}mɛŋ^{243} tʃɛŋ$^{52\text{-}32}$tai^{21}	光明正大	kuŋ$^{44\text{-}32}$miᵊŋ^{24} tʃiŋ^{32}tai^{21}

续上表

义项	封川话词条	封川话标音	开建话词条	开建话标音
阴险	阴险 阴毒 阴湿	iʌm⁵⁵him³³⁴ iʌm⁵⁵tok²² iʌm⁵⁵ʃʌp⁵⁵	阴险 阴毒	iɐm⁴⁴⁻³²him⁵² iɐm⁴⁴⁻³²tok³⁴
清纯	清秀	tʰeŋ⁵⁵ɬʌu⁵²	单纯	tan⁴⁴ʃen²¹
细心	细心	ɬʌi⁵²⁻³³ɬʌm⁵⁵	细心	ʃei³²ʃɐm⁴⁴
粗心	粗心	tʰu⁵⁵ɬʌm⁵⁵⁴	粗心	tʃʰu⁴⁴⁻³²ʃɐm⁴⁴
论阵	论阵	lʌn²¹⁻²²tʃʌn²¹	论阵	len²⁴⁻²¹tʃen²¹
有用	有用	iʌu²²³ioŋ²¹	有用	ia²⁴²⁻²¹iuŋ²¹

十二、其他

义项	封川话词条	封川话标音	开建话词条	开建话标音
我	我	ŋɔ²²³	我	ŋu⁵²
我	我	naŋ⁵⁵⁴	侬	nuŋ⁴⁴
我们	侬	naŋ⁵⁵⁴	侬/侬呢人	nuŋ⁴⁴/nuŋ⁴⁴nit⁵⁵⁻³²ȵien²⁴
咱们	侬个啲	naŋ⁵²kɔ⁵²⁻²²tit⁵⁵	侬人	nuŋ⁴⁴ȵien²⁴
我们俩	侬俩个	naŋ⁵⁵lieŋ²³kɔ⁵²	侬两人	nuŋ⁴⁴lyŋ²⁴²ȵien⁴⁴
咱们俩	侬俩个	naŋ⁵⁵lieŋ²²³kɔ⁵²⁻³³⁴	侬两人	nuŋ⁴⁴lyŋ²⁴²ȵien⁴⁴
你	你	ni²²³	你	nei²⁴²
你们	你哋	ni²³ti²¹	你人	nei²⁴²ȵien⁴⁴
你们俩	你俩个	ni²³lieŋ²²³kɔ³³⁴	你两人	nei²⁴²lyŋ²⁴²ȵien⁴⁴
他	佢	ky²⁴³	佢	ky²⁴
他们	佢哋	ky²⁴³ti²¹	佢人	ky²⁴ȵien⁴⁴
他们俩	佢哋两个	ky²⁴³ti²¹lieŋ²²³kɔ⁵²⁻³³⁴	佢两人	ky²⁴lyŋ²⁴²ȵien⁴⁴
自己	自己	ɬi²¹⁻²²ki³³⁴	吾己，自家	ŋ²⁴⁻²¹ki⁵²，tʃu²¹ka⁴⁴
别人	人地 人屋	ȵiʌn²⁴³⁻²²ti²¹ ȵiʌn²⁴³⁻²²ok⁵⁵	人屋	ȵien²⁴⁻²¹nok⁵⁵
大家	大家 大众	tai²¹⁻²²ka⁵⁵ tai²¹⁻²²tʃoŋ²¹	大家 大众	tai²¹ka⁴⁴ tei²¹tʃuŋ³²
我的	我嘅	ŋɔ²²³kɛ⁵²	我个	ŋu⁵²ku²¹

续上表

义项	封川话词条	封川话标音	开建话词条	开建话标音
你的	你嘅	ni²²³kɛ⁵²	你个	nɐi²⁴²ku⁰²¹
他的	佢嘅	ky²⁴³kɛ⁵²	佢个	ky²⁴ku⁰²¹
这	个	kɔ²⁴³	笄	kei⁵²
那	阿	a²¹	呗	pui⁵²
这个	个个	kɔ²⁴³⁻²²kɔ⁵²	笄⁼粒	kei⁵²nɐm⁴⁴
那个	阿个	a²¹⁻²²kɔ⁵²	呗⁼粒	pui⁵²nɐm⁴⁴
这些	个啲	kɔ²¹⁻²²ti⁵⁵	笄⁼呢	kei⁵²nit⁵⁵
那些	阿啲	a²¹⁻²²ti⁵⁵	呗⁼呢	pui⁵²nit⁵⁵
这里	个度	kɔ²⁴³tu²¹	笄⁼度/堂	kei⁵²tu²¹/tœŋ²⁴²
那里	阿度	a²¹⁻²³tou²¹	呗⁼度/堂	pui⁵²tu²¹/tœŋ²⁴³
这时	个阵	kɔ²⁴³tʃʌn²¹	笄⁼阵时	kei⁵²tin²¹tʃi²⁴
那时	阿阵时	a²¹⁻²²tʃʌn²¹⁻²²ʃi²⁴³	呗⁼阵时	pui⁵²tin²¹tʃi²⁴
这会儿	个云⁼	kɔ²⁴³⁻²²uʌn²⁴³	笄⁼阵	kei⁵²tin²¹
那会儿	阿阵	a³³tʃʌn²¹	呗⁼阵	pui⁵²tin²¹
这天	个日	kɔ²⁴³⁻³³ȵiʌt²²	个日	ku³²ȵiet³⁴
那天	阿日	a²¹⁻²²ȵiʌt²²	呗⁼日	pui⁵²ȵiet³⁴
那些天	阿几日	a²¹⁻²²ki³³⁴ȵiʌt²²	呗⁼几日	pui⁵²ki⁵²ȵiet³⁴
这些天	个几日	kɔ²⁴³ki³³⁴ȵiʌt²²	笄⁼几日	kei⁵²ki⁵²ȵiet³⁴
这种	个种	kɔ²⁴³⁻³³tʃoŋ³³⁴	笄⁼种	kei⁵²tʃoŋ⁵²
那种	阿种	a²¹⁻²²tʃoŋ³³⁴	呗⁼种	pui⁵²tʃoŋ⁵²
这一次	个轮	kɔ²⁴³⁻²²lʌn²⁴³	笄⁼次	kei⁵²tʃʰu³²
那一次	阿轮	a²¹⁻²²lʌn²⁴³	呗⁼次	pui⁵²tʃʰu³²
别的	其他	ki²⁴³⁻²²tʰa⁵⁵	其他	ki²¹tʰa⁴⁴
这样	噉样	kəm³³⁴iɛŋ²¹	笄⁼样	kei⁵²iuŋ²¹
那样	阿噉	a²¹⁻³³kəm³³⁴	呗⁼样	pui⁵²iuŋ²¹
这么	个敢	kɔ²⁴³⁻²²kəm³³⁴	果/竟	ku⁰⁵²/keŋ⁵²
那么	阿噉	a²¹⁻³⁴kəm³³⁴	广	kuŋ⁵²
哪	边	pin⁵⁵⁴	兀	u⁴⁴
谁	边个	pin⁵⁵kɔ⁵²⁻³³⁴	兀/谁人	u⁴⁴/tʃœ²⁴ȵien⁴⁴
哪个人	边个人	pin⁵⁵kɔ⁵²⁻³³ȵiʌn²⁴³	兀人人	u⁴⁴ȵien⁴⁴⁻³²ȵien²⁴

· 348 ·

续上表

义项	封川话词条	封川话标音	开建话词条	开建话标音
哪些人	边哟人	pin^{55}tit$^{55\text{-}33}$ȵiʌn^{243}	兀呢人	u^{44}nit$^{55\text{-}32}$ȵien^{24}
哪个	边个	pin^{55}kɔ^{52}	兀粒	u^{44}nɐm^{44}
哪些	边哟	pin^{55}ti^{554}	兀呢	u^{44}nit^{55}
哪里	边度	pin^{55}tu^{21}	兀堂	u^{44}tœŋ^{242}
何时	几时 几阵	ki^{55}tʃi^{243} ki^{55}tʃʌn^{21}	兀阵	u^{44}tin^{21}
几点钟	几点钟	ki^{34}tim$^{334\text{-}33}$tʃoŋ^{55}	几点钟	ki^{52}tɐm$^{52\text{-}32}$tʃoŋ^{44}
哪种	边样	pin^{55}iɛŋ^{21}	兀种	u^{44}tʃoŋ^{52}
什么	乜嘢 乜呢	muʌt^{55}ȵie^{223} muʌt^{55}nɛ^{334}	乜嘢	mɐt^{55}ȵie^{52}
多少	几多	ki^{334}tɔ^{554}	几多	ki^{52}tu^{044}
几	几	ki^{334}	几	ki^{52}
多	几	ki^{334}	冻⁼	tuŋ^{32}
怎么	点	tim^{334}	冻⁼	tuŋ^{32}
怎么样	点样 □点	tim$^{334\text{-}33}$iɛŋ^{223} ʃʌn$^{334\text{-}33}$tim^{334}	冻⁼样子	tuŋ^{32}iuŋ^{21}tʃu^{052}
怎么办	点算	tim$^{334\text{-}34}$ɬun^{52}	冻⁼算	tuŋ^{32}ʃyn^{32}
为何	点解 为乜	tim^{34}kai^{334} uʌi$^{21\text{-}22}$muʌt^{55}	冻⁼解	tuŋ^{32}kai^{52}
一	一	iʌt$^{\underline{55}}$	一	iet$^{\underline{55}}$
二	二	ȵi^{21}	二	ȵi^{21}
三	三	ɬam^{55}	三	ʃam^{44}
四	四	ɬi^{52}	四	ʃei^{32}
五	五	ŋ^{223}	五	ŋ^{242}
六	六	lok$^{\underline{22}}$	六	lok$^{\underline{34}}$
七	七	tʰʌt$^{\underline{55}}$	七	tʰɐt$^{\underline{55}}$
八	八	pat$^{\underline{53}}$	八	pat$^{\underline{32}}$
九	九	tʃʌu^{334}	九	tʃou^{52}
十	十	ʃʌp$^{\underline{22}}$	十	ʃɐp$^{\underline{34}}$
廿	廿，二阿	nim^{21}, ȵia^{21}	廿	ȵi^{e21}

续上表

义项	封川话词条	封川话标音	开建话词条	开建话标音
卅	卅	ɬa⁵⁵⁴	卅	ʃa⁴⁴
四十	四十	ɬi⁵² ʃʌp²²	四十	ʃei³² ʃɐp³⁴
百	百	pak⁵⁵	百	pɛk³²
千	千	tʰin⁵⁵⁴	千	tʃʰɛn⁴⁴
万	万	man²¹	万	man²¹
对	对	tui⁵²	对	tœ³²
双	双	ʃɔŋ⁵⁵⁴	双	ʃœŋ⁴⁴
倍	倍	pui²²³	倍	pui²⁴²
零	零	leŋ²⁴³	零	liᵊŋ²⁴
几	几	ki³³⁴	几	ki⁵²
略多于整数	出头	tʃʰʌt⁵⁵tʌu²⁴³	出头 多啲	tʃʰɐt⁵⁵⁻³²tɐu²⁴ tu³⁴⁴nit⁵⁵
将近整数	撑啲 挨近	tʃʰaŋ⁵⁵ti⁵⁵ ai⁵⁵tʃʌn²²³	撑啲	tʃʰɛŋ⁴⁴nit⁵⁵
整数上下	出头 接近	tʃʌt⁵⁵⁻³²tʌu²⁴³ tip⁵⁵tʃʌn²²³	左右 上下	tʃu³³²iou²¹ tʃuŋ²¹a²⁴²
大概	大约 大概	tai²¹⁻²²iɛk⁵³ tai²¹⁻²²kʰui⁵²	大概	tai²¹kʰɔi³²
半	半	pun⁵²	半	pun³²
小半	少半	ʃiu³³⁴pun³²	小半	ʃɛu⁵²pun³²
大半	大半，多半	tai²¹⁻²²pun⁵²，tɔ⁵⁵pun⁵²	大半	tai²¹pun³²
单数	单/独	tan⁵⁵/tok²²	单/独	tan⁴⁴/tok³⁴
第一	第一	tʌi²¹⁻²²iʌt⁵⁵	第一	tei²¹iɐt⁵⁵
第二	第二	tʌi²¹⁻²²ɲi²¹	第二	tei²¹ɲi²¹
第三	第三	tʌi²¹⁻²²ɬam⁵⁵	第三	tei²¹ʃam⁴⁴
其他序数	头 磕	tʌu²⁴³ lai⁵⁵	头 磕	tɐu²⁴ lai⁵⁵
初一	初一	tʃʰɔ⁵⁵⁴⁻³³ iʌt⁵⁵	初一	tʃʰu³⁴⁴⁻³²iɐt⁵⁵
初二	初二	tʃʰɔ⁵⁵⁴⁻³²ɲi²¹	初二	tʃʰu³⁴⁴⁻³²ɲi²¹
初三	初三	tʃʰɔ⁵⁵⁴⁻³³ɬam⁵⁵⁴	初三	tʃʰu³⁴⁴⁻³²ʃam⁴⁴

续上表

义项	封川话词条	封川话标音	开建话词条	开建话标音
一号	一号	iʌt⁵⁵həu²¹	一号	iɐt⁵⁵ɔ²¹
二号	二号	ȵi²¹⁻²²həu²¹	二号	ȵi²¹ɔ²¹
三号	三号	ɬam⁵⁵həu²¹	三号	ʃam⁴⁴ɔ²¹
一月	正月 元月	tʃeŋ⁵⁵ȵiut²² ȵiun²⁴³ȵiut²²	正月	tʃiᵊŋ⁴⁴ȵyt³⁴
二月	二月	ȵi²¹⁻²²ȵiut²²	二月	ȵi²¹ȵyt³⁴
三月	三月	ɬam⁵⁵⁴⁻³²ȵiut²²	三月	ʃam⁴⁴ȵyt³⁴
季度	季	kuʌi⁵²	季	kuei³²
周	周	tʃʌu⁵⁵	周	tʃɐu⁴⁴
作物周期	造	ɬəu²¹	造	tʃɔ²¹
大哥	大哥 大佬	tai²¹⁻²²kɔ⁵⁵⁴ tai²¹⁻²²ləu²²³⁻³³⁴	大哥 大佬	tai²¹kœ⁴⁴ tai²¹lɔ⁵²
二哥	二哥	ȵi²¹⁻²²kɔ⁵⁵⁴	二哥	ȵi²¹kœ⁴⁴
老大	老大 阿头	ləu²²³tai²¹ a⁵⁵⁻³²tʌu²⁴³	最大(个) 阿头	tʃœ³²tai²¹ku²¹ a³²tɐu²⁴
老二	老二	ləu²³ȵi²¹	阿二 排第二(个)	a³²ȵi²¹ pai²⁴tei²¹ȵi³²ku²¹
老三	老三	ləu²³ɬam⁵⁵⁴	阿三 排第三(个)	a³²ʃam⁴⁴ pai²⁴tei²¹ʃam⁴⁴ku²¹
老幺	阿拉瘪	a³³lai⁵⁵miet⁵⁵	最奀(个)	tʃœ³²ni³²ku²¹
伯	长	tʃien³³⁴	长	tʃyŋ⁵²
仲	次	tʰi⁵²	次	tʃʰu³²
季	季	kuʌi⁵²	季	kuei³²
甲	甲	kap⁵³	甲	kap³²
乙	乙	iut⁵⁵	乙	yt⁵⁵
丙	丙	peŋ³³⁴	丙	piᵊŋ⁵²
丁	丁	teŋ⁵⁵⁴	丁	tiᵊŋ⁴⁴
戊	戊	mu²¹	戊	mu²¹
己	己	ki³³⁴	己	ki⁵²
庚	庚	kaŋ⁵⁵⁴	庚	keŋ⁴⁴

续上表

义项	封川话词条	封川话标音	开建话词条	开建话标音
辛	辛	ɬʌn554	辛	ʃen44
壬	壬	n̠iʌm21	壬	n̠iom21
癸	癸	kuʌi52	癸	kuɐi24
子	子	ti334	子	tʃu52
丑	丑	tʃʰʌu334	丑	tʃʰau52
寅	寅	iʌn243	寅	n̠ien24
卯	卯	mau223	卯	mau242
辰	辰	tʃʌn243	辰	tʃen24
巳	巳	ɬi223	巳	tʃi242
午	午	ŋ̍223	午	ŋ̍242
未	未	mi21	未	mei21
申	申	ʃʌn554	申	ʃen44
酉	酉	iʌu243	酉	ieu24
戌	戌	ɬʌt55	戌	ʃet55
亥	亥	hui334	亥	ɔi242
尺	尺	tʃʰek55	尺	tʃʰiək55
寸	寸	tʰun52	寸	tʃʰin32
丈	丈	tʃiɛŋ223	丈	tyŋ242
里	里	li223	里	lɐi223
十里	十里	ʃʌp22li223	十里	ʃɐp34lɐi242
拃	纳（捺）	nap53	□	kam21
庹	烹 搲=	pʰaŋ554 maŋ554		
步	步	pu21	步	pu21
手指宽度	跪	kuʌi21	手指阔	ʃou52-32tʃi52fut55
亩	亩	mʌu223	亩	mɐu242
顷	顷	kʰeŋ334	顷	kʰiəŋ52
分	分	fuʌn554	分	fen44
厘	厘	li243	厘	lɐi24

续上表

义项	封川话词条	封川话标音	开建话词条	开建话标音
毫	毫	hɐu²⁴³	毫	ɔ²⁴
丝	丝	ɬi⁵⁵⁴	丝	ʃei⁴⁴
忽	忽⁼	fuʌt⁵⁵	忽⁼	fɐt⁵⁵
微	垧	hiɛk⁵⁵	□	ʃɛk³²
石	□	tʃeŋ²¹	石	tam³²
斗	斗	tʌu³³⁴	斗	tou⁵²
合	合	kəp⁵⁵	合	kɔp³²
石	石	tʃek²²	石	tʃiᵉk²¹
升	升	ʃeŋ³³⁴	升	ʃeŋ⁴⁴
筒	筒	toŋ²⁴³	筒	toŋ²⁴
斤	斤	tʃʌn⁵⁵⁴	斤	tʃɐn⁴⁴
两	两	liɛŋ²²³	两	lyŋ⁵²
担	担	tam⁵²	担	tam³²
吨	吨	tʌn⁵⁵⁴	吨	tɐn⁴⁴
斤	斤	tʃʌn⁵⁵⁴	斤	tʃɐn⁴⁴
两	两	liɛŋ²²³	两	lyŋ⁵²
钱	钱	ɬin²⁴³	钱	tʃɛn²⁴
克	克	hak⁵⁵	克	hɐk⁵⁵
厘	厘	li²⁴³	厘	lɐi²⁴
元	元 蚊	iun²⁴³ muʌn⁵⁵	蚊	mɐn⁴⁴
角	角	kɔk⁵³	角	kœk³²
分	分	fuʌn⁵⁵	分	fɐn⁴⁴
毫	毫	hɐu²⁴³	毫	ɔ²⁴
最初	起初	hi³³⁴⁻³³tʃɔ⁵⁵⁴	起初	hi⁵²⁻³²tʃʰuɔ⁴⁴
原先	原先 头先	ȵiun²⁴³⁻²²ɬin⁵⁵⁴ tʌu²⁴³⁻²²ɬin⁵⁵⁴	原先	ȵyn²⁴⁻²¹ʃen⁴⁴
早就	早就 早都	təu³⁴tʌu²¹ təu³⁴tu⁵²	早都	tʃɔ⁵²tu⁴⁴
趁早	趁早	tʃʰʌn⁵²⁻³³təu³³⁴	搏早	pœk³²tʃɔ⁵²

续上表

义项	封川话词条	封川话标音	开建话词条	开建话标音
快要	好快	həu³⁴fai⁵²	好快	hɔ⁵²fai³²
刚刚	啱啱	ŋam⁵⁵⁻³³ŋam⁵⁵⁴/ŋan⁵⁵⁴⁻³³ŋan⁵⁵⁴	啱啱 啱先	ŋam⁴⁴⁻³²ŋam⁴⁴ ŋam⁴⁴⁻³²ʃɛn⁴⁴
立刻	立即	lap²²tek⁵⁵	即刻	tʃek⁵⁵hɐk⁵⁵
马上	即刻	tek⁵⁵hak⁵⁵	即马	tʃek⁵⁵ma²⁴²
先	先	ɬin⁵⁵⁴	先	ʃɛn⁴⁴
紧接着	跟住	kʌn⁵⁵tʃy²¹	跟倒/手	kɛn⁴⁴tɔ⁵²/ʃou⁵²
过一会	过（一）阵	kuɔ⁵²(iʌt⁵⁵)tʃʌn²¹	过（一）阵	ku³²(iɐt⁵⁵⁻³²)tin²¹
预先	预先	y²¹⁻²²ɬin⁵⁵⁴	预先	y²¹ʃin⁴⁴
将来	将来	tiɛŋ⁵⁵lui²⁴³	将来	tʃœŋ⁴⁴⁻³²lɔi²⁴
后来	磱尾	lai⁵⁵⁴⁻³³mi²²³	老尾	lɔ²⁴²⁻²¹mɐi²⁴²
终于	终于 卒之	tʃoŋ⁵⁵y⁵⁵⁴ tʃʌt⁵⁵tʃi⁵⁵	终于	tʃoŋ⁴⁴y⁴⁴
终归	终归 话晒	tʃoŋ⁵⁵kuʌi⁵⁵⁴ ua²¹⁻²²ɬai⁵²	终归 话晒	tʃoŋ⁴⁴kuɐi⁴⁴ ua²¹ʃai³²
自从	自从	ɬi²¹⁻²²ɬoŋ²¹	自从	tʃu²¹tʃoŋ²⁴
一直	一直	iʌt⁵⁵⁻³²tʃek²²	一直	iɐt⁵⁵⁻³²tʃɐk³⁴
一向	一向 不溜	iʌt⁵⁵⁻³³hiɛŋ⁵² puʌt⁵⁵⁻³³lau⁵⁵⁴	一向 不溜	iɐt⁵⁵⁻³²hyŋ³² pɐt⁵⁵⁻³²lɐu⁴⁴
逐渐	逐渐	tʃok²²tʃim²¹	逐慢	tok³⁴⁻²¹man²¹
才	啱啱	ŋam⁵⁵ŋam⁵⁵	正	tʃiŋ³²
突然	突然 雯然	tʌt²²n̻in²⁴³ ɬap²²n̻in²⁴³	突然间	tet³⁴⁻²¹in²⁴⁻²¹kan⁴⁴
再	再	tui⁵²	再	tʃɔi³²
又	又	iʌu²¹	又	iou²¹
经常	经常 周不时	kɐŋ⁵⁵tʃiɛŋ²⁴³ tʃʌu⁵⁵puʌt⁵⁵⁻³²tʃi²⁴³	经常 周不时	kiəŋ⁴⁴⁻³²tʃyŋ²⁴ tʃuɐ⁴⁴⁻³²pɐt⁵⁵⁻³²tʃi²⁴
不断	成日	ʃɛŋ²⁴³⁻²²n̻iʌt²²	长日	tyŋ²⁴⁻²¹n̻iɐt³⁴
一连	连住 连沓	lin²⁴³tʃy²¹ lin²⁴³⁻²²tap²²	连倒 沓沓	lɛn²⁴tɔ⁵² tap²¹tap²¹

续上表

义项	封川话词条	封川话标音	开建话词条	开建话标音
不时	不时 久无久	puʌt$^{55\text{-}32}$tʃi^{243} tʃʌu^{34}m^{21}tʃʌu^{334}	久唔久 得空	tʃou^{52}n^{21}tʃou^{52} tɐk$^{55\text{-}32}$hoŋ^{44}
偶尔	偶然	ŋʌu^{223}ɲin^{21}	久唔久	tʃou^{52}n^{21}tʃou^{52}
总是	净是	ɬeŋ$^{21\text{-}22}$tʃi^{223}	总是	tʃuŋ^{52}tʃi^{242}
从来	从来	ɬoŋ$^{243\text{-}22}$lui^{243}	从来	tʃoŋ$^{24\text{-}21}$lɔi^{24}
每次	次次	tʰi^{52}tʰi^{52}	次次	tʃʰu^{332}tʃʰu^{332}
每逢	每围 每匀	mui^{23}uʌi^{243} mui^{23}uʌn^{243}	围围 逢亲	uɐi$^{24\text{-}21}$uɐi^{24} poŋ^{24}tʃʰɐn^{44}
动辄	郁郁	ɲiok^{55}ɲiok^{55}	郁郁	ɲiok^{55}ɲiok^{55}
随时	随时	ɬui$^{243\text{-}22}$ʃi^{243}	随时	tʃœ$^{24\text{-}21}$tʃi^{24}
全部	全部 冚霸冷=	ɬun$^{243\text{-}22}$pu^{21} ham^{22}pa^{22}laŋ^{21}	总 含总	tʃuŋ^{52} om^{21}tʃuŋ^{52}
都	都	tu^{554}	都	tu^{44}
净	专	tʃun^{554}	专	tʃyn^{44}
也	又/都/亦	iʌu^{21}/tu^{52}/iek^{22}	夏=	a^{21}
连…也	监…都	kam^{21}…tu^{52}	连…都	lɐn^{24}…tu^{44}
一同	一齐 一起	iʌt$^{55\text{-}32}$ɬʌi^{243} iʌt$^{55\text{-}33}$hi^{334}	一起 一齐	iɐt$^{55\text{-}32}$hi^{52} iɐt$^{55\text{-}32}$tʃei^{24}
光是	单是	tan^{55}tʃi^{223}	单是	tan^{44}tʃi^{242}
总共	总共 咸彭令	toŋ^{34}koŋ^{21} ham$^{242\text{-}22}$pa^{22}laŋ^{21}	总共 咸总	tʃuŋ^{52}kuŋ^{21} om$^{24\text{-}21}$tʃuŋ^{52}
大约	大概	tai$^{21\text{-}22}$kʰui^{52}	大概	tai^{21}kʰɔi^{32}
另外	另外	leŋ$^{21\text{-}22}$ŋui^{21}	另外	liŋ^{21}ŋɔi^{21}
一味	一味	iʌt$^{55\text{-}32}$mi^{243}	一味	iɐt$^{55\text{-}32}$mei^{21}
从头	从头 重新	ɬoŋ$^{243\text{-}22}$tʌu^{243} tʃoŋ$^{243\text{-}22}$ɬʌn^{554}	重新	tʃoŋ$^{24\text{-}21}$ʃɐn^{44}
独自	自己 自家	ti$^{21\text{-}22}$ki^{334} ti$^{21\text{-}22}$ka^{554}	自己/家 吾己	tʃuɔ^{21}ki^{52}/ka^{52} ŋ$^{24\text{-}21}$ki^{52}
多	多	tɔ^{554}	多	tu^{44}
少	少	ʃiu^{334}	少	ʃiu^{52}

续上表

义项	封川话词条	封川话标音	开建话词条	开建话标音
至少	最少	tui$^{52\text{-}33}$ʃiu^{334}	最少	tʃœ^{32}ʃiu^{52}
才	正	tʃeŋ^{21}	正	tʃiŋ^{32}
只	只	tʃi^{334}	就是	tʃou^{21}tʃi^{242}
不止	冇止	mʌu^{34}tʃi^{334}	唔止	n̩^{44}tʃi^{52}
其他数量副词	无涯	mu^{223}ŋai$^{243\text{-}554}$	亦十	n̩iɛk^{21}ʃep^{34}
很	好	həu^{334}	好	hɔ^{52}
非常	不知几	puʌt$^{55\text{-}33}$tʃi^{55}ki$^{334\text{-}55}$	佛是	pɐt$^{34\text{-}21}$tʃi^{242}
相当	相当	ɬieŋ^{55}tɔŋ^{554}	佛是	pɐt$^{34\text{-}21}$tʃi^{242}
特别	特别	tak^{22}pit^{22}	特别	tɐk$^{34\text{-}21}$pɐt^{21}
好	好	həu^{334}	好	hɔ^{52}
最	最	tui^{52}	最	tʃœ^{32}
极	极	kek^{22}	□/死	nai^{32}/ʃei^{52}
太	太	tʰai^{52}	太	tʰai^{32}
更	更之 剩	kaŋ$^{52\text{-}33}$tʃi^{55} tʃeŋ^{21}	剩	tʃeŋ^{21}
甚至	甚至	ʃʌm^{21}tʃi^{52}	甚至	ʃɐm^{21}tʃi^{32}
比较	粒呢゠	nʌp$^{55\text{-}33}$nɛ^{334}	比较	pei$^{52\text{-}32}$kau^{32}
多么	几	ki^{55}/ki^{334}	几	ki^{52}
够	够	kʌu^{52}	够	kou^{32}
真	真	tʃʌn^{554}	真	tʃɐn^{44}
完全	完全	n̩iun$^{243\text{-}22}$ɬun^{243}	一呢都	iɐt$^{55\text{-}32}$nit^{55}tu^{44}
还	剩	tʃeŋ^{21}	恒゠/剩	eŋ^{24}/tʃeŋ^{21}
几乎	几乎	ki^{55}fu$^{554\text{-}243}$	差呢把	tʃʰa^{44}nit$^{55\text{-}32}$pa^{52}
差点	差啲	tʃʰa^{55}tit^{55}	差呢把	tʃʰa^{44}nit$^{55\text{-}32}$pa^{52}
有点	有啲	iʌu^{223}tit^{55}	有呢	ia^{242}nit^{55}
稍微	稍微	ʃau^{34}mi^{21}	呢把	nit$^{55\text{-}32}$pa^{52}
不大	冇乜	mʌu^{23}muʌt^{55}	唔乜	n̩^{44}mɐt^{55}
用心	畀心机	pi^{334}ɬm$^{554\text{-}33}$ki^{554}	畀心机	pei^{52}ʃɐm$^{44\text{-}32}$ki^{44}

续上表

义项	封川话词条	封川话标音	开建话词条	开建话标音
使劲	出力	tʃʰʌt$^{55\text{-}32}$lek^{22}	出力□	tʃʰɐt$^{55\text{-}32}$lek^{34}kɛ^{242}
硬是	硬是	ŋaŋ$^{21\text{-}22}$tʃi^{243}	硬是	ŋɐŋ^{21}tʃi^{242}
刚好	啱好	ŋam^{55}həu^{334}	啱好	ŋam^{44}hɔ^{52}
专门	专门，专登	tʃun^{55}mun^{243}，tʃun^{55}taŋ^{554}	专门	tʃyn^{44}mɐn^{24}
特意	独登 故意	tok^{22}taŋ^{554} ku$^{52\text{-}33}$i^{52}	特登 定工	tek$^{34\text{-}21}$tɐŋ^{44} tiŋ^{21}koŋ^{44}
依然	照样	tʃiu^{52}iɛŋ^{223}	照样	tʃiu^{32}iuŋ^{21}
轮流	轮流	lʌn$^{243\text{-}22}$lʌu^{243}	轮流	lɐn$^{24\text{-}21}$lɐu^{24}
一齐	一起	iʌt$^{55\text{-}33}$hi^{334}	一齐	iɐt$^{55\text{-}32}$tʃi^{24}
自然	自不然	ɬi$^{21\text{-}22}$pʌt$^{55\text{-}32}$n̠in^{243}	自不然	tʃu^{921}pɐt$^{55\text{-}32}$n̠in^{24}
也许	或者 可能	uak^{22}tʃɛ^{334} hɔ^{34}naŋ^{243}	或者 可能	uɐk$^{34\text{-}21}$tʃi^{e52} hɔ$^{52\text{-}32}$nɐŋ^{24}
胡乱	立乱	lʌp^{22}lun^{21}	立乱 胡乱	lɐp$^{34\text{-}21}$lyn^{21} u$^{24\text{-}21}$lyn^{21}
当面	当面	tɔŋ$^{554\text{-}32}$min^{21}	当面	tœŋ$^{44\text{-}32}$min^{21}
背地	背后	pui^{52}hʌu^{21}	背后	pui^{32}ɐu^{242}
也	都	tu^{554}	夏=	a^{21}
顺便	顺便	ʃʌn$^{21\text{-}22}$pin^{21}	顺便	ʃɐn^{21}pin^{21}
就	就	tʌu^{21}	就	tʃou^{21}
唯独	就系	tʌu$^{21\text{-}22}$hʌi^{21}	就是	tʃou^{21}tʃi^{242}
陆续	冇停	mʌu^{34}teŋ^{243}	陆续，继续	lok$^{34\text{-}21}$tʃok^{34}，kɛ^{32}tʃok^{34}
拼命	搏命	pɔk^{53}meŋ^{21}	搏命	pœk^{32}miŋ^{21}
直接	直接	tʃek^{22}tip^{55}	直接	tʃɐk$^{34\text{-}21}$tʃɐp^{32}
眼看	眼睇	ŋan^{23}tʰʌi^{334}	眼看	ŋan^{242}hɐn^{32}
白	白	pak^{22}	白	pɛk^{21}
任由	任	n̠iʌm^{21}	任	n̠iom^{21}
偏	偏	pʰin^{554}	偏	pʰen^{44}
赶紧	快啲	fai$^{52\text{-}33}$tit^{55}	快呢	fai^{32}nit^{55}
正巧	撞啱 咁巧	tʃɔŋ$^{21\text{-}22}$ŋam^{55} kəm^{334}kʰiu^{334}	撞啱 悭啱	tʃœŋ^{21}ŋam^{44} han^{44}ŋam^{44}

续上表

义项	封川话词条	封川话标音	开建话词条	开建话标音
本来	本来	pun³³⁴⁻³³lui²⁴³	本来	pɐn⁵²⁻³²lɔi²⁴
肯定	肯定	haŋ³⁴teŋ²¹	肯定	hɐŋ⁵²tiŋ²¹
当然	梗	kaŋ³³⁴	梗	kɐŋ⁵²
果然	认真	ȵieŋ²¹⁻²²tʃʌn⁵⁵⁴	果然	kuɔ⁵²ȵin²⁴
的确	的确	tek⁵⁵kɔk⁵³	的确	tiᵊk⁵⁵kʰœk³²
其实	其实	ki²⁴³⁻²²ʃʌt²²	其实	ki²⁴⁻²¹tʃɐt³⁴
一定	一定	iʌt⁵⁵teŋ²¹	一定	iɐt⁵⁵tiŋ²¹
定	梗	kaŋ³³⁴	硬	ŋɐŋ²¹
非…不可	冇…(就)冇得	mʌu³³⁴…(tʌu²¹) mʌu³³⁴tak⁵⁵	生唔… 正得	ʃɛŋ⁴⁴ŋam⁴⁴… tʃiŋ³²tek⁵⁵
反正	反正	fan³⁴tʃeŋ⁵²	反正	fan⁵²tʃiŋ³²
不	冇	mʌu³³⁴	唔	ŋ̍²¹/ȵi⁴⁴
不要	冇要	mʌu³³⁴ȵiu⁵²	莫(记)	muk⁵⁵(ki³²)
不必	冇使	mʌu³³⁴ʃʌi³³⁴	唔使	ȵi⁴⁴ʃi⁵²
不一定	冇一定	mʌu³³⁴iʌt⁵⁵teŋ²¹	唔一定	ȵi⁴⁴iɐt⁵⁵⁻³²tiŋ²¹
没	冇	mʌu³³⁴	唔有	ŋ̍²¹ȵia²⁴²
是	系	hʌi²¹	是	tʃi²⁴²
不是	冇系	mʌu³³⁴hʌi²¹	唔是	ȵi⁴⁴tʃi²⁴²
难道	莫非	mɔk²²fi⁵⁵⁴	唔通	ŋ̍²¹tʰoŋ⁴⁴
难怪	难怪	nan²⁴³⁻²²kuai⁵²	难怪	nan²⁴⁻²¹kuai³²
索性	索性	ʃɔk⁵³ɬeŋ⁵²	索性	ʃœk³²ʃiŋ³²
大概	大概 可能 估计	tai²¹⁻²²kʰui⁵² hɔ³³⁴naŋ²⁴³ ku³³⁴kʌi⁵²	可能 估计 大概	hɔ⁵²nɐŋ²⁴ ku⁵²⁻³²kɛ³² tai²¹kʰɔi³²
到底	到底	tɐu⁵²⁻³³tʌi³³⁴	到底	tɔi³²tai⁵²
究竟	究竟	kʌu³³keŋ³³⁴	究竟	tʃou³²kiŋ³²
居然	居然	ky⁵⁵ȵin²⁴³	居然	ky⁴⁴ȵin²⁴
竟然	居然	ky⁵⁵ȵin²⁴³	居然，估唔到	ky⁴⁴ȵin²⁴，ku⁵²ȵi⁴⁴tɔ³²
简直	简直 直成	kan³³⁴⁻³⁴tʃek²² tʃek²²ɬeŋ²⁴³	简直 直成	kan⁵²⁻³²tʃek³⁴ tʃɐk³⁴⁻²¹tʃiᵊ²⁴

续上表

义项	封川话词条	封川话标音	开建话词条	开建话标音
幸亏	好彩	həu^{34}tʰui^{334}	好彩	hɔ^{52}tʃɔi^{52}
实在	实在	tʃʌt^{22}ɬui^{223}	实在	tʃɐt$^{34-21}$tʃɔi^{242}
不如	不如	puʌt$^{55-32}$n̠i^{243}	不如	pɐt$^{55-32}$n̠y^{24}
恐怕	估计	ku^{334}kʌi^{52}	估计	ku$^{52-32}$kɛ^{32}
说不定	讲冇定	kɔŋ^{334}mʌu$^{334-32}$teŋ^{21}	讲唔定	kœŋ^{52}n̠i^{44}tiŋ^{21}
尽管	即管	tʃek^{55}kun^{334}	即管	tʃɐk^{55}kun^{52}
可	可	hɔ^{334}	得	tɐk^{55}
无论如何	无论如何	mu$^{243-22}$lʌn$^{21-22}$n̠y$^{243-22}$hɔ^{243}	无论如何	mu$^{24-21}$lin^{21}n̠y$^{24-21}$ɔ^{24}
该	该	kui^{554}	要	iu^{32}
才	先	ɬin^{554}	正	tʃiŋ^{32}
给我	同我	toŋ$^{243-22}$ŋɔ^{223}	同我	toŋ^{24}ŋu^{52}
不也	不是	puʌt^{55}tʃi^{223}	夏⁼	a^{21}
应该	应该	ieŋ^{55}kui^{554}	应该	iɐŋ$^{44-32}$kɔi^{44}
表差比的否定	冇够	mʌu^{34}kʌu^{52}	唔够	n̠i^{44}kou^{32}
表祈使对象	冇畀 冇让	mʌu^{34}pi^{334} mʌu^{34}n̠ieŋ^{21}	莫畀	muk^{55}pei^{52}
表所在空间	在	ɬui^{223}	住	tɔi^{21}
表起始空间	从	ɬoŋ^{243}	住	tɔi^{21}
表到达空间	到	təu^{52}	到	tɔ^{32}
表空间距离	离	li^{243}	离	lɐi^{24}
表临近空间	靠	kʰau^{52}	靠	kʰau^{32}
表方向	向	hiɛŋ^{52}	向	hyŋ^{32}
表所对	对	tui^{52}	对	tœ^{32}
表依沿	跟住	kʌn^{55}tʃy^{21}	跟倒	kɐn^{44}tɔ^{52}

续上表

义项	封川话词条	封川话标音	开建话词条	开建话标音
表路线	从	ɬoŋ²⁴³	住	tɔi²¹
表在外	开面	hui⁵⁵min²¹	器⁼兜⁼	hi³²tɐu⁴⁴
表在内	里头	li²²³⁻²²tʌu²⁴³	里头	lɔ²⁴²⁻²¹tɐu²⁴
表在上	上高	tʃiɛŋ²¹⁻²²kəu⁵⁵⁴	上高	tʃuŋ²¹kɔ⁴⁴
表在下	下底	ha²¹⁻²²tʌi⁵⁵⁴	下(底)	a²⁴²⁻²¹(tɑi⁵²)
表所在时间	从	ɬoŋ²⁴³	住	tɔi²¹
表起始时间	从	ɬoŋ²⁴³	从	tʃoŋ²⁴
表到达时间	等到	taŋ³³⁴təu⁵²	等到	tɐŋ⁵²tɔ³²
表临近时间	到	təu⁵²	到	tɔ³²
表限定时间	趁	tʃʰʌn⁵²	趁	tʃʰɐn³²
表以来	来	lui²⁴³	来	lɔi²⁴
表以前	前	ɬin²⁴³	前	tʃen²⁴
表以后	后	hʌu²¹	后	ɐu²⁴²
表偕同对象	同	toŋ²⁴³	同	toŋ²⁴
表关系对象	同	toŋ²⁴³	同	toŋ²⁴
表比较对象	同	toŋ²⁴³	同	toŋ²⁴
表差比对象	比过	pi³³⁴kuɔ⁵²	比过	pei⁵²ku³²
表处置对象	将	tiɛŋ⁵⁵⁴	揸	tʃa⁴⁴
表使用对象	拧用	neŋ³³⁴ioŋ²¹	拧用	niᵊŋ⁴⁴iuŋ²¹
表给予对象	拧	neŋ³³⁴	拧	niᵊŋ⁴⁴

续上表

义项	封川话词条	封川话标音	开建话词条	开建话标音
表所为对象	同	toŋ²¹	同	toŋ²⁴
表包含对象	监	kam²¹	连	lɛn²⁴
表根据对象	凭	paŋ²¹	凭	pɐŋ²⁴
表排除对象	除了	tʃy²⁴³liu²²³	除哈	tʃy²⁴ha⁵²
表依照对象	照 按	tʃiu⁵² on⁵²	照	tʃiu⁵²
表所求对象	问	muʌn²¹	吅/问	ɛu⁴⁴/min²¹
表单位类别	论	lʌn²¹	论	lin²¹
表称呼对象	吅	iu⁵⁵⁴	吅	ɛu⁴⁴
表行为对象	对	tui⁵²	对	tœ³²
表对待对象	对	tui⁵²	对	tœ³²
表被动	着 畀	tʃiɛk²² pi³³⁴	着 畀	tiᵉk²¹ pei⁵²
和	同	toŋ²¹	同	toŋ²⁴
并且	并且	pen²³tɛ³³⁴	而且	ȵi²⁴⁻²¹tʃʰiɛ⁵²
一边…一边	一边……一边	iʌt⁵⁵⁻³³pin⁵⁵…iʌt⁵⁵⁻³³pin⁵⁵	一边……一边	iɐt⁵⁵⁻³²pɐn⁴⁴…iɐt⁵⁵⁻³²pɐn⁴⁴
一来…二来	一来……二来	iʌt⁵⁵lui²⁴³…ȵi²¹⁻²²lui²⁴³	一来……二来	iɐt⁵⁵⁻³²lɔi²⁴…ȵi²¹lɔi²⁴
又…又	又……又	iʌu²¹…iʌu²¹	又……又	iou²¹…iou²¹
既…又	又……又	iʌu²¹…iʌu²¹		iou²¹…iou²¹
或者	或者	uak²²tʃɛ³³⁴	或者	uɛk³⁴⁻²¹tʃiᵉ⁵²

续上表

义项	封川话词条	封川话标音	开建话词条	开建话标音
要不然	冇是	mʌu³³⁴tʃi²²³	或者	uɐk³⁴⁻²¹tʃiᵉ⁵²
要么	一是	iʌt⁵⁵tʃi²²³	一是	iɐt⁵⁵tʃi²⁴²
与其…不如	与其…不如	i²³kʰi²⁴³⁻²¹…puʌt⁵⁵ny²⁴³	…不如	…pet⁵⁵⁻³²ny²⁴
是…还是	系…成系	hʌi²¹…tʃeŋ²¹⁻²²hʌi²¹	是…剩是	tʃi²⁴²…tʃeŋ²¹tʃi²⁴²
因为	因为	iʌn⁵⁵uʌi²¹	因为	ien⁴⁴uei²⁴
所以	所以	ʃɔ³⁴i²²³	所以	ʃu⁵²i²⁴²
一…就	一…就	iʌt⁵⁵…tʃʌu²¹	一…就	iɐt⁵⁵…tʃou²¹
只要	只要	tʃi³⁴n̩iu⁵²	只要	tʃi⁵²iu³²
只有	只有	tʃi³⁴iʌu²²³	只有	tʃi⁵²ia²⁴²
无论	冇论	mʌu³⁴lʌn²¹	唔理	n̩i⁴⁴lei²⁴²
除非	除非	tʃy²⁴³⁻²²fi⁵⁵⁴	除非	tʃy²⁴⁻²¹fei⁴⁴
即使	即使 豆算	tek⁵⁵ʃi³³⁴ tʌu²¹⁻²²tun⁵²	即使	tʃɐk⁵⁵ʃieᵉ⁵²
如果	如果	n̩y²⁴³⁻²²kuɔ³³⁴	如果	n̩y²⁴⁻²¹kuɔ⁵²
宁可	宁愿	neŋ²⁴³⁻²²n̩iun²¹	能愿	neŋ²⁴⁻²¹n̩yn²¹
以免	费事	fuʌi⁵²⁻³²ʃi²¹	免着	mɛn²⁴²tieᵉk²¹
既然	既然	ki⁵²⁻³²n̩in²⁴³	既然	ki³²n̩in²⁴
那就	那就	na²¹⁻²²tʌu²¹	竟就	ken⁵²tʃou²¹
虽然	虽然	łui⁵⁵n̩in²⁴³	虽然	ʃœ⁴⁴n̩in²⁴
但是	但是 但系	tan²¹⁻²²tʃi²²³ tan²¹⁻²²hʌi²¹	但是	tan²¹tʃi²⁴²
不过	不过	puʌt⁵⁵⁻³³kuɔ⁵²	不过	pet⁵⁵⁻³²kuɔ³²
否则	否则 不然	fʌu³³⁴tʃak⁵⁵ puʌt⁵⁵⁻³²n̩in²⁴³	唔是竟个话	n̩i⁴⁴tʃi²⁴²kiŋ⁵²kuɔ³²ua²¹
不但	冇单止	mʌu³⁴tan⁵⁵tʃi³³⁴	唔单	ŋ⁴⁴tan⁴⁴
而且	而且	n̩i²⁴³⁻²²łɛ³³⁴	而且	n̩i²⁴⁻²¹tʃʰieᵉ⁵²
况且	何况	hɔ²⁴³⁻²²kʰŋ⁵²	何况	ɔ²⁴⁻²¹kʰuŋ³²
反而	反而	fan³⁴n̩i²⁴³	反而	fan⁵²n̩i²⁴

续上表

义项	封川话词条	封川话标音	开建话词条	开建话标音
越…越	越…越	iut^{22}…iut^{22}	越…越	yt^{34}…yt^{34}
表修饰限定体词	个	$kɔ^{52}$	个	ku^{021}
表体词领属	个	$kɔ^{52}$	个	ku^{021}
表领属物	个	$kɔ^{52}$	个	ku^{021}
表达到状态	得	tak^{55}	得	$tɐk^{55}$
表达到程度	得	tak^{55}	得	$tɐk^{55}$
表能够	得	tak^{55}	得	$tɐk^{55}$
表修饰谓词	咁	$kəm^{334}$	竟	$keŋ^{52}$
表曾经	过	$kuɔ^{52}$	过	ku^{032}
表已经	了 咗	liu^{334} $tʃɔ^{334}$	了 哈	$lɛu^{242}$ ha^{52}
表进行	住 紧	$tʃy^{21}$ $tʃʌn^{334}$	倒 紧	$tɔ^{52}$ $tʃɐn^{52}$
表持续	住	$tʃy^{21}$	倒	$tɔ^{52}$

参考文献

[1] 封开县地方志编纂委员会[M].广州:广东人民出版社,1998.

[2] 甘于恩.论粤语形成的多源性[A].第四届土话平话国际学术研讨会论文(贺州)[C],2007.

[3] 甘于恩,邵慧君.广东西江流域粤语词汇及语法特点概述[J].华南师范大学学报,2003(3):64-70.

[4] 侯兴泉.广东封开罗董话的塞音声母——从语言接触看清音浊化、精母读t和从母读ɬ[A].全国汉语方言学会第13届年会暨汉语方言国际学术研讨会(苏州)[C],2005.

[5] 侯兴泉.广东封开南丰话的三种正反问句[J].方言,2005(2):129-135.

[6] 侯兴泉.广东封开罗董话帮端精三组声母老派读音研究[D].暨南大学硕士学位论文,2006.

[7] 侯兴泉.广东封开罗董话的浊内爆音[J].民族语文,2006(2):26-29.

[8] 侯兴泉.广东开建话的轻重音节步[J].暨南学报,2011(4):117-124.

[9] 侯兴泉.广东封开方言(开建话)声调实验研究[M].南方语言学(第四辑).广州:暨南大学出版社,2012.

[10] 侯兴泉.粤语勾漏片封开开建话语音研究——兼与勾漏片粤语及桂南平话的比较[M].上海:中西书局,2016.

[11] 李连进.勾漏片的方言归属[J].民族语文,2005(1):34-41.

[12] 梁敏,张钧如.标话研究[M].北京:中央民族大学出版社,2002.

[13] 罗康宁.封川话浊塞音声母初探[A].岭南文史(封开文史专号)[Z],1996(4):35-36.

[14] 罗康宁.粤语起源地新探[J].西江大学学报,1998(2):28-32.

[15] 潘悟云.汉语的音节描写[J].语言科学,2006(2):39-43.

[16] 容观琼.封开是多民族文化交融之古都[J].西江大学学报,1998(2):33-35.

[17] 邵宜.封开南丰话[A],第四届国际粤方言研讨会会议论文(香港)[C],1993.

[18] 邵宜,封开的方言[A].汉语方言论文集[C].香港:现代教育出版社,1997.

[19] 邵宜.广东西江流域粤方言的词汇和语法特点[A].第八届国际粤方言研讨

会论文集[C].北京：中国社会科学出版社，2003.

[20] 邵宜，詹伯慧，伍巍.粤西十县(市)粤方言的语音特点[J].方言，1997(1)：39-44.

[21] 邵慧君，甘于恩.广东西江流域语音特点概述[J].华南师范大学学报(社会科学版)，2001(5)：75-82.

[22] 宋长栋.从地名看封开的历史文化[A].岭南文史(封开文史专号)[Z]，1996(4)：52-55、51.//西江大学学报.1998(2)：36-43.

[23] 谭元亨主编.封开—广信岭南文化古都论[M].广州：广东高等教育出版社，2004.

[24] 王福堂.汉语方言语音的演变和层次(修订本)[M].北京：语文出版社，2005.

[25] 项梦冰，曹晖编著.汉语方言地理学——入门与实践[M]，北京：中国文史出版社，2005.

[26] 叶国泉，罗康宁.粤语源流考[J].语言研究，1995(1)：156-160.

[27] 詹伯慧.粤语研究的当前课题[J].方言，2007(3)：193-196.

[28] 詹伯慧主编.广东粤方言概要[M].广州：暨南大学出版社，2000.

[29] 詹伯慧，张日昇主编.粤西十县市粤方言调查报告[M].广州：暨南大学出版社，1998.